ebg
electronic business group

Sous la direction de Nicolas Deroualle

DIGITAL MARKETING 2020

Pour en savoir plus sur les activités de l'EBG
(événements, publications, benchmark), rendez-vous sur **www.ebg.net**

Pour accéder à la VERSION NUMÉRIQUE

> Rendez-vous sur www.ebg.net/digital-marketing2020

> Saisissez votre code d'accès personnel : **33hur**

Déposez vos avis sur **www.digital-marketing-avis.net**

Pour tout renseignement complémentaire, commentaires, suggestions,
contactez ***Stéfani Morelli*** : *stefani.morelli@ebg.net*

 - ISBN : 978-2-914901-22-2

ÉDITO

Pour cette **15ème édition**, l'équipe de la rédaction de Digital Marketing a décidé d'articuler l'ouvrage autour de la voix.

57 années se sont écoulées entre IBM Shoebox, premier outil de reconnaissance vocal lancé en 1961, machine capable de reconnaître jusqu'à **16 mots** et 2018 avec le lancement de Google Duplex qui a véritablement bouleversé l'usage de la voix sur le plan technologique et relationnel.

Il semble évident de cibler cet aspect du marketing et de la relation client qui constitue un enjeu stratégique pour les marques et à juste titre puisque le commerce vocal représenterait 40 milliards de dollars d'ici **2 ans**(1).

D'ici cinq ans, au moins **50 %** de toutes les recherches se feront au moyen d'images ou de la voix ; les français sont de plus en plus friands de cette technologie, **19 %** d'entre eux utilisent la recherche vocale et ce chiffre est en constante augmentation(2).

L'utilisation de la voix se décline en une multitude de technologies qui représentent d'importantes opportunités pour les annonceurs de fortifier leur marque, de faciliter l'acte d'achat, d'automatiser les démarches simples des clients et réduire le volume des tâches évitables des employés. La voix et l'IA vont au-delà d'un enjeu business, c'est aussi un enjeu de transformation.

On retrouve notamment des technologies d'Intelligence Artificielle telles que le NLP, le Speech recognition ou encore le Deep Learning. Pour cela, les données doivent être structurées selon les besoins et usages des entreprises.

La voix constitue également des challenges pour les entreprises. Pour être efficace, les professionnels du marketing font face à un certain nombre de défis pour rendre l'expérience utilisateur optimale, notamment l'importance de la qualité de retranscription, la compréhension du langage dans différentes langues, le temps de latence entre les échanges et la synthèse vocale identifiable.

À travers de nombreux cas pratiques et articles d'experts, cette nouvelle édition présente aux lecteurs les outils et technologies déployés sur le marché, en plaçant notamment la voix, la relation client et le conversationnel au centre de la réflexion.

(1) Selon une étude du cabinet OC&C Strategy Consultants
(2) D'après une étude menée par Digimind sur les enceintes à commande vocale

SOMMAIRE

Mediametrie

Retour sur les plus belles campagnes de Branding de l'année et sur les outils & stratégies du Marketing Digital les plus pertinents.

ULTRA PERSONNALISATION

SEARCH

MARKETING

MARKETING AUTOMATION

CO-MARKETING

PERFORMANCE

BRAND CONTENT

SOMMAIRE

CHAP.1

◗ *Étude de cas* ▶ *Article*

Un jour d'internet en France

Mediametrie

Les grands repères

6,5 écrans par foyer en moyenne

Taux d'équipement des foyers français et évolution vs 2018

Écran	Taux	Évolution
Tablette	48%	+0,9pt
TV connectée	63%	+4,3pts
Smartphone	80%	+8,1pts
Ordinateur	86%	+0,5pt
TV	93%	-1pt

Nombre d'internautes

Base France entière 2 ans et plus (Evol. N-1)

Mois — **52,8 M** — **84%** des Français *(=)*

Jour Moyen — **44,8 M** — **72%** des Français *(+3 pts)*

Couverture France entière

(Evol. N-1 de la couverture jour moyen)

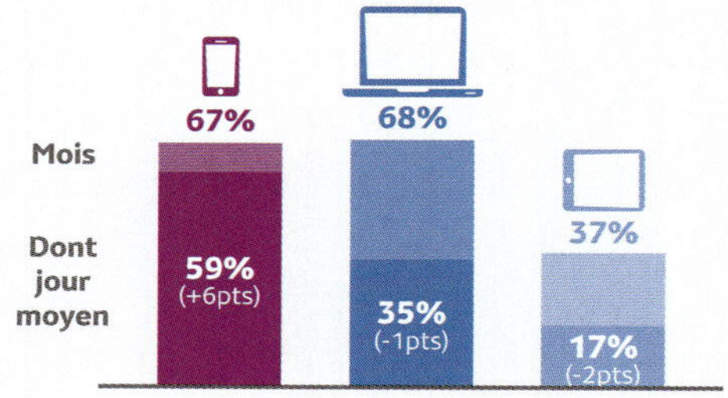

Temps de surf quotidien par Français

Minutes sur chaque écran

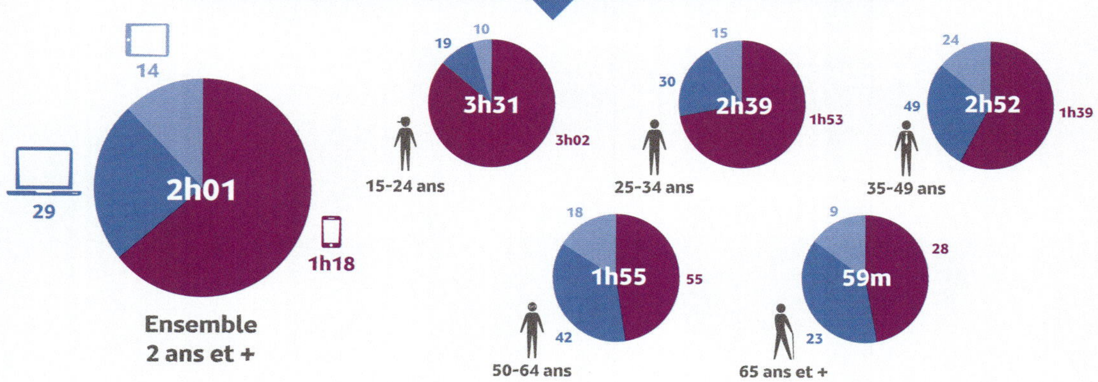

Top Activités
chez les 2 ans et plus

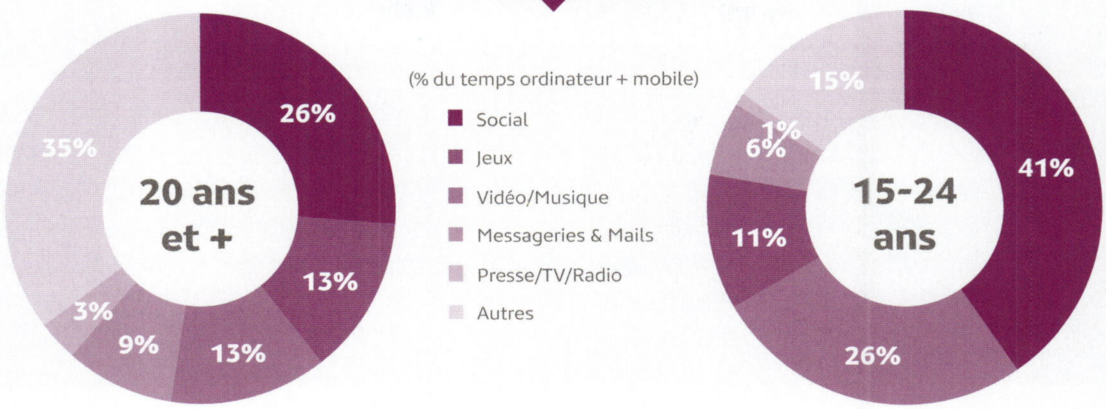

Top 20 Audience mensuelle Internet Global – juin 2019

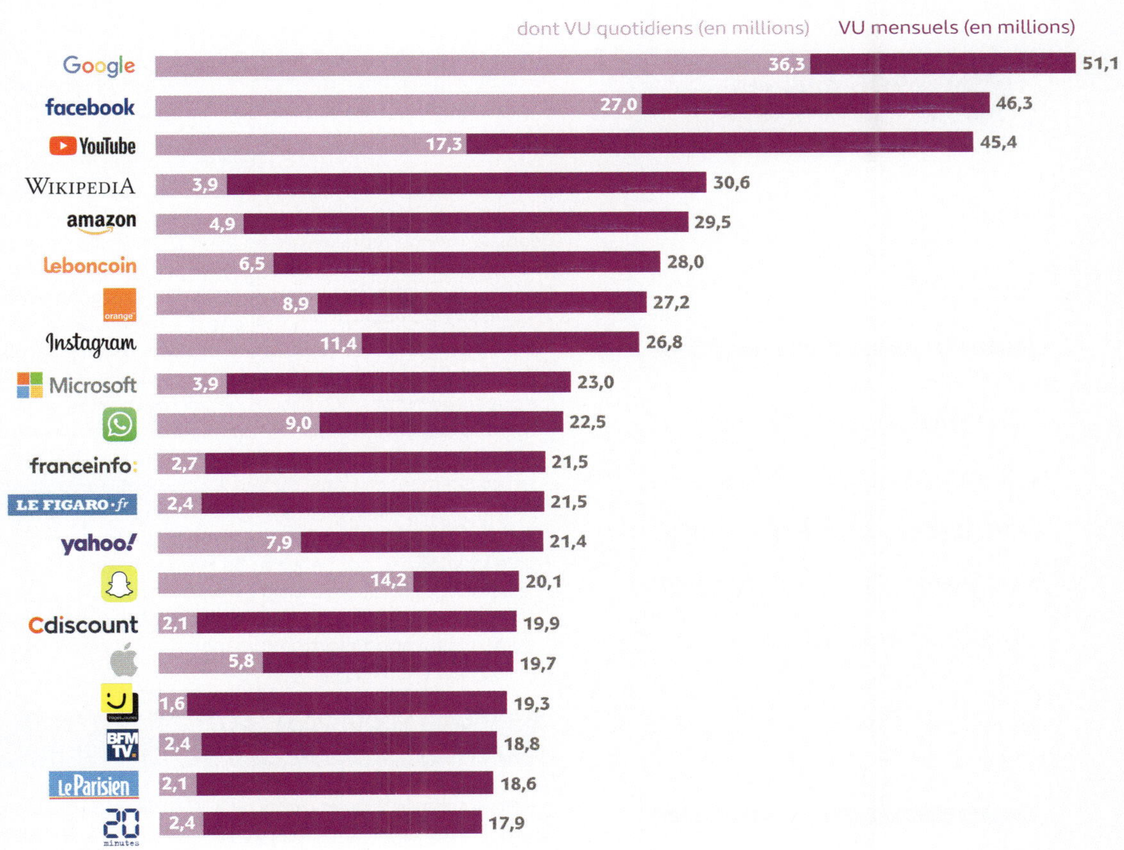

- Source (1) : Médiamétrie – Home Devices – T2 2019 – Base : Foyers en France
- Source (2) : Médiamétrie et Médiamétrie//NetRatings – Audience Internet Global – France – Juin 2019 – Base : 2 ans et plus

Article

Le marketing dans le sport électronique

Avec la démocratisation d'Internet, la naissance et la croissance de nouveaux marchés se font plus rapidement que jamais. C'est le cas du sport électronique (ou Esport) qui en l'espace de 10 ans a évolué d'une pratique de niche en une discipline mondiale avec des centaines de millions de spectateurs dans le monde. Un résultat obtenu grâce à la collaboration entre les acteurs du secteur et les communautés.

5 millions
de personnes suivent du sport électronique en France

99,6 millions
de spectateurs uniques pour la finale des Mondiaux de League of Legends 2018

906 millions
de dollars de CA pour le secteur en 2018

"Au plus haut niveau, toutes les disciplines compétitives deviennent des véhicules d'expression du potentiel humain."

Duncan "Thorin" SHIELDS
Journaliste spécialisé Esport

LES ENJEUX DU SPORT ÉLECTRONIQUE

La discipline de l'Esport se professionnalise avec l'émergence de nouveaux acteurs spécialisés dans la gestion et l'encadrement des compétitions et des acteurs qui y participent. Cela se traduit par le développement d'un nouveau canal de diffusion pour les différentes marques qui s'y investissent. Aujourd'hui, le milieu a maturé et arrive à définir de manière claire son environnement : il s'agit d'un milieu avec une audience aussi nombreuse que ciblée et à présence locale et internationale, une cible idéale pour une marque souhaitant développer sa notoriété sur un segment défini.

La croissance exponentielle du sport électronique ces dernières années s'illustre principalement dans les résultats chiffrés apportés par le milieu. L'audience du sport électronique dans le monde représentait en 2018 plus de 380 millions de personnes, un chiffre en constante augmentation estimé en hausse de 15 % pour l'année 2019. En France, on estime l'audience de l'Esport à 5 millions d'adeptes. En 2018, la finale des LCS sur le jeu League of Legends a rassemblé 99,6 millions de spectateurs, se plaçant ainsi juste derrière le Superbowl et ses 110 millions de téléspectateurs dans les records d'audience. Concernant la répartition géographique de cette audience, 44 % des spectateurs se trouvent en Asie et plus particulièrement en Corée du Sud. L'Europe et l'Amérique du Nord se partagent respectivement 25 % et 19 % de l'audience globale. L'audience est principalement composée d'un public entre 13 et 35 ans dont environ 65 % seraient des hommes. Cependant ce public a tendance à rester fidèle au secteur en vieillissant, entraînant ainsi un vieillissement progressif de l'audience du sport électronique malgré l'arrivée constante de nouveaux et plus jeunes adeptes.

DES NOUVELLES STRUCTURES POUR UN NOUVEAU MARCHÉ

Avec un chiffre d'affaires global de 900 millions de dollars en 2018, l'industrie du sport électronique dépassera le milliard en 2019. Ces revenus sont possibles grâce aux différentes structures qui composent aujourd'hui la scène Esport.

Dans un premier temps, nous avons les équipes. Ces dernières vont signer des joueurs sur les différents jeux (qu'ils soient multijoueurs ou solo) et vont leur assurer un revenu fixe ainsi

Expérience digitale | Marketing social | Sponsoring

> Retrouvez les mots clés en index <

que la prise en charge des frais pour se rendre aux différentes compétitions. En échange, le joueur assure de la visibilité aux différents sponsors de l'équipe et conserve les gains liés à ses résultats en compétition. Les équipes sont principalement financées par le sponsoring de différentes marques ainsi que par la vente de merchandising brandé. C'est par ce biais que de nombreuses entreprises ont déjà pu développer leur notoriété auprès de cette nouvelle audience du sport électronique.

Ensuite, nous avons les sociétés de production, ces dernières sont majoritairement organisatrices des tournois et s'occupent également de leur diffusion sur les différentes plateformes de *streaming**. Les plus connues sont Dreamhack ou encore Webedia en France. Ces dernières vont également mettre en place un *"Cashprize*"*, une cagnotte financière qui sera remportée par les équipes ayant un bon classement dans la compétition. Cette cagnotte est principalement financée par le biais du sponsoring et par les ventes d'entrées pour l'événement. Il arrive à des éditeurs de jeux vidéo de produire eux-mêmes leurs compétitions. C'est le cas notamment pour Valve qui organise chaque année son championnat du monde sur Dota2 et qui grâce à la participation de la communauté a pu proposer une cagnotte de 20 millions de dollars.

UN MARCHÉ PORTEUR POUR LES ENTREPRISES

Le sport électronique a toujours été financé en grande partie par le sponsoring. Si dans un premier temps il s'agissait essentiellement de marques spécialisées dans l'informatique, aujourd'hui la discipline intéresse les plus grands : Audi, Mercedes, Orange, Coca-Cola, Adidas ou encore Sony sont sponsors d'une équipe Esport ou d'un tournoi sur l'un des différents jeux. Une des particularités du public de l'Esport réside dans le fait que la discipline qu'il supporte n'a pas toujours été reconnue par le grand public, cela renforce le lien qu'il tisse avec ses équipes favorites et avec ses sponsors qui vont rapidement gagner en notoriété grâce à leur implication dans cette discipline décrédibilisée par certains grands médias.

Les structures de sport traditionnel, comme les équipes de football, commencent également à voir le potentiel dans cette discipline et dans l'engagement du public dont l'attachement à une équipe se veut très proche de celui que l'on retrouve dans le sport traditionnel. Ainsi, au cours des dernières années, le PSG, Valence FC, le Real Madrid, Dortmund ou encore Manchester United ont mis en place une branche "Esport" et ont procédé au recrutement de joueurs professionnels sur les différents jeux du moment.

Enfin les médias s'intéressent de plus en plus à cette discipline à l'audience croissante. Si le sport électronique est un produit du web et notamment du streaming, des médias tels que BeinSport ou l'Équipe investissent aujourd'hui dans la couverture d'événements Esport afin de fidéliser une nouvelle audience traditionnellement plus distante du papier ou de la télévision. La hausse de la visibilité du sport électronique auprès de ces médias traditionnels lance un cercle vertueux pour les structures Esport et pour les entreprises ayant choisi de communiquer sur ce canal de diffusion.

*Retrouvez la définition dans le lexique en fin d'ouvrage.

www.esportmarketing.fr
Nicolas Iffrig
Webmarketing Manager
hello@nicoiffrig.com

Article

Digital Marketing & Génération Alpha : enjeux et prospectives pour les marques

À l'aube d'être la future génération consommatrice de notre nouveau millénaire, les "Alphas" (enfants nés en 2010) suscitent de nombreux questionnements, tant il est difficile de les comprendre et d'appréhender leur besoin de mouvance continuelle. À l'instar de leurs aînés (les Millennials), les "Alphas" n'auront jamais connu une vie sans déconnexion.

1 enfant toutes les ½ secondes se connecte au Web dans le monde

Les enfants de moins de 6 ans passent plus de **4h** par semaine sur Internet en France

Génération "Alpha" ou génération "Verre" : **1ère génération** du second millénaire

"L'écran remplace la présence, l'écran remplace la vie. L'écran, c'est normalement ce qui fait écran. Or c'est lui qui désormais a préséance sur l'existence."

Jean D'ORMESSON
Ecrivain et Académicien

LES ENFANTS DU DIGITAL, ENTRE BESOIN D'AUTONOMIE ET ENCADREMENT RECOMMANDÉ

> L'ultra connexion de l'enfant

Les enfants de la génération Alpha sont nés au lancement du premier iPad et d'Instagram en 2010. Immergée dès la naissance dans la technologie et les outils numériques, cette génération dispose d'un accès au savoir bien plus important que ses aînés. Multidevice, zappeur digital de naissance, l'Alpha démultiplie son attention et le capter devient un vrai parcours du combattant pour la marque.

> Un contexte législatif encore en construction

Tout comme chaque évolution sociétale notable, les dérives qui s'en suivent nécessitent d'être encadrées. L'enfant est au cœur des préoccupations des législateurs pour limiter son temps devant l'écran et ainsi préserver ses fonctions psychomotrices. La prise d'autonomie réelle de l'enfant devant l'écran oriente également les GAFA à proposer une sélection de contenus et d'applicatifs orientée kids (YouTube Kids, Google for Kids, Messenger Kids...). La réglementation RGPD, quant à elle, interdit clairement la collecte de données personnelles pour les moins de 13 ans.

L'enjeu pour les marques est donc bien de tenir compte de ce contexte mouvant et en devenir pour affirmer un positionnement "Kids Safe" afin de trouver des axes de communication et des supports de diffusion qui permettent à l'enfant de s'épanouir, de se divertir tout en créant du lien avec la marque, avec l'approbation de ses parents.

DU *STORYTELLING** AU *STORYDOING** : LA MARQUE DOIT SE RÉINVENTER !

Bien qu'étant ultra-connectés, les enfants de la génération Alpha sont pourtant avides de contacts réels et expérientiels. En général plutôt passifs dans leur usage du numérique, ils auront en revanche à cœur de partager les contenus et/ou produits qu'ils affectionnent pour engager un vrai lien social. Ils aspirent à un véritable retour aux sources des valeurs ancestrales : un discours vrai et authentique pour pouvoir s'impliquer et vivre une expérience client qui leur donnera du sens et leur fera ressentir des émotions. Au travers de cette histoire de marque, l'Alpha aura un fort besoin de reconnaissance de son unicité en tant qu'individu. Il recherchera une approche

Kids marketing | Expérience client | Storytelling

> Retrouvez les mots clés en index <

> Universal Les Trolls : digital, influence, event

> Tournée d'animations enfants à thème - Ceetrus

> Concept d'animation pour Club Med : Amazing Family

> Dreamworks Spirit : vidéo, digital, influence

personnalisée, familiale et proche de son mode de vie. À ce titre, la génération Alpha fait confiance à plusieurs modèles selon le degré d'information et d'expérience recherché : le parent, l'enseignant et l'influenceur. Les enfants associeront ces modèles à des membres de leur famille et seront ainsi touchés et impliqués émotionnellement. La marque doit pouvoir développer des messages forts envers ces modèles conjointement à des actions ciblées directement vers l'enfant.

PLUS QUE JAMAIS DES AMBASSADEURS DE DEMAIN !

Depuis l'arrivée du marketing dans les stratégies d'entreprise, il est question d'impliquer les jeunes consommateurs pour en faire les ambassadeurs de marque de demain. Cette vision prend tout son sens aujourd'hui devant l'exigence et les attentes toujours plus affûtées des plus jeunes. Grâce à un accès au savoir illimité et à une dextérité digitale, ils souhaitent "se rallier à la cause" en étant créatifs au travers d'expériences innovantes, impliqués pour pouvoir faire bouger les lignes de leur relation à la marque et dans l'affect pour construire un lien pérenne avec elle. L'enjeu pour la marque est de réinventer les codes marketing d'aujourd'hui pour répondre à un besoin d'instantanéité, et d'anticiper les futures attentes de cette génération aussi rapide que l'évolution technologique.

QUELQUES CLÉS POUR CONQUÉRIR LA GÉNÉRATION ALPHA

- Adopter un discours franc, car l'enfant dès 8 ans sait reconnaître une initiative marketing ;
- Ne jamais infantiliser les Alphas car ils aspirent à être reconnus comme de vrais consommateurs, avec leur pouvoir de prescription propre ;
- Favoriser le divertissement et l'humour simple pour permettre d'avoir un point d'accroche proche de leur quotidien, auquel ils pourront s'attacher facilement ;
- Utiliser la vidéo comme vecteur de storytelling et storydoing, car elle reste le support digital préféré des enfants sur Internet ;
- Privilégier l'instantanéité des publications ainsi que les formats courts, car l'Alpha reste zappeur dans sa consommation média et dispose d'une attention limitée par contenu ;
- Intégrer les enfants youtubeurs dans votre stratégie pour générer des requêtes d'achat d'enfants auprès de leurs parents ;
- Inclure également les influenceurs dans les expériences terrain proposées par la marque aux Alphas. Presque perçus comme des "copains", ces influenceurs peuvent renforcer le capital sympathie et convertir la marque en love brand pour l'enfant ;
- Amener une vision *phygitale** des stratégies de marque en conjuguant information et divertissements digitaux avec expérience terrain au plus proche de l'enfant et de la marque.

En résumé : placez l'expérientiel et l'émotionnel au cœur de vos stratégies marketing à destination des Alphas.

*Retrouvez la définition dans le lexique en fin d'ouvrage.

> COM' DES ENFANTS
www.comdesenfants.fr

Shirley Curtat-Cadet
Fondatrice et Directrice
scurtat@comdesenfants.fr

Étude De Cas

DISTINGO PAR PSA BANQUE

Développer sa notoriété grâce à une opération événementielle

PROBLÉMATIQUE DE LA MARQUE

> Contexte

Lancée en 2013, **Distingo par PSA Banque** est l'activité dépôts de PSA Banque France, filiale bancaire du constructeur automobile. Son cœur de métier consiste dans la commercialisation exclusive de solutions d'épargne digitales, dotées de taux de rendement parmi les plus élevés du marché : le livret d'Épargne Distingo et le Compte à Terme (CAT). Les fonds servent directement à financer les projets des souscripteurs et, indirectement, l'achat de véhicules par les particuliers. Un placement utile et performant, qui s'inscrit dans un cercle vertueux pour soutenir l'économie réelle.

Après avoir fait le choix d'une communication exclusivement online depuis 2015, Distingo souffre d'une absence de notoriété spontanée et reprend progressivement la parole sur les grands médias en 2018. Pour appuyer ce retour, Distingo décide de lancer une opération innovante pour marquer sa distinction et se faire connaître du grand public.

La marque a confié à Paris Tonic la mission de développer un concept événementiel créatif et impactant illustrant ses valeurs et en particulier la dimension vertueuse de ses produits. Avec Distingo, nos épargnants profitent de leur épargne et boostent leurs intérêts, et parallèlement, ils sont fiers de permettre à des particuliers d'acquérir un financement pour un véhicule qu'ils n'auraient pas pu s'offrir autrement. Nos clients se font plaisir et font plaisir aux autres.

Ces valeurs s'inscrivent naturellement dans l'esprit de Noël et c'est autour de ce thème que le concept a été imaginé par Paris Tonic.

> Cibles

Urbains 30 ans +
CSP+

> Objectifs

- Rendre la marque visible ;
- Gagner en notoriété ;
- Moderniser l'image de marque ;
- Rajeunir la cible.

> Moyens

Evénementiel
Vidéo
Street marketing
Équipe marketing Distingo
Réseaux sociaux

> Budget

200 k€

SOLUTION STRATÉGIQUE

Distingo et Paris Tonic imaginent La Fabrique de Noël, un concept store magique.

Le dimanche 16 décembre, en plein cœur de Paris, La Fabrique de Noël ouvre pour seulement quelques heures. Ce concept store ressemble en tout point aux magasins éphémères qui pullulent avant Noël : décoration de saison, très jolie sélection d'objets de créateurs pour adultes et pour enfants, vélos, trottinettes électriques, lunettes, écharpes, bijoux, peluches...

Pourtant, celui-ci est différent. Il est magique. Et la magie opère au passage en caisse.

YouTube | Brandformance | Influenceurs

> Retrouvez les mots clés en index <

INFOS CLÉS

6 Millions reach | **+ de 3 Millions** vidéos vues | **17 %** de nouveaux clients

À ce moment-là, alors que les clients de la boutique sortent leur portefeuille pour payer leurs achats, le vendeur tend un ticket de caisse indiquant 0 € et leur souhaite un très joyeux Noël de la part de Distingo.

Le client est venu pour offrir un cadeau à un proche, et il repart avec 2 cadeaux, 1 pour son proche et 1 pour lui, grâce au budget qu'il n'aura pas dépensé et qu'il pourra utiliser pour se faire plaisir.

Pour cibler les Parisiens, une newsletter Gustave & Rosalie est envoyée à 130 000 abonnés le matin même. Golem13 et Creapills, les médias de l'Entertainment, couvrent également l'opération en live. Un dispositif a également été déployé avec le concours de 3 influenceurs qui ont relayé l'opération en story sur leurs comptes.

Réalisé le jour J, un film capte l'opération, et surtout l'émotion des chanceux qui étaient au bon endroit au bon moment.

MISE EN PLACE OPÉRATIONNELLE

Date : dimanche 16 décembre

Distingo a confié à Paris Tonic la tâche d'élaborer une opération à 360 ° couvrant les aspects de création, conception, production, médiatisation et diffusion.

L'objectif était de traduire les valeurs de générosité et de bienveillance de la marque en créant le buzz à l'aide d'une opération originale et virale.

La régie a fait un appel à son écosystème média ainsi qu'aux compétences techniques de l'agence événementielle BLISS pour l'aménagement du store.

Pendant 1 semaine, un atelier a été transformé en concept store de Noël sur le thème d'un appartement cosy et chaleureux.

En face, un petit corner "le café Distingo" a été prévu afin d'accueillir les "clients", de donner plus d'informations sur Distingo et de répondre à leurs questions.

Une équipe dédiée a effectué le sourcing et la commande des 500 cadeaux.

Le jour J, les curieux faisaient la queue avant l'ouverture de la Fabrique de Noël dès 11h.

Comme espéré, les premiers sortis ont appelé leurs proches ou partagé sur les réseaux sociaux avec leurs proches pour qu'ils viennent eux aussi profiter de cette belle opportunité. Rapidement une queue de près de 50 mètres s'est créée devant le store.

Et Distingo était sur toutes les lèvres des Parisiens.

RÉSULTATS

Résultats : cette opération "La fabrique de Noël" a rencontré un franc succès en interne, auprès de nos pairs sur le secteur bancaire avec de nombreux commentaires positifs sur des résultats et un impact immédiat et inattendu sur le business.

- 700 personnes accueillies durant la journée ;
- 370 leads optin collectés ;
- 6 Millions reach ;
- 3 Millions vidéos vues à 100 % ;
- 17 % de nouveaux clients acquis vs la moyenne habituelle sur la période.

Après 6 mois, les nouveaux clients recrutés sont toujours là, avec un encours moyen qui continue de croître.

> *"Bien que l'opération ait eu un objectif branding, l'impact a été important sur les semaines suivant l'opération où nous avons acquis 17 % de nouveaux clients de plus que la moyenne sur la période."*

> DISTINGO par PSA Banque
www.psabanque.fr

Grace Paynot
Responsable Digital, CRM et Communication
grace.paynot@psabanquefrance.com

Sarah Zamoun,
Responsable Distingo
sarah.zamoun@psabanquefrance.com

> PARIS TONIC
www.paristonic.fr

Antoine Constantin
antoine@gustave-et-rosalie.com

NEFF

#SlowCuisine : Développer la notoriété par une expérience immersive

> La Slow cuisine c'est partager un bon moment

PROBLÉMATIQUE DE LA MARQUE

> Contexte

NEFF est une marque du groupe allemand BSH Electroménager 1er groupe d'électroménager en Europe. NEFF conçoit et fabrique des appareils électroménager encastrables depuis 1877. C'est la plus ancienne marque d'électroménager en Europe. Ses produits sont commercialisés à travers le monde. La marque connait en France un déficit de notoriété, car jusqu'à présent sa distribution était assez confidentielle.

> Cibles

Pour NEFF, la cuisine et les gens sont au cœur de chaque foyer. Un lieu pour se restaurer, partager, s'épanouir et développer sa créativité culinaire. NEFF s'adresse à tous les passionnés de cuisine, du bon vivant au véritable cordon-bleu. CSP+, 30-45 ans. NEFF est une marque premium.

> Objectifs

- Développer la notoriété de NEFF auprès de sa cible
- Démontrer, partager la #NEFFpassion, donner vie à la marque : NEFF = la passion de la cuisine
- Générer des conversations et de l'engagement autour de NEFF
- Créer du contenu réutilisable sur les canaux de la marque (www.neff-home.com/fr, youtube, Facebook, Instagram)
- Contribuer à faire de NEFF une Love Brand

> Budget

250 k€

SOLUTION STRATÉGIQUE

La France est le pays de la gastronomie. Plus qu'un savoir-faire, c'est une véritable culture qui fait la fierté de notre pays dans le monde entier. C'est le terrain de jeu parfait pour NEFF, qui accompagne depuis plus de 140 ans tous les passionnés de cuisine.

Mais pourtant aujourd'hui, même dans la nation du « manger bon », on ne prend plus le temps de passer à table, et encore moins de cuisiner. Des pauses déjeuner expédiées en moins de 20 minutes... et des repas tout préparés livrés directement chez soi, en un clic, même pour les soirées entre amis. En réalité : on ne prend plus le temps de rien. Et dans cette course effrénée où nous voulons tout, tout de suite, on en oublie l'essentiel : profiter des plaisirs simples de la vie.

Slow Cuisine raconte la parenthèse gourmande et la déconnection de 9 influenceurs digitaux, symbole même de l'éphémère et de la Fast Culture urbaine. Elle s'inscrit à la confluence entre la Slow Life et le Slow Food. S'extraire du temps pour mieux le prendre, oublier les agendas, se déconnecter et partager de précieux moments entre amis, en cuisine et autour de la table.

MISE EN PLACE OPÉRATIONNELLE

> Durée

De septembre 2018 à février 2019

> Étapes

1/ Le casting

Tout commence par le recrutement de 9 influenceurs passionnés de cuisine. La cuisine est l'affaire de tous. Ces ambassadeurs ne devront pas être des Chefs. La marque recherche l'engagement, l'affinité de leur contenu (textes, visuels) a donc été privilégié à leur puissance. Pour les transformer en véritables ambassadeurs, leur cuisine personnelle a été équipée avec du materiel NEFF.

Réseaux sociaux | Brand content | Influenceurs

> Retrouvez les mots clés en index <

INFOS CLÉS

Reach de la campagne : **14 244 000**

Nombre de vidéo vues : **6.5 millions**

Taux d'engagement moyen : **> 5**

2/ La réalisation

La marque a élu domicile pendant 3 mois dans un cottage au milieu des champs et a invité successivement ces accros des réseaux sociaux à y passer un week-end en mode #Slow, avec leurs amis et leur famille. Le but : leur faire vivre une expérience culinaire hors du temps, autour d'une recette à préparer ensemble, dans une cuisine entièrement équipée par NEFF. Ce voyage culinaire au cœur de la nature s'est terminé en apothéose par un dîner de Noël au Purgatoire-54 rue de Paradis, à Paris, Ecole de cuisine et galerie d'art, partenaire de NEFF de longue date. En guest star, le Chef Philippe Etchebest avec lequel la marque a collaboré à plusieurs reprises (#Secrets de cuisson et #Top Chef sur M6).

3/ La production

10 films digitaux ont été tournés au cottage : 5 culinaires autour d'une recette originale NEFF réalisée par les influenceurs et leurs amis, 5 life style qui racontent leur vie au cottage; une histoire sur le temps qui passe, sur l'amitié et sur la convivialité. Ils mêlent images inspirationnelles et interviews des influenceurs. Chacun y exprime sa vision de la Slow Cuisine : vivre au rythme de la nature, s'en inspirer, un retour à la vraie vie autour de notions fondamentales de plaisir et de partage.

Une dernière vidéo a été tournée au cours du dîner de Noël en présence du Chef Philippe Etchebest. Au cœur de tous ces films, les appareils NEFF en action.

4/ La diffusion et la médiatisation

Ces films et de nombreux posts et stories ont été diffusés par les 9 ambassadeurs et médiatisés par NEFF sur Facebook et Instagram, les plateformes surconsommées par la cible quand il s'agit de s'inspirer. Les influenceurs ont également diffusé tout au long de la campagne du contenu réalisé chez eux, des recettes réalisées avec leur tout nouvel équipement.

> Important : la mise en avant des produits

> Un décor inspirant pour susciter de belles images

RÉSULTATS

• Quantitatif

6 mois de campagne non-stop
Plus de 260 contenus produits (post, vidéos, stories...) et diffusés sur Facebook et instagram
14 millions de contacts dont 20% en *earned média** Influence
Et un taux d'engagement moyen au-delà des 5 %

• Qualitatif

10 films inspirationnels toujours diffusés sur le site www.neff-home.com/fr, des photos de recettes gourmandes réalisées par des influenceurs talentueux et exploitables par la marque.

*Retrouvez la définition dans le lexique en fin d'ouvrage.

> NEFF Electroménager
www.neff-home.com/fr

Bruno Piquand
bruno.piquand@bshg.com

Géraldine Struy
geraldine.struy@bshg.com

> Blue 449 (Groupe Publicis)
www.blue449.com

Alexandre Chabot
alexandre.chabot@blue449.fr

Natacha Favre
natacha.favre@blue449.com

Étude De Cas

ATOL LES OPTICIENS

Comment créer une préférence de marque en surfant sur la nostalgie ?

> Le walkman, objet culte d'une génération

PROBLÉMATIQUE DE LA MARQUE

Le secteur de l'optique est en renouvellement depuis plusieurs années avec l'arrivée de nombreux acteurs qui ont fait évoluer le marché. En utilisant les nouveaux usages de consommation (e-commerce, magasins connectés...) et en plaçant la lunette comme un accessoire tendance et recherché (éditions limitées, collections saisonnières...) ces nouvelles marques ont su faire évoluer l'achat optique en un moment de plaisir.

Atol est un opticien mutualiste depuis 1970, qui a une forte présence sur le territoire français, notamment en milieu rural, avec 758 boutiques réparties dans 668 communes. Acteur clé du secteur, son positionnement d'expert ne suffit plus pour émerger dans ce secteur concurrentiel et en pleine mutation. Atol doit moderniser son image et prendre un tournant plus actuel pour différencier son offre.

SOLUTION STRATÉGIQUE

En choisissant un cœur de cible peu préempté sur le marché, les quarantenaires primo-presbytes, Atol angle sa prise de parole de manière plus précise pour pouvoir porter un message direct et efficace, tout en restant proche de ses clients.

Génération Atol est une stratégie globale de communication qui est mise en place par la marque depuis 2 ans sur différents points de contact, avec comme dénominateur commun la nostalgie des années d'or vécues par un quarantenaire, c'est à dire la décennie 1990. Car avoir 40 ans en 2019, ça veut dire avoir (sur)vécu toutes les pires modes et technologies des années 90. Basée sur un storytelling fort, qui implique les souvenirs de tout un chacun, la campagne partage des moments clés de nostalgie pour instaurer une véritable proximité avec les consommateurs.

On voit le retour en force des accessoires nineties : baskets type AirMax, sac banane, diffusion sur Netflix des séries « doudou » tels Friends et Beverly Hills, vinyles, Polaroïds, Gameboy color...

En temps de crise de sens, ces éléments familiers, connus et reconnus deviennent des marqueurs qui rassurent, qui composent un univers réconfortant.

MISE EN PLACE OPÉRATIONNELLE

Déja déclinée en film TV et en PLV, par vague selon les temps forts commerciaux, il était intéressant de prolonger le levier de communication Génération Atol sur les réseaux sociaux de la marque.

> Identifier les marqueurs de nostalgie pour les quarantenaires

Un quarantenaire d'aujourd'hui a vécu son enfance au fil des années 90. En fouillant dans les archives et les souvenirs, il a fallu déterrer des objets du quotidien devenus obsolètes, mais aussi plonger dans la pop culture TV, ciné et musique. Tamagochi, walkman, gameboy, rollers, Titanic, Nokia 3310, Friends, VHS... autant de madeleines de Proust, cultes ou oubliées qui font revivre leur jeunesse au coeur de cible Atol.

> Créer un univers singulier, propre à Atol

Une fois les sujets de nostalgie identifiés, ils sont détournés pour entrer dans l'univers Atol. D'une part, la référence est personnalisée et brandée, soit en marquant les objets du nom d'Atol soit en mettant en valeur une approche en rapport avec la vue ou l'optique.

D'autre part, les contenus sont traités avec un graphisme vintage, qui convoque de lui même la nostalgie des nineties : couleurs pop, pixel art, angles francs...

Réseaux sociaux | Storytelling | Notoriété

> Retrouvez les mots clés en index <

INFOS CLÉS

29,9 % de taux d'engagement

+ 77 % de réactions

+ 36,7 % de reach organique

> Engager la communauté

Un hashtag a été créé pour rassembler l'ensemble de ces contenus : #GenerationAtol. Il marque l'idée d'appartenance à un groupe, une communauté, dont seuls les membres peuvent comprendre les références. C'était aussi une manière de créer un rendez-vous et bien identifier cette catégorie de posts comme une typologie récurrente.

Pour la diffusion des contenus Génération Atol, les plateformes sociales Facebook et Twitter ont été privilégiées. D'une part au vue de l'âge moyen de leurs utilisateurs, plus élevé que sur Instagram, mais aussi pour l'interactivité qu'elles permettent.

Enfin, ces références visuelles ne seraient pas complètes sans les wordings associés, qui sont pensés pour engager directement la communauté avec des tournures de phrases inclusives (type « si toi aussi... ») des doubles références qui permettent de pousser la nostalgie, mais aussi des battles (coeur ou pouce pour exprimer sa préférence entre 2 objets ou 2 séries cultes). L'objectif : faire se souvenir, pour faire sourire puis inciter au partage et aux commentaires.

> Denver, le dernier dinosaure

> Le démineur sur Microsoft Windows

> Battle Queen vs. Beatles dans une TV cathodique

RÉSULTATS

> Les contenus Génération Atol engagent !

Les contenus **#GenerationAtol** sont devenus un rendez-vous régulier hebdomadaire pour les abonnés de la communauté Atol.

Sur **Facebook**, en 20 mois, le taux d'engagement de la page Atol est passé de 5,4% à 29,9% et le reach naturel a fait un bon de +36,7% grâce à ces posts beaucoup plus engageants.

Quand au nombre de partages et de réactions, ils ont respectivement connu une évolution de +28% et +77% au cours des 6 derniers mois.

Sur **Twitter**, le taux d'engagement est de 2% en moyenne. Les contenus Génération Atol génèrent en moyenne 53 réponses, dont 11 retweets.

Avec **#GenerationAtol**, la marque a su activer un levier de communication singulier, que les consommateurs retrouvent sur l'ensemble des points de contact.

> ATOL LES OPTICIENS
www.opticiens-atol.com

Sepideh Joudeki-Pascal
Chief Digital Officer
s.joudeki-pascal@opticiens-atol.com

Laurence Caurette,
Directrice Executive
l.caurette@opticiens-atol.com

> RAYMONDE
www.agenceraymonde.com

Antoine Baume
Co-fondateur et directeur de la stratégie
antoine@agenceraymonde.com

Hugo Meunier,
Co-fondateur et directeur général
hugo@agenceraymonde.com

Étude De Cas

JARDILAND

Les vidéos DIY JardiComment : un outil pédagogique pour petits et grands !

> DIY - Comment créer un potager à sauce tomate ?

PROBLÉMATIQUE DE LA MARQUE

> Contexte

Jardiland se positionne comme un facilitateur de vie et a pour ambition d'être la destination bien-être, physique ou digitale, préférée des familles pour le jardin à vivre, les animaux de compagnie et la maison.

En 2018, la marque lance son Simplissime du jardin, Le livre de jardinage le + facile du monde, avec 150 idées de projets de jardinage à réaliser chez soi. Ce livre a pour objectif de démontrer que jardiner c'est facile et surtout que "tout le monde a la main verte" !

Dans cette lignée, Jardiland a souhaité digitaliser ces conseils et astuces à travers un contenu vidéo ludique, accessible et inspirationnel. De cette volonté sont nés les tutoriels "Les JardiComment ? ".

> Objectifs

- Nourrir la plateforme de marque et moderniser l'image de l'enseigne ;
- Renforcer sa présence vidéo avec du contenu "How to" ;
- Générer de la préférence de marque et se différencier.

> Cibles

Conquérir les familles avec de jeunes enfants.

SOLUTION STRATÉGIQUE

> Idée

Cultiver son bien-être en toute simplicité... et en famille !

Pour cela, Jardiland met à la disposition des parents des idées pour partager des moments de complicité avec leurs enfants et que ces derniers apprennent tout en s'amusant, via du contenu dynamique et engageant. Portée par le succès des vidéos mettant en scène des enfants accompagnés d'un expert-animateur l'année passée, l'idée a été de les faire évoluer sous un nouveau format en mettant cette fois l'enfant au cœur de l'action dans des DIY ludiques, à la portée de tous. Au-delà du jardinage, la volonté était également d'élargir les thématiques proposées à l'animalerie afin de mettre en avant l'expertise métier de Jardiland sur ces deux univers. Ainsi, cette mini-série de vidéos tutos montre un enfant réalisant soit un accessoire pour son animal de compagnie soit un équipement pour le jardin ou le potager.

> Aspects innovants et différenciation

À travers ces vidéos ludiques et familiales, Jardiland se positionne en tant que pédagogue et affirme son rôle de facilitateur pour générer des moments de bien-être dans la vie des gens. En effet, l'enfant mis en scène s'adresse en réalité aux parents et véhicule des valeurs et messages forts. Il mobilise les émotions des adultes par son côté attendrissant et espiègle et les incite implicitement à des moments de partage et de transmission avec leurs propres enfants.

MISE EN PLACE OPÉRATIONNELLE

> Des thématiques ludiques et accessibles

Afin que les vidéos fédèrent le plus grand nombre et que les tutos puissent être réalisés à la fois par petits et grands, les thématiques ont été choisies pour leur caractère accessible et universel. La plupart ont été reprises du livre Simplissime du jardin produit par l'enseigne, pour une cohérence à 360°.

> Un casting attendrissant

Les protagonistes choisis pour incarner cette mini-série de vidéos sont tous des enfants de collaborateurs Jardiland. Cela

Brand Content | YouTube | Social media

> Retrouvez les mots clés en index <

INFOS CLÉS

5,3 millions d'impressions

2,6 millions de reach sur Facebook

940 000 vues sur YouTube

permet d'une part de s'éloigner d'un rendu potentiellement "surfait" avec des enfants acteurs et d'autre part de fédérer l'interne autour de cette production. Un casting a ainsi été organisé en interne dans le but de sélectionner les profils les plus à l'aise devant la caméra, mais aussi les plus spontanés, empreints d'une curiosité et d'un enthousiasme naturel.

> Un décor singulier et végétal

L'enfant mis en scène est plongé dans un "jardin de papier" constitué de feuilles, plantes, fleurs du jardin et animaux - sur inspiration de l'univers onirique de Michel Gondry - constituant le refuge idéal pour laisser place à l'imaginaire créatif enfantin tout en reprenant des éléments phares de la jardinerie et animalerie. Des éléments mobiles ou fixes en rapport avec la thématique du DIY viennent se rajouter afin de personnaliser et dynamiser la vidéo.

> Une feuille de script laissant place à l'improvisation

Afin de s'assurer du bon déroulé du tournage, une trame de script est rédigée en amont. Des phrases clés, légères et enthousiastes, associées aux différentes étapes de réalisation du tuto, sont suggérées à l'enfant pendant les scènes. L'improvisation et le naturel sont cependant toujours privilégiés du moment que la compréhension des étapes reste optimale.

> Un naming explicite

La mini-série a été nommée "Les JardiComment ? " pour reprendre le *langage identitaire** "Les Jardi..." propre à l'enseigne et être facilement identifiable et mémorisable par tous.

> Une diffusion adaptée aux différentes plateformes

"Les JardiComment ?" ont été déclinés sous plusieurs formats *user friendly** afin de s'adapter aux différentes plateformes de diffusion de l'écosystème Jardiland et ont été diffusés de manière hebdomadaire afin de créer un rendez-vous avec la communauté.

RÉSULTATS

Les 8 vidéos produites sur le premier semestre 2019 ont rencontré un franc succès avec des commentaires très positifs de la part des internautes : "Wouahhhhhh génial bravo", "petite activité du mercredi", "Il est trop chou ce petit bonhomme", "Très joli", "tu pourras faire ça pendant les vacances", "Prenez de la graine !", etc.

*Retrouvez la définition dans le lexique en fin d'ouvrage.

> *"Il mobilise les émotions des adultes par son côté attendrissant et espiègle et les incite implicitement à des moments de partage et de transmission avec leurs propres enfants."*

> JARDILAND
www.jardiland.com

Juliana Denerolle
Responsable Brand Content et Social Media
j.denerolle@jardiland.com

Camille Lefort
Responsable Communication & Événementiel
c.lefort@jardiland.com

> RAYMONDE
www.agenceraymonde.com

Antoine Baume
Directeur de la stratégie (co-fondateur)
antoine@agenceraymonde.com

Hugo Meunier
Directeur Général (co-fondateur)
hugo@agenceraymonde.com

Étude De Cas

ELLE

Quand la marque devient un média : l'exemple "Des Inspirées"

> Les inspirées, une histoire écrite par ELLE et Electrolux

PROBLÉMATIQUE DE LA MARQUE

> Contexte

En 2016, le Lab'ELLE (laboratoire créatif de la marque ELLE), sous l'impulsion de l'agence média ZENITH, imagine pour Electrolux un concept inédit, "Les Inspirées", tourné vers l'événementiel. Fort de son succès le partenariat est reconduit et amplifié en 2017. En 2018, la marque revient avec de nouvelles ambitions et l'envie d'aller plus loin, tout en capitalisant sur les deux premières années de collaboration.

> Besoins de la marque

Alors que le choix d'un produit électroménager se fait souvent par le prisme de ses qualités techniques, Electrolux souhaite se différencier en développant sa proximité avec sa cible en apportant un discours autour de bénéfices concrets, afin de générer de la préférence de marque au moment de l'achat.

> 4 objectifs principaux

- Nourrir le capital émotionnel de la marque ;
- Incarner des valeurs de modernité, de simplicité et de créativité ;
- Créer un lien de proximité ;
- Apporter des solutions concrètes et innovantes aux femmes.

> Cibles

Femmes, Les 20-30 ans, Famille

> Budget

De 200 000 € à 500 000 €

SOLUTION STRATÉGIQUE

En 2018, la stratégie consiste à faire des "Inspirées" une marque média intégrée au service des enjeux d'Electrolux : conçue sur-mesure et portée par la puissance et la caution de la marque ELLE, ce brand media d'un genre nouveau, hybride et multicanal, engage avec les lectrices de ELLE une discussion ancrée dans leur vie de tous les jours. Véritable mine d'idées, de conseils, et d'inspirations, "Les Inspirées" répond de façon concrète aux contraintes du quotidien.

Le Lab'ELLE a identifié 3 insights forts à prendre en compte dans la conception de sa réponse :

- Un changement dans les habitudes d'achat des femmes avec le besoin de consommer moins, mais mieux, au travers des produits de meilleure qualité ;
- Un besoin de prendre du temps pour soi ;
- Une recherche constante d'inspirations au travers des communautés.

> La promesse

"Les Inspirées" accompagnent toutes les femmes pour améliorer, faciliter et illuminer leur quotidien grâce à des conseils pratiques, une foule d'idées et d'inspirations, food, déco, et lifestyle, avec une approche simple et ludique.

En fil rouge, des valeurs fortes :

- Créativité
- Eco-responsabilité
- Partage

MISE EN PLACE OPÉRATIONNELLE

Basé sur une grande diversité et une richesse de contenus, "Les Inspirées" répond aux problématiques du quotidien telles que le recyclage, le soin du linge, des recettes faciles et rapides à cuisiner, etc. Les Inspirées, c'est une charte éditoriale créée sur-mesure, avec une ligne et un ton spécifique, une identité sonore et de codes visuels forts, rendant les prises de parole facilement identifiables et renforçant ainsi l'effet "fil rouge" recherché.

INFOS CLÉS

12,5 millions de contacts

3,4 millions de vidéos vues sur les réseaux sociaux

330 000 visites sur l'espace dédié

Cette opération se distingue par le nombre et la diversité des contenus produits, une centaine au total, et des supports utilisés pour les diffuser :

- Des contenus vidéo : interviews de personnalités inspirantes, tutos recettes ou DIY, etc.
- Des articles sur elle.fr avec les astuces et conseils pratiques ;
- Des contenus spécifiques pour les réseaux sociaux : diaporamas d'inspirations food, déco ou mode, stories hebdomadaires, jeux-concours, etc.

Le tout incarné par un pool d'une douzaine d'Inspirées sélectionnées par le Lab'ELLE pour leur parcours original, l'affinité avec la marque Electrolux et leurs engagements forts : Charlotte co-fondatrice de Cook Angels, Céline du blog Frappée par la food, Laetitia fondatrice du label Marsou, Colombine fondatrice de la maison d'édition d'art Les Petits Collectionneurs, Mathilde et Victoire créatrices de la marque Chichi Castelnango, Anne-Sophie du blog Asnadja, Camille créatrice de la marque l'Atelier de Camille, etc.

À la fois successful et accessibles, audacieuses, créatives, sans être des stars d'Instagram, ces jeunes femmes vont venir incarner le discours et les valeurs de la marque. Ce qui est recherché ici n'est surtout pas le nombre de leurs followers, mais le caractère inspirant de leurs choix de vie et la simplicité de leur approche. Par leur voix, spontanée et accessible, les Inspirées se font l'écho des valeurs de la marque et renforcent sa proximité avec les consommatrices. Elles sont un élément essentiel de la stratégie des Inspirées.

RÉSULTATS

Une stratégie qui a porté ses fruits avec des résultats largement au-delà des attentes :

- 3,4 millions de vidéos vues ;
- 12 millions de reach sur les réseaux sociaux ;
- 200 000 vues des stories Instagram (+ 26 % vs les objectifs) ;
- 8,5 millions d'impressions sur les diaporamas (+ 13 % vs objectifs) ;
- 35 % de taux d'engagement sur les jeux-concours en moyenne ;
- Plus de 330 000 visites sur les articles sur Elle.fr (+ 106 % vs objectifs) ;
- Un taux de clic record de 2,82 % sur les formats natifs.

Un partenariat apprécié tant sur le fond que sur la forme avec un score d'agrément qui progresse vs les 2 précédentes opérations (+ 9 pts vs 2017). La campagne renforce l'image de marque d'Electrolux, notamment sur la différenciation (+ 14 pts), l'innovation (+ 9 pts) et la modernité (+ 8 pts).

Une opération réussie, car portée par une conviction forte selon laquelle le brand content ne doit pas seulement être l'expression de la créativité née d'un partenariat entre une marque et un média, mais il doit proposer un contenu réellement divertissant, utile, engageant et créer un véritable attachement à la marque au-delà d'une actualité commerciale ou produits. Créer de la connivence, faire preuve d'empathie, de complicité, et générer une véritable émotion, tel est le but ultime du brand content qui, à ce titre, confirme son caractère stratégique et de plus en plus connecté au business des marques.

"Le concept est génial, les vidéos de belle qualité, les infos sont vraiment pratiques et vont au-delà de nos questions. Belle réussite de communication, moderne et inspirante. Bravo pour le titre d'ailleurs : "Les inspirées" ! C'est tout à fait cela."

Julie
lectrice de ELLE

> ELECTROLUX
www.electrolux.fr

> CMI Media / Lab'ELLE
www.cmimedia.fr

Chantal-Marie de Renty
cmderenty@cmimedia.fr

Étude De Cas

INA

Quand les archives audiovisuelles éclairent et renforcent le discours des marques

PROBLÉMATIQUE DE LA MARQUE

L'INA, entreprise publique audiovisuelle et numérique, collecte, sauvegarde et valorise le patrimoine audiovisuel français. Résolument ancré dans l'ère du multi-écrans, l'INA inscrit au cœur de sa stratégie de valorisation de ses contenus les mutations sociétales et technologiques de son temps, mais aussi l'évolution des modes de consommation et de diffusion avec pour objectif d'adresser aussi bien le grand public que les marchés professionnels.

Déjà très présent auprès des acteurs professionnels du marché audiovisuel, l'INA déploie une stratégie de diversification orientée notamment vers les nouveaux marchés de l'édition numérique et de la communication. Avec près d'un siècle de contenus audiovisuels et 2 millions d'heures numérisées de programmes TV et radio, les collections de l'INA constituent une matière originale, forte et riche en émotions, au service de tous les créateurs.

La force d'une marque réside dans sa capacité à raconter sa propre histoire, à prendre position et à engager le dialogue avec ses communautés. Pour réussir à accompagner au plus près les entreprises dans leur dynamique éditoriale, l'INA a fait évoluer le périmètre de ses offres actuelles pour apporter des solutions adaptées aux enjeux de ces acteurs, associant conseil, créativité et innovation éditoriale.

SOLUTION STRATÉGIQUE

> La Content Factory, un pôle agile de compétences dédiées au brand content

Pour faire résonner efficacement les histoires des marques et éclairer leur discours dans cet environnement de communication intense et multiple, l'INA a fait le choix d'intégrer au sein de son organisation un pôle ressource agile, rompue aux enjeux multiples du brand content : la Content Factory.

La Content Factory est une unité autonome de conception et de production. Elle est organisée pour apporter aux entreprises des solutions éditoriales créatives et ciblées, en phase avec les usages du numérique.

Son savoir-faire s'appuie sur sa capacité à conjuguer la pertinence éditoriale de l'INA aux exigences de rythme de l'écriture numérique. L'INA offre ainsi à ses clients une solution globale, de la cession de droits à la production tous formats.

MISE EN PLACE OPÉRATIONNELLE

La Content Factory s'appuie sur une équipe dédiée multi-talents de collaborateurs et collaboratrices intervenant sur toute la chaîne de production, et qui réunissent des expertises éditoriales et graphiques dans le domaine des contenus numériques : producteurs coordinateurs, chargés de production, rédacteurs, monteurs et motion-designers.

En lien constant avec les marchés et ses clients, en veille permanente sur l'actualité des médias numériques, la Content Factory nourrit ses propositions de toutes les évolutions observées et analysées en termes d'écriture et de format afin d'apporter aux communautés des marques une expérience narrative originale et multiple.

RÉSULTATS

Créée en 2018, la Content Factory a déjà su adresser une grande diversité de clients : marques, acteurs institutionnels, collectivités territoriales. L'INA a ainsi développé et produit contenus et formats dédiés pour plusieurs dizaines de clients aux besoins diversifiés.

Brand content | Vidéo | Marketing de contenu

> Retrouvez les mots clés en index <

INFOS CLÉS

2 millions d'heures de programmes disponibles sur inamediapro.com

+ de 14 000 utilisateurs professionnels

+ de 900 clients en France et à l'international

Quelques exemples :

- "Origine Destination" : une web-série écrite et produite pour la SNCF à l'occasion de leur 80e anniversaire, l'occasion de revenir en 20 épisodes sur l'histoire à la fois collective et intime qui unit les Français et le train ;

- Festival Jour d'envol : la réalisation d'un module court de promotion de l'événement pour Red Bull ;

- Festival américain de Deauville : l'écriture et la réalisation d'une série de 4 modules à l'occasion du 45e anniversaire du Festival en collaboration avec l'agence Le Public Système ;

- "La Pyramide, le grand feuilleton du Louvre" : une websérie décalée et 100 % archives coproduite avec le Musée du Louvre à l'occasion des 30 ans de la construction de la Pyramide.

Des institutions comme le CSA ou le Ministère de la Culture, des marques comme Vilebrequin ou la station de sports d'hiver de Flaine figurent également parmi les premiers clients de la Content Factory, confirmant l'intérêt pour ce nouveau pôle d'expertise et de réalisations que propose l'INA.

> Pour aller plus loin, l'INA produit de la recherche et innove dans le domaine du monitoring des contenus audiovisuels et numériques

L'INA allie contenus, données, intelligence artificielle, détection de l'image et du son, pour préserver, analyser et valoriser notre patrimoine média. Il développe des prototypes et met au point des technologies utiles aux professionnels de l'audiovisuel en France et à l'international.

Signature, solution industrialisée de monitoring des contenus au service des professionnels, permet ainsi de détecter efficacement des copies vidéo, même transformées. Commercialisée et utilisée par les plus grands studios de production et acteurs de la vidéo en ligne, elle a reçu en 2018 un Emmy Award, prestigieuse distinction du monde audiovisuel.

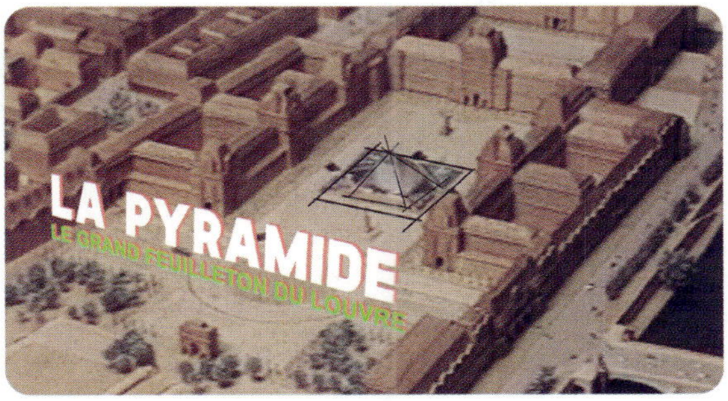

> La Pyramide, le grand feuilleton du Louvre

> Origine Destination pour SNCF

> Film pour les 60 ans du Ministère de la Culture

> INA
http://institut.ina.fr

Thomas Arbez, producteur
coordinateur de la Content Factory
tarbez@ina.fr

Philippe Sartori,
responsable du Département Marketing & Ventes
psartori@ina.fr

Étude De Cas

HELLOWORK

Orchestrer un dispositif de contenus autour de la "vie de bureau" pour HelloWork

> Page article "Vie de bureau"

PROBLÉMATIQUE DE LA MARQUE

Au travers de ses différents sites (ParisJob, RegionsJob, OuestJob, SudOuestJob, NordJob, PacaJob, etc.), HelloWork, acteur digital de référence sur le marché du recrutement, de l'emploi et de la formation, accompagne les actifs dans leur vie professionnelle avec une ambition : aborder chaque lundi avec le sourire...

Considérant que l'on doit être bien dans son job et que le lundi ne doit pas être synonyme de morosité, HelloWork s'engage auprès des actifs en faveur de l'épanouissement et la réussite professionnels. Dans un contexte de développement et de croissance ambitieux, l'annonceur a ainsi souhaité créer de la résonance autour de sa campagne "Souriez c'est lundi" visant à atteindre les jeunes actifs dans une démarche de mobilité professionnelle.

Les objectifs ? Booster la notoriété de ses marques auprès des jeunes actifs urbains, cœur de cible de 20 Minutes et répondre à une problématique de "drive to web".

SOLUTION STRATÉGIQUE

› Le concept

Dans une même logique que le positionnement serviciel et d'accompagnement de la plateforme, et en accord avec l'état d'esprit "feel good" de la campagne, HelloWork a confié à 20 Minutes (éditeur d'information majeur en France, 22 millions de lecteurs par mois, 42 % des Français touchés) une campagne de "content marketing" pour délivrer du contenu pertinent et utile autour de la vie de bureau.

Chez 20 Minutes, l'approche du contenu est liée à son expertise et à ce qu'il est : un éditeur d'info reconnu. Créer du contenu, c'est bien. Le faire émerger et le rendre visible auprès d'une large audience ou de publics très qualifiés et engagés, c'est mieux ! C'est pourquoi 20 Minutes aborde toujours la création de contenus de marque, d'abord et avant tout dans une logique "user first".

› Des contenus affinitaires et une contextualisation du message "Souriez c'est lundi"

Durant 21 semaines (de mars à novembre 2019), 20 Minutes a ainsi proposé à ses lecteurs d'aller l'encontre des idées reçues en distillant conseils et astuces pour aborder le lundi avec le sourire, au sein d'une rubrique créée pour l'occasion : "Vie de bureau". En affinité avec la cible des lecteurs et internautes de 20 Minutes, ce rendez-vous éditorial hebdomadaire délivrait à la fois des clés pour se sentir bien dans son job et se poser les bonnes questions en termes d'évolution de carrière. L'objectif ? Permettre à la marque de préempter un territoire d'expression fort et engageant vis-à-vis du lecteur grâce à un "ton 20 Minutes", des formats d'articles variés et insolites et l'activation de leviers de performances (SEO, social, etc.).

MISE EN PLACE OPÉRATIONNELLE

› Durée

De mars à novembre 2019

› Une campagne 360° (print, web, mobile, social) pour créer un maximum d'impact

En complément du disposif print consistant en une parution hebdomadaire dans le journal (près de 4 millions de lecteurs touchés par jour), le volet digital a permis d'amplifier la portée des contenus.

Le truc en + : activation du géo-ciblage en région pour mettre en avant ses marques locales.

Marketing de contenu | Display | Réseaux sociaux

> Retrouvez les mots clés en index <

INFOS CLÉS

16 250 Vu/ jour en moyenne par article	Temps moyen par article : **3'15**	**4 000** interactions par article en moyenne

> Des angles éditoriaux variés, insolites et élaborés pour matcher avec les audiences 20 Minutes

"Sept raisons d'être à son poste"; "Comment être heureux au travail"; "Droit, emploi, santé... Dix bonnes nouvelles pour commencer la semaine en douceur"...

Pensé pour s'intégrer nativement dans l'univers 20 Minutes et matcher parfaitement avec le contrat de lecture du média, le dispositif a bénéficié d'une médiatisation au sein de l'ensemble de l'écosystème 20 Minutes : journal, web, mobile, réseaux sociaux... permettant de faire rayonner le dispositif auprès d'une communauté très puissante et engagée : près de 3 millions de fans suivent 20 Minutes sur Facebook.

Couplé à ce dispositif, une présence publicitaire via des formats premium desktop et mobile pour créer du trafic sur les sites de l'annonceur ont assuré de la répétition et une visibilité optimale de la campagne.

> Campagne "Souriez c'est lundi"

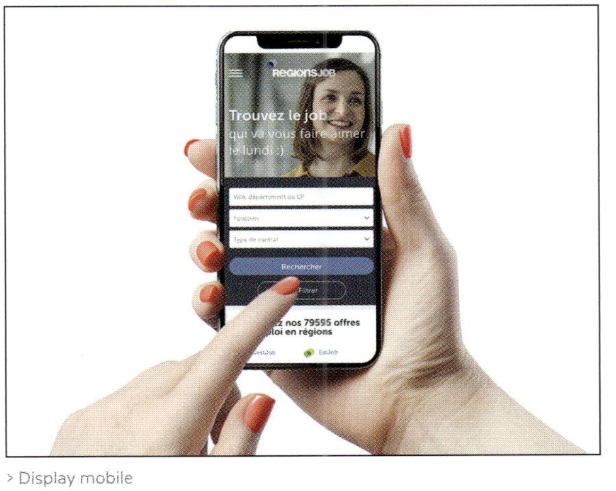

> Display mobile

RÉSULTATS

> Une opération spéciale sur le long terme qui allie image, visibilité et performance

L'opération a rencontré un large succès d'audience en enregistrant en moyenne 16 250 Visiteurs Uniques par jour pour un objectif initial de 10 000 VU, et un temps passé moyen de 3'15 par article.

Au-delà du seul indicateur de trafic, l'appétence des lecteurs pour ces contenus a été mesurée auprès du panel de lecteurs/internautes de 20 Minutes (6 000 membres actifs). Lors de ce bilan de campagne, les excellents scores obtenus en matière d'intérêt, d'agrément et d'intention de se renseigner exprimés par les lecteurs ont confirmé la réussite de l'opération et prouvé la capacité de 20 Minutes à être un véritable média d'activation.

- **En résumé** : 60 % des lecteurs ont déclaré avoir découvert RégionsJob grâce à la série d'articles "Vie de bureau" parus dans 20 Minutes ;
- 56 % ont déclaré avoir l'intention de consulter le site ;
- 90 % ont trouvé ces articles agréables à lire ;
- 83 % ont estimé que ces articles donnaient le sourire.

Source : sondage réalisé auprès du panel "20 Minutes Expérience". Février/mars 2019, 302 répondants

> HELLOWORK
www.hellowork.com

David Beaurepaire
Directeur délégué
dbeaurepaire@hellowork.com

> 20 MINUTES
www.20minutes.fr

Natacha Manuel
Directrice Content Marketing
nmanuel@20minutes.fr

Étude De Cas

BIOCOOP

Un Film Manifeste pour porter la singularité de Biocoop auprès du plus grand nombre

> Image issue du Film Manifeste Biocoop www.biocoop.fr

PROBLÉMATIQUE DE LA MARQUE

> Contexte

Pionnière de LA bio, Biocoop est née il y a plus de 30 ans de l'initiative de producteurs et de consommateurs qui se sont réunis en coopérative pour consommer mieux autrement. Cette démarche n'a pas toujours été comprise, ce qui a été confirmé par un diagnostic approfondi réalisé par IPSOS il y a 2 ans. Il nous est ainsi apparu évident de clarifier la vision, la mission, le positionnement, bref de redéfinir la plateforme de marque qui s'est incarnée par une nouvelle signature et identité visuelle.

En tant que réseau coopératif, c'est collectivement que Biocoop a construit cette nouvelle plateforme de marque en consultant plus de 1000 collaborateurs, consommateurs, producteurs et partenaires !

Cette nouvelle posture de marque était l'opportunité d'affirmer notre singularité sur un marché qui tend à s'uniformiser.

Au moment où tout le monde prend la parole sur le bio, Biocoop est convaincu qu'il est aujourd'hui essentiel de rétablir ses vérités et sa vision du monde. Face à un marché de plus en plus concurrentiel, la marque devait préciser sa singularité pour continuer à nourrir une croissance saine et durable. Elle devait dire haut et fort ce qu'elle fait, porter avec justesse ses engagements de réseau militant, responsable et citoyen et faire comprendre la différence entre le bio et LA bio, de façon simple et incontestable.

> Cible

Biocoop souhaite s'adresser au plus grand nombre et toucher d'une manière générale l'ensemble des consommateurs bio.

> Objectifs

- Devenir le distributeur spécialisé bio préféré des français ;
- Générer du trafic en magasin ;
- Affirmer et expliquer notre plus grande différence - la coopérative - au grand public.

> Budget

De 500 000 € à 1 million €

SOLUTION STRATÉGIQUE

> Idée

Il est vite apparu évident que la nouvelle signature, riche de sens : « La Bio nous rassemble » devait cristalliser de manière immédiate et évidente le positionnement clarifié. « La Bio nous rassemble » est autant une preuve qu'une promesse ! Il s'agissait pour la marque de rendre évident et lisible le modèle unique de Biocoop sans pour autant le vulgariser. Une prise de parole stratégique a été envisagée pour répondre à 3 enjeux majeurs :

- **Marque notre différence ;**
- **Rassembler ;**
- **S'ancrer dans la réalité.**

Ce sont ces valeurs qui font toutes la différence : la coopération, la solidarité, la responsabilité, l'innovation, la transparence, l'équité, la militance, la passion. Ce sont toutes ces valeurs qui rassemblent... et que l'on retrouve dans ce manifeste issu de la plateforme de marque.

L'idée créative a été de traduire ce manifeste en film, car il engage bien plus que des mots. Il permet de réaffirmer qui l'identité de Biocoop, de faciliter la compréhension du modèle unique, de donner envie d'entrer dans les magasins.

Branding | Notoriété | Stratégie Image

> Retrouvez les mots clés en index <

INFOS CLÉS

44 millions de contacts touchés

+ 5% de fréquentation

78% de notoriété globale

« Bienvenue chez Biocoop », c'est ce que la marque souhaite dire au plus grand nombre.

MISE EN PLACE OPÉRATIONNELLE

Porter la singularité auprès du plus grand nombre : cette ambition a guidé la stratégie de moyens. En 2018, pour la 1ère fois de son histoire Biocoop a décidé d'être présent en télévision ! Une décision forte, prise collectivement comme à notre habitude.

> Depuis 2018, il y a eu 3 prises de parole :

- **Vague n°1 :** TV et digital du 22 octobre au 4 novembre 2018
- **Vague n°2 :** TV du 14 au 30 décembre 2019
- **Vague n°3 :** TV, digital et cinéma du 18 mars au 2 avril 2019

Ces prises de parole nationales ont été également relayées au niveau local par notre réseau de magasins. Pour cela, Biocoop a mis à disposition : 8 formats du film, 5 insertions presse, des formats Abribus et un spot radio ! L'opportunité pour chaque magasin de communiquer sur sa zone de chalandise.

> Notre stratégie média était simple :

- S'adresser au grand public tout en visant un cœur de cible "bio attentif" : une cible Femmes 35-59 ans a été retenue en TV pour construire le plan avec des retombées auprès des bio attentifs ;
- Capitaliser sur un format long pour installer le film puis travailler la répétition avec des formats courts ;
- Adresser les petits consommateurs TV grâce au digital
    - diffuser le film via une approche affinitaire
    - concentrer la présence sur des univers sur-consommés tout en garantissant la qualité de diffusion en sélectionnant des sites/plateformes premium (catch-up France TV / Arte, YouTube, Facebook, Freewheel

RÉSULTATS

En 3 vagues de diffusion, la marque touche 75% de son cœur de cible avec 5 répétitions. Au total, ce sont 44 millions de contacts pour la 1ère vague.

Biocoop est devenue l'enseigne spécialisée bio la plus connue en France avec 78% de notoriété globale*.

De plus, la préférence d'achat a grimpé de 4% sur la période et fait une entrée en 6e position au classement des enseignes préférées des français.

Cette campagne incitative qui a donné envie à 73% des personnes interrogées qui ne connaissaient pas la marque ou ont peu ou pas de fréquenter l'enseigne.

Des résultats qui se sont aussi ressentis en magasin avec une augmentation de 5% de la fréquentation sur la période.

Enfin, 77% du public a compris que Biocoop était une coopérative et les valeurs qui y sont associées :

- 53% responsabilité ;
- 41% solidarité ;
- 39% militant.

*un post test a été réalisé par BVA à l'issue de la 1ère vague.
Très bons résultats également vérifiés lors de la mesure de la vague 3.

> *"Cette campagne nous définit par rapport à nos concurrents, nous donne le cap à tenir, ouvre un discours plus simple avec les consommateurs. Elle raconte qui nous sommes et où nous allons."*

> BIOCOOP
www.biocoop.fr

Marion Ramassamy
Directrice adjointe de la communication
m.ramassamy@biocoop.fr

> HUNGRY AND FOOLISH
www.hungryandfoolish.paris

Jean-Benoist Werth,
Directeur général
jbw@hungry.paris

Alexandre Pecard,
Directeur conseil
ap@hungry.paris

Étude De Cas

THE CAMP

La proximité comme pilier des RP

PROBLÉMATIQUE DE LA MARQUE

> Contexte

Créé par Frédéric Chevalier en 2013, Thecamp réunit les talents du monde entier pour construire le monde de demain. Dans ce campus du futur, situé à Aix-en-Provence, des créateurs, entrepreneurs, étudiants et chercheurs se forment, s'inspirent et partagent leurs expériences pour développer des projets d'intérêt général.

Qu'ils soient spécialisés dans les secteurs de l'alimentation, la mobilité, l'énergie ou encore le futur du travail, les talents de Thecamp proposent des solutions concrètes pour l'avenir de notre société.

Dans la multitude de programmes réalisés par Thecamp, la Hive accueille chaque année près de 40 jeunes talents de 16 à 30 ans en résidence de création. Son but principal est d'accompagner les créateurs dans la concrétisation de leurs projets, en mettant en avant la création collaborative, pluridisciplinaire et multiculturelle des générations connectées.

> Cibles

Inspiré des campus américains, Thecamp accueille et accompagne les campers tout au long de la réalisation de leurs projets, qu'ils soient des créatifs de la nouvelle génération (designers, artistes numériques, plasticiens, codeurs), étudiants post-graduate, chercheurs, chefs d'entreprises, professionnels du privé ou du public.

> Objectifs

- Faire connaître au grand public les activités du campus ;
- Mettre en avant la concrétisation des projets des campers ;
- Donner une dimension internationale à Thecamp.

SOLUTION STRATÉGIQUE

Pour répondre aux objectifs du client et engager les cibles, l'agence a souhaité dans un premier temps créer le lien avec les candidats et mettre en avant leurs initiatives, en organisant des interviews auprès d'un écosystème médiatique régional et local. Dans un second temps, afin de toucher une cible nationale et internationale, la présentation officielle de la sélection des Hivers a été organisée à Paris.

La Hive accueille chaque année près de 40 jeunes talents de 16 à 30 ans en résidence de création, dans le but d'accompagner les créateurs dans la concrétisation de leurs projets. Elle met ainsi en avant la création collaborative, pluridisciplinaire et multiculturelle des générations connectées. Quand ils intègrent Hive, les Hivers ne viennent pas pour développer un projet personnel, mais pour s'engager dans un projet collectif qui répond à des problématiques de fond pour la société. De plus, ils sont invités à interagir avec d'autres explorateurs du campus, à participer à des séminaires, à des ateliers pour partager leurs connaissances et expériences.

Pour être en cohérence avec la dimension internationale de Thecamp, le jury a sélectionné les vingt premiers Hivers, issus de dix pays différents : la France, la Tunisie, le Sénégal, les Pays-Bas, le Brésil, les Etats-Unis, l'Italie, la Colombie, Taiwan et l'Espagne.

MISE EN PLACE OPÉRATIONNELLE

En amont de la stratégie RP, l'agence a co-construit avec la marque un story-telling mettant en exergue l'ADN de la Hive, la collaboration, la création, l'ouverture, la projection dans le monde de demain et la concrétisation des réalisations.

Relation medias | Réseaux sociaux | E-RP

> Retrouvez les mots clés en index <

INFOS CLÉS

+ de 30 retombées presse

5 interviews radio

Afin d'aller au-delà de la proposition de visite du lieu pour les médias locaux et régionaux, nous avons mis en exergue les profils des candidats et avons proposé de les rencontrer de manière très conviviale pour expliquer leurs motivations plus en détail. Le timing s'est échelonné en fonction des disponibilités des journalistes, et ce, jusqu'à la sélection finale. Grâce à la diversité des projets et parcours des jeunes créatifs, les médias ont pu s'appuyer sur des angles de communication correspondant à leurs besoins. Ce dispositif de proximité a permis d'obtenir des portraits et articles de fond, d'humaniser le concept qu'est Thecamp, et d'en comprendre le sens réel.

Le deuxième temps fort de cette campagne est la sélection finale, qui a été délocalisée à Paris.

La stratégie média a été inversée : nous n'avons pas organisé un voyage de presse sur Thecamp à Aix-en-Provence, nous sommes venus à la rencontre des médias nationaux et internationaux afin de leur présenter les projets sélectionnés et entendre les pitchs des candidats retenus.

Cette approche stratégique a permis de détourner une problématique majeure de localisation et de disponibilité et de porter un message fort de désir de proximité.

Les messages clés délivrés grâce à ce dispositif ont été nettement repris dans les médias : l'accompagnement de Thecamp pour les jeunes créatifs, la relation humaine au cœur de l'ADN, la confiance, l'inspiration et la concrétisation.

Créer du lien est essentiel dans le métier des *Relations Media**, le mot "Relations" n'étant pas un hasard. Il en résulte l'instauration d'un climat de confiance qui génère des résultats rapides.

RÉSULTATS

- Plus de 30 retombées médiatiques en 2 mois
- Un spectre médiatique à forte audience et diversifié
- Des reportages radio et TV permettant la reprise de ces retombées médias sur les réseaux sociaux

*Retrouvez la définition dans le lexique en fin d'ouvrage.

> Des tests en live sur Thecamp

> Des pitchs inspirants

> Découverte des projets des candidats

> THECAMP
www.thecamp.fr

> KALIMA PR
www.kalima-rp.fr
Fiche d'entreprise p. 492

Marion Lauria
Directrice Générale
mlauria@kalima-rp.fr

Étude De Cas

LUNCHR

Frapper fort et disrupter les codes du secteur en publicité

PROBLÉMATIQUE DE LA MARQUE

> Contexte

À l'ère de la dématérialisation et de la simplification des usages, le secteur des titres-restaurant n'a que très peu évolué depuis 50 ans dans un marché quasi monopolistique. Ce constat a poussé Loïc Soubeyrand, créateur d'entreprise récidiviste, à repenser intégralement l'expérience du déjeuner entre collègues. La carte titres-restaurant Lunchr devient alors un moyen d'améliorer le bien-être des employés, en proposant une panoplie de services simplifiant les transactions, offrant des réductions sur ses repas et invitant à la convivialité. Pour accélérer son développement, Lunchr frappe fort avec sa première campagne pub, une campagne osée, conçue par la jeune agence pub et digitale, BELLE.

> Lunchr en quelques points clés

Lunchr est une jeune start-up d'à peine plus de deux ans, ayant levé 45 millions € et recruté 150 collaborateurs.

Lunchr propose une carte titres-restaurant acceptée partout où l'on peut manger (soit dans + de 220 000 établissements qui acceptent les titres-restaurant) et permettant de payer au centime près.

Cette carte permet aussi de dépenser au-delà de la limite de 19 €/jour en un seul geste, en associant sa carte bancaire personnelle à sa carte Lunchr.

Elle est accompagnée d'une application intuitive facilitant la gestion de son crédit depuis son mobile.

Parmi les autres services exclusifs à Lunchr, la commande groupée permet aux collaborateurs d'une même entreprise de commander les repas ensemble, de payer séparément et de bénéficier de réductions allant jusqu'à 30 %.

> Budget

> 1 million €

SOLUTION STRATÉGIQUE

Lunchr et l'agence BELLE réfléchissent à un système en 2 volets.

 # Le volet décideurs BtoB

La start-up compte déjà plus de 3 500 clients qui ont choisi sa carte déjeuner pour améliorer la satisfaction et le bien-être de leurs employés. La marque a donc souhaité leur faire honneur, mais de façon tout à fait décalée.

En effet, si le fond du message traite de bienveillance, la forme, quant à elle, est beaucoup plus provocatrice et interpellante.

« Lunchr sert surtout un objectif qui dépasse la pause déjeuner : celui de remettre la culture d'entreprise au cœur des préoccupations. La culture d'entreprise, c'est le socle de la réussite. En entrant par la petite porte de la pause déj', notre solution peut largement contribuer au bien-être au sein d'une organisation, quelle que soit sa taille », commente Loïc Soubeyrand, fondateur de Lunchr.

 # Le volet Grand Public

Rejoindre Lunchr, c'est vivre avec son époque, une époque où simplicité, convivialité et rapidité sont les maîtres-mots. « Ce qu'on aime chez Lunchr, c'est lire entre les lignes des nouveaux usages pour proposer des services autour du déjeuner auxquels personne d'autre que nous n'aurait pu penser », déclare Loïc Soubeyrand.

Ici, la campagne montre qu'il est temps de changer d'époque, en tirant un trait sur les titres-resto en papier, pour passer à la carte Lunchr.

Publicité | Influence | Notoriété

> Retrouvez les mots clés en index <

INFOS CLÉS

+ 43 % de trafic sur le site internet

+ 132 % de leads entrants

+ 500 000 vues de la campagne en organique sur LinkedIn

MISE EN PLACE OPÉRATIONNELLE

> Durée septembre 2019

 # Le volet décideurs

« Quand vous proposez de l'audace créative à des clients qui n'ont pas froid aux yeux, ça va vite, on s'amuse et chez BELLE on aime ça. », ajoute Pierre Duquesnoy, co-fondateur et Directeur de création BELLE.

Pour frapper fort et générer de la fierté chez ses clients décideurs, Lunchr déploie les portraits de Xavier Niel, Fleur Pellerin et Marc Simoncini avec 3 parutions presse choisies - Le Parisien, Le Monde et les Echos. Dans le même temps, un effet boule de neige sur les réseaux sociaux est orchestré et la campagne est de nombreuses fois reprise par les influenceurs patrons.

Des déclinaisons, avec notamment les clients Mano Mano, Trainline, Drivy ou encore Meero sont également visibles en digital.

Pour recruter de nouveaux clients, un dispositif d'affichage sauvage est déployé à proximité d'une sélection d'entreprises encore non clientes Lunchr.

 # Le volet Grand Public

Pour faire passer ce message, la création publicitaire accentue **le caractère archaïque du titre-resto papier en jouant sur des situations absurdes et pourtant bien réelles.**

Pour doper sa notoriété et générer rapidement des adhésions, Lunchr investit Paris via un plan média massif on et off line : réseaux sociaux, métro, bus et affichage extérieur.

En complément, une opération spéciale de cooptation propose aux salariés des entreprises non clientes de recevoir des cartes Lunchr prépayées pour tester l'expérience !

> Fleur Pellerin et Xavier Niel, PDG emblématiques, prennent la pose pour le volet BtoB

> Un volet grand public en rupture avec les codes du marché

RÉSULTATS

- **+ 500 000 vues de la campagne en organique sur LinkedIn**
- **+ 43 % de trafic sur son site Internet**
- **+ 132 % de *leads** entrants**

Dès la première semaine de campagne.

Lunchr renforce ainsi son statut de challenger et trublion du secteur. Entre audace et prise de risque, cette nouvelle prise de parole affiche à la fois un ton de marque léger et des intentions sérieuses de continuer à bouleverser ce marché.

*Retrouvez la définition dans le lexique en fin d'ouvrage.

> LUNCHR
www.lunchr.co

Anne-Carole Coen
CMO
anne-carole.coen@lunc.hr

> AGENCE BELLE
https://agencebelle.com

Solène Madec
CEO Founder
solene.madec@agencebelle.com

Nathalie Alves
Co Founder
nathalie.alves@agencebelle.com

Étude De Cas

SAMUSOCIAL DE PARIS

Sensibiliser sur les seniors sans-abris en vue d'un appel à dons

> Donnez-leur les moyens de vieillir www.josiane.fr

PROBLÉMATIQUE DE LA MARQUE

> Contexte

Le Samusocial de Paris est un dispositif départemental de service public d'aide aux personnes les plus vulnérables en Île-de-France. Il regroupe différentes aides destinées à améliorer la prise en charge des sans-abri : une équipe de maraudes, des centres d'hébergement d'urgence, des centres d'accueil de jour, des lits infirmiers.

À la rue, il y a des familles, des femmes, des enfants, des migrants... et aussi des seniors. 18,2% des personnes ayant appelé le 115 de Paris avaient plus de 50 ans. Les raisons qui laissent un senior à la rue sont nombreuses. Cela peut être une perte de revenu liée à la retraite, une séparation ou la mort d'un conjoint.

Pour leur venir en aide, le Samusocial de Paris a développé la mission Interface. Référent des seniors, elle les accompagne pour trouver une solution adaptée à chaque personne. Le dispositif est composé de deux coordinateurs sociaux et d'un médecin. Ils accompagnent les personnes ainsi que les équipes sociales et médico-sociales du projet de la personne jusqu'à l'entrée en établissement et même au-delà en trouvant des relais pour rompre la solitude.

Leur mission est la suivante :

- Favoriser l'accès des personnes âgées sans-abris aux structures de droit commun, en proposant un appui aux structures d'hébergement et médico-sociales.

- Développer la connaissance des acteurs sociaux sur les dispositifs d'aide aux personnes âgées et les ressources à solliciter.

- Recueillir des données pour améliorer l'accompagnement des personnes âgées sans-abris et être force de proposition pour alimenter les propositions d'évolutions des dispositifs ou de simplification des démarches.

> Cibles

Des trentenaires urbains situés en Île-de-France.

> Objectifs

Le Samusocial de Paris souhaitait :
- Consolider sa notoriété concernant sa mission d'aide aux personnes qui sont à la rue
- Sensibiliser le grand public sur sa mission spécifique auprès des seniors de plus de 50 ans
- Générer des dons auprès d'une cible trentenaire prioritairement en île-de-France

SOLUTION STRATÉGIQUE

> Point de départ

Nous vivons dans une société où il ne fait pas bon vieillir... De nombreux moyens sont mis en oeuvre pour encourager à rester jeune. Pour autant, les seniors ne se reconnaissent pas dans les clichés attribués aux seniors. En réalité, 50 ans est l'âge à partir duquel le bien-être est en hausse constante. À 60 ans, la retraite est le moment où l'on est enfin libre d'avoir de nombreux loisirs, de voyager, de s'occuper de ses petits enfants. Et 70 ans est l'âge où l'on se soucie le moins des effets du vieillissement. Contrairement à ce que l'on pourrait penser, les seniors n'ont pas de problème avec le fait de vieillir.

> Insight

Un senior qui se retrouve à la rue est un senior qui est privé de sa vieillesse. Sur le plan culturel, il est privé du bénéfice de sa retraite, du plaisir de voir ses petits enfants. Sur le plan naturel,

Instagram | Storytelling | Omnicanal

> Retrouvez les mots clés en index <

INFOS CLÉS

Une forte augmentation des dons	Le relai de nombreux influenceurs	Un *earned media** considérable

il est privé du droit inaliénable au vieillissement, ne serait-ce qu'en voyant ses rides dans le miroir de sa salle de bain.

> Angle stratégique

Un senior à la rue ne doit donc pas seulement vieillir dans la dignité, il doit d'ores et déjà simplement pouvoir vieillir.

> Idée

Afin de répondre au double enjeu de sensibilisation et d'appel au dons, le message est clair : **Donnez-leur les moyens de vieillir.**

MISE EN PLACE OPÉRATIONNELLE

Tout commence par un post sur Instagram le 23 mai 2019 pour finir en affiches dans le métro en juillet.

Ainsi, la campagne omnicanale s'est déployée suivant trois storytelling et trois leviers de sensibilisation :

- Une prise de conscience collective via une campagne de sensibilisation sur Instagram : #ÀlaRue
- Une prise de conscience individuelle via une campagne de *guérilla** en presse tactique : Sans Définitions Fixes
- Une prise de conscience personnelle via une campagne d'affichage dans le métro : Souvenirs d'enfance

> Thierry_du_75, un sénior #ÀLaRue sur Instagram

Quand on vieillit, on a souvent l'impression d'être à la rue. La modernité des nouveaux usages digitaux nous échappe. En vieillissant, mieux vaut toutefois se sentir à la rue que d'être à la rue. Et puisque la cible de trentenaire s'est « habituée » à la présence de seniors à la rue, il semblait intéressant de raconter la dégradation progressive du niveau de vie d'un retraité sur un media qui leur est affinitaire, Instagram.

Durant 3 semaines, Thierry_du_75 a fait découvrir son quotidien via ses nombreuses publications sur son compte Instagram. Entre maladresses d'usages et conflit de générations, le sénior a pu compter sur la générosité de sa communauté pour acquérir les codes de la plateforme. Thierry a obtenu le soutien inattendu de plusieurs célébrités telles que Joey Starr, l'influenceur Hugo Décrypte, le chanteur Ycare et bien d'autres.

Au fil des publications, la vie de Thierry prend une tournure plus dramatique. S'il est de moins en moins #**ÀlaRue** sur les réseaux sociaux, Thierry est de plus en plus à la rue dans sa vie. Ses loisirs et ses repas sont d'abord plus modestes, puis de plus en plus rares. Thierry perd son logement, séjourne à l'hôtel, et finit à la rue. Pour le Samusocial de Paris, cette histoire n'a rien d'une fiction, c'est la réalité connue par de nombreux seniors qui appellent le 115.

> *"Nous voulions une vraie campagne omnicanale capable de faire vivre le message sous différents angles avec différentes histoires et des leviers adaptés aux usages et ressentis de chacun."*
>
> **Laurent Allias**

> @Thierry_du_75 #ÀlaRue

> Sans Définitions Fixes. On n'a pas la même définition des choses lorsqu'on vit à la rue

Si pour de nombreuses personnes, certains conforts paraissent évidents voire acquis, rien n'est moins sûr pour un sans domicile fixe. En hiver comme en été, être à la rue est une réalité qui nous échappe, les évidences sont parfois trompeuses.

Avec la campagne d'activation **Sans Définitions Fixes**, l'idée était de construire une grille de mots croisés dont les définitions ont un double sens. Par exemple : « En 3 lettres, endroit où l'on dort ». Alors que l'on tend à penser à LIT, on découvre qu'il s'agit en fait de RUE. « En 4 lettres, on l'a au dessus de la tête ». TOIT ? Non : PONT. Ainsi, au fil des 13 définitions de la grille, on découvre qu'on n'a pas la même définition des choses lorsqu'on vit dans la rue.

Cette grille de mots croisés a pris place sur le recto / verso d'une page du journal 20 Minutes, généralement distribué à la sortie du métro. Les lecteurs du journal ont pu découvrir une page de mots croisés un peu déroutante. Au recto, une grille de jeu vide, laissée libre à l'imagination des lecteurs. Au verso, une grille avec les « solutions » où l'on découvre que les mots associés aux définitions n'étaient pas ceux que l'on pense a priori. Un film a été ensuite activé en digital reprenant l'ensemble de l'opération orchestrée.

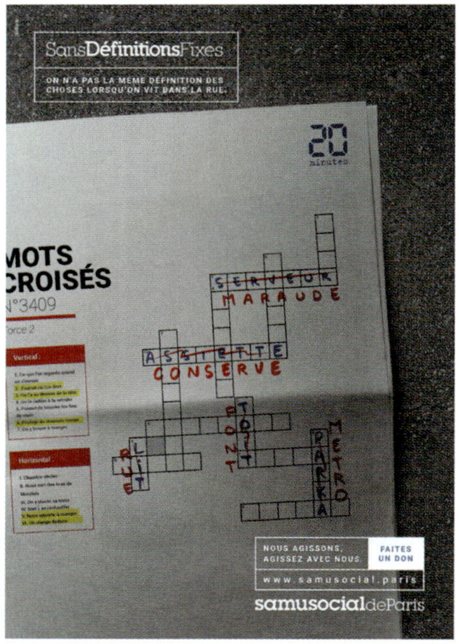

> Sans Définitions Fixes

> Souvenirs d'enfance. Aller goûter chez Mamie

Instagram | Storytelling | Omnicanal

> Retrouvez les mots clés en index <

> Souvenirs d'enfances

Pour des trentenaires, la vieillesse est associée aux souvenirs d'enfance avec leurs grands-parents. Ces souvenirs faits de scènes cultes universelles ravivent un vécu très personnel de l'enfance, un peu comme La Madeleine de Proust. Un senior sans-abri, c'est bien souvent un grand-père ou une grand-mère qui n'ose plus se rapprocher de sa famille pour avoir de l'aide. Qu'en aurait-il été de nos souvenirs d'enfance si nos grands-parents avaient été sans-abri ? Priver les seniors de leur vieillesse, c'est priver les enfants de leurs souvenirs.

Dans un registre émotionnel poignant, une campagne d'affichage diffusée dans le métro parisien a donné une nouvelle dimension à la précarité des seniors. Si les visuels se veulent sans visage, ils ne sont pas pour autant désincarnés. Ainsi, chacun est libre d'y voir la projection de sa propre enfance au travers de souvenirs tels que « Aller au parc avec Papi », « Faire le marché avec Mamie », « Regarder Papi se raser dans la salle de bain », « Aller à la pêche avec Papi », « Aller gouter chez Mamie » ou « Aller regarder le tour de France avec Papi ».

> Le soutien d'influenceurs pour @Thierry_du_75

RÉSULTATS

Avec une durée de près de deux mois, l'ensemble de la campagne a rencontré un grand succès, tant par l'image perçue du Samusocial de Paris que par les dons générés.

L'engagement des socionautes sur la campagne #ÀlaRue a été une belle leçon de générosité. Le compte Instagram de Thierry a reçu plusieurs centaines de messages de soutien. D'abord avec tous ceux qui ont donné des conseils à Thierry sur sa maîtrise des codes esthétiques et techniques d'Instagram. Ensuite avec tous ceux qui ont offert leur aide à Thierry, en lui proposant un hébergement, un repas ou parfois simplement une marque d'empathie face à sa situation.

La campagne a été particulièrement efficace concernant l'appel à dons puisque le Samusocial de Paris a constaté une hausse majeur des dons sur la période, d'autant plus dans un contexte estival où la détresse de ceux qui sont à la rue n'est pas toujours perçue.

Plus globalement, les trois volets de cette campagne conçue et orchestrée par l'agence Josiane ont généré de nombreuses retombées presse, dans le milieu spécialisé du marketing, dans la dynamique associative ainsi que dans la presse d'information. En amont de la canicule, la campagne a permis de créer un levier d'influence majeur sur l'attention portée aux sans-abris lors des épisodes de fortes chaleurs. Le sujet a fait le tour des rédactions du Parisien à Libération en passant par France 2. Grâce au Samusocial de Paris, chacun sait désormais que la misère n'est pas moins pénible au soleil.

*Retrouvez la définition dans le lexique en fin d'ouvrage.

> *"Dans une société où tout est mis en oeuvre pour rester jeune, le Samusocial de Paris fait prendre conscience que des seniors aspirent simplement à vieillir dignement."*
>
> **Raphaël CHALAYE - LOZANO**

> SAMUSOCIAL DE PARIS
www.samusocial.paris

Stéphane Delaunay
Directeur Communication & Mécénat
s.delaunay@samusocial-75.fr

Matéo Castro
Chargé de fundraising & Communication digitale
m.castro@samusocial-75.fr

> JOSIANE
www.josiane.fr

Laurent Allias,
Directeur Général
laurent@lemaildejosiane.com

Raphaël Chalaye - Lozano
Directeur des Stratégies
raphael@lemaildejosiane.com

Étude De Cas

LE MEDIA SOCIAL

Media BtoB : le Freemium comme business model

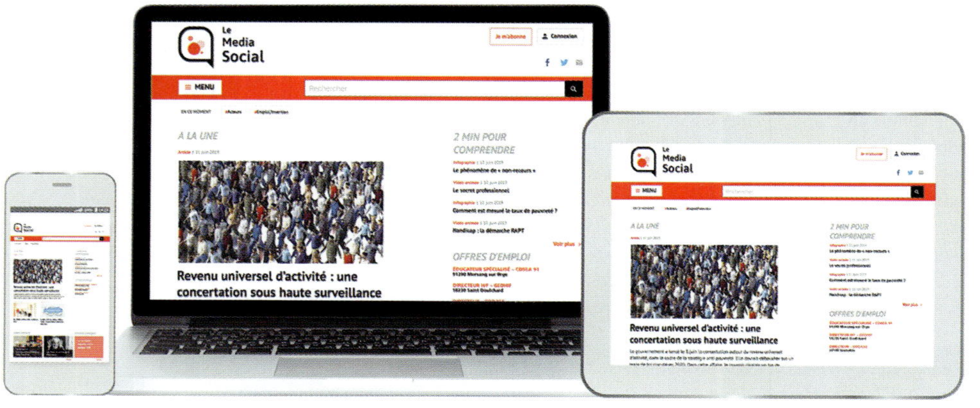

> Le Media Social accessible sur tous les devices www.lemediasocial.fr

PROBLÉMATIQUE DE LA MARQUE

> Contexte

Après plus de 35 années d'existence, le magazine TSA "Travail Social Actualités" se métamorphose sans renier sa promesse éditoriale originelle : délivrer aux professionnels du secteur social et médico-social une information utile, experte, impartiale. En effet, la mutation radicale proposée aujourd'hui s'inscrit dans la volonté d'assurer une actualité professionnelle toujours plus pertinente tout en s'adaptant à l'évolution des outils et pratiques de consultation.

Cette ambition se traduit par un **changement d'identité** : "TSA" devient "Le Media Social". Une nouvelle marque plus en phase avec la transition numérique, plus mémorisable, pour mieux incarner son positionnement : le Media Social s'adresse à l'ensemble des acteurs sociaux et médico-sociaux et a vocation à devenir un site de référence, quel que soit leur métier (travailleur social, cadre, directeur d'établissement ou encore décideur institutionnel).

Qui dit nouvelle marque dit... **nouveau logo**. Avec un cartouche qui évoque la discussion, les échanges, nous avons pour ambition qu'il soit identifiable visuellement, de façon immédiate, par les acteurs du secteur social et médico-social.

Le Media Social est une marque des Editions Législatives, qui appartient au groupe Lefebvre Sarrut, 1er éditeur juridique et fiscal français, 4e éditeur juridique et fiscal mondial avec 2 500 collaborateurs pour un chiffre d'affaires de 500 millions d'euros.

> Enjeux/Moyens

Développer l'audience du site www.lemediasocial.fr à travers les leviers de génération de trafic : SEA, SEO, emailing...

> Objectifs

S'adapter aux nouveaux outils et pratiques de consultation de notre cible en proposant des contenus et formats innovants.

> Cibles

BtoB, Professionnels du secteur social et médico-social

SOLUTION STRATÉGIQUE

L'enjeu du Media Social est de **capter l'ensemble du marché** (directeurs et travailleurs sociaux) pour faire **progresser le portefeuille abonnés** et partir **à la conquête de nouveaux clients**. Cette stratégie passe par **une offre de contenu inédite** sur le marché :

- Une couverture de l'actualité exhaustive à travers la mise en avant des sujets forts du moment ;
- Des dossiers juridiques trouvent également une place importante ;
- Les "longs formats" font la part belle aux enquêtes et reportages, pour une expérience de lecteur plus vivante, plus immersive que ne le permettait le papier ;
- Des contenus plus pédagogiques sont à l'honneur à travers la rubrique "2 minutes pour comprendre" traités sous forme de vidéos et d'infographies ;
- Enfin, un site emploi dédié au secteur qui recense, en plus des offres, des conseils carrière, fiches métiers et actualités sur l'emploi.

Vous l'aurez compris : **le contenu est au cœur de notre stratégie** grâce à une équipe de journalistes et d'experts du secteur.

Freemium | Media BtoB | Transformation digitale

> Retrouvez les mots clés en index <

INFOS CLÉS

Collaboration rédaction/marketing

Freemium comme business model

Le média qui casse les codes

Par conséquent, le média a opté par un modèle basé sur le **Freemium***. La stratégie est claire : offrir aux clients la possibilité de lire et consulter gratuitement le contenu proposé (articles, vidéos, infographies...), mais dans un cadre restrictif bien défini à savoir 10 %/15 % du contenu gratuit.
L'objectif étant de les séduire avec cette offre gratuite et de les inciter à s'abonner à la version complète et payante du site. Un des atouts majeurs du modèle Freemium est de limiter les coûts d'acquisition marketing et de permettre, sans investissements importants, la constitution d'une base de prospects extrêmement qualifiés qu'il sera plus facile de convertir à une offre payante.

MISE EN PLACE OPÉRATIONNELLE

> Une communication 360°

La campagne repose elle aussi sur une stratégie basée sur le Freemium. Elle doit répondre à 4 objectifs :

• Atteindre une large audience

- Cet objectif pourra être atteint en veillant à une optimisation SEO du site (rédaction optimale des contenus, bonne indexation du site...) adossée au déploiement de campagnes SEA adaptées et de native advertising.

• Installer la nouvelle marque sur le marché

- La marque Le Media Social doit être positionner comme l'expert sur son marché : ainsi, une large campagne de *netlinking** sera activée, un partage des contenus sur les réseaux sociaux avec une reprise par les influenceurs du secteur (journalistes, experts, auteurs...).

• Recruter de nouveaux abonnés

- La génération de leads qualifiés à travers l'inscription à la news-letter notamment permettant de mettre en place des opéra-tions de conquête pour développer notre portefeuille abonnés.
- Le développement des abonnements via le canal e-commerce dans le cadre de la stratégie Freemium sera aussi un canal de recrutement important.

• Fidéliser nos abonnés

- La pertinence du contenu en lien avec les attentes des abonnés, la plus-value des sujets traités par rapport aux concurrents doit être rapidement perceptible par l'abonné.

> Les éléments du brief

Elle répond à la promesse du site dont l'enjeu est de permettre aux professionnels du secteur social et médico-social de retrouver l'ensemble des actualités de la profession sur une même plateforme. Cette idée se traduit par le **#TOUTESTLA** repris sur l'ensemble des communications avec la baseline "Le secteur social et médico-social a son nouveau média".

Aussi, le visuel est centré sur l'humain et doit démontrer à travers l'axe de communication la modernité des contenus et de l'interface proposés.

RÉSULTATS

Des campagnes digitales visant à générer un trafic qualifié sur la plateforme et ainsi transformer les internautes en abonnés payants :

- **60 000 visiteurs uniques** par mois
- **+ de 800 nouveaux fans** sur la page Facebook pour créer une vraie communauté engagée

*Retrouvez la définition dans le lexique en fin d'ouvrage.

> Exemple d'un post Facebook

> EDITIONS LÉGISLATIVES
www.lemediasocial.fr

Olivier Bretzner
Responsable Marketing Direct et Digital
obretzner@editions-legislatives.fr

Article

Le print malmené par le numérique… vraiment ?

Feuilleter un journal, un magazine, un roman, un livre blanc, une encyclopédie, une étude imprimée, un dictionnaire, un album photo… De moins en moins d'individus réalisent quotidiennement ce geste, et pourtant, le papier résiste à l'ère du tout numérique. Les contenus de demain seront-ils 100 % digitalisés ? Seront-ils hybrides ? Devons-nous nous préparer à un retour massif au print ?

71 % des Français s'informent via les médias audiovisuels

68 % des Français s'informent via les réseaux sociaux

20 % des Français s'informent via la presse papier

"Le succès ne se mesure plus seulement via le simple prisme analytique de la qualité des contenus, mais aussi, et surtout, à la quantité des interventions et des parts d'audience acquises."

Martin LOZNIEWSKI
Content Manager PwC

Sans frontière, sans limite, sans froissement et sans durée de vie limitée, le digital incarne ce que l'imprimé se rêverait parfois d'être : immortel. Le numérique avale le papier, le contraire n'est pas vrai. Tout au plus, il lui est complémentaire. Encore faudrait-il être en mesure de déterminer avec exactitude pour qui, pour quoi, dans quel contexte, à quel prix et pour encore combien de temps ? En 2019, les informations en ligne, peu importe le format utilisé (articles, billets d'humeur, tribunes, posts, commentaires, infographies, illustrations, images animées, podcasts, vidéos, etc.), règnent dans le monde du contenu éditorial.

Le print, qui a connu ses heures de gloire durant plusieurs siècles dans les secteurs de la communication, du journalisme et des relations publiques, est-il voué à se dématérialiser et à mourir à petit feu ? Les pages d'aujourd'hui seront-elles les URL de demain ? Quelle est la place du "slow content" dans un environnement digital où les principaux mots d'ordre sont l'efficacité, la vélocité, l'instantanéité, le partage, l'universalité, la suppression, le recyclage et l'interaction continue ?

LES CLICS FONT L'AUDIENCE, MAIS SANS AUDIENCE PAS DE CLIC

La foule attire les foules, mais aucune foule ne fait le déplacement si elle pense que cela n'en vaut pas la peine. Dans ce contexte, se faire remarquer pour capter de la lumière, de l'attention et de l'audience est de mise. Etre plus "cool", plus "fun", plus pertinent, plus provocant, plus sympathique, plus drôle, plus émouvant, plus attrayant, plus charismatique, plus connecté, plus juste, plus crédible… Etre "plus" que ses voisins, telle est la norme pour espérer se faire une place dans un monde "infobique" interconnecté.

Aujourd'hui, être lu, écouté, partagé, contesté ou salué, bref, être visible dans un écosystème virtuel fabriqué de toutes pièces par l'Homme est le Graal. Peu importe comment il est atteint finalement, l'objectif principal, à tort peut-être, est de faire réagir et de créer des émotions. Le succès ne se mesure plus seulement via le simple prisme analytique de la qualité des contenus, mais aussi, et surtout, à la quantité des interventions et des parts d'audience acquises. Etre reconnu de nos jours, c'est éternuer à l'écran le lundi soir et recevoir des milliers de messages le mardi matin indiquant "à vos souhaits ! ". Cet effet d'immédiateté, de réactivité et d'interaction, le

Brand content | Content marketing | User Generated Content

> Retrouvez les mots clés en index <

digital le rend possible ; le print, quant à lui, le subit. Le "snack content" écrase les analyses longues posées sur papier et, selon les experts, cette tendance devrait se consolider dans les années à venir.

TOUJOURS PLUS D'INFOS POUR TOUJOURS MOINS DE TEMPS

En 2019, nous consommons en moyenne 7 fois plus d'informations qu'il y a 4 ans et nous en consommerons 32 fois plus en 2020, avec une capacité d'attention en forte diminution. Selon une étude menée par l'université d'Harvard, notre esprit passerait environ 47 % de son temps à vagabonder de manière anxiogène ; autrement dit, nous passerions presque la moitié de notre journée à penser à des sujets qui nous préoccupent et qui n'ont aucun rapport avec ce que nous regardons, écoutons ou vivons à un instant T.

Sommes-nous une génération ultra-connectée trop souvent déconnectée du présent ? Trop peu intéressée par ce qui se passe réellement autour de nous ? Peut-être, diront certains. Sûrement, diront d'autres. Une chose est sûre, cette analyse peut difficilement être contestée. Hervé-Pierre Tahi, Digital Media Manager chez PwC, commente : « Etre rapidement impactant est une nécessité à l'heure où le contenu a une durée de vie de quelques secondes à peine. Alors, comment gagner la bataille de l'attention ? Le principal enjeu sera de combiner la connaissance de son public cible et le bon usage des plateformes pour établir la connexion la plus engageante. » Cette connexion est nécessaire pour tisser une relation de confiance et susciter de l'intérêt de sa part. L'intérêt, c'est du temps. Le temps, dans une société où personne n'en a, c'est de l'or.

LES AUDIENCES DES MEDIAS NE MEURENT PAS, ELLES MIGRENT

Opérer sa transformation digitale est une priorité pour les marques qui vivent directement ou indirectement des informations qu'elles partagent avec leur audience. Et pour cause, dans le secteur des médias, par exemple, chaque année, de plus en plus de lecteurs historiquement attachés au print remplacent le papier par la télévision, l'ordinateur, la tablette et/ou le smartphone. **D'après une enquête menée par Reuters, aujourd'hui, 71 % des Français s'informent en regardant et en écoutant les médias audiovisuels (TV, radios et chaînes TV sur Internet), 68 % le font via les réseaux sociaux et seulement 20 % sont fidèles aux journaux et aux magazines imprimés, un chiffre en baisse constante depuis plus de 6 ans.** Selon les experts, le segment des journaux devrait voir ses ventes reculer de 4,3 % d'ici 2020 et celui des magazines de 3,4 %. Roxane Lauley, responsable RP chez PwC, commente : « les médias dits traditionnels n'ont pas perdu leur audience, bien au contraire, à mesure qu'ils étendent leurs stratégies éditoriales à de nouveaux canaux de diffusion, ils touchent un lectorat plus large. La clé du succès ici est l'adaptation éditoriale des contenus partagés. Une même information doit être traitée différemment en fonction du format retenu et des populations ciblées. Ne pas adopter cette règle simple - mais qui demande des moyens et une véritable réflexion - c'est vouloir avancer trop vite, trébucher au risque de retomber en arrière. »

A en croire une étude de l'Ecole supérieure de communication, les lecteurs de demain existent, bien-sûr, mais ils ne consomment plus l'information de la même manière. **Chiffres à l'appui : plus de 6 jeunes Français sur 10 (tranche 16-25 ans) suivent l'actualité via l'application mobile ou les réseaux sociaux des médias et moins de 2 interrogés sur 10 indiquent consulter des supports papier.**

Trop long, trop cher, pas à portée de main, pas "likeable", pas partageable, pas basé sur la philosophie du dialogue instantané, le print ne serait-il pas en train de devenir, malgré lui, un objet de collection plébiscité par ceux qui ont le temps de prendre leur temps ? Ceux qui souhaitent aller au fond des sujets sans les survoler ? Ceux qui se posent plus et s'exposent moins ? Ceux qui préfèrent feuilleter lentement plutôt que zapper vite ?

UN RETOUR AU FOND SOUS UNE NOUVELLE FORME

La qualité des contenus n'a aucun lien avec le support retenu. En print comme en web, on trouve de tout, sur tout, partout. Instaurer une complémentarité entre le papier et le numérique, pour les marques qui peuvent se permettre d'exploiter ces deux supports, est une nécessité. Si les formats diffèrent, une cohérence au niveau de la ligne éditoriale doit cependant être maintenue. **La dispersion est l'ennemi d'une communication bien ficelée.**

En jonglant intelligemment entre le print et le web, un média apporte à son lectorat une expérience client sur mesure. Le média en question lui propose un même contenu présenté sous différents formats et c'est le lecteur qui choisit comment, où et quand le consommer. Le public est roi. C'est lui qui regarde, écoute, lit, partage, jette, fait et défait la réputation d'une marque. Etre conscient de ce rapport de force permet de créer un début de stratégie multicanale pertinent. Qu'attend le public d'une marque - et non pas qu'attend la marque du public ? Cette marque était-elle en mesure de lui donner ce qu'il réclame ? Comprendre son audience et se connaître soi-même, c'est faire un premier pas vers la réussite.

Les médias à succès de demain seront sans aucun doute ceux qui auront réussi leur transformation digitale, certes, mais qui auront aussi su créer du lien entre la marque et les lecteurs. Un journal, un magazine, un site web, une page Facebook ou un plateau TV ne sont que des outils qui permettent de créer du lien, des interactions - plus ou moins en temps réel - et un univers informatif immersif dans lequel les spectateurs d'hier sont les contributeurs d'aujourd'hui et, jusqu'à un certain point, les acteurs qui font vivre les marques.

S'EFFACER UN TEMPS POUR MIEUX REVENIR ?

« **Pour transmettre un message, il faut interagir, proposer, consulter, et non plus simplement distribuer et s'attendre à être écouté.** Pour engager, il faut s'incarner, être soi-même à l'écoute, montrer que l'on prend en compte son interlocuteur », indique Marjolaine Grondin, cofondatrice et directrice générale de Jam.

Dans ce monde numérique où un contenu prend de l'importance uniquement s'il est valorisé par un large lectorat, la guerre de l'influence se joue principalement dans la capacité à créer du débat et se gagne à coups de "likes", "shares", "views", "follows" et "comments".

En ce sens, nous faisons vivre et sommes tous des médias à partir du moment où nous créons et partageons de l'information avec une audience déterminée. Alors les principales questions

Brand content | Content marketing | User Generated Content

> Retrouvez les mots clés en index <

que nous devons toutefois nous poser, si l'objectif de nos communications est de faire valoir nos propos, sont les suivantes : moi, média, si je n'ai que quelques secondes d'attention, quel(s) message(s) ai-je envie de transmettre ? Comment créer une expérience immersive et intéressante pour être entendu et compris de tous ? De quelle manière puis-je interagir intelligemment avec le public cible ? Quel(s) levier(s) d'action dois-je activer pour co-construire avec lui des histoires anciennement miennes qui, prochainement, deviendront nôtres ? Comment inciter l'audience à s'impliquer davantage dans le processus de création et, par extension, d'identification et de diffusion, des contenus qui seront les "hot topics" des prochaines heures ?

En permettant au public de créer l'actualité que lui-même décide de créer, de suivre et de faire vivre dans le temps, nous entrons, petit à petit, dans une nouvelle ère de la communication, celle de l'information conversationnelle et subjective de masse. Désormais, des témoignages et des points de vue (d'experts ou non) basés sur des éléments souvent factuels sont au cœur de l'information. Informer ne suffit plus. Dialoguer est désormais la norme. Dans ce contexte, des questions de fond s'invitent au débat : quelle place occupera l'objectivité dans les médias - et plus largement dans la communication des marques et leaders d'opinion - de demain ? Comment le public pourra-t-il dissocier le vrai du faux ainsi que les "je sais" des "je pense" ? La bataille de l'influence qui, à ce jour, se dispute principalement sur le terrain de la "visibilité" est-elle vouée à se déplacer sur celui de la "confiance" ? Les médias qui triompheront dans les années à venir ne sont-ils finalement pas ceux qui commenteront moins, mais analyseront mieux ?

Une chose est sûre : la clé du succès sera la transparence et la capacité à certifier l'authenticité des informations partagées sur la scène publique. D'après une récente étude réalisée par Kantar, 56 % des Français font aujourd'hui confiance aux contenus diffusés à la radio, 52 % dans la presse papier, 48 % à la télévision et 25 % dans les médias digitaux. Et si le contenu de demain était semblable à celui d'hier : des podcasts, des journaux et des magazines print davantage sélectifs, fiables et distributeurs de formats plus longs et moins participatifs ? Et si l'audience d'après-demain se construisait à contre-courant pour devenir plus passive, contemplative et faire ce qu'elle aurait arrêté d'envisager au fil du temps : se poser et se laisser guider... ?

> PwC
www.pwc.fr

Martin Lozniewski
Content Manager
martin.lozniewski@pwc.com

Article

Attention publicitaire : tendance de fond ou mode passagère

Le taux de visibilité est un indicateur clé de performance incontournable pour d'une part évaluer la qualité d'un inventaire, mais surtout pour réduire les coûts d'acquisition et assurer la mémorisation. Pourtant, ce KPI ne révélant pas la vraie valeur de l'inventaire, le marché voit progressivement en l'attention une nouvelle référence pour l'achat et la vente d'espaces.

70 % de taux de visibilité min exigé par les annonceurs

7 secondes de visibilité favorisent la mémorisation

10 secondes de visibilité diminuent le coût par action

"Le temps a de la valeur. Grâce aux données des mesureurs officiels, les annonceurs achètent l'inventaire en fonction de la visibilité ou durée de visibilité en ciblant les meilleurs emplacements."

Frank DUROUSSET
Co-fondateur Adagio

POURQUOI LE TAUX DE VISIBILITÉ N'EST PAS UN KPI SATISFAISANT

Selon les normes de l'IAB et du MRC (Media Rating Council), une impression publicitaire display est considérée comme visible dès lors que la publicité servie est vue au moins 50 % de la surface affichée pendant au moins une seconde en continu dans la fenêtre du navigateur. Bien qu'elle reste un standard, cette norme est décriée par une partie de l'écosystème, car elle ne tient pas compte des spécificités de l'ensemble des formats.

En permettant de mesurer la visibilité des impressions a posteriori, les mesureurs spécialisés qui ont commencé à faire leur apparition il y a une dizaine d'années ont fait basculer le modèle de rémunération du CPM (Coût Pour Mille impressions) au VCPM (CPM visible). Un premier pas vers la diminution des coûts pour les annonceurs. L'achat d'espace en fonction de la visibilité des publicités est alors devenu une quasi-norme en display, et ce, jusqu'à aujourd'hui.

Pourtant, la mesure de la visibilité se base sur une moyenne par emplacement incluant donc à la fois les bonnes impressions (suffisamment visibles) et les mauvaises. Or, ceci revient non seulement à sous-évaluer une partie des impressions qui pourraient être exploitées par les annonceurs, mais aussi à tirer les revenus des éditeurs vers le bas.

Par ailleurs, la visibilité est influencée par de nombreux facteurs : l'appareil utilisé (taille de l'écran), le type de contenu consulté ou encore le moment de la journée et la vitesse de navigation. Quant aux publicités vues, elles ne sont pas forcément les plus respectueuses de l'expérience utilisateur.

COMMENT LE MARCHÉ TIRE-T-IL AUJOURD'HUI PARTI DE L'ATTENTION ?

Pour les marques, l'un des enjeux majeurs en publicité est de s'assurer une visibilité dans un contexte d'encombrement publicitaire. D'autant plus que la conséquence néfaste de cette pression marketing est une baisse de la mémorisation et plus grave encore, une baisse de l'attention. Combiner créativité et pertinence s'impose ainsi comme le moyen le plus efficace de maximiser les performances.

Attention publicitaire | Visibilité | DCO

> Retrouvez les mots clés en index <

> Créativité : pilier de l'attention

Face à des utilisateurs exposés en moyenne à 300 publicités par jour (sur smartphone), les annonceurs doivent mettre un point d'honneur à rester créatifs pour susciter l'attention dans un contexte où l'intérêt de l'utilisateur est avant tout focalisé sur le contenu. « Il est devenu aléatoire d'attirer l'attention d'un mobinaute, presque illusoire d'espérer générer une émotion avec des créations standards, fades ou non adaptées [...]. La seule solution viable pour notre marché : remplacer la quantité par la qualité, réduire le nombre de publicités vues par un utilisateur, les adapter à ses besoins et surtout les soigner. » Mathieu Rostamkolaeï, CEO de Mozoo, spécialiste des expériences publicitaires innovantes sur mobile

> Ciblage : la pertinence au cœur du message et de la diffusion

La personnalisation et le ciblage représentent un pré-requis pour tout annonceur désireux d'engager efficacement une audience. Les créations doivent s'adapter aux profils des utilisateurs qui expriment fortement leur désir de pertinence. Il est possible de mettre en œuvre cette dernière grâce aux créations dynamiques.

« Le format choisi est clé dans la mesure où les marques ont besoin d'allonger le temps d'interaction avec les utilisateurs. Grâce à une utilisation intelligente de la data, les formats dynamiques notamment nous permettent d'adapter les éléments créatifs d'une publicité (les images, les messages ou les CTA par exemple) à la cible qui la reçoit. Une vidéo dont le contenu s'adaptera en temps réel au profil de l'utilisateur pourra ainsi avoir un impact bien supérieur et une interaction plus longue. Tout l'enjeu est de travailler avec les marques pour mieux comprendre les consommateurs, leurs profils et leurs intentions d'achat. » Vincent Pelillo, Président Europe, Captify

> Prédictions de l'attention

En s'appuyant sur les algorithmes, il est aujourd'hui possible de prédire l'attention publicitaire. Alimenté par un ensemble de critères qui influencent la visibilité (device utilisé, contexte et navigation), le deep learning permet en effet de connaître impression par impression en amont de la diffusion réelle, la visibilité et la durée d'exposition, sans aucune collecte de données personnelles.

« Les prédictions permettent d'identifier les impressions sous-valorisées malgré leur potentiel et de les re-packager pour les monétiser en fonction de l'attention et non plus en fonction d'une moyenne de visibilité. » Frank Durousset, COO et Cofondateur d'Adagio

> L'optimisation du *CPH** (coût par heure d'exposition)

En outre, il existe des moyens très efficaces d'optimiser l'attention publicitaire. Le premier consiste à adapter dynamiquement la position des emplacements publicitaires sur les pages en fonction de la navigation de l'utilisateur (*smart placement**). Les publicités sont ainsi systématiquement visibles au maximum du temps passé sur la page.

Le second (*smart refresh**) consiste à rafraîchir les emplacements de façon régulière avec de nouvelles publicités au bout de 15 à 20 sec. Pour éviter que cette étape n'entrave les intentions de clics, le smart refresh implique un calcul du temps utile au clic, réalisé au préalable sur la première impression.

*Retrouvez la définition dans le lexique en fin d'ouvrage.

> RATECARD
www.ratecard-agency.com
Fiche d'entreprise p. 499

Stéphanie Silo
stephanie.silo@ratecard.fr

Frédéric Sadarnac
frederic.sardanac@ratecard.fr

RAKUTEN

Créer l'événement, maillon essentiel de la stratégie RP

PROBLÉMATIQUE DE LA MARQUE

> Contexte

Rakuten est une société japonaise créée en 1997, par Hiroshi Mikitani. En français, Rakuten signifie "optimisme". A partir de là, le Groupe a développé une philosophie, rappelant les valeurs du Japon, à savoir l'intégrité, l'émancipation, la résiliation, l'engagement et la solidarité. Il se donne comme principale mission, de contribuer au progrès de la société en valorisant l'innovation et l'entreprenariat. De ce fait, il s'engage à fournir des services de hautes qualités permettant à ses clients et partenaires de se développer.

Il rachète PriceMinister en 2010. Rakuten devient très vite leader du marché et détient en 2017, le plus grand site de commerce en ligne du Japon avec plus de 105 millions d'utilisateurs enregistrés et 44 201 marchands.

En 2018, pour accélérer sa notoriété au moment du changement de nom officiel en France, une campagne de communication est lancée à destination du grand public. Les RP est un maillon fort ce dispositif pour renforcer rapidement le lien avec les journalistes et influenceurs clés.

> Cible

Rakuten propose ses services aux consommateurs et aux partenaires commerciaux.

> Objectifs

- Mettre en avant les valeurs de l'entreprise
- Créer un lien intime avec les journalistes
- Présenter la notion de cashback comme une nouvelle façon de consommer.

SOLUTION STRATÉGIQUE

Pour répondre aux objectifs du client et engager les cibles, l'agence a mis en place un dispositif en deux temps afin de séquencer au mieux la prise de parole de RAKUTEN.

Dans un premier temps, l'objectif a été de rappeler les valeurs du groupe japonais. Le deuxième temps fort a été le lancement du Club R Everywhere qui a permis de redorer l'image du cashback et amener une nouvelle vision de la consommation.

Afin d'atteindre l'objectif de création de lien avec les medias et influenceurs, le format retenu pour les deux rendez-vous est le déjeuner. En effet, il est le reflet de la convivialité, du partage, et de l'échange.

Nous avons choisi un grand chef connu pour ses valeurs rappelant celles de Rakuten et connaisseur du Japon, Thierry Marx. Passionné de la culture asiatique, le chef cuisinier enseigne les arts martiaux (judo, aïkido, ju-jitsu) et, lors de l'inauguration de son restaurant Le Mandarin Oriental, il a introduit la pratique du tai-chi-chuan au sein de son équipe, dans le but de lutter contre le stress et de la souder. Amoureux du Japon, il voyage régulièrement pour se ressourcer et s'en inspirer.

Nous avons élaboré l'organisation du déjeuner presse dans un salon privé du Mandarin Oriental en présence du Chef présentant ses valeurs communes à la marque Rakuten. Seuls les influenceurs spécialistes du secteur ainsi que les medias ultra ciblés on été invités.

Le deuxième temps fort s'est déroulé dans un lieu très intime et inspirant la plenitude : le restaurant Akrame du chef Akrame Benallal. C'est dans une ambiance intime et chaleureuse que Rakuten a pu présenter sa stratégie commerciale en France et le lancement du Club R Everywhere.

Relation Media | Réseaux sociaux | E-RP

> Retrouvez les mots clés en index <

INFOS CLÉS

100 % de LiveTweet

100 % de retombées presse

MISE EN PLACE OPÉRATIONNELLE

Afin d'être en cohérence totale avec la campagne de communication globale de Rakuten, nous avons réfléchi très en amont au meilleur dispositif RP à mettre en place pour atteindre les objectifs fixés.

Un brainstorming avec les équipes du client nous a permis d'être créatifs, inventifs, innovants, et de trouver au final la solution adéquate pour optimiser les retours.

Un long travail de veille, de benchmark, de recherche, de rencontres, a été enclenché par l'agence afin d'être force de proposition et offrir le choix parmi nos différentes idées.

Le ciblage media et influenceurs a été très sélectif afin de faire de ces deux événements un moment privilégié.

Pour le déjeuner au Mandarin Oriental une invitation personnelle et confidentielle a été adressée pour souligner l'aspect particulier de ce déjeuner.

Le contact direct avec notre coeur de cible a renforcé le lien entre les medias / influenceurs et la marque. Afin de vivre ce moment d'exception, des tweets ont été partagés par l'agence, la marque et les influenceurs, les résultats étant immédiats. Et pour prolonger cet instant, le chef Thierry Marx s'est prêté à une exercice de questions/réponses sur les réseaux sociaux de Rakuten.

Pour le deuxième temps fort organisé au restaurant Akrame, nous avons travaillé avec les équipes du restaurant pour la disposition du lieu afin de favoriser un échange, une interaction naturelle entre chacune des personnes présentes. Créer un déjeuner "d'équipe" pour aborder un sujet susceptible d'être fastidieux, c'est le challenge que nous avons relevé. Les journalistes ont posé beaucoup de questions et le partage d'information a été très riche.

Savoir être disponible, créer un terrain favorable à l'échange, la convivialité, la confiance avec les journalistes et influenceurs : c'est un facteur indispensable à la réussite d'un projet.

RÉSULTATS

Les deux temps forts ont été un succès : le premier a engendré beaucoup de Tweets et de partages d'information immédiats sur les communautés des influenceurs invités et celle de toutes les parties prenantes.

Quant au deuxième déjeuner presse, nous avons eu 100 % de taux de réussite étant donné que les 15 journalistes invités ont écrit dans la foulé de l'événement.

> RAKUTEN
www.rakuten.com

> KALIMA
www.kalima-rp.fr
Fiche d'entreprise p. 492

Marion Lauria
Directrice Générale
mlauria@kalima-rp.fr

FITNESS PARK

Comment muscler la visibilité en ligne de clubs de sports

> Développer la visibilité des clubs Fitness Park

PROBLÉMATIQUE DE LA MARQUE

Fitness Park, leader des salles de sport haut de gamme à prix accessible en France, s'appuie sur Yext pour optimiser la stratégie digitale de ses clubs en propre et licenciés de marque. L'objectif est de proposer la meilleure expérience client en ligne et d'améliorer le parcours client.

Créé en 2009, Fitness Park compte aujourd'hui 200 clubs (30 % en propre et 70 % de licenciés) pour un peu plus de 600 000 membres. Fitness Park ambitionne d'évangéliser toujours plus les Français au sport en salle et d'en démocratiser l'accès. L'enseigne s'est lancée dans une stratégie d'acquisition en ligne ultra localisée, la proximité entre la salle de sport et le domicile étant le critère de choix n° 1 des sportifs.

Secteur ultra-concurrentiel avec plus de 4 200 clubs et 5,7 millions d'abonnés, le fitness français, qui représente aujourd'hui 2,5 milliards d'euros, est le troisième marché en Europe derrière le Royaume-Uni et l'Allemagne. Dans cet environnement foisonnant, la bataille se gagne sur la pertinence des informations digitales liées aux clubs.

SOLUTION STRATÉGIQUE

> Homogénéité digitale et visibilité locale

Pour chaque club de sport, les données publiques doivent être à jour en temps réel, faciles à trouver et vérifiées. Chaque sportif doit pouvoir trouver une information vérifiée sur sa chaîne de clubs de sport favorite, sur tous les points de contact digitaux où il fait ses recherches.

C'est dans cette optique que Thomas Mendonça, Chief Digital and Innovation Officer chez Fitness Park, s'est mis en recherche d'une solution technologique et a choisi Yext après benchmark. Grâce à Yext, toutes les données clés liées aux clubs de Fitness Park, telles que les horaires d'ouverture et les adresses, sont automatiquement synchronisées vers une centaine de services digitaux parmi lesquels les moteurs de recherche comme Google et Bing, et les assistants vocaux comme Siri et Alexa.

Les pages locales de chaque club de sport ont également été optimisées pour les moteurs de recherche afin d'être plus faciles à trouver.

MISE EN PLACE OPÉRATIONNELLE

> Augmenter la visibilité et améliorer le parcours client

« Yext a l'avantage d'offrir une solution complète avec une plateforme clé en main pour les managers de nos clubs, et notamment les licenciés de marque. Un outil qui facilite la gestion de nos informations sur les plateformes digitales et nous aide également à gérer les avis clients. Un point essentiel dans notre stratégie de développement », explique Thomas Mendonça.

Thomas Mendonça continue : « Yext a su répondre à l'ensemble de nos besoins avec une prise en main facilitée. Notre objectif était de proposer une expérience homogène, là où auparavant, chaque club devait gérer ses données localement. Ce déploiement s'inscrit dans un projet de digitalisation pour lequel nous avons mis en place une offre clé en main pour nos licenciés, un package de services digitaux, qui inclut la solution Yext. »

L'objectif est double dans la stratégie digitale de Fitness Park : booster la visibilité locale de ses clubs et optimiser la gestion des avis et de la e-réputation. « Des enjeux stratégiques de croissance pour notre business », commente Thomas Mendonça

Web to store | SEO | Transformation digitale

> Retrouvez les mots clés en index <

INFOS CLÉS		
+ 52 % de clics pour un itinéraire	**+ 64 %** de clics vers un site web	**+ 70 %** de clics d'appel

> Les avis clients : clé de la croissance

Si Fitness Park a choisi Yext, c'est notamment grâce à la gestion des avis clients intégrée au sein de la plateforme, comme le souligne Thomas Mendonça. « C'est un facteur important qui a joué dans notre prise de décision. Avec Yext, nous avons une vision globale de notre e-réputation et nous pouvons apporter des réponses claires et précises à nos clients. » Un élément clé aujourd'hui puisque 96 % des internautes se disent influencés par l'e-réputation d'une marque. Une manière également pour Fitness Park de continuer à travailler son statut de marque de fitness préférée des Français*.

Fitness Park a littéralement repris le contrôle de ses données publiques sur l'ensemble de l'écosystème digital. En moins de 3 mois, les résultats liés à l'engagement client se font déjà sentir. « Cette présence web est devenue le socle de notre stratégie digitale d'acquisition et de fidélisation », déclare Thomas Mendonça. « Fitness Park est une marque innovante qui a très bien compris l'importance cruciale du digital dans un environnement hyper concurrentiel comme celui du fitness en France », ajoute Franck Negro, Directeur Général Europe du Sud chez Yext.

RÉSULTATS

Les résultats ne se sont pas fait attendre. En trois mois, Fitness Park a pu constater une forte augmentation des taux de clics vers ses salles : + 52 % pour "obtenir un itinéraire", + 64 % vers un "site web" et 70 % vers "appel depuis Google". Des bénéfices qui viennent témoigner de l'importance pour les marques d'avoir une stratégie de gestion de leurs données globales.

« Les premiers retours sont très encourageants. L'objectif pour nous est de continuer sur cette voie et de garder un focus sur le web pour conserver une cohérence avec l'expérience unique délivrée dans nos clubs », explique Thomas Mendonça.

*Étude Qualimétrie de novembre 2018 sur l'image des salles de fitness, auprès d'un échantillon de 1010 répondants de 18 à 35 ans. Base : Répondants connaissant les salles FITNESS PARK

FITNESS PARK

"L'objectif est de garder une cohérence avec l'expérience délivrée dans nos clubs."

Thomas MENDONÇA

> YEXT
www.yext.fr
Fiche d'entreprise p. 505

Hélène Draoulec
Directrice marketing
hdraoulec@yext.com

Article

Comment réussir (enfin) à avancer en attribution marketing

Ce n'est un secret pour personne : grâce au binôme data-technologies, les opportunités sont nombreuses pour améliorer la performance marketing. Au sein de bon nombre de marques, l'équipement en technologies Martech & Adtech arrive à maturité. L'enjeu n'est donc plus de s'équiper de solutions permettant d'exploiter la data, mais de comprendre comment en tirer profit via des insights pertinents.

60 à 80 %
des entreprises utilisent encore le last click

Un annonceur intègre environ
7 leviers payants

"La plupart des annonceurs se contentent de mettre en place une règle standard d'attribution qu'ils n'adaptent ni aux spécificités des canaux activés ni aux produits vendus."

Emmanuel BRUNET
CEO Eulerian

Via l'attribution, les équipes marketing cherchent à identifier le meilleur moyen d'investir chaque euro en média. L'objectif est ainsi de déterminer les investissements les plus performants selon les différents contextes : premier contact avec la marque, recrutement de nouveaux clients, création d'engagement avec des clients existants.

Que ce soit dans le cadre de campagnes digitales ou sur des médias plus traditionnels (ex. télévision ou presse), l'attribution marketing apporte alors de précieux insights pour améliorer la performance.

Mais nombreux sont ceux qui restreignent le concept d'attribution marketing au niveau de ses modèles. Pire, pour certains, il se résume à la quête d'un seul modèle idéal (qui attribuerait chaque crédit du CA généré au bon partenaire média). Cela pourrait presque être une bonne chose si cette quête ne restait pas bloquée à son point de départ : le last click (c.-à-d. 100 % de la conversion attribuée au dernier clic).

UNE ATTRIBUTION À L'ARRÊT

Le last click est très loin d'être un modèle adapté pour identifier le canal d'acquisition idéal pour recruter un nouveau client, c'est une évidence. Ainsi, vouloir sortir de ce modèle peut vite devenir une obsession pour certains marketeurs avec la certitude que si ce Graal existe, il s'agit du Multi-Touch Attribution (MTA : répartissant la performance entre les meilleurs partenaires médias) ! Et pourtant...

Aborder une potentielle évolution de son attribution marketing avec ce genre de conviction, c'est se mettre d'ores et déjà des bâtons dans les roues. Vous, votre équipe marketing, votre direction, vos partenaires médias êtes habitués à une certaine lecture de la performance marketing... Ces chiffres confortent chaque décision ou action depuis peut-être plusieurs années. Comment tout ce petit monde va-t-il appréhender l'idée que budget attribué au canal d'acquisition A devrait être augmenté de 20 % au détriment du B ? Comment justifier ce changement ? Comment convaincre vos interlocuteurs de prendre le risque de changer quelque chose qui, finalement, ne fonctionne pas si mal depuis plusieurs années (même si vos premiers insights démontrent le contraire) ? Bienvenue dans une attribution compliquée, qui n'avance pas.

Attribution marketing | Multi Touch Attribution | Investissements média

> Retrouvez les mots clés en index <

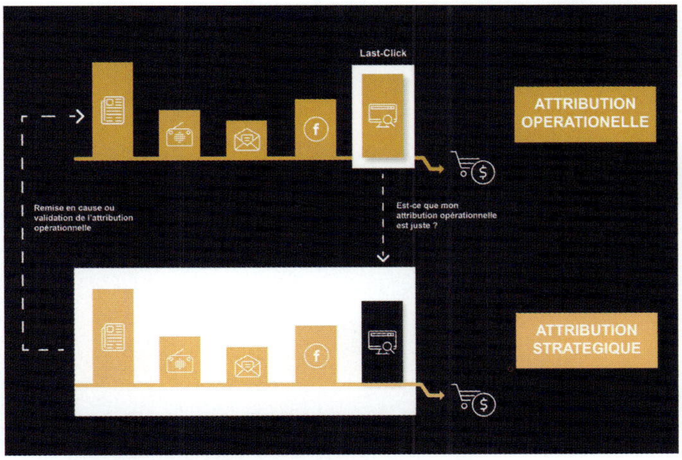

> Des analyses sous différentes temporalités

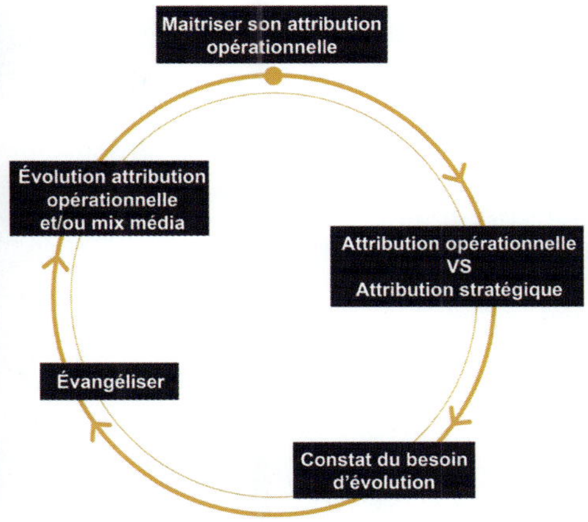

> L'attribution : un processus en mouvement

L'ATTRIBUTION, C'EST SIMPLE

Faire avancer son attribution marketing peut être relativement simple si on l'aborde comme un processus, un cycle d'apprentissage progressif, une méthodologie. Aborder l'attribution avec méthodologie, c'est structurer son approche et comprendre comment chaque élément de l'attribution interagit avec les autres.

L'*Attribution Opérationnelle** correspond au contrôle de la performance de ses campagnes marketing au quotidien en temps réel, soit : suivre le ROI de chaque campagne marketing et son impact sur le chiffre d'affaires généré sur web, mobile, in-app ou in-store.

Il s'agit ici d'appliquer un ou plusieurs modèles d'attribution pour maîtriser les insights de son activité au global. L'attribution opérationnelle permet de prendre des premières actions sur ses campagnes en :
- Contrôlant qu'elles respectent les objectifs fixés ;
- Identifiant les parts de budgets qui ne respectent pas ces objectifs ;
- Faisant des tests : en basculant ces budgets sur des partenaires performants.

L'*Attribution Stratégique**, quant à elle, consiste à aller au-delà de la vision apportée par l'attribution opérationnelle. Il s'agit ici de chercher à mieux comprendre le parcours média. L'analyse de ce parcours d'un point de vue global permet de mieux appréhender sa composition et le rôle joué par chaque partenaire média. L'attribution stratégique intervient seulement lorsqu'une première attribution opérationnelle est maîtrisée.

UNE ATTRIBUTION EN MOUVEMENT

Grâce aux analyses de l'attribution stratégique, vous aurez accès à une vision globale de vos investissements médias (différente de celle de l'attribution opérationnelle quotidienne, avec une conversion attribuée à un canal marketing).

En combinant attribution opérationnelle et stratégique, vous pourriez obtenir les résultats suivants :
- Mon attribution opérationnelle donne une certaine valeur au canal marketing A ;
- Mon attribution stratégique donne une valeur différente au canal marketing A ;
- Pourquoi le canal marketing A est-il valorisé différemment ?

Votre attribution entrera en mouvement de la façon suivante : L'attribution stratégique tendra à prouver que le canal marketing A crée de la valeur dans le parcours qui mène jusqu'à la conversion. L'attribution opérationnelle étant alors trop proche d'un last click pour le valoriser quotidiennement : faire évoluer son modèle d'attribution (et les KPIs opérationnels pour le revaloriser dans votre suivi quotidien) semblera nécessaire.

L'attribution stratégique tendra à montrer que le canal marketing est effectivement bien présent, mais qu'il n'apporte que peu de valeur pour générer des conversions. La question se posera alors : votre investissement est-il pertinent ?

Cette attribution en mouvement vous permettra de disposer des insights nécessaires pour évangéliser (en interne ou en externe) sur la base d'arguments solides que vous maîtriserez. Vous allez progressivement ressentir le besoin de personnaliser votre attribution opérationnelle et d'aller au-delà du last click. Puis vous souhaiterez intégrer le MTA et les audiences dans votre attribution.

Progressivement, vous vous dirigerez ainsi vers un mix média plus performant.

> EULERIAN
www.eulerian.com
Fiche d'entreprise p. 489

Alexis Tacquard
VP Product & Solutions
a.tacquard@eulerian.com

www.eulerian.com
+33 1 84 25 30 11
commercial@eulerian.com

Article

Les avantages méconnus d'une organisation orientée optimisation (CRO)

Imaginez un monde où vous êtes capable de prédire le résultat de chacune de vos actions avant même de les passer en production. Un bac à sable géant. C'est ce que promet le test A/B depuis plusieurs années.
Les organisations telles que Booking, AirBnb, Microsoft ou Netflix ont bien compris l'avantage stratégique que procure l'expérimentation. Elles testent sans cesse et parfois à un rythme effréné, c'est le cas d'AirBnb qui lance plus de 35 000 expérimentations par an.

Augmentation de la performance des organisations par 8 après avoir introduit l'expérimentation.
Source Widerfunnel report 2019

intuit	1,300 / an
P&G	7,000–10,000 / an
Google	7,000 / an
amazon	~2,000 / an
NETFLIX	1,000 / an
facebook	> 100,000 / an
UBER	> 15,000 / an
airbnb	> 35,000 / an

> Nombre d'expérimentations lancées à l'année par les grandes organisations

Ces organisations ont des niveaux de maturité très avancés et l'expérimentation est une vision d'entreprise. Au-delà du bénéfice business évident, cette approche apporte d'autres bénéfices plus subtils pour une organisation. Découvrez les 4 principaux avantages méconnus d'une organisation tournée vers l'expérimentation.

LE CRO CHANGE LES MENTALITÉS ET FLUIDIFIE LES ORGANISATIONS

Les organisations sont de plus en plus agiles et les équipes de plus en plus libres de prioriser leurs projets. Avec toujours plus de sollicitations, parfois argumentées par des données parfois simplement imposées, il est de plus en plus difficile pour les leaders et les équipes de prioriser les projets de manière rationnelle. Il est difficile de définir l'impact d'un projet à l'avance. Une organisation comme Microsoft, pourtant mature en expérimentation, avoue que l'exercice est complexe. Seulement 1/3 de leurs hypothèses d'optimisation sont gagnantes et l'autre 1/3 perdant.

CRO | A/B testing | UX

> Retrouvez les mots clés en index <

L'expérimentation a cette capacité, fabuleuse, de faire évoluer la mentalité des équipes et de leur permettre de prendre de meilleures décisions. Quand une équipe découvre les résultats de ses premiers tests A/B, positifs ou négatifs, un changement intervient : la surprise puis la remise en question des connaissances des uns et des autres. Cette prise de conscience amène les équipes à se challenger et à devenir plus humbles dans leurs choix. Elles vont chercher et demander plus de preuves avant de valider une demande.

Pour encourager cette nouvelle posture, les leaders peuvent s'appuyer sur le processus CRO comme un outil d'aide à la décision. Les 2 premières étapes de ce processus imposent d'argumenter un projet et de le prioriser par la valeur. Il devient facile pour eux d'arbitrer entre plusieurs projets, même quand il y a peu d'arguments ou quand la politique et l'ego marketing entrent en jeu. C'est une situation courante qui pénalise la performance globale de l'entreprise.

Booking.com avait raconté une anecdote qui illustre bien cette mentalité d'expérimentation. Leur nouveau directeur venait d'une grande entreprise américaine et a souhaité revoir le logo de l'enseigne avec sa proposition. Les équipes prennent en compte sa demande et lui répondent « Nous allons tester votre proposition. ». Cette réponse n'est pas habituelle et a été très mal reçue par le directeur (sic). En quoi ce changement sera bénéfique pour l'entreprise ?

Ce changement de mentalité permet aux équipes d'avancer plus rapidement. Les décisions et les échanges sont plus constructifs et prennent en compte l'unique contrainte : l'impact sur les utilisateurs et le business. La conséquence est que l'ensemble de l'organisation se concentre sur ce qui impacte le plus sa croissance en toute autonomie.

COMPRENDRE ET DÉFINIR LE PRODUIT DE DEMAIN

L'A/B testing est un outil précieux pour guider la stratégie à long terme de l'entreprise. Il encourage le développement rapide d'un produit incomplet afin de vérifier sa pertinence dans un environnement contrôlé.

En quelques semaines, une entreprise peut façonner sa stratégie produit et découvrir ce qui aura le plus d'impact sur ses utilisateurs. Plus besoin d'investir dans des produits physiques et de passer de longs mois à les développer pour vérifier leur pertinence. Le test apporte les réponses.

Une enseigne a particulièrement bien utilisé cette stratégie. Elle proposait uniquement des produits personnalisables et complexes à configurer. La question du moment était de déterminer si l'utilisation d'un produit standardisé avec moins de paramètres serait plus performant.

Pour répondre à cette question, l'équipe marketing a simulé la vente d'un produit standard avec un simple test A/B. Pour cela, elle a préconfiguré la plupart des options et réduit le nombre d'informations demandées à l'utilisateur. Le résultat a été surprenant avec une augmentation significative des ventes. Le test a permis de déterminer qu'une part des utilisateurs du site a une meilleure appétence pour un produit standardisé rapide à acheter. La direction a immédiatement validé la commercialisation d'une offre produit standardisée et complémentaire à leur offre historique.

Pour comprendre l'avantage du test A/B par rapport aux autres méthodes, Christian Rohner, Vice President of Design, Research and Entreprise Services à Capital One, organise les principaux outils selon les axes suivants :

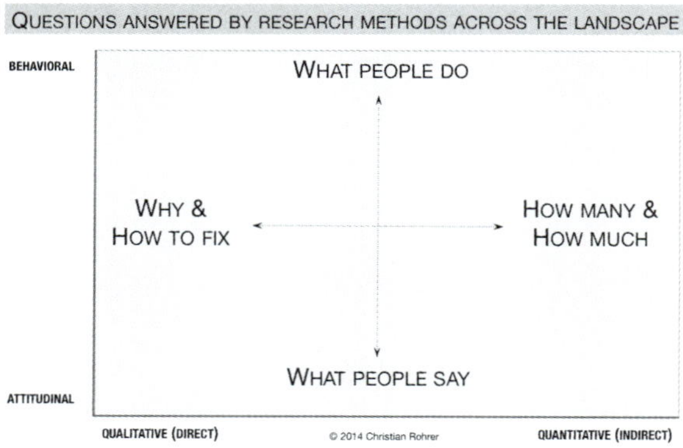

> La compréhension du comportement utilisateur à travers 4 axes

Il a ensuite listé les moyens de recherche utilisés principalement dans l'UX ou le CRO. L'A/B Testing est cité en haut et à droite :

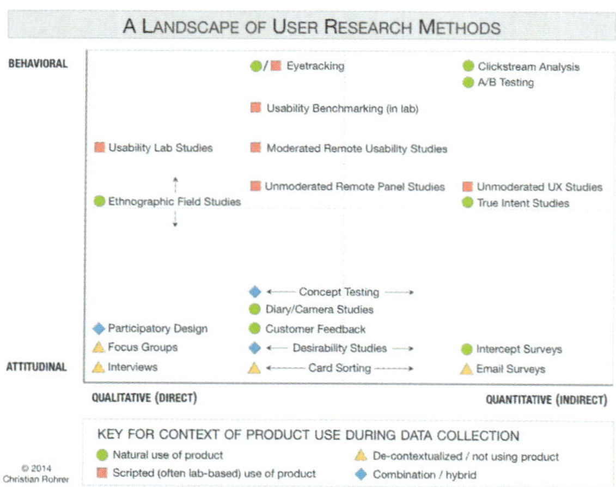

> Comprendre les réponses collectées avec les méthodes de recherche utilisateur

Cette vision met en évidence l'approche très différente qu'offre le testing par rapport aux autres outils. Plutôt que d'écouter les intentions de l'utilisateur, l'A/B testing se concentre sur l'observation de son comportement et l'utilisation d'une fonctionnalité. Il n'a pas conscience d'être entré dans un test et cela permet d'être au plus proche de la réalité en évitant tout biais contextuel.

Il a un avantage, il permet de vérifier l'impact financier qu'il génère et sur différentes cibles d'utilisateurs. Aucun autre moyen n'est aussi précis sur 2 conditions si importantes pour une entreprise.

UNE MAÎTRISE BUSINESS ET TECHNIQUE INSOLENTE

Les organisations les plus avancées en optimisation intègrent l'outil de testing côté serveur. Ce choix permet d'intégrer l'optimisation aux processus internes de l'entreprise tels que les cycles de développement ou le processus de QA.

Ce choix technique a d'autres avantages majeurs pour l'organisation. Les équipes produits sont notamment capables de déployer une nouvelle feature sans attendre une mise en production des équipes techniques. Elles gagnent en autonomie et surtout contrôlent parfaitement le risque business. En effet, la nouvelle feature est déployée progressivement sur une partie du trafic. Il est alors possible d'en mesurer l'impact sur les performances et le comportement utilisateur. Dans le cas où la nouvelle feature dégrade la performance, elle peut-être désactivée d'un simple clic (rollback) et sans intervention de l'équipe technique.

Pour certains projets moins sensibles, ce processus permet simplement de valider qu'il n'y a pas de régression technique (bug ou temps de chargement). C'est l'approche de Microsoft qui valide absolument tous ses projets internes avec l'A/B Testing : temps de chargement, bug ou latence, impact collatéral, etc..

Ce processus apporte un contrôle total à l'entreprise, tant sur la partie technique que sur la partie business. Si un projet est totalement déployé, c'est qu'il apporte des bénéfices business.

ÊTRE PLUS EFFICACE AVEC AUTANT DE RESSOURCES

Augmenter sa croissance se traduit souvent par un investissement dans de nouveaux moyens, techniques ou humains, pour augmenter sa capacité de production. La mise en place d'une démarche d'optimisation permet pour l'entreprise de maintenir le même niveau d'investissement tout en augmentant le rendement de ses projets et actions.

Un processus d'optimisation strict permet d'augmenter, mais aussi d'assurer le nombre d'actions positives réalisées par une équipe. Les attentes des utilisateurs sont mieux cernées et cela permet aux équipes de travailler sur des projets plus structurés. L'époque des refontes de site qui intervient tous les 3 ans est révolue, les équipes interviennent sur des projets ciblés à forte valeur ajoutée. Cette organisation permet de faire plus d'actions par équipes.

L'exemple le plus frappant est le site d'Amazon qui a beaucoup évolué entre 2006 et 2010. Cette évolution s'est faite progressivement et il n'y a eu aucune « refonte » à proprement parler (voir illustration de la page suivante).

Cette hausse de performance est aussi liée au fait que toutes les actions sont mesurées. Cette mesure est bénéfique pour l'entreprise puisqu'elle utilise un seul référentiel de mesure et sélectionne les KPIs à cibler. Les équipes alignent leurs efforts vers les objectifs de l'entreprise.

L'A/B testing est l'arme indispensable pour les leaders qui souhaitent garantir la croissance de leur offre ou la performance de leurs équipes.

CRO | A/B testing | UX

> Retrouvez les mots clés en index <

> Evolution de la homepage Amazon depuis la mise en place de l'expérimentation en 2007

CONCLUSION

L'A/B testing est aujourd'hui souvent vu comme un outil parmi une longue liste d'autres outils. Son utilisation est fréquemment limitée au sein d'équipes de data analyse ou UX. Il est temps de sortir ces outils des carcans dans lesquels ils ont été placés et de mettre en œuvre des programmes CRO efficaces au service des entreprises et de leurs leaders.

Un programme CRO structuré est indispensable pour toutes les organisations qui souhaitent accélérer leur croissance et optimiser leurs investissements. Pour les grandes organisations, l'introduction de l'expérimentation a permis d'augmenter par 8 leur performance. Aujourd'hui, ces équipes testent constamment et ont pour objectif d'augmenter encore leur vélocité. Elles ont développé en partenariat avec Microsoft un algorithme (CUPED) pour augmenter la fiabilité des résultats. Ils sont capables de prendre 2 fois moins de temps ou de trafic pour obtenir une réponse. Le hasard n'a plus sa place dans l'évolution de leurs offres et de leurs interfaces.

Ces bénéfices sont accessibles à toutes les organisations, mais à 2 conditions. La première est de suivre un processus d'optimisation strict et la seconde d'avoir le socle de compétences nécessaires à son exécution (recherche utilisateur, statistique, conception, analytics,...). Faute de remplir ces 2 conditions, un outil de testing peut devenir nocif et amener de faux positifs, dramatiques pour la performance d'un business.

Ces exigences sont les enjeux d'aujourd'hui et de demain pour toutes les organisations françaises qui voudront rester dans la course.

> FWO
www.fwoptimisation.com

Fauveaux Mathieu
mathieu@fwoptimisation.com

Jérôme Wehrlé
jerome@fwoptimisation.com

Étude De Cas

PARC DU FUTUROSCOPE

Concilier notoriété, influence et performance par l'activation programmatique

> Futuroscope, vous n'imaginez pas ce qui vous attend !

PROBLÉMATIQUE DE LA MARQUE

Fort d'un ADN centré sur l'innovation technologique, depuis 2013, le Parc du Futuroscope active son média digital exclusivement en programmatique. Une démarche volontariste et innovante, accompagnée du pure player Tradelab.

Adresser une cible protéiforme : tout le monde est un client potentiel
Dans ce contexte, la donnée est un atout majeur. Socio-démographie, géolocalisation, habitudes de consommation, autant de signaux révélateurs de la proximité d'une audience à la marque.

Insuffler une culture du résultat sur des enjeux de notoriété
En marge d'un résonant dispositif offline, le Futuroscope considère le média online comme un complément incrémental de couverture, dont l'activation offre un levier de mesure précise et fiable.

Raisonner en profil unique pour ne pas lasser l'internaute
Vidéo, display, social, desktop, mobile, autant de points de contact performants vers une approche unifiée du média, qui non maîtrisés deviennent destructeurs de valeur.

Sécuriser sa position de challenger sur un marché concurrentiel
La préférence de marque installée, encore faut-il favoriser la conversion et capitaliser sur les différents canaux activés.

> Objectifs
Notoriété, Ventes

> Moyens
Display, Réseaux sociaux, Digital expérience

> Cible : Famille

> Budget : De 500 000 € à 1 million €

SOLUTION STRATÉGIQUE

Premier chantier majeur adressé par le Futuroscope : s'affranchir des arbitrages entre performance et branding, en introduisant des objectifs business sur ses formats de notoriété.

En unifiant ainsi l'ensemble des leviers d'activation, la rationalisation par profil unique prend tout son sens. Dans cette démarche, accompagné de Tradelab, le parc d'attractions s'est construit une bibliothèque de segments d'audience granulaires. Une multitude de *personas** organisées par signaux révélateurs d'intérêt.

Cette approche itérative du ciblage d'audience, issue du développement de couches technologiques sur-mesure, combine en temps réel une multitude de variables, isolant les meilleurs parcours de navigation et facteurs discriminants dans la décision de conversion.

L'audience identifiée, encore faut-il la captiver. Pour ce faire, le déploiement média est axé sur le storytelling, mixant formats et messages, orchestrés pour accompagner l'utilisateur au long du funnel de conversion. Chaque point de contact est une étape clé vers la préférence de marque, en amont de funnel, et vers la conversion dans une phase plus avancée. Les dispositifs offline, tels que la TV et l'affichage, sont pleinement intégrés à ces déploiements, dont la répétition est étroitement contrôlée.

Une activation digitale diffusée sur des inventaires contextualisés favorise d'autant plus la résonance des messages publicitaires.

Branding | Performance digitale | Programmatique

> Retrouvez les mots clés en index <

INFOS CLÉS

+ 83 % de visites générées par le programmatique

Taux de conversion **x 2,4** sur les formats enrichis

Optimisation du taux de rebond de **30 %**

MISE EN PLACE OPÉRATIONNELLE

Pour répondre aux problématiques abordées, une diversité de solutions technologiques et humaines a été déployée. Un chantier affiné et enrichi au fil des années, construit sur un partenariat fort et transparent.

> Importance de la cible : tout le monde est un acheteur potentiel

1/Création de bassins d'audience qualifiés sur-mesure

Afin d'optimiser la stratégie de notoriété, les audiences à cibler ont été affinées sur la base des visiteurs récents et engagés du site Futuroscope. En consolidant des données de Kantar TGI au capital propriétaire de Tradelab, des clusters d'audience pertinents ont été définis. Un profiling des utilisateurs axé sur des critères sociodémographiques, géographiques et sur des centres d'intérêt. S'y ajoutent aussi des informations sur le comportement de navigation, consolidées sur la base des sites visités et des thématiques consultées.

2/Étendre le reach sur les convertisseurs

Afin d'accélérer la transformation en fin de funnel, une analyse des audiences les plus contributrices est réalisée par Tradelab, sur la base des profils convertisseurs et de leurs parcours de navigation.

Un capital marque majeur, l'intérêt pour le Parc étant avéré par la conversion. S'en suit un processus de clonage de ces audiences, tant sur le profil de ces dernières que sur les domaines les plus représentés dans le parcours de conversion (whitelisting de sites). Un processus de look-alike des audiences et contextes, au service de l'élargissement du reach qualifié.

3/Chercher des micro-signaux révélateurs d'intérêt

En se basant sur les personas du Parc, Tradelab construit une structure de ciblage et d'enchère sur un modèle d'arbres de décision, valorisant les critères les plus discriminants pour l'achat. Cette stratégie multi-combinaisons permet de tester une infinité de micro-signaux, allouant les investissements sur les combinaisons les plus performantes, et adaptant automatiquement les enchères en fonction des interactions détectées.

> Bannières 2019

> Insuffler une culture du résultat sur des enjeux de notoriété et raisonner en profils uniques pour ne pas lasser l'internaute

1/Multiplicité des canaux et moments d'attention

Favoriser la préférence de marque est un enjeu majeur dans le processus de conversion. Une étape décisive que le Futuroscope adresse par la diversité des formats diffusés, la pluralité des messages portés, mais aussi par l'étendue et la consolidation des leviers activés. Pour ce faire, le Parc d'attractions capitalise sur la richesse de l'expérience digitale, proposant une immersion personnalisée dans l'univers de la marque. La vidéo y joue un rôle majeur en amont de funnel, dans une phase de notoriété, sur des leviers puissants comme YouTube ou engageants comme Facebook ou Instagram. Une diffusion optimisée en fonction des moments d'attention constatés, pour améliorer le taux de complétion en délivrant les vidéos aux moments où les internautes sont les plus captifs.

Comme pour la diffusion vidéo, les formats display sont optimisés au moment d'attention, par l'intermédiaire d'un algorithme surpondérant la diffusion et l'enchère sur des signaux de réceptivité liés aux moments d'attention.

2/Rationaliser l'achat média sur des profils uniques

Plus en aval du funnel, dans une phase de performance, une diffusion de messages prix et promo prolonge le dialogue du Futuroscope avec son audience, adossée à une diffusion cross-device, la consultation étant largement opérée sur mobile, et l'achat sur desktop.

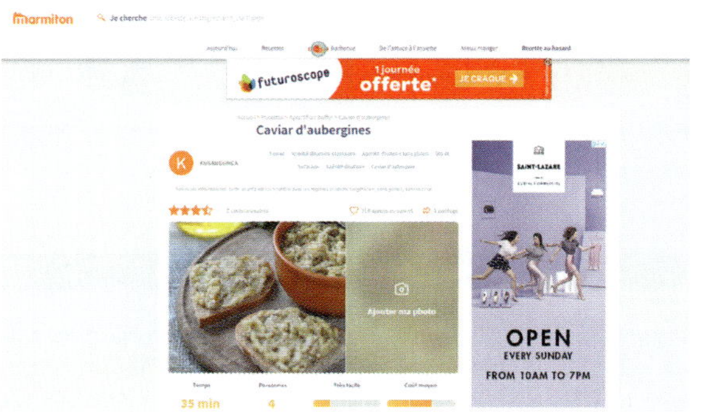

> Display sur Marmiton

Branding | Performance digitale | Programmatique

> Retrouvez les mots clés en index <

Compte tenu de l'éventail de formats et leviers activés - des formats enrichis aux formats audio, mais aussi sociaux à travers Facebook, Instagram, Pinterest, Snapchat et Messenger

- le storytelling occupe une place majeure dans la stratégie d'acquisition. La diversité des points de contact enrichit la prise de parole, travaillant sur la conviction sans lasser l'internaute

> Capitaliser sur les autres canaux non digitaux activés

Pour soutenir spécifiquement le dispositif offline, une campagne "guerilla" diffuse en temps réel des messages digitaux coordonnés aux diffusions des publicités TV du Futuroscope. De même, une surpondération de la diffusion publicitaire sur mobile est opérée sur les points de diffusion à proximité immédiate des panneaux d'affichage, renforçant l'impact mémoriel d'une exposition combinée.

RÉSULTATS

> Importance de la cible

La création d'une architecture d'achat en *arbre de décision**, enrichie d'une donnée Tradelab granulaire et volumineuse a permis d'améliorer le CPA de 39 %.

La stratégie d'extension du reach par look-alike obtient un coût à l'arrivée qualifiée inférieur de 16 % par rapport à la prospection traditionnelle.

> Adresser individuellement des profils uniques

Rationaliser la diffusion sur les moments d'attention a amélioré le coût de l'arrivée qualifiée de 12 % et 59 % sur la vente sur les 5 derniers mois, tout en gardant une visibilité et un reach importants.

Le choix des formats a également impacté considérablement les performances de campagne. L'exploitation de créatives enrichies a permis d'atteindre un taux de conversion multiplié par 2,4 par rapport aux créas traditionnelles. L'interaction engage significativement l'utilisateur, au point que le format scratch mobile contribue à une hausse du taux de conversion à la visite de 141 %.

*Retrouvez la définition dans le lexique en fin d'ouvrage.

> *"La campagne est optimisée en mode test&learn tout au long du processus, pilotée pour être intégrée au mieux à notre dispositif global, et notamment à la stratégie de publicité offline dont elle décuple la puissance, soit en répétition, soit en apport de couverture."*

> PARC DU FUTUROSCOPE
www.futuroscope.com

Florence Lemesle-Beaulieu
Responsable Publicité & Partenariats Médias
flemesle@futuroscope.fr

> TRADELAB
www.tradelab.com

Christopher Mariel
Global Communication Director
cm@tradelab.fr

Étude De Cas

BFORBANK

Faire progresser la pertinence et la performance des créations publicitaires en display grâce à la DCO

> La DCO chez BforBank

PROBLÉMATIQUE DE LA MARQUE

> Contexte

Avec la montée en puissance progressive des adblockers (d'après eMarketer, plus de 30 % des internautes français utiliseront un adblocker en 2019), les internautes sont de plus en plus sollicités. Le challenge est donc de se réinventer pour rester pertinent auprès de notre audience en s'appuyant sur les nouvelles technologies digitales.

Par ailleurs, BforBank, banque en ligne du Crédit Agricole, intervient dans un marché très concurrentiel, et qui le sera de plus en plus à l'avenir. Le marché bancaire d'une manière générale est notamment défini par des règles extérieures (variation des taux de crédit immobilier par rapport au marché, par exemple) qui impliquent d'être réactif dans la mise à jour des offres ou des taux, et de se distinguer grâce à des publicités plus personnalisées.

Par ailleurs, depuis le lancement du nouveau territoire de communication de BforBank, la volonté est d'asseoir la promesse de marque «La banque selon moi» et la personnalisation véhiculée au travers de cette signature forte à chaque point de contact avec le prospect/client.

> Cibles

Les 2 sexes, Urbains, CSP+

> Objectifs

Acquisition

> Budget

< à 50 000 €

SOLUTION STRATÉGIQUE

L'objectif était double : imaginer des publicités plus pertinentes pour le consommateur et plus performantes pour la marque.

Comment ? Grâce à des outils d'optimisation dynamique des créations digitales *(DCO ou Dynamic Creative Optimization*)* dans le but d'améliorer la performance des campagnes display et d'adapter les messages poussés à chaque internaute.

Concrètement, chez BforBank, les équipes publicité ont œuvré pour transformer les templates publicitaires d'origine en créations dynamiques. Cela a impliqué de faire évoluer certains éléments graphiques des bannières web en objets dynamiques/variables qui pourront être modifiés en temps réel.

Ensuite, les différentes combinaisons d'éléments et de messages ont été optimisées et adaptées en fonction de datas internes ou externes et des préférences spécifiques de l'internaute ciblé. Cela ouvre énormément de possibilités d'adaptation des créations en fonction de données telles que la météo, la géolocalisation, l'heure, le prix, les promotions...

Cette optimisation se base sur le machine learning dans le but de sélectionner et d'afficher en temps réel les éléments visuels (couleur de l'annonce, disposition des éléments graphiques, call to action...) et les datas les plus performantes et pertinentes pour chaque prospect. Cela permet ainsi d'optimiser à la fois le contenu et l'annonce, et de créer des publicités sur-mesure. Des centaines de milliers de combinaisons sont alors possibles, et ce, de manière entièrement automatisée.

Display | Digital expérience | Advertising

> Retrouvez les mots clés en index <

INFOS CLÉS

100% des créations publicitaires ont été transformées selon la DCO

+ 29% de clics supplémentaires sur nos bannières web

+ 19% de conversions

MISE EN PLACE OPÉRATIONNELLE

La DCO a été initiée chez BforBank en 2017. A l'époque, le Crédit Immobilier vient d'être lancé et devient alors un vrai levier de conquête client, au même titre que le Compte Bancaire, notamment lors de campagnes display. Comme évoqué précédemment, les taux du Crédit Immobilier fluctuent en fonction du marché et ne sont connus que 3 jours avant leur application effective. Or, les processus de créations publicitaires et les différents échanges avec l'agence de création sont tels que la réalisation de bannières web prend environ 3 semaines.

Pour pouvoir afficher les taux de Crédit Immobilier sur les bannières il a donc été nécessaire d'utiliser les techniques et outils de la DCO (ou plutôt DC...). A ce stade, BforBank s'est appuyé sur la solution d'adservice d'Havas. Il s'agissait d'une mise à jour assez basique du taux en quasi temps réel sans optimisation. Deux bannières web étaient alors poussées, à parts de voix iso, mais avec des performances très variables dans le temps.

Très vite, fin 2018, au moment du lancement de la nouvelle plateforme de marque « La banque selon moi », il est apparu indispensable de retravailler la pertinence de nos messages publicitaires pour accélérer la conquête de nouveaux clients. Nous avons donc démultiplié la DCO sur les bannières web de tous nos produits.

Sur le Crédit immobilier spécifiquement, alors que le multi-variable testing à grande échelle est très rarement pratiqué sur des bannières web en display, la DCO a permis de réaliser un A/B test sur le bouton "call to action". Grâce aux champs dynamiques intégrés aux créations publicitaires, deux combinaisons ont été testées pendant deux mois et demi.

A l'issue de ce test, l'une des variantes s'est montrée plus qualitative et a été retenue pour l'ensemble des créations Crédit Immobilier. Le taux de conversion s'est depuis amélioré de 63 %.

RÉSULTATS

La DCO est résolument une approche user centric. Elle permet de garantir la pertinence des communications digitales pour ne pas inonder l'internaute de publicités sans réel intérêt. Elle permet à BforBank d'avoir une communication plus qualitative et donc en phase avec son positionnement haut de gamme à destination des CSP+. En témoignent les résultats : + 29 % de clics sur les bannières web et + 19 % de conversions.

En interne, la mise en place de la DCO est un gain de temps précieux. Les équipes opérationnelles ont délaissé les tâches chronophages et redondantes au profit de missions à plus forte valeur ajoutée. Désormais, les créations digitales sont mises à jour en temps réel tout en restant en ligne (cela s'apparente à la gestion d'un site web via un CMS).

Ce projet majeur s'inscrit en outre dans la stratégie d'innovation à long terme de BforBank et a été amorti dès sa première année d'exploitation.

*Retrouvez la définition dans le lexique en fin d'ouvrage.

> *"La DCO présente un nombre infini de possibilités au service d'une publicité « gagnant-gagnant » car plus pertinente pour le consommateur et plus performante pour la marque."*
>
> **Alexis BITON**
> *Responsable Publicité et Acquisition*

> BFORBANK
www.bforbank.com

Alexis Biton
Responsable Publicité et Acquisition
alexis.biton@bforbank.com

Article

Les meilleures activations marketing de réalité augmentée

Bien plus qu'une mode, la *réalité augmentée est un véritable levier marketing. Depuis quelques années, cette technologie se développe et prouve tout son potentiel. D'abord pensée comme une expérience singulière, la réalité augmentée est aujourd'hui un outil pragmatique au service des marques leur permettant de toucher leur public cible, mais également de générer des ventes directes & des leads.**

208 millions
d'utilisateurs quotidiens sur Snapchat en 2019

13 millions
d'utilisateurs en France sur Snapchat en 2019

83 % des utilisateurs ont plus de 18 ans

"Nous nous définissons comme une "Camera Company". Une camera company est une société qui conçoit des produits et services à destination de la "GenCam". Snapchat c'est la télévision des millennials."

Emmanuel DURAND
PDG Snapchat France

Si aujourd'hui Snapchat se place en tant que leader sur le secteur de la réalité augmentée, d'autres acteurs font leur entrée. En effet, Facebook lance de plus en plus de projets AR et mise de plus en plus sur ses filtres en story, également présents sur Instagram.

Par ailleurs, après une année 2018 difficile suite à la perte inquiétante de ses utilisateurs, Snapchat revient en force en passant la barre des 208 millions d'utilisateurs quotidiens. Une véritable démonstration qui est due à des choix stratégiques cruciaux tels que le recentrage vers les jeunes et l'investissement massif dans les produits publicitaires.

Ces éléments sont symptomatiques d'une appétence grandissante pour la réalité augmentée et les expériences immersives de la part des consommateurs. Ces derniers souhaitent plus de transparence de la part des annonceurs. De plus, les jeunes sont un public averti et habitué à la publicité. Ils en comprennent les codes et ne se laissent pas convaincre facilement. C'est pour cela que la réalité augmentée et son apanage divertissant permettent aux annonceurs d'adresser un message d'un nouveau genre, centré sur l'*expérience utilisateur** et l'entertainment.

Afin de vous prouver la force créative et les opportunités de l'AR, voici un best of des campagnes interactives les plus inédites.

Un musée transforme les publicités outdoor en œuvres d'art

En 2007, le Musée d'Art Contemporain de Belgrade fermait ses portes au public dans le cadre de ses travaux de rénovation, provoquant des vagues de visiteurs mécontents.

Pour pallier ce problème, l'organisation en charge des expositions et du musée a imaginé un dispositif digital créatif. En effet, elle a lancé une application gratuite de réalité augmentée,

Expérience utilisateur | Réalité augmentée | Application mobile

> Retrouvez les mots clés en index <

appelée "msu ARt", qui transforme les billboards et les publicités extérieures de 15 villes serbes en œuvres d'art. Telekom Serbia, Coca-Cola, Schweppes, BMW, et tous les plus gros annonceurs de Serbie ont pris part à cette action créative.

> Guerlain et Snapchat donnent vie à la Petite Robe Noire

Pour la première fois en France et dans l'univers du parfum, le dispositif s'appuie sur l'un des formats les plus spectaculaires de Snapchat, Portal Lens, qui fait ici apparaitre à l'écran un flacon scintillant grâce auquel on plonge dans un Paris féérique. On se retrouve alors sur un balcon, face à la Tour Eiffel et aux toits de Paris sur lesquels se dessinent les contours, aux teintes bleutées et scintillantes, du nouveau flacon.

> Snapchat dévoile une lens hallucinante pour la sortie de Spider-Man

À l'occasion du lancement du nouveau film Spider-Man, Sony s'associe à Snapchat et lance un dispositif inédit, qui pour la première fois utilise la technologie Landmarker. Fonctionnalité lancée en avril dernier, elle permet de vivre des expériences en donnant vie en temps réel à différents monuments dans le monde.

Ainsi, lorsque les Snapchatters se trouvent à proximité de l'un de ces points de repère, une icône Spider-Man apparaît. Lorsqu'ils la sélectionnent, l'écran demande aux Snapchatters de trouver le monument et de pointer la caméra du téléphone vers le bâtiment, ils pourront alors voir Spider-Man et Mysterio apparaître à l'écran.

> Assassin's Creed : mettez-vous dans la peau d'un spartiate avec la réalité augmentée

Pour le lancement d'Assassin's Creed Odyssey, Ubisoft a confié à l'agence Biborg la conception d'un effet de caméra en réalité augmentée sur Facebook. Véritable prouesse technique, l'expérience, disponible au niveau mondial, propose aux internautes de se glisser en réalité augmentée dans la peau de Kassandra ou d'Alexios et de customiser leur apparence pour la partager sur Facebook.

Une véritable innovation technique souhaitée par Ubisoft et qui fait écho à l'orientation jeu de rôle de cette nouvelle production.

Vous pouvez essayer cette paire d'Adidas grâce à la réalité augmentée

Pour accompagner le lancement de sa nouvelle chaussure Ultra Boost 19, Adidas collabore avec Snapchat pour proposer un essayage en AR ! La marque aux 3 bandes offre ici aux consommateurs une expérience inédite.

En effet, les fans de sneakers peuvent désormais essayer la nouvelle paire Ultra Boost 19 directement via leur mobile. Grâce à la technologie lens, l'expérience est totalement immersive et modifie profondément le rapport que nous pouvons avoir avec la marque et l'essayage avant l'acte d'achat.

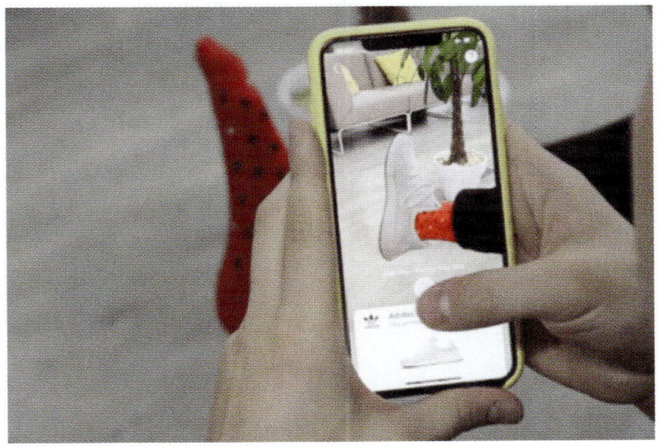

Cette étiquette de bière interagit avec celui qui la boit

La société d'étiquettes haut de gamme MCC et le studio digital, Talkin' Things, ont eu l'idée de combiner la réalité augmentée et la technologie de reconnaissance facile (NFC) pour créer une expérience client unique sur une bière dans le but de stimuler les ventes. Le personnage présent sur l'étiquette se met à parler et interagir directement avec l'utilisateur. Il suffit de placer son téléphone en face de l'étiquette et celle-ci s'anime via l'application mobile. De plus, le capteur de caméra frontale permet de détecter le visage du consommateur et de lire son humeur.

Pour le lancement de son nouveau parfum, Lancôme innove avec Snapchat

La marque travaille ici avec Snapchat pour sa capacité d'innovation, sa force de frappe auprès des millennials et son expertise sur cette cible. La campagne s'appuie sur la réalité augmentée et les vidéos mobile (Snap Ads et Commercials). Des filtres géolocalisés sont disponibles dans quatre grandes villes françaises Paris, Lyon, Marseille et Lille.

*Retrouvez la définition dans le lexique en fin d'ouvrage.

> J'ai un pote dans la com
http://jai-un-pote-dans-la.com
Fiche d'entreprise p. 491

Valentin Richardot
valentin@jai-un-pote-dans-la.com

Laurent Garrouste
laurent@jai-un-pote-dans-la.com

Article

Comment vous préparer aux changements des expériences de recherche

L'univers des recherches sur Internet connaît une véritable révolution, en passant des résultats aléatoires aux réponses vérifiées, des mots clés aux questions. Aujourd'hui, lorsqu'un client saisit une recherche, il a des chances de trouver la réponse sur la page de résultats de son moteur de recherche, dans un Featured Snippet, une fiche info, un local pack ou autre fonctionnalité SERP.

Un taux de conversion **2,5 fois supérieur**

28 % d'augmentation des taux d'impression

"Le changement de la recherche en ligne est une opportunité pour les marques. Les Brand Verified Answers leur permettent de fournir des informations pertinentes et d'améliorer l'expérience client."

Franck NEGRO
Directeur Général Europe du Sud Yext

Il y a quelques années, lorsque vous cherchiez "pizza" dans la barre de recherche Google, vous obteniez des dizaines de liens bleus renvoyant sur des sites tiers ou des blogs consacrés à la pizza. Aujourd'hui, la même recherche vous donne des réponses structurées, détaillées. Ce sont ce qu'on appelle des Knowledge Cards. Vous y trouvez des informations nutritionnelles, les ingrédients d'une pizza, un local pack avec les restaurants servant des pizzas proche de chez vous ou encore une liste de marques.

Les recherches deviennent plus longues, complexes et conversationnelles. Désormais les attentes des consommateurs sont façonnées par l'expérience de recherche délivrée par les Featured Snippets, les Local Packs, les Knowledge Panels ou encore les réponses directes de Siri ou Alexa. Selon un rapport récent, les recherches plus longues formulées naturellement ont un taux de conversion 2,5 fois supérieur aux recherches par mot-clé unique. Les entreprises de tous les secteurs voient ainsi une occasion inexploitée d'acquérir de nouveaux clients et d'accroître leur fidélité en s'assurant que les consommateurs trouvent des réponses précises et pertinentes à leurs questions sur l'entreprise, les produits, les collaborateurs, les établissements et les services. Voici comment les entreprises peuvent devenir "answers-ready" sur tous les canaux digitaux.

STRUCTUREZ LES DONNÉES DE VOTRE MARQUE

Répondre à une demande telle que "meilleur conseiller financier près de chez moi spécialisé en assurance-vie" exige toutes sortes d'informations : notations, conseillers, emplacements, heures d'ouverture, offres de produits. Les méthodes traditionnelles de gestion des données ne sont pas à même d'offrir des résultats à des recherches aussi complexes. Les moteurs de recherche utilisent une base de données pensée comme un cerveau, le Knowledge Graph, pour répondre à des questions - un ensemble de faits (appelés " entités ") liés à des relations bidirectionnelles flexibles. De nos jours, chaque organisation a besoin de son propre Knowledge Graph. Ce dernier est nécessaire pour exploiter l'intelligence artificielle et répondre aux questions partout où les consommateurs cherchent.

Web to store | SEO | Transformation digitale

> Retrouvez les mots clés en index <

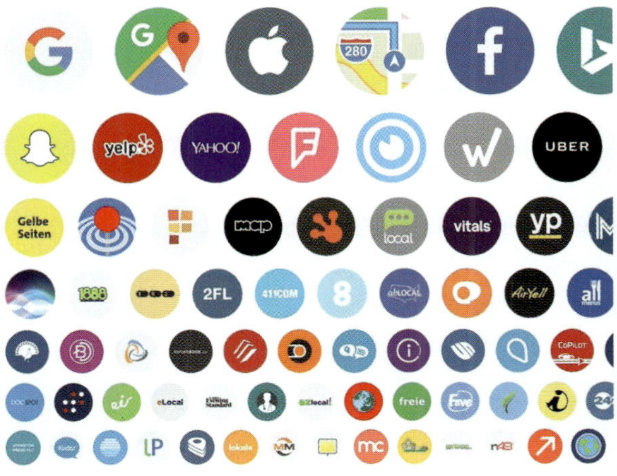

> Être présent sur tous les points de contact

> Yext, leader des Brand Verified Answers

OPTIMISEZ VOS LANDING PAGES POUR CORRESPONDRE AUX ÉVOLUTIONS DU PARCOURS CLIENT

Les landing pages structurées communiquent les détails d'une entreprise (c'est-à-dire les entités dans le Knowledge Graph) aux moteurs de recherche, applications, cartes, assistants vocaux et autres services. Le contenu de ces pages doit fournir tous les détails qu'un client éventuel souhaiterait connaître sur une entreprise, qu'il s'agisse d'un emplacement, d'un produit, d'un menu, d'un événement ou d'un professionnel comme un médecin ou un conseiller. Lorsque ce contenu est structuré à l'aide du balisage Schema (le code qui permet aux moteurs de recherche de lire et de comprendre le contenu du site web), l'intelligence artificielle qui sous-tend un moteur de recherche est capable d'analyser le contenu de la page pour fournir des réponses exactes aux questions des consommateurs. Le balisage sémantique Schema est mis à jour régulièrement et comprend du vocabulaire pour des faits de base comme l'adresse et les heures d'ouverture et pour des contenus plus complexes comme des instructions pratiques et des FAQ. Cela permet aux moteurs de recherche alimentés par l'intelligence artificielle de fournir des résultats qui répondent au mieux aux intentions de l'utilisateur, de le faire avancer vers une transaction et d'offrir une expérience client fluide.

STIMULEZ ET MESUREZ L'ENGAGEMENT SUR LES SITES ET SERVICES TIERS

Les informations sur une marque ou une organisation apparaissent dans l'univers digital, à de très nombreux endroits en dehors du site web de la marque - et ces services offrent souvent des transactions directes, comme prendre un rendez-vous ou passer une commande. Il est essentiel pour les entreprises de gérer ces informations et d'inclure tout ce que leurs clients et prospects peuvent vouloir savoir : nom, adresse, numéro de téléphone et heures d'ouverture, bien sûr, mais aussi photos, menus, services disponibles, références professionnelles, types de paiement ou d'assurance acceptés, et attributs spécifiques aux établissements locaux comme l'accessibilité en fauteuil roulant ou la possibilité d'accueillir les animaux de compagnie. Plus les services tiers trouvent d'informations sur votre entreprise, plus ils sont capables de répondre à des questions spécifiques comme "allergologue près de chez moi qui parle espagnol et accepte les paiements par chèques". De plus, en reliant les listes de tiers à des landing pages entièrement optimisées, les entreprises peuvent fournir à ces services encore plus d'informations sur leurs offres - et augmenter en moyenne de 28 % le nombre d'impressions de recherche pour leurs listes.

Les expériences de recherche basées sur l'intelligence artificielle gagneront en complexité et en importance à mesure que les technologies comme la recherche vocale, la réalité augmentée et les voitures connectées seront de plus en plus adoptées. En adoptant ces changements dès maintenant, vous préparez votre marque pour les recherches de demain. La mise en œuvre de stratégies évolutives pour la gestion de données structurées et le contrôle des faits publics concernant votre entreprise vous permettent de vous adapter à l'évolution du parcours client.

> YEXT
www.yext.fr

Fiche d'entreprise p. 505

Hélène Draoulec
Directrice marketing
hdraoulec@yext.com

Article

SEO First-Place : les tendances 2019 et 2020

Le référencement web (ou SEO) est devenu aujourd'hui une priorité absolue dans l'acquisition de trafic et de potentiels prospects sur le web. Le moteur de recherche Google est particulièrement réactif quant aux dernières tendances d'utilisation du web qui sont en évolution constante. Le besoin de s'actualiser sur les bonnes pratiques SEO est constant pour rester compétitif sur les premières positions des *SERP's**. Petit retour sur les dernières tendances annoncées par Google.

56 % des conversions web proviennent d'un mobile

53 % des utilisateurs quittent une page si celle-ci met plus de 3 secondes à charger

1,7 million d'utilisateurs ont déjà adopté les enceintes à commande vocale

> Le mobile : n°1 de l'utilisation du web en 2018

1. LE MOBILE

« Google aujourd'hui est un adolescent avec un smartphone, il faut que le contenu soit accessible immédiatement. » C'est par cette citation que Shane Cassells, Mobile Web Programme Lead chez Google a ouvert le Google Drive Digital 2018 de Londres. Aujourd'hui Google fonctionne sur la base du Mobile First. Parmi toutes les conversions enregistrées sur Google Analytics en 2018, 56 % d'entre elles impliquent un mobile, un chiffre prévu à la hausse pour cette année 2019.

La vitesse de chargement d'un site web est aujourd'hui primordiale face à un public dont le temps d'attention est en baisse. En moyenne 53 % des utilisateurs vont quitter un site web si leur page met plus de 3 secondes à se charger, 7 % s'ajoutent pour chaque seconde supplémentaire. Google met à disposition un nombre important d'outils gratuits d'audits, dont Test My site qui permet de tester les différents critères mobiles de Google :
https://www.thinkwithgoogle.com/feature/testmysite

L'outil dresse un bilan complet de la version mobile d'un site en précisant par la suite les différents moyens d'améliorer cette version en vue d'une amélioration du positionnement. Aujourd'hui la vitesse d'un site dépend globalement de 3 facteurs techniques : la taille des images affichées, la mise en cache du contenu chez l'utilisateur et la vitesse du serveur d'hébergement de votre site.
Pour plus de détail, il est possible d'effectuer un benchmark sur un site tel que *https://gtmetrix.com/*.

"Google aujourd'hui est un adolescent avec un smartphone, il faut que le contenu soit accessible immédiate-ment."

Shane CASSELLS
Mobile Web Programme Lead Google

Une solution technique pour améliorer son SEO mobile sans pénaliser sa version desktop passe par la mise en place d'un site mobile à URL propre sur lequel seront redirigés tous les utilisateurs naviguant depuis un mobile.

2. LE CONTENU

« Le contenu est roi », si cette phrase de 1996 est toujours d'actualité, la forme de ce dernier a cependant beaucoup évolué en suivant les dernières tendances web. Aujourd'hui, c'est l'utilisation des données structurées qui est au cœur de l'organisation du contenu. Les balises "Schema.org" aident les moteurs de recherche à comprendre le contenu de votre site sans avoir à faire de suppositions. Ainsi ces balises permettent de mettre en avant des prix, produits, actions, événements, adresses, médias, etc. Ce balisage est universellement reconnu par l'ensemble des moteurs de recherche dans le monde.

Le contenu du web aujourd'hui est organisé de manière sémantique. C'est-à-dire que le contenu n'est plus seulement stocké et distribué, mais il est compris par les moteurs de recherche en fonction de ce qu'on y trouve. Le moteur de recherche va essayer de comprendre la thématique de votre site et l'ensemble de son contenu en fonction du contenu qu'il va y trouver. Ainsi il pourra déterminer la pertinence du contenu et sa thématique. Il n'est donc plus question de concentrer son contenu sur quelques mots clés, ces derniers ne permettent plus à eux seuls un bon placement sur les *SERP's**. Cependant le contenu ne se limite pas au texte, en ce début d'année 2019 Google a lancé un outil de benchmark retail/digital pour faire le point sur les aspects techniques UX/UI de votre site :
https://growmystore.thinkwithgoogle.com/intl/fr_fr

3. LE VOCAL

Les enceintes à commande vocale Google Home, Alexa ou encore Apple Homepod ont été les stars des cadeaux de Noël 2018. Aujourd'hui en France, 89 % des internautes ont connaissance de leur existence. On comptait au début décembre 2018 1,7 million d'utilisateurs pour ces enceintes. Pour l'année 2020, il est estimé que 10 % des foyers seront équipés de ce type d'enceinte, pour comparaison 30 % des foyers aux Etats-Unis en sont déjà équipés. Si la majorité des requêtes mises en place sur ces enceintes concerne la diffusion de musique ou l'annonce de la météo, la recherche sur internet arrive en 4e position et se développe en parallèle de la démocratisation de l'outil. Cela change la donne d'un point de vue SEO puisqu'il faut incorporer au sein du site web un contenu capable d'être lu en "text to speech" par l'enceinte. Pour cela il existe déjà des balises "Schema.org" spécifiques au contenu *"speakable*"* ou "FAQ". Ces balises permettent d'isoler du texte afin de le rendre lisible par l'enceinte pour diffuser le contenu de son site web en priorité. Les requêtes étant vocales, puis transcrites par l'outil en texte, l'utilisateur va également davantage se tourner vers des requêtes de longue traîne plutôt que des mots clés. Les critères de sélection du contenu par les enceintes à commandes vocales ne sont pas encore entièrement connus, cependant ce nouveau canal constitue dès aujourd'hui un secteur important de la recherche sur moteur de recherche.

*Retrouvez la définition dans le lexique en fin d'ouvrage.

> Les enceintes telles que Google Home devraient équiper 10 % des foyers français en 2020

Nicolas Iffrig
Webmarketing Manager
hello@nicoiffrig.com

CDISCOUNT

Moteur de recherche : comment recommander des produits pertinents à nos clients

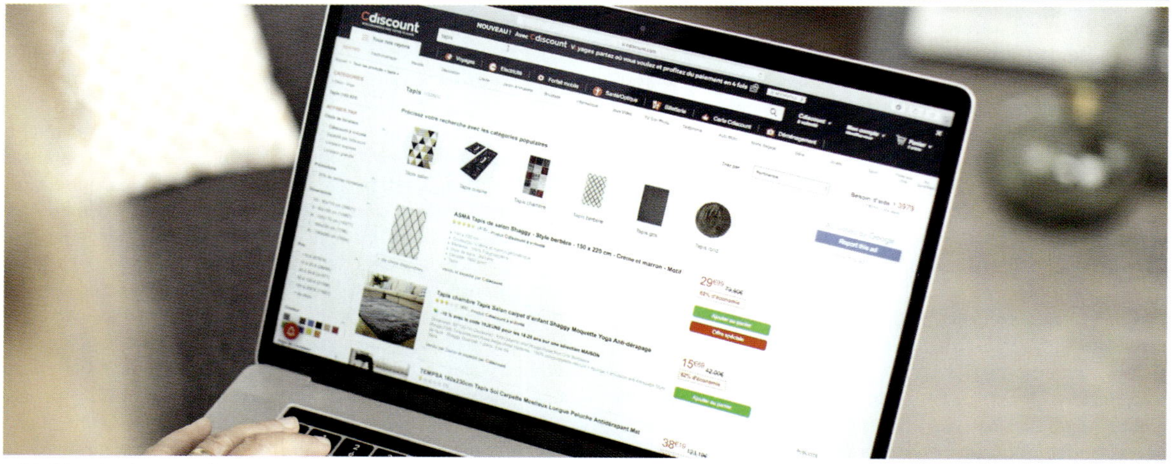

> Aide à la recherche www.cdiscount.com

PROBLÉMATIQUE DE LA MARQUE

> Contexte

Start-up bordelaise initialement spécialisée dans la vente de CD d'occasion, Cdiscount est aujourd'hui le leader français du e-commerce et propose plus de 50 millions de produits à la vente sur son site. Depuis sa naissance il y a 20 ans, l'entreprise n'a en effet cessé de diversifier son offre de l'high-tech à l'électroménager en passant par le meuble, la puériculture ou encore le vin.

En 2016, le e-commerçant franchit une nouvelle étape en complétant son offre avec la mise en vente d'abonnements mobile, électricité, des offres de voyage ainsi que de la billetterie. En 2019, Cdiscount continue de surprendre en entrant sur le marché de la santé avec une offre de mutuelle ainsi que de lunettes avec corrections. Le leader français du e-commerce renforce ainsi encore un peu plus sa stratégie de proximité avec ses clients et sa vocation : rendre accessible les meilleurs produits et les meilleurs services au plus grand nombre.

Depuis 2011, Cdiscount a ouvert sa plateforme à des vendeurs tiers évoluant ainsi vers un modèle de marketplace. Ainsi, l'offre a connu une croissance exponentielle et la problématique d'orchestration de la visibilité de ses produits/services sur le site est devenue centrale : il faut apporter la bonne réponse au client parmi les 50 millions d'offres présentes dans le catalogue.

SOLUTION STRATÉGIQUE

Les nouveaux usages quant à la navigation sur des sites e-commerce s'orientent de plus en plus vers le moteur de recherche. Là où le client était autrefois guidé sur le site à travers le menu de navigation, aujourd'hui, la grande majorité vient directement taper une requête dans le moteur de recherche. Près d'un visiteur sur deux l'utilise dans son parcours d'achat, souvent plusieurs fois pour explorer l'offre de plus en plus profondément. Mais le généraliste doit bien souvent composer avec des requêtes utilisateurs peu précises ou très peu fréquentes (70% d'entre elles sont qualifiées comme telles) et un catalogue très dense. Il lui a donc fallu imaginer des nouvelles fonctionnalités pour guider le consommateur dans son parcours d'achat tout en lui faisant découvrir son offre et ainsi répondre à plusieurs problématiques :

- Comment accompagner le client dans sa recherche lorsqu'elle est imprécise ?
- Comment intégrer des nouveaux services dans un site jusqu'ici dédié aux produits ?
- Comment rechercher un produit qu'on ne saurait décrire textuellement ?
- Comment valoriser les produits les plus populaires une fois la recherche du client bien appréhendée ?

Des problématiques de *merchandising** auxquelles le leader français s'est attaqué depuis plusieurs années.

Bien sûr, la qualité de l'offre reste la clé du succès : le prix, les délais et frais de livraison, les avis clients, sont des critères décisifs dans le choix des internautes. Mais la compétitivité d'une offre n'a de sens que si elle est visible et le moteur de recherche a un rôle très important à jouer à ce niveau-là : une grande majorité des règles de merchandising y sont implémentées afin de répondre aux attentes des consommateurs d'une part et aux axes stratégiques de l'entreprise d'autre part.

Ecommerce | Conversion | Search

> Retrouvez les mots clés en index <

INFOS CLÉS

1 visiteur sur 2 l'utilise | **1 milliard** de requêtes/an | **+ de 20M** de VU/mois

90% de l'activité étant concentrée sur la 1ère page de résultats, il est donc capital pour le e-commerçant d'être pertinent dans l'ordonnancement des produits s'il ne veut pas perdre son visiteur en cours de route.

MISE EN PLACE OPÉRATIONNELLE

Étudions en détail l'exemple concret d'un client qui effectue la recherche « camping » ou encore « tapis ».

Dans le 1er cas de figure, la recherche est très approximative : le client peut être à la recherche d'une table de camping, tente ou autres accessoires, d'un séjour, ou encore du DVD du célèbre film de Franck Dubosc. La stratégie sera de ne surtout pas enfermer l'internaute dans un univers qui n'est pas celui recherché, mais plutôt de lui montrer l'étendue de l'offre et le guider dans son parcours.

Dans le 2ème cas de figure, le besoin du client est suffisamment clair pour cibler la catégorie de produits à retourner mais reste néanmoins imprécis sur l'usage (séjour, cuisine, salle de bain), le style (oriental, scandinave, vintage etc.), la forme, la dimension, etc.

Ainsi, chez Cdiscount, des algorithmes d'intelligence artificielle analysent le comportement et l'activité des internautes ayant réalisé des recherches similaires pour pouvoir ainsi recommander des suggestions d'usage ou encore de services appropriés à la recherche du client. En fonction de la réaction du client à ces propositions, l'algorithme va pouvoir apprendre et ainsi s'améliorer pour le futur. Le succès du modèle réside dans la capacité à initier un premier modèle de recommandation pour proposer les nouveaux services sur des recherches pertinentes et ensuite à construire un modèle d'apprentissage pertinent.

RÉSULTATS

Grâce aux travaux réalisés, Cdiscount apporte désormais une réponse encore plus pertinente à ses clients qui se dirigent sur le moteur de recherche. Aujourd'hui plus d'un produit sur deux est vendu grâce à ces algorithmes de recommandation produit et aux fonctionnalités merchandising. Sur des recherches très génériques plus de 20% des internautes, se laissent désormais guider par les recommandations de l'algorithme l'amenant jusqu'aux produits. Le moteur de recherche constitue ainsi un formidable outil de vente à la fois très avancé en matière d'utilisation de la data mais également de capacité à animer commercialement tous les produits et services développés par le e-commerçant.

*Retrouvez la définition dans le lexique en fin d'ouvrage.

> Aide à la recherche - Labels

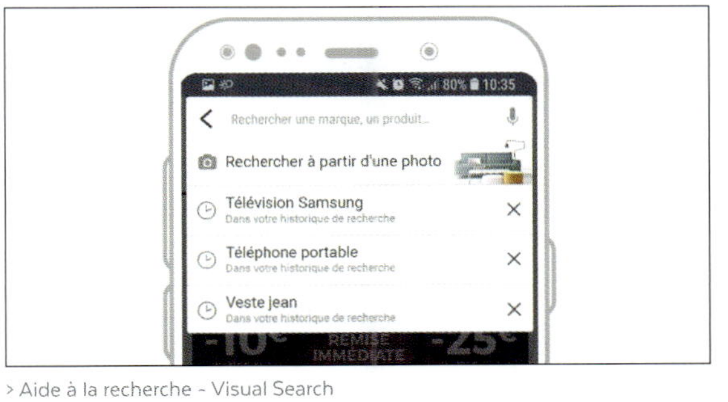

> Aide à la recherche - Visual Search

> *"Un outil doté d'intelligence artificielle qui a pour vocation de comprendre le besoin du client, l'aider dans son choix et renforcer ainsi son engagement envers la marque."*

> CDISCOUNT
www.cdiscount.com

Simon Berthet-Bondet
simon.berthetbondet@cdiscount.com

Jean Das Nieves
jean.dasnieves@cdiscount.com

Étude De Cas

LITTLE BIG CHANGE

Synergies SEA/SMA
au service de la Brandformance

> Little Big Change

PROBLÉMATIQUE DE LA MARQUE

> Contexte
En janvier 2018, un scandale éclate : une étude publiée par 60 Millions de consommateurs révèle que de nombreuses marques de couches contiennent des substances toxiques. A ce moment-là, **Little Big Change** voit le jour et fabrique ses couches "saines et éco-responsables". Le site sera lancé en juin.

> Cibles
Adultes de 25 à 40 ans, jeunes parents qui ne souhaitent pas faire de compromis : ils veulent des produits sains pour bébé, aussi naturels que possible, mais aussi très performants ! Et ne plus se préoccuper de cet achat encombrant grâce à un système de livraison par abonnement efficace et très pratique.

> Objectifs
Offrir une alternative aux acteurs traditionnels et aux nouveaux entrants, en termes de produits, mais aussi au niveau de service (modèle de souscription). Côté communication digitale, les objectifs sont clairement orientés brandformance.

> Budget
De 500 000 € à 1 million €

SOLUTION STRATÉGIQUE

> Conjoncture
Little Big Change évolue au sein d'un marché fortement concurrentiel avec notamment de nombreux nouveaux entrants. Dans ce contexte, il était primordial d'avoir une croissance rapide pour s'imposer comme l'un des acteurs incontournables sur l'abonnement aux couches.

> Attentes de la marque
Little Big Change souhaitait ancrer la marque dans l'esprit des jeunes parents et développer de façon exponentielle le volume de nouveaux abonnés. Pour y parvenir, la marque souhaitait que les différentes agences et les métiers impliqués se coordonnent afin d'optimiser la pression publicitaire et d'harmoniser le message délivré.

> Histoire des campagnes/Solution Stratégique
Afin de répondre à cette problématique de croissance rapide, la marque a décidé d'investir simultanément sur différents leviers d'acquisition permettant de toucher l'utilisateur à tous les niveaux du tunnel de conversion. Parmi les leviers phares, le display, les campagnes YouTube, le SMA (Social Media Advertising) et le SEA ont été lancés rapidement afin de couvrir la quasi-totalité de la cible potentielle.

> Contraintes
La stratégie d'acquisition devait également tenir compte de contraintes inhérentes au secteur d'activité, une cible restreinte qui ne répond pas à des personae bien établis, rendant plus difficile le travail d'audiences et le choix des messages, mais aussi des ressources créatives limitées, ne favorisant pas le développement des campagnes SMA.

MISE EN PLACE OPÉRATIONNELLE

> Durée
Lancement en décembre 2018, toujours en cours.

> Mise en place opérationnelle
Sur la partie SMA, l'agence JVWEB a principalement mis en place des campagnes de conversion optimisées pour l'abonnement. Un travail de fond a d'abord été effectué sur les audiences, avec notamment le développement de nombreux look-alike (audiences

Search marketing | Marketing social | Brandformance

> Retrouvez les mots clés en index <

INFOS CLÉS

Reach de **9,1 millions** | **+ de 100 000** interactions | CTR de **2,1 %**

similaires) et l'utilisation de centres d'intérêt. Dans un second temps, les efforts se sont concentrés sur de nombreux A/B tests de landing pages pour améliorer le taux de conversion. En parallèle de ces campagnes de conversion, des campagnes de vues de vidéos et d'*interactions** ont été développées pour faire découvrir la marque via des contenus plus éditoriaux. Les audiences générées par ces dernières campagnes sont ensuite re-ciblées avec des contenus plus commerciaux et ainsi inciter à l'abonnement.

Concernant le levier SEA, JVWEB s'est positionné sur l'univers marque, en vue de fidéliser les acheteurs réguliers, et sur des thématiques plus génériques avec pour but l'acquisition de nouveaux clients.

Après lancement, les efforts se sont concentrés sur la mise en place d'une stratégie d'audience pour cerner un profil type et pouvoir développer la notoriété de la marque au travers d'audiences similaires.

Une fois le travail sur le milieu/fin de tunnel de conversion effectué, l'agence a mis en place une stratégie d'acquisition haut de funnel.

Les campagnes display et YouTube ont eu pour but de faire connaître la marque auprès des audiences plus intentionnistes. Cette stratégie a permis de faire connaître la marque auprès de prospects et de les accompagner tout au long du tunnel dans une stratégie multicanale.

> Étapes

Structuration des campagnes SEA autour de l'univers marque en vue de la fidélisation des clients actuels, et de l'univers produit/enfant, en vue de l'acquisition de prospects.

Mise en place des audiences intentionnistes et des audiences liées à la fréquentation du site.

Après un mois de learning sur le compte, la mise en place d'une campagne display a eu pour but de répondre au besoin de notoriété et de visibilité de **Little Big Change**.

Début mai, JVWEB a mis en place une campagne YouTube en guise de test avec le même objectif que la campagne display.

RÉSULTATS

En 6 mois, les campagnes ont permis de toucher + 8 millions de personnes, pour 47 millions d'impressions sur les réseaux sociaux uniquement. L'optimisation des audiences et le roulement mis en place sur les annonces ont permis une baisse de 33 % du CPC sur la même période.

Grâce à un travail sur la pertinence du trafic sur le levier Search, le *CTR** s'est amélioré de + 43 % avec une baisse du CPC de 19 % et un très bon taux de conversion.

Sur l'univers Marque, le CTR reste dans la moyenne marché. Le CTR de l'univers hors marque a, lui, presque doublé.

La position moyenne est de 1,5 avec un taux d'impression global de 44 % (actuellement au-dessus des 70 %, la moyenne ayant subi un taux bas dû au début d'activité).

Sur le réseau display les annonces bannières ont été vues + 2 millions de fois et les annonces vidéo YouTube plus de 240 000 fois avec un taux de vues de 30 %.

*Retrouvez la définition dans le lexique en fin d'ouvrage.

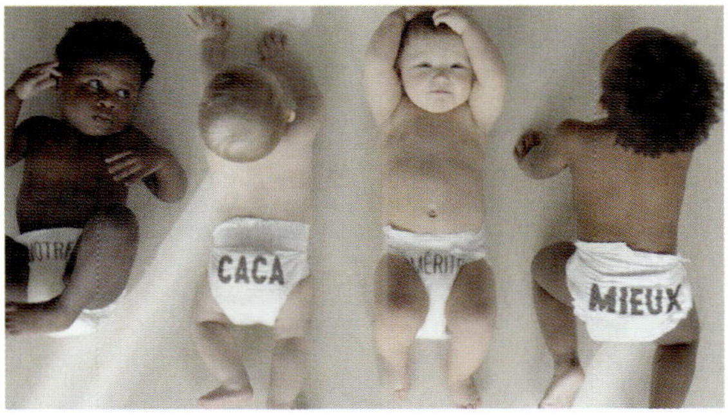

> Vidéo Branding lancement Little Big Change

> Couches bébé Little Big Change

> LITTLE BIG CHANGE (ONTEX)
www.little-big-change.com

Audrey Heiser
Head of marketing e-commerce
audrey.heiser@ontexglobal.com

> JVWEB
www.jvweb.com

Michel Goossens
SEA International Account Manager
michel@jvweb.com

Julian Donnat
SMA Account Manager
julian@jvweb.com

Étude De Cas

VICHY (GROUPE L'ORÉAL)

La data au service de l'optimisation des stratégies SEM à l'international

> Vichy - L'Oréal Cosmétique Active

PROBLÉMATIQUE DE LA MARQUE

> Le client : Vichy

Vichy appartient à la division Cosmétique Active de L'Oréal qui est le numéro un mondial des produits dermo-cosmétiques, avec 2,27 milliards d'euros de CA en 2018 (+ 11,9 %). Son portefeuille compte aussi 5 autres marques (La Roche-Posay, CeraVe, SkinCeuticals, Roger&Gallet et Sanoflore) distribuées dans les circuits de santé.

> L'ambition : renforcer la visibilité sur Internet

Vichy souhaite affirmer sa position de leader sur ses territoires stratégiques de marque en apparaissant dans les premiers résultats lorsqu'un internaute effectue une recherche sur Google par mot-clé générique (p. ex. : crème anti-acné). L'objectif est d'être n° 1 en référencement organique et/ou payant et d'optimiser les budgets en créant des synergies entre ces deux modes de référencement.

> Le budget :

De 15 à 80 000 euros. Moins de 15 000 euros pour le projet pilote.

SOLUTION STRATÉGIQUE

> Optimiser la stratégie SEM

Afin de renforcer sa visibilité, Vichy doit pouvoir adapter sa stratégie SEM en fonction des requêtes des internautes. Le but est de comprendre les synergies SEO/SEA et de détecter le plus rapidement possible les mots-clés à fort potentiel pour se positionner, soit par l'achat de mots-clés, soit par la création de contenus.

> Créer un dashboard fonctionnel

Accenture Interactive a décidé de développer un dashboard, automatiquement alimenté chaque jour par des données fraîches. Les équipes disposent ainsi d'un outil clé en main qui offre un suivi en temps réel de leur positionnement par rapport aux concurrents et des tendances de recherche, aide indispensable à la prise de décision.

> Privilégier un suivi par "territoire stratégique"

Le choix a été fait de passer d'un suivi des requêtes par mots-clés à un suivi par "territoires stratégiques". Ce changement de granularité offre une vision au plus près des enjeux de marché. Ces territoires sont définis en fonction des segments de marché stratégiques de chaque marque (ex. : acné, anti-âge, soin du cheveu...).

MISE EN PLACE OPÉRATIONNELLE

> Construire un outil de pilotage personnalisé

L'objectif est d'offrir une vision claire, adaptée aux enjeux stratégiques de chaque marque. En un clic, les équipes obtiennent la réponse à leurs questions : Quel est l'environnement concurrentiel ? Sur quels territoires la marque est-elle en perte de vitesse ? Où existe-t-il un chevauchement entre le SEO et le SEA ? Quelles sont les opportunités non exploitées ? Accenture Interactive a utilisé Google Data Studio pour créer des tableaux de bord personnalisés et faciles à s'approprier.

> Construire un data warehouse marketing

Accenture Interactive a créé un data warehouse marketing basé sur Google Big Query et alimenté par des flux de données issues des outils de référencement et d'analyse d'audience de Google (Search Console, Analytics 360, SearchAds360) ainsi que de SEMRush pour les données sur la concurrence et la détection des opportunités.

Data warehouse | Data | SEO

> Retrouvez les mots clés en index <

INFOS CLÉS

5 000 mots-clés analysés par jour

2 mois pour développer le POC

2 jours par pays pour déployer

> Automatiser la classification des requêtes

Accenture Interactive a développé un algorithme de clustering, basé sur l'apprentissage automatique, afin de classifier automatiquement les nouveaux mots-clés dans les territoires stratégiques de marque. Le travail s'est fait en deux étapes, d'abord à partir d'une classification manuelle de 1 000 mots-clés, puis en entraînant l'algorithme. L'algorithme est adaptable à toutes les langues.

> Une équipe interfonctionnelle

Le projet est mené par une équipe réunissant la connaissance métier de Vichy et l'expertise technologique et marketing d'Accenture Interactive. Elle rassemble des spécialistes du SEM, de l'architecture et de l'analyse de données, et du marketing digital.

> Développement d'un projet pilote

Pour le projet pilote, la solution technologique a été développée pour le seul marché français. Vichy appartient à la division Cosmétique Active de L'Oréal qui compte 6 marques, présentes dans 50 pays. L'objectif était d'avoir une solution facile à déployer dans les autres pays, quelle que soit la langue, et les autres marques de la division. L'architecture des données et la structure du dashboard sont conservées quel que soit le pays ou la marque. Seuls changent les flux de données d'entrée.

> Calendrier

Le PoC a été développé en 2 mois, avec des itérations hebdomadaires. Le projet pilote pour Vichy France a ensuite été finalisé en 15 jours. Le déploiement n'exigera que 2 jours par pays (jusqu'à 50 pays à terme).

“Il est essentiel d'être positionné au cœur des requêtes de nos consommateurs. La maîtrise du search nous donne un avantage stratégique en termes de réactivité et d'optimisation de nos investissements.”

RÉSULTATS

> Du temps pour se concentrer sur l'essentiel

Fini le temps passé à consolider les données (environ 1 semaine/analyse), aujourd'hui le dashboard et l'algorithme font ce travail automatiquement et en temps réel. Les équipes se consacrent à des tâches à plus forte valeur ajoutée, comme l'analyse et la prise de décisions stratégiques.

> La détection de nouvelles opportunités

La solution mise en place permet d'identifier et d'analyser jusqu'à 5 000 mots-clés par jour, contre 1 000 auparavant, et donc d'identifier de nouvelles opportunités.

> Une notoriété et visibilité accrue des marques

L'objectif à terme est de développer la présence des marques sur leurs territoires stratégiques et de développer leur notoriété sur l'ensemble des marchés à l'international.

*Retrouvez la définition dans le lexique en fin d'ouvrage.

> VICHY
www.vichy.com

Cédric Dordain
Global Digital Performance Director, L'Oreal Active Cosmetics
cedric.dordain@loreal.com

Tom Elbez
Global Digital Director
Vichy Laboratoires
tom.elbez@loreal.com

> ACCENTURE INTERACTIVE
www.accenture.com
Fiche d'entreprise p. 484

Julia Ferhat
Data & Analytics Director
julia.ferhat@accenture.com

Alexandre Le Hegarat
SEO Director
alexandre.le.hegarat
@accenture.com

Article

Marketing Automation BtoB : les prérequis d'une stratégie réussie

Le Marketing Automation permet d'accélérer la génération de prospects qualifiés et leur conversion en clients pour, *in fine*, augmenter le chiffre d'affaires de l'entreprise. Dans cet article, nous vous expliquons quelles sont les conditions requises pour lancer efficacement votre stratégie de Marketing Automation BtoB et en faire un succès.

58 % des entreprises BtoB utilisent le Marketing Automation.

23 % d'une base de contacts deviennent obsolètes chaque année

"Le rôle du marketing est d'augmenter le chiffre d'affaires de l'entreprise. Bien utilisé, le Marketing Automation accélère ce processus en générant plus de leads et en les transformant en clients.."

Christian NEFF
CEO Markentive

Vous avez décidé de mettre en place une stratégie de *Marketing Automation** dans votre entreprise. Très bien, il s'agit de la première étape vers un marketing plus efficace. Mais le plus dur reste à faire : transformer cette stratégie en une réussite tangible et convaincre en interne du bien-fondé de votre choix.

Voici donc quatre prérequis qui constitueront les fondations solides de votre Marketing Automation et vous permettront d'obtenir des résultats à la hauteur de vos investissements.

1/DES OBJECTIFS CLAIREMENT DÉFINIS

Pour mesurer le succès de votre stratégie de Marketing Automation, il est indispensable d'avoir défini des objectifs au préalable. Ces objectifs doivent être :

- Spécifiques ;
- Mesurables ;
- Réalistes ;
- Ancrés dans le temps.

Un exemple d'objectif efficace serait par exemple : doubler le trafic organique en 6 mois pour passer de 1 000 visites organiques mensuelles sur le site à 2 000 visites organiques mensuelles entre le 1er juillet et le 31 décembre.

Il existe ainsi plusieurs grandes familles d'objectifs auxquelles répond le Marketing Automation, notamment :

- Gagner en efficacité : lancer plus de campagnes chaque année ;
- Mesurer la performance des actions marketing : suivre les KPIs et compiler des tableaux de reporting régulièrement afin de s'inscrire dans une stratégie fondée sur la donnée et l'amélioration continue ;
- Augmenter le trafic qualifié : gagner en notoriété, attirer de nouveaux visiteurs ;
- Augmenter le taux de conversion : convertir davantage de visiteurs en contacts ;
- Nurturer les contacts existants : créer des scénarios d'emails automatisés.

2/UNE TECHNOLOGIE ADAPTÉE

Une fois vos objectifs clairement définis, il convient de choisir l'outil qui vous permettra de les atteindre.

Marketing BtoB | Marketing automation | Inbound marketing

> Retrouvez les mots clés en index <

Il existe différents logiciels de Marketing Automation sur le marché, dont voici les principaux :
- Eloqua
- HubSpot
- Pardot Salesforce
- Marketo (récemment racheté par Adobe)
- Act-On
- Keap (anciennement Infusionsoft)
- Sendinblue
- ActiveCampaign

Tous ces logiciels vous feront gagner en efficacité, mais chacun dispose de ses forces et faiblesses propres.

Ainsi, Eloqua vous offrira des fonctionnalités de scénarios automatisés plus poussés, HubSpot vous permettra de gérer plus facilement la génération de leads et Marketo proposera un système de partition de la base de contacts intéressant pour les entreprises internationales.

3/UNE ÉQUIPE DÉDIÉE EN INTERNE

Vous avez donc identifié vos objectifs et la technologie que vous allez utiliser. Pour réussir, une entreprise a également besoin d'une équipe capable de gérer le projet de mise en place d'une stratégie et d'un outil de marketing automation.

Pour cela, il faut que les personnes soient compétentes ou bien prévoir de la formation, du recrutement, voire les deux le plus souvent. Par compétences, on entend : utilisation de l'outil, connaissances en marketing digital (création et lancement de campagnes, activation des différents canaux, suivi des KPIs, etc.).

En plus d'être compétentes, les équipes ont besoin de suffisamment de temps pour gérer le projet correctement. Faire du Marketing Automation, c'est réfléchir à la segmentation de la base de contacts, à la collecte de données, au lancement de campagnes ciblées, à l'intégration d'un outil dans un écosystème IT existant (et donc aux connexions à faire avec d'autres logiciels) et gérer ensuite tout le côté opérationnel et le reporting.

Enfin, dans tous les cas, une solide stratégie de gestion du changement sera nécessaire pour faire accepter ces nouveaux outils et procédures en interne.

4/DES PROCESSUS

En effet, qui dit nouvelle technologie et nouvelle stratégie dit nouveaux processus. Et quel que soit le logiciel que vous choisirez, vos équipes devront mettre en place des procédures claires afin de faciliter l'utilisation de l'outil et de la rendre pérenne.

Premièrement, il conviendra de tout documenter : PowerPoint, Word, Excel, peu importe le format pourvu que tout ce que vous intégrerez dans l'outil soit au préalable clairement pensé et présenté "sur papier". Votre modèle de scoring, vos formulaires, vos scénarios d'emails automatisés, votre contenu (premium et blog) : une fois dans l'outil, vous aurez plus de visibilité, de vision globale dessus.

Il faudra également déterminer la gouvernance de l'outil, les droits de chaque utilisateur afin de ne pas créer une usine à gaz.

Enfin, toujours dans l'idée de faciliter l'utilisation de l'outil par différentes personnes et équipes dans le temps, il faudra établir une nomenclature pour nommer chaque élément : formulaires, listes, emails, scénarios automatisés d'emails, landing pages, thank you pages, etc.

Ce qu'il faut retenir

Mettre en place une stratégie de Marketing Automation présente des risques : absence d'adhésion des équipes, complexité de la mise en place de l'outil, résultats qui tardent à venir.

Votre rôle est donc de constituer un terrain propice à ce changement. Pour cela, quatre conseils :
- Définir des objectifs clairs en amont ;
- Choisir la technologie adaptée à vos objectifs ;
- Prévoir une équipe dédiée au projet ;
- Mettre en place des processus clairs.

*Retrouvez la définition dans le lexique en fin d'ouvrage.

> MARKENTIVE
www.markentive.fr
Fiche d'entreprise p. 494

Christian Neff
christian.neff@markentive.com

Patricia Saona
patricia.saona@markentive.com

Étude De Cas

CASH IN TIME

Mixer la Data et le CRM pour performer en Marketing Automation dans le BtoB

Timeline Marketing Automation de Cash in Time

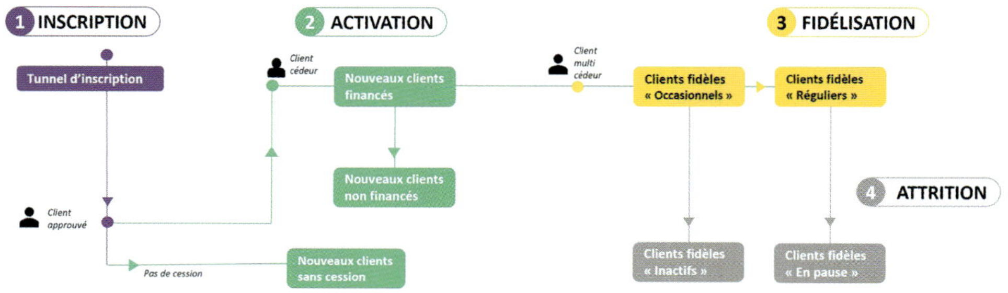

> 4 phases du Marketing Automation chez Cash in Time

PROBLÉMATIQUE DE LA MARQUE

Crédit Agricole Leasing & Factoring est un acteur majeur du crédit-bail, de l'affacturage et du financement des énergies renouvelables et des territoires en France, en Europe et au Maroc. Avec plus de 50 années d'expertise en affacturage, Crédit Agricole Leasing & Factoring a lancé en 2017 un produit d'affacturage en ligne totalement innovant sur le marché : Cash in Time.

En quelques minutes, une cible pro (entrepreneur, comptable, etc.) peut s'inscrire sur Cash in Time. Elle dépose ensuite en ligne une facture et sait immédiatement si cette dernière est finançable. En cas d'acceptation, le règlement est versé en moins de 24h sur son compte. Il s'agit d'une offre à la demande sans engagement de durée ni de volume, sans dépôt de garantie et sans caution.

Avec une offre aussi peu engageante pour le client, la fidélisation devient très vite un enjeu majeur, pour ne pas dire vital. Cependant, la fidélisation même via le *Marketing Automation** ne doit pas se faire à l'aveugle ! En effet, l'époque qui consistait à bombarder d'e-mails et de SMS les clients avec un message de type « Vous avez déjà acheté chez nous, revenez acheter chez nous » est désormais révolue. L'heure est aujourd'hui à la fidélisation personnalisée pour répondre aux besoins et attentes du client. Afin de concrétiser cette approche, **Crédit Agricole Leasing & Factoring a d'abord procédé à l'analyse de la *Data** issue de notre dispositif *CRM**. Ces enseignements ont ensuite été traduits en critères de segmentation sur le Marketing Automation.**

Cash in Time étant un nouveau service, l'équipe projet est partie d'une feuille vierge. Tout restait à bâtir, le Marketing Automation et la connaissance client en tête. Pour accompagner la société, Crédit Agricole Leasing & Factoring a retenu Webmecanik pour le Marketing Automation et Numberly pour l'analyse de la Data présente dans le CRM Salesforce.

Récit d'un succès en mode laboratoire pour Cash in Time, qui pourrait bien faire des petits dans le reste des activités de Crédit Agricole Leasing & Factoring...

SOLUTION STRATÉGIQUE

Même si le terme Marketing Automation paraît sophistiqué, il n'est nullement nécessaire de réinventer la roue pour démarrer des campagnes automatisées. Une fois la solution implémentée et testée, **nous pouvons démarrer l'activité très rapidement avec les règles CRM les plus basiques.**

Le Marketing Automation a débuté ainsi chez Cash in Time. Les premières campagnes automatisées s'articulaient autour du tunnel de conversion : relance de la confirmation d'inscription au service, relance sur la complétion des données bancaires, relance sur la signature électronique, etc. Dès lors qu'une adresse e-mail arrive dans la base, des actions personnalisées se déclenchent automatiquement en fonction de la Data ou du ciblage. Un bon message, un e-mail responsive et un peu de bon sens permettent de débuter sans souci en Marketing Automation.

Des campagnes automatisées ont été mises en place afin de permettre de toucher au plus vite les internautes. Un message personnalisé leur est adressé à l'étape du parcours client dans laquelle ils se trouvent. Il faut faire levier sur différents canaux pour les contacter : e-mail, SMS ou téléphone.

Data Marketing | Automation | CRM

> Retrouvez les mots clés en index <

INFOS CLÉS

+ 11 % de CA sur les relances

32 % de part moyenne en CRM

Amélioration connaissance client

Deux exemples pour illustrer ce propos :

> Exemple 1 : un internaute effectue une demande d'inscription, mais ne confirme pas cette étape en cliquant sur le lien de validation reçu par e-mail

Trois raisons peuvent expliquer cette situation :

- L'internaute a reçu l'e-mail dans sa boite de réception, mais ne l'a pas encore ouvert ;
- L'e-mail est arrivé dans les spams et l'internaute n'a pas pu le voir ;
- L'internaute a fait une faute de frappe dans son adresse et n'a donc jamais reçu l'e-mail.

Pour ces trois raisons et notamment les deux dernières, le canal SMS en guise de rappel semble le plus approprié.

> Exemple 2 : un internaute est arrivé à la signature électronique, mais n'a pas validé cette étape

La solution idoine pour ce cas consiste à exercer une pression marketing forte sur ce prospect qui est arrivé à l'ultime étape du tunnel de conversion sans toutefois la confirmer. Un e-mail de relance est bien évidemment adressé, mais surtout complété par un SMS qui dispose d'une meilleure force de frappe et d'un meilleur taux d'ouverture.

L'application de ces premières campagnes automatisées a permis d'augmenter de plus de 11 % le chiffre d'affaires dès 2017, année de lancement de l'offre. Un indicateur très prometteur avant la mise en place de campagnes plus complexes en Marketing Automation.

MISE EN PLACE OPÉRATIONNELLE

Le Marketing Automation s'explique souvent par la maxime suivante : « Adresser le bon message à la bonne personne au bon moment ». Cette brève description prend tout son sens quand les études Data alimentent la segmentation CRM.

Grâce à l'apport de Numberly, plusieurs moments de vie de nos clients ont pu être identifiés. Ceux-ci ont été divisés en quatre grands chapitres : l'inscription, l'activation, la fidélisation et la rétention. Au sein de ces quatre chapitres, différents moments ont été isolés en fonction des attentes des clients.

Trois exemples peuvent illustrer notre propos :

> Exemple 1 : fidéliser

Dès les premières études réalisées par Numberly, un constat assez tranchant s'est dressé pour Cash in Time : il devenait

"L'époque du bombardement d'e-mails aux clients avec le message « Vous avez déjà acheté chez nous, revenez acheter chez nous » est révolue. L'heure est aujourd'hui à la fidélisation personnalisée."

cash in Time
GROUPE CRÉDIT AGRICOLE

Bonjour,

Vous avez créé un compte sur Cash in Time, la solution 100 % digitale du groupe Crédit Agricole qui paye vos factures en un rien de temps.

Nous vous remercions d'avoir transmis vos justificatifs. **Il ne vous reste plus qu'à signer le mandat SEPA et les Conditions Générales de Financement.**

Signer mon mandat SEPA

Vous pourrez ensuite céder votre première facture.

> Relance pour compléter le mandat SEPA

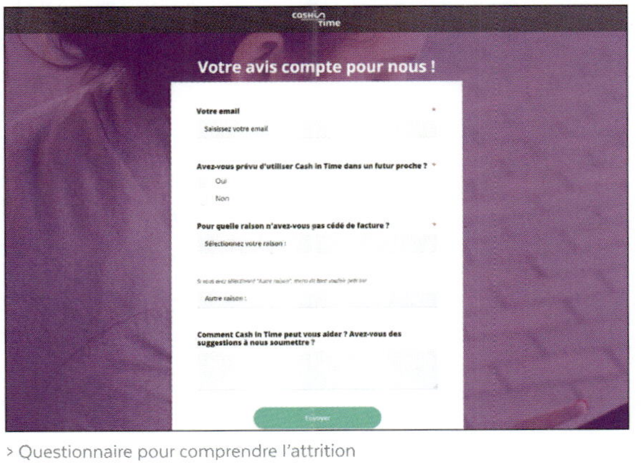

> Questionnaire pour comprendre l'attrition

quasiment impossible de rendre un client fidèle si ce dernier ne consommait pas le service 11 jours après sa première utilisation. Des campagnes automatisées ont été mises en place, elles ciblent le client dans ce laps de temps de 11 jours pour l'inciter à réutiliser le service.

Six mois après l'activation de ces campagnes automatisées, **les nouvelles études ont démontré que non seulement la société a généré du chiffre d'affaires additionnel, mais également réduit le délai inter-utilisation de 2 jours.**

> Exemple 2 : coller aux besoins du client

Les études Data ont relevé de grandes disparités de consommation de service par nos clients en fonction de leur taille d'entreprise ou secteurs d'activités. Forts de ce constat, des segments différents ont été construits et catégorisés en différents groupes : client occasionnel, client fidèle récurrent, nouveau client financé, etc. Les campagnes automatisées se sont véritablement adaptées aux besoins et attentes effectives des clients. Sans la Data, une telle customisation du CRM n'aurait pas été possible.

En marge du Marketing Automation, plusieurs jeux de landing pages ont été développés, avec du contenu dédié en fonction du secteur d'activité des clients. Ainsi, un client dans le domaine agricole, par exemple, se voyait afficher un contenu personnalisé à son secteur d'activité. L'user experience des clients a ainsi été optimisée avec ce côté réassurant.

Cette stratégie de Marketing Automation, en ayant recours de façon poussée à la Data, répond parfaitement à ce qui a été dit en introduction : ne plus considérer la fidélisation comme un outil de mass mailing incitant à la consommation sans aucune distinction. Il s'agit davantage d'un message personnalisé.

Les multiples scenarii CRM de ces campagnes représentent aujourd'hui 23 % de notre chiffre d'affaires. Il s'agit là d'un gain considérable et d'un apport majeur. De plus, cela permet d'améliorer la relation client en étant au plus près des besoins.

> Exemple 3 : comprendre les raisons de l'attrition

Le Marketing Automation ne représente pas un outil magique qui permettrait aux marketeurs de faire disparaître l'attrition. Certes, les solutions de campagnes automatisées offrent des armes pour lutter contre le churn... mais aucune marque ne peut se vanter de ne pas perdre de client. En revanche, l'utilisation de la Data conjointe avec le CRM peut s'avérer utile afin de mieux comprendre un client qui ne souhaite plus consommer un service.

Avec Numberly, deux typologies de clients ont été identifiées :
- Ceux qui n'ont jamais consommé Cash in Time malgré leur inscription au service ;
- Ceux qui n'utilisent plus la solution.

Un formulaire a été adressé à cette population dans le but de recueillir leur témoignage, comprendre leurs raisons et au final améliorer notre service. Aucun incentive n'était proposé

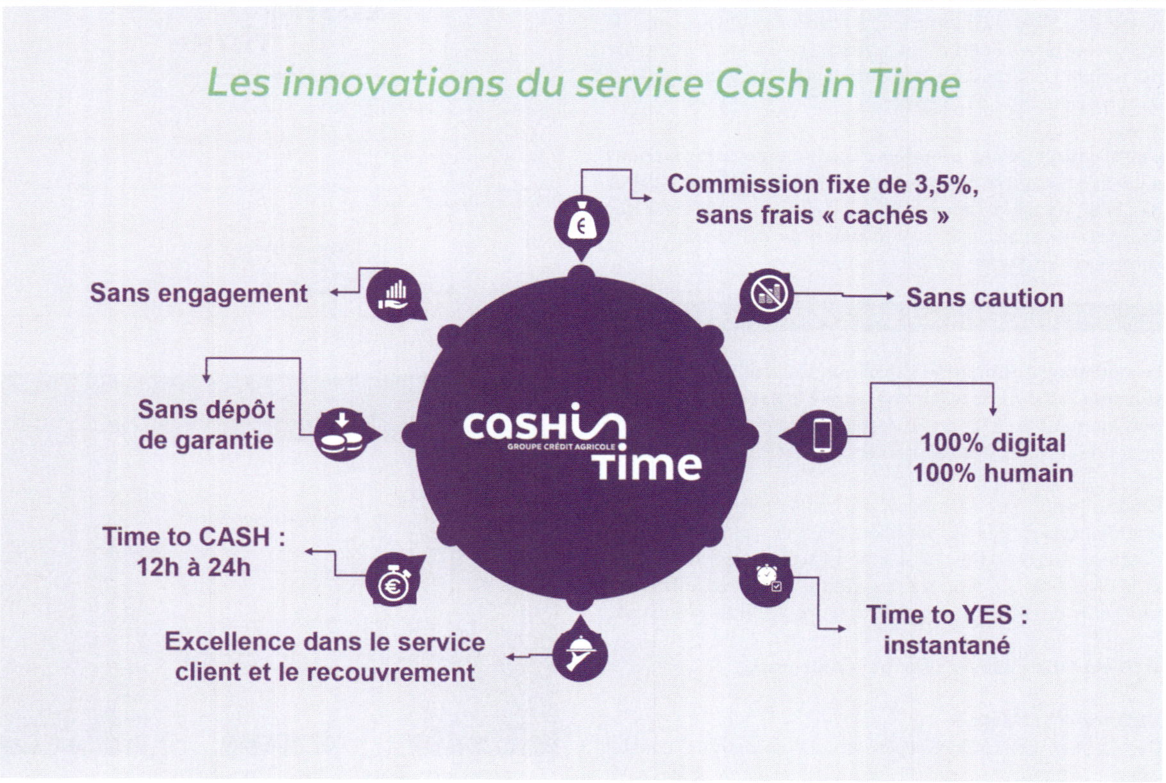

Data Marketing | Automation | CRM

> Retrouvez les mots clés en index <

aux répondants : simplement un message demandant un petit coup de pouce.

Contrairement aux estimations, **la société a été agréablement surprise de l'engagement des clients avec un nombre honorable de réponses reçues.** Cela a permis d'identifier deux à trois irritants qui revenaient régulièrement, permettant d'initier en interne des réflexions afin d'améliorer la satisfaction client.

En résumé, l'expérience acquise sur la mise en place de toutes ces campagnes automatisées permet d'affirmer que :

- Le Marketing Automation est un levier indispensable pour dynamiser la relation client ;
- Une réelle réflexion stratégique est indispensable pour obtenir les bénéfices de cet outil ;
- Le recours à l'analyse de la Data est essentiel pour maximiser le ROI avec le CRM et le Marketing Automation.

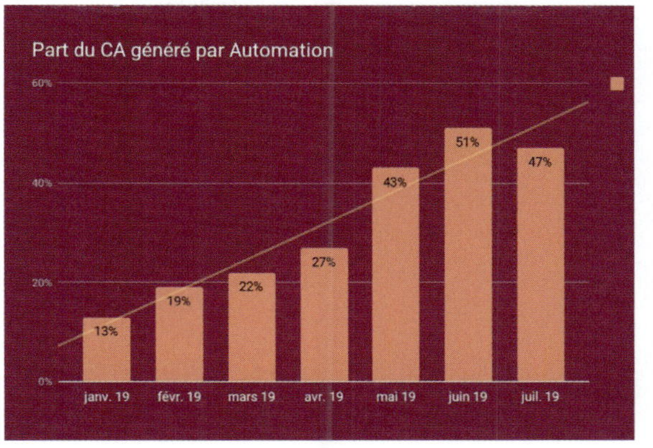

> Part du Marketing Automation dans le CA

RÉSULTATS

Le Marketing Automation, ce ne sont pas seulement des campagnes automatisées, de la data, du CRM, de l'e-mail ou du SMS. Il s'agit aussi de monitorer scrupuleusement tous les indicateurs de performances : taux d'ouverture, taux de clics, taux de conversion, taux de churn, etc.

Le but est d'analyser les campagnes qui fonctionnent, celles qui doivent être modifiées et celles qui devraient être abandonnées. L'optimisation doit rester le maître mot en Marketing Automation : ne jamais laisser vivoter ce levier !

Chez Cash in Time, l'équipe a créé de nombreux rapports de performances qui sont quotidiennement suivis. Les indicateurs les plus pertinents sont agrégés dans un rapport global qui donne une photographie complète de l'activité. Ainsi, la société dispose d'une vision très claire des KPIs. Cela permet une prise de décision rapide dans les choix d'optimisation.

Avec un Marketing Automation lancé il y a près d'un an et l'atteinte d'une vitesse de croisière depuis 8 mois environ, les résultats issus de ce levier ont tout simplement dépassé les espérances. **En l'espace de 6 mois, la part du Marketing Automation dans le chiffre d'affaires global de Cash in Time est passée de 13 % à 45 % !**

Aujourd'hui, grâce à une segmentation très poussée, l'équipe a été capable d'identifier des groupes de clients et connaître leurs besoins au moment opportun. Et Cash in Time ne manquera pas de se rappeler à leur bon souvenir...

*Retrouvez la définition dans le lexique en fin d'ouvrage.

> *"Même si le terme Marketing Automation paraît sophistiqué, il n'est nullement nécessaire de réinventer la roue : nous pouvons démarrer l'activité très rapidement avec les règles CRM les plus basiques."*

> CRÉDIT AGRICOLE Leasing & Factoring - Cash in Time
www.cash-in-time.com

Raphaël Dewan
Responsable E-Marketing
raphael.dewan@ca-lf.com

Antoine Jouanneau
Chef de projet marketing
antoine.jouanneau@ca-lf.com

> NUMBERLY
https://numberly.com/fr

Ombeline Gaspais
Data Marketing Executive
ombeline@numberly.com

Les nouveaux enjeux, les stratégies d'influence, l'évaluation de la performance, l'animation de sa communauté : analyse des dernières tendances Social Media.

INFLUENCEUR

SOCIAL ADS

SOCIAL SELLING

SOCIAL MEDIA

SOCIAL LISTENING

SOCIAL MEDIA INTELLIGENCE

ENGAGEMENT

COMMUNAUTÉ

SOMMAIRE

CHAP.2

◗ *Étude de cas* ▶ *Article*

Social Media

Mediametrie

Toujours plus de temps consacré à l'échange et au partage

Les Internautes par device

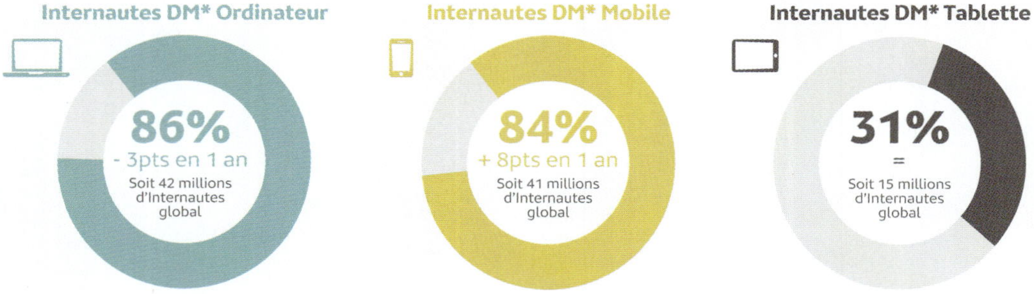

Top 5 des catégories d'usages dernier mois par écran

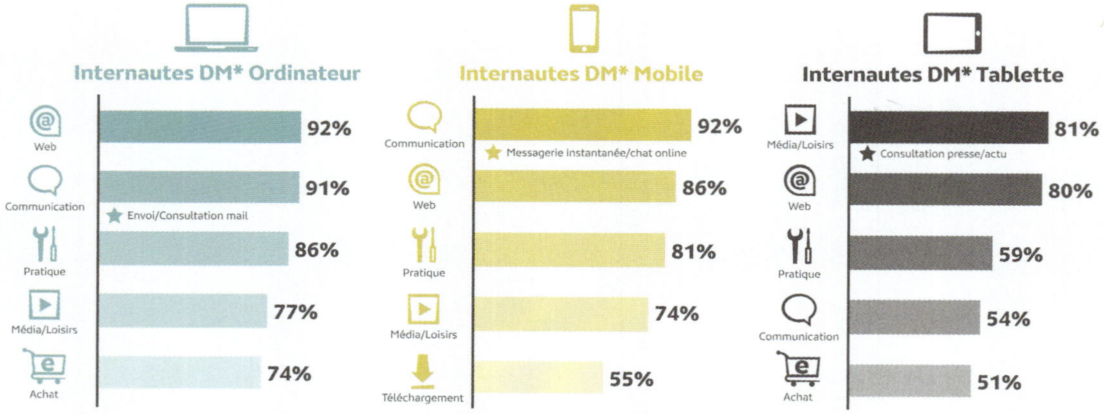

Activités de communication :

- Email
- Messagerie instantanée / chat, Texto / SMS sur Internet
- Téléphoner via Internet (Skype, Facetime, Google Hangout...)

Activités WEB :

- Lire des messages sur un forum de discussion / Blog
- Ecrire des messages sur un forum de discussion / Blog
- Visiter un réseau social (Facebook, Twitter, Instagram, Google+, etc.)
- Faire une recherche via un moteur de recherche
- Consulter des applications

Echanger et partager au cœur des usages

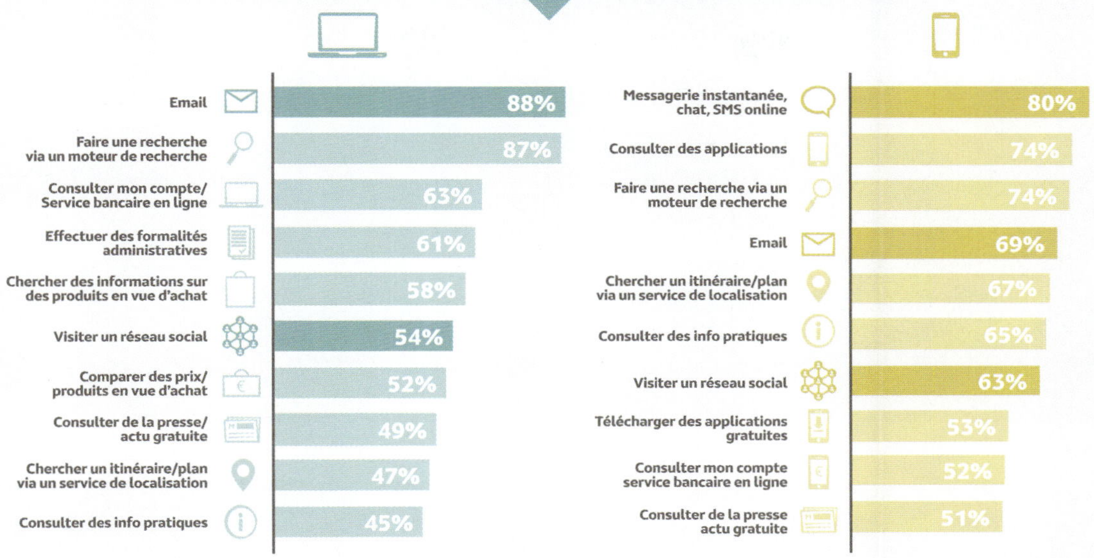

Blogs et réseaux sociaux

Chaque jour, 54% des Français visitent les sites et applications de réseaux sociaux.

Top Blogs et réseaux sociaux
Visiteurs uniques mensuels (millions)

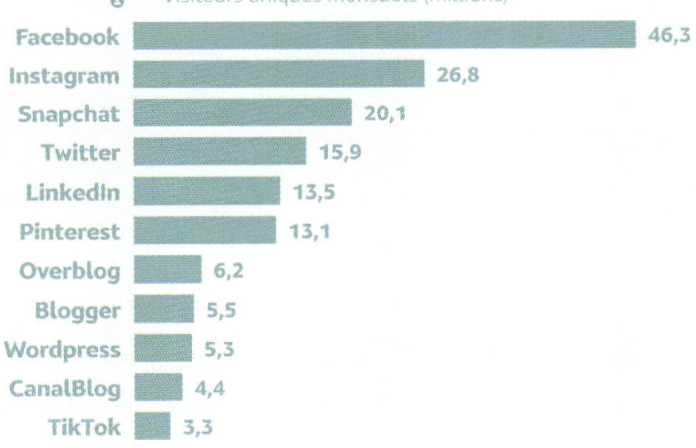

Temps de surf quotidien sur Mobile
Temps par jour par individu (minutes)

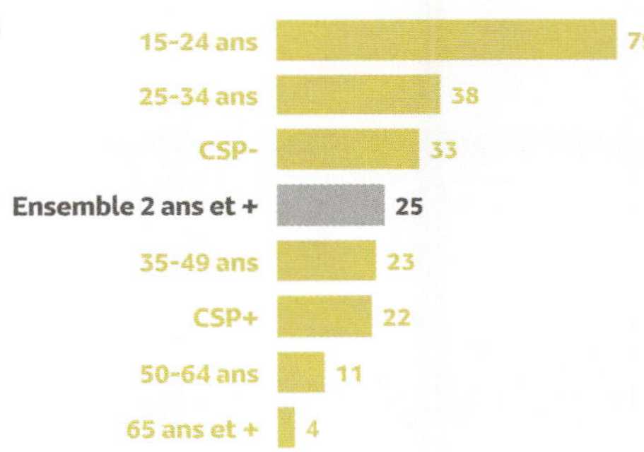

Mails et messageries

Chaque jour, 36% ouvrent un service d'e-mail et 31% utilisent les messageries.

Top Mails
Visiteurs uniques mensuels (millions)

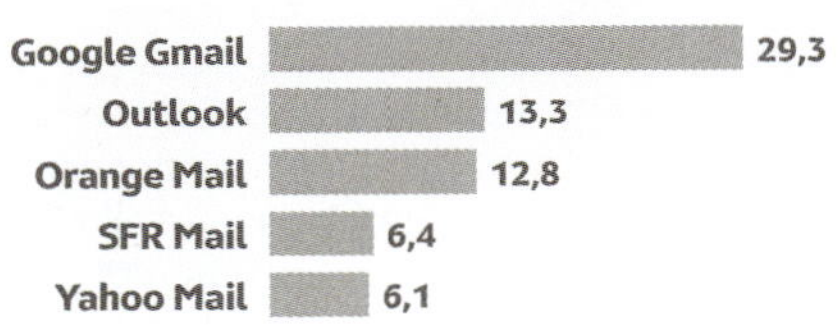

Top Messageries
Visiteurs uniques mensuels (millions)

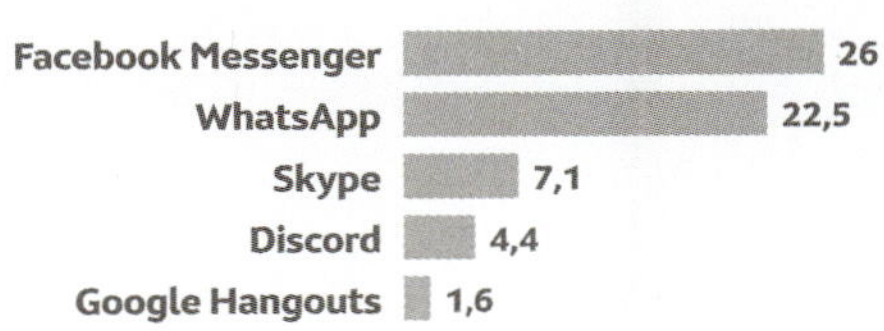

- Source (1) : Médiamétrie – Web Observatoire – T2 2019 – Base : Internautes derniers mois (DM)
- Source (2) : Médiamétrie et Médiamétrie//NetRatings – Internet Global - Juin 2019 ; Base : 2 ans et plus

* Internautes DM = Internautes Dernier Mois

Article

Le Social Media Marketing arrive à l'âge de raison, et c'est tant mieux

Longtemps considéré comme l'enfant turbulent et vaguement rigolo du marketing, le Social Media s'est totalement transformé ces dernières années pour atteindre l'âge adulte. Et il était temps, car finalement, c'est un levier marketing comme un autre en ce qu'il est soumis à la même contrainte : la rentabilité.

500 millions d'utilisateurs par jour en story Instagram

100 % des entreprises du Fortune 500 sur LinkedIn

"Le but c'est de créer des communautés en dehors du site pour que les gens puissent se connecter avec vous, vos produits, les autres. Au final, ce focus sur l'extérieur ramènera du trafic sur le site."

Brian HALLIGAN
CEO Hubspot

LE SOCIAL MEDIA, UN LEVIER MARKETING COMME LES AUTRES

Place donc à l'efficacité et à la rationalisation, un mouvement en cours depuis quelque temps déjà chez les acteurs les plus matures et qui se généralise. Dans ce contexte, on identifie plusieurs évolutions majeures qui façonnent déjà le social media marketing de demain.

CAPTER L'ATTENTION ET CRÉER DU LIEN

Terminées donc l'audience facile et les pluies de likes à chaque saillie plus ou moins de bon goût de celui qu'on a pris l'habitude d'appeler "le CM". L'attention sur les réseaux sociaux se conquiert aujourd'hui de haute lutte. Il s'agit donc de penser qualité plutôt que quantité. Tout d'abord au niveau de la stratégie éditoriale. Qu'ai-je d'intéressant à dire ? Puis en termes de format et de mode d'expression. Comment puis-je mettre en forme mon message pour capter l'attention et obtenir la réaction souhaitée ?

On privilégiera donc des contenus plus élaborés, mieux réfléchis et on prendra en compte l'évolution des modes de consommation des utilisateurs qui de plus en plus plébiscitent vidéos et stories. On travaillera également de plus en plus les KPI's de rétention et de fidélisation. Plus qu'une large audience, ce que l'on doit chercher à faire, c'est toucher les bonnes personnes, et créer une relation avec celles-ci.

SOCIAL ADS : LA BRIQUE R.O.I

Assez logiquement, l'achat d'espace publicitaire sur les réseaux sociaux est la partie du métier qui s'est le plus professionnalisée. En effet, l'objectif est de capter l'attention et de faire réagir. Pour cela, la sélection de la cible, l'organisation des campagnes dans leur structure comme dans leur diffusion et l'analyse des résultats sont indispensables. Des achats bien faits conditionnent souvent le succès d'une campagne. Surtout lorsque l'on s'adresse à des cibles complexes ou pour des produits au cycle de vente long. On doit alors créer des tunnels de conversion qui partent des contenus aspirationnels, de notoriété pour aller jusqu'à la prise de rendez-vous avec un prospect ou l'achat sur un site web.

C'est aussi cet aspect du métier qui a permis de justifier des efforts consentis par les services marketing. En effet, les outils de tracking et d'analytics disponibles ainsi que la data mise à disposition par les régies permettent d'avoir une vue très fine et en temps réel des résultats concrets. Exit les Likes, Hello les CTR, ROAS et coûts par lead ou même des métriques tournées vers la notoriété comme le taux de complétion pour les vidéos ou la rétention publicitaire. Dès lors qu'on peut justifier de résultats concrets au service de la marque, la donne change, les stratégies ne sont plus les mêmes comme les postes d'investissement.

BTOB : SOCIAL SELLING & *BRAND ADVOCACY**

Longtemps réservés aux marques BtoC voire aux produits de grande consommation, les réseaux sociaux se sont ouverts au marketing BtoB avec un leader naturel : LinkedIn. Au-delà des réserves émises par certains sur la qualité de son algorithme et des contenus qu'il présente en timeline, LinkedIn a su fidéliser et surtout, qualifier une cible de choix : les cadres et les décisionnaires. C'est donc fort logiquement qu'on voit se développer à toute vitesse les approches social selling et lead nurturing qui se proposent de préparer le terrain à un contact commercial en mettant en avant la marque, son expertise et ses collaborateurs. Des collaborateurs qui deviennent donc ambassadeurs de leur marque via leur propre expertise.

La promotion de la marque par les humains qui la composent (brand advocacy) devrait continuer son essor. On accorde plus facilement sa confiance à un expert métier qui consacre sa vie au développement d'une solution qu'à une vidéo promotionnelle, aussi bien faite soit-elle. Ici aussi, les entreprises s'organisent pour identifier des ambassadeurs et les former à une utilisation corporate des réseaux sociaux avec succès si la démarche marketing a été pensée de manière globale et que les contenus sont de qualité.

INBOUND : LA STRATÉGIE INTÉGRÉE ET MULTICANALE QUI PERFORME

Et puis finalement, pour relier tout cela, l'*inbound marketing** semble s'imposer assez naturellement. C'est l'alliance idéale entre des contenus forts satellisés sur les réseaux sociaux, un plan média précis, un tunnel de conversion fin et l'analytics pour relier l'ensemble. Le pilotage des campagnes est donc de plus en plus important et les performances sont vouées à s'améliorer perpétuellement.

Efficace en BtoC comme en BtoB, pour une startup comme un grand groupe, l'inbound marketing, moins agressif et plus naturel que les stratégies classiques, va continuer de s'imposer et les réseaux sociaux ont un rôle majeur à y jouer. On y diffuse des contenus certes, on en obtient du trafic qualifié mais on en retire également de la connaissance sur ses prospects et ce qui les fait réagir.

Car finalement, c'est cela l'arrivée à maturité du social media : plus de connaissances, plus d'intelligence à mettre en œuvre pour performer. Car la concurrence se renforce et les algorithmes des plateformes ne rendent pas la vie des marketeurs facile. Les marques vont devoir de plus en plus penser les campagnes en amont, construire des contenus sur des insights forts pour toucher les consommateurs sur-sollicités et surtout réfléchir les plans à l'échelle globale de la marque, au service de son business et plus seulement pour trouver un succès d'audience relatif et stérile.

*Retrouvez la définition dans le lexique en fin d'ouvrage.

> OTTA
www.otta.fr

Stephanie Laporte
stephanie@otta.fr

Arnaud Bidou
arnaud@otta.fr

Tribune

Réseaux sociaux : se différencier... comme tout le monde !

Mais comment faire, pour une entreprise comme pour une personnalité, pour sortir de la masse des quelques 600 millions de tweets quotidiens ? Comment faire pour que les signaux que l'on émet soient reçus par l'ensemble des récepteurs potentiels ? Je parle ici de signaux "naturels", pas de campagnes "paid" et de tous ces comptes qui "montent" à grand renfort de budgets. Il semble qu'il n'y ait qu'une réponse : l'identification et la différenciation.

Près de **600 millions** de tweets par jour

16 000 salariés

"Prenons le rapport entre signal et bruit. Ce que vous percevez d'un signal, c'est la différence de son intensité avec l'intensité du bruit ambiant. Le citoyen, bombardé de messages, vit dans le bruit permanent des médias. En tant qu'homme public, si je parle souvent, je me confonds avec le bruit médiatique."

Jacques PILHAN
Conseiller de François Mitterrand puis de Jacques Chirac à l'Élysée

Les réseaux sociaux, finalement, c'est un problème de plomberie : on veut du débit et, si possible, pas d'eau tiède. Mais on ne veut pas trop se mouiller non plus. C'est ainsi que nombre d'entreprises ou de personnalités évoluent dans le "mainstream" : ni trop ni trop peu. Autant dire que ce n'est pas ainsi que l'entreprise va se différencier sur les réseaux sociaux, et donc exister. Et s'il s'agit d'une personne, "moyenner" ne permet pas d'envisager que les réseaux sociaux deviennent des leviers de son leadership. Alors, « que faire ? », comme disait Lénine un siècle avant Twitter. Voici un exemple, celui de Dalkia (Groupe EDF) acteur de la transition énergétique en valorisant les énergies renouvelables des territoires (biomasse, géothermie, thalassothermie, etc.) et en réduisant les consommations énergétiques de ses clients leur permettant ainsi de lutter contre le réchauffement climatique. En dépit du fait que Dalkia, créée en 1937, soit dans "l'air du temps" grâce à son métier, ce n'est pas suffisant pour attirer spontanément des followers pourtant intéressés et préoccupés par ces sujets.

LA GENÈSE

Rachetée par le groupe EDF au mois de juillet 2014, Dalkia disposait alors d'un site internet correct (mais non responsive), d'un intranet défaillant (peu consulté), n'était pas présente sur les réseaux sociaux, hormis sur LinkedIn. Outre les nombreux changements permis par l'adossement au Groupe EDF, est venu le temps d'être présent sur les réseaux sociaux. Avec méthode et prudence, nous avons "investi" Twitter sans nous presser (nous étions déjà en retard) au point de dépasser nos concurrents qui y étaient depuis plus longtemps que nous, et avons accru notre présence sur LinkedIn au-delà de nos espérances.

Quand les choses vont bien, il faut envisager que cela ne va pas durer. C'est désagréable et contre-intuitif. Dans les médias, c'est quand un magazine est au sommet qu'il faut impérativement changer sa maquette (et le contenu). Après, c'est trop tard : les lecteurs sont déjà partis. L'heure était donc venue d'évoluer. Nous avons donc mené une consultation début 2018 auprès de petites agences astucieuses avec pour objectif essentiel d'essayer de nous différencier. Nous différencier pour exister. Être ou le néant, en quelque sorte ! Nous avions aussi en tête le fait que nous différencier allait permettre de renforcer notre marque employeur, dans un secteur où quelques milliers d'emplois demeurent non pourvus.

SORTIR DE LA ZONE DE CONFORT

On le sait, sortir du "mainstream corporate", c'est sortir de sa zone de confort. On ne sort pas de la tranchée impunément. Mais si on reste dans la tranchée, il y a peu de chance de connaître des lendemains qui chantent. La zone de confort sur Twitter pour les entreprises comme pour les personnalités consiste assez souvent à "poster des cartes postales". Ce syndrome bien connu en *communication politique** est aussi appelé l'effet "Martine à la plage", du nom de cette vieille et mémorable série de livres illustrés qui mettait en scène dans des situations différentes (à la montagne, à la campagne, etc.) une jeune héroïne appelée Martine. Pour le dire autrement, en termes de communication (qu'il s'agisse d'une entreprise ou d'une personnalité politique), cela consiste à diffuser surtout des images légendées. Comme le disent les experts de la communication politique, l'envoi massif de cartes postales (ou des posts) est davantage un témoignage de présence (j'y étais) et d'affection (je pense à vous) que l'émission d'un réel message. On a l'image, mais pas le son : c'est le cinéma muet.

LE PRIMAT DU CONTENU

C'est en général à ce moment-là que la communication redécouvre le primat du contenu, c'est-à-dire, ce qui constitue la base du métier de journaliste, hier comme aujourd'hui. Certes avec le digital, l'ADN de l'information a changé et les journalistes ont changé leur ADN. Eux aussi subissent la "dictature de l'urgence". Il faut moins de temps pour publier un tweet qu'à une personne "normale" pour élaborer une pensée construite. Notre rapport au temps a changé. Comme le lapin blanc dans "Alice au pays des merveilles", nous sommes tous, toujours, en retard. Et sur tout. Comment résister à l'urgence des réseaux sociaux alors que la stratégie (en politique ou en entreprise) implique pourtant le temps long ? Comme nous avons peur du vide, nous publions : Twitter, Instagram, LinkedIn, voire Facebook, nous n'oublions personne ! La sulfateuse fonctionne parfaitement 5 jours sur 7 (voire plus en cas de crise).

On redécouvre aussi que la communication est la rencontre entre une personne (une entreprise), un message et un moment. J'oserai faire ici une métaphore à base d'aspirine ! Pour qu'une douleur légère cesse, il faut prendre un cachet (le principe actif) associé à de l'eau. Mais ce que l'on achète, c'est le principe actif, pas l'eau. On peut avoir l'impression que la communication, quand elle s'égare, privilégie l'eau au principe actif. Accumulation de poncifs, d'évidences, tautologies : chacun a des exemples en tête, son podium d'indécrottables gourous qui n'ont rien à dire, mais le font savoir avec régularité (et budget). N'oublions pas Buffon : « le style, c'est l'homme ».

LA COMMUNICATION, C'EST COMME LES IMPÔTS

Au primat du contenu donc, s'ajoute la fréquence. La communication, c'est comme les impôts : trop de communication tue la communication. On évoquera ici les "leçons" de Jacques Pilhan, conseiller de François Mitterrand et de Jacques Chirac, plus que jamais d'actualité : comment exister dans le bruit médiatique, et le flot discontinu d'info, d'infox, de fake, de marketing, de communication, de publicité, etc., sur les réseaux sociaux ? Rappelons qu'il y a en moyenne 600 millions de tweets par jour. « Prenons un autre cadre de référence : le rapport entre signal et bruit, disait-il dans une interview dans la revue Débat en 1995. Ce que vous percevez d'un signal, c'est la différence de son intensité avec l'intensité du bruit ambiant. Le citoyen, bombardé de messages, vit dans le bruit permanent des médias. En tant qu'homme public, si je parle souvent, je me confonds avec le bruit médiatique. La fréquence rapide de mes interventions diminue considérablement l'intensité du désir de m'entendre et l'attention avec laquelle je suis écouté. Si, en revanche, je me tais pendant un moment, le désir de m'entendre, compte tenu du fait que je suis, par exemple, président de la République, va s'aiguiser. L'attention qu'on va prêter à mes paroles va être considérable. La différence entre le signal que j'émets et le bruit ambiant sera très importante. Il y aura beaucoup de reprises dans les médias, beaucoup d'impact dans l'opinion. C'est ce qui va me donner le statut de leader par rapport aux acteurs trop présents dont le message fait partie du bruit public. Si, après avoir tendu le désir qu'a l'opinion de m'entendre par un silence relatif, je concentre plusieurs interventions sur une période courte, l'impact sera encore renforcé et mon statut de leader accru ». Qui a dit mieux depuis ? Une légende tenace affirme que Jacques Pilhan était un "théoricien du silence". Ce qui est faux. C'était un théoricien des ruptures de rythmes. Seul le silence permet l'intensité, comme l'ombre fait ressortir la lumière. La puissance d'un message dépend (notamment) du rapport entre présence et absence. La seule personne au monde peut-être pour laquelle cela ne fonctionne pas est le président actuel des Etats-Unis.

ETRE AILLEURS, POUR NE PAS ÊTRE LÀ

Les équipes ont commencé à travailler sur l'identification (on pourrait dire l'attribution). Il faut que nos followers reconnaissent nos tweets sans même les lire. Tout le monde sait qu'un tweet sans visuel n'existe pas. Nous publions tous une photo avec une petite légende de 280 signes maximum. Mais, puisque tout le monde en est là, il faut être ailleurs. Il faut aller plus loin et "encapsuler" le visuel dans une mise en forme (une "mise en beauté" pourrait-on dire). C'est ainsi que nous avons désormais une charte graphique digitale.

Un travail a été poursuivi au niveau de la différenciation. Sans aller jusqu'à considérer que le compte de la Gendarmerie nationale est un horizon insurpassable, quelle leçon tout de même cette "institution" nous donne-t-elle au quotidien ! Supposée être l'une des plus conservatrices de la République, elle fait preuve d'une audace inouïe dans sa ligne éditoriale sur Twitter. Bien entendu, le compte traite aussi de l'actualité de la Gendarmerie. Mais ce n'est pas tant pour cela que son compte Twitter est si populaire. C'est parce que sa "ligne éditoriale" (le style et le contenu de ses tweets, pour faire simple) la place à la

pointe en termes de différenciation. Comment ? En multipliant les tweets décalés, pleins d'humour, prenant chaque jour le contre-pied de ce que l'on aurait pu attendre. Bravo !

LA GENDARMERIE NATIONALE AU SOMMET

Peut-être la Gendarmerie Nationale est-elle au sommet et nous encore au camp de base. Peu importe, il faut trouver sa voie. S'agissant d'une entreprise de 16 000 personnes comme Dalkia, filiale d'un grand Groupe (EDF), cela consiste à utiliser tous les rendez-vous de Twitter, tous les codes, toutes les possibilités visuelles (notamment animer même les images fixes, etc.), valoriser nos contenus les plus riches produits par ailleurs (par exemple les interviews de stars de notre magazine), être plus "social" et moins "expertise", rebondir sur l'actualité, faire preuve d'humour, etc. et créer en parallèle une sorte de banque de tweets froids (comme dans les journaux avec les papiers au "marbre") avec des informations reposant sur des contenus à forte valeur ajoutée qui ne sont pas corrélés à une actualité particulière.

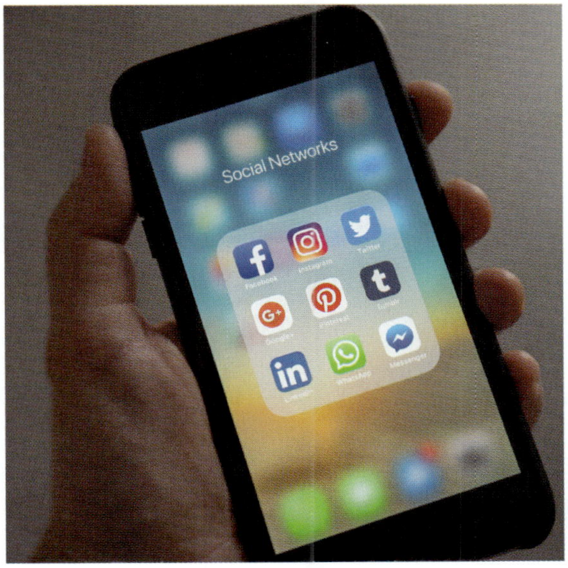

NE PAS RÉINVENTER L'EAU TIÈDE

Il nous reste de la marge pour atteindre le niveau de la Gendarmerie Nationale. Nous nous inscrivons dans une démarche d'amélioration permanente enthousiasmante. La Gendarmerie Nationale a compris bien avant d'autres que seule la différenciation renforce l'attractivité de la "marque employeur". C'est d'ailleurs là que réside l'enjeu majeur pour une entreprise comme la nôtre, plutôt en BtoB. Plus malins que la plupart d'entre nous, les gendarmes ont compris que, comme le dit le proverbe africain, « seuls les poissons morts vont dans le sens du courant ».

*Retrouvez la définition dans le lexique en fin d'ouvrage.

Renaud Czarnes
Ex-journaliste aux Echos et ancien conseiller de Jean-Marc Ayrault, alors Premier ministre, Renaud Czarnes, est directeur de la communication de Dalkia depuis 2014. Déjà auteur d'un roman et d'un recueil de textes de théâtre, a publié au mois de février un "Anti-manuel de communication politique" aux éditions Kawa.

> DALKIA
www.dalkia.fr

Renaud Czarnes
Directeur de la communication
renaud.czarnes@dalkia.fr

Étude De Cas

FONDATION RECHERCHE MÉDICALE

Construire des campagnes d'appel aux dons efficaces grâce au digital

> L'angle éditorial : lutter contre les idées reçues

PROBLÉMATIQUE DE LA MARQUE

Dans une société qui se veut de plus en plus souvent qualifiée d'individualiste, la solidarité y reste paradoxalement l'un de ses piliers rassembleurs.

Récemment, avec la suppression de l'impôt de solidarité sur la fortune et la hausse de la contribution sociale généralisée, les 400 ONG que compte la France ont vu la concurrence se renforcer.

Dès lors, comment utiliser efficacement les leviers du digital pour sensibiliser la plus large audience possible et activer ces comportements solidaires qui mènent à la génération de dons ?

Intégrer l'univers communicationnel de la FRM, où sensibilité et empathie régissent la majorité des interactions, nécessite une approche des plus singulières.

Il était donc impératif de comprendre nos audiences cibles et cerner au mieux leurs attentes pour proposer un contenu parfaitement adéquat et se prévenir de toute maladresse sur les sujets sensibles que traite la FRM.

> Cibles

Les 30-40 ans, Les 40-50 ans, Les + de 50 ans

SOLUTION STRATÉGIQUE

Pour porter la cause de la Fondation pour la Recherche Médicale, Vanksen a développé une stratégie dédiée ayant pour objectif de :

- Développer la visibilité et la notoriété de la FRM ;
- Pérenniser cette nouvelle visibilité ;
- Augmenter le volume de dons ;
- Fidéliser les nouveaux donateurs ;
- Optimiser le retour sur investissement.

Pour ce faire, Vanksen a défini un tunnel de conversion d'audience favorisant l'évolution de l'utilisateur, même le plus éloigné de la cause portée par la FRM, en donateur voir même, en ambassadeur de celle-ci.

Dans la lignée de cette nouvelle stratégie, nous avons choisi de travailler sur deux axes temporels et exclusivement digitaux avec :

- **Des campagnes d'awareness en fil rouge à l'année**, ayant pour principal objectif de sensibiliser les personnes éloignées des problématiques de la FRM, les audiences dites « étrangères » ;

- **Des campagnes mensuelles thématiques** sur des sujets spécifiques qui visent à engager un public déjà sensibilisé ou ayant une proximité directe avec l'un de ces thèmes.

ONG | Retargeting | Social Listening

> Retrouvez les mots clés en index <

INFOS CLÉS

+ 54% de visiteurs sur le site

+ 44% de dons

+ 70% sur le ROI

MISE EN PLACE OPÉRATIONNELLE

La stratégie développée par les équipes stratégique de Vanksen se déploie en trois phases complémentaires :

> Étape 1 - Social Listening : analyse et compréhension des audiences cibles

Dans un premier temps, un dispositif de *Social Listening** est mis en place et paramétré pour récolter un maximum de données contextuelles, identifier les thèmes récurrents et, de manière globale, comprendre les comportements et les attentes des audiences de la FRM.

Plus que de générer de l'intelligence client, il s'agit ici d'une étape indispensable pour garantir a posteriori une création de contenus en phase avec les attentes des publics visés et créer une ligne éditoriale rythmée par les thématiques les plus suivies et discutées par les cibles, etc. Une véritable approche centrée utilisateur !

> Étape 2 - Création de contenus : garantie d'un message 100% pertinent

Pour joindre l'utile à la performance, chaque campagne vise à déconstruire les mythes et idées reçues autour de maladies et affections abordées par la FRM comme l'asthme, la dépression, la sclérose en plaques ou encore les troubles alimentaires au travers de formats fixes et de vidéos.

Ce choix éditorial véhicule un fort potentiel d'identification auprès des utilisateurs (ces idées reçues ont été majoritairement identifiées en écoutant ceux-ci via le dispositif de Social Listening) mais permet également, de capitaliser sur leur importante valeur informative pour engager ou susciter le partage.

> Étape 3 - Diffusion : cibler, atteindre et engager

Plus qu'une simple approche, c'est une méthode testée et éprouvée qui a été implémentée sur 5 canaux différents :

- Search Advertising sur Google, Bing, etc.
- YouTube
- Native Ads
- Réseau Display
- Médias Sociaux (Facebook, Twitter & LinkedIn)

Cette variété de canaux assure une visibilité parfaite auprès des audiences que la FRM souhaite engager grâce à une dynamique de ciblage en trois phases :

- **La conquête** : comme son nom l'indique, vise à aller conquérir de nouvelles audiences et travailler la notoriété. Ce ciblage permet de délimiter un périmètre d'action et d'identifier les audiences les plus réceptives ;

- **Le retargeting** : qui pérennise l'exposition des audiences engagées ou ayant manifesté un intérêt pour un ou plusieurs contenus de la FRM ;

- **La création d'audience** (lookalike, custom audiences...) : il s'agit de récréer des audiences aux caractéristiques similaires à celles s'étant engagé sur des contenus de conquêtes, en bénéficiant des apprentissages des ciblages conquêtes pour limiter la déperdition.

Ces trois ciblages étant totalement complémentaires, ils s'enrichissent l'un l'autre de manière extrêmement qualitative au fur et à mesure que la campagne avance.

RÉSULTATS

Les résultats obtenus suite au déploiement de ce nouvel écosystème multicanal ont rapidement dépassé les espérances ! En quelques semaines seulement, la Fondation pour la Recherche Médicale a pu observer une augmentation du volume de dons de 44%, un retour sur investissement également en augmentation de plus de 70% ou encore 54% de trafic supplémentaire enregistré sur le site de la FRM par rapport aux périodes comparables.
Il a donc logiquement été choisi de prolonger et d'amplifier le dispositif.

*Retrouvez la définition dans le lexique en fin d'ouvrage.

> FONDATION POUR LA RECHERCHE MÉDICALE
www.frm.org

> VANKSEN
www.vanksen.com
Fiche d'entreprise p. 503

Lucile Gouvernel
Directrice Conseil
lgouvernel@vanksen.com

Romain Wilmet
Chargé de communication
rwilmet@vanksen.com

Étude De Cas

SOFINCO

Une opération d'influence qui allie branding et performance

> Aperçu d'une des vidéos hébergées sur la chaîne YouTube de Sofinco

PROBLÉMATIQUE DE LA MARQUE

> L'entreprise

Sofinco est une marque du Crédit Agricole Consumer Finance, filiale à 100 % du Crédit Agricole. Acteur majeur du crédit à la consommation, Crédit Agricole Consumer Finance propose à ses clients et partenaires des solutions de financement souples, responsables et adaptées à leurs besoins.

Présent dans 17 pays en Europe, ainsi qu'en Chine et au Maroc, Crédit Agricole Consumer Finance compte plus de 9,6 millions de clients et plus de 9 500 collaborateurs.

> La problématique

Sofinco s'est doté d'un nouveau positionnement fin 2017 avec pour objectif de dépoussiérer l'image du crédit à la consommation.

Pour renforcer ce positionnement, les équipes social media Sofinco ont souhaité lancer une opération d'influence avec plusieurs objectifs. Le premier était d'augmenter la notoriété spontanée et modifier l'image de la marque auprès d'une population plus jeune que son cœur de cible traditionnel. Enfin, la marque a souhaité également créer des bassins d'audiences afin de les inciter dans un second temps à souscrire à un de ses produits.

SOLUTION STRATÉGIQUE

> La proposition créative : faire vivre un #SmartTravel durant l'été

Social&Stories a proposé aux équipes social media de Sofinco de travailler avec Guillaume Ruchon, influenceur lifestyle avec une spécialisation dans le secteur du voyage et de la high-tech autour d'une opération intitulée #SmartTravel. Ce dernier a été choisi pour son ton et sa personnalité, la qualité des contenus qu'il produit, mais également les caractéristiques de sa communauté en affinité avec la cible recherchée par Sofinco.

Cette opération intitulée #SmartTravel consistait à envoyer pendant 15 jours Guillaume Ruchon et sa compagne sur les routes de France visiter certaines grandes villes (Nice, Montpellier, Marseille, Bordeaux, etc.). L'objectif ? Donner envie aux personnes touchées par cette opération de partir en vacances en France et de profiter des bons plans dévoilés par Guillaume afin de dépenser leur argent de façon intelligente (idées d'activité à petit prix, restaurant de qualité et peu onéreux, visites de spots peu connus des touristes, etc.). Pour l'aider dans sa tâche, Guillaume a été accompagné à chaque étape par un influenceur qui habite la ville où la région visitée. Cet influenceur a pris alors le rôle d'un guide local avec pour objectif de faire découvrir à Guillaume et sa communauté ses endroits coup de cœur, ses activités préférées, les astuces à connaître pour profiter au maximum de la région sans dépasser son budget, etc.

MISE EN PLACE OPÉRATIONNELLE

> Durée

De juillet à septembre 2018

> Le déroulement

Quelques jours avant la visite de la première ville, une vidéo de teasing a été publiée sur la chaîne YouTube de Sofinco et médiatisée auprès d'une audience précise : les amateurs de voyage et les personnes ayant montré un intérêt pour le contenu proposé par Sofinco sur sa chaîne. Dans le même temps et afin de mobiliser l'audience la plus massive possible, cette vidéo teasing a été réduite et adaptée afin d'être diffusée également sur la page Facebook et le

INFOS CLÉS

+ de 3,66 millions de vues

+ 11 % d'amélioration de la mémorisation publicitaire

+ de 3 millions d'utilisateurs uniques

compte Twitter de la marque avec ici encore une stratégie de médiatisation dédiée.

Enfin et pour mobiliser sa communauté, Guillaume Ruchon a également posté sur sa chaîne YouTube une autre vidéo teasing annonçant son partenariat avec Sofinco.

Une fois cette phase terminée, Guillaume a largement communiqué en stories sur Instagram afin d'inciter sa communauté à découvrir la première ville qu'il allait visiter et l'influenceur qu'il allait rencontrer. Le jour J, l'influenceur local communiquait également en stories sur Instagram pour annoncer sa participation à cette opération. Cette mécanique a été systématiquement répétée à chaque ville visitée afin de permettre à la communauté de Guillaume de suivre son périple et de faire découvrir cette activation à une audience toujours plus importante grâce aux relais sur Instagram (newsfeed et stories).

Parce que l'opération se devait également de tenir dans des délais serrés afin de bénéficier d'un engagement le plus massif possible, la publication de chacun des épisodes de ce #SmartTravel sur les réseaux sociaux de Sofinco a été réalisée entre chaque ville d'étape. Parallèlement, les équipes Sofinco et Social&Stories ont travaillé en lien étroit avec les équipes YouTube afin de maximiser la visibilité de ces vidéos grâce à l'utilisation du format *TrueView** auprès de bassins d'audience définis en amont et qui ont été modifiés en fonction des résultats. De la même manière, les équipes social media ont lancé des campagnes avec objectif de vues sur Facebook ou d'engagements sur Twitter en utilisant soit des séquences des vidéos dévoilées sur la chaîne YouTube, soit des photos prises par Guillaume Ruchon.

Les objectifs de cette phase de médiatisation étaient de :

- Se reposer sur la capacité de l'influenceur principal et des influenceurs locaux à faire découvrir les épisodes en intégralité sur la chaîne YouTube de Sofinco grâce à leurs publications sur Instagram pour l'essentiel ;
- Utiliser Twitter pour susciter un maximum d'engagements autour de l'opération en utilisant notamment des *Twitter Cards** avec un objectif d'engagement ;
- Utiliser des vidéos de teasing sur Facebook afin d'inciter les audiences touchées à découvrir les formats longs sur YouTube ;
- Monitorer les campagnes de TrueView sur YouTube en fonction des taux de complétion et des coûts par vue ;
- Nourrir des bassins d'audience pour lancer dans un second temps du *retargeting** sur les audiences qui se sont engagées.

RÉSULTATS

Cette première opération d'influence d'envergure lancée par Sofinco a été un véritable succès pour de multiples raisons. Elle a d'abord prouvé qu'il était possible pour Sofinco d'inciter ses clients et prospects à voyager par le prisme de l'influence. Elle a également permis de souligner que, plus que jamais, il y a une complémentarité évidente entre les plateformes sociales et entre les objectifs de branding et de performance commerciale.

De manière plus concrète, voici quelques chiffres clés des retombées de cette opération :

- Un taux d'engagement sur les épisodes hébergés sur la chaîne YouTube de Sofinco de 79 % (versus une moyenne dans le secteur de 30 %) ;
- Malgré une durée moyenne des vidéos dépassant les 5 minutes, le taux de vues à 100 % de l'ensemble des vidéos a dépassé les 36 % ;
- Une amélioration de la mémorisation publicitaire de la marque Sofinco en hausse de 11 % ;
- Une alimentation de la DMP de Sofinco grâce à cette opération qui a permis de retargeter plus de 467 000 utilisateurs uniques.

*Retrouvez la définition dans le lexique en fin d'ouvrage.

> CRÉDIT AGRICOLE CONSUMER FINANCE - SOFINCO
www.sofinco.fr

Julien Provost-Langot
Responsable Réseaux Sociaux
jprovost@ca-cf.fr

> SOCIAL&STORIES
www.socialandstories.com

Camille Menu
Directrice Conseil
cmenu@socialandstories.com

Étude De Cas

ORCHESTRA

Une stratégie média qui simplifie la vie des familles

> Opération rentrée - Orchestra https://fr.shop-orchestra.com

PROBLÉMATIQUE DE LA MARQUE

> Problématique
Travailler un écosystème de communication centralisé, rationalisé et optimisé pour accroître la notoriété et le ROI de la marque auprès de la cible principale (femmes enceintes, jeunes mamans et plus globalement les parents).

> Contexte
Orchestra est aujourd'hui une enseigne internationale (+ de 600 magasins dans plus de 40 pays) avec un concept unique de "one stop shopping" destiné au monde de l'enfance, qui recouvre les activités suivantes :

- La mode enfants 0-14 ans à la marque Orchestra ;
- La maternité (vêtement et matériel de grossesse) à la marque pré-maman ;
- La grosse et petite puériculture à la marque pré-maman mais aussi toutes les grandes marques.

Orchestra a aujourd'hui une offre puissante qui est le Club (créé en 2010) et qui offre toute l'année une remise permanente contre un abonnement mensuel de 2 € :

- 50 % de remise sur les vêtements ;
- 30 % de remise sur les chaussures ;
- 20 % de remise sur la puériculture.

Si la marque bénéficie d'une bonne notoriété, elle a évolué très rapidement sur un marché retail compliqué et très concurrencé. L'enjeu majeur est de travailler la considération de la marque pour l'imposer comme le référent du monde de l'enfance et pour lui créer une identité forte.

> Cibles

- Femmes enceintes, jeunes mamans, mamans avec enfants jusqu'à 14 ans, parents.

> Objectifs
S'appuyer sur le consumer journey de chaque sous-segment pour proposer une réponse média appropriée (dans son contenu et son message) sur l'ensemble des touch point déterminants à la construction de la préférence.
1/Être visible en préemptant les carrefours d'audience les plus consultés par nos prospects.
2/Maximiser l'impact avec des créations et des formats différenciants.
3/Crédibiliser le discours en travaillant sur les 2 cœurs de métiers : Textile & Puériculture.
4/Capter les intentionnistes & les engager en les accompagnant sur l'ensemble de la chaîne de décisions.
5/Recibler & convertir sur le site et en magasin.
6/Fidéliser.

> Budget
De 500 000 € à 1 million €

> Challenge de communication
Devenir le référent du monde de l'enfance sur un marché du retail difficile.

> Moyens
La stratégie média online 2019 d'Orchestra a pour but d'accompagner le prospect sur l'ensemble de la chaîne de décisions en on et offline en France, Grèce, Espagne & Belgique grâce à une synergie des leviers activés.

- Drive to store : ISA, Mailing adressé, Radio, Mobile drive to store, Réseaux sociaux, Affiliation magasin
- Notoriété : OOH, YouTube, Catch Up, Applications mobiles, Programmatique, Réseaux sociaux, Influence, Emailing

- Performance : SEA, Programmatique, RTG, Réseaux sociaux à la performance

E-commerce | Géolocalisation | 360°

> Retrouvez les mots clés en index <

INFOS CLÉS

+ de 75% de couverture sur les femmes enceintes et jeunes mamans

+ de 50% du trafic du site a été drivé par le média sur la période VS N-1

+ de 70% de ventes online vs N-1

SOLUTION STRATÉGIQUE

> Insight et idée stratégique

- Simplifier la vie des familles : aide au choix, pertinence, suppression des pain points, etc., à toutes les étapes du consumer journey ;
- Un discours de marque qui valorise l'offre, le service et le Club ;
- Une réponse créative cohérente entre les différents supports off et online ;
- Développer la brand equity ;
- Utiliser des codes en affinité avec les besoins des cibles, mais aussi par la (co)production de contenus de référence ;
- S'adosser aux média référents du monde de la petite enfance ;
- Casser les silos avec une approche brandformance centrée sur le client : développer et valoriser la data first-party, de la connaissance des audiences en acquisition, à l'optimisation du ROI digital et in-store des actions e-CRM ; capitaliser sur l'exigence qualitative de l'expérience média omnicanale pour répondre aux enjeux business à court et moyen terme.

MISE EN PLACE OPÉRATIONNELLE

SensioGrey a mis en place un parcours média sans silos pour ancrer Orchestra comme le réflexe shopping des nouveaux parents en étant présent sur tous les touchpoints de la cible.

Un travail sur les audiences prospects permettant de créer des scénarios a également été mis en place pour adresser le bon message à la bonne personne, au bon endroit et au bon moment.

L'intégration de la base de données clients sur tous nos leviers a permis de travailler sur la fidélité et le renouvellement de la carte Club.

> Étapes

SensioGrey a développé une stratégie média 2019 permettant d'accompagner le prospect sur l'ensemble de la chaîne de décisions, en utilisant la bonne synergie de touchpoints au bon moment pour maximiser l'impact.

La stratégie met en avant plusieurs partis-pris :
- Un focus par métier avec un ciblage distinct ;
- Un focus par métier au niveau de l'orchestration ;
- Un focus par métier qui se décline en création.

Une stratégie déployée et pilotée sur l'ensemble du mix média on & offline en France, Espagne, Belgique, Grèce au service du branding et des magasins :
- Campagnes OOH/radio/presse/ISA ;
- Au service de la performance et du trafic en points de vente.

La mesure de l'impact réel de la campagne fait partie intégrante de cette stratégie :
- Analyse mensuelle des chemins de conversion et de la contribution de chaque levier au succès ;
- Analyse et pilotage géociblés ;
- Mesure drive to store mise en place avec la solution Adsquare ;
- Post-test Kantar : mesure de la progression de la notoriété de la marque et contribution de chaque média au Top of Mind.

RÉSULTATS

- 75 % de couverture sur les femmes enceintes et jeunes mamans
- Près de 10 millions de clics générés
- + de 50 % du trafic du site a été drivé par le média sur la période VS N-1
- + 70 % de ventes online vs N-1
- Un ROI consolidé (on et off de + de 3,50)

> ORCHESTRA
https://fr.shop-orchestra.com

> SENSIOGREY
www.sensiogrey.com

Lucas Denjean
Directeur Général
lucas.denjean@sensiogrey.com

Clotilde Ravin
Directrice Communication et Développement
clotilde.ravin@sensiogrey.com

Article

De l'influence à l'advocacy, un défi rendu possible grâce au digital

Alors que les marques orientent leur stratégie sur l'influence en surfant sur l'ère de la prescription, la démultiplication des plateformes sociales redistribue les pouvoirs, placés désormais dans les mains du consommateur. Avec plus que jamais la prédominance du peer-to-peer et l'enjeu business de l'advocacy, comment l'influence naissante sur les blogs il y a presque 10 ans change le paradigme et inverse les pouvoirs ?

94 % des marketers estiment le marketing d'influence efficace

83 % des utilisateurs découvrent des produits sur Instagram

DE L'AVENEMENT DU PEER-TO-PEER

Présents déjà sur les forums et les blogs, bien avant l'avènement des communautés sociales et médiatiques telles qu'on les connait aujourd'hui, les consommateurs surfaient à la recherche d'avis et de "links" sur internet. Une voix naissante, mais encore sourde, guidée par la désormais Influence, qui nait avec son premier allié social media, YouTube, pour se démultiplier et se développer massivement grâce aux likes, shares, comments (ces marqueurs de l'engagement) qui tendent aujourd'hui à gouverner nos achats.

Ces voix consommateurs représentées par des hashtags et une multiplication de mots-clés représentent un vivier d'écoute et un enjeu considérable pour les marques aujourd'hui. C'est à travers le social listening sur l'ensemble du web (réseaux sociaux, blogs, forums) que cette prise de parole que l'on nomme désormais le "earned" prend tout son sens et représente un feed-back immédiat à la fois sur les marques, mais concrétise également les envies et les tendances futures qui se dessinent à travers la multiplication des prises de paroles et des canaux de conversations.

Les premiers porte-voix sont en dehors du système tel que nous le connaissons. Les "influenceuses" de 2010 sont (et le restent) des passionnées de cosmétologie, qui à force d'auto-learning, ont forgé leurs avis et leurs expertises en répondant à une demande forte : le testing produits. Sans publicité, ni filtre, ces "girls next door" de YouTube permettent aux consommatrices de mieux s'identifier. Elles leur permettent de partager leurs avis et de communiquer entre elles, créant ainsi des communautés et renforçant leur statut de prescripteur. Clap de fin pour les forums, place aux blogs et Vlogs grâce notamment aux espaces de commentaires. Le pouvoir de ces prescriptrices prend maintenant tout son sens, se démultiplie, et sonne l'avènement d'un véritable changement avec un nouveau contenu streamé sur la toile. Ça y est, la confiance est instaurée avec leurs pairs, elles sont expertes et reconnues comme telles, elles deviennent des advocates.

> Getty Images/La Roche Posay

NORME ECONOMIQUE ET DEMULTIPLICATION DES PLATEFORMES

Le marché se norme et avec lui l'apparition du #sponso qui rassure le follower sur la véracité et l'authenticité du testing produit. Ces nouvelles règles du jeu permettent à la youtubosphère de monétiser ses activités, mais par rebond, elles détournent la voix consommateur. De nouvelles plateformes sociales en profitent, c'est notamment le cas d'Instagram, mais aussi de Twitter, davantage guidé par l'avis client et le SAV en live. Mais le mouvement s'accélère et de nouvelles plateformes apparaissent. Snapchat qui vise la nouvelle génération ou encore TikTok, Triller, 21Buttons, etc. où le follower devient même un seller. Ici, on mentionne, on "backlink", on s'approprie les marques, on renverse les images et surtout, on devient un acheteur à part entière. Ces nouveaux canaux de l'influence brouillent les pistes, l'influenceur peut désormais être influencé (cf. : 21Buttons & TikTok) créant ainsi un nouvel indicateur de confiance (le nouveau "trust") entre marques et consommateurs.

CONSOMMATEURS : NOUVEAU SELLERS

Ces groupes de consommateurs désormais constitués en tribus sur les réseaux sociaux prennent la parole sur plusieurs canaux en dessinant la nouvelle ère de l'advocacy. Une nouvelle forme d'influence qui s'étend grâce à la force de la viralité. Le message va vite, il se retweete, il se story-ise, il est puissant et surtout il dessine des nouvelles tendances. Un vivier d'écoute social, (le social listening) pour les marques qui peuvent anticiper de futurs marchés.

Les plateformes d'influence s'engouffrent aussi sur cette nouvelle tendance, et proposent aux utilisateurs (advocates) de devenir les influenceurs de demain. Tests de produits, learning sur la création de contenus, animation de communautés sur Instagram : les consommateurs deviennent les nouveaux experts de marque et surtout, leurs meilleurs *ambassadeurs**.

Certaines plateformes vont même plus loin en reprenant le fameux #ootd (outfit of the day) en offrant ainsi la possibilité aux consommateurs d'être starifiés et d'en retirer un revenu via un modèle d'*affiliation** (commission sur le volume de ventes générées). C'est le cas par exemple du nouveau venu, 21Buttons, où les consommateurs se prennent au jeu de l'influence. Les comptes qui s'organisent pour avoir le plus de likes et de followers se transforment en boutiques e-commerce déportées où les marques de fast fashion prédominent et ont pris d'assaut ce nouveau marché.

*Retrouvez la définition dans le lexique en fin d'ouvrage.

> L'ORÉAL FRANCE

Mariska Konkoly
Directrice social media et influence
mariska.konkoly@loreal.com

Jeremy Coxet
Partner
Vanksen

Jeremy Coxet

Employee Advocacy : les employés prennent le pouvoir !

Ces vingt dernières années, tandis que différents scandales médiatiques entachaient la réputation des fonctions dirigeantes, une autre force en présence, intrinsèque à toute entreprise, gagnait en visibilité : les employés.

Historiquement cantonnés à un rôle de majorité silencieuse, les employés sont aujourd'hui considérés comme l'un des canaux de communication d'entreprise les plus efficaces.
Comment expliquer ce « power shift » ? Et comment l'entreprise peut-elle maîtriser cette nouvelle dynamique pour servir ses intérêts ?

TOUT D'ABORD, COMMENT L'EMPLOYÉ S'EST-IL IMPOSÉ COMME L'UN DES CANAUX LES PLUS EFFICACES DE LA COMMUNICATION D'ENTREPRISE ?

Jeremy Coxet : Avant le web 2.0, la visibilité et la notoriété se travaillaient principalement dans les médias de masse, un terrain inaccessible voir proscrit pour les employés.

Peu à peu, avec l'apparition de nouveaux moyens de communication plus accessibles et particulèrement efficaces (comprenez les médias/réseaux sociaux), l'employé(e) accède à une nouvelle tribune. Une tribune qui lui permet de réduire son déficit de visibilité et où ses attributs de proximité et d'authenticité résonnent particulièrement.

En y incarnant ces attributs et en profitant de leur avantage numérique conséquent, les employés disposent dorénavant des éléments nécessaires pour venir bousculer l'ordre établi.

Force est de constater qu'aujourd'hui, les employés, ont un potentiel d'influence plus important que celui de leur propre patron. Et bien que les exceptions comme Elon Musk ou Richard Branson existent, elles ne sont pas légions.

POURTANT, LES MÉDIAS SOCIAUX ONT PLUS DE DIX ANS, POURQUOI L'EMPLOYEE ADVOCACY A-T-ELLE SOUDAINEMENT AUTANT DE SUCCÈS ?

JC : Nous avons maintenant suffisamment de recul et de statistiques fiables pour dégager des conclusions claires. Dans la conjoncture actuelle, les chiffres sont intraitables : par rapport à un contenu marque, un contenu employé engage huit fois plus, génère un reach cinq fois et demi supérieur et attire en moyenne sept fois plus de leads qu'un contenu marque. Nous pourrions tirer des similarités avec la dichotomie connue il y a quelques années entre médias traditionnels et influenceurs, les premiers perdant de leur aura au profit des seconds plus proches, plus crédibles... incarnant un discours "peer to peer" avec l'audience.

QUELLE APPROCHE ADOPTER ?

JC : Une stratégie d'Employee Advocacy se travaille d'abord sur deux axes.

1. La vision stratégique, qui peut être une vision sélective, basée sur une sélection d'employés-ambassadeurs ou une vision inclusive pour permettre à tout employé de s'engager comme il le souhaite.

2. Le niveau d'engagement souhaité : un engagement faible de la part du collaborateur apportera davantage de contrôle mais se fera au détriment de l'impact communicationnel là où un engagement fort, plus impactant, nécessite une structure d'encadrement moins permissive et donc perçue comme moins spontanée.

Ces choix se font en fonction de vos objectifs, vos ressources... mais surtout, de vos employés !

COMMUNICATION ET EMPLOYÉS : DANGER OU OPPORTUNITÉ ?

JC : D'un côté, les employés représentent un potentiel « dormant ». Il est déjà présent et ne doit qu'être activé via une stratégie et un environnement propice, incitatif.

Pour autant, sans contrôle, on s'expose au bon comme au mauvais... Une situation à laquelle toute entreprise doit maintenant faire face.

Avant d'exploiter ces nouvelles opportunités de communication, il est donc nécessaire de les canaliser, les contrôler au travers d'une structure sur-mesure et adaptée à son entreprise. Si la représentation, l'incarnation et la valorisation de l'entreprise peut faire partie intégrante de la fonction d'un(e) cadre ou d'un(e) dirigeant(e), ce n'est pas le cas de l'employé(e) "lambda".

Dans un premier temps, comment s'assurer que le potentiel d'influence de celui-ci n'aille pas à l'encontre des intérêts de l'entreprise ? Dans un second temps, comment s'assurer que ce potentiel serve au mieux les intérêts de l'entreprise ?

Branding, social listening, activation digitale, stratégie de recrutement... les leviers pour optimiser sa stratégie d'Employee Advocacy sont pléthoriques !

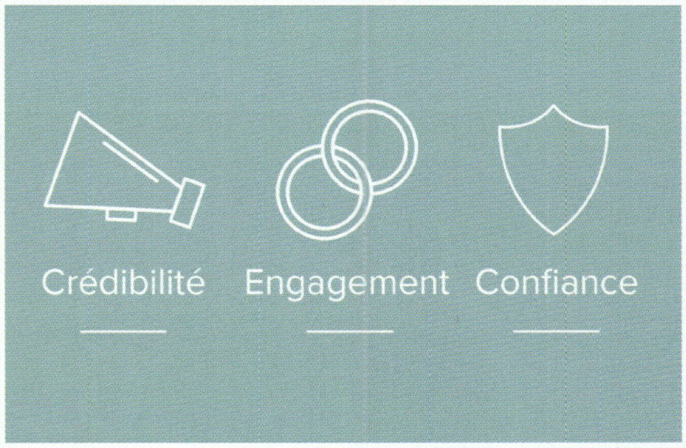

> Pour engager : 3 enjeux à relever

> Les stock photos : l'Employee Advocacy au niveau zéro

" Force est de constater qu'aujourd'hui, les employés, ont un potentiel d'influence plus important que celui de leur propre patron..."

Étude De Cas

HAVANA CLUB INTERNATIONAL

Créer une stratégie social media pour faire émerger Havana Club International durant la Old Fashioned Week

> https://roxane.digital/etude-de-cas/havana-club-old-fashionned-week/

PROBLÉMATIQUE DE LA MARQUE

> Contexte

Havana Club International, marque du groupe Pernod Ricard, est l'un des alcooliers leaders dans la vente de rhum à l'échelle internationale.

Produit par des Maestros Roneros dans le respect des méthodes traditionnelles cubaines, apprécié par les bartenders et les amateurs de rhum du monde entier, Havana Club incarne l'esprit de Cuba.

La Old Fashioned Week est un événement qui anime les bars français depuis 2015. Se déroulant du 1er au 10 novembre, il met en avant le Old Fashioned, cocktail mythique habituellement réalisé à base de whisky.

En 2018, l'événement devient mondial. Havana Club souhaite devenir un acteur majeur de cette opération et inciter les bartenders à oser le Old Fashioned au rhum Havana Club 7 ans, pour en faire LE cocktail de référence dans les bars à travers le monde.

> Cibles

Les bartenders du monde entier.
Les consommateurs d'alcool, adeptes des cocktails.

> Objectifs

- Faire des bartenders les ambassadeurs de la marque et les convaincre d'utiliser le rhum Havana Club 7 ans pour revisiter leur Old Fashioned ;
- Faire connaitre Havana Club et en faire un acteur incontournable de la mixologie ;
- Générer de la préférence de marque.

> Moyens

Page Facebook et compte Instagram d'Havana Club (feed et story).

> Budget

81 000 € (38 000 € alloués à la production ; 45 000 € pour le media).

SOLUTION STRATÉGIQUE

Havana Club lance une grande campagne social media qui va vivre avant, pendant et après la Old Fashioned Week.
Un dispositif 100 % Facebook et Instagram pour séduire à la fois les bartenders et les potentiels participants à cet événement mondial. Une solution visant à faire d'Havana le partenaire le plus visible et apprécié de l'événement.

> Le concept : dare to create

Pour Havana Club, nous assumons le parallèle avec la fashion week en s'appropriant les codes de ce milieu et en mettant en avant l'aspect audacieux et créatif des grands créateurs de mode. Le but ? Inciter nos cibles à oser sortir du cadre et à inventer leurs propres règles du jeu.
Parce qu'en mode comme en mixologie, l'audace est souvent l'ingrédient qui fait toute la différence !

MISE EN PLACE OPÉRATIONNELLE

> Durée

1er octobre – 30 novembre

> Choix créatifs

- Une campagne en 3 étapes s'appuyant sur des codes graphiques forts, proches de ceux de la nouvelle vague de la haute-couture ;

INFOS CLÉS

Reach total : **8,4 millions**

Nombre d'impressions : **28 millions**

CPM : **0,92 €**

- Des vidéos ludiques et inspirantes pour faire connaître et donner envie de déguster (ou confectionner) un Old Fashioned au Havana Club ;

- Une dimension participative où l'UGC (User Generated Content) est encouragé et partagé.

> Étapes

En amont

La première action a été de réaliser une vidéo kick-off de l'événement. Un teaser aux codes graphiques forts et résolument modernes, qui permet de faire connaître à la communauté ce qu'est la Old Fashioned Week mais aussi notre version du fameux cocktail à base de Rhum Havana.

La vidéo est diffusée sur l'ensemble des réseaux sociaux de la marque : Facebook, post Instagram et story Instagram.

Dans un second temps, l'agence a produit une vidéo tutoriel, présentant la recette de ce fameux cocktail, là aussi diffusée sur l'ensemble des réseaux sociaux d'Havana Club.

Une vidéo de 20 secondes, presque hypnotique, pour que la communauté s'approprie vraiment la recette et découvre à quel point c'est simple (et bien meilleur !) de déguster un Old Fashioned, version Havana Club.

Pendant l'événement

Havana Club a continué d'animer ses réseaux sociaux pendant l'événement avec une série de nouvelles vidéos.

D'abord, le jour J, pour rappeler à la communauté le grand lancement de la nouvelle édition de la Old Fashioned Week. Une vidéo où Havana Club incite sa communauté à oser le cocktail au rhum Havana Club.

Ensuite, chaque jour des nouvelles vidéos sont postées pour permettre notamment à la communauté de connaitre les bars qui proposent le fameux cocktail au rhum et leur expliquer comment réaliser leur propre cocktail tout en rajoutant une touche de créativité.

Enfin, une captation au cœur de l'événement pour maximiser la visibilité de la marque durant l'opération et montrer le succès du cocktail revisité dans les bars du monde entier.

Et après l'évènement ?

La vidéo tutoriel a continué d'être exploitée pendant une dizaine de jours avant de marquer la fin de la campagne. Au total, ce sont près de 2,5 millions de vues qui ont été générées et... sans doute autant de cocktails Old Fashioned au Havana Club réalisés !

RÉSULTATS

Une campagne forte qui a permis à Havana Club d'émerger durant cet événement dans le Monde entier.

- Reach total : 8,4 millions
- Nombre d'impressions : 28 millions
- CPM : 0,92 €

"Revisiter un cocktail mythique pour faire de Havana Club l'acteur majeur de la Old Fashioned Week."

> **HAVANA CLUB INTERNATIONAL**
https://havana-club.com

> **AGENCE ROXANE**
https://roxane.digital

Maxime Bruschini
maximeb@roxane.digital

Étude De Cas

MONOPRIX

Monoprix : une stratégie social media créative & efficace

> Campagne affichage & social media (2017)

PROBLÉMATIQUE DE LA MARQUE

Depuis plusieurs années, Monoprix s'est imposé dans le paysage de la distribution de manière tout à fait singulière. En effet, c'est à coup de jeux de mots bien pensés, d'activations digitales créatives, mais surtout grâce à une stratégie social media sur-mesure que l'enseigne parvient aujourd'hui à faire la différence sur le marché français.

Fondée en **1932**, la marque ouvre son premier magasin à Rouen et ne changera pas de modèle : rendre le bon et le beau accessible à tous, en plein cœur des villes. Tout au long de son développement, Monoprix a su proposer une marque forte, proche de ses clients. En 2014, le cap du million de fans est franchi sur Facebook, faisant de Monoprix la marque la plus conversationnelle de son secteur. Loin d'être anecdotiques, ces chiffres éloquents viennent récompenser la ligne éditoriale, les prises de risques et la créativité de l'enseigne sur le web.

À l'heure actuelle, Monoprix est l'une des enseignes les plus puissantes de France en termes de préférence de marque et de mémorisation. Mais comment cette petite marque normande est-elle passée de simple boutique de centre-ville à la véritable référence qu'elle est aujourd'hui ? Voici quelques éléments de réponses permettant de mieux comprendre la stratégie social media Monoprix.

SOLUTION STRATÉGIQUE

> Une marque proche de ses clients

Ce qui a fait la réussite de Monoprix, c'est avant tout sa proximité avec la clientèle. Il n'y a rien de plus important pour une marque que d'avoir des clients satisfaits, capables d'en faire la promotion par simple bouche-à-oreille. Et ça, l'enseigne l'a bien compris. A travers les réseaux sociaux, Monoprix parvient à cultiver cette relation intime basée sur la sympathie, l'accessibilité, mais également l'entertainment.

Par ailleurs, la marque capitalise parfaitement sur le principe de *communication conversationnelle**. C'est-à-dire qu'elle sait mettre en place un véritable dialogue avec ses communautés en ligne. Sur Twitter par exemple, Monoprix s'efforce d'animer les conversations et d'amener cette touche d'humour si caractéristique. De plus, Monoprix sait faire son miel des discussions en ligne déjà existantes et des topics majeurs dans le but d'y apposer son message de marque, le tout avec créativité.

> L'humour ROI !

Ce n'est plus un secret pour personne, les meilleurs jeux de mots sont aujourd'hui signés Monoprix. Ce sont ces fameux calambours et autres boutades qui ont permis à la marque de grossir sur le web en engageant un maximum ses abonnés sur chacun des posts social media.

Ce que vous ignorez sans doute c'est que les budgets communication initiaux de Monoprix sont largement moindres que ceux des autres annonceurs de la distribution. Malgré des budgets 10 fois inférieurs à ceux de ses concurrents, Monoprix a su faire rayonner sa marque avec efficacité. Etant au départ une faiblesse, ce manque de budget s'est transformé en véritable force, car il a permis à la marque de se challenger. Faisant ainsi naitre une stratégie créative et maligne. Ainsi, Monoprix prouve que la force d'une idée créative peut dépasser les grands investissements média et métamorphoser une marque.

Par le biais d'une ligne éditoriale légère et décalée, Monoprix souhaite s'adresser aux internautes français de façon créative. Le but étant de les faire sourire afin d'amener une identité de marque impactante. L'émotion et notamment le rire sont des éléments clés pour faire naitre une préférence de marque. En ce sens, Monoprix fait appel à l'intelligence collective de ses consommateurs pour mieux communiquer avec eux.

Campagne multicanale | Newsjacking | Communication conversationnelle

> Retrouvez les mots clés en index <

INFOS CLÉS

51 000 followers — **1 million** de fans — **244 000** fans

MISE EN PLACE OPÉRATIONNELLE

> Le *newsjacking** au cœur de la stratégie

Avec 1 million de fans Facebook, 244 000 abonnés sur Instagram et 51 000 followers sur Twitter, inutile de dire que Monoprix est aujourd'hui une marque conversationnelle. Mais quelle est son arme secrète ? Comment parvenir à engager ces grandes communautés ?

Et bien grâce au newsjacking ! Largement plébiscitée par les internautes, cette pratique marketing séduit de plus en plus de marques. Mais peu d'entre elles parviennent à créer des contenus efficaces et créatifs. Et c'est là que Monoprix parvient à faire la différence. Grâce à une réactivité exemplaire et une direction artistique à la fois simple et léchée, la marque réussit à tirer profit des évènements pour réagir sur le web avec brio. De la sortie de la nouvelle saison de Game of Thrones, à la coupe du monde de football en passant par la fête des Mères, Monoprix sait faire valoir sa vision créative et décalée ! Le but étant toujours de créer de l'interaction et d'apparaître comme le meilleur compagnon numérique des Français.

RÉSULTATS

La parfaite maitrise des opérations d'affichage adossée au potentiel viral des réseaux sociaux et du newsjacking sont les clés de réussite de cette enseigne. En somme, l'approche sociale de Monoprix ainsi que sa capacité à allier créativité et stratégie multicanale confèrent à la marque une place de leader dans le secteur de la distribution, mais surtout, une présence dans le cœur des Français.

*Retrouvez la définition dans le lexique en fin d'ouvrage.

> Exemple de packaging Monoprix

> Exemple de newsjacking Twitter

> Exemple de publication Facebook

> Exemple d'activation créative sur Instagram

> J'AI UN POTE DANS LA COM
http://jai-un-pote-dans-la.com
Fiche d'entreprise p. 491

Valentin Richardot
CEO
valentin@jai-un-pote-dans-la.com

Article

Oui, l'engagement fait vendre (et il est très rentable!)

Depuis l'avènement des médias sociaux, l'engagement constitue l'obsession des marketers. Et celui-ci ne cesse d'évoluer dans un contexte complexe : le reach Facebook devient de plus en plus aléatoire et mystérieux, Instagram prend de plus en plus de terrain, mais reste encore limité pour les marques, on voit apparaître de nouvelles plateformes tout droit venues de Chine comme TikTok et WeChat. Tous ces éléments de contexte imposent de plus en plus d'efforts et de moyens pour maintenir un reach élevé et réussir à engager ses communautés. Se pose alors la question de la valeur de cet engagement, chèrement obtenu pour la marque, son rôle dans son écosystème et son impact sur ses ventes.

Un fan engagé = un ambassadeur

1 000 UGC libres de droits collectés en quelques semaines

Un **ROI** de 3 € générés pour 1 € investi

"Intégrer le Social Media à une Direction des ventes surprend souvent, mais ce choix fait notre force."

Stéphanie GINIES
Directrice CRM, Social Media & e-merchandising
Groupe Pierre et Vacances Center Parcs

CONTEXTE

Par son concept et son expérience client spécifiques, Center Parcs est une marque qui a développé un lien émotionnel fort avec ses clients. La marque dispose d'une communauté très active sur ses 4 marchés de présence : la France, la Belgique, les Pays-Bas et l'Allemagne.

Sur ses plateformes sociales, la marque enregistre des taux d'engagement records entre **3 %** et **8 %**. C'est donc naturellement que Center Parcs s'est interrogé sur la valeur de cet engagement et la capacité à en faire levier.

Pressentant que cet engagement pouvait rayonner sur tout le parcours client et prospect, le pôle Social Media a ainsi été rattaché au CRM de la marque – lui-même rattaché à la Direction des Ventes. Objectif : utiliser le levier de l'engagement de la communauté pour générer des ventes. Un pari osé et un enjeu de taille pour le Groupe Pierre et Vacances Center Parcs, propriétaire de la marque. Retour sur la stratégie mise en place et les résultats.

UN FAN ENGAGÉ = UN AMBASSADEUR

Première étape : comprendre qui sont les fans engagés. Pour compléter les informations générées par les Custom Audiences, la marque a intégré des opérations de jeux avec collecte d'e-mail pour pouvoir à la fois mettre dans la base des leads propriétaires, les analyser et les activer. Ces opérations sont basées sur des mécaniques de partage et de recommandation - pour privilégier la portée organique.

En l'espace de quelques mois, ce sont ainsi plus de **60 000 leads** qui sont collectés.

1er enseignement : 44 % de ces leads sont nouveaux en base. Le Social Media organique permet donc de recruter au-delà des clients déjà connus. Ces leads sont alors "nursés" via un cycle PRM adapté à la thématique et la source de collecte. Leurs taux de conversion sont 4 fois plus élevés que ceux recrutés par des opérations de collecte externe.

2ème enseignement : mieux comprendre qui sont les "clients-fans". L'analyse des leads existants a permis de compléter la valeur transactionnelle de ces clients en base avec leur engagement pour enrichir les segmentations. Et également comprendre quels profils sont sur ou sous-représentés au sein des bases fans. Ainsi, les activations CRM se sont enrichies de liens vers les réseaux sociaux pour inciter plus de clients à suivre et à interagir avec la marque sur ses plateformes sociales.

DE LA "PREUVE SOCIALE" POUR COMPLÉTER LES CONTENUS DE MARQUE

Parmi ces plateformes, la place d'Instagram est clé. On connaît la valeur des UGC (User Generated Content) pour les marques en général et celles du Tourisme en particulier !

Pour tirer parti de ces contenus chargés de crédibilité, dont la diversité illustre positivement l'expérience de marque et dont l'esthétisme est souvent remarquable, l'équipe s'est équipée d'un outil permettant de repérer, collecter et centraliser les contenus tout en automatisant les demandes de droits d'exploitation. Objectif : compléter les contenus de marque par des UGC sur tout le parcours client (site e-commerce, campagnes d'activation).

En quelques semaines, **1 000 contenus UGC** ont été sélectionnés et "poussés" dans les fiches produits des différents parcs. Sans surprise, l'impact sur la conversion est positif.

En plus d'une preuve d'authenticité, les UGC sont également une source d'insights complémentaire pour le marketing : ces nouvelles galeries photo aident à comprendre la perception de la marque, ce que les clients en racontent via les UGC.

LA CLÉ DE LA RÉUSSITE : VEILLE, INNOVATION ET "TEST AND LEARN"

L'équipe Social Media s'impose une veille constante des dernières nouveautés et s'applique à tester de nouveaux formats des plateformes rapidement. Elle a par exemple été la première marque du tourisme à proposer un format "photo live", qui lui a permis de générer un reach de plus d'un million de personnes au total dont 70 % en organique, avec un taux d'engagement de 12,5 % et seulement 500 euros de budget.

Avec ses agences, l'équipe a également monté une structure de production agile pour produire du contenu de marque aligné avec les codes des media sociaux. Lors de ces shootings, elle favorise les contenus "pris sur le vif" et immersifs. Comme cette vidéo prise à la go-pro, qui a permis de toucher plus que la totalité de la communauté française de la marque, soit 340 000 personnes, et ce, sans aucun budget média associé.

Aussi souvent que possible, les posts sont assortis d'un lien sortant vers le site e-commerce de marque. Les performances de chaque lien sont analysées pour identifier les meilleures formules Format, Contenu, Landing-Page qui génèrent trafic, visites engagées et conversion.

Et ça marche : les publications "social media organique" permettent de générer en moyenne 50 000 sessions mensuelles sur le site (hors campagnes Paid).

UN ROI DE 3 € POUR 1 € INVESTI

Résultat : des budgets media sociaux organiques 100 % amortis grâce aux *ventes last clic**. **Pour 1€ investi, la marque arrive à générer 3€ rien qu'en last-clic**. Parmi les ventes effectuées, les 2/3 proviennent de l'acquisition de nouveaux clients.

CONCLUSION

La condition pour la réussite de ces projets : une grande souplesse d'organisation et de nombreuses collaborations en interne avec les différents services. Le social doit totalement s'intégrer dans un discours global CRM, ventes, marketing et communication.

N'ayez pas peur d'intégrer le Social Media Organique à votre écosystème e-commerce : testez, mesurez, osez... et vendez !

*Retrouvez la définition dans le lexique en fin d'ouvrage.

> GROUPE PIERRE & VACANCES CENTER PARCS

Aurélia Pioget
Head of Social Media

Étude De Cas

CLUB MED

La donnée au service de la création de contenus

PROBLÉMATIQUE DE LA MARQUE

La direction Marketing monde du Club Med a confié à La Netscouade une mission stratégique : l'aider à construire et à déployer sa nouvelle stratégie *social media** et influence, autour des "*vacances transformatives**". Des séjours qui enrichissent durablement le quotidien du Gentil Membre : par exemple, il va découvrir le yoga et poursuivre ce sport à son retour, ou adopter une nourriture plus saine et en faire profiter son entourage... Une tendance internationale encore plus forte chez les millenials travelers.

Pour Anne Browaeys (directrice générale Marketing, Digital et Technologies du Club Med), « faire vivre des expériences et émotions uniques à nos clients pour les rendre heureux, c'est la mission de Club Med depuis toujours. Mais nous avons compris qu'au-delà du bonheur de l'instant des vacances, les clients du Club Med rentraient chez eux plus proches, plus audacieux, plus curieux, avec de nouvelles passions, de nouveaux amis, et finalement avec bien plus que des souvenirs ».

SOLUTION STRATÉGIQUE

Cette campagne est pensée comme un écosystème digital, mobile-first et repose sur une création de contenus authentiques. Un accompagnement du Club Med sur l'ensemble de l'écosystème social media et Influence.

« Nous sommes allés chercher des histoires vraies, en interrogeant directement les collaborateurs du Club Med. C'est ainsi que nous avons pu faire un pas de côté et fonder notre dispositif de Social Media et d'Influence autour des réalités de terrain », raconte Céline Justin, Directrice de Projets en charge des activités social media à La Netscouade.

Le dispositif s'appuie sur des ateliers Influence et Contenu et des interviews menées auprès des "e-GO" : les GO du Club Med spécifiquement chargés de s'exprimer en ligne.

« Nous avons proposé une large série d'inspirations pour la stratégie social media, tous réseaux confondus. Et ce chantier est prolongé par un travail de fond sur la donnée récoltée : quel succès et quelles retombées pour les publications de ce nouveau genre ? Toutes les analyses sont concentrées dans un outil de pilotage accessible quotidiennement aux collaborateurs du Club Med, avec six indicateurs de performance communs à tous les pays du monde », reprend Céline Justin.

L'approche imaginée par La Netscouade associe social media, influence, inspiration et données : aucune création de contenu, mais beaucoup de recommandations et de mesure de la performance.

MISE EN PLACE OPÉRATIONNELLE

L'équipe Social Media du Club Med a convié La Netscouade à Valmorel, pour assister à la session annuelle de formation des e-GO. « C'est sur place que nous avons organisé ensemble des ateliers, en invitant les e-GO à nous parler du quotidien dans les Villages. Ils nous ont raconté beaucoup d'anecdotes et de belles histoires. Nous les avons écoutés pour construire notre stratégie. A partir de cette matière première et des recommandations des différentes business units, nous avons fourni des "tableaux d'inspiration" pour les futurs posts, avec des formats facilement déclinables par les e-GO sur les différents marchés. »

En voici quelques exemples :

- Lancer les deux grandes saisons (Sun & Snow) en permettant aux influenceurs de partager leurs inspirations autour de la montagne et de la plage ;

Réseaux sociaux | Influenceurs | Expérience de marque

> Retrouvez les mots clés en index <

INFOS CLÉS

Franchissement des **4 millions** de followers

+ 5 % d'interactions sur les réseaux

- Construire des "marronniers" pour la journée internationale de la famille, en partageant ses meilleurs souvenirs ;
- Proposer un nouveau storytelling autour de la famille, en se laissant surprendre par ses proches...

« Nous avons travaillé également sur les envies, souligne Céline Justin. Le Club Med a une présence en ligne foisonnante, mondiale, complexe. Il est bien entendu actif sur tous les réseaux sociaux, avec pas moins de 120 comptes Facebook et Instagram par exemple. Une architecture très dense qu'il a fallu structurer pour créer les bonnes synergies. »

Au-delà du travail d'inspiration, La Netscouade a construit un outil de pilotage des actions de communication. Le projet comporte en effet un important volet sur les données. « Notre outil de monitoring permet aux différentes business units de s'appuyer sur six indicateurs de performance collectifs, déclinés pour chacune des cinq grandes zones géographiques. Un rapport mensuel est distribué dans le monde entier à l'ensemble des équipes. Il comprend par exemple le détail des 6 publications qui ont obtenu les meilleurs résultats au niveau mondial et liste les trois tendances créatives à venir, grâce à une recherche sur les hashtags. »

Trois grands objectifs : notoriété, considération, acquisition. L'ambition générale reste l'acquisition de leads. « Nous avons formé toutes les business units à l'utilisation de cet outil de pointe, nous l'avons paramétré pour elles et elles y ont accès à tout moment. Une culture du retour sur investissement se renforce ainsi en interne. »

RÉSULTATS

« Nous n'avons pas la main sur les comptes du Club Med, conclut Céline Justin : notre mission consiste donc à inspirer les équipes pour les aider à publier des contenus adaptés au nouveau positionnement. Ce dispositif permet au Club Med de s'insérer au bon moment dans les usages des consommateurs, dans leurs parcours numériques. Nous tentons de déployer une approche subtile du parcours utilisateur dans laquelle le consommateur aborde différemment la relation à la marque. Il n'est pas si facile de transposer, en ligne, la complicité et la chaleur d'un Village... tout en conservant un positionnement premium ! »

*Retrouvez la définition dans le lexique en fin d'ouvrage.

"Notre outil de monitoring permet aux différentes business units de s'appuyer sur six indicateurs de performance communs, déclinés pour chacune des cinq grandes zones géographiques."

Céline JUSTIN

> CLUB MED
www.clubmed.fr

> LA NETSCOUADE
www.lanetscouade.com
Fiche d'entreprise p. 497

Céline Justin
Directrice de Projets
celine.justin@lanetscouade.com

FUTUROSCOPE

Une opération 360 et social first pour driver vers l'achat de billets

> Filtre réalité augmentée

PROBLÉMATIQUE DE LA MARQUE

> Contexte

Dans un monde digital qui capte toujours plus de temps et d'attention des internautes, les lieux physiques ont de plus en plus de difficultés à attirer du monde. Tout l'enjeu devient alors de créer une expérience sur place, afin de travailler l'attractivité de son lieu, quel qu'il soit, parc d'attraction compris.

Le Futuroscope n'échappe pas à cette problématique. Parc d'attraction incontournable du paysage français, il met au coeur de son ADN la technologie et les émotions et ses attractions mêlent expériences sensorielles et découvertes scientifiques et techniques. Il est l'un des parcs de loisirs français les plus fréquentés avec 2 millions de visiteurs en 2017, participant ainsi à l'attractivité de la région Nouvelle-Aquitaine.

Créé en 1987, il basait son attractivité sur sa capacité à propulser dans le futur. Aujourd'hui et dans ce contexte le Futuroscope doit se renouveler et parvenir à réimplémenter une image moderne et à la pointe des innovations.

Dans ce cadre, en 2019, Futuropolis, la ville des enfants au sein du Parc, s'est refait une beauté : réaménagement de l'espace, création de nouveaux jeux, et nouveau storytelling : Futuropolis, une ville écologique et moderne, au sein de laquelle les enfants sont des héros.

Une journée entière, le 1er juin 2019, a été dédiée à l'inauguration, afin de faire de cette journée un vrai événement et de capitaliser sur son potentiel viral.

> Enjeux

Objectifs principaux :

Notoriété : recréer l'attractivité et la désirabilité du Futuroscope

Business : développer les ventes de billets afin de gagner des visiteurs.

Objectif secondaire :

Image : utiliser cette campagne pour réaffirmer le caractère innovant du Parc.

> Cible

Futuropolis étant l'espace spécifiquement réservé aux enfants, la campagne devait s'adresser à eux, en tant que prescripteurs, et à leurs parents, décisionnaires finaux.

> Budget

26K€ pour l'approche stratégique, le concept créatif et la production. 9K€ alloués au média.

SOLUTION STRATÉGIQUE

> Idée

Le storytelling de Futuropolis était déjà fort et différenciant. Nous nous en sommes donc largement inspirés pour imaginer une campagne digitale et innovante.

La ville des enfants est organisée autour de personnages phares, qui sont autant de super-héros investis d'une mission : défendre la cité du super-méchant.

Il s'agissait donc de s'appuyer sur la notion de super-héros pour impliquer les internautes et pour imaginer puis créer un dispositif viral et social, qui encourage les gens à se rendre sur le Parc pour vivre l'expérience encore plus fort.

Nous avons mis en place un réel pont entre deux temporalités : l'amont, pendant lequel on découvre la ville et les personnages, et le jour J ou l'on se rend effectivement au Futuroscope.

Réalité augmentée | Créativité | Expérience digitale

> Retrouvez les mots clés en index <

INFOS CLÉS

410 000 entrées au Parc

2 millions de vues sur la campagne

+ 12 000 followers

Si à Futuropolis, les enfants sont des super-héros, pourquoi ne pas transformer TOUS nos petits visiteurs en super-héros... Pour de vrai ? Et qui dit super héros dit missions.

Nous avons donc organisé toute la campagne autour de jeux-concours à remporter pour gagner des réductions sur l'entrée au parc.

Le jour J, les visiteurs de Futuropolis étaient invités à remplir des missions qui leur étaient données via des stories publiées sur le compte Instagram du Futuroscope tout au long de la journée, et highlightées. Le lot : un tee-shirt qui, au scan, appliquait un masque de super-héros en *réalité augmentée** à son porteur !

> Aspects innovants et différenciation

Nous considérons que le social et la viralité ne sont pas une histoire de plateforme ; nous avons donc mis en place une campagne social certes, mais également un événement, une activation influenceurs, du productising et un filtre en réalité augmentée afin d'avoir un dispositif le plus 360° possible pour couvrir tant les enjeux de notoriété que les enjeux business. Nous répondions ainsi également au besoin de positionner le Futuroscope sur l'innovation et les nouvelles technologies qui sont le coeur de son ADN, tout en générant du *earned media** pour filer l'objectif business et la visibilité du Parc.

> KPI's

Nous trackions l'augmentation du nombre de ventes de billets, la présence le jour J mais aussi l'engagement de la communauté sur les réseaux sociaux (nombre de partages d'UGC, taux d'engagement) et la visibilité de la campagne (earned media, portée payée et organique, nombre d'impressions).

"Les résultats ont dépassé nos attentes. Nous avons mis en place des idées innovantes totalement dans l'ADN du Futuroscope, en alliant le côté familial et l'innovation technologique."

MISE EN PLACE OPÉRATIONNELLE

> Durée

L'opération a duré plus de 2 mois, séquencée en plusieurs phases stratégiques avec chacune ses enjeux.

> Choix créatifs

L'activation Futuropolis se déploie sur différents points de contacts et supports (event, productising, innovation technologique, social, influence). Les choix créatifs pris doivent veiller à assurer la cohérence et la synergie entre les différents supports et prises de parole du Futuroscope. Le message doit être court et simplement compréhensible : avec Futuropolis, vous devenez un héros.

L'activation doit répondre à plusieurs enjeux :
- matérialiser l'expérience pour la faire durer et créer du souvenir
- développer une mécanique en réalité augmentée innovante et accessible d'utilisation

> Tee-shirt augmenté

- proposer une expérience adaptée à l'enfant mais aussi à l'adulte

Nous nous sommes inspirés des usages sociaux d'utilisation des filtres de réalité augmentée et avons développé l'expérience sur Spark AR (Facebook, Instagram) pour bénéficier de la force de la plateforme en terme de facilité de développement mais surtout pour s'inscrire dans l'écosystème fort de Facebook/ Instagram (accès aux possibilité de partage, forte portabilité etc.)

Le tracking d'image proposé par Spark AR facilite le scan du t-shirt et permet le déclenchement de l'expérience via l'objet.

L'accès au filtre est pensé pour être très simple (une étape seulement).

Le filtre augmentant le visage de l'enfant s'inscrit dans les codes graphiques des filtres de réalité augmentée : un masque calé sur le visage qui le suit au mouvement. Les effets graphiques (lueurs, couleurs vives, éclairs etc.) enrichissent le rendu visuel et favorisent donc la transformation en super héros.

Le t-shirt est accompagné d'une notice d'utilisation simple sous la forme d'une étiquette en accord avec la direction artistique globale pour une plus forte synergie des différents supports.

L'ensemble de la journée de l'activation a été filmé et monté pour créer un after-movie décliné en différents formats et posté sur les réseaux du Futuroscope (vidéo feed Facebook, stories Instagram etc.)

Nous avons aussi choisi de nous adresser, éditorialement parlant, aux enfants plutôt qu'à leurs parents : ils étaient notre coeur de cible et nos prescripteurs.

> Supports retenus

La campagne vivait sur plusieurs supports pour un dispositif le plus 360 possible dans la mesure du budget :

- les comptes sociaux du Futuroscope (Facebook et Instagram)
- les comptes sociaux des internautes (principalement Instagram, via le partage d'UGC)
- le productising (un tee-shirt augmenté, aux couleurs de Futuropolis)
- la réalité augmentée
- le relai des influenceurs sur leurs propres comptes sociaux

> Étapes

Amont

Nous avons volontairement choisi de ne pas faire de teasing à proprement parler, mais de commencer, lors de la 1ère étape, à présenter l'univers de Futuropolis, son nouveau storytelling, et ses mascottes.

Nous avons utilisé les 2 plateformes sociales du Futuroscope de la manière la plus innovante possible afin d'accentuer cet aspect propre au Parc.

Au cours de cette phase, nous avons donc utilisé l'ensemble des features de stories Instagram que nous avions à notre disposition : mise en place d'un compte à rebours permettant d'envoyer aux internautes une notification le jour J de

> After-movie - essai du filtre en réalité augmentée

> story interactive et drive-to-vente

> story interactive et engageante

l'inauguration ; *stories interactives** ; jeux concours au cours desquels nous encouragions la communauté à partager des stories en tagguant la marque pour augmenter le earned media de manière organique... Nous avons également cherché à créer l'engouement autour de la réouverture en partageant des timelapses et en faisant remporter à la communauté des réductions sur les billets d'entrée, afin d'encourager à l'achat.

Nous avons également investi Facebook de manière forte, car elle reste la plateforme principale d'usage de notre communauté : posts 3D montrant les nouveaux jeux, création d'un évent sponsorisé avec partage d'informations en avant-première, changement de cover...

Jour J
Le jour de l'inauguration, la foule était nombreuse à se presser aux portes de la ville de Futuropolis ! L'enjeu était de faire de cette journée un réel événement sur lequel capitaliser pour booster encore un peu plus la notoriété du parc et de la ville des enfants durant l'ultime phase d'aval.

Des stories donnant des missions aux visiteurs étaient publiées et highlightées tout au long de la journée. Elles encourageaient à découvrir Futuropolis et le parc dans son ensemble et à le fouiller de fond en comble pour y trouver les réponses, à partager à nouveau en story en tagguant le Parc.

Nous répondions ainsi à deux enjeux distincts :

- aider le Futuroscope à pousser les visiteurs à découvrir l'ensemble du Parc (qui, étant étendu, est rarement visité dans son intégralité)

- apporter encore plus de visibilité au Futuroscope via le earned media généré par le partage d'UGC

Quand un visiteur pouvait justifier d'avoir rempli un certain nombre de missions, il remportait son tee-shirt Futuropolis qui, au scan, le transformait en super-héros : là encore, nous avons misé sur la viralité et l'innovation du dispositif pour s'assurer une visibilité maximale, encore amplifiée par la participation des influenceurs à l'événement, qui se sont prêtés au jeu des missions.

Pour étendre la portée de l'événement, nous avons partagé l'événement avec eux via deux lives, sur Facebook et sur Instagram et avons rendu disponible le filtre en réalité augmentée à l'ensemble de la communauté. Nous avons également mis en place une captation vidéo permettant la création d'un after-movie.

Aval
Après l'inauguration, tout l'enjeu était de continuer à faire vivre l'engouement pour que les ventes ne retombent pas de manière drastique. Nous avons donc continué à publier régulièrement des UGC de visiteurs, et avons partagé l'after-movie sur toutes les plateformes.

Par ailleurs, le fait que le tee-shirt reste en souvenir permet à notre sens de garder une présence à l'esprit des visiteurs et d'avoir enrichi leur expérience sur place.

RÉSULTATS

Cette opération a permis de repositionner le caractère innovant du Futuroscope. Les résultats chiffrés ont dépassé nos attentes :
- 410 000 entrées au parc
- 2 millions de vues sur la campagne
- +12 000 followers tous comptes sociaux confondus
- et des centaines d'enfants transformés en super-héros !

*Retrouvez la définition dans le lexique en fin d'ouvrage.

> *"On a utilisé l'AR de manière nouvelle en proposant une expérience basée sur l'augmentation d'un objet. Avec le t-shirt l'expérience perdure : elle est emportée chez soi. La mémorisation est plus forte."*

> FUTUROSCOPE
www.futuroscope.com

Océane Charrier
Social Media & Web Manager
oceane.charrier@futuroscope.fr

Yves Petit
Responsable Communication Digitale
yves.petit@futuroscope.fr

> BRAAXE
https://braaxe.com

Clément Bouton
Directeur de Création

Lilith Peper
Directrice de la stratégie
lilith@braaxe.com

Étude De Cas

DUCROS

Transformer une innovation produit en opportunité d'engagement avec le consommateur

> Découvrez les nouveaux flacons DUCROS https://www.ducros.fr/nouveau-flacon

PROBLÉMATIQUE DE LA MARQUE

Ducros, en tant que leader français, propose une large gamme de Poivres, Herbes, Epices et Mélanges pour agrémenter les plats des consommateurs au quotidien. La marque distribue ses produits dans toute la France et accompagne son offre d'une sélection de recettes variées et inédites, proposées chaque mois au sein de son écosystème digital.

Ducros réinvente chaque jour les codes du social media pour proposer des contenus et des expériences toujours plus étonnantes et uniques à ses 242 000 followers Facebook & Instagram, faisant de la marque l'un des leaders de la communication social media en France.

En tant que capitaine de catégorie, Ducros a opéré plusieurs lancements innovants : une large gamme de produits BIO, une nouvelle offre d'herbes locales origine 100 % France... En association avec des producteurs locaux, notamment en Provence pour ses iconiques Herbes de Provence, la marque renforce ses valeurs de qualité avec une transparence sur le sourcing et une diversité de son offre, pour aider les consommateurs à manger mieux au quotidien.

Pour accompagner ses lancements produit, la marque investit de nouveaux formats afin de sortir de la simple recette, et proposer des dispositifs plus inspirationnels et interactifs comme :

- Des recettes tactiles en Instagram story (suivre une recette pas-à-pas) ;
- Des challenges épicés entre la communauté et des influenceurs (Facebook live) ;
- En juillet 2019, la marque lance le premier podcast entièrement dédié au barbecue, avec des influenceurs/YouTubeurs de renom.

Avec sa nouvelle plateforme de marque "Epicez vos sens" lancée en 2017, la marque cherche à parler au plus grand nombre, de façon plus impactante, notamment aux millenials, et à mettre en place des activations 360° ambitieuses pour développer sa performance commerciale, tout en garantissant la cohérence de son message.

Le social media se place comme le canal de prédilection avec des campagnes récurrentes qui servent les objectifs de visibilité, d'engagement et de drive to store.

En février 2019 : la marque transforme son packaging iconique pour le moderniser. Fort d'une nouvelle copy "TOUT COMMENCE AVEC UN POP", le dispositif de communication commence avec le social media.

Les bénéfices du nouveau flacon sont nombreux :

- Un bouchon service : pour plus de praticité et de facilité de dosage (classique ou à la cuillère) ;
- Un bouchon protecteur : qui préserve les ingrédients grâce à un opercule fraîcheur ;
- Un flacon en verre : plus léger, moins d'impact pour la planète, et transparent pour une meilleure visibilité du produit.

SOLUTION STRATÉGIQUE

La force de l'innovation étant le packaging, la marque a investi dans l'habillage de ses produits, siglés de jeux de mots aussi créatifs que drôles : "Basilic Instinct", "Laurier pas vu passer?", "Yes we cannelle", "Comme un origan", "Carvi c'est fini", "Ail feel good"...

L'idée : faire participer le consommateur à la création d'un nouveau packaging, en recueillant ses propositions de jeux de mots, sur un mini-site hébergé au sein du site de la marque.

Packaging | Réseaux sociaux | Campagne digitale

> Retrouvez les mots clés en index <

INFOS CLÉS

4 583 333 impressions enregistrées

230 400 engagements

+ 100 000 visiteurs sur le site

Le gagnant verra son idée imprimée sur des vrais produits, qui seront distribués en magasins.

En parallèle, les réseaux sociaux de la marque proposaient de faire gagner un coffret en édition limitée à la communauté, quand des posts géotargetés invitaient une nouvelle audience à vivre des dégustations épicées dans des magasins autour de chez eux.

Le dispositif a été renforcé avec des partenaires influenceurs qui se sont prêtés à l'exercice des jeux de mots humoristiques, et à la dégustation de produits en imaginant des recettes exclusives.

MISE EN PLACE OPÉRATIONNELLE

C'est ainsi qu'à partir du mois de février, et ce jusqu'à avril 2019, une campagne digitale en 3 phases a accompagné le lancement national des nouvelles références de la marque en France :

1. Teasing : un dispositif pour commencer à installer le "POP", avec des vidéos recettes inédites et un coffret en édition limitée à gagner en exclusivité.

2. Révélation : une activation humoristique 360°, conçue dans une approche participative et engageante, le gagnant verra son jeu de mots imprimé sur l'étiquette du flacon qui sera vendu en magasin.

3. Amplification : démontrer les bénéfices et la qualité des ingrédients : praticité d'usage, fraîcheur, recyclabilité des produits etc.

La stratégie média était orientée sur 3 points clés :
- La visibilité (impressions) ;
- L'engagement (conversationnel) ;
- La création de trafic (clics vers le site).

RÉSULTATS

La marque a enregistré des résultats à la hauteur de ses objectifs :
- #1 Notoriété : 4 583 333 impressions enregistrées
- #2 Engagement conversationnel : 230 400
- #3 Trafic : près de 100 000 visiteurs sur le site

La marque entend renforcer sa présence sur Facebook et Instagram, en témoignent les datas fournies par Digimind en 2018 :
- 40 % des utilisateurs Facebook consultent des contenus "Food" sur cette plateforme, et 38 % sur Instagram ;
- 28 % des utilisateurs Facebook partagent des contenus "Food" sur cette plateforme, et 27 % sur Instagram.

> Mini-site du jeu-concours Comiques en Herbe

> Aperçu des posts humoristiques publiés

> Aperçu des Stories Instagram

> DUCROS
www.ducros.fr

Marie-Hélène Conti
mhconti@fr.mccormick.com

> DISKO
www.disko.fr

Christine Garabedian
christine@disko.fr

Étude De Cas

CORSAIR

Comment Corsair allie branding et performance pour lancer sa nouvelle route vers Miami

> Extrait site Miami Vibes http://www.miamivibes.fr

PROBLÉMATIQUE DE LA MARQUE

> Contexte

Compagnie aérienne française spécialiste du long-courrier international, Corsair transporte 1,2 million de clients par an. La compagnie opère des vols réguliers à destination des Caraïbes (Martinique et Guadeloupe), de l'océan Indien (La Réunion et l'île Maurice), de l'Afrique de l'ouest (Abidjan) et de l'Amérique du Nord (Montréal et Floride. New York dès le 10 juin 2020), Canada. Le 10 juin 2019, elle a ouvert Miami, avec 5 vols par semaine. Corsair a souhaité faire du lancement de cette nouvelle route un véritable événement, afin non seulement de faire parler d'elle, mais également d'activer sa période de vente estivale.

> Enjeux et cibles

Avec cette campagne Corsair a voulu s'adresser à l'une de ses principales cibles : les smart travellers, qui ont moins de 35 ans. En recherche d'aventure, ceux-ci sont accrocs à leur smartphone sur lequel ils immortalisent leurs moments de vie, qu'ils partagent sur les réseaux sociaux. L'ouverture de Miami était l'occasion parfaite pour s'adresser à eux, afin de donner une image moderne et innovante de Corsair, mais aussi les inspirer à voyager vers les destinations de la compagnie.

> Objectifs

Les objectifs principaux de la campagne :

- Développer la notoriété de la compagnie et continuer à renforcer l'image auprès de la cible 24-35 ans.

- Activer les ventes vers Miami et vers les autres destinations pour la période estivale, avec un temps fort commercial sur les mois d'avril-mai.

> Moyens

Brand content, évènement IRL, médiatisation, activation, vidéo, social média.

SOLUTION STRATÉGIQUE

Avec le lancement de cette nouvelle route, Corsair a souhaité prendre la parole d'une façon innovante pour créer un vrai engouement, avec un dispositif unique, mêlant à la fois événementiel, vidéo et social média. Dans un second temps, la compagnie a déployé un temps fort promotionnel, à l'aide des datas récoltées dans la première partie de campagne, davantage axée branding, puis par extension auprès d'une cible plus large.

> Idée

Au cœur du dispositif, l'opération « Miami Vibes » était un prétexte afin de faire découvrir aux parisiens et parisiennes, la nouvelle destination de la compagnie : Miami Vibes, la plus grande activation rooftops de Paris, une soirée, 3 rooftops, plusieurs possibilités.

Corsair a investi fin avril 2019 trois rooftops en simultané dans trois quartiers de Paris, décorés selon un des trois quartiers emblématiques de Miami : Miami Beach (rooftop Molitor), Little Havana (rooftop situé sur les Champs Elysée), Wynwood (rooftop Newcap Event center, à proximité de la Tour Eiffel), 3 ambiances en une soirée pour s'imprégner de la fameuse « Miami Vibe ». Les places étant limitées au nombre de 350, les participants ont été invités à s'inscrire sur un site événementiel pour tenter de gagner une place. Une vidéo suivant le parcours de 3 participants a été tournée au cours de la soirée puis diffusée sur Youtube. Suite à quoi la compagnie a lancé une opération de ventes promotionnelles, en utilisant notamment les données utilisateurs récoltées durant la première partie de la campagne.

INFOS CLÉS

4 500 000 personnes touchées par l'opération (reach)

1 100 000 vues pour la vidéo report de Miami Vibes

460 000 interactions pour le jeu en lien avec l'opération

MISE EN PLACE OPÉRATIONNELLE

> Etape 1

Médiatiser l'événement Miami Vibes en amont

Afin de faire parler de la soirée et activer la phase d'inscription, une campagne spécifique de médiatisation a été déployée, relayée par 3 influenceurs (J'aime tout chez toi, Manon l'aime, Nicolas Legrand) et sur plusieurs médias online et offline : Time Out, Gustave et Rosalie, Radio Nova. Ces médias références pour les bons plans sorties à Paris, ont été sélectionnés en fonction de leur adéquation avec la cible. Chacun d'entre eux a proposé plusieurs relais, sous différents formats auprès de leurs audiences respectives : newsletter, post réseaux sociaux, billets de blog etc.

> Etape 2.

Inciter les gens à s'inscrire pour participer

Durant la période de médiatisation, le public était invité à s'inscrire sur le site événementiel miamivibes.fr. Les inscriptions ont été ouvertes 10 jours avant l'événement. Le mini-site a permis de générer de l'embasement pour la base de données prospects et de collecter des datas essentielles, qui seront utilisées durant la phase promotionnelle.

> Etape 3

Capitaliser sur l'événement pour générer du reach sur Youtube

La soirée a été filmée, au travers de l'œil et le parcours de 3 participantes sur les différents rooftops. Le film a été ensuite diffusé et médiatisé 10 jours après l'événement sur Youtube et par l'intermédiaire du média prescripteur Golem 13, afin de développer le reach de l'opération.

> Etape 4

Activer la période promotionnelle avec un jeu concours

Afin de faire la transition entre la campagne de branding et la période promotionnelle, un jeu concours viral a été proposé à la communauté Corsair via Facebook, avec à la clef un voyage pour deux à Miami à gagner.

> Etape 5

Utiliser les datas de la première partie de la campagne pour activer une période de vente

Enfin la dernière étape a été de mettre en œuvre une grande campagne promotionnelle, avec une offre dédiée pour la nouvelle destination Miami, mais aussi les autres lignes de Corsair pour la période estivale. Les datas récoltées pendant la première partie de la campagne, ont permis d'optimiser les leviers d'acquisition traditionnels de la compagnie : SEA, Social ads, display retargeting. En complément de nombreux carrefours d'audience ont été activés afin de faire écho de l'opération.

RÉSULTATS

- Inscription à l'événement Miami Vibes : 350 inscrits en moins d'une heure après l'ouverture du mini-site miamivibes.fr – 23 000 connexions au total
- La vidéo Miami Vibes a été vue 1 100 000 fois, avec un taux d'auto complétion moyen de 85%.
- 4 500 000 personnes ont été touchées par l'opération Miami Vibes (relais médias, influenceurs, vidéos, social média etc.).
- Le jeu concours Miami Vibes a permis de générer 460 000 interactions, commentaires et partages et a permis d'augmenter la communauté Facebook de 85 000 fans.

> *"Corsair a souhaité prendre la parole d'une façon innovante pour créer un vrai engouement, avec un dispositif unique, mêlant à la fois événementiel, vidéo et social média."*

> CORSAIR
www.corsair.fr

Julien Houdebine
Directeur programme et revenu management
jhoudebine@corsair.fr

Maxime Quintin
Responsable web marketing et digital
mquintin@corsair.fr

> PARIS TONIC
www.paristonic.fr

Antoine Constantin
Directeur
antoine@paristonic.fr

Quentin Grandjacques
Directeur clientèle
quentin@paristonic.fr

Article

Mesurer avec précision l'impact de vos campagnes Facebook/Instagram : C'EST POSSIBLE !

Qui n'a jamais entendu scander en réunion : « Quel réel impact de la campagne Facebook sur ma notoriété ? » ou encore « Quel ROI sur mes ventes ? ». Est-il vraiment impossible de mesurer précisément le gain de vente, de notoriété, ou de visites en magasin générées par une campagne sur Facebook/Instagram ? À travers cet article, l'agence OP1C, spécialisée dans le Social Media, répond à ces questions.

Le marché de la publicité digitale représente **2,8 milliards €**

Le Social Media représente **24 %** de la publicité digitale

Seulement 44 % des annonceurs se déclarent capables de mesurer leur ROI

Le Social Media a souvent été perçu comme un levier permettant de travailler l'image de marque. Il souffre aussi d'une mauvaise réputation dans les services marketing car ses mesures de performances seraient difficiles à mesurer et analyser.

Mais, de plus en plus d'outils permettent aujourd'hui de mesurer les performances des campagnes. C'est notamment le cas sur la plateforme Facebook, qui met à disposition des annonceurs plusieurs outils permettant d'appréhender l'impact que vos investissements ont sur votre business.

1 - Créer des publicités en ligne c'est bien. Mesurer si elles ont un impact sur votre business "hors ligne", c'est mieux.
Il est possible de créer des campagnes sur Facebook et Instagram pour booster votre trafic en point de vente. Ces publicités sont personnalisées en fonction de la géolocalisation de l'utilisateur, avec un objectif : le faire entrer dans votre point de vente.

Est-ce que cette campagne a généré du business en magasin ?

Facebook peut aujourd'hui y répondre en vous communiquant le nombre de visites réellement générées par la plateforme et les ventes qu'elles ont déclenchées. Comment ? En croisant vos données de ventes en magasin (identification de l'acheteur, date et heure de l'achat, montant d'achat) avec les données de diffusion de la campagne publicitaire. Facebook établit alors une correspondance entre les interactions survenues dans un magasin et des indicateurs sur les personnes ayant vu les publicités ou cliqué dessus.

Bien entendu, ces données ne peuvent être obtenues que pour les clients que vous connaissez (car identifiés dans votre fichier de ventes). Vous n'aurez donc pas une vue complète de tout ce que Facebook apporte comme business, mais c'est déjà pas mal, non ?

Cet outil d'analyse peut être utilisé pour les campagnes avec un objectif de visites en point de vente, mais aussi pour d'autres types de campagnes comme la génération de ventes en ligne.

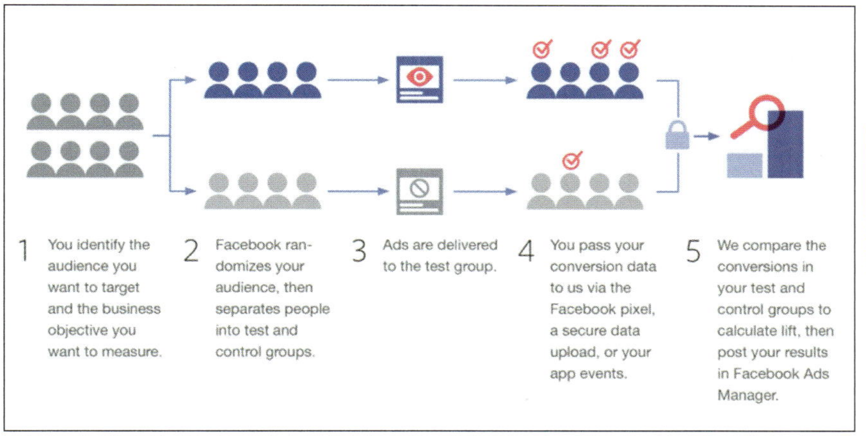

> Fonctionnement du Conversion Lift

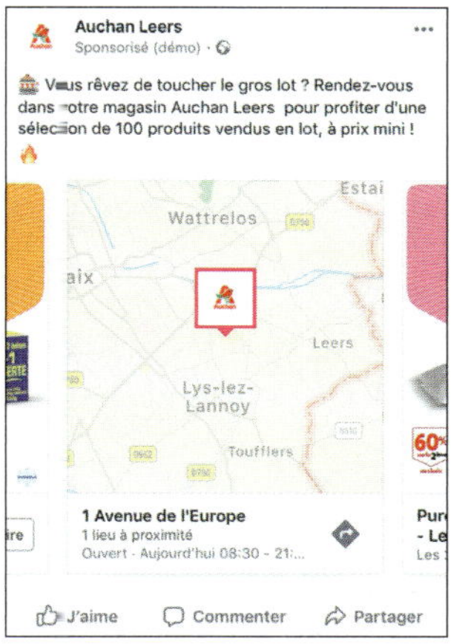

> Publicité Facebook de trafic en point de vente

2 - Facebook et Instagram me permettent-ils de déclencher des ventes ?

Deuxième spoiler : OUI.
Si vous effectuez des campagnes de conversion (donc avec un objectif de vendre), Facebook vous permet de suivre le lien potentiel entre votre campagne et une vente grâce à un *pixel de conversion**.

La démarche est simple : installez le pixel sur votre site internet et analysez le lien entre votre publicité et le trafic ou les ventes de votre site internet. Le pixel vérifiera lors de chaque conversion si l'acheteur a vu au préalable votre publicité sur l'écosystème Facebook et/ou cliqué dessus. Si c'est le cas, le pixel attribuera la conversion à votre campagne.

Vous vous dites sûrement que ce n'est pas parce que le pixel Facebook attribue une vente à Facebook, que Facebook a généré 100 % de la vente. Et vous avez raison ! Beaucoup de leviers peuvent intervenir dans le parcours d'achat de l'utilisateur (il a peut-être vu une publicité Google, reçu votre newsletter, entendu votre spot à la radio...).

Lorsque le pixel Facebook détecte une attribution à Facebook. Il faut comprendre que "Facebook est intervenu dans le processus d'achat" et non pas "Facebook a généré la vente".

3 - Comment mesurer avec précision les ventes générées uniquement par Facebook et Instagram ?

Vous voulez être plus fin dans le ROI réel : c'est possible avec l'*outil conversion lifte**! Comme son nom l'indique, cet outil de mesure permet de mesurer l'impact incrémental de vos campagnes Facebook sur la valeur de votre entreprise.

Comment ça marche ?
Lors de la création de votre ciblage, Facebook sépare votre audience en 2 groupes statistiquement identiques. Le "test group" verra vos publicités alors que le "control group" ne les verra pas.

Pendant votre campagne, Facebook analyse les actions de chacun des groupes et est alors apte à mesurer la différence de conversions entre les 2 groupes.

Si le groupe soumis à vos publicités génère plus d'achats que le groupe qui n'a pas été soumis à vos publicités, c'est que votre publicité Facebook a eu un impact sur les ventes !

4 - Facebook et Instagram ont-ils un véritable impact sur ma notoriété ?

Avec des publicités de visibilité et/ou de branding, Il n'est pas toujours facile de calculer l'impact que celles-ci ont sur les utilisateurs qui ont vu votre contenu.

De la même façon que pour le Conversion Lift, Facebook peut vous aider à mesurer le gain incrémental de notoriété grâce à vos publicités : c'est ce que l'on appelle le Brand Lift.

Le *Brand Lift**, est un outil d'étude qui fonctionne comme le Conversion Lift, à la différence qu'ici, un sondage contenant des questions relatives à votre marque est envoyé aux deux groupes d'utilisateurs. Et vous pouvez vous-même définir la nature de ces questions.

Par exemple :
- Avez-vous déjà entendu parler de [La Marque/Le Produit] ?
- Parmi ces marques, laquelle préférez-vous ?
- Vous souvenez-vous avoir vu une publicité pour [La Marque/Le Produit] au cours des 2 derniers jours ?

Les réponses des 2 groupes sont ensuite comparées et l'incrément peut alors être mesuré. Vous êtes alors en mesure de connaître l'impact de vos campagnes lorsque les utilisateurs les voient.

Alors la prochaine fois que vous entendrez en réunion, réseaux sociaux et ROI ne font pas bon ménage, levez-vous et affirmez le contraire !

*Retrouvez la définition dans le lexique en fin d'ouvrage.

> AGENCE OP1C
https://op1c.com

Jimmy Leroy,
Responsable Pôle Media
jimmy.leroy@op1c.com

Fanny Bénéteau
Directrice de la stratégie
fanny.beneteau@op1c.com

Article

Shop'Influence, ou comment animer les communautés microlocales dans une logique drive-to-store

Comment s'appuyer sur la micro-influence pour maximiser la portée de ses messages dans une logique drive-to-store ? À l'heure où de plus en plus de Français sont utilisateurs actifs de réseaux sociaux, l'importance que prennent les influenceurs dans la vie des consommateurs est indéniable. Une importance telle qu'ils impactent les habitudes de consommation de ceux qui les suivent.

Les micro-influenceurs ont un taux de like moyen de **8 %**

Shop'Influence a un reach potentiel de **1,97 million** de personnes

Les posts des 25 ambassadrices ont généré **92 100** réactions

"Les consommateurs font de plus en plus confiance aux recommandations des micro-influenceurs : il était logique pour Carmila de mettre en place des partenariats pour promouvoir les points de vente."

Marion GUICHETEAU
Social Content
Carmila

Qu'ils soient Instagrameurs, Snapchateurs ou Youtubeurs, certains utilisateurs des réseaux sociaux sont devenus d'incontournables relais d'opinion. Avec la démocratisation des moyens de production, n'importe qui peut désormais faire parler sa créativité et produire un contenu engageant pour ses audiences.

LE CENTRE COMMERCIAL ET SES ENJEUX

Lieux de rencontres, de partage, mais aussi de commerce très ancrés localement, les centres commerciaux sont avant tout des lieux de vie, dont la dynamique est étroitement liée à celle des enseignes qui les composent. Devenus de véritables médias de précision pour les enseignes grâce à une connaissance client qui n'a cessé de gagner en finesse, ils ont un rôle majeur dans le tissu économique des territoires, et contribuent à développer l'attractivité commerciale des villes.

> Carmila, facilitateur entre les enseignes et les clients

Créée en 2014, Carmila gère 215 centres commerciaux en France, Espagne et Italie, tous attenants à des hypermarchés Carrefour pour la plupart leaders sur leur zone de chalandise. Carmila s'appuie sur des solutions digitales pour concevoir un marketing différenciant pour ses commerçants et ses clients.

Carmila se positionne donc comme un facilitateur entre les enseignes et les clients. En tant qu'acteur du retail, son rôle est d'aider les centres commerciaux à nouer des relations plus durables et pérennes avec les consommateurs locaux.

L'objectif ? Gagner en attractivité, recruter de nouveaux clients, valoriser l'expérience client, et in fine, contribuer à augmenter l'activité des centres commerciaux et le chiffre d'affaires des enseignes. Cela passe également par la création d'une véritable cohésion entre les enseignes, qui deviennent responsables collectivement du succès du centre. Il est donc nécessaire de créer du lien et de l'engagement, en développant des solutions et des opérations interactives.

> Savoir toucher les clients là où ils sont !

Comment toucher les clients ? En les adressant là où ils sont : sur leur mobile et sur les réseaux sociaux. 78 % des clients préparent leurs achats sur mobile avant de se rendre en magasin et 60 % assurent chercher des informations-produits liées à leurs achats.

> Finale de Shop'Influence à Pau Lescar

Carmila active ses experts en marketing digital local et exploite notamment la puissance des bases de données de ses centres commerciaux adossés aux hypermarchés Carrefour. Push ciblés, emailing, SMS, posts sur les réseaux sociaux des centres : Carmila multiplie les points de contact avec ses clients dans des opérations *drive-to-store** au service des enseignes. En complément, pour activer les différentes communautés locales, en recherche d'authenticité, de personnalisation et de réassurance, Carmila a fait le choix stratégique de s'appuyer sur les *micro-influenceurs**.

SOLUTION STRATÉGIQUE : AUGMENTER L'IMPACT DES MESSAGES PAR LE CANAL MICRO-INFLUENCEURS

> Pourquoi Carmila a fait le choix de s'appuyer sur la micro-influence

Si un influenceur est plus ou moins "bankable" en fonction de la taille de sa communauté (facteur quantité) et des contenus qu'il leur diffuse (facteur qualité), il est possible de faire du marketing d'influence sans investir des budgets colossaux, en faisant appel à des micro-influenceurs, puisque les rémunérations des influenceurs varient en fonction de la taille de leur communauté.

S'appuyer sur les micro-influenceurs est le gage d'un engagement plus profond avec leur communauté, mais aussi plus authentique. Leur profil ? Actifs sur Facebook, Instagram ou Pinterest, ce sont bien souvent des passionnés ou de véritables experts sur un domaine très spécifique ou au sein d'une zone géographique précise. Leur nombre de followers peut s'étaler sur une fourchette flexible, comprise entre 1 000 et 25 000 followers.

> Les micro-influenceurs permettent d'élargir l'audience des centres commerciaux

Compte tenu de son ancrage local, avec plus de 87 % de centres leaders ou co-leaders sur leur zone de chalandise, il était légitime pour Carmila de miser sur la micro-influence.

En effet, les micro-influenceurs incarnent de puissants relais locaux puisque leurs communautés sont naturellement établies sur les zones de chalandise des centres commerciaux. Ils poussent aux clients des centres commerciaux Carmila un message approuvé par quelqu'un qui leur ressemble et avec qui ils partagent les goûts, les opinions et les valeurs comme ils le feraient avec une sœur, une amie, une voisine.

Selon une étude Markerly, les publications des influenceurs suscitent un engagement inversement proportionnel à la taille de leur communauté. Les micro-influenceurs dont la communauté ne dépasse pas 1 000 followers génèrent en moyenne 8 % de likes contre 2 % pour un influenceur national (100 000 followers).

Les micro-influenceurs sont authentiques et accessibles. Ils sont physiquement et socialement plus proches de leurs communautés et leurs posts ne sont pas sponsorisés.

Ainsi, ils peuvent mettre en valeur le centre et ses enseignes auprès de leurs propres communautés, avec du contenu intéressant, pertinent et bien ciblé.

MISE EN PLACE DU DISPOSITIF : UN CONCOURS ORGANISÉ DANS 25 CENTRES COMMERCIAUX

Pour Carmila, collaborer avec des influenceurs locaux n'est pas une nouveauté. Ce qui est nouveau, en revanche, c'est de "caster" ses ambassadeurs et ambassadrices parmi ses propres clients. Le but ? Fédérer les communautés, leur donner le sentiment d'appartenir à un groupe qui leur ressemble et transmettre un message vrai et authentique à ses clients finaux.

La solution prend la forme d'un concours organisé dans les centres pour transformer les clients en ambassadeurs.

Carmila a donc imaginé le dispositif Shop'Influence : un concours online et offline destiné à recruter parmi les clients des ambassadeurs pour les centres commerciaux, qui relaieront les actualités du centre et de ses enseignes.

Ainsi, Carmila imagine un dispositif qui se différencie de la communication publicitaire, en jouant sur la proximité avec le public et le "User Generated Content" en laissant une totale liberté de parole avec ses influenceurs.

Un partenariat gagnant-gagnant : les micro-influenceurs ont accès à du contenu exclusif, des offres en avant-première, etc. Les enseignes quant à elles bénéficient d'un nouveau levier de marketing local en adressant des messages à une cible résidant dans leur zone de chalandise.

> Des lieux stratégiques et des relais d'influence locaux

Le choix des centres commerciaux où se sont déroulées les opérations n'a pas été fait au hasard. Les centres choisis par Carmila avaient deux points communs : une clientèle fidèle et historique et une grande proximité avec les consommateurs. Après une phase de test dans cinq centres commerciaux Carmila en avril 2018, l'opération Shop'Influence a été reconduite en début d'année 2019. Au total 25 centres commerciaux en France et en Italie en ont ainsi bénéficié, dont Labège 2 près de Toulouse, Cité Europe à Calais, BAB2 à Biarritz, Place d'Arc dans le centre-ville d'Orléans, ou Maremonti en Toscane.

Une fois les centres choisis, il a fallu identifier des influenceuses locales suffisamment établies pour être "marraines" de l'opération. Ce fut le cas notamment de Seynabou Niang, dont le blog Wanderlust et les 37 000 followers sur Instagram ont largement participé au rayonnement sur la côte basque de l'opération Shop'Influence au centre BAB2 de Biarritz.

> Du numérique au physique

Concrètement, le concours Shop'Influence se déroule en deux temps.

La première phase consiste en un casting internet d'une durée d'un mois. Les candidats ont pour consigne de mobiliser leur communauté afin de recueillir le maximum de votes sur leur page dédiée. Ce vote en ligne permet de distinguer cinq participants, prêts à concourir lors d'une grande finale.

La deuxième phase est une finale comportant trois épreuves, organisée au sein de la galerie commerciale.

La première épreuve consiste à produire "un flatlay", autrement dit une photographie mettant en valeur les vêtements ou les accessoires d'au moins trois enseignes différentes du centre commercial.

Deuxième épreuve : la création d'un look complet à partir d'un thème précis, à la manière des "Reines du Shopping", l'émission éponyme diffusée sur M6. Chaque finaliste dispose d'une carte cadeau d'une centaine d'euros à dépenser dans n'importe quelle enseigne.

Enfin, **troisième et dernière épreuve** : "la mise en beauté". Celle-ci se compose, au choix, d'une session de coiffure ou de maquillage.

Systématiquement, toutes les épreuves se déroulent au sein des magasins du centre commercial : Jean-Louis David, Yves Rocher, Columbus ou Camaïeu... Sans oublier les commerces indépendants (esthéticiennes, coiffeurs, food), qui prennent toujours plaisir à accueillir les candidats.

> Finalistes du concours Shop'Influence de Labège 2

> Un relais dans la durée
Au terme de ces trois étapes, un jury a pour mission de départager les derniers candidats pour désigner la future ambassadrice ou le futur ambassadeur du centre. Le ou la gagnant(e) s'engage pour une durée d'une année complète (renouvelable). Ses contenus sont publiés sur ses réseaux sociaux, mais aussi sur une page dédiée "ambassadeur(rice) de votre centre".

La collaboration est encadrée par un contrat qui stipule que le nouvel ambassadeur doit tester les produits et les services des boutiques du centre et partager photos, posts et avis avec sa communauté. Une manière efficace de pousser à la création de "User Generated Content", par de véritables clients. C'est à l'ambassadeur que revient d'avoir le bon discernement et de bien doser l'utilisation des réseaux sociaux pour fédérer la communauté de followers. Des contenus authentiques, qualitatifs et sans cesse renouvelés grâce à un accès privilégié aux marques des centres.

LE BILAN : UN EFFET DRIVE-TO-STORE IMPORTANT POUR LES ENSEIGNES

En tout, Carmila est parvenu à toucher une très large communauté, avec un reach de 1,94 million de personnes, et un taux d'engagement moyen de 7 % entre avril 2018 et juin 2019.

> Des opérations authentiques et réussies
Shop'Influence a nourri de nombreux dialogues entre les ambassadrices et leurs communautés, séduites par leur franchise et leur authenticité.

Après un an et demi de collaboration, les enseignes sont désormais convaincues de la pertinence d'avoir des ambassadrices locales et font de plus en plus régulièrement appel à elles. En 2019, tous les centres ont renouvelé leurs partenariats avec leurs clientes ambassadrices ou en ont élu de nouvelles.

En bref, faire appel à des influenceurs décuple la viralité d'un évènement, et touche directement le cœur de cible visé. Si, en BtoB, Carmila renforce la visibilité de ses commerçants et de ses enseignes en leur offrant une vitrine supplémentaire, en BtoC, la société de centres commerciaux crée de l'attachement, en renforçant le lien avec le centre commercial.

Pour en savoir plus : https://smart-shopping-news.carmila.com
CARMILA : www.carmila.com

*Retrouvez la définition dans le lexique en fin d'ouvrage.

> CARMILA
www.carmila.com
Fiche d'entreprise p. 485

Marion Guicheteau
Social content
marion_guicheteau@carmila.com

Arnaud d'Hoop
Marketing client
arnaud_d_hoop@carmila.com

Étude De Cas

KparK

Une présence sociale, localisée, via l'animation d'un réseau de collaborateurs

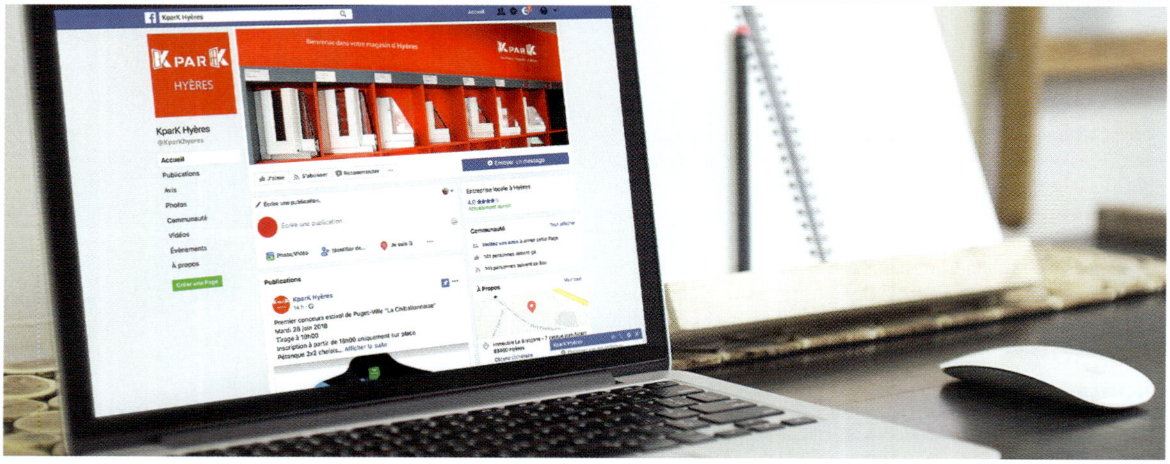

> Stratégie e-réputation localisée

PROBLÉMATIQUE DE LA MARQUE

KparK, société nationale aux 110 magasins répartis sur tout le territoire national, est spécialisée dans la rénovation de fenêtres, volets, portes auprès d'une cible de particuliers.

L'enseigne communique au travers des réseaux sociaux depuis plusieurs années via une page nationale. Afin de parler localement, et accentuer encore sa proximité avec ses clients et prospects, la marque a déployé une stratégie d'animation locale via les réseaux sociaux. Ainsi KparK adresse à ses clients et prospects des messages et actualités locales à l'aide d'une communauté interne de community managers.

Il s'agit donc de donner de la visibilité aux agences locales tout en adressant le bon message à la bonne cible.

Cette stratégie d'animation est basée sur un réseau interne de 110 référents internes locaux qui travaillent au quotidien à l'animation de leurs pages sociales. Ils deviennent ainsi leur propre community manager et sont en maîtrise de l'actualité diffusée sur leurs pages sociales.

Le dispositif s'accompagne de sessions de formation, d'animation et de reporting temps réel disponibles par les managers locaux.

KparK s'adresse à tous les propriétaires d'une maison individuelle ou d'un appartement, âgés de 35 à 65 ans et à la recherche d'un service clé en main.

Il s'agit pour les collaborateurs KparK (référents et managers) d'être en maîtrise de la diffusion de leurs actualités locales : une agence locale qui adresse des messages locaux avec les forces d'une société nationale. Le magasin KparK Marseille parle aux prospects et clients de Marseille lorsque celui de Paris parle aux Parisiens (les messages sont localisés). Les référents locaux gèrent ainsi la diffusion de leurs photos de chantier, de l'actualité de leur magasin (sponsoring local, participation à des évènements divers…) et sollicitent auprès de leurs clients des avis. Ils sont maîtres de leur communication avec toutefois une visibilité par la direction digitale et les managers de l'activité sociale locale. Ce dispositif leur permet aussi de comprendre l'importance de l'e-reputation sur leur métier de commercial et comment l'influencer quotidiennement. C'est une réelle montée en compétence.

SOLUTION STRATÉGIQUE

L'innovation se situe au niveau de la communauté interne de référents que KparK a mise en place et de l'animation (110 référents actifs de pages sociales). Au-delà de la communauté de référents, la mise en place d'outils d'animation et de suivi de la performance via smartphone (outil de mobilité) permet de donner aux référents et managers une visibilité sur l'ensemble de leur activité sociale (nombre d'abonnés par agence, nombre de publications par agence et flux des publications).

Une application, Kapture, a été déployée auprès de la force de vente pour pouvoir prendre une photo de chantier avec l'incrustation du logo KparK en automatique à des fins de partage sur les réseaux sociaux.

Une application de suivi des publications, d'écoute, d'engagement et de suivi de l'activité sociale a été déployée sur l'ensemble des managers pour animation en locale du réseau de community manager. Application Social Studio de l'éditeur Salesforce.

INFOS CLÉS

+ de 100 community manager internes	**+ de 10 000** publications/an	**+ 67 %** d'audience

MISE EN PLACE OPÉRATIONNELLE

Le dispositif a été déployé sur l'ensemble du territoire métropolitain. Stratégie initiée et déployée en 2016.

Les 110 community manager locaux et les managers ont été formés et sont actifs concernant l'animation de leurs pages locales.

Etape 1 : formation & déploiement outils
Comment les réseaux sociaux aident la force de vente dans leur activité commerciale (influence de l'e-réputation dans le parcours client). Explication et échange de la stratégie en présentiel. Déploiement des outils de publication (*application Kapture**) et de reporting (pour les managers) (Social Studio de Salesforce). Mise à disposition d'une bibliothèque de contenus institutionnels et d'une charte d'animation des réseaux sociaux.

Etape 2 : animation post-déploiement
Jeu-concours interne. Accompagnement jeux-concours locaux. Aide et suivi à la modération. Podium d'animation des pages et des publications les plus performantes.

Etape 3 : suite d'accompagnement des managers et community manager internes suite aux premiers retours.

Etape 4 : déploiement outils et formation des collaborateurs du Centre de Relation Client au traitement des flux de discussion issus des réseaux sociaux pour traitement de la modération par les téléconseillers du Centre de Relation Client (interne).

Etape 5 : déploiement d'une *Social Room** au siège social avec une visibilité 360 de l'e-réputation de l'enseigne auprès de l'ensemble des collaborateurs Siège.

RÉSULTATS

Un volume de plus de 10 000 publications localisées et personnalisées par an.

Cette stratégie influe sur la fierté des collaborateurs à exposer leurs actualités locales.

Amélioration de la notoriété, de l'e-réputation et impact commercial.

L'audience Facebook a été multipliée par 2 en 2018.

Les réseaux sociaux sont un nouveau canal de proximité ouvert auprès de nos clients et prospects.

*Retrouvez la définition dans le lexique en fin d'ouvrage.

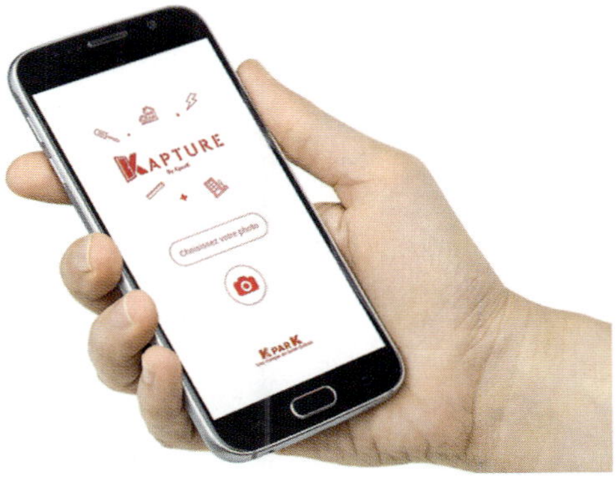

> Application Kapture

> Jeu-concours interne

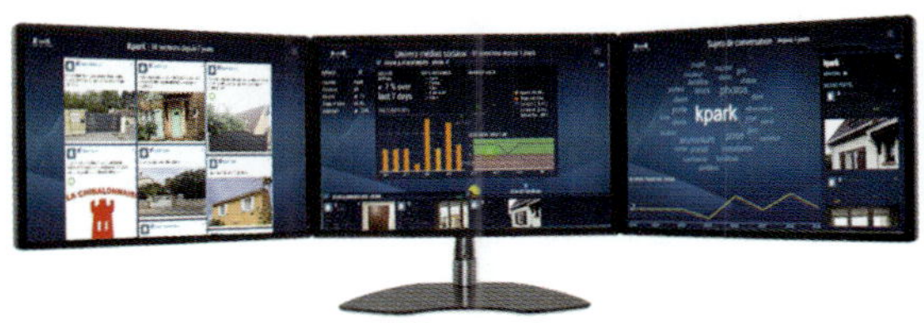

> Social Room - War Room KparK

> KparK
www.kpark.fr

Yann Karroum
Responsable Digital
yann.karroum@kpark.fr

KITCHENAID

Célébrer un siècle de création culinaire avec les influenceurs

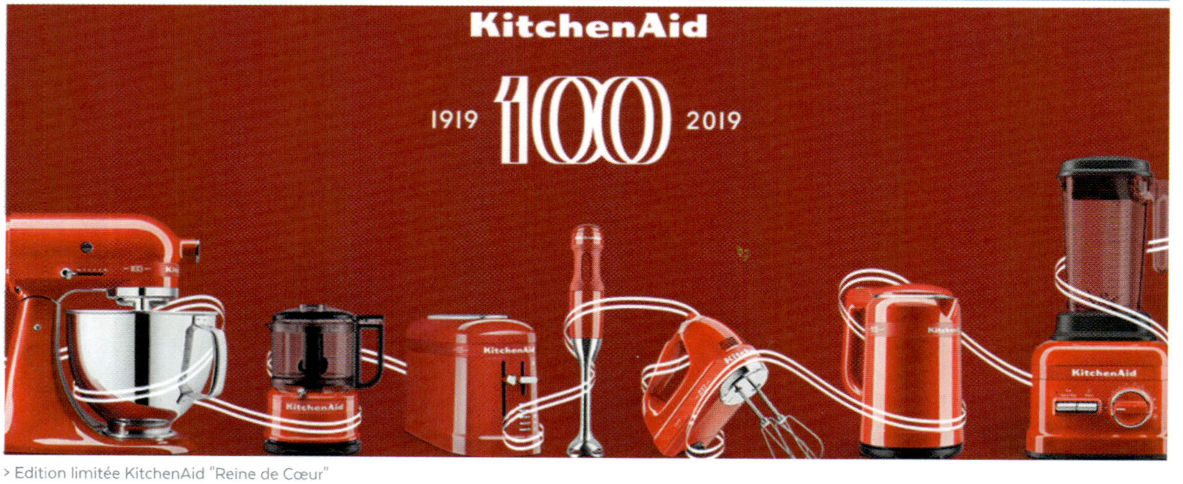

> Edition limitée KitchenAid "Reine de Cœur"

PROBLÉMATIQUE DE LA MARQUE

> Contexte

En inventant le premier robot sur socle Artisan, la marque KitchenAid fait figure de précurseur dans le secteur électroménager et se positionne comme une marque art de vivre, innovante et lifestyle. D'abord plébiscitée par le monde professionnel de la boulangerie et de la pâtisserie, la marque s'est voulue rapidement accessible aux particuliers en quête d'appareils fiables et design. Véritables bijoux aux formes reconnaissables, ces appareils ont su traverser le temps mais aussi les modes, en devenant ainsi des objets cultes et emblématiques.

À l'occasion de ses 100 ans, KitchenAid souhaite asseoir sa notoriété à travers le lancement de la gamme "Reine de Cœur" qui rend hommage aux gourmets passionnés, ces amoureux inconditionnels de la marque et du bien manger. Dans le cadre de ce lancement, KitchenAid s'associe aux influenceurs pour créer des contenus inspirants autour de cette gamme qui rappelle un siècle de création culinaire.

> Cibles

Les millennials

> Objectifs

Objectifs de communication : Cette campagne de communication puise dans l'imaginaire collectif grâce à la thématique des contes et ce, afin de créer de la proximité avec la cible par le biais des contenus originaux et créatifs qui génèrent de la préférence de marque.

Objectifs d'image : progresser sur des critères de "love brand", d'engagement et d'unicité.

SOLUTION STRATÉGIQUE

L'idée stratégique fut d'utiliser les codes de l'influence pour créer une relation de proximité avec le public à travers un thème universel : le conte. Pour remercier les gourmets passionnés et engager les nouvelles générations, la campagne a été déclinée en 3 sous-thématiques inspirées du conte Alice aux Pays des Merveilles où le personnage Reine de Cœur apparaît. Ces thématiques faisaient donc rappel à 3 scènes du conte : Tea Time, Drink Me et de manière générale, le Food Art.

Afin d'illustrer cet univers et pour inspirer le public avec des contenus originaux, 6 influenceurs ont été choisis selon des profils différents, à la fois food et lifestyle. La contrainte a été de sélectionner des influenceurs qui disposaient aussi d'un blog afin de développer des contenus plus importants en termes de rédaction et pour raconter une histoire qui ne s'adapte pas au format des réseaux sociaux. Ces contenus étaient ensuite relayés sur les réseaux sociaux dans une approche plus ludique et visuelle.

Pendant 2 mois, les influenceurs étaient invités à créer des mises en scène en lien avec la thématique et à préparer des recettes inspirées de cet univers, photos et vidéos à l'appui. Pour faire le lien avec la gamme anniversaire, les influenceurs devaient créer les contenus à partir de 2 appareils de la gamme qui étaient ensuite offerts à leur communauté via un jeu concours.

A l'issue de cette campagne, les meilleures mises en scène étaient exposées dans la boutique éphémère KitchenAid qui a eu lieu à Paris en novembre pour clôturer l'année anniversaire de la marque.

Influence | Blog | Réseaux sociaux

> Retrouvez les mots clés en index <

INFOS CLÉS

+ 600 000 impressions | **11 %** taux d'engagement | **130 %** ROI

MISE EN PLACE OPÉRATIONNELLE

> Durée : de Avril à Juin 2019

> Sélection des influenceurs/bloggeurs

À l'heure où les placements produits sont plébiscités par les influenceurs, il est essentiel de considérer ces derniers pour leur créativité. La stratégie de KitchenAid fut donc de sélectionner des influenceurs reconnus pour leur créativité et capacité à créer des contenus originaux, en apportant leur touche personnelle. Les influenceurs ainsi choisis étaient plutôt des macro-influenceurs, facilement reconnaissables par leur communauté à travers leur propre ton et mise en scène des publications. D'autres critères tels que l'audience, l'engagement, les centres d'intérêts ou les partenariats en cours, ont été pris en compte pour choisir les profils. Cette sélection a été cadrée par le biais d'un contrat qui précisait les contraintes de mises en scène ainsi que les contreparties attendues, à savoir la rémunération et la dotation pour la réalisation des posts et jeux concours.

> Se référer à un socle commun

Afin de créer les posts, les influenceurs se sont appuyés sur une référence commune, le monde des contes. De ce fait, chaque influenceur a eu carte blanche pour imaginer et illustrer, à sa façon, une scène de conte parmi les trois imposées et ce, en faisant apparaître le personnage Reine de Cœur grâce aux deux appareils de la gamme anniversaire. Un brunch en plein air, une maison enchantée ou encore des recettes rouges et gourmandes, voici quelques exemples de créations.

> Publication des posts et jeux concours

Pour accompagner le lancement de la gamme, les premiers posts ont été publiés en avril et se sont étalés sur deux mois. Chaque influenceur a publié un article sur son blog en illustrant la mise en scène ou la recette, en précisant le lien avec l'anniversaire KitchenAid. Les deux posts étaient suivis d'un jeux concours pour faire gagner les appareils "Reine De Cœur" et susciter ainsi le dialogue avec les abonnés.

> Et après ?

L'histoire de KitchenAid continue ainsi que celle de ses influenceurs. Les mises en scène créées pendant cette période de teasing ont été exposées dans le Pop-Up Store KitchenAid pour rendre hommage à ces ambassadeurs de la marque

RÉSULTATS

- Plus de 600 000 impressions atteintes
- Plus de 40 000 vues profil Instagram (+87 % vs 2018)
- Plus de 10 000 fans recrutés
- Un taux d'engagement moyen de 11 %
- Un ROI de 130 % (calcul fait sur la base de l'investissement et *Earned Media Value**)

*Retrouvez la définition dans le lexique en fin d'ouvrage.

> @ellesenparlent

> @annesophie.vidal

“À l'heure où les placements produits sont plébiscités par les influenceurs, il est essentiel de considérer ces derniers pour pour leur créativité.”

> KITCHENAID
www.kitchenaid.fr

Cristina Stefan
Responsable communication et marketing digital
cristina_stefan@kitchenaid.com

> NATHALIE LAVIROTTE COMMUNICATION
www.nathalielavirotte.fr

Nathalie Lavirotte
Directrice d'agence
nathalie@nathalielavirotte.fr

Étude De Cas

BONDUELLE

Légumiz : le 1er webzine lifestyle 100 % dédié à la culture végétale !

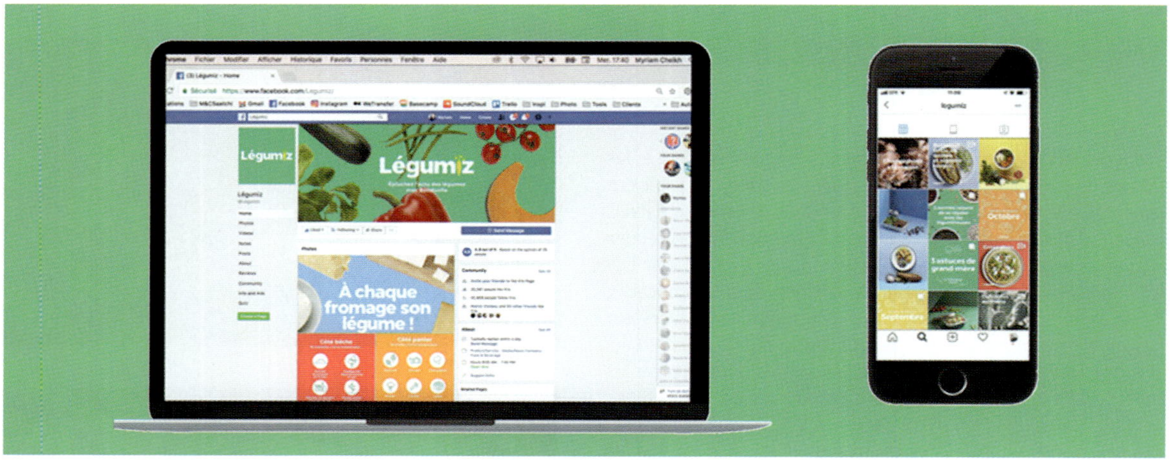

> Webzine 100 % lifestyle dédié à la culture végétale

PROBLÉMATIQUE DE LA MARQUE

La tendance du végétal n'a jamais été aussi importante et pourtant, le constat est simple : trop peu sont ceux qui changent leurs habitudes alimentaires. En France, ce sont 13 % des foyers dont un des membres ne consomme pas de légumes et seuls 23 % de ceux qui en mangent le font quotidiennement.

D'autre part, la méfiance envers les produits industriels ne cesse de croître.

Dans ce contexte, Bonduelle a pour objectif de devenir le référent mondial du bien-vivre par l'alimentation végétale et souhaite être acteur du changement. Pour ce faire, la marque contribue au mouvement global tout en se démarquant d'un certain "moralisme" vegan.

Changer la perception des aliments végétaux auprès de la nouvelle génération de consommateurs européens, mieux informer sur les bienfaits des légumes prêts à l'emploi, accompagner dans la transition ceux qui veulent changer leur alimentation et leur consommation... font partie des défis que la marque a choisi de relever.

SOLUTION STRATÉGIQUE

Via Legumiz, magazine lifestyle digital dédié à la culture végétale, l'ambition de Bonduelle est de construire et d'animer une communauté autour de l'alimentation végétale, de montrer que les légumes sont l'avenir de nos assiettes.

Inscrit dans l'air du temps et pensé pour des consommateurs attentifs à la qualité de leur alimentation, Légumiz encourage les membres des réseaux sociaux et internautes à redécouvrir la richesse des légumes et plus largement du végétal.

Ses objectifs : rassurer, inspirer, réenchanter le légume, avec un contenu très peu brandé Bonduelle pour attirer une audience plus large que l'audience des pages Facebook et Instagram de la marque, engager des cibles moins attachées à la marque et éviter la méfiance des consommateurs réfractaires aux produits industriels.

Légumiz bouscule les codes des médias online consacrés au food. À la fois éducatif, divertissant et percutant, il propose un éclairage inédit sur l'univers végétal. Les légumes deviennent inspirants, créatifs, fun et tellement faciles à cuisiner et à cultiver !

À travers sa ligne éditoriale inédite « Laissez-vous inspirer par l'extraordinaire créativité des légumes ! » et une écriture visuelle et rédactionnelle singulière et engageante, Légumiz se démarque donc sur les réseaux sociaux et suscite la curiosité des internautes.

MISE EN PLACE OPÉRATIONNELLE

Legumiz a d'abord été lancé en France, exclusivement sur Facebook et Instagram en septembre 2018, avant de se décliner sur YouTube, Pinterest puis devenir une rubrique à part entière du site bonduelle.fr. Il est aujourd'hui présent dans plusieurs pays européens.

La réalisation de Légumiz s'apparente à celle d'un magazine mensuel. Annonceur, agence créative, équipe de production et agence media travaillent en étroite collaboration afin de construire une communauté engagée tout en développant une image de marque plus moderne et inspirationnelle. Pour ce faire, le comité éditorial se réunit trimestriellement afin de choisir les sujets passés au filtre de la saisonnalité, des tendances, et des priorités des différents pays dans lesquels le webzine est publié.

Réseaux sociaux | Webzine | Brand content

> Retrouvez les mots clés en index <

INFOS CLÉS

+ 500 000 utilisateurs engagés

+ 20 % de trafic vers bonduelle.fr

Les sujets sont alors planifiés pour correspondre aux 6 rendez-vous hebdomadaires de la ligne éditoriale :

- Le jour green : des news et conseils pour cultiver chez soi et éveiller sur les bienfaits de l'alimentation végétale ;
- Le calendrier des légumes : chaque mois, un calendrier pour savoir ce qu'il faut cuisiner ou planter en fonction de la saison ;
- Les veggie news : les tendances et actus étonnantes sur le monde du végétal ;
- Aujourd'hui c'est permis : une recette inédite avec vos légumes préférés et même certains que vous ne connaissez pas encore ;
- La recette du week-end : profitez du week-end pour expérimenter une recette veggie inédite ;
- La déclinaison : certains plats sont iconiques, la déclinaison propose plusieurs façons de revisiter un plat ou une recette incontournable.

S'en suivent les étapes de rédaction, shooting, création et publication des posts soutenus par un plan media par cible et objectif adaptés à chaque réseau.

À noter que si l'adéquation du contenu avec les attentes des cibles et les freins à lever sont primordiaux, le community management, confié à l'agence de création, a un rôle capital dans le projet. En effet, apporter des réponses rapides et personnalisées est essentiel à la fédération et l'engagement de la communauté. Enfin les *community managers** de Legumiz et de Bonduelle sont régulièrement en relation pour permettre à la marque d'intervenir en réponse aux commentaires la concernant directement.

RÉSULTATS

Autant sur Facebook que sur Instagram, Legumiz plait à sa communauté qui like, commente, partage et réagit aux contenus proposés à un taux moyen de 6 % (soit sur Facebook, un taux plus élevé que la moyenne de 4 % - source We are Social 2018).

Après plus de 8 mois, la communauté Facebook compte plus de 47 000 fans tandis que sur Instagram, plus de 11 000 internautes suivent le compte.

Legumiz permet de créer du lien avec les cibles prioritaires de Bonduelle, en les engageant plus que la page de la marque (2 %) et en rajeunissant l'audience ; ceci au-delà des réseaux, car le magazine génère plus de 20 % du trafic du site bonduelle.fr.

Déjà repris en Allemagne sous le nom "Gemüse 4 me" et en Italie sous le nom "Veggie Passion", le projet suscite l'intérêt des différentes filiales européennes de Bonduelle dont 12 utilisent les contenus produits pour alimenter leurs plateformes sociales locales.

*Retrouvez la définition dans le lexique en fin d'ouvrage.

> Image 1 : Recettes inédites
> Image 2 : News et conseils pour cultiver chez soi
> Image 3 : Le calendrier des légumes
> Image 4 : La déclinaison

> BONDUELLE
www.bonduelle.fr

Catherine Jordy
Responsable digital
catherine.jordy@bonduelle.com

> M&CSAATCHI LITTLE STORIES
www.mcslittlestories.com

Nathalie Varagnat
Présidente
nathalie.varagnat@mcslittlestories.com

Myriam Cheikh
Deputy General Director
myriam.cheikh@mcslittlestories.com

FITNESS PARK

Fitness Park Heroes : Animation et fidélisation d'adhérents passionnés

> Les 48 finalistes du challenge Fitness Park Heroes

PROBLÉMATIQUE DE LA MARQUE

Il y a 2 ans, Fitness Park a lancé ses premières campagnes de communication en mettant en avant ses adhérents, choisis grâce à une plateforme de casting sur laquelle plus de 60 000 personnes se sont mobilisées pour voter et élire les futures égéries, dont les postulants étaient des adhérents eux-mêmes.

Depuis, Fitness Park a décidé d'aller plus loin et prend le parti de transformer le vote des *égéries** en grand challenge national, à la fois pour gamifier la sélection de ses ambassadeurs et mettre la performance physique et mentale comme critère de sélection principal.

Des phases locales dans tous les clubs jusqu'à la grande finale au Forum des Halles à Paris en passant par des phases qualificatives, retour sur la première compétition française de fitness organisée par une enseigne de salles de sport, dans près de 200 clubs : le challenge Fitness Park Heroes.

SOLUTION STRATÉGIQUE

En tant que club de Fitness, l'idée initiale était de réaliser un grand évènement national capable d'animer et fédérer les 600 000 adhérents Fitness Park grâce à une compétition nationale inédite dans laquelle ils allaient pouvoir se dépasser, se surpasser.

L'occasion aussi pour la marque d'identifier les égéries 2020 et leur offrir la possibilité de devenir le visage de Fitness Park pendant 1 an, grâce à leur puissance, résistance, intensité et force.

Des égéries qui représenteront au mieux les valeurs et notamment celle du dépassement de soi, celui qui permet à chacun de s'accomplir et de réussir.

En avril et mai 2019, chaque adhérent souhaitant participer à la compétition devait s'inscrire sur une plateforme dédiée et choisir sa date de sélection régionale sur 8 dates, dans 8 clubs aux 4 coins de la France.

Pendant ce temps, tous les clubs Fitness Park ont animé leur communauté d'adhérents au travers d'un programme d'entrainement dédié proposé à la fois par des coachs en club, mais aussi sur notre site ou notre application myFitnessPark pour les plus autonomes.

MISE EN PLACE OPÉRATIONNELLE

En juin 2019, plus de 500 athlètes ont participé à la première édition de cette compétition en s'inscrivant au challenge dans les clubs accueillant les phases de qualifications.

Au-delà de l'énergie et de l'esprit bienveillant qui régnaient sur ces dates, de vrais héros se sont révélés en allant au-delà de leurs limites. Certains ne se soupçonnaient même pas si performants !

Après chaque date et même les semaines qui ont suivi, de très bonnes retombées ont été observées au sein de la communauté et de celle des adhérents, grâce au signe de ralliement #FitnessParkHeroes : plus 2 000 publications dédiées et des milliers de likes, partages et commentaires qui en découlent.

Un message récurrent à retenir : « Vivement l'année prochaine pour revivre l'expérience ! » ou « Vivement la finale ! » et même quelques signes de frustration comme « Argh, j'aurais dû m'inscrire, je me prépare pour 2020 ».

En parallèle la websérie Fitness Park Heroes a vu le jour en suivant 2 adhérents Fitness Park dans leur aventure, Risk et Rachel, de la phase de préparation jusqu'à la grande finale puisque l'un des deux, Rachel en l'occurrence, a été qualifié pour la grande finale.

Evénement | Challenge | Fidélisation

> Retrouvez les mots clés en index <

INFOS CLÉS

2 000 mentions #FitnessParkHeroes

Des milliers de spectateurs

14 égéries parmi les héros

Ils ont été accompagnés par 2 coachs professionnels : Nassim Sahili, coach et influenceur Fitness avec plus de 500 000 abonnés YouTube et Mélanie, une coach sportive et diététique. Une autre manière pour les adhérents de suivre un programme d'entrainement en phase avec les épreuves de la compétition pour révéler le héros qui est en eux.

Durant l'été, l'équipe Social Media Fitness Park et Nassim sont partis à la rencontre des finalistes, dans leurs clubs. Une occasion parfaite de les découvrir, d'échanger avec eux, de connaitre leur état d'esprit à quelques semaines de la finale et surtout de lancer l'IGTV de Fitness Park avec un premier programme qui permet à notre communauté de découvrir les finalistes et potentielles égéries et les héros de Fitness Park.

RÉSULTATS

Finalement, le 21 septembre 2019, la grande Finale Fitness Park Heroes a lieu non pas en club, mais sous la Canopée du Forum des Halles afin de mettre en valeur les héros, mettre en avant la marque Fitness Park et montrer au plus grand nombre le bénéfice du Fitness ainsi que l'énergie et l'épanouissement qu'il peut donner. Tous les relais digitaux (comptes officiels, influenceurs, adhérents, égéries 2018...) sont activés pour le grand jour avec une résonance phygitale puissante en plein cœur de Paris et sur les réseaux sociaux.

Les égéries ont été sélectionnées parmi les finalistes. La marque a pris en compte leurs résultats, leur parcours, mais aussi leur état d'esprit et leurs motivations à représenter la marque et ses valeurs afin d'être les meilleurs ambassadeurs qui soient, ceux qui portent en eux le message que Fitness Park contribue à la réussite personnelle de ses adhérents grâce au dépassement de soi.

Des portraits de héros à retrouver toute l'année 2020 sur les communications du réseau de clubs en attendant la prochaine édition du challenge Fitness Park Heroes, exclusivement ouverte aux adhérents Fitness Park !

*Retrouvez la définition dans le lexique en fin d'ouvrage.

> Phase de qualification en club

> Les podiums hommes et femmes réunis

> La puissance de la réussite

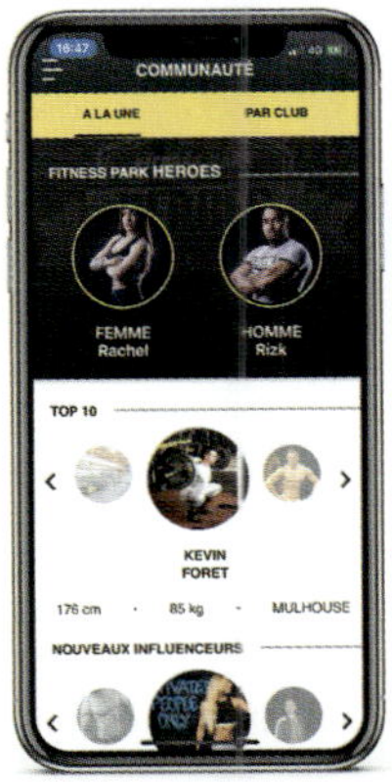

> Application myFitnessPark

> FITNESS PARK
www.fitnesspark.fr

Jean-Philippe Ferrier
Directeur Marketing Communication
jpferrier@groupemoving.fr

> INFINIMENT SPORT
http://infinimentsport.fr

Gwenael Taldir
gwenael.taldir@infinimentsport.fr

Article

La facommunauté, un dispositif digital d'engagement & de fidélisation

Pour célébrer son 100e anniversaire, FACOM a déployé un dispositif digital inédit visant à développer l'engagement et la fidélisation auprès de sa communauté de fans et de clients. Lancée en mai 2018, la Facommunauté a permis à la marque d'augmenter l'engagement sur ses réseaux sociaux, sur les points de vente des distributeurs, tout en réunissant un public de passionnés.

32,4 % de taux d'inscription

60 000 visiteurs sur le site internet

18 500 inscrits sur la Facommunauté

"La Facommunauté a permis d'augmenter l'engagement "phygital" de nos fans/clients sur nos médiaux digitaux et sur les points de vente de nos distributeurs, tout en collectant de la data qualifiée."

Charles BAULU
Facom Head of Communication Stanley Black & Decker France

Filiale du groupe mondial d'outillage Stanley Black & Decker, FACOM® est le leader de l'outillage mécanique en France. La renommée de la marque s'est construite sur la robustesse de ses produits, leur garantie à vie ainsi que sur leur aspect innovant. La marque s'appuie sur une communauté de fans et d'amoureux inconditionnels composée de professionnels de la mécanique (maintenance industrielle, réparation automobile, industrie, bâtiment), mais aussi d'amateurs passionnés.

UN DISPOSITIF DIGITAL... POUR QUOI FAIRE ?

L'idée était de célébrer ce 100e anniversaire en visant les objectifs suivants :

- Développer la notoriété de la marque auprès des moins de 25 ans ;
- Augmenter la visibilité de la marque sur les réseaux sociaux ;
- Réunir la communauté sur une plateforme online dédiée ;
- Générer plus de trafic en point de vente ;
- Améliorer la connaissance client.

C'est ainsi que Facom a fait appel à DigiReward, une start-up permettant d'améliorer l'engagement de la marque et de générer de la data ultra-qualifiée. Le tout au sein d'un dispositif digital, la Facommunauté, qui récompense l'engagement des fans pour différents types d'actions en ligne ou en point de vente.

LA FACOMMUNAUTÉ, QUÉSACO ?

Le principe est simple. Le fan/client s'inscrit au programme et complète son profil. En réalisant des missions multicanales, celui-ci pourra gagner des points, qui sont échangeables contre des lots.

L'ambition de la marque est de récompenser un large choix d'actions. Là où les programmes de fidélité classiques récompensent seulement les achats en magasin, Facom se concentre sur les récompenses des actions en ligne et chez les clients distributeurs.

L'engagement sur les réseaux sociaux (Facebook et YouTube en l'espèce) est récompensé. Le client a juste à relier ses comptes et à confirmer son autorisation. Une fois ses comptes enregistrés, lorsque l'internaute like une publication de la marque sur son fil d'actualité, les points sont comptabilisés,

Engagement multicanal | Collecte de data | Connaissance Client

> Retrouvez les mots clés en index <

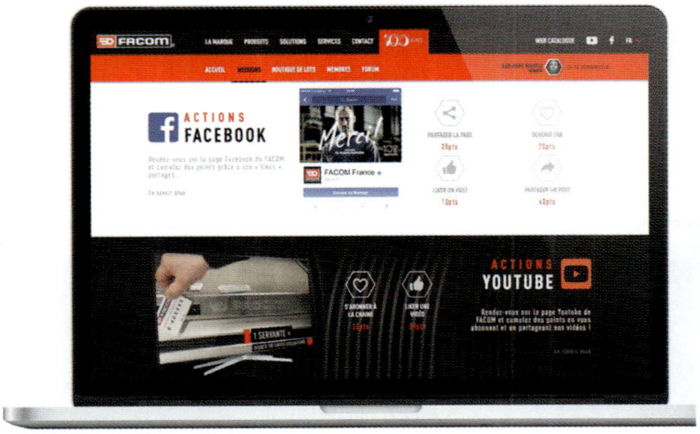

> Missions d'engagement sur les réseaux sociaux

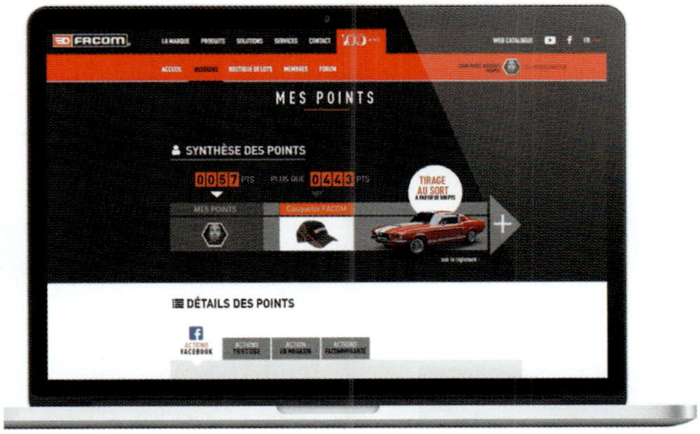

> Visualisation des points et des lots acquis

mais rien n'apparait sur Facebook. Le dispositif est totalement "RGPD-friendly" puisque tout est basé sur un système déclaratif avec l'acceptation de CGU spécifiques.

Par ailleurs, les actions en magasin comme la géolocalisation et le scan de flashcode sont aussi récompensées. Facom a pour cela développé une application mobile en support de ces missions. Ainsi, chaque point de vente de la marque ou point de contact stratégique peut être référencé dans le programme et avoir un nombre de points attribué personnalisé. Stimuler le trafic en magasin en récompensant la géolocalisation est une solution pour augmenter significativement ses visites en boutique.

OÙ EN SOMMES-NOUS AUJOURD'HUI ? QUELS SONT LES RÉSULTATS ?

L'engagement sur les réseaux a explosé, le trafic en point de vente a augmenté et Facom a récolté une base de data opt-in très qualifiée.

Plus précisément, la Facommunauté réunit 18 500 inscrits avec un taux d'inscription de 32,4 % sur les visiteurs du site www.facommunaute.fr. Un site dédié qui a généré plus de 60 000 visiteurs sur www.facom.fr pour devenir la 3e source de trafic. On recense en moyenne 7 775 géolocalisations en magasin par mois. Quant aux réseaux sociaux (Facebook et YouTube), ils ont enregistré plus de 300 000 actions d'engagement (like & partage sur Facebook, follow et like sur YouTube).

Une application mobile spécifique a également été développée pour permettre d'enregistrer les géolocalisations et les scans de Flashcode ; elle a été téléchargée par plus de 8 000 membres.

Cette opération fut un franc succès pour fêter les 100 ans de la marque. Celle-ci s'est terminée fin mai 2019 par la remise de la Mustang Fastback de 1 967 restaurée par Facom lors d'un tirage au sort le 15 mai dernier.

LA FACOMMUNAUTÉ 2.0, TOURNÉE VERS LA CONNAISSANCE-CLIENT

Mieux connaître sa clientèle grâce au big data est le mindset que toutes les entreprises ont actuellement en tête. La Facommunauté génère énormément de data issue des API et des systèmes internes. Mais Facom veut passer un step et donner la parole à ses clients. L'idée est de repérer les insights de sa clientèle pour en soulever des opportunités business.

Pour cela, Facom va gratifier les clients qui compléteront des formulaires, des sondages ou des enquêtes clients. Le but de cette démarche est de collecter de la donnée qualifiée sur la marque, les produits, les habitudes clients, etc.

Le back-office de la Facommunauté propose de nombreux tableaux de bord afin de bénéficier d'une rapide visualisation de la communauté. Améliorer la prise de décision des équipes marketing, tel est l'objectif de ce manager. Les KPIs les plus pertinents sont mis en avant par des dataviz interactives et intuitives. Pour bénéficier d'analyses plus poussées, il est possible d'extraire rapidement ces données en CSV.

EN BREF

La Facommunauté a permis de remplir les différents objectifs de Facom.

Elle a fédéré et renforcé une communauté déjà présente au sein d'un site web composé d'un forum très actif. Elle a permis d'améliorer la visibilité de la marque auprès des plus jeunes en renforçant l'engagement sur les réseaux sociaux. Elle a aussi permis d'augmenter les visites en magasin par le biais d'une récompense lors de la géolocalisation ou du flashcode.

> DIGIREWARD
www.digireward.com

Raphaël Bitter
raphael@digireward.com

Santi Fenoll
Directeur Marketing Stanley-Black&Decker France
santi.fenoll@sbdinc.com

Étude De Cas

LA BANQUE POSTALE

#N'ayez plus peur : le premier Escape Game au service du crédit immobilier !

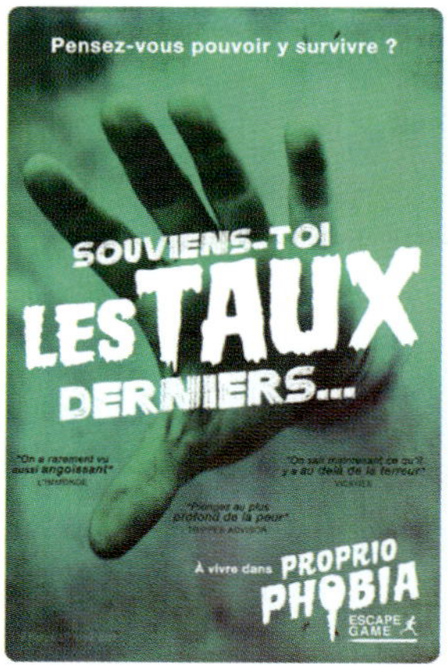

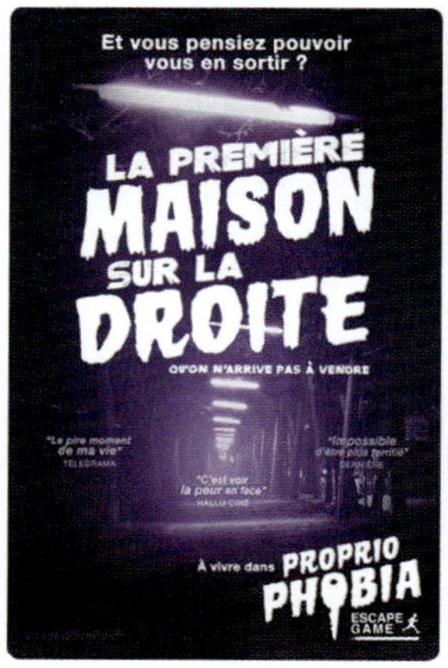

PROBLÉMATIQUE DE LA MARQUE

> Contexte

La Banque Postale accompagne ses 11 millions de clients actifs dans leur vie au quotidien, des petits imprévus aux grands projets. Selon une enquête réalisée pour La Banque Postale par Ipsos[1] :

- 70 % des Français se posent des questions avant de concrétiser un projet immobilier ;
- 76 % des Français ont du mal à identifier si un taux d'intérêt d'un prêt immobilier est intéressant ;
- 75 % des locataires ont du mal à évaluer la somme qu'ils pourraient emprunter pour un crédit immobilier.

Forte de ces constats, La Banque Postale décide d'accompagner et rassurer ses clients sur le crédit immobilier. Elle lance le 29 avril 2018 une campagne de six semaines "N'ayez plus peur de devenir propriétaire". Il s'agit de montrer qu'acheter un bien immobilier n'est plus anxiogène, car La Banque Postale propose toute une gamme de solutions pour simplifier et assurer les démarches.

Un film TV de 30 secondes interpelle les Français avec humour et connivence sur la peur de se lancer dans un projet immobilier : « Si vous aimez vous faire peur, vous allez être déçu. À La Banque Postale, n'ayez plus peur de devenir propriétaire. Découvrez la Garantie revente immobilière de notre Assurance Habitation. »

Le contexte réunit les éléments favorables pour promouvoir le crédit immobilier :

- L'offre de La Banque Postale propose des taux d'intérêt compétitifs, la possibilité d'accéder au crédit avec ou sans apport et une garantie revente de son assurance habitation couvrant jusqu'à 20 000 € la perte de valeur d'un bien en cas de revente précipitée ;
- Les réseaux sociaux sont devenus incontournables pour optimiser la portée des contenus. Or, La Banque Postale est une banque référente sur la communication social média. Première chaîne bancaire sur YouTube, 3e communauté bancaire de son secteur, elle affiche l'un des plus forts taux d'engagement pour une banque traditionnelle.

> Cibles

Les 20-30 ans, Les 30-40 ans, Les + de 50 ans

> Moyens

Réseaux sociaux, Viralité, Story-telling

> Budget

80 000 € TTC

SOLUTION STRATÉGIQUE

La communication digitale se devait de transposer le claim "n'ayez plus peur" en créant une expérience de marque unique sur le digital pour rendre la promesse tangible et créer une vraie complémentarité avec la campagne TV.

Pour ce faire, La Banque Postale crée donc le premier Escape Game Bancaire en France en faisant vivre une expérience unique et réelle à des influenceurs en affinité avec sa cible de conquête. L'ensemble du dispositif est relayé sur les médias sociaux en s'appuyant sur l'utilisation du hashtag #Nayezpluspeur.

Réseaux sociaux | Viralité | Story-telling

> Retrouvez les mots clés en index <

INFOS CLÉS

2 131 539 vues totales des vidéos	**4 803 652** impressions Twitter	**85 763** visites sur le site

Dix influenceurs sont sélectionnés et invités à participer à un Escape Game qui les plongera pendant 60 minutes intenses au cœur d'une histoire palpitante dont ils ne pourront sortir qu'en trouvant les bons indices relatifs aux offres de La Banque Postale...

> Objectifs

- Accroître la notoriété de l'offre crédit immobilier de La Banque Postale ;
- Générer des conversations et interactions autour du dispositif afin de créer un bassin d'audience qualifié à recibler avec les offres immobilières La Banque Postale ;
- Créer du trafic vers les pages "Crédit immobilier" du site web de la marque pour générer des leads.

MISE EN PLACE OPÉRATIONNELLE

> Création d'un Escape Game inédit et éphémère en 15 jours

Pour cela, La Banque Postale fait appel à un spécialiste "Kairos, espace gam*", référent dans ce domaine, pour imaginer un scénario original en lien avec la thématique de l'achat immobilier. Un Escape Game inédit et complet est alors mis en place en collaboration avec Publicis Sapient et La Banque Postale.

A travers le scénario, La Banque Postale montre que l'acte d'achat immobilier n'est pas anxiogène et qu'elle propose les solutions adéquates pour accompagner et rassurer ceux qui souhaitent se lancer.

Scénario : le jeu est une métaphore du parcours du combattant du primo-accédant.

Cinq équipes de deux influenceurs endossent chacune le rôle de deux colocataires vivant dans une location sordide de 50 m^2. Pour sortir de ce taudis, la seule solution est de devenir propriétaire d'un appartement. Ils doivent au préalable résoudre en une heure trois énigmes. La porte du bureau du conseiller de La Banque Postale, accueillant et bienveillant, s'ouvrira alors pour leur faire signer leur crédit immobilier.

Les trois indices renvoient aux trois points forts des offres de crédit immobilier de La Banque Postale :

- Un taux de crédit parmi les plus bas du marché
- Un crédit immobilier envisageable avec ou sans apport
- Une garantie revente immobilière.

> Sélection de dix influenceurs en 10 jours

Trois critères principaux ont conditionné leur sélection :

- L'affinité de leur communauté vs la cible de conquête de LBP
- Le taux d'engagement et le nombre de followers proactifs
- Leur ligne éditoriale qui se devait d'être en lien avec les différentes facettes de la campagne (immobilier, gaming,

"Une campagne gagnante ayant su créer les bonnes synergies entre création inédite + e-influence + paid média."

RTL INFO RADIO VIDÉO PODCAST En Direct

Publicité · 2 min de lecture

Projets immobiliers : n'ayez plus peur de vous lancer

Les beaux jours reviennent et, avec eux, la valse des déménagements. Pour de nombreux acquéreurs, c'est la période idéale pour les transactions immobilières. Vous hésitez encore ? La Banque Postale est là pour vous accompagner.

RTL Partenaire Avec LA BANQUE POSTALE

Partager l'article

humour...) afin que l'expérience vécue par les influenceurs ne déroute pas leurs différentes audiences en étant trop loin de leur ligne thématique habituelle.

Les profils retenus interagissent dans des univers aussi divers que la décoration, le gaming, l'humour, le conseil immobilier, l'Escape Game... autant de sujets en lien avec le propos de la campagne (l'immobilier) ou avec sa forme (l'Escape Game).

Leur mission :

- Annoncer en amont leur participation à l'Escape Game en utilisant les supports mis à leur disposition par La Banque Postale ;
- Participer à l'Escape Game dont ils ne connaissent rien ;
- Partager l'expérience avec leur communauté.

Anecdote sur le tournage : les hurlements des influenceurs ont enregistré jusqu'à 5 300 décibels cumulés tant l'expérience vécue fut intense.

> Organisation du dispositif « #N'ayez plus peur »
D'une durée de trois semaines, le dispositif s'est organisé en trois phases.

1) TEASING avec des créations de contenus humoristiques différenciés sur le thème de la peur de devenir propriétaire.

Pour inciter au partage de leur expérience auprès de leur communauté, les influenceurs reçoivent :

- Des fausses affiches de cinéma parodique de films d'horreur ou d'angoisse cultes ;
- Des photos des affiches mises en situation dans la ville. Ces photos sont shootées en situation puis enlevées pour ne pas dégrader l'environnement urbain ;
- Une vidéo de 10 secondes, très énigmatique, réalisée comme un teaser de film d'horreur afin qu'ils puissent la poster.

2) EXPOSITION avec une vidéo qui explore le sentiment de peur et éclaire sur les solutions de La Banque Postale.

Chaque équipe d'influenceurs est filmée pendant son Escape Game. Une vidéo d'une minute personnalisée et condensant leur expérience leur est envoyée pour publication sur leur compte Twitter et Instagram.

3) RETARGETING avec une invitation à découvrir les solutions de la Banque Postale sur son site.

Les personnes exposées au teasing et aux *vidéos reveal** et les personnes ayant interagi avec ces différents éléments sont réexposées avec des formats en lien avec l'opération et présentant plus concrètement les solutions immobilières de La Banque Postale.

- #1 Utilisation du format Twitter Card pour réexposer les internautes avec des visuels issus de la campagne #Nayezpluspeur ;

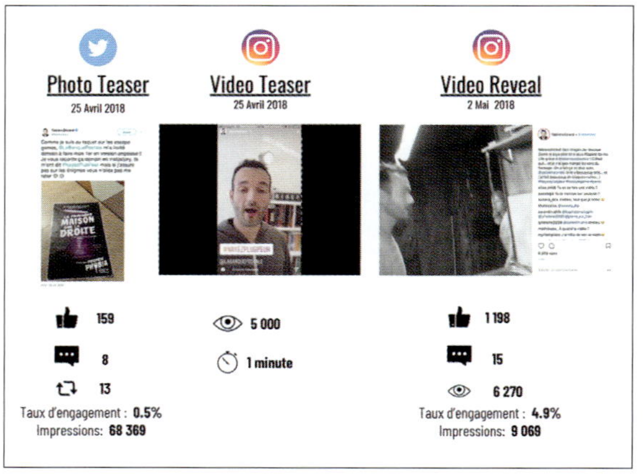

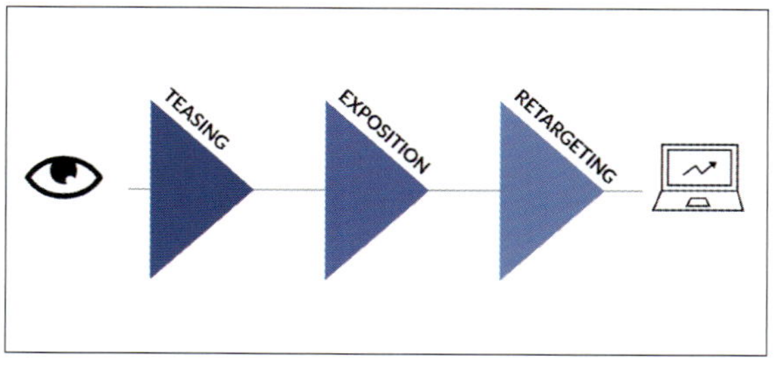

- #2 Message diffusé : #NayezPlusPeur : Devenez propriétaire, notre taux est rassurant et votre bien est assuré ;
- #3 Trafic vers les pages Immobilier/MRH du site La Banque Postale.fr.

RÉSULTATS

Ce dispositif ambitieux et inédit a su transposer habilement sur les réseaux sociaux la campagne pluri-média. L'originalité du dispositif, l'implication des influenceurs et une stratégie *paid média** bien construite ont généré d'excellents résultats.

Une visibilité forte :

- 4 803 652 impressions pour les différents formats teasing + vidéo reveal ;
- 2 131 539 vidéos vues.

Des performances importantes :

- 85 763 visites engagées générées par la phase retargeting sur le site LaBanquePostale.fr ;
- 1 659 formulaires de demande de crédits immobiliers remplis ;
- 759 demandes de rappel ;
- Plus de 10 000 visites sur les contenus éditoriaux immobiliers publiés sur LaBanquePostale.fr avec une durée moyenne de 2 min 04 s sur chaque sujet ;
- 16 681 clics de trafic vers le site ;
- Plus de 22 retombées presses saluant l'originalité du dispositif.

ENSEIGNEMENTS

- Le dispositif créatif inédit et parfaitement complémentaire au propos de la campagne a été un facteur clef de succès ;
- Si les influenceurs étaient partenaires de La Banque Postale, l'expérience qu'ils ont vécue a été néanmoins réelle et leur a permis de diffuser un contenu à vraie valeur ajoutée même si réalisé en partenariat avec une marque. Une campagne win/win dans laquelle ils se sont donc vraiment investis ;
- Une campagne qui a su allier efficacement une phase de branding à un dispositif de retargeting et ainsi concilier au mieux notoriété et performance.

*Retrouvez la définition dans le lexique en fin d'ouvrage.
[1] Enquête réalisée pour La Banque Postale sur un échantillon de 1 000 individus représentatif de la population française de 16 ans et plus interrogé par internet du 6 au 9 mars 2018

> *"Si vous aimez vous faire peur, vous allez être déçu. À La Banque Postale, n'ayez plus peur de devenir propriétaire. Découvrez la garantie revente immobilière de notre Assurance Habitation."*

> LA BANQUE POSTALE
www.labanquepostale.fr

Liliane Mougeot
Stratégie et expertises digitales
liliane.mougeot@labanquepostale.fr

Thomas Salviejo
Digital communication
thomas.salviejo@labanquepostale.fr

La place de la voix, l'optimisation et la personnalisation du parcours client dans une vision omnicanale...
État des lieux des éléments essentiels d'une relation client optimisée !

STRATÉGIE CRM

FIDÉLISATION

USER EXPERIENCE

CONVERSATIONNEL

RELATION CLIENT

CUSTOMER JOURNEY

INTELLIGENCE ARTIFICIELLE

PERSONNALISATION

VOICEBOT

SOMMAIRE

CHAP.3

◗ *Étude de cas* ▶ *Article*

Nouveaux modes de communication des marques

Mediametrie

Nouvelle expérience client ?

Le consommateur est confronté à plusieurs sources d'influence

9 canaux sont potentiellement **utilisés par les Internautes pour s'informer** sur les marques

37% des consommateurs se rendent en point de vente

36% des consommateurs consultent leur entourage

50% des consommateurs consultent les sites de marques et comparateurs

plus de 25% des consommateurs consultent les sites dédiés à la consommation

Et il est doté d'un nouveau pouvoir

9,5 millions d'internautes utilisent aujourd'hui des applications dites « d'empowerment citoyen »

2/3 décident de passer à l'acte d'achat lorsqu'ils lisent un avis positif

3/4 décident de ne pas passer à l'acte d'achat à la lecture d'un avis négatif

Comment les marques peuvent-elles se démarquer ?

1/3 **des Internautes** consultent une **page de marque** sur les **réseaux sociaux** au moins une fois par mois

1/2 **des consommateurs** connaissent **les chatbots**

1/3 **des consommateurs** connaissent **les callbots**

6/10 **des consommateurs** préfèrent **une interaction humaine** considérée comme **plus adaptée à la personnalisation de la relation**

Interpeller pour se distinguer

80%
des Internautes ayant consulté **des contenus « nouveaux »*** de marques considèrent **qu'ils renforcent la proximité**

86% chez les femmes

85% chez les millenials

pour **81%**
de ces mêmes consommateurs, ces communications « nouvelle génération »* **incitent à acheter plus**

85% chez les femmes

85% chez les millenials

* Nouveaux contenus : vidéos interactives ou lives, stories, jeux à l'effigie des marques, quiz, ...

Une communication pour une expérience réussie

3 composants d'interaction à moduler : contenu, format, ton

plus de 40%
des Internautes ont déjà été exposés à **des jeux concours de marques**

1/5
des Internautes ont déjà consulté **des lives ou des stories sur les réseaux sociaux**

2x
fois plus de temps qu'il y a un an, consacré **aux jeux mobiles**

Et adaptée selon le secteur

Le ton ludique est plus approprié pour une communication sur des produits **alimentaires**

Les stories vont mieux convenir pour des articles de **mode ou des produits d'hygiène beauté**

Les vidéos interactives conviendront mieux pour s'adresser aux consommateurs de **produits techniques et nouvelles technologies**

Médiamétrie – MédiaFit – Etude réalisée auprès de 1 000 Internautes de 15 ans et plus du 29 août au 4 septembre 2019

Article

Marques : innover dans l'expérience client

Dans un contexte extrêmement concurrentiel et de sur-sollicitation des consommateurs, les marques déploient de nouvelles stratégies innovantes pour interagir avec eux et se distinguer dans l'expérience client. Quelles sont les clés du succès de ces communications inspirées de l'univers digital ?

L'avis des pairs joue un rôle important dans l'achat : un avis positif est décisif pour 2 consommateurs sur 3, près de 3 sur 4 chez les 35-49 ans et près de 70 % chez les CSP+

"Deux individus appartenant à la même strate socio-démographique et intéressés par un même produit sont en attente d'une communication personnalisée qui sera bien plus pertinente si elle tient compte de leurs centres d'intérêt totalement différents."

Jamila YAHIA MESSAOUD
Directeur du Département Consumer Insights Médiamétrie

UN CONSOMMATEUR INFORMÉ ET ACTIF

Aujourd'hui, les internautes ont accès à plusieurs canaux pour s'informer sur les marques : les sites des marques (49 %) ou des revendeurs (52 %) viennent en premier ; l'entourage (36 %) joue également un rôle significatif, les points de vente eux-mêmes (37 %) ainsi que les sites dédiés à la consommation (1 personne sur 4). Les consommateurs sont 9 % à se renseigner sur les pages des marques sur les réseaux sociaux. Avec 51 millions d'internautes qui surfent plus de 2 heures quotidiennement, la sphère digitale est une immense source de conseils et informations, et offre une interactivité qui rend ainsi la relation entre la marque et les consommateurs plus que jamais multilatérale.

Pour Jamila Yahia Messaoud, Directrice du Département Consumer Insights de Médiamétrie, « parfaitement informé, le consommateur dispose d'une nouvelle posture, voire d'un nouveau pouvoir ». Et cela d'autant plus que sont apparues récemment des applications dites d'empowerment citoyen telles que Yuka ou QuelCosmetic ; elles sont utilisées par 9,5 millions d'internautes, soit près de deux fois plus qu'il y a un an. Les 15-34 ans sont les plus grands adeptes de ces applications : ils constituent près du tiers de leur audience alors qu'ils pèsent pour moins d'un quart de la population française.

Pour se distinguer dans l'abondance de communication, les marques ont déjà investi des modes d'interaction répondant aux attentes du consommateur : une relation personnalisée, propre à ses contraintes et préférences, et facilitée. Elles s'attachent également à démultiplier les opportunités de contacts. A ce titre, le développement des *chatbots** offre désormais un accès rapide en ligne aux informations de base : près d'un consommateur sur deux les connaît (60 % chez les CSP+ et 68 % chez les 15-34 ans). Plus d'un tiers des consommateurs a expérimenté leur version téléphonique - les *callbots** -, notamment les CSP+ (41 %) et les 15-34 ans (42 %). Ces deux solutions sont plébiscitées pour leur simplicité d'usage ainsi que pour la rapidité avec laquelle elles apportent des réponses à un besoin d'information. Toutefois, dans le cas d'interactions complexes, 6 consommateurs sur 10 considèrent que l'humain est plus adapté à la personnalisation de la relation.

> Le consommateur est confronté à plusieurs sources d'influence

L'interaction des marques avec leurs clients doit également se renouveler. Les vidéos de deuxième génération constituent un canal innovant : il s'agit de vidéos interactives ou live, de *stories** sur les plateformes sociales, de jeux à l'effigie des marques, etc. Ces derniers sont les plus développés : plus de 40 % des internautes ont déjà été exposés à des jeux-concours de marques. Et plus d'un internaute sur cinq regarde les lives ou stories des marques sur les réseaux sociaux.

Certaines marques - notamment dans les domaines hygiène et beauté, automobile et habillement - sont à la pointe de ces nouveaux contenus avec un réel succès. Les consommateurs qui y sont exposés considèrent majoritairement que ces contenus d'un genre nouveau renforcent la proximité avec les marques : c'est particulièrement le cas des femmes qui sont 86 % à le penser et des millennials (85 %). Plus des deux tiers des consommateurs ayant vu ces contenus les considèrent meilleurs que les communications dites "classiques" des marques, ils sont 77 % chez les CSP+ et près de 73 % chez les millennials. Pour 81 % de ces consommateurs, ces communications nouvelle génération incitent à acheter plus, un constat encore plus marqué chez les femmes et les millennials (85 %).

L'intérêt des consommateurs pour ces nouvelles formes d'interaction avec les marques repose sur 3 dimensions : les formats, les tons adoptés et les contenus. Pour Jamila Yahia Messaoud, « bien entendu, les variables d'une même équation varient d'un consommateur à l'autre, mais aussi d'un secteur à l'autre. »

Les communications s'adaptent tout d'abord à la cible socio-démographique. Les millennials par exemple sont particulièrement friands des nouveaux modes de communication et particulièrement adeptes de vidéos live, d'infographies interactives et autres jeux et quizz proposés par les marques. Ils les apprécient et sont 80 % à considérer que ces formats génèrent plus d'attachement à la marque, un résultat qui mérite d'être souligné compte tenu de la volatilité de cette population.

Les 3 composantes de l'interaction doivent également être ajustées selon les secteurs d'activité. Alors qu'un ton ludique est plus approprié pour une communication sur des produits alimentaires (jeux, quizz...), les stories correspondent bien aux articles de mode et produits d'hygiène beauté ; les vidéos interactives s'adressent aux consommateurs de produits techniques et nouvelles technologies.

Enfin, les centres d'intérêt des consommateurs orientent également les communications. Jamila Yahia Messaoud précise : « deux individus appartenant à la même strate sociodémographique et intéressés par un même produit sont en attente d'une communication personnalisée qui sera bien plus pertinente si elle tient compte de leurs centres d'intérêt totalement différents ». A ce titre, l'apport de la data collectée autour des consommateurs est crucial pour aider les marques à renforcer leur connaissance des clients et leur proposer cette interaction personnalisée.

Aujourd'hui plus que jamais, les marques doivent offrir aux consommateurs le choix de l'interaction avec elles ; les consommateurs n'en deviendront que plus engagés, signe d'une expérience réussie.

*Retrouvez la définition dans le lexique en fin d'ouvrage.

> MÉDIAMÉTRIE
www.mediametrie.fr
Fiche d'entreprise p. 495

Jamila Yahia Messaoud
jyahiamessaoud@mediametrie.fr

Article

La donnée de paiement au service de votre stratégie Marketing : 4 cas d'usage

Nativement omnicanale, la donnée de paiement est l'outil ultime permettant de bâtir une connaissance client fine et lui faire ainsi vivre une expérience personnalisée et sans-couture.
Avec le mouvement d'Open-banking Européen incarné par la 2ème Directive Européenne sur les Services de Paiement, cette donnée, auparavant apanage des banques, devient accessibles aux Fintechs et permet de démultiplier les cas d'usage. Didier Gasté, co-fondateur de Transaction Connect, la première plateforme marketing construite sur des données de paiement partage 4 cas d'usage permettant aux acteurs du Retail de récolter et exploiter ces données afin de générer du chiffre d'affaire incrémental.

39 % des Européens placent « l'attente en caisse, trop de monde » comme le premier inconvénient d'acheter en magasin physique

76 % des Français déclarent renoncer à acheter un article et sortir d'un magasin une fois arrivés à la caisse, à cause d'une file d'attente trop longue

> 1. Faciliter la récolte unifiée des données de paiement sans nuire à l'expérience client: rattacher sa carte bancaire à son compte de fidélité

Le premier enjeu consiste à assurer une récolte fluide, fiable et complète de la donnée, sans alourdir le passage en caisse, qui constitue toujours le principal accroc du parcours client.

39% des Européens placent « l'attente en caisse, trop de monde » comme le premier inconvénient d'acheter en magasin physique. Ainsi, 85% d'entre eux déclarent que « payer le plus rapidement possible et sans attendre »(1) leur donnerait envie de fréquenter plus souvent les magasins.

Actuellement, l'identification du client en magasin reste archaïque et chronophage. «Etes-vous membre de notre programme de fidélité ? ». Cette question posée en caisse appelle diverses actions de la part du client : chercher désespérément sa carte dans son portefeuille (55% des cartes de fidélité en France sont physiques(2)), dans le meilleur des cas sa carte digitale dans son application mobile (33% de cartes dématérialisées), scanner vainement un QR code ou un code barre... puis finalement abandonner pour épeler péniblement son nom ou son email. Temps passé et perdu ? en moyenne 18 Secondes ! 76% des Français déclarent renoncer à acheter un article et sortir d'un magasin une fois arrivés à la caisse, à cause d'une file d'attente trop longue. Une situation qui se produit au moins une fois par mois pour 15% d'entre eux(3).

Afin de minimiser les contraintes pour le client, Transaction Connect propose de rattacher directement sa carte de paiement à son compte de fidélité. Fini les cartes de fidélité, physique et digitales. Les transactions sont directement identifiées (et rétribuées) sans que ni le client, ni le staff du retailer n'aient à intervenir.

> 2. Faire entrer votre veille concurrentielle dans une autre dimension

A l'heure où les consommateurs sont plus que jamais versatiles, comment maîtriser son univers concurrentiel ?

Comment ça marche ?

1 — Inscription et synchronisation du moyen de paiement

2 — Les achats en carte du jour sont automatiquement reconnus

3 — Remboursement sous 3 jours des achats dans toutes les enseignes

Il est primordial d'avoir une vision unifiée et multicanale des habitudes consommations des clients. Grâce à la donnée de paiement, il est possible d'analyser, de façon statistique et agrégée, le comportement d'achat de vos clients non seulement sur votre lieu de vente mais également dans les lieux physiques concurrents et les sites e-commerce. Diverses opportunités d'analyses: évaluer la part de clients partagés avec vos concurrents, identifier les principaux lieux ou canaux concurrents et être capable de comprendre le comportement d'achat de vos clients sur chacun de ces canaux, identifier des phénomènes d'attrition de vos clients au profit d'un autre lieu ou canal de vente en analysant et comparant l'évolution de leur fréquence d'achat et leur panier moyen, comprendre précisément le showrooming en étudiant la relation entre un magasin physique et le site e-commerce d'une ou plusieurs marques, comprendre les comportements "o-to-o", évaluer la part d'achats effectués en ligne et retournés en magasins, etc...

> 3. Construire des segments clients pertinents grâce à une connaissance client pointue

La donnée de carte de paiement est la donnée comportementale la plus pertinente pour améliorer la connaissance client. Nativement omnicanale, exhaustive car non déclarative (on ne perd pas de donnée car le client a oublié ou n'avait pas intérêt à montrer sa carte en caisse), elle permet une finesse d'analyse et donc de segmentation inégalée.

La segmentation transactionnelle permet de créer des groupes de clients homogènes en fonction de l'analyse de leur comportement d'achat individuellement : date de l'achat, enseigne et montant. Il est alors possible d'identifier les segments suivants, dans le cas d'une enseigne donnée, par exemple :

- les clients à plus forte valeur : les plus fidèles, qui achètent très fréquemment et/ou dont le panier moyen est le plus élevé
- les clients en phase d'abandonnisme : en comparant les fréquences d'achat, les algorithmes prédictifs utilisant les données de transaction identifient les clients qui peuvent ne pas revenir ce mois-ci... ou même jamais! La plateforme d'activation de Transaction Connect suggère notamment des campagnes ciblant ces populations avec une offre pertinente qui réduit le risque de voir un client partir . Pour ceux qui resteront malgré tout insensibles à cette activation, la vision globale des achats, obtenue de manière agrégée et anonymisée vous permettra de comprendre quelles autres enseignes, points de vente ou canaux ont grignoté vos parts de marché.

Pour les lieux de shopping multi-enseignes notamment, l'analyse de ces données permet d'identifier les enseignes qui créent les meilleures synergies, à savoir celles dont le taux de cross-sell est le plus élevé et pouvoir ainsi construire des recommandations afin de mieux engager les clients avec un contenu pertinent qui génèrera du chiffre d'affaire incrémental. Cela offre ainsi la possibilité de prédire des intérêts sur des segments de clients similaires.

Enfin, pour chaque action CRM un ROI omnicanal tangible peut-être mesurée précisément, en évaluant le chiffres-d'affaires

Analyse concurrentielle multi-canale

C.CIAL A	C.CIAL CONCURRENT B	ON-LINE	% DES CLIENTS	FRÉQUENCE D'ACHAT MENSUELLE	PANIER MOYEN MENSUEL
OUI	NON	NON	27,0 %	0,2	95,60 €
	NON	OUI	9,0 %	0,6	42 €
	OUI	NON	45,5 %	1,2	84,70 €
	OUI	OUI	18,5 %	2,3	73,50 €

incrémental généré, en comparant les données historiques et les données post-activation.

4. Optimiser les investissements publicitaires en ligne
Qui n'a pas été la cible d'un retargeting périmé lui vantant un produit qu'il a recherché et comparé en ligne... mais qu'il a déjà acheté il y a 3 semaines ?

En effet, il est de plus en plus difficile pour les annonceurs d'avoir une vision exhaustive de la navigation des internautes. D'une part, le comportement des clients peut entraver cette vision complète: les clients utilisent plusieurs appareils (mobile, tablette...), les cookies peuvent être supprimés, de plus en plus d'internautes utilisent un ad-blocker (28,7% des internautes en France)(4) ou une navigation en mode privé...

D'autre part, la règlementation tend à complexifier le reciblage en obligeant désormais les sites à obtenir le consentement préalable des visiteurs pour commencer à collecter leurs données de navigation.

Cela pose plusieurs problèmes : identifier qu'un achat a été réalisé afin d'arrêter le reciblage d'un client et optimiser ainsi les investissements publicitaires, assurer la justesse du contenu diffusé issu d'une analyse précise et unifiée du comportement client et enfin, avoir une vision omnicanale d'un client donné.

La donnée de paiement permet de résoudre ces points. Le premier est résolu de fait : l'acte d'achat est identifié, qu'il ait eu lieu on ou offline. Concernant le second, la donnée de paiement permet non seulement d'analyser le comportement d'achat quel que soit le canal, mais également de prédire les achats futurs grâce à l'analyse de la fréquence d'achat par exemple.

La technologie Transaction Connect propose au consommateur de rattacher directement son moyen de paiement à son programme de fidélité. Une expérience sans frictions car il est automatiquement reconnu lors de son passage en caisse, sans avoir à présenter sa carte de fidélité ou sortir son mobile et sans intervention de la part du vendeur.

De plus, la solution ne nécessite aucun déploiement de matériel supplémentaire en point de vente, ni d'intégration avec le système de caisse, ce qui permet un déploiement rapide et à moindre coût.

Les clients bénéficient d'une expérience fluide, sans carte de fidélité, et sont récompensés lorsqu'ils paient avec leur moyen de paiement électronique habituel. Par ailleurs, l'analyse des données d'achat donnent aux retailers et aux centres commerciaux des insights précieux pour améliorer leur marketing et leur stratégie.

La société utilise les nouvelles technologies d'open banking et de machine learning pour collecter, analyser et enrichir les données d'achats des clients qui l'acceptent à l'inscription au programme de fidélité. Le service est facturé sous forme de licence SAAS.

Agréée par l'autorité Française de régulation du secteur bancaire (ACPR) en Décembre 2018 (Numéro d'Enregistrement 17038), Transaction Connect répond à des exigences comparables à celles des banques et accède aux données de paiement des utilisateurs sous le contrôle de l'Autorité Bancaire.

Taux de retour produits

Online-to-offline refund (transaction)

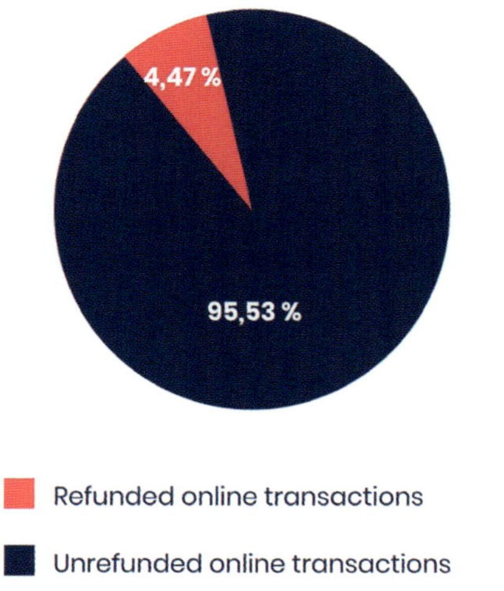

Parts de marché

Segmentation transactionnelle

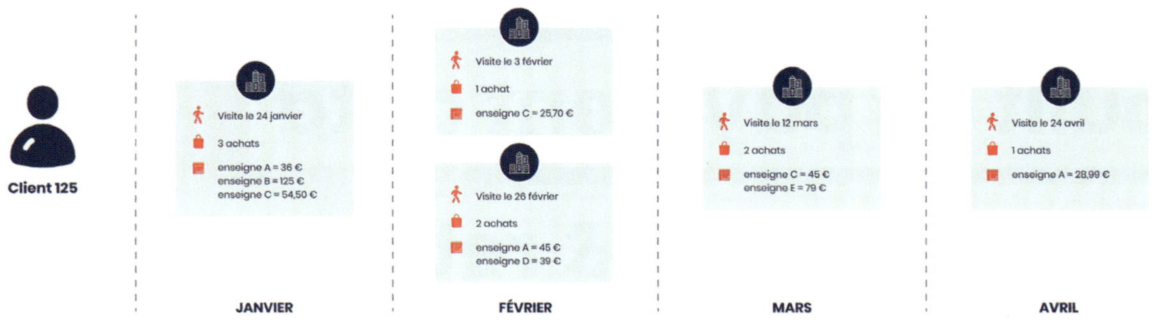

Abandonistes

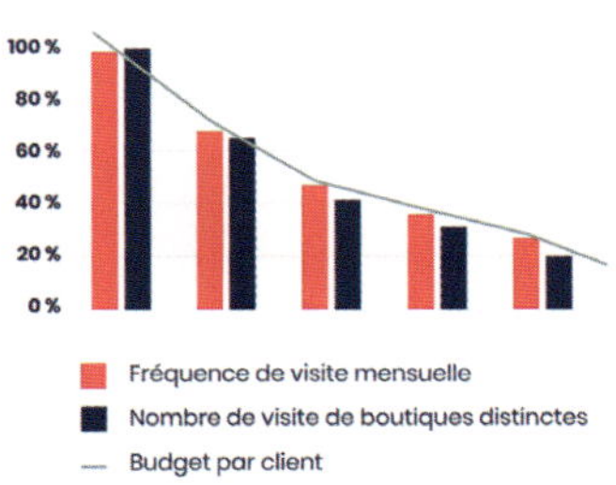

High spender

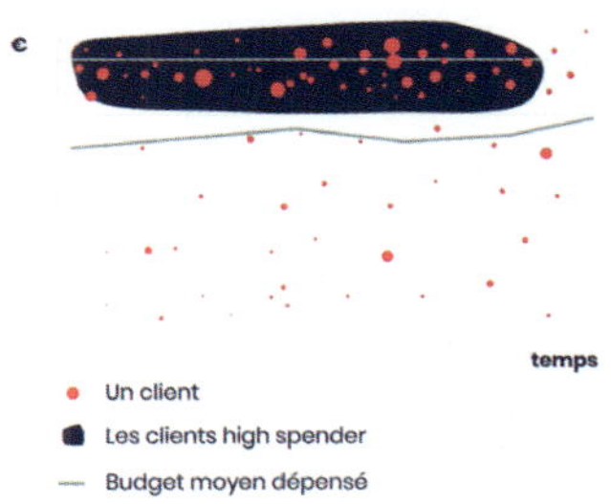

Non-client

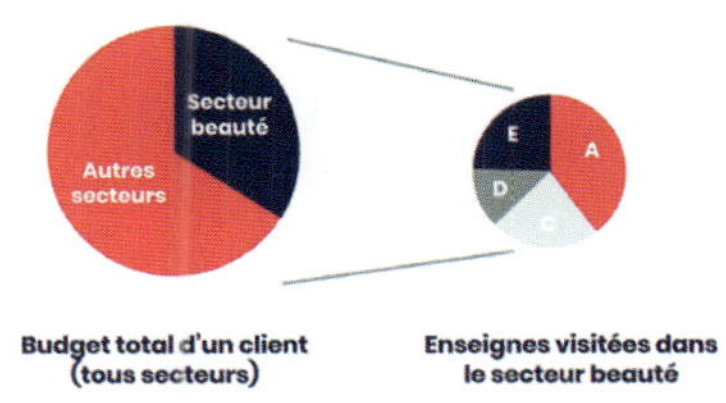

1. Observatoire Cetelem 2018, "I Like shopping !"
2. Generix Group et Univers Retail, Sept. 2019, "Fidélité et parcours unifié : 75 programmes de relation client post RGPD"
3. Harris Interactive, Nov. 2017
4. eMarketer, Août 2018, « Ad Blocking in France 2018 »

*Retrouvez la définition dans le lexique en fin d'ouvrage.

> TRANSACTION CONNECT
Fiche d'entreprise p. 502

Didier Gasté
CEO
didier@transactionconnect.com

ONBOARDING

Nous créons des interfaces permettant à vos utilisateurs de rattacher leurs moyens de paiement à votre programme de fidélité et identifions ainsi les lieux de leurs achats.

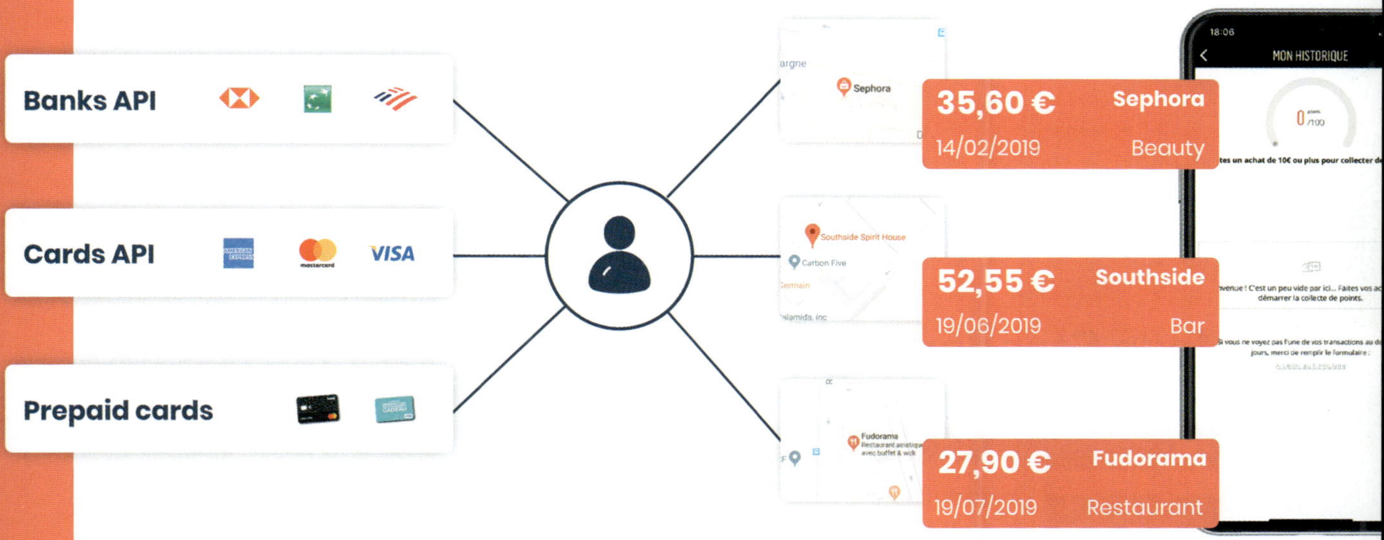

INSIGHTS

Nous analysons leurs comportements omnicanaux et vous mettons à disposition des tableaux de bord vous permettant de rationnaliser vos décisions.

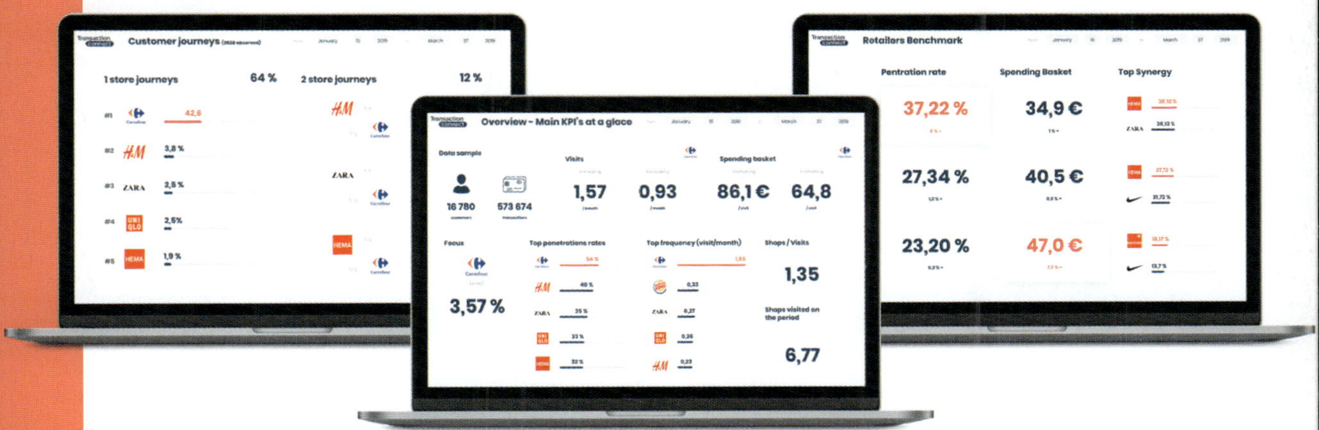

ACTIVATION

Nos algorithmes prédictifs vous suggèrent les meilleurs campagnes d'activation, vous permettant de générer du chiffre d'affaires incrémental en ligne et en boutique.

Socio/demo spending

Behavioir

Loyalty Status

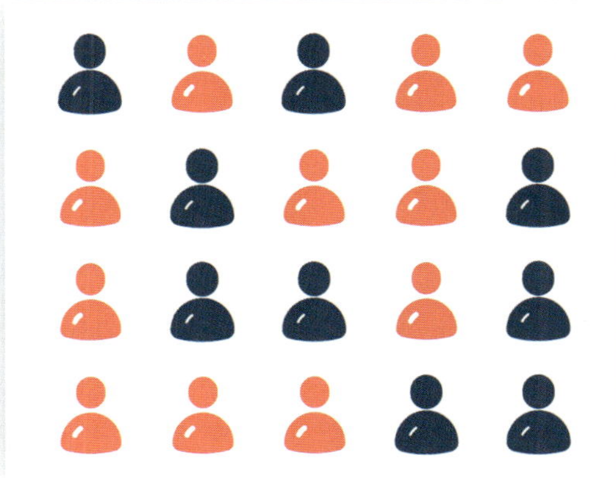

+ 28 %
frequency

+ 25 %
cross-sell

Étude De Cas

SNCF

Design System SNCF : un design vivant au service de l'utilisateur.

Mode **Standard**

Mode **Sombre**

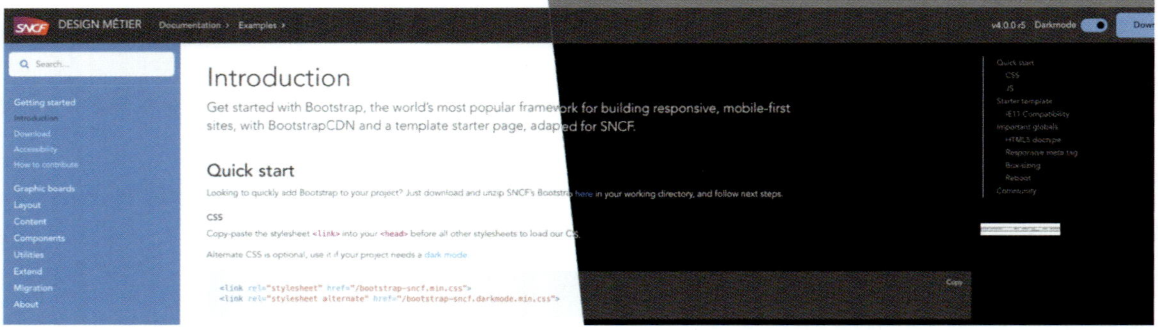

> https://design-bootstrap.sncf.fr

PROBLÉMATIQUE DE LA MARQUE

Dans un groupe tentaculaire tel que SNCF, de grands défis sont à relever dans la façon dont la création des interfaces digitales est appréhendée. Alors que les coûts doivent sans cesse être mieux maitrisés, les silos brisés et la qualité de l'expérience choyée, le Design System s'est imposé dans l'équipe Fab Design comme une meilleure façon de penser la base d'une expérience plus qualitative et cohérente.

Le déploiement du design devait aller plus loin que la simple mise à disposition d'une "charte digitale". Au-delà des problématiques de la marque, celui-ci devait servir le métier et l'efficacité des projets digitaux.

> Objectifs
Améliorer l'expérience de nos interfaces.
Optimiser les coûts et les time to market.

> Moyens
Framework, Planches Design, Open Source

> Cibles
Designers, Développeurs Front, Chefs de projet

> Budget < à 50 000 €

SOLUTION STRATÉGIQUE

> Une solution sur trois axes

- **Composants design**

Avec l'utilisation du principe d'Atomic Design, le design est modulaire et se construit facilement autour des problématiques d'expérience utilisateur. Il s'enrichit en permanence de nouveaux composants afin de couvrir un maximum de cas d'usage.

- **Framework**

La création d'un socle technologique est nécessaire afin d'avoir une base commune pour le développement front, mis à jour et maintenue en permanence.

- **Langage visuel/Totems de la marque**

L'utilisateur doit se sentir chez SNCF. Ajouter l'univers de la marque et ses totems est donc essentiel pour l'expérience utilisateur.

> Couvrir l'expérience collaborateur
Deux variantes du Design System ont été réalisées pour couvrir l'ensemble des cas d'usages (internes BtoE et externes BtoC) :

- **Une version du Design System pour les applications collaborateurs et métier**

En pleine transformation digitale, les divers métiers de SNCF se digitalisent à grande vitesse. Avec plus de 300 applications, les agents SNCF ont plus que jamais besoin d'applications simples et intuitives. La cohérence apportée par un design commun permet une appropriation rapide des nouvelles applications et un gain de productivité. Le groupe est persuadé que la symétrie des attentions de tous les utilisateurs est fondamentale pour la transformation numérique de l'entreprise.

- **Une version du Design System pour les sites externes et la communication**

En communication interne ou à destination de nos clients, SNCF crée chaque année de nombreux sites web sur lesquels le groupe doit assurer une expérience optimale et homogène.

> Les facteurs clés de succès
Pour faire vivre le Design System et pour qu'il soit adopté et enrichi, une communauté a été lancée autour du système couplée à une communication constante sur l'évolution du

INFOS CLÉS

4 mois de création design
+ 6 semaines de développement

+ de 30 projets réalisés à partir du Design System

10 à 30 % de temps gagné en développement

produit & ses corrections. L'animation autour du produit constitue une tâche quotidienne afin de toucher les milliers de collaborateurs SI et les centaines de chefs de projets digitaux.

MISE EN PLACE OPÉRATIONNELLE

> Caractéristique du projet
La création du MVP a duré moins de 6 mois. Le projet est depuis 2018 dans une phase d'amélioration continue et a connu plusieurs nouvelles versions afin de répondre aux besoins des différents métiers.

> Le travail créatif : comment assurer les bons cas d'usage afin de servir tout le groupe
Pour sélectionner un maximum de cas d'usage et créer les différents composants de notre Design System, un audit des applications existantes a été réalisé au démarrage du projet afin de définir les cas d'usages puis la liste des composants en suivant la logique de l'atomic design (du plus petit composant : l'atome, au plus grand : la page). L'aboutissement a été la création de plusieurs planches de composants.

La construction du Design System a pu se faire naturellement, en pair design (duo expert UX et UI Designer) et être testée très rapidement dans des projets réels pilotes.

> Le choix technologique
Le choix du support de diffusion s'est naturellement porté sur Bootstrap, pour sa simplicité et sa notoriété auprès des développeurs comme l'ont fait d'autres groupes créateurs de Design System (ex. Orange).

> Open source et mise en amélioration continue
En accord avec son ADN, SNCF privilégie les solutions open source dans ses choix technologiques. L'amélioration continue du Design System a été organisée comme un outil open source. Tous les utilisateurs ont la capacité de proposer ajouts et corrections via Git. La charge et les coûts restent maîtrisés tout en permettant une amélioration et une évolution constantes. La dimension open source est également clé pour assurer la diffusion et l'enrichissement du Design System dans la durée.

RÉSULTATS

Avec le Design System, toute une partie du travail design est déjà réalisée. Le temps et le budget gagnés ont permis de développer les phases d'émergence et de recherche UX. L'investissement s'oriente vers la création de plus de valeur.

Sur les interfaces métier, le Design System a permis une meilleure appropriation des applications en créant des réflexes utilisateur dans un environnement plus qualitatif. Sur le plan financier, nous constatons une réelle baisse des coûts sur les profils de développeurs front et designers.

Enfin, c'est un vrai succès pour le déploiement de la marque sur les assets digitaux. Jusqu'ici, suivre la charte digitale SNCF était une contrainte pour les projets. Aujourd'hui, c'est devenu une opportunité.

> Les plus ?
La création d'une communauté autour du design digital et du développement front dans le groupe.

Une série d'actions #Tech4Good lancée à travers le Design System pour agir sur les sujets accessibilité numérique et les bonnes pratiques d'éco-conception. Il est maintenant plus simple de créer des sites répondant aux objectifs d'inclusion et d'écologie.

> *“Le Design System a permis un véritable saut qualitatif dans l'expérience utilisateur sur l'éco-système digital SNCF, notamment sur les applications métier !”*
>
> **Julien ROQUILLET**

> SNCF
design.fab@sncf.fr

Étude De Cas

ACCENTURE

Explorer l'innovation apportée par la robotique humanoïde

> Pepper au Centre d'Innovation Industry IoT d'Accenture

PROBLÉMATIQUE DE LA MARQUE

Pour répondre à des besoins d'agilité et d'innovation dans un monde en changement permanent, Accenture, leader mondial du conseil, a lancé le Centre d'Innovation Industry IoT (IIoT).

Situé à Garching, en Allemagne, le Centre d'Innovation est un atelier visant à aider les entreprises à rapidement tester, implémenter et passer à l'échelle des technologies et services digitaux. De plus, ce centre nourrit un écosystème industriel qui lie les clients à des partenaires technologiques, des start-up et des universités.

Basé sur un état d'esprit de "Design Thinking", le centre est dédié à l'expérience pratique. Grâce à des démos et des applications, les clients réussissent à avoir une bonne compréhension de l'automatisation et des solutions qui pourraient améliorer leurs stratégies d'opération, d'innovation, d'ingénierie, de fabrication et d'après-vente.

Au Centre IIoT, les technologies d'IA et de Machine Learning les plus avancées sont intégrées au système de Microsoft pour offrir une expérience aussi connectée qu'immersive aux visiteurs.

Toutefois, le défi est d'expliquer les services cognitifs et l'IA de manière créative et attirante. Il est donc essentiel que certains dispositifs et solutions soient déployés pour montrer en détail le fonctionnement d'IA et sa proposition de valeur aux verticaux spécifiques.

SOLUTION STRATÉGIQUE

Accenture a souhaité créer une expérience "phygitale" attractive en donnant envie aux visiteurs d'en savoir plus. Un des objectifs était également d'augmenter la notoriété d'Accenture par l'interaction.

L'idée était donc de construire un environnement optimal pour des ateliers de brainstorming sur l'adoption de l'IA aux besoins divers des clients.

En quête de recherche des outils digitaux attractifs pour cet environnement, Accenture s'est tourné vers Pepper.

Pepper est le premier robot humanoïde au monde capable d'identifier les visages et les principales émotions humaines. Il a été conçu pour interagir avec les humains de la façon la plus naturelle possible. Le développeur et le fabricant de Pepper derrière ce projet est SoftBank Robotics, leader sur le marché de la robotique humanoïde.

MISE EN PLACE OPÉRATIONNELLE

Le Centre IIoT d'Accenture a décidé de déployer un Pepper dédié, à l'aide de Humanizing Technologies, partenaire stratégique de SoftBank Robotics, qui a développé et implémenté un CMS (Content Management System) complet sur Pepper.

En ajoutant des expressions humaines et un langage corporel à l'Accenture Lab-Chatbot intégré avec Pepper, ce dernier est devenu un canal de communication multimédia qui crée des interactions amusantes et utiles.

> Retrouvez les mots clés en index <

INFOS CLÉS

+ 28 % de taux de retour

+ de 50 interactions avec Pepper/jour

Pepper accueille les visiteurs et les familiarise avec des services et des informations pratiques d'une façon attractive et personnalisée. Il est aussi capable de saluer les invités par leur prénom, de parler plusieurs langues, et d'analyser les textes avec un système interne de reconnaissance vocale.

Dans le centre, Pepper est capable de :

- Attirer : se démarquer dans l'espace, attirer les visiteurs proactivement ;
- Informer : fournir des informations, répondre aux questions avec précision ;
- Collecter : recueillir des informations et des centres d'intérêt pour améliorer les offres ;
- Recommander : promouvoir et recommander des projets d'ateliers.

RÉSULTATS

Avec l'intégration de Pepper, le Centre IIoT a enregistré une augmentation du taux de retour.

Les visiteurs aiment interagir avec Pepper et obtenir facilement des réponses à leurs questions.
- + 28 % de visiteurs laissent leurs commentaires ;
- En moyenne, + de 50 interactions entre les visiteurs et Pepper par jour.

La nouvelle ère numérique accélère la transformation digitale des entreprises, ce qui ouvre la porte à des possibilités infinies pour ces dernières qui souhaitent transformer leurs espaces physiques. Ces entreprises cherchent alors à trouver des outils efficaces pour combiner le meilleur des deux mondes afin de créer une expérience "phygitale" connectée et unique. Le cas d'usage du Centre IIoT d'Accenture montre parfaitement que le "phygital" se développe au-delà des magasins, des hôtels ou des aéroports. Elle peut être adaptée également dans les espaces de travail servant des objectifs BtoB, et aidant ainsi un leader du secteur à rester en avance sur la compétition.

*Retrouvez la définition dans le lexique en fin d'ouvrage.

> Pepper, le robot humanoïde www.softbankrobotics.com/emea/fr/pepper

"Pepper aide à faire avancer les initiatives de chatbot en ajoutant une interface de langage naturel attirante et capable de répondre aux questions relatives à l'IoT."

> SOFTBANK ROBOTICS EUROPE
www.softbankrobotics.com

Mohamed Kabakibi,
Demand Generation Manager
mohamed.kabakibi@softbankrobotics.com

Shiyue Lou
Content Manager
shiyue.lou@softbankrobotics.com

> ACCENTURE
www.accenture.com

Alexander Gronwald,
Consultant Digital Business
alexander.gronwald@accenture.com

Article

Pourquoi la transition vers l'Omni-Digital est nécessaire pour satisfaire vos clients

Proposer une relation client sans couture est un réel enjeu pour fidéliser des clients de plus en plus volatiles. Pour cela, les entreprises portent une attention particulière à la présence de leurs clients sur les canaux digitaux. Pourquoi la notion d'*omni-digital**, trop souvent éclipsée par celle d'omni-canal, doit-elle se faire une place dans le monde du marketing et de la relation client ?

91 % des adolescents utilisent quotidiennement le messaging

58 % des clients sont frustrés par une expérience incohérente

"Une approche Omni-Digitale permet de gérer facilement plusieurs canaux de relation client tout en offrant une expérience sans couture sur l'ensemble d'entre eux."

Julien RIO
Directeur Marketing
RingCentral Engage Digital

En 2007, l'arrivée des iPhones et de Facebook dans notre vie personnelle a complètement changé notre façon de communiquer. L'utilisation **des canaux sociaux et de messaging** est un changement majeur dans les interactions humaines. Dans notre vie privée et professionnelle, nous utilisons les canaux digitaux tous les jours**. 80 % des adultes et 91 % des adolescents** utilisent quotidiennement des applications de *messaging** pour communiquer avec leurs amis et leur famille. Depuis 2016, un internaute moyen possède **7,6 comptes** sur les réseaux sociaux. Même lorsque nous appelons quelqu'un, nous avons maintenant tendance à envoyer un message d'abord pour nous assurer que l'autre personne est disponible pour discuter.

Nos comportements de communication personnelle ont beaucoup évolué et cette tendance est encore plus évidente lorsqu'il s'agit des **nouvelles générations**. Ce changement majeur dans nos habitudes a également un impact sur la façon dont nous interagissons avec les marques. 67% des personnes s'attendent à **utiliser les canaux de messaging** pour s'adresser à une marque et les entreprises en phase de transformation digitale adoptent rapidement ces nouveaux moyens de communication.

QUELLES DIFFÉRENCES ENTRE "OMNI-DIGITAL" ET "OMNI-CANAL" ?

La raison pour laquelle nous avons tant de profils sociaux différents est que nous avons **des habitudes et des besoins différents** selon le contexte, la personne avec qui nous interagissons, le type de message, l'appareil à portée de main ou l'heure de la journée.

De nos jours, les consommateurs passent d'un canal à l'autre en fonction de **ce qui leur convient le mieux à un moment donné**. Si le fait d'être **omni-canal** (être disponible pour les clients sur plusieurs canaux) a pu être suffisant auparavant, ce n'est plus le cas aujourd'hui. Les clients s'attendent non seulement à discuter avec une marque sur n'importe quel canal digital qui leur convient, mais aussi à bénéficier d'une expérience uniforme. Pourtant, 58% des clients affirment se sentir frustrés par **l'incohérence de leur expérience d'un canal à l'autre.**

Pour pouvoir gérer facilement plusieurs canaux tout en offrant une expérience sans couture sur l'ensemble d'entre eux, **une approche omni-digitale** est nécessaire. Le mot "canal" disparaît simplement parce que le centre de contact devient agnostique et plus **centré sur le client**. Les silos technologiques tombent et les messages sont automatiquement attribués à l'agent le plus pertinent en fonction des compétences requises pour répondre à la demande.

COMMENT LANCER SA STRATÉGIE OMNI-DIGITALE ?

Le lancement d'une stratégie omni-digitale doit se faire par étapes. La première consiste à **identifier les promoteurs et les détracteurs internes de la transformation digitale**. Changer l'organisation de votre centre de contact autour d'une approche digitale centrée sur le client peut nécessiter une certaine éducation et un soutien interne.

Ensuite, vous devez identifier qui sont vos clients et ce qu'ils utilisent pour leur communication personnelle, afin de pouvoir déployer les canaux qu'ils souhaitent utiliser pour communiquer avec votre marque. Les principaux canaux à considérer incluent le **messaging (Facebook Messenger, WhatsApp, Apple Business Chat...), le live-chat, les réseaux sociaux ou encore l'email.**

Avoir ces canaux disponibles est un excellent début, mais ne mènera nulle part s'ils sont difficiles à trouver. Assurez-vous que vos points de contact sont **bien organisés et accessibles tout au long du parcours du client** afin d'augmenter l'engagement. Si la page Contact est une étape évidente, les canaux digitaux offrent de nombreux autres points d'entrées. Le messaging peut par exemple être mis en avant à tout endroit du site web par des boutons, et être accessible facilement via un numéro de téléphone ou les fonctions de recherche de plateformes comme Facebook ou Search d'Apple.

Enfin, il est essentiel **d'unifier tous ces nouveaux canaux au sein d'une interface unique**. Cela permettra non seulement d'offrir une expérience client plus uniforme à l'ensemble des clients, mais aussi **d'accroître la productivité globale.** Tout d'abord, vous serez en mesure de **gérer facilement vos flux et vos ressources** pour faire face aux pics de trafic. Vous pourrez également **ajouter de nouveaux canaux au fur et à mesure de l'évolution des besoins de vos clients** sans avoir à former à nouveau toute votre équipe. Surtout, vous bénéficierez d'analyses cohérentes avec des indicateurs **(satisfaction client, temps moyen de réponse...)** calculés **de la même manière sur tous les canaux**, ce qui vous permettra de contrôler l'activité de votre centre de contact.

RingCentral Engage Digital est une plateforme qui vous permet de profiter de l'approche omni-digitale et de regrouper tous vos points de contact digitaux pour construire une relation plus forte avec vos clients.

*Retrouvez la définition dans le lexique en fin d'ouvrage.

> L'utilisation du Messaging au quotidien

> Une diversité de canaux

> Aperçu des canaux omni-digitaux

> RINGCENTRAL ENGAGE DIGITAL
www.ringcentral.fr

Julien Rio
Directeur Marketing de RingCentral Engage Digital

Article

Accélérer l'innovation avec une plateforme digitale de co-développement : un projet intrapreneurial

Les entreprises doivent s'enrichir des innovations de leurs écosystèmes riches et multiples. Cette démarche d'ouverture est complexe pour des entreprises dont l'innovation était centrée sur l'interne. Nokia a lancé en projet intrapreneurial une plateforme digitale de co-création & de co-développement pour accélérer l'innovation. Voici quelques enseignements de ce projet.

40 000 utilisateurs

175 communautés

180 défis

Open Ecosystem Network est un environnement d'innovation ouverte gratuit https://www.open-ecosystem.org. Fondé sur le principe de la démocratie des données, il bouleverse les modèles économiques traditionnels et propose une nouvelle façon de travailler avec différents écosystèmes de différents secteurs afin de partager leurs problèmes, leurs idées, leurs atouts et leurs solutions innovantes.

L'histoire d'un projet innovant et intrapreneurial...

L'innovation est inhérente à la nature initiale de la gestion du projet. Son agilité, sa rapidité et son dynamisme lui ont permis d'être lancé en tant que produit minimal viable (MVP) à la fin de 2016. Avec un ensemble réduit de fonctionnalités, l'équipe a commencé à tester le concept pour le valider et l'améliorer auprès de partenaires internes et externes. Notre objectif était également d'attirer des personnes internes et externes à rejoindre le mouvement OPEN. S'assurer que les gens comprennent, adoptent et s'engagent est la clé du succès de toute innovation. En moins d'un an, la plateforme est passée de 800 testeurs à plus de 30 000 utilisateurs et a proposé plus de 100 projets de co-création et plus de 40 défis en matière d'innovation.

... dynamisé par un zeste de folie avec un groupe d'intrapreneurs

Partageons les leçons apprises de notre voyage.

Recette du succès. De notre point de vue, il existe des ingrédients essentiels qui contribuent au succès de cette histoire intrapreneuriale :

- Premièrement, vous avez besoin d'un groupe de pionniers curieux et avec un solide esprit intrapreneurial. Ils doivent tous être motivés par la volonté de changer le monde. L'équipe doit être constituée de profils diversifiés. Dans notre projet, nous avons la chance de collaborer avec des femmes et des hommes d'âges, de cultures et de milieux professionnels différents, notamment dans les domaines des télécommunications, des achats, du développement des affaires, de la communication, etc. La diversité ouvre le champ des possibles et des idées.

- Deuxièmement, vous avez besoin d'un leader engagé et enthousiaste, qui croit aux gens et leur donne le droit d'échouer et le devoir d'essayer. Depuis la création de la

> Open Ecosystem Network https://www.open-ecosystem.org

nouvelle organisation, notre responsable nous a régulièrement encouragés à être proactifs, à proposer de nouvelles idées et à ne pas avoir peur d'oser. La confiance est fondamentale pour motiver et engager les équipes.

- Troisièmement, vous avez besoin d'un sponsor fort, doté d'une vision à long terme et d'une capacité claire à donner une chance aux gens, pleinement convaincu de l'objectif du projet et de son impact potentiel sur l'entreprise à moyen et long termes. Sans ces deuxième et troisième ingrédients, vous ne pouvez pas continuer votre voyage !

- Quatrièmement, vous devez partager les étapes clés avec vos parties prenantes afin de garantir une approbation complète de votre projet.

La création d'une identité pour votre projet est clé. Le package marketing donne plus de crédibilité à votre identité entrepreneuriale. Choisir le bon nom, avec la bonne identité visuelle, est essentiel à l'approbation de votre projet.

Sécuriser la croissance est peut-être le plus délicat : même si la phase initiale est une période excitante, la croissance à moyen terme se prépare et garantit un retour sur investissement. Voici quelques-unes des problématiques que l'équipe projet a pu rencontrer :

- Tout d'abord, le budget reste critique même dans une grande entreprise disposée à investir dans l'innovation. Vous devez rapidement prouver le potentiel de rentabilité de votre projet. Vous avez besoin d'un plan d'entreprise clair, avec des étapes clés et des indicateurs de performance solides pour un retour sur investissement convenu.

- Deuxièmement, vous devez être hébergé par la bonne organisation où la vision à moyen et à long terme est autorisée.

- Troisièmement, à mesure que vous évoluez dans un environnement international, vous devez faire face à des personnes réparties dans le monde entier, avec une capacité limitée pour des réunions présentielles. Ainsi, les méthodes dédiées à la rationalisation des processus, à l'amélioration des boucles de rétroaction et à la rapidité des innovations, telles que Agile et DevOps, deviennent complexes à mettre en œuvre.

- Quatrièmement, vous devez identifier correctement vos alliés et vos influenceurs au début de votre projet, en construisant le bon réseau d'acteurs. Pour notre projet, l'engagement des parties prenantes a pris du temps car il transformait la façon de travailler pour nos partenaires et nos collaborateurs..

L'équipe a eu la chance de faire partie des fondateurs de cet incroyable projet novateur. C'est une expérience très enrichissante où nous testons notre capacité à nous adapter au changement, à proposer des solutions créatives et à travailler dans un environnement virtuel international. C'est notre expérience de lancement d'une start-up dans une grande entreprise. Aujourd'hui ce projet compte 40 000 utilisateurs, 180 défis d'innovations et 175 communautés d'échanges.

> NOKIA
Open Ecosystem Network

Virginie Gervais-Bazin
Directrice Financière
virginie.gervais-bazin@nokia.com

Claire Guyot
Responsable Communication
Claire.guyot@nokia.com

Interview

Marie Laure Guerpillon
Samsonite
Directrice
e-commerce
France & B2B

Marie Laure Guerpillon

« Cette stratégie est plus que jamais d'actualité »

POUR VOUS, QUELLE EST LA DÉFINITION DE "L'ENGAGEMENT CLIENT" ? QUELS EN SONT LES PILIERS ?

La première notion qui me vient à l'esprit concernant "l'engagement client", ce sont toutes les interactions que la marque peut avoir avec ses clients. Un point clé pour une marque est de connaître ses clients et de savoir les satisfaire.

Chez Samsonite, une marque haut de gamme dans l'univers du bagage, nous mettons l'accent sur l'innovation et la technicité de nos produits. Ce qui nous permet d'avoir des bagages de qualité, qui durent dans le temps. L'engagement client est d'autant plus important que le taux de renouvellement d'un bagage chez Samsonite est de plusieurs années, il est donc très important de satisfaire et d'engager nos clients dès le premier achat. Développer l'engagement client ne se limite pas à un premier achat réussi, mais se travaille dans la durée. Notamment avec les différents points de contact que nous mettons à disposition de nos clients (offline et online) que ce soit pour des conseils après-vente, du SAV, des informations pratiques, des conseils d'utilisations, de l'information sur nos nouveautés, etc.

Un client est acquis à partir du moment où il achète par le biais de n'importe quel point de contact avec la marque. Il faut donc lui apporter le même service et la même image partout.

ESTIMEZ-VOUS VOTRE STRATÉGIE D'ENGAGEMENT CLIENT "MATURE" ? DE QUAND DATE-T-ELLE ? QU'ELLES ONT ÉTÉ LES DIFFÉRENTES ÉTAPES DE LA PRISE DE CONSCIENCE DE L'IMPORTANCE DE CE SUJET ?

La stratégie d'engagement client de Samsonite date de 2014, date à laquelle notre CEO a décidé d'orienter le groupe vers une stratégie multi-marque, multi-canale et multi-catégorie.

Samsonite est le leader mondial de la bagagerie, il était donc logique d'étendre notre champ d'action à d'autres produits que la bagagerie (multi-catégorie), à une clientèle plus large (multi-marque) et d'être présent sur tous les réseaux de distribution plébiscités par les consommateurs (multi-canal).

Cette stratégie est plus que jamais d'actualité, c'est un chantier d'une grande ampleur qui nécessite d'importantes transformations. Nous sommes passés en quelques années d'une marque, mono-catégorie et traditionnellement revendue par des distributeurs (grands magasins et maroquineries) ; à un groupe multi-marque (5 marques principales exploitées en Europe), multi-produit (des bagages, mais aussi des sacs, des sacs à dos, de la maroquinerie enfant, des accessoires de voyages…), et multi-canal (via des revendeurs, des boutiques Full Price et Outlet, des sites de marque marchands, ou encore la grande distribution pour l'une de nos marques). Ce qui permet à nos clients d'avoir plusieurs points de contact et ainsi un engagement plus fort envers nos marques. Enfin, le développement des réseaux sociaux contribue aussi et surtout à développer l'engagement auprès des marques.

AUJOURD'HUI, QUELS SONT LES AXES PRIORITAIRES DE LA STRATÉGIE D'ENGAGEMENT CLIENT DE SAMSONITE ? QUELLES SONT LES ACTIONS ENVISAGÉES ?

Nous avons plusieurs axes sur lesquels nous travaillons simultanément.

Sur la partie offline, nous avons ouvert ces deux dernières années, 8 boutiques pour être au plus près de nos consommateurs.

Sur la partie online, nous avons maintenant une base de données suffisamment importante pour savoir cibler nos consommateurs, leur pousser certaines offres, personnaliser leur navigation sur nos sites, les géolocaliser…

Nous travaillons le online et le offline en étroite collaboration afin de personnaliser au maximum l'expérience client.

Ce rapprochement va également nous permettre de faire communiquer nos sites de marques avec nos boutiques pour être le plus réactif possible aux demandes de nos clients (que ce soit pour une livraison ou encore une personnalisation de produit).

Nous allons également lancer pour nos marques en tout début d'année prochaine un portail en ligne de conseil d'utilisation des produits, d'enregistrement de garantie, d'aide à la réparation… via des vidéos et des espaces-conseils dédiés par marque. Nous avons l'expérience, en tant que fabricant, des principales préoccupations ou des soucis de nos consommateurs ; ce site leur permettra d'être plus autonomes et de bénéficier de tous les services de notre groupe.

À TRAVERS QUELS KPIS VOTRE STRATÉGIE D'ENGAGEMENT CLIENT EST-ELLE MESURÉE ?

Pour la partie vente pure, nous regardons le taux de réachat de nos consommateurs, mais également le taux de conversion de nos différents canaux d'acquisition (réseaux sociaux, NL, display, etc.) Pour la partie fidélisation client, expérience client, nous suivons nos taux d'ouverture de NL (personnalisés par profil), nos taux de clics provenant de nos campagnes digitales…

SELON VOUS, QUELLES SONT LES TECHNOS ET INNOVATIONS QUI DEVRAIENT COMPTER SUR LE MARCHÉ À L'AVENIR ?

Un CRM efficace qui permet d'agréger tous les canaux de vente et de communication de la marque. D'un point de vue innovation, nous sommes sur une tendance de plus en plus importante de personnalisation afin de rendre unique son achat. Les différents points de vente vont devoir être en mesure de proposer, de plus en plus, du sur-mesure.

AVEZ-VOUS UN BEST CASE RAPIDE À NOUS RACONTER, UN CHIFFRE CLÉ À PARTAGER ?

En croisant nos informations boutiques et data online, nous avons lancé il y a quelques mois des soirées privilèges pour nos meilleurs clients. Pour cela, nous nous basons sur les boutiques fréquentées, les historiques de leurs achats et leur situation géographique pour leur proposer des events dédiés (lancement de produit, mise en avant d'une catégorie de produit spécifique, personnalisation de produits, etc.). La communication est personnalisée, le nombre d'invitations limité. Ce sont des soirées qui fonctionnent très bien, les clients se sentent privilégiés. C'est surtout un formidable moyen de faire se rencontrer l'univers online et offline !

Article

Concevoir une expérience client sans couture comme levier concurrentiel durable

*L'expérience client** sans couture est à mi-chemin entre la *conception centrée humain** et la stratégie business. Chez UX-Republic, sa définition est : l'état d'esprit d'une entreprise à vouloir constamment délivrer le bon produit pour le bon client dans le bon contexte à travers le meilleur canal. Les 4 piliers de l'expérience sans couture sont alors le client, le contenu, le contexte et le canal.

50 % c'est le taux de conversion des sites intégrant du design conversationnel à leur expérience

> *"The experience is about how we get there, not the landing place."*
>
> **Bill BUXTON**
> *Partner Researcher Microsoft*

1. CLIENT

Le client est le point de départ. Il doit l'être dans tous les cas, de la plus petite à la plus importante conception d'une nouvelle expérience d'achat.

Pour commencer, il est important de définir en 3 dimensions le consommateur.

- La dimension démographique
- La dimension comportementale
- La dimension relationnelle

Connaître votre client est la première arme pour gagner sur le terrain miné de la concurrence. Un exemple nous vient du secteur des jeux vidéos. En 2006, c'est l'année de la sortie de la Playstation 3 et de la XBox 360. Ces consoles sont des monstres de technologies, embarquant avec elles des processeurs et des moteurs graphiques de compétition. Nintendo ne pouvant pas se permettre une telle technologie, décide de conduire une recherche approfondie sur les aficionados des consoles de salon. La conclusion : les deux géants concurrents se concentrent sur une cible de "hardcore gamers". Avec cet insight, Nintendo décide de mettre sur le marché une console pour des joueurs plus intéressés par la convivialité du jeu, sa légèreté que par sa rapidité ou ses performances graphiques. La même année, le japonais offre au monde une nouvelle expérience de jeu avec la sortie de la Wii. En à peine un mois, la petite dernière dépasse les ventes de ses deux grandes soeurs aux États-Unis.

2. CONTEXTE

Une fois que l'entreprise a une connaissance assez précise de son consommateur, il est important de placer ce dernier dans un contexte. Est-il au travail ? Dans les transports ? A table ? En retail, si un client utilise un chariot, il a probablement les deux mains sur la poignée. L'interaction directe avec son smartphone devient compliquée. Il faut alors peut-être penser son expérience consommateur in-store sur la base d'un système d'interaction vocale.

Comprendre le contexte du client est crucial pour lui délivrer une expérience sans couture. Un très bon exemple : Slack, leader de la messagerie d'entreprise est utilisé par des millions d'entreprises à travers le monde. Des entreprises qui ont

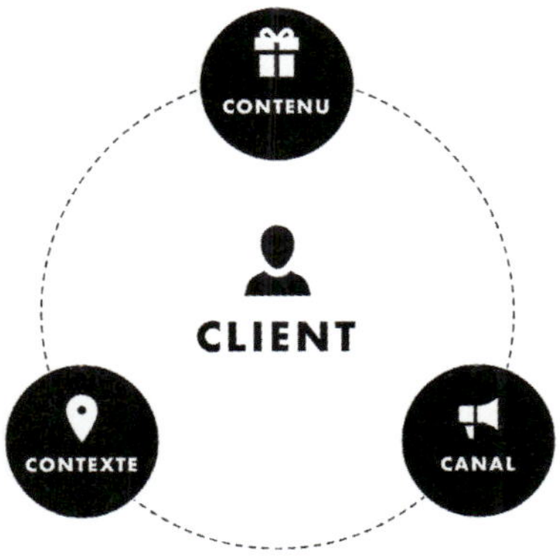

> Framework d'une expérience client sans couture

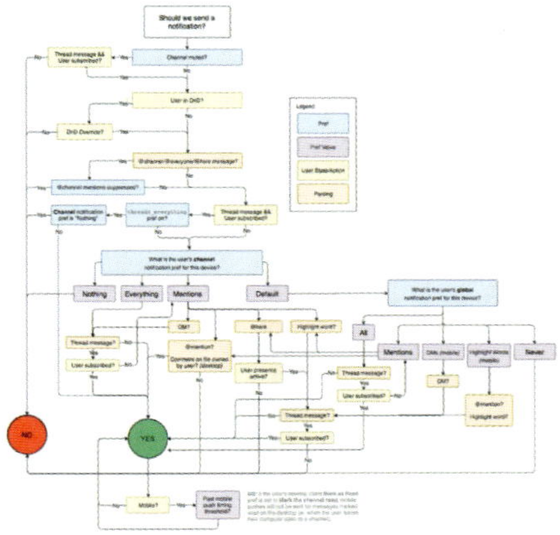

> Notification Flow du leader de la messagerie d'entreprise

souvent accès à des logiciels de messagerie moins chers voire même déjà intégrés à leur système (Skype avec Office). Alors pourquoi ces dernières choisissent-elles de se tourner vers Slack ? C'est principalement dû au système de notifications de l'outil. En plus d'une expérience utilisateur sans friction, chaque décision produit est mûrement réfléchie en tenant compte du contexte de leurs clients et de l'objectif principal : favoriser la communication entre les équipes et collaborateurs.

Slack a pensé au contexte dans lequel se trouvent leurs clients au moment d'envoyer une notification. La messagerie n'en pousse qu'aux moments les plus importuns pour les utilisateurs tout en respectant leur bien être numérique (droit à la déconnexion). C'est ce système qui a participé à l'émergence de l'entreprise, en la faisant la plus croissante de l'histoire. Il ne leur aura fallu que "seulement" deux ans pour atteindre les 100M$ de revenus annuels.

3. CONTENU

Maintenant que l'entreprise connaît son consommateur et le contexte de ce dernier, il est temps de réfléchir au contenu qu'elle peut lui délivrer. Derrière le mot contenu se cache tout produit ou service que je peux vendre à un client.

Pour délivrer le bon contenu, UX-Republic l'envisage en deux dimensions cette fois :

- La dimension en interaction avec votre consommateur, son expérience utilisateur. La plus palpable. Il faut délivrer au client un produit qui s'interface le plus naturellement possible avec ses attentes et ses besoins ;

- L'information personnalisée pour votre client. Le meilleur exemple ici est l'émergence du design conversationnel dans l'expérience client de beaucoup d'entreprises. Les chiffres parlent d'eux-mêmes : les site e-commerce en France aujourd'hui ont un taux de conversion d'environ 3%. La plupart de ces sites proposent un contenu lissé, fixe pour l'ensemble de leurs cibles. Les acteurs ayant intégré le design conversationnel dans leurs expériences clients arrivent aujourd'hui à convertir aux alentours de 50% et surtout à fidéliser via une relation client personnalisée.

4. CANAL

Pour conclure son expérience client sans couture, il convient de délivrer le contenu à travers le meilleur des canaux. Les entreprises doivent cibler avec une précision balistique le canal de communication pour leur contenu. Un dernier exemple est celui de Grammarly, leader de la correction orthographique qui a dévoiler quelques uns des leviers stratégiques de leur réussite. Un des principaux étant le canal. Au lieu de s'adresser au grand public directement, Grammarly s'est installé au coeur de la suite Office et en extension Chrome pour être au plus près des professionnels ayant besoin de leur aide dans la rédaction de mails, de rapports, d'audit, etc.

Pour délivrer une expérience client sans couture, il est nécessaire d'aligner stratégiquement : consommateur, contexte, contenu et canal. En plaçant le client au centre des préoccupations de l'entreprise et de la stratégie business, l'entreprise peut rapidement répondre aux besoins de ce dernier en lui délivrant une expérience utile, sensible et personnalisé au bon moment et au bon endroit. Ce processus de conception de l'expérience client sans couture, marque de fabrique d'UX-Republic peut s'avérer prolifique à tous les stades de l'acquisition à la rétention en passant par la fidélisation des clients. Placer aujourd'hui le client au centre de nos considérations, c'est se placer du bon côté de l'histoire, c'est se préparer aux enjeux business de demain, plus éthiques, plus responsables et plus durables.

*Retrouvez la définition dans le lexique en fin d'ouvrage.

> UX-REPUBLIC
www.ux-republic.com

Simon Le Gué
Strategist & Team Leader
simon.legue@gmail.com

Article

#MoiJeune, le selfie de la jeune génération

Depuis 2016, 20 Minutes co-construit avec les 18-30 ans un selfie de la nouvelle génération : #MoiJeune. Cette démarche inédite et collaborative, composée de plus de 5 000 membres permet de mieux comprendre et appréhender avec eux une société qui bouge. Un nouveau monde en évolution qu'ils vivent au quotidien. Et auquel ils rêvent.

5 000 membres actifs

+ de 70 enquêtes réalisées via mobile

"Nous proposons à certains annonceurs de consulter la communauté sur une thématique et de médiatiser les résultats sur nos supports. Cette offre de contenus est l'occasion de créer de l'engagement."

Nathalie DESAIX
Directrice de la marque (marketing, communication et contenu de marque)
20 Minutes

Ils ont entre 18 et 30 ans. Ils sont nés avec le numérique et les réseaux sociaux. Ils décodent le monde pour leurs ainés. Pour autant, les jeunes ne se reconnaitraient pas dans le portrait que l'on a l'habitude de faire de leur génération. Ils ne se reconnaitraient pas non plus dans les sondages y compris ceux qui leur sont destinés. Ils ne se sentiraient pas concernés par les sujets sur lesquels ils sont interrogés. Ils auraient des attentes, des aspirations, des valeurs différentes de leurs aînés. Mais alors... comment les appréhender ? Comment les questionner ? Comment les engager ?

Ultra-connectés et sociabilisés, ils n'utilisent pourtant plus que rarement un ordinateur et ne lisent pas toujours leurs mails. Comment donc leur demander de répondre à un questionnaire formaté et de créer le contact avec eux ? Enfin, ils ne sont jamais, ou presque, exposés à la restitution des résultats d'enquêtes quand ils y participent.

LE CONVERSATIONNEL AU CŒUR DU PROJET #MOIJEUNE

Avec le projet #MoiJeune, 20 Minutes, en partenariat avec OpinionWay, a souhaité casser les codes et réinventer un mode d'interrogation pour coller au plus près à leurs attentes, leurs envies et leurs usages. L'idée de départ est simple : lancer une démarche ludique, mobile, etc., et surtout collaborative, avec eux.

Au-delà des outils technologiques, le numérique est une culture qui repose sur des mécanismes collaboratifs et participatifs. Chez 20 Minutes, la rédaction - composée de plus de 100 journalistes - a depuis longtemps pris en compte cette nouvelle donne.

Dès mars 2016, afin de démarrer le projet, 20 Minutes a réuni un groupe de jeunes d'horizons divers, tous âgés de moins de 30 ans. Ont-ils vraiment envie qu'on leur donne la parole ? Sur quels thèmes ? Et comment ? Ces premières rencontres - In Real Life - ont permis de donner à #MoiJeune sa véritable dimension crowdsourcée en recueillant leurs avis sur le choix des thèmes abordés, mais aussi dans la méthode de recrutement et de collecte de données.

Décision est rapidement prise de les contacter exclusivement via SMS sur leur mobile, de concevoir des questionnaires courts

> Groupe Facebook www.moijeune.com

et de créer un espace dédié pour leur présenter les résultats et converser avec eux. Trois ans plus tard, 5 000 membres ont rejoint la communauté dont plus d'un millier au sein d'un groupe fermé Facebook. Plus de 70 enquêtes leur ont été soumises correspondant à près de 80 000 interviews.

Ce terrain d'échange permet à chaque jeune de s'exprimer, loin des clichés, et de s'associer aux projets éditoriaux de l'un des plus grands éditeurs d'information en France. Et d'installer une relation de proximité avec les journalistes de 20 Minutes.

Ces conférences de rédaction virtuelles, outre le fait d'engager fortement la communauté avec un taux de réponse moyen de 50 %, offrent ainsi à la rédaction de 20 Minutes une matière complémentaire pour être au plus près du réel et pour traiter l'actualité à travers le prisme de la jeune génération. Et ce qui résulte de ces échanges est passionnant. Identité, valeurs, conso, politique, sexe, loisirs, argent, actualité, citoyenneté, futur, etc., les thématiques abordées sont variées, pensées pour eux et par eux.

> Morceaux choisis

- **94 %** considèrent leur parole libre et décomplexée en ligne, mais moitié moins dans la vie réelle ;
- **83 %** estiment que l'économie collaborative génère plus de confiance entre les individus ;
- **89 %** déclarent ne compter que sur eux-mêmes pour réussir leur vie professionnelle ;
- **81 %** préféreraient ne plus jamais voyager en avion plutôt que ne plus jamais utiliser internet, pour sauver la planète ;
- **78 %** préféreraient garder l'appli Google Maps (78 %) plutôt que Snapchat (22 %) s'ils ne pouvaient en garder qu'une ;
- **74 %** reconnaissent que la mode contribue à leur donner confiance en eux - 85 % pour les jeunes femmes ;
- **74 %** regardent des séries tous les jours ou presque ;
- **62 %** déclarent essayer de consommer local ;
- **58 %** estiment que la protection de l'environnement doit être la mission prioritaire de l'Europe ;
- **53 %** sont presque sûrs que dans 20 ans on ne paiera plus rien en argent liquide ;
- **52 %** croient au karma ;
- **50 %** avouent s'être déjà fait piéger par une fake news ;
- **25 %** pourraient tomber amoureux indifféremment d'un homme ou d'une femme.

« Sans R2D2, les Jedis n'auraient jamais gagné la guerre interstellaire donc si mon boss devient un robot, pourquoi pas ? » Alicia, 23 ans ; **« On est arrivé à un stade où Google te connaît mieux que toi-même... »** Raphaël, 26 ans ; **« Il faut s'adapter à son temps ! On est passé du pigeon voyageur à Tinder. »** Maximilien, 22 ans ; **« Que mon mec prenne la pilule, ça... ce serait la révolution sexuelle. »** Rose, 28 ans ; **« Pour moi, l'ubérisation c'est des pâtes thaïes en 10 minutes chez moi. »** Anissa, 23 ans ; **« Cette fois, faudra pas compter sur Iron Man pour sauver la planète, c'est l'affaire de tous ! »** Fouad, 20 ans ; **« Pour devenir vraiment fluent en anglais, les jeux vidéo ont été plus efficaces que mes profs. »** Augustin, 20 ans ; **« Je me suis toujours sentie plus européenne que française. »** Alix, 22 ans ; **« Mon père avait certainement moins d'argent que moi à mon âge, mais je pense que son pouvoir d'achat était meilleur »**, Marwan, 28 ans.

ACCUEIL > SOCIÉTÉ

Sondage exclusif: Pourquoi les trois quarts des 18-30 ans rêvent-ils de partir à l'étranger?

ENQUETE Selon une enquête* exclusive OpinionWay pour « 20 Minutes » et Nomad Education, le Canada, les Etats-Unis et l'Australie sont les destinations qui font le plus rêver les jeunes Français...

Delphine Bancaud | Publié le 01/10/18 à 07h05 — Mis à jour le 01/10/18 à 10h34

83 COMMENTAIRES 317 PARTAGES

Une jeune fille dans un aéroport. — Pixabay

À LIRE AUSSI

08/01/17 | EDUCATION. Erasmus : « La plus belle expérience de ma vie étudiante »

09/01/17 | EDUCATION Comment Erasmus veut faire partir (encore) plus de jeunes à l'étranger

19/09/18 | EDUCATION Comment l'origine sociale pèse sur les choix d'orientation des élèves?

D'ACTU 1 SUR 2

> Article publié sur 20minutes.fr

> 20 MINUTES
www.20minutes.fr

Nathalie Desaix
ndesaix@20minutes.fr

Article

Transformation des usages, nouvelle donne pour l'audience

Les écrans et devices numériques sont aujourd'hui omniprésents dans les foyers français. En moyenne, on dénombre plus de 6 (6,5) écrans par foyer, soit deux de plus qu'il y a 10 ans. Cette multiplication des écrans a de fait ouvert la perspective d'une transformation des usages des médias.

Les Français passent **2h09** sur Internet dont **1h22** sur mobile

Plus 1/3 des internautes jouent aux jeux vidéos

"Au cours des 10 dernières années, la révolution numérique a induit une forte croissance du temps passé à consommer les médias : le temps que nous consacrons à ces activités a progressé de plus de 20%. Contrairement à ce que beaucoup anticipaient, cette croissance a essentiellement été bâtie comme une addition."

Julien ROSANVALLON
Directeur Exécutif Télévision et Internet
Médiamétrie

Au cours des 10 dernières années, la révolution numérique a induit une forte croissance du temps passé à consommer les médias : le temps que nous consacrons à ces activités a progressé de plus de 20%. Contrairement à ce que beaucoup anticipaient, cette croissance a essentiellement été bâtie comme une addition. Les courbes de consommation d'Internet, de la TV & de la Radio témoignent de cette complémentarité. La Radio est très puissante le matin, la TV rencontre une large part de son public en fin de journée et le soir. Les usages d'Internet sont eux répartis homogènement toute la journée. Le fort développement du mobile, qui accompagne les Français tout au long de la journée, représente plus de la moitié du temps passé sur Internet. Notons d'ailleurs qu'il ne faut pas limiter Internet à sa dimension média. Les mesures des usages du numérique regroupent aussi bien la consommation de services, de plateformes marchandes, d'outils de communication/ réseaux sociaux et de contenus/médias.

Les médias TV, Radio & Presse ont compris très tôt les enjeux de la digitalisation. Le numérique a très vite pesé dans les audiences de la presse. Pour la radio, les supports digitaux et enceintes connectées contribuent aujourd'hui à plus de 13% de l'audience. Près du quart des internautes écoutent désormais des Podcasts. Pour le média TV, l'avènement du digital a entraîné une bascule progressive d'une partie de la consommation de la TV en live, vers la TV de rattrapage (replay) et sur les écrans Internet. Au total, ces consommations de la TV délinéarisées et sur les écrans Internet pèsent désormais environ 10% de l'ensemble des usages TV.

Cette évolution des comportements média s'accompagne naturellement de nouveaux formats publicitaires : brand content, *pre-roll**, publicité adressée, post sponsorisés, publicités « *In-Game** »... Cette complexité, qui entraîne parfois une forme d'opacité, est au cœur des discussions avec les acteurs du marché. L'heure est désormais aux actes et à la transformation. Le label digital AdTrust, que l'on retrouve d'ailleurs dans les mesures de Médiamétrie, en est une illustration. La mesure d'audience doit aussi jouer son rôle en apportant des réponses aux nouveaux usages et nouveaux modèles publicitaires qui émergent.

Le premier enjeu est l'évolution continue des mesures pour refléter les nouveaux usages. La mesure Internet est devenue

Au quotidien...

Globale en intégrant les 3 écrans, ordinateur, mobile et tablette. La mesure TV prend en compte la consommation du différé, du replay, sur les écrans Internet et depuis les *plateformes OTT** et dès 2020, le hors-domicile grâce à une nouvelle technologie portée. La radio envisage également d'utiliser progressivement la mesure automatique dans les études de référence. Aussi, Médiamétrie a récemment lancé une nouvelle mesure du Podcast, une autre de la SVoD et annoncé la prochaine intégration de l'audience de YouTube dans la mesure d'audience vidéo 3 écrans.

Le deuxième enjeu est celui de l'adaptation des mesures aux transformations de l'écosystème publicitaire. Si la notion historique de médiaplanning peut sembler désuète dans un univers digital où tout se mesure automatiquement, elle est en réalité centrale. Faire du Médiaplanning, c'est prévoir de façon neutre et indépendante les performances à venir d'une campagne. C'est aussi conserver une vision globale de la performance en termes de répétition et de couverture. C'est un des projets essentiels auquel Médiamétrie s'est attelé en repensant les outils de planning digital pour calculer des prévisions toujours plus précises et cohérentes avec Digital Ad Ratings, la plateforme des bilans de campagnes en ligne.

La mesure d'audience ne peut par ailleurs plus se penser comme un outil figé et isolé des autres mesures. Dans l'écosystème numérique, les *AdServers** et donc potentiellement les données des annonceurs, doivent pouvoir dialoguer et être connectées aux plateformes de mesure pour enrichir, affiner et valider leur ciblage. Cette connexion aux Datas implique aussi le développement de mesures d'audience hybrides intégrant des « Datas » certifiées de tiers, comme c'est le cas dans la mesure Internet Global. Et ce d'autant plus dans la perspective de la publicité TV segmentée.

Enfin, le digital a besoin de faire émerger de nouvelles métriques qui permettront de produire une analyse globale de l'exposition publicitaire. Nos travaux sur le GRP Vidéo menés avec les médias, agences et annonceurs en sont une illustration. La principale rupture de ce modèle est l'introduction de la mesure du temps dans une mesure digitale qui se contentait souvent d'impressions ou de clics. Des travaux similaires sont menés aux Etats-Unis, notamment par le Cross Media Research Group.

Toutes ces grandes évolutions des usages appellent donc des transformations tout aussi grandes dans les systèmes de mesure d'audience et leur utilisation dans l'écosystème publicitaire. Le New Deal des médias implique donc un New Deal de la mesure d'audience sur lequel Médiamétrie est déjà engagé.

*Retrouvez la définition dans le lexique en fin d'ouvrage.

> MÉDIAMÉTRIE
www.mediametrie.fr
Fiche d'entreprise p. 495

Julien Rosanvallon
Directeur Exécutif Télévision et Internet, Mediametrie
jrosanvallon@mediametrie.fr

Interview

Orli Hazan
Directrice Stratégie
Transformation
et Innovation chez LCL

Orli Hazan

Rencontre avec Orli Hazan qui évoque la transformation digitale et l'évolution de l'expérience client dans le secteur bancaire

QUELS SONT LES PILIERS DE VOTRE TRANSFORMATION DIGITALE ?

J'en note 3.

Le premier concerne l'expérience client. Nous souhaitons fournir à nos clients la capacité de pouvoir nous contacter par les canaux de leurs choix (agence, appli mobile, téléphone, site) quand ils le désirent. Le parcours d'entrée en relation doit être complètement simplifié, didactique et rapide. La gestion de la banque au quotidien passe par des fonctionnalités simples et utiles via notre appli ou nos sites. L'objectif est d'apporter de l'expertise à notre clientèle principalement dans les moments « clés » de leur vie tels que l'achat d'un bien immobilier ou l'entrée dans la vie active. Nous devons naturellement, pour le quotidien, leur offrir de la technologie sécurisée et fiable pour la gestion de leurs comptes.

Le deuxième pilier concerne l'excellence opérationnelle. La robotisation et l'automatisation des tâches à faible valeur ajoutée permettent ainsi de recentrer le rôle de nos collaborateurs sur le conseil et l'expertise. A ce jour, nous utilisons 120 Robotic Automatisation Process, dont 68 dans les back-offices. Ils gèrent des tâches récurrentes comme par exemple l'émission d'un chéquier ou encore un rejet de carte bancaire.

Le troisième pilier concerne l'expérience collaborateurs, principalement les conseillers. Nous venons de doter les 12 000 commerciaux de PC hybrides. Ces ordinateurs de dernière génération permettent aux conseillers d'être mobiles au sein des agences et également chez les clients entreprises et professionnels. La signature électronique en agence est aussi en déploiement. Nous recherchons une symétrie de parcours entre ce qui est proposé aux clients et à nos collaborateurs.

ENSUITE COMMENT SE MATÉRIALISE LA LOGIQUE OMNI-CANAL CHEZ LCL ?

Pour LCL, banque nationale, notre réseau d'agences est un actif clé. Avec nos 1 700 agences, dont 1 000 implantées au coin d'une rue, nous travaillons pour comprendre les problématiques des urbains (Observatoire Harris Interactive publié ces derniers jours sur le sujet) et cherchons à adapter notre offre et nos services à leurs modes de vie. Ainsi, nos clients consomment leur banque comme ils le souhaitent. Nous leur apportons une linéarité dans le temps et l'espace. Il est possible, par exemple, de commencer une opération en agence et l'achever en ligne ou dans une autre agence. Un client peut prendre un RDV depuis son mobile via l'appli LCL directement dans l'agenda de son conseiller. Les réseaux sociaux sont intégrés dans ces moyens de communication : nous sommes présents sur WhatsApp depuis cette année.

QUELLE STRATÉGIE ADOPTEZ-VOUS SUR LE MOBILE MARKETING ET COMMENT UTILISEZ-VOUS LA DIGITALISATION POUR AMÉLIORER L'EXPÉRIENCE CLIENT ?

En 2019, notre appli « LCL Mes Comptes » a été élue par Meilleurebanque.com, meilleure appli bancaire et ce pour la seconde année consécutive. Ce classement est basé sur les remontées des utilisateurs, leur niveau de satisfaction. Plusieurs grands principes guident notre stratégie mobile :

- La simplicité des fonctionnalités proposées.

- Leur utilité. En effet, si une fonctionnalité n'est pas utilisée, nous la supprimons. Nous réalisons de nombreux Beta test avec nos collaborateurs, qui sont aussi clients et un panel de clients externes en complément.

- Nous avons enrichi l'appli avec des fonctionnalités sécurisées et fortement appréciées par nos clients mobinautes. Je citerai l'agrégateur de compte proposé depuis cette année, la possibilité au client de se connecter grâce à la biométrie (reconnaissance d'empreinte digitale et faciale). Et encore la gestion des plafonds de cartes en quelques clics.

Concernant la digitalisation, afin d'améliorer l'expérience client, nous avons revu tous nos parcours : entrée en relation, crédit immobilier et la vente à distance dématérialisée. Nous avons également relooké nos sites particuliers et professionnels, banque privée et entreprise. Côté réseaux sociaux, un Bot sur Messenger est disponible 24h sur 24.

SELON VOUS QUELS SONT LES USAGES ATTENDUS DEMAIN SUR LA BANQUE ET QUELLE VISION AVEZ-VOUS DE LA BANQUE DE DEMAIN ?

Le secteur bancaire évolue rapidement, tout comme les usages des clients, à nous de nous y adapter. L'un de nos enjeux est de continuer à servir au mieux nos 6 millions de clients, de faire coïncider nos offres et services à leurs besoins. Le rôle du banquier est d'être présent, d'accompagner, d'apporter un conseil, une expertise aux moments importants de la vie. Nous devons être exemplaires notamment en termes d'exécution et de process. Nos clients urbains recherchent aussi des services qui leur facilitent leur vie. C'est pourquoi, nous avons organisé un « Startup Day » regroupant 200 startups en vue de co-construire nos offres de demain. Plusieurs entreprises ont été sélectionnées et proposeront leurs solutions extra bancaires en complément de notre gamme.

"Pour LCL, l'innovation n'est pas une fin en soi, mais un moyen pour pouvoir atteindre une stratégie. Il faut d'abord se poser sur ce que l'on est et ce que l'on veut devenir. Et la stratégie d'innovation en découlera naturellement."

Orli HAZAN
Directrice Stratégie Transformation et Innovation chez LCL

Article

Améliorer l'expérience client post achat

Recevoir un colis en bon état, ouvrir l'emballage avec facilité : des éléments apparemment anodins et qui sont pourtant déterminants dans l'appréciation du produit par le consommateur. A l'heure où le e-commerce explose, l'emballage devient le premier contact physique entre la marque et son client. Le marchand peut enchanter le colis, ou au contraire en faire une source de contrariétés. Véritable enjeu business et sociétal, les entreprises doivent apprendre à repenser leur rapport à l'emballage.

73 % de clients perdus

55 % prêts à vous quitter

Deux chiffres à retenir :

- Marchandise endommagée à la livraison ? **73% des consommateurs** disent ne plus commander chez un e-commerçant (Package Insight, 2016)

- Emballage jugé pas assez écologique ? **55% des Français** ont déjà boycotté une marque (Pro Carton, 2019)

L'EMBALLAGE : NOUVELLE STRATÉGIE DE FIDÉLISATION CLIENT

« En travaillant systématiquement sur la personnalisation de notre boite, nous avons améliorer le taux de fidélisation et de réabonnement » Ralph Mansour, fondateur de Le Closet, Paris Retail Week 2018.

D'après la FEVAD, l'acquisition de nouveaux clients pour un e-commerçant coûte en moyenne six fois plus cher que la fidélisation. Il devient donc essentiel pour les entreprises de parvenir à engager une stratégie de fidélisation performante, en ne délaissant aucun aspect de l'expérience client. Celle-ci débute dès la livraison du produit.

21% des colis ne sont pas remis à la première présentation à domicile selon la FEVAD. Alors que les clients qui commandent sur Internet le font bien souvent dans une optique de gain de temps, ce constat peut représenter un frein. Dans ce contexte, l'utilisation de emballages sur-mesure peut représenter une solution viable. Plus petits et faciles à manier, ils s'adaptent à la taille des objets expédiés et facilitent la livraison en boîte aux lettres en supprimant les éléments superflus.

Un mode d'emballage qui pourrait se développer encore davantage au cours des prochaines années, sous la pression croissante des consommateurs. En mars 2019, un article de 60 millions de Consommateurs dénonçait les cartons standards surdimensionnés dans lesquels le vide est comblé à l'aide de coussins d'air, de papier ondulé ou encore de polystyrène. Des matériaux encombrants qui ne véhiculent pas une image de qualité. Le client recherche la facilité : facile à livrer, facile à ouvrir et facile à jeter ou à retourner. Les matériaux ne manquent pas : bande d'arrachage facile ou encore système de retour directement intégré. La découverte du produit dans son emballage doit être un instant de plaisir, non de déconvenue.

L'ÉMOTION, VECTEUR DE DIFFÉRENCIATION POUR LES MARQUES

De plus en plus, les marques cherchent à surprendre leurs consommateurs et véhiculer une émotion pour se différencier. A cet effet, l'emballage joue un rôle clé : alors que l'impression de photos semblait un secteur saturé, Cheerz a su renouveler l'expérience client et imposer son modèle. La clé de son succès ? Un emballage original, des boites aux couleurs pétillantes que les clients gardent et des petites attentions que l'équipe appelle des bonbons. Le carton n'a plus un simple rôle de protection.

Le phénomène installé de l'*unboxing** sur les réseaux sociaux pousse de plus en plus de marques à rivaliser d'originalité pour proposer une expérience à l'ouverture qui fasse réagir les cinq sens et valorise leur image. Parfumer le colis comme Sézane, proposer des messages personnalisés comme Make My Lemonade ou combler le client de petites attentions comme Cheerz leur permettent de se différencier et contribuent à leur image de marque. Le consommateur se sent valorisé et est prêt à tenter une nouvelle fois cette expérience sensorielle.

Le Nudge Marketing devient une source d'inspiration pour les marques les plus avancées. Le choix d'un produit plutôt qu'un autre s'expliquera sans doute bientôt par le plaisir ressenti au moment même de déballer le colis. Quoi de plus agréable que d'avoir la sensation de recevoir un colis, parfumé et emballé dans du papier de soie ? L'impression de s'offrir un cadeau à chaque commande.

LES CLIENTS EN QUÊTE DE MARQUES RESPONSABLES

74% des Européens indiquent que le plastic bashing a eu une influence sur leurs habitudes de consommation [étude de Pro Carton 2019]. Cette prise de conscience des consommateurs manifeste la nécessité pour les marques de renouveler leurs habitudes en matière d'emballage si elles ne souhaitent pas voir les clients se détourner de leurs produits.

Le secteur du luxe est ainsi pris à parti : selon Citéo, entreprise de conseil en recyclage et éco-conception, 97% des consommateurs soutiennent que les fabricants de produits de luxe doivent agir pour proposer des emballages éco-responsables. Le facteur écologique influe de plus en plus sur la décision d'achat des clients, et les alternatives au plastique se multiplient : carton recyclé ou biodégradable, suppression du polystyrène, développement du ruban adhésif papier, etc. La prise en compte des enjeux actuels est donc tout au bénéfice de l'entreprise.

Il ne s'agit plus aujourd'hui de choisir entre la commodité, l'émotion ou l'écologie. Ces trois axes se complètent, au profit des consommateurs comme de la société, pour proposer une nouvelle manière de découvrir les produits. Et les inciter à acheter de nouveau.

*Retrouvez la définition dans le lexique en fin d'ouvrage.

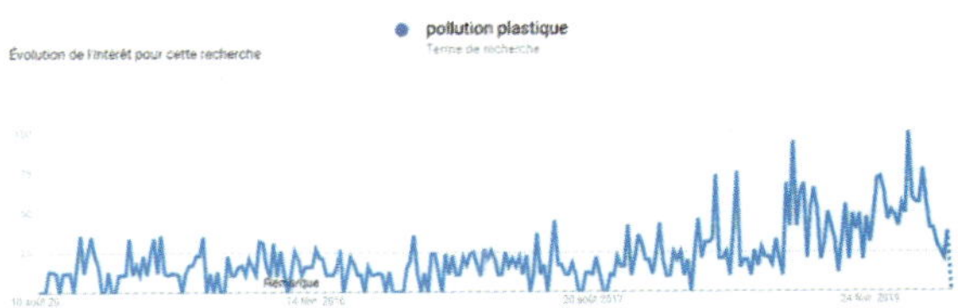

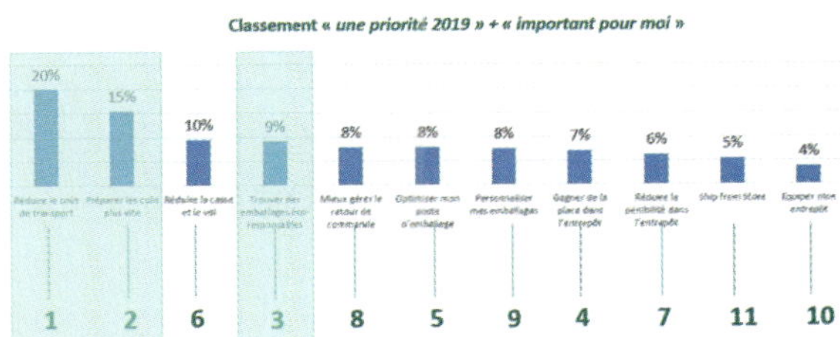

> RAJA
www.blog.raja.fr

Gael Oizel
Éditeur
socialmedia@raja.fr

Henri Serre
Responsable Grands Comptes
grandscomptes@raja.fr

Article

Le *Voicebot**, premiers pas dans un monde plein de promesses au service de nos clients

D'un côté un questionnement : comment l'IA crée-t-elle une opportunité pour les métiers de la communication ? De l'autre, une volonté de satisfaire nos clients. Au carrefour des deux : un Voicebot, accessible à tout instant via smartphone ou enceinte intelligente, et qui offre des réponses personnalisées. Voici les principales réflexions qui ont émergé tout au long de ce projet innovant.

30 % des recherches effectuées sans écran d'ici 2020

92,9 % de réponses correctes pour Google Assistant (08/2019)

"Le Voicebot, c'est l'expérience client à l'os !"

Nicolas SAVIN
Directeur de l'Expérience Client
Malakoff Médéric Humanis

COMPRENDRE COMMENT FONCTIONNE UN VOICEBOT

Avant d'entamer la construction d'un Voicebot, il convient d'en comprendre la composition. Entre la question posée par le client et la réponse apportée par le robot, on relève plusieurs traitements :

- La transformation du son de la voix en texte (brique "*STT**" pour Speech To Text) : elle est globalement bien maîtrisée par quelques acteurs spécifiques, tant que le fichier audio est clair et de bonne qualité ;
- L'interprétation littérale du texte (brique "*NLP**" pour Natural Language Processing ou "*TALN**" en français pour Traitement Automatique du Langage Naturel) : l'objectif ici est de rattacher le texte énoncé par le client à une "intention" anticipée ;
- Une sous-partie du NLP est le NLU (pour Natural Language Understanding ou CLN en français) qui permet la compréhension d'un langage naturel non explicitement prévu et de rattacher une volonté de l'utilisateur avec une intention ;
- Les arbres de dialogues : ce sont l'ensemble des intentions qui ont été anticipées par rapport aux conversations à venir avec les clients. Ils permettent de répondre à un besoin précis, en demandant potentiellement des détails à l'utilisateur et en suivant le contexte de la conversation ;
- Le traitement de la demande : une fois l'intention identifiée, il peut être nécessaire d'aller chercher de la donnée (en base de données, via appels à des APIs tierces) pour répondre à la question client. Une fois la donnée récupérée grâce au back-end, il est possible de générer la réponse retour du bot ;
- La synthèse vocale (brique "TTS" pour Text To Speech) : il s'agit de la technologie qui consiste à vocaliser le texte résultant de l'arbre de dialogue. La voix en retour reste encore assez robotique, mais s'améliore rapidement.

Les briques permettant la transformation du son en texte, celle de compréhension du langage naturel ainsi que le module de synthèse vocale s'appuient sur les progrès de l'Intelligence Artificielle. En revanche, les réponses proposées par le Voicebot sont pré-programmées.

NLP/TALN | STT | Voicebot

> Retrouvez les mots clés en index <

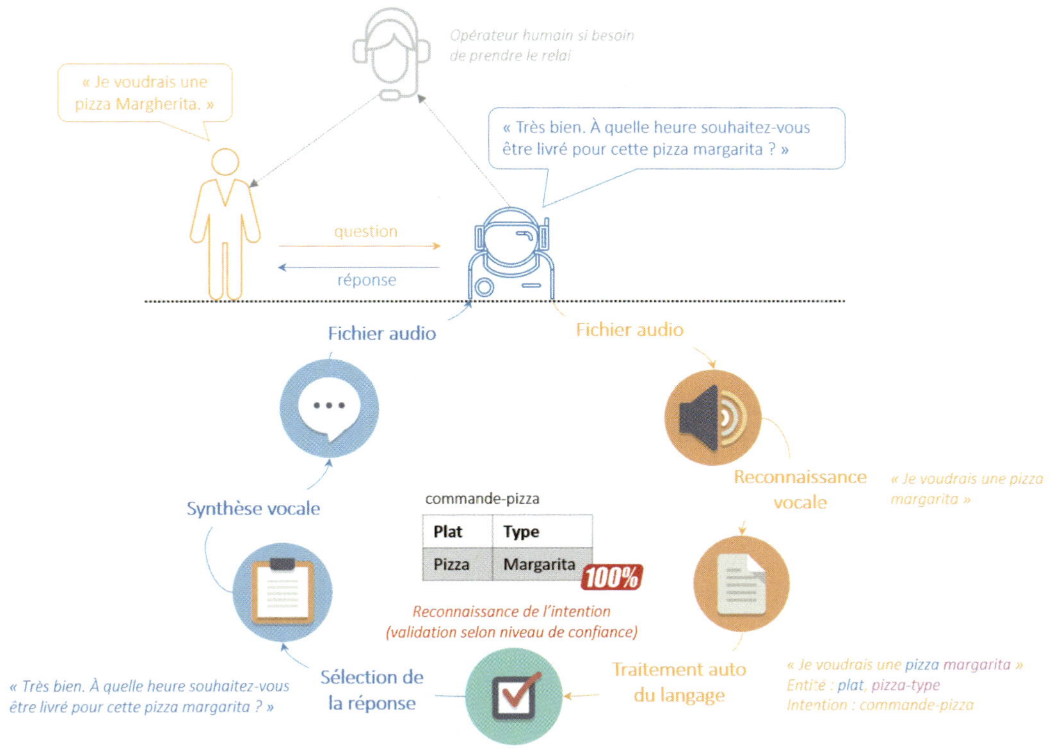

> Détail des briques qui constituent un Voicebot

Maintenant que nous avons une meilleure idée de comment un Voicebot est constitué, nous allons pouvoir le construire pour notre cas d'usage.

CONSTRUIRE UN VOICEBOT PAS À PAS

Prenons un exemple pour illustrer les différentes étapes : créer un Voicebot qui soit capable de répondre à toutes les interrogations d'un client concernant son contrat et les garanties dont il est le bénéficiaire. Voici un panel de questions à se poser dans une optique court terme (sortir un Voicebot dans les 6 mois) et moyen terme (faire des choix qui permettent le passage à l'échelle de plusieurs Voicebots dans les mois/années à suivre).

> 1. Quelles intentions déployer ? Quel cas d'usage ? Pour quelle cible ?

Le choix du thème (ex. : la lisibilité des garanties) n'est pas anodin. Voici quelques caractéristiques à explorer pour le déterminer :

- Le thème doit se suffire à lui-même (lorsque vous allez proposer ce Voicebot à vos clients, il faut qu'il puisse répondre à un périmètre d'interrogations suffisant sous peine de les frustrer très rapidement). Par exemple, les premiers Voicebots lancés par deux grandes banques françaises proposent la lecture de l'état du compte et la possibilité de faire un virement bancaire ;
- Le thème ne doit pas être trop riche afin d'éviter d'avoir un arbre de dialogues trop foisonnant pour un démarrage. Le risque est double : perdre l'utilisateur parmi un éventail de possibilités trop important ou perdre le Voicebot dans les intentions (incompréhension de l'intention, perte de contexte, "saut" d'une branche à une autre) ;
- Idéalement le thème doit être porteur d'un volume intéressant (tant pour avoir un ROI sur le projet que pour mesurer la capacité du Voicebot à rendre le service proposé).

Il est souvent pertinent de développer et tester le Voicebot sur une population "motivée", comme les salariés de votre propre entreprise, avant de le proposer directement à vos clients.

> 2. Quel niveau de complexité (en termes de Système d'Information, notamment) ?

Tous les Voicebots n'ont pas les mêmes capacités. Il est possible de distinguer plusieurs niveaux de difficulté concernant leur conception :

1. Dialogues simples (présence d'un arbre de dialogues déconnecté du SI, se rapproche d'une FAQ dynamique avec juste une interface différente) ex : « Qu'est-ce que signifie "BRSS" ? ;

2. Authentification du client (pour personnaliser certaines réponses il est utile d'identifier le client, ce qui nécessite un premier lien avec le SI) ex : « Combien va me coûter une visite chez un spécialiste ? » (réponse simple, mais dépend de votre contrat) ;

3. Selfcare (le Voicebot est capable non seulement d'identifier le client, mais de réaliser une action complète via une interaction avec le SI back-office) ex. : « J'ai perdu le mot de passe de mon espace personnel » (renvoi automatique à l'adresse mail existante) ;

4. Intégration dans un écosystème (soit un écosystème "technique" : interrogation du Voicebot via un numéro de téléphone direct, via WhatsApp, Messenger, Slack, etc., soit un écosystème "métier" : accompagnement du client sur l'extranet, intégration dans un call center existant - plutôt un Callbot dans ce cas, orchestration de la demande client avec choix du meilleur canal de réponse).

3. Quel niveau de personnalisation adopter ?

Au-delà de la personnalisation apportée par l'identification du client et par la qualité des réponses du Voicebot, plusieurs éléments permettent d'enrichir l'expérience du client :

- **Voice UX** : même si nous proposons les dialogues qui vont être prononcés par le Voicebot sous format écrit, la restitution sera très majoritairement auditive. Il faut donc proposer des réponses qui ne dépassent pas deux phrases, quitte à compléter avec un lien, la proposition d'envoi d'un fichier ou l'affichage d'une image. Le mode "Voice by design" vient bousculer quelques habitudes ;

- **Tone of Voice** : votre Voicebot représente votre marque, vos engagements, vos valeurs. Comment doit-il s'exprimer ? Doit-il tutoyer le client ? Le vouvoyer ? Peut-il se permettre quelques écarts de langage ? De l'humour ? Ou doit-il rester strictement à l'image des conseillers clientèle ?

- **Personnalité du Voicebot** : en complément du Tone of Voice, quelle est la personnalité du Voicebot, son nom, sa représentation, y compris graphique ? Doit-il avoir un profil MBTI ?

- **Small Talk** : tout humain face à un Voicebot va le tester. « Raconte-moi une blague », « Chante-moi une chanson », « Que penses-tu de... », etc. La majorité des questions "hors sujet" sont connues, les réponses sont en revanche très ouvertes ; elles offrent une occasion de personnaliser encore plus la relation, si souhaité.

4. Quel outil utiliser ?

Selon votre stratégie d'entreprise, se pose la question notamment du "make" vs "buy". Souhaitez-vous développer un Voicebot sur un logiciel propriétaire ou le plus possible sur des technologies "open source" ?

En complément, est-il essentiel que ce Voicebot soit hébergé "on premise" ou peut-il être logé dans un Cloud sécurisé ?

Les outils présents sur le Cloud (Google Cloud Platform - GCP - ou Amazon Web Services - AWS - par exemple) présentent des modules technologiquement avancés, mais demandent déjà une première expérience avec le Cloud et ses mécanismes. Dialogflow est l'outil de NLP de Google permettant de construire des expériences conversationnelles naturelles et riches. Il renferme la puissance des outils de Machine Learning de la Google Cloud Platform.

Après une formation sur l'outil, il est possible de configurer les intentions auxquelles on souhaite que le bot réponde.

Pour ensuite répondre précisément à la demande de l'utilisateur, il est possible d'ajouter directement les réponses dans l'outil, configurées par intention. Pour améliorer les réponses, Dialogflow peut aussi aller chercher des données métier (par exemple, récupérer une information dans un fichier) grâce à la mise en place d'un pont par un développeur.

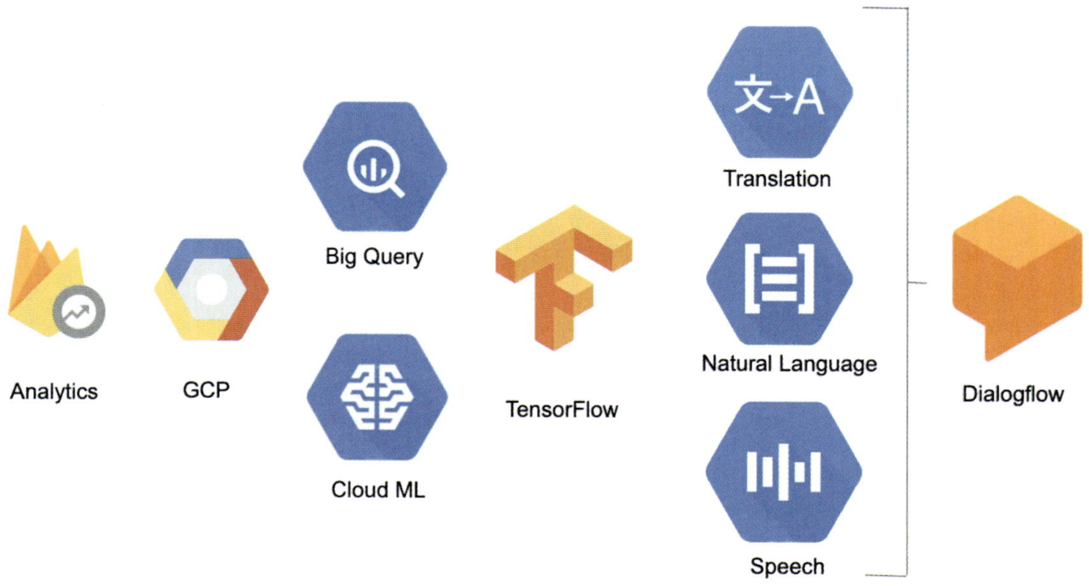

> Derrière Dialogflow, les outils de la GCP

NLP/TALN | STT | Voicebot

> Retrouvez les mots clés en index <

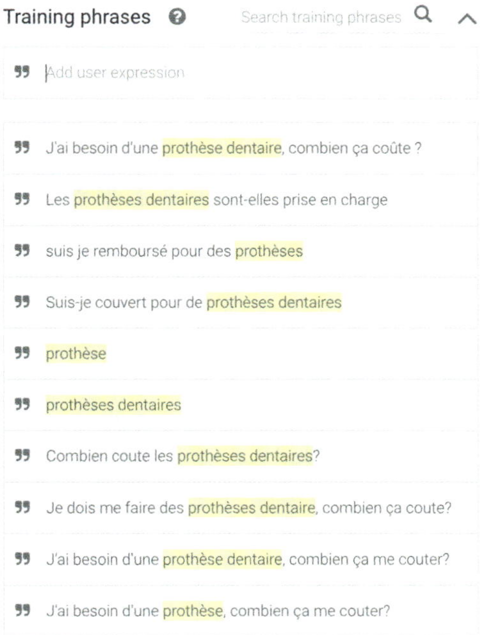

> Intention « Combien coûte une prothèse »

5. Comment accéder au Voicebot ?

De la manière la plus simple, un Voicebot développé sur Dialogflow (Google) sera accessible via Google Assistant. Il constitue ce qu'on appelle une "Action", et sera accessible en l'appelant par son nom (« parler avec [nom du Voicebot] »). Un Voicebot développé sur Amazon le sera via Alexa. On l'appelle ici une skill et elle doit être installée avant d'être utilisée.

Développer un Voicebot sur les outils Google pour le rendre disponible sur des interfaces Amazon est complexe : il faut importer le modèle NLP et recréer la skill associée.

Si le client utilise l'Action via son smartphone, il pourra en même temps visualiser l'échange : il est donc possible d'enrichir l'expérience avec des suggestions, des boutons, des images, etc. En revanche, s'il l'utilise via son enceinte intelligente, le dialogue restera uniquement auditif.

D'autres accès existent : les applications de messagerie (WhatsApp, Slack, Messenger...), les objets connectés (réfrigérateur, téléviseur, etc.), des systèmes embarqués (voiture) ou via une application spécifiquement développée pour cet usage et permettant de personnaliser l'expérience et l'interface.

PRÉVOIR LA SUITE

La construction d'un premier Voicebot va suivre assez naturellement les contours de la méthode agile avec une élaboration pas à pas.

Si vous pensez, comme nous, que le premier Voicebot sera suivi de nombreux autres, il est important d'anticiper son développement sur au moins trois axes :

- L'outil utilisé (privilégier l'outil cible sur lequel les collaborateurs vont monter en compétences) ;
- Les compétences nécessaires (démarrer avec un apport externe est possible, mais viser une internalisation peut être une bonne stratégie) ;
- La composition des environnements du Voicebot (dissocier lors du développement un front-end qui porte une partie des dialogues simples et un back-end plus indépendant qui permet de variabiliser certaines données).

LESSONS LEARNED

En complément des questions à se poser tout au long de l'élaboration du Voicebot, voici quelques points qui nous paraissent essentiels :

- Essayer de diriger le client le plus possible tout en le laissant s'exprimer naturellement ;
- Prévoir le projet dans son ensemble (build & run, mais aussi création des Voicebots à venir) ;
- Choisir le bon outil (pour vous) de gestion des dialogues et du Voicebot ;
- Engager les bonnes compétences (externes ou internes, notamment autour de la maîtrise d'un langage et framework back-end pour l'interaction entre l'outil de NLP et la récupération de données) ;
- Construire pas à pas, préférablement en mode agile, et le proposer à une population interne dans un premier temps ;
- Prévoir des temps de recette importants et privilégier la diversité des testeurs.

ASTUCE

Sur Google, à ce jour la réservation du nom de votre Voicebot est possible en fonction des disponibilités (premier arrivé, premier servi, comme au temps des noms de domaines Internet).

*Retrouvez la définition dans le lexique en fin d'ouvrage.

> MALAKOFF MÉDÉRIC HUMANIS
https://malakoffmederic-humanis.com

Gauthier Lalande
Lead manager AI,
Dataviz & Blockchain
g.lalande@malakoffmederic-humanis.com

Jade Chabaro
Team Leader, Expertise Dialogflow
Société SFEIR, www.sfeir.com
chabaro.j@sfeir.com

Étude De Cas

BANQUE CASINO

Offrir un accompagnement client optimal grâce aux outils conversationnels

VOICEBOT

La voie du futur

PROBLÉMATIQUE DE LA MARQUE

Malgré la prédominance du canal téléphonique, les clients se tournent de plus en plus vers les systèmes de messagerie instantanée et souhaitent désormais pouvoir communiquer avec les marques comme ils le font avec leurs proches.

Avec plus de 1,5 million d'interactions clients par an, dont 60 % de contacts par téléphone, il nous fallait réfléchir à une solution permettant aux clients n'arrivant pas toujours à nous joindre de bénéficier d'une prise en charge digitale.

Partant de ce constat, Banque Casino a fait appel à Greenbureau pour proposer aux clients qui souhaitent joindre un conseiller de la banque, une alternative inédite en France : un accompagnement de bout en bout grâce à des outils conversationnels, qui utilisent à la fois la voix et la messagerie instantanée.

SOLUTION STRATÉGIQUE

Précurseur en matière de chatbots dans le milieu bancaire, Banque Casino met en place dès 2017 un bot conversationnel sur les messageries instantanées capable de répondre aux demandes courantes des clients (résiliation, informations sur les identifiants et mots de passe, demande de relevés de compte, etc.) mais également d'assurer le suivi d'opérations ou la souscription de certains produits.

La mise en place du *voicebot** était donc la suite logique à notre stratégie visant à s'adapter toujours plus aux habitudes de nos clients, et notamment, à leur besoin de *self-care** de plus en plus important. Pour répondre à ce besoin, Banque Casino a choisi de proposer des services disponibles 24/7 et accessibles en toute autonomie. Grâce à la mise en place de ce nouveau service, nous répondons à un irritant bien connu des services clients : le temps d'attente.

La véritable force du dispositif de Banque Casino x Greenbureau est donc de réussir à articuler en toute fluidité l'expérience clients, avec notamment la réduction du temps d'attente et la redirection vers le support le plus adapté.

MISE EN PLACE OPÉRATIONNELLE

La mise en place opérationnelle du voicebot a mobilisé 3 personnes pendant 2 mois - 3 sprints de déploiement d'une durée de 2 semaines suivis d'une phase de tests et d'évolution - pour permettre le lancement du service en mars 2019.

> Solution mise en œuvre

De nombreuses entités optent aujourd'hui pour une prise en charge automatisée de certaines parties de leur parcours client, mais encore peu proposent une offre complète. Banque Casino x Greenbureau ont donc travaillé sur plusieurs dimensions afin d'offrir l'expérience la plus fluide possible pour les consommateurs.

L'interactivité : notre voicebot est capable de traiter les demandes des consommateurs exprimées en langage naturel. Il s'agit d'une alternative innovante au Serveur Vocal Interactif classique - « Tapez 1 pour joindre telle fonctionnalité ».

La personnalisation du contact : grâce à la reconnaissance du type d'appel (téléphone fixe ou mobile), notre voicebot a la capacité de choisir le dispositif le plus adapté au client. Ainsi, en cas d'attente, un client appelant d'un fixe se verra proposer une prise de rendez-vous alors qu'un client appelant d'un mobile sera redirigé vers un dispositif de messagerie instantanée.

> Retrouvez les mots clés en index <

INFOS CLÉS

1,5 million d'interaction clients par an

900 contacts voicebot par semaine

85 % de clients satisfaits

Les canaux innovants : l'innovation se trouve également dans les canaux de discussion proposés. En effet, outre les systèmes de messagerie Messenger ou live chat proposés aux utilisateurs Apple ou Android, les propriétaires d'iPhone pourront désormais converser avec Banque Casino via la messagerie native Apple Business Chat.

> Expérience utilisateur

De multiples scénarios ont été développés afin d'apporter la solution la plus adaptée au besoin du consommateur cherchant à joindre notre service de relation client. Pour une meilleure compréhension de l'offre proposée, voici le parcours que pourrait effectuer Monsieur X lors d'un appel à Banque Casino à partir d'un téléphone mobile.

- Le client choisit via son clavier la raison de son appel. Si son appel se trouve dissuadé du fait de l'indisponibilité de nos agents - 120 sec. d'attente maximum -, il est redirigé vers le voicebot ;

- Le voicebot, paramétré pour reconnaître diverses intentions grâce à la sémantique et à l'analyse de la voix, prend connaissance de la demande et envoie un SMS au client ;

- À partir du lien reçu par message, le client atterrit sur une interface lui proposant d'échanger avec le chatbot sur les supports Messenger, iMessage ou l'application Banque Casino. En cas de besoin plus complexe, un transfert vers un conseiller est réalisé.

Un client appelant d'un téléphone fixe serait, quant à lui, redirigé vers une prise de RV téléphonique aux créneaux proposés via le voicebot.

RÉSULTATS

Notre voicebot traite aujourd'hui entre 2 et 5 % de nos contacts clients de manière automatisée, soit environ 900 contacts hebdomadaires. Après un mois d'utilisation, 85 % des clients se disent satisfaits du service proposé et 70 % estiment avoir gagné du temps.

Concernant notre objectif visant à supprimer la part des appels perdus ou dissuadés (environ 6 000 contacts par an), nous observons que 50 % des clients dissuadés lors d'une tentative d'appel sont mis en relation par le voicebot via nos messageries instantanées et que 40 % ont pris un rendez-vous téléphonique.

Enfin, parce qu'il permet un traitement rapide des demandes à faible valeur ajoutée, ce dispositif laisse plus de temps aux conseillers Banque Casino pour traiter les demandes plus complexes. L'ambition finale est d'améliorer la productivité et la qualité de notre centre relation client de 20 %.

> Le fonctionnement du voicebot

> *"Nous pensons instantanéité, innovation, simplification des échanges. Il faut s'adapter aux comportements des clients pour répondre présent au bon moment et prendre en charge l'attente de bout en bout."*

*Retrouvez la définition dans le lexique en fin d'ouvrage.

> BANQUE CASINO
www.banque-casino.fr

Fabienne Le Scornet
fabienne.lescornet@banque-casino.fr

Tony Chavatte
tony.chavatte@banque-casino.fr

Étude De Cas

RATP

Comment porter les services d'information voyageurs sur les assistants vocaux ?

> www.ratp.fr

PROBLÉMATIQUE DE LA MARQUE

Les voyageurs de la RATP sont à l'image de la population Francilienne, hétérogène et de toutes les catégories socio-professionnelles. Cette diversité challenge la RATP dans son ambition de fournir une information voyageurs pertinente, au bon endroit, au bon moment, sur le bon média et quelle que soit la typologie de clients.

L'arrivée des assistants vocaux sur le marché Français était l'opportunité pour la RATP de partir à la conquête des familles pour répondre aux intéractions de manière plus directe et naturelle.

SOLUTION STRATÉGIQUE

Aux Etats-Unis en 2018, les assistants vocaux se sont installés dans un foyer sur quatre[1]. En France, plus de la moitié des propriétaires de smartphones utilise, ou a déjà utilisé, un voicebot. Les enceintes connectées comptabilisent 1,7 millions d'utilisateurs, avec 600 000 unités vendues en 2018[2].

Au-delà d'un usage ludique, les assistants vocaux représentent un nouveau point de contact pour permettre aux clients de bénéficier d'une information voyageur immédiate. En effet, le conversationnel vocal permet une expérience plus simple, pratique, accessible et rapide.

La sortie d'Alexa en France a été l'occasion de se lancer dans le conversationnel vocal et de déployer la première skill.

La Skill RATP permet de connaître en temps réel l'état du trafic de sa ligne favorite. Ce service a été sélectionné car le groupe pressentait qu'il représentait l'expérience la plus adaptée au conversationnel vocal. À la différence de la Recherche d'Itinéraires, qui est le service le plus utilisé par les clients sur l'application et le site, l'info trafic est une fonctionnalité simple. Il s'agit d'une information rapide à énoncer contrairement à un résultat de recherche d'itinéraires. L'écoute du temps de trajet, des modes à emprunter, des changements, sorties à suivre etc. rendent l'expérience indigeste pour l'instant. De plus les développements de l'info trafic étaient moins complexes et représentaient un risque faible de non-compréhension du bot.

Par exemple, demander au speaker de comprendre les termes « Ligne Une » ou « RER A » est moins compliqué que d'exiger de comprendre l'intégralité des noms de stations, gares et arrêts du réseau.

Depuis leur domicile, les clients peuvent demander « Alexa, demande à la RATP si tout va bien sur la 4 » pour obtenir une réponse instantanée.

Après avoir surfé sur le site, navigué sur l'app et chaté sur le bot, les utilisateurs peuvent à présent discuter avec leur assistant vocal pour obtenir leur renseignement.

Le déploiement de cette skill RATP sur Alexa a été également pour la société, l'opportunité d'atteindre des clients qui utilisent des plateformes agrégeant des services du quotidien. L'information voyageurs est à présent disponible sur la market place d'Amazon aux côtés de service de type météo ou recettes de cuisine, etc.

MISE EN PLACE OPÉRATIONNELLE

Afin de conserver une expérience utilisateur fluide sur l'ensemble des média d'information voyageur, la Skill RATP a été co-construite avec Mindsay. Cette Start-up française, spécialiste de l'IA conversationnelle, a accompagné la

IOT | Assistant Vocal | Enceinte Connectée

> Retrouvez les mots clés en index <

INFOS CLÉS

3,39 milliards de voyageurs en 2018

+ de 10K d'utilisateurs uniques de la skill RATP

RATP dans la création de ses chatbots et dans sa stratégie conversationnelle vocale.

Avec une date de sortie prévue en juin 2018 pour Alexa en France, les équipes ont entamé les chantiers de développement dès janvier afin de concevoir les arbres décisionnels de la Skill. La démarche agile du processus de création a permis de tester rapidement un *MVP** afin de le perfectionner.

Une fois fonctionnelle, l'application vocale a été mise à l'épreuve auprès d'un panel de beta testeurs pendant plusieurs semaines. Enfin, le produit a été soumis à la validation d'Amazon avant release.

RÉSULTATS

Dès son lancement, plus de 3000 utilisateurs uniques avaient téléchargé et utilisé la Skill RATP.

Le sujet des assistants vocaux est encore un sujet émergent. Pour la RATP, écouter et suivre l'usage client représente une opportunité déterminante dans la compréhension des habitudes des voyageurs.

En effet, cette attention particulière a permis de confirmer les besoins et usages spécifiques comme ceux des seniors ou des personnes en situation de handicap.

Ainsi, afin d'enrichir les services et de proposer aux clients une expérience toujours plus fluide, les équipes co-construisent avec eux la stratégie conversationnelle de demain.

Cette première expérience a engagé la RATP à investir plus en détail les opportunités liées au vocal. La RATP travaille aujourd'hui à déployer sa présence sur d'autres plateformes afin de continuer à enrichir son offre et d'accroître la disponibilité de son information voyageurs, pour tous les profils de client.

> *"L'ambition de la RATP est de fournir au client l'information dont il a besoin, au bon moment et sur son média de prédilection. Avant, pendant ou après son trajet."*

Source [1] : Infographie Visual Capitalist en juin 2019
https://bit.ly/2kOMd3F

Source [2] : Etude Roland BERGER & VISEO 10/07/2019
https://bit.ly/2kM5jaE

*Retrouvez la définition dans le lexique en fin d'ouvrage.

> RATP
www.ratp.fr

Étude De Cas

HOMESERVE

Le 1er assistant vocal au service du dépannage à la maison

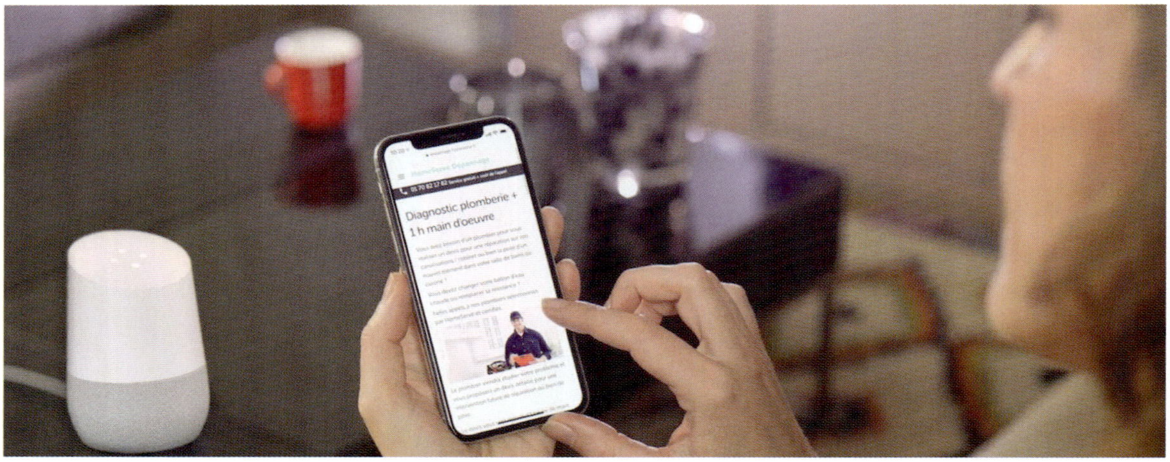

> Assistant HomeServe sur Google Assistant et Amazon Alexa

PROBLÉMATIQUE DE LA MARQUE

> Contexte

Spécialiste des services pour la maison, HomeServe réalise des interventions d'assistance (réparation et dépannage d'urgence) dans les domaines de la plomberie, de l'électricité, du gaz, de l'électroménager et des objets connectés, ainsi que de l'installation et de l'entretien des appareils de chauffage.

Depuis plus de 18 ans nous accompagnons nos clients confrontés à une panne ou à un besoin de réparation au sein de leur maison. Notre ambition est de rendre simple, rapide et serein le dépannage de leur habitat.

La maison est un lieu de sérénité que l'on aime investir (décoration, travaux, etc.) mais qui peut également devenir source de stress en cas de problèmes. Face à l'urgence, on se retrouve souvent démuni. 7 Français sur 10 sont d'accord pour dire que le professionnel n'intervient pas assez rapidement pour régler le problème (72 %) et qu'ils acceptent des devis plus chers que le coût réel de l'intervention (71 %).*

Aujourd'hui, la multiplication des services sur internet et l'émergence de solutions d'Intelligence Artificielle pour la maison offrent de nouvelles opportunités dans l'aménagement et la gestion de son habitat.

C'est dans ce contexte que HomeServe lance le 1er assistant vocal dédié à l'assistance des pannes dans la maison.

> Cibles

HomeServe s'adresse à tous les utilisateurs d'assistants vocaux (sur enceinte connectée ou smartphone) qui pourraient avoir une panne ou une urgence en plomberie, électricité, chauffage ou gaz.

La solution proposée est disponible pour tous en s'adressant aussi bien aux clients HomeServe qu'aux non-clients.

> Objectifs

- Notre premier objectif était de monter en compétence sur les usages liés à la voix afin de continuer a toujours améliorer notre expérience client, proposer un parcours utilisateur vocal unique et d'exception et nous positionner rapidemment en leader auprès des « early adopters » sur ce canal.
- Nous avions également un autre objectif "business" : explorer les usages des clients pour identifier des nouveaux services qui pourraient être proposés par notre assistant virtuel.
- Enfin, avec le lancement de cet assistant vocal, nous souhaitons continuer à développer l'image innovante de HSV et de poursuivre un objectif de notoriété.

> Budget

Le budget global de ce projet est de moins de 50 000 €.

SOLUTION STRATÉGIQUE

Les assistants vocaux comme Siri, Amazon Alexa ou Google Assistant sont de plus en plus populaires. Une étude de Juniper Research (février 2019) prévoit un nombre d'utilisateurs en forte croissance, partout dans le monde. Le nombre d'assistants vocaux "actifs" devrait passer de 2,5 milliards aujourd'hui à plus de 8 milliards en 2023.

En France en 2019, 10 % des foyers posséderont une enceinte connectée (15 % chez les 18-25 ans), alors qu'ils n'étaient que 5 % en 2018 (études HomeServe CSA, janvier 2019 et Hadopi CSA, mai 2019).

La maison de demain sera fortement équipée d'assistants virtuels, soit par le biais d'enceintes connectées, soit par l'arrivée

INFOS CLÉS

Google Assistant & Amazon Alexa | Projet développé en **6 semaines**

du "smart électroménager" qui embarque un assistant vocal.

De plus, les usages sur assistant vocaux se multiplient. Aujourd'hui il devient naturel de commander des produits ou des services à la voix et les plus grandes marques de l'hôtellerie ou de la distribution s'y mettent petit à petit.

Toujours d'après l'étude CSA HomeServe, 7 personnes sur 10 jugent utile de pouvoir contacter par oral un prestataire de services pour la maison, et près de 9 personnes sur 10 apprécient d'exposer de vive voix un problème concernant son logement, afin d'obtenir une réponse rapide et pertinente.

L'assistant vocal HomeServe s'inscrit dans une démarche d'optimisation de l'expérience utilisateur vers une expérience omnicanal.

Chez HomeServe, notre mission est de proposer aux clients "tous les dépannages et tous les travaux pour chaque maison" (**Every Job, Every Home**), avec une relation client de qualité. Nous travaillons sans cesse pour répondre aux usages actuels et anticiper les usages futurs. Nous sommes convaincus que l'assistant virtuel est l'un des leviers de développement important pour améliorer l'expérience client et instaurer une relation de proximité entre une marque et ses prospects/clients.

Nous travaillons depuis de nombreuses années sur de nouveaux canaux de relation client digitaux. Nous avons notamment créé un chatbot sur Facebook Messenger en 2017 (voir publication EBG Digital Marketing 2018). Grâce à ce projet, nous avons pu apprendre, et engranger de l'expérience sur l'Intelligence Artificielle et notamment la compréhension du langage naturel (NLP) appliquée à nos métiers. Cette première expérience a renforcé notre conviction que le canal préféré dans l'urgence était la voix, ce qui nous a fait pivoter vers un projet d'assistant vocal.

"La mission de HomeServe est de proposer tous les dépannages et tous les travaux pour chaque maison. L'assistant vocal, qui trouve sa place au cœur de la maison, a été conçu dans ce but."

MISE EN PLACE OPÉRATIONNELLE

Pour créer cet assistant vocal, il nous fallait une forte expertise technique sur la "voix" ainsi que sur les plateformes de développement des éditeurs Google et Amazon. Nous sommes allés la chercher dans le tissu économique local (à Lyon). En nous basant sur une veille technologique que nous effectuons quotidiennement, nous avons identifié une jeune société, Taiwa, experte dans ce domaine. Nous les avons remarqués grâce à quelques "skills" qu'ils avaient développés sur Amazon Alexa et avons réussi à les embarquer dans le projet.

Notre volonté était de tester très rapidement les premiers retours utilisateurs pour prendre position ou pivoter si besoin. Afin de sécuriser cela nous avons choisi la méthode agile. C'était pour nous une sécurité indispensable au projet. Mais en quoi l'agilité est-elle une sécurité ? Tout simplement parce que cet assistant vocal est développé sur des environnements nouveaux pour HomeServe, mouvants et en évolution constante. Dans

> Besoin d'un dépannage ? Alexa, ouvre HomeServe

ce contexte où l'écosystème et l'UX étaient incertains, l'agilité avait tout son sens.

HomeServe a dédié un "Product Owner" (Frédéric Arché) pendant toute la durée du développement afin de piloter le projet quotidiennement dans chacune de ses phases en collaboration avec les équipes impliquées sur le projet. Le rôle de "chef d'orchestre" est indispensable lorsque l'on travaille en méthode Agile.

Avant de commencer les développements, l'équipe projet s'est réunie en plusieurs workshops afin de préparer au mieux les différentes étapes :

- Un premier workshop avait comme objectif de définir les meilleurs cas d'usages pour l'assistant virtuel. C'est-à-dire qu'avant d'écrire la 1re ligne de code ou de dessiner le moindre arbre de décisions, nous avons mis des utilisateurs potentiels (clients HomeServe ou non et possesseurs d'enceintes connectées) face à des spécialistes de l'UX vocal pour comprendre le genre de services attendus sur assistant virtuel.

- Un second atelier fonctionnel entre HomeServe et Taiwa a permis de scinder le produit en 3 releases, avec validation de la part des éditeurs (Google et Amazon) à chaque étape, dans le but d'obtenir le plus rapidement possible les différentes certifications nécessaires au projet.

- Un 3e et dernier workshop pour définir les stacks techniques entre Taiwa et HomeServe.

Ces préparations en amont du projet ont aussi permis de préparer et planifier les "sprints", en fonction des tâches à réaliser. Le choix des équipes s'est porté sur 6 sprints hebdomadaires, rythmés par des réunions quotidiennes de 15 minutes (daily standup meeting) et ponctués chaque semaine par :
- Une revue du "BurnUp" effectuée afin de voir si nous étions alignés entre le "prévu" et le "réalisé" ;
- Une "démo" de ce qui avait été réalisé pendant la semaine afin d'obtenir du feedback ;
- Une revue du backlog existant afin de préparer le sprint suivant ;
- Et une "rétro" entre HomeServe et Taiwa afin de voir ensemble ce qui avait fonctionné, ce qui devrait être stoppé en termes de pratiques, ainsi que ce que l'on pourrait mettre en place.

Ce fonctionnement en "mode agile" a permis de structurer le produit en le testant quotidiennement. Ainsi, aucune mauvaise surprise durant toute la phase de développement, de recettage et de certification !

Pour faciliter ce développement en mode agile, nous avons été accompagnés et coachés par la société Thiga, qui nous a permis de structurer l'approche et de monter en compétences sur ce mode de fonctionnement.

L'assistant vocal HomeServe est en production depuis mai 2019. Mais ce n'est pas une fin en soi. En effet, nous sommes maintenant dans une phase tout aussi importante : celle des metrics et du suivi de l'utilisation.

> Tranquillité et sérénité : HomeServe sur Google Home

> HomeServe sur Google Home et Amazon Echo

> HomeServe sur smartphone et enceintes connectées

Notre objectif est d'analyser les usages et de cerner des opportunités de développement, d'amélioration de notre assistant. Nous couvrons pour le moment notre activité liée au Dépannage avec notre assistant vocal. Cependant si l'usage venait à se porter sur des demandes liées à notre service HomeServe Travaux, nous verrons a le faire évoluer pour également répondre à ces besoins.

RÉSULTATS

A ce jour, il est encore trop tôt pour parler résultats quantitatifs. En effet, l'assistant vocal est en ligne seulement depuis mai 2019 sur les stores Google et Amazon et les actions de communication et de promotion ont démarré mi-juin.

Néanmoins, il est intéressant de faire un retour d'expérience sur les phases de développement et de lancement de l'assistant vocal chez HomeServe.

- "**Start with people, not computers**" : pour définir les bons cas d'usages d'un assistant vocal de dépannage, il convient de partir des besoins utilisateurs. Ces besoins, nous ne les connaissions pas avant de démarrer le projet. C'est pourquoi nous avons réuni des utilisateurs et nous avons réfléchi ensemble aux 2 ou 3 principales questions qu'ils pourraient se poser. C'est ainsi que nous avons identifié que les attentes se portaient premièrement sur le besoin de faire un diagnostic simple, mais précis (en plomberie, électricité et gaz) ; et deuxièmement, sur la phase de reconnaissance de l'utilisateur (savoir s'il est client HomeServe ou non).

- "**If content is king, context is god**" : il est primordial, quand on développe une application vocale, de se poser la question suivante : "Quand l'utilisateur va-t-il utiliser mon app ?". En tant qu'assisteur, nous savons que l'utilisateur sera en situation d'urgence (pannes, fuites) lorsqu'il fera appel à notre service. L'assistant vocal doit donc être capable de comprendre les demandes et intentions explicites et implicites de l'utilisateur et d'élaborer un diagnostic fiable rapidement. Et surtout, capable de comprendre les "sauts" du client. Par exemple, si un client dit tout de suite "J'ai une fuite d'eau dans ma cuisine", sans passer par les étapes préalables (problème de plomberie / fuite / à l'intérieur du logement), il faut que le bot comprenne tout de suite qu'il s'agit d'un problème de fuite d'eau à l'intérieur du domicile.

"**Faire des parcours clients simples, les tester puis les enrichir**" : nous avons découpé le projet en 3 releases pour chaque version (Google et Amazon). Chaque fin de release était soumise à l'éditeur afin de valider ce qui avait été développé. L'obtention de cette validation couplée à des tests de non-régression nous a permis d'aller vite. Lors de la phase de développement de l'app, des tests étaient réalisés quotidiennement. J'encourage vivement toute personne travaillant sur une app vocale à faire de même. Ceci permet de valider les hypothèses au fur et à mesure.

*Etude CSA - HomeServe - Octobre 2018

> OK Google, parler avec HomeServe

> *"La mise en production de l'assistant n'est pas une fin en soi pour HomeServe. Nous réfléchissons déjà à de possibles évolutions en analysant les nouveaux usages."*

> HOMESERVE
www.homeserve.fr

Frédéric Arché
Responsable projets Innovation et Intelligence Economique
frederic.arche@homeserve.fr

Michael Loreau
Directeur produits et innovation
michael.loreau@homeserve.fr

> TAIWA
développeur de l'application
www.taiwa.fr

Simon Thénoz
co-fondateur et président
simon@taiwa.fr

Julien Boyer
co-fondateur et CTO
julien.boyer@taiwa.fr

Manuel Briand, *co-fondateur*
manuel.briand@taiwa.fr

Article

Les 10 chiffres-clés à suivre dans son tableau de bord de prospection

Ce n'est pas une information nouvelle : la prospection est de plus en plus difficile. Prospects sur-sollicités, quantité d'informations colossale à traiter et autant de démarches à effectuer... Il n'est pas toujours évident pour les commerciaux de faire le tri "à chaud" entre les actions qui rapportent et celles qui ne sont que perte de temps. D'où l'importance de mesurer leur efficacité !

En moyenne **4 heures** de cold calling aboutissent à un RDV qualifié !

80 % des ventes se font au bout de 6 contacts ou plus.

22 % des offres commerciales demandées... ne sont pourtant jamais lues !

"Pour que le suivi d'offres soit plus agréable et efficace, l'optimisation de la relance proposée par Tilkee est intéressante. Ses statistiques sont utiles pour savoir le moment idéal pour relancer, identifier les objections probables et comprendre les sujets sur lesquels il faut insister."

Edouard IBLED
Directeur marketing et commercial Gazprom

Aujourd'hui, avec le CRM, le directeur commercial devient pilote d'une mécanique puissante et efficace. Il a à sa disposition de nombreux indicateurs pour l'aider à évaluer les performances de ses équipes et opérer les réajustements nécessaires en cours de route.

Mais pour ne pas se laisser submerger par cette profusion d'informations, il doit impérativement sélectionner les KPI's (chiffres-clés) du CRM les plus pertinents pour ses objectifs et les organiser dans un tableau de bord synthétique facilement compréhensible.

> Nombre d'appels sortants

Concrètement, comment fait-on pour connaître ce KPI ? On évite l'artisanal : il faut passer par un logiciel de téléphonie en Cloud, comme Aircall, Ringover ou Twilio. Et là, le nombre d'appels sortants apparaît dans les outils de reporting du système de téléphonie utilisé.
L'idéal est d'utiliser une solution de téléphonie compatible avec votre CRM. Ainsi, chaque appel sera enregistré et associé au contact en question.

> Nombre de contacts argumentés (ou qualifiés)

Sur la base d'une moyenne de 20 appels par heure (c'est déjà bien !) sachant qu'un appel est simplement un numéro composé, on considère que :

- 2 à 5 contacts argumentés par heure, c'est bien ;
- Et sur 100 contacts argumentés, 10 à 15 % de transformation, c'est un bon ratio, en tout cas lorsque la transformation visée est une prise de rendez-vous.

Donc : une session "normale" de quatre heures engendre douze contacts argumentés, ce qui donne au final en moyenne un rendez-vous.

> Nombre de leads ou d'opportunités créé(e)s

Dès qu'un lead a été identifié, il faut qu'un commercial se charge de son identification et de l'analyse de ses besoins. Et pour faire face à la concurrence et répondre aux exigences des prospects, il faut faire vite. Une solution CRM comme Salesforce, Dynamics ou Sales Cloud pourra vous aider à répondre plus rapidement aux demandes des prospects.

Bien sûr, la route est longue entre un simple lead et une affaire gagnée, néanmoins mesurer ce KPI permet de "prendre le pouls" de l'activité commerciale. Il permet également de

mesurer la répartition des opportunités entre commerciaux et d'évaluer leur efficacité.

> Nombre d'offres commerciales envoyées

L'offre commerciale a un impact énorme sur l'acte d'achat : elle permet d'alimenter les moteurs de prise de décision, de lever les freins, de positionner votre offre par rapport à la concurrence, etc. Bref, c'est un chiffre à surveiller de près dans votre tableau de bord.
Si ce KPI est trop bas par rapport au nombre d'opportunités créées, cela signifie soit que vos leads ne sont pas assez travaillés, soit que certaines opportunités identifiées n'en étaient finalement pas !

> Taux de lecture des offres commerciales

En France, en moyenne, 22 % des offres commerciales demandées ne sont jamais lues... Cela veut dire que plus d'une fois sur cinq, le prospect ne daignera même pas ouvrir votre offre. Ce chiffre est donc à suivre de près... et à essayer de faire baisser !
Pour obtenir ce chiffre, pas besoin de poser un mouchard sous le bureau de chaque lead ! En utilisant une solution comme Tilkee, vous avez accès aux statistiques de lecture de vos documents (date, temps de lecture, par qui, combien de fois, etc.).

> Nombre d'actions de relance et de suivi

En France, seuls 10 % des commerciaux relancent au moins 3 fois. Pourtant, 80 % des ventes se font au bout de 6 contacts ou plus. Évidemment, relancer, ce n'est pas très agréable : peur d'être trop insistant, de se faire "jeter", manque de temps, oubli... C'est dommage, le commercial s'arrête juste au moment où ses efforts peuvent payer.
En suivant le nombre d'actions de relances, vous pouvez savoir si les offres sont bien suivies ou si elles sont lâchées dans la nature. Comment suivre ce KPI ? Si votre équipe commerciale renseigne au quotidien le CRM, ça se fait tout seul !

> Nombre d'offres actualisées (négociations engagées)

Dans le processus de vente, la première offre n'est pas toujours celle retenue par le prospect. C'est alors au commercial d'ajuster sa proposition en fonction des demandes. La phase de négociation est critique : ça passe ou ça casse. Et si ça casse, c'est tout un travail en amont qui est perdu... Un chiffre à suivre, donc. Et si votre CRM est bien renseigné, rien de plus facile que de connaître l'évolution de KPI au quotidien.

> Nombre d'offres fermes

Le nombre d'offres fermes, c'est l'aboutissement du process commercial. Tout le travail effectué en amont, depuis le repérage des leads jusqu'à la négociation, en passant par la rédaction de l'offre commerciale, a pour but la signature de l'offre. Bref, le closing du deal, c'est le Graal de l'équipe commerciale : mesurer ce KPI, c'est indispensable pour connaître votre rentabilité. Pour le connaître, il suffit d'utiliser son CRM (et de le renseigner au fur et à mesure, évidemment !).

> Taux de transformation

Le taux de transformation, c'est le ratio de conversion entre chacune des étapes de votre processus commercial. Ainsi, en calculant le *taux de transformation** entre chacun des KPI présentés dans ce mini-book, vous pouvez :

- Mesurer l'efficacité de chaque étape de votre process en ayant une vision globale des points forts de votre équipe et des points à améliorer ;
- Anticiper en identifiant les potentiels goulots d'étranglement dans le process.

> Potentiel de marge sur la durée du contrat signé

Le *taux de marge brute** vous aide à prendre des décisions stratégiques, comme :

- Ajuster le prix des solutions ou le contenu exact des prestations pour avoir une rentabilité satisfaisante ;
- Savoir de quel pourcentage vous devez baisser vos coûts pour conserver votre rentabilité lorsque vous devez baisser vos prix de vente pour "coller" au marché.

*Retrouvez la définition dans le lexique en fin d'ouvrage.

> TILKEE
www.tilkee.fr
Fiche d'entreprise p. 501

Sylvain Tillon, *CEO*
sylvain@tilkee.com

Gautier Colson
Consultant Sales Enablement
gautier@tilkee.com

Electrocardiogramme
de vos contenus pdf

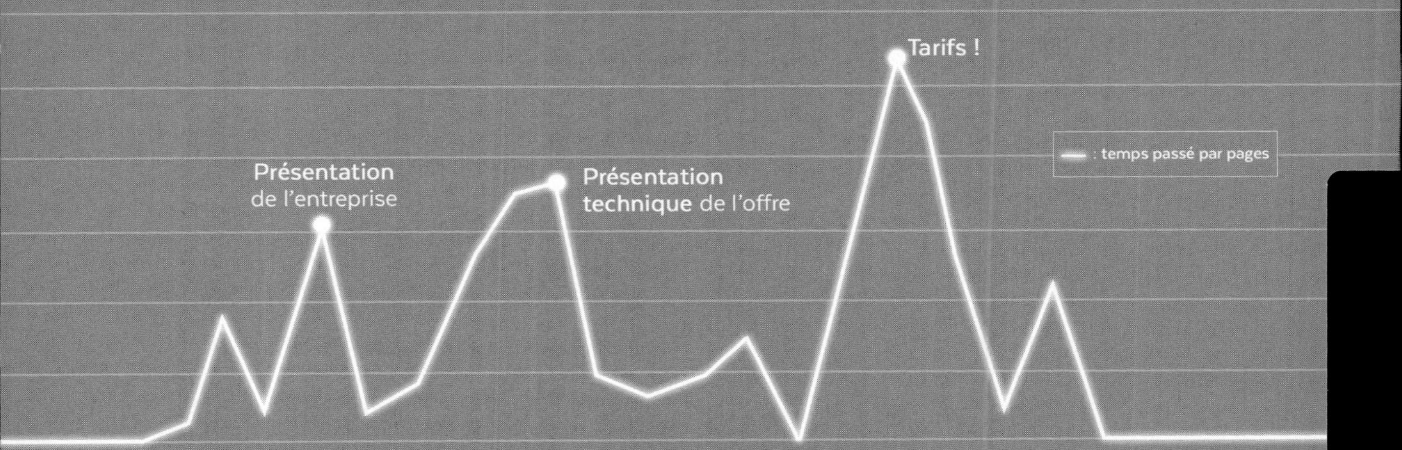

Analysez l'**efficacité de vos documents** grâce à Tilkee !

Article

L'Advocacy Marketing au secours du R.O.I des programmes de fidélité

Il est devenu difficile de séduire ses clients avec un programme de fidélité. Ces programmes doivent être motivants, mais rentables et faciles à comprendre, mais aussi innovants. Comment concilier ces contraires ? Les directions marketing disposent de nouveaux outils pour cela : l'Advocacy Marketing et sa palette de solutions reposant sur la collaboration avec les clients.

Objectif 20 %
d'offres virales dans un programme relationnel

KPI cible : **25 %**
de taux de partage des offres

Voici les concepts clefs et les principaux outils à votre disposition pour intégrer l'Advocacy Marketing dans votre programme de fidélité.

LES PRINCIPES POUR FAIRE ÉVOLUER SON PROGRAMME DE FIDÉLITÉ VERS L'ADVOCACY MARKETING

> La puissance par le volume et la crédibilité
La voix du client est la 1ère source d'information fiable pour les prospects d'après toutes les études, dont celle de Nielsen (2015). Mais elle est aussi devenue la 1ère source d'information pour les marques customer centric.

Avec le développement des réseaux sociaux et leurs 38 millions d'utilisateurs réguliers en France, des avis clients et des mobiles, pratiquement chaque client maitrise des outils puissants pour faire porter sa voix et exercer son pouvoir de consommateur.

Mais la puissance ne sera obtenue qu'à condition d'intégrer la mobilisation de ses clients dans des process automatisés et systématisés à partir de la base de données client. Ils devront être harmonisés avec le plan global de relation client, sinon gare aux incohérences dans les offres ou aux sur-sollicitations.

> La collaboration comme vecteur
Ce pouvoir peut s'exercer en votre faveur avec la même puissance que lorsqu'il s'exerce contre vous, mais pendant longtemps peu de marques se sont préoccupées de collaborer avec leurs clients satisfaits.

Or la collaboration peut s'exercer selon 2 directions : les ventes, à court terme grâce à la recommandation. Et la connaissance client à moyen/long terme grâce à la collecte d'insights, la co-innovation et les feed-backs.

> L'amélioration du R.O.I comme légitimité
L'intérêt de cette approche dite d'Advocacy Marketing est qu'il n'est pas nécessaire de rémunérer l'engagement des clients, car la base de la relation est la satisfaction et non pas la promotion. La rémunération directe (remise) ou indirecte (privilèges) peut intervenir, mais la proportion d'offres financières se réduira toujours, avec pour bénéfice la hausse du R.O.I du programme.

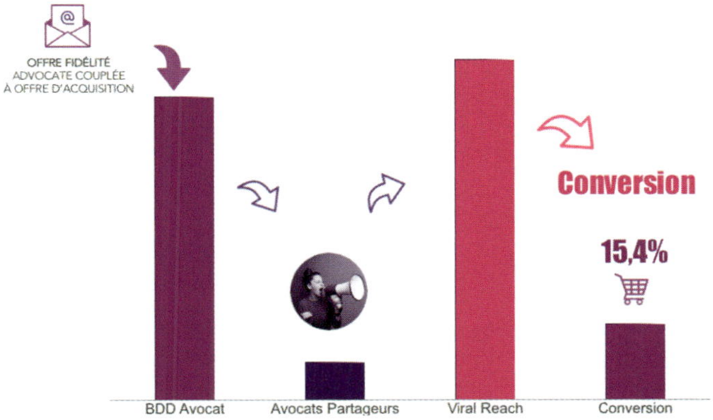

> Performance cible d'une offre d'acquisition couplée à une offre de fidélité

LES LEVIERS OPÉRATIONNELS DE L'ADVOCACY MARKETING AU SERVICE DU R.O.I. DES PROGRAMMES

Nous avons choisi dans cet article d'isoler 5 actions typiques de l'Advocacy Marketing tel que déployé depuis un programme de fidélité.

> *Test and review**

Faites tester ou détectez parmi vos Brand Advocates (préalablement identifiés en base de données) les premiers clients à avoir acheté votre innovation, et sollicitez un avis de leur part. S'ils sont bons, publiez-les sur vos points de contact prospect. Objectif : l'accélération des ventes. S'ils sont mauvais ou si votre positionnement n'est pas compris, ce sera un warning "bienveillant" à intégrer avant de prendre la parole plus largement.

> Publier uniquement les avis des membres de votre programme de fidélité

Vous avez un site d'avis clients authentiques ? C'est une bonne pratique. Rien ne vous interdit de solliciter un avis uniquement auprès des membres de votre programme de fidélité afin de valoriser ces clients. Leurs avis peuvent porter sur le programme de fidélité lui-même ou sur toute expérience d'achat (produit, magasin, etc.). Précisez toujours l'origine de ces avis.

> Faire répondre aux prospects par vos clients

Un prospect vous interroge ? Mettez-le en lien avec vos clients fidèles et prescripteurs en ligne par différents moyens (chat, questions/réponses, forum libre, modération des échanges, temps réel ou asynchrone, etc.). Deux précautions à prendre avant de mettre en place le dispositif : tout d'abord, si vous déléguez des tâches à votre communauté, cela ne vous exonère pas de votre rôle d'animation et de contrôle. Par ailleurs, veillez, afin de rester dans les codes de l'Advocacy Marketing, à ne pas perdre de vue que l'objectif est la conversion de prospects et non pas une délégation de la relation clients qui relève plutôt de la fidélisation.

> *Fid'acquisition** : propagation virale d'offres et de contenus

Proposez à vos clients fidèles de bénéficier d'offres ou de contenus en leur proposant de partager également des offres d'acquisition auprès de leurs proches. Pour plus de performance, la condition du bénéfice de l'offre de fidélisation peut être le simple partage de l'offre virale, voire l'acquisition de prospects (un parrainage digital en somme). Cette combinaison d'offres de fidélité et d'acquisition permet d'améliorer mécaniquement la rentabilité du programme de fidélité. Un objectif raisonnable est d'intégrer 20 % d'offres virales dans le programme relationnel dès la 1ère année et d'obtenir 25 % de taux de partage en moyenne par ces offres dites de "fid'acquisition".

> Connaissance client

Les membres d'un programme de fidélité peuvent influer sur les décisions de la marque : innovation, choix des produits/services, sélection des campagnes marketing, etc. Ce pouvoir d'influencer, non pas ses pairs, mais sa marque peut s'appuyer sur des enquêtes quantitatives (feed-back post-achat, questionnaires étendus), ou qualitatives (verbatim, animation de focus groups en ligne réservés à des clients sélectionnés en fonction de leur profil, contribution spontanée à des boîtes à idées).

Quel que soit le dispositif, l'idée directrice sera de faire alliance avec ses clients fidèles pour générer plus de ventes ou plus de connaissance, sans payer le coût habituel de ces deux leviers, car ils seront déployés sans contrepartie par vos propres clients. Dans cette vision, la fidélisation, l'acquisition et la connaissance client sont enfin désilotés.

*Retrouvez la définition dans le lexique en fin d'ouvrage.

> Q3 ADVOCACY
www.q3-advocacy.com
Fiche d'entreprise p. 498

Patrice Martin
Directeur des stratégies
contact@q3-advocacy.com

Étude De Cas

CDISCOUNT

Comment fidéliser ses clients en optimisant sa communication ?

> Cdiscount - N'économisez pas votre plaisir https://www.cdiscount.com

PROBLÉMATIQUE DE LA MARQUE

Avec plus de 20 millions de visiteurs uniques par mois et 9 millions de clients chaque année, Cdiscount se place comme le leader français du e-commerce. Sur ce marché très compétitif, l'amélioration continue des canaux *CRM** est clef dans la fidélisation des clients.

La 12ème édition de l'étude Email Marketing Attitude BtoC du Syndicat National de la Communication Directe nous indique que les principales raisons d'un désabonnement à une newsletter promotionnelle sont une surabondance des messages de l'expéditeur et un contenu décorrélé des attentes du client. Pour autant, plusieurs *tests A/B** réalisés chez Cdiscount ont prouvé que leurs clients les plus fidèles ne se lassent pas de communications régulières tant qu'elles restent raisonnées et que leurs contenus sont pertinents.

SOLUTION STRATÉGIQUE

Tenant compte de ces éléments, Cdiscount a ainsi voulu construire une solution qui pourrait permettre d'améliorer sa communication client via email, en répondant à différents objectifs :

- Une augmentation du nombre de clients contactables

- Une diminution du nombre d'emails commerciaux envoyés en tenant compte de l'engagement du client vis-à-vis de Cdiscount

- Une optimisation du timing d'envoi des emails afin de mieux répondre aux attentes de ses abonnés

- Une volonté de personnaliser au maximum le contenu des emails envoyés et diminuer ainsi le volume d'envoi d'emails commerciaux génériques.

En résumé, comment envoyer moins d'emails, plus pertinents, au bon moment, pour générer finalement plus d'engagement de la part du client ? Pour répondre à cette problématique, Cdiscount a construit sa propre solution grâce à un travail collaboratif entre les équipes Data, BI et Fidélisation courant 2018.

MISE EN PLACE OPÉRATIONNELLE

Pierre angulaire de cette solution, un modèle prédictif de la propension de ses clients à ouvrir un email commercial sur une semaine a été développé par l'équipe Data. Au regard du profil du client, de l'historique de son activité chez Cdiscount (visites, achats, ouvertures/clics email, etc.), et en donnant un poids plus important à ses activités récentes, un algorithme de *machine learning** permet, chaque début de semaine, d'attribuer un segment aux clients abonnés à la newsletter. En fonction de son segment, un client va ainsi pouvoir prétendre à recevoir, dans la semaine, un nombre d'emails commerciaux cohérent avec son engagement vis-à-vis de Cdiscount. Concrètement, le client Christophe, peu engagé et qui visite le site de temps en temps recevra peu d'emails. A l'inverse, le client Sidney, qui lit régulièrement ses emails et visite souvent le site pour équiper sa cuisine, recevra plus d'emails. Associé à une volonté de diminuer significativement la pression commerciale email, cette nouvelle règle a permis de réduire d'un tiers le nombre d'emails moyen envoyés à chaque client.

En complément de cette règle, un deuxième algorithme d'appétence horaire, déterminant les timings d'envois d'emails optimaux pour chaque client, a été développé en se basant sur leur historique d'ouverture. Par exemple, un client pour lequel il

CRM | Fidélisation | Machine learning

> Retrouvez les mots clés en index <

INFOS CLÉS

9 millions de clients

- 35% d'emails /semaine /client

est prévu d'envoyer deux emails commerciaux cette semaine, recevra ses emails le mercredi après midi et le dimanche matin si l'algorithme a détecté que le client avait pour habitude d'ouvrir ses emails sur ces créneaux.

Les règles en sortie de ces deux algorithmes ont alors été mises à disposition de l'équipe Fidélisation directement dans leur outil de gestion de campagnes. Dans cet outil, chacune des campagnes a été priorisée en fonction de son degré de personnalisation : une campagne permettant d'alerter un client sur la baisse de prix d'un produit qu'il a récemment visité est ainsi définie comme plus prioritaire qu'une newsletter promotionnelle. Deux fois par jour, un traitement mis en place par l'équipe BI permet alors d'identifier la campagne à envoyer à chaque client, en choisissant celle dont le contenu est le plus personnalisé.

L'enchaînement de ces différentes étapes a ainsi permis d'améliorer le processus d'envois d'emails : la qualité plutôt que la quantité, au bon moment.

RÉSULTATS

> Bilan

- Une augmentation significative de la quote-part de clients contactables par email chaque semaine pour deux raisons :
  - Prise en compte d'une plus grande profondeur d'historique dans le modèle prédictif d'ouvertures pour le calcul du segment des abonnés
  - Diminution significative du taux de désabonnement à la newsletter
- En moyenne, 35% d'emails en moins envoyés à chaque client
- +4% d'emails ouverts et +8% de clics
- Augmentation du chiffre d'affaires par client : +1%

> Prochaines étapes

Cdiscount continue aujourd'hui d'investir dans l'optimisation de cette mécanique de pression commerciale. Des travaux sont en cours pour :

- Optimiser le modèle prédictif existant afin de réduire toujours plus le volume d'emails envoyés à chaque client sans dégrader le chiffre d'affaires généré par ce canal.
- Intégrer l'ensemble des canaux CRM (SMS, notifications appli, plateforme de vente à distance, réseaux sociaux) dans cet outil pour en faire une solution complète de gestion de la pression commerciale multi-canal.

*Retrouvez la définition dans le lexique en fin d'ouvrage.

> Créneaux horaires optimisés et campagnes de plus en plus personnalisées

"Un modèle prédictif socle d'une solution qui permet d'envoyer moins d'emails, plus pertinents, au bon moment, pour générer finalement plus d'engagement de la part du client."

> CDISCOUNT
www.cdiscount.com

Jonathan Louedec
Jonathan.Louedec@cdiscount.com

Thibault Desvergnes
Thibault.Desvergnes@cdiscount.com

Interview

Hugo Cousin
Directeur des
stratégies digitales
Avril

Hugo Cousin

Lancer un programme d'Employee Advocacy nous a permis de renforcer la réputation de notre groupe tout en favorisant l'essor d'une culture commune entre collaborateurs

POUVEZ-VOUS VOUS PRÉSENTER EN QUELQUES MOTS ?

Diplômé d'Ecole de commerce et d'un Master en intelligence économique, je débute ma carrière au début des années 2000 par un poste de chef de projet au sein d'une jeune start-up. Je poursuis alors au sein du cabinet Michael Page puis au ministère de la Justice, où j'ai déployé des stratégies digitales au croisement de l'innovation et du marketing.

Après cinq années passées en agence de communication, chez Burson-Marsteller, j'ai pris les fonctions de Directeur digital au sein du groupe Avril en 2015.

QUELLES RESPONSABILITÉS OCCUPEZ-VOUS AU SEIN DU GROUPE AVRIL ?

Je suis en charge du déploiement du programme de transformation digitale du groupe, en lien avec notre plan stratégique.

Dans ce cadre, j'engage la transformation de notre communication externe par le digital, pour la rendre plus authentique, efficace, humaine, et j'anime l'évolution de notre culture interne vers plus de transversalité, de mutualisation, par l'intermédiaire de plateformes collaboratives. Avec un périmètre à couvrir de 7 500 collaborateurs répartis sur 21 pays, cela nécessite une organisation dédiée.

COMMENT EST NÉE VOTRE DÉMARCHE D'EMPLOYEE ADVOCACY ?

Dès mon arrivée, j'ai pris conscience de l'important décalage qui existe entre l'image décriée du monde agricole dans l'opinion publique et la forte notoriété du groupe et de ses marques dans l'esprit de nos collaborateurs.

Sur les réseaux sociaux, le volume important de retombées négatives entourant le secteur agroalimentaire (rumeurs, fausses informations, désinformation), émises par diverses parties prenantes, transforme l'exercice de la communication en un défi aussi audacieux que périlleux.

Nous avons donc décidé d'innover en engageant une démarche positive et communautaire qui s'appuie sur nos meilleurs ambassadeurs, nos collaborateurs. Nous leur faisons confiance pour porter haut les couleurs du groupe au sein de leurs réseaux sociaux personnels. C'est ainsi qu'est né le tout premier programme d'Employee Advocacy du groupe, intitulé "Digital Champions".

POUVEZ-VOUS NOUS DÉCRIRE LE FONCTIONNEMENT DE CE PROGRAMME ?

Nous avons sélectionné nos ambassadeurs selon 3 critères : l'audience, l'engagement à parler du groupe et de ses actualités et l'appétence éditoriale. 50 personnes sont issues de cette sélection, qui constituent notre première promotion.

Nous avons ensuite fait valider la démarche par le comité exécutif du groupe, puis par les N+1 des Champions et enfin par les collaborateurs eux-mêmes, car une démarche d'Employee Advocacy se doit d'être bénévole.

Une fois la liste finale consolidée, nous avons organisé un événement de lancement dans un lieu emblématique et les avons rassemblés pour la toute première fois : des collaborateurs actifs sur LinkedIn, Facebook, Twitter issus de France comme de l'international, travaillant pour différentes filiales, sur différents métiers, tous unis par cette volonté de communiquer.

COMMENT ACCOMPAGNEZ-VOUS LA PRISE DE PAROLE DES CONTRIBUTEURS ?

Il faut faciliter leur prise de parole en allant au-devant de leurs préoccupations. Pour cela, nous avons construit le programme autour de services facilement activables :

- Pour retrouver facilement les contenus des Champions, nous avons lancé un hashtag commun à tous les réseaux : #WeAreAvril ;
- Pour répondre au besoin d'inspiration, nous avons rassemblé tous les contenus produits par les réseaux sociaux du groupe et des marques sur une plateforme web ;
- Pour accompagner la montée en compétence des Champions, nous avons ouvert des formations ainsi qu'un service de coaching dédié ;
- Pour animer la communauté et garder son dynamisme, une newsletter bimestrielle relate les actualités, posts les plus partagés et dernières innovations des réseaux utilisés par nos ambassadeurs.

Enfin, nous avons décidé de lancer au second semestre un Roadshow sur les 3 sites les plus emblématiques du groupe, afin de mobiliser nos Champions locaux et lancer la campagne de recrutement 2020.

APRÈS MOINS D'UN AN D'EXISTENCE, QUELS EN SONT LES PREMIERS RÉSULTATS ?

Je dois dire que l'événement de lancement a joué un rôle décisif dans l'adoption du programme, avec une très forte contribution autour du hashtag sur les trois premiers mois.

Des relais de publications se sont ensuite multipliés autour des Challenges internes que nous organisons pour accompagner le lancement d'un nouveau produit, d'une innovation ou d'une prise de parole d'un dirigeant.

Les réseaux sociaux professionnels sont largement plébiscités par nos ambassadeurs, LinkedIn et Twitter en tête, alors qu'ils fréquentent par ailleurs Facebook ou YouTube, mais pour des activités plus personnelles. De ce fait, nous adaptons notre production de contenus et nos logiques virales en proposant des mécaniques pensées pour ces deux plateformes. Enfin, pour parler chiffres, nous constatons que le volume de contributions autour du groupe a doublé en moins d'un an et sa viralité a triplé.

COMMENT EN APPRÉCIEZ-VOUS LES BÉNÉFICES POUR LE GROUPE ?

L'impact du programme sur l'image de l'entreprise est déjà fort pour une entreprise industrielle, agro-alimentaire, qui n'avait pas de culture de communication innée.

En interne, les collaborateurs jugent la démarche innovante et engagée du fait de la reconnaissance des contributions de nos ambassadeurs. Ils apprécient aussi le changement de posture du groupe, qui les encourage désormais à prendre la parole librement, en faisant confiance à leurs talents.

En externe, un autre visage de l'entreprise est aujourd'hui donné, fait de citations, vidéos, photos d'usine publiée sans aucun filtre, ce qui est apprécié par nos parties prenantes. Les bénéfices pour la marque employeur du groupe se mesurent à l'aune des nombreuses candidatures spontanées !

UN MOT DE LA FIN ?

Faire le pari de l'Employee Advocacy, c'est prendre conscience qu'il est temps de faire confiance à ses collaborateurs pour parler de ce qu'ils connaissent le mieux : l'entreprise pour laquelle ils travaillent. Cela ne se déclare pas, cela se fait, pas après pas, avec humilité, dynamisme et transparence.

Étude De Cas

BIP&GO

L'innovation comme outil d'engagement et de fidélisation

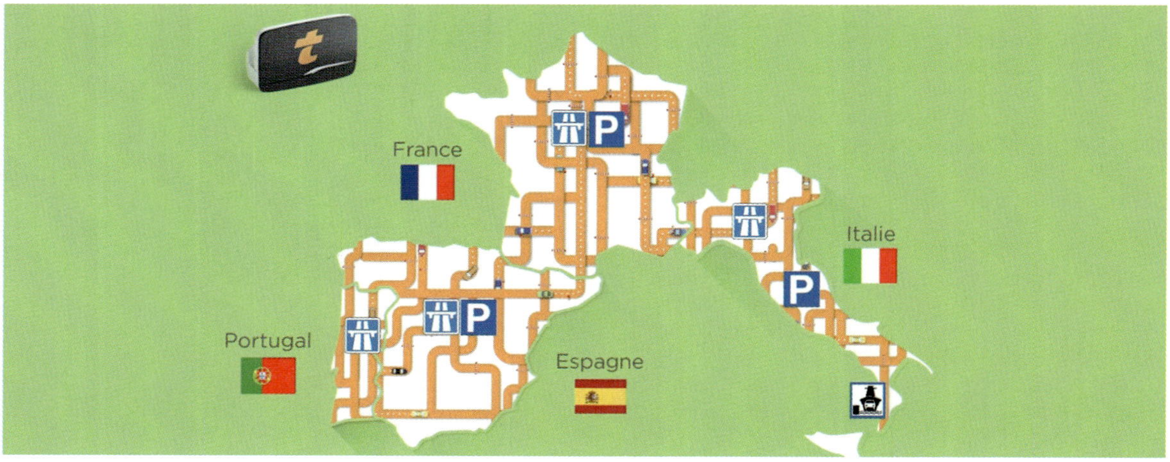

> Un service télépéage étendu à l'Espagne, le Portugal et l'Italie

PROBLÉMATIQUE DE LA MARQUE

Filiale du groupe Sanef (une société d'Abertis), **Bip&Go a été créée en 2012 en vue de devenir un acteur de la simplification du paiement de la mobilité sur autoroute et, plus largement, des déplacements du quotidien.** Bien consciente de l'émergence du nouveau concept MaaS (Mobility as a Service), la société cherche sans cesse à **enrichir ses services en mettant l'innovation au cœur de sa stratégie de développement.**

Bip&Go se positionne sur le marché de l'abonnement au télépéage. Elle propose un service de paiement rapide et simplifié du péage sur autoroutes, et de certains parkings souterrains, pouvant être utilisé partout en France, en Espagne, au Portugal et en Italie.

La commercialisation des badges de télépéage permettant aux consommateurs de se simplifier la vie sur autoroutes a longtemps été cantonnée aux réseaux d'agences physiques. Le marché a réellement commencé sa digitalisation en 2012. C'est cette même année que Bip&Go a lancé le premier site marchand avec une souscription 100 % en ligne. Un site lancé en 4 langues pour aller capter des clients partout en France, mais aussi en Allemagne et au Benelux.

Bip&Go est depuis sa création très focalisée sur l'acquisition de nouveaux clients, sur un marché très concurrentiel, qui, avec l'arrivée du digital, s'est démocratisée auprès d'une cible BtoC.

En parallèle, l'engagement, l'expérience et la fidélisation sont des enjeux stratégiques pour la marque. En effet, le business model du télépéage a une rentabilité qui s'inscrit dans la durée (ROI client sur plusieurs années). Les flux de péage ou de parking collectés étant reversés aux différents concessionnaires, l'essentiel des revenus de Bip&Go provient de l'abonnement au service payé par les clients.

SOLUTION STRATÉGIQUE

Engager et fidéliser les clients est essentiel à la pérennité du business.

La stratégie de Bip&Go : **l'innovation pour proposer de nouveaux services en s'appuyant sur la technologie et le digital.**

- Apporter régulièrement de **nouveaux services et de nouveaux usages**, répondant aux attentes exprimées des clients, en intégrant d'autres technologies pour que le client puisse utiliser facilement son compte Bip&Go pour payer plus de services autour de la mobilité, sur autoroute, mais aussi celle du quotidien ;

- Rendre l'accès à ces nouveaux services le plus simple possible, via des interfaces digitales, 100 % selfcare, et des process simples.

MISE EN PLACE OPÉRATIONNELLE

> Les premières briques lancées :

- **2016** : Bip&Go est le premier opérateur à lancer le **paiement des autoroutes espagnoles, avec un seul et même badge télépéage.**

Objectif atteint : une expérience client totalement fluide et transparente. Pour les nouveaux clients, aucune démarche d'activation, service immédiatement disponible sans autre démarche. Pour les clients existants, l'échange de badge est disponible via l'espace abonné en quelques clics.

Innovation | Mobilité | Services

> Retrouvez les mots clés en index <

INFOS CLÉS

Base client **plus que doublée** en 5 ans

98% de clients satisfaits par le service

30% de taux d'utilisation des nouveaux services à l'étranger

- **2018** : lancement d'un **bouquet de services de mobilité sereine sur autoroute et au quotidien** (complémentaire d'assurance panne et crevaison, SOS fourrière, formation écoconduite, aide à rédaction de constat...).

- **Eté 2019** : lancement du badge télépéage Europe qui simplifie le paiement des autoroutes, de certains parkings, et de certaines lignes de Ferry-Boat en France, en Espagne, au Portugal et en Italie.

Expérience client toujours étudiée pour être fluide, et servie par **un espace client flambant neuf et mobile first.**

> Courant 2020 : après l'extension géographique du service télépéage, place aux nouveaux services de mobilité via une application.

Bip&Go a la **légitimité "mobilité"** et l'expérience du **smart paiement** pour être un acteur de la vague du Mobility As A Service (Maas) auprès de ses 1,5 million d'abonnés. L'objectif demain est de **proposer aux clients des solutions pour couvrir leurs besoins de paiement de la mobilité au sens large.**

Le lancement de l'application est un virage technologique qui vient porter une démarche d'innovation servicielle, Bip&Go commercialisera des services de mobilité, accessibles grâce au **compte Bip&Go**, via différents devices : **badge télépéage, app et demain tout device qui rendra possible l'accès à certains services.**

Une application d'agrégation de services en partenariat avec des acteurs de la mobilité. Bip&Go sera distributeur, et non concepteur de ces services. Bip&Go **va apporter sa base client et son savoir-faire paiement à ses futurs partenaires.**

Quels services ? Quels nouveaux usages ? Le champ des possibles est vaste et la road map est actuellement finalisée avec les résultats d'études clients, pour définir quels sont les premiers services à mettre prioritairement à disposition des clients : **stationnement urbain, carburant, lavage, réparation, assurances affinitaires, micro-mobilité, carsharing, covoiturage...**

En amont des études clients, un data challenge a été réalisé en partenariat avec l'Adetem et l'association Management&Datascience en mai 2019 pour analyser le potentiel business de certains services sur la base clients Bip&Go.

RÉSULTATS

98 % de satisfaction client sur le service (étude 2018 - menée sur des utilisateurs du service France-Espagne/30 % des clients équipés ont utilisé leur badge en Espagne).

> Du paiement de la mobilité sur autoroutes au paiement de la mobilité au sens large

> BIP&GO
www.bipandgo.com

Cyrille Pertuisot
Directeur Marketing
cyrille.pertuisot@bipandgo.com

Étude De Cas

EDF

Prospection par emailing pour acquisition de clients BtoB

PROBLÉMATIQUE DE LA MARQUE

> Contexte

EDF Entreprises développe une large gamme d'offres de gaz naturel et d'électricité adaptées aux besoins des entreprises, quels que soient leur activité, leur taille, et leurs besoins énergétiques. Néanmoins, dans le cadre de l'ouverture du marché à la concurrence, EDF a perdu de nombreux clients...

> Cibles

Pros et PME

> Objectif

EDF a souhaité mettre en place une campagne de ré-acquisition de clients perdus, en optimisant les ressources disponibles.

> Budget

L'objectif était d'obtenir un coût d'acquisition inférieur à 500 €/contrat signé.

Le budget proposé par EDF pour lancer l'opération était de l'ordre de 8 000 € pour l'ensemble de l'opération.

SOLUTION STRATÉGIQUE

> L'emailing d'acquisition reste redoutablement efficace...

L'emailing est le canal de prospection le plus ancien du web, et cela semble ternir son image.

Néanmoins les équipes marketing chez EDF continuent à l'utiliser dans une démarche d'acquisition de leads car :

- Selon une étude menée par le cabinet de conseil McKinsey, l'email est 40 fois plus efficace en termes d'acquisition de nouveaux clients que Facebook et Twitter réunis ;
- L'emailing a su s'adapter à son époque... Les logiciels de messagerie et de marketing automation n'ont cessé de s'améliorer et résistent à la concurrence des nouveaux canaux de prospection ;
- Nombreux avantages pratiques : faciles à mettre en œuvre, adaptables, précis...

> ... si on identifie les prospects chauds et qu'on les contacte rapidement !

Pour augmenter l'efficacité de l'emailing et qualifier les prospects à relancer, Tilkee a été couplé au logiciel d'emailing. Tilkee permet d'identifier les prospects qui ont consulté les documents envoyés et savoir quand et comment ils les ont consommés.

Tilkee donne aussi une note d'intérêt non pas en fonction du clic ou de l'ouverture du mail mais en fonction du temps de lecture de la pièce jointe, du nombre de pages lues... et de 20 autres critères.

> Solution stratégique

Plutôt que de faire les relances "à la main", il est plus simple de les "semi-automatiser". Plusieurs solutions d'optimisation de la relance commerciale, comme Tilkee, permettent de mettre en place des relances automatiques par email.

Le prospect reçoit alors des emails de relance adaptés à son comportement de lecture sur les documents envoyés. Bien sûr, au préalable, il faut avoir classé les différents comportements et scénarisé les envois d'emails de chaque catégorie.

Par exemple :

- **Catégorie 1** : le prospect a passé plus de 30 secondes et a lu au moins 4 pages de la brochure/plaquette commerciale ;
- **Catégorie 2** : il ne l'a pas lu ou y a consacré moins de 30 secondes.

Pour la catégorie 1, a priori intéressée, le mail envoyé propose un rendez-vous (ou déclenche un appel téléphonique d'un opérateur).

Emailing Marketing | BtoB | Marketing automation

> Retrouvez les mots clés en index <

INFOS CLÉS

23 % des appels ont abouti à la signature d'un contrat

+ 3 500 % d'augmentation du taux de conversion

95,5 % du temps de relance économisé

Pour la catégorie 2, moins ou pas du tout intéressée, le mail propose des détails supplémentaires.
Si le prospect s'intéresse aux détails envoyés, dans ce cas il passe en catégorie 1 et rentre dans le scénario correspondant. S'il ne s'y intéresse pas, il reste dans la catégorie 2, et le scénario de relance continue jusqu'à obtenir un rendez-vous.

MISE EN PLACE OPÉRATIONNELLE

> Durée
3 semaines en juin 2017

> Étapes
Une précédente campagne avait été réalisée de la façon suivante :
- Envoi d'un email à 2 200 clients partis à la concurrence ;
- Appel à froid de ces 2 200 clients dix jours après l'envoi de l'email ;
- Pas de relance (trop chronophage et trop chère).

Pour cette nouvelle campagne (en couplant Tilkee dans le logiciel d'emailing), c'est un scénario assez simple qui a été mis en place afin que chacun des prospects soit relancé automatiquement ou sorti du processus en fonction de différents paramètres :
- Envoi d'un email aux 2 200 clients partis à la concurrence ;
- Si la note est supérieure à 2/5, appel dans les 15 minutes après l'alerte Tilkee ;
- Si la note est inférieure à 2/5, envoi d'un 2ème mail ;
- Et process recommencé une 3ème fois.

En effet, rien de plus facile que de rappeler un prospect qui a passé du temps sur le contenu qui lui a été partagé. Il est désormais possible de suivre les consultations des prospects en temps réel en fonction de leur niveau d'intérêt, de les transmettre aux commerciaux concernés et de les aider à adapter leur discours en fonction des éléments qui ont capté l'attention de chaque prospect.

L'efficacité d'une campagne emailing repose sur de nombreux autres facteurs (corps de mail concis, objet, personnalisation, jour et heure d'envoi...). Mais en accompagnant les logiciels d'emailing "classiques" d'outils d'identification des leads chauds (comme Tilkee), le retour sur investissement des campagnes d'emailing est largement amélioré !

RÉSULTATS

Les résultats ont été visibles à plusieurs niveaux :
- Une équipe de vendeurs plus motivés car disposant de meilleurs arguments ;
- Des clients ravis d'être rappelés et non harcelés ;
- 95,5 % d'appels en moins ;
- Et 50 % de contrats signés en plus !

Cette campagne a été récompensée par le Trophée Or d'Action Co dans la catégorie Génération de Leads mais aussi au sein même d'EDF pour son innovation et ses résultats.

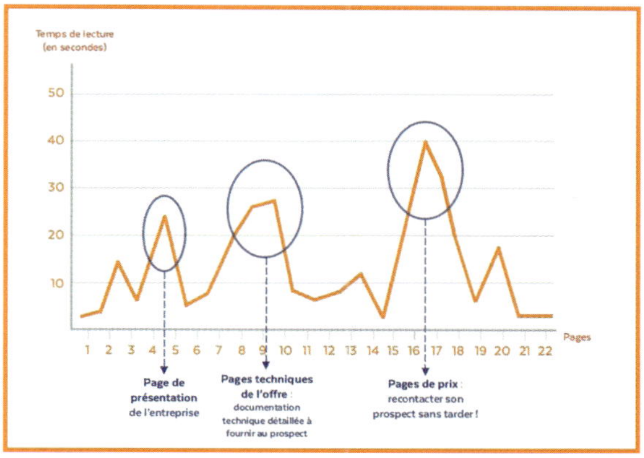

> Statistiques de lecture détaillées des éléments envoyés par email

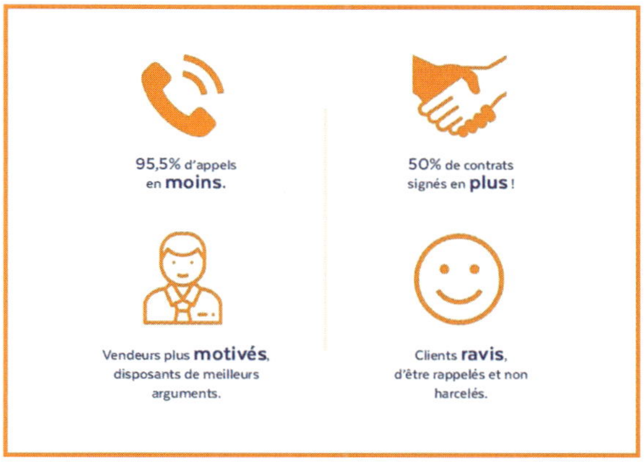

> Résultats suite à la mise en place de la campagne

> EDF
www.edf.fr

Delphine Tousch
Responsable marketing

> TILKEE
www.tilkee.fr
Fiche d'entreprise p. 501

Sylvain Tillon
Fondateur
sylvain@tilkee.com

Stéphane Girardin
Directeur commercial
stephane@tilkee.com

Article

Service client : opter pour le self-service pour satisfaire les demandes des millennials

Zendesk partage ses conseils pour permettre aux entreprises de fournir une expérience client fluide et rapide pour leurs clients millennials. Développer des solutions de réponse en *self-service est sans doute la formule la plus adaptée à cette génération de clients exigeant rapidité et autonomie.**

Le nombre de tickets quotidiens a augmenté de **145 %** en 5 ans

La satisfaction des clients a chuté de **2,1 points** en 5 ans

"Les millennials exigent rapidité et autonomie dans leurs échanges avec les marques. Ils souhaitent échanger avec les entreprises où et quand ils le veulent grâce à des outils de self-service."

John WALLS
Director, Customer Success, EMEA Zendesk

Tout le monde a déjà vécu ce scénario : être transféré vers un deuxième, troisième ou quatrième agent du service client pour résoudre un problème. A chaque agent, on répète les détails de son compte ou encore, on répond à toutes les questions de sécurité. Une expérience toujours désagréable et qui arrive trop souvent.

Un rapport de Zendesk, dévoilant les tendances de l'expérience client, basé sur les données de 45 000 entreprises du monde entier, révèle que plus des deux tiers (68 %) des clients résolvent leurs problèmes avec les marques par téléphone. Mais il est clair qu'une expérience client idéale va au-delà des échanges téléphoniques, notamment avec la génération des millennials.

Alors, que faire pour pallier le problème et répondre aux nouvelles attentes de ces clients ?

LES CHIFFRES PARLENT D'EUX-MÊMES

Nos recherches ont montré qu'au cours des cinq dernières années, le nombre de tickets quotidiens a augmenté de 145 %, dépassant de loin la croissance des équipes du service client (+ 66 %) au cours de la même période. Parallèlement, près de la moitié des clients (46 %) disent avoir des attentes plus élevées qu'il y a un an. Il n'est donc pas étonnant que les entreprises se sentent submergées.

Cette hausse entraîne avec elle une baisse de la satisfaction des consommateurs de 2,1 points en moyenne ces cinq dernières années, passant de 94,6 % à 92,5 %.

Face à ce rythme soutenu, augmenter les effectifs du service client ne suffit plus. Il est temps d'imaginer et de mettre en place des solutions intelligentes pour répondre aux attentes des consommateurs plus exigeants, moins loyaux et plus puissants que jamais.

OBTENIR LE SERVICE D'AIDE DONT ON A BESOIN, OÙ ET QUAND ON LE SOUHAITE

Certes, le téléphone est le moyen de communication le plus utilisé pour communiquer avec les marques, mais cela ne signifie pas que les autres canaux doivent être négligés. De plus en plus de clients, en particulier les plus jeunes, sont notamment à l'aise avec le self-service. En effet, près des

> Le self-service & les millennials https://www.zendesk.fr/self-service

trois quarts des répondants de la génération Z et plus de la moitié des millennials disent commencer par une recherche sur le site internet ou via le centre d'aide d'une marque pour résoudre leur problème. Ils sont également plus susceptibles de demander de l'aide par chat, médias sociaux et SMS.

L'idée n'est pas de compliquer la tâche des entreprises en ajoutant des canaux supplémentaires. Afin d'éviter qu'un client ait à se répéter à chaque fois qu'il interagit sur ces différents canaux, la solution est de mettre en place une plateforme unique, ouverte et flexible, capable d'offrir une vue complète du client et de son historique pour n'importe quel agent. Grâce à de puissantes API, les équipes peuvent stocker et connecter des données sur plusieurs systèmes pour visualiser, mettre à jour et rechercher rapidement des informations clients afin de mieux leur répondre. Ainsi, les entreprises résolvent les tickets plus rapidement (+ 21 %), gèrent trois fois plus de demandes et leurs clients patientent moins de temps (- 35 %).

PERMETTRE AUX CLIENTS DE RÉSOUDRE LEURS DEMANDES EN AUTONOMIE GRÂCE À L'IA

Les consommateurs obtiennent maintenant des informations depuis n'importe quelles sources (amis, site web d'une marque, Google, etc.). Et, en réalité, ils ne veulent peut-être même pas avoir à interagir avec un service client mais simplement que leur problème soit résolu facilement. Alors que 40 % d'entre eux déclarent chercher d'abord une solution via un moteur de recherche ou un centre d'aide, seules 20 % des entreprises proposent des solutions en self-service.

Les outils d'intelligence artificielle (IA) peuvent accroître l'efficacité d'une équipe de service client. Pour l'instant, les entreprises ne font que toucher du doigt les possibilités offertes par l'IA. Étonnamment, 85 % des grandes équipes de support n'utilisent actuellement pas l'intelligence artificielle, alors que les gains potentiels sont énormes, et ce, sans avoir besoin d'investissements importants ou de longues mises en œuvre.

Par exemple, les entreprises qui utilisent les fonctions basées sur l'IA de Zendesk ont économisé 225 000 heures de travail de leurs agents. Parallèlement, Gartner estime que d'ici 2020, un quart des interactions avec le service client impliqueront une forme d'IA.

Au-delà des fonctionnalités en self-service, l'intelligence artificielle peut également aider les équipes à innover rapidement grâce à des informations exploitables tirées d'un grand volume de données et d'interactions clients. Par exemple, les modèles de machine learning peuvent identifier la meilleure réponse à un ticket et recommander les meilleures options de réponses pour un agent. Le meilleur est à venir !

*Retrouvez la définition dans le lexique en fin d'ouvrage.

> ZENDESK
www.zendesk.fr

John Walls
Director Customer Success
EMEA chez Zendesk

Chams Ejjaouani
Director South Marketing
chez Zendesk
cejjaouani@zendesk.com

Étude De Cas

CACEIS

Comment faire évoluer un portail client en une plateforme relationnelle ?

> OLIS - Where people meet data

PROBLÉMATIQUE DE LA MARQUE

> Les enjeux

CACEIS est une filiale du groupe Crédit Agricole, spécialisée dans les services financiers aux investisseurs institutionnels, sociétés de gestion et grandes entreprises.

Essentiellement présent en Europe, CACEIS propose une gamme complète de services : exécution, compensation, change, prêt-emprunt de titres, banque dépositaire-conservation, administration de fonds, solutions de middle-office, support à la distribution des fonds et services aux émetteurs. Avec 2 633 milliards d'euros d'actifs en conservation et 1 695 milliards d'euros d'actifs sous administration, CACEIS compte parmi les leaders mondiaux de l'Asset Servicing.

L'excellence relationnelle est un des enjeux majeurs du groupe Crédit Agricole qui souhaite devenir la banque relationnelle de référence aussi bien auprès des clients particuliers (BtoC) que des clients professionnels (BtoB).

La banque s'inscrit dans la stratégie globale de son actionnaire et innove pour transformer l'expérience client. Il s'agit avant tout d'intégrer le client au plus tôt dans la conception et la création de nouveaux services. Le CACEIS Innovation Lab a permis de recueillir les attentes des clients et leurs feedbacks, dans une démarche de co-création. Ainsi, le groupe a fait évoluer son portail client OLIS pour en faire une véritable plateforme collaborative. Les équipes opérationnelles de nos clients peuvent désormais échanger directement et au quotidien, avec nos interlocuteurs les plus à même de les assister. La dimension humaine est ainsi remise au cœur des services proposés via le site OLIS. Il s'agit de se différencier non plus seulement par ses produits et services, mais par une expérience client que l'on pourrait qualifier de cinq étoiles.

« CACEIS se transforme pour mettre l'expérience client au cœur de ses services et renforcer la dimension humaine dans la relation opérationnelle, au quotidien ». Mathieu Alia, CACEIS Group Head of Digital Transformation

SOLUTION STRATÉGIQUE

> Que souhaitent les clients, les prospects et les partenaires ?

Pour répondre à cette question, il faut leur donner la parole, les écouter et ne pas imaginer ou chercher dans son coin les produits et services qu'ils souhaiteraient ou non utiliser. Ne pas se fier uniquement à ce qu'on croit savoir des besoins de nos clients. Nos produits et services ne peuvent être créés sans avoir recueilli au préalable leurs besoins.

De là est née l'initiative "Let's innovate together" invitant nos clients, nos partenaires et nos collaborateurs à prendre part à une démarche de co-innovation/co-construction.

Il s'agit dans un premier temps de faire preuve d'écoute pour recueillir leurs avis, leurs commentaires et leurs idées. Ensuite, il faut savoir prendre en considération leurs demandes, tout en étudiant leur faisabilité.

Dans un deuxième temps, nous leur communiquons nos prototypes pour leur permettre d'appréhender le résultat des développements réalisés. Nous collectons leurs retours et leur validation de la bonne compréhension de leurs besoins.

Selon nous, l'agilité n'est pas uniquement une question de méthodologie, mais un état d'esprit. Nos équipes appliquent des cycles de développement courts pour plus de réactivité dans la mise en œuvre des évolutions, en fonction des différents retours exprimés par les utilisateurs.

Digital expérience | Co-innovation | Méthode agile

> Retrouvez les mots clés en index <

INFOS CLÉS		
BtoB	**3 500** collaborateurs	**2 633 milliards €** d'encours conservés

« Repenser l'expérience client implique une transformation de l'expérience collaborateur et ainsi de l'organisation des méthodes de travail au quotidien. » Mathieu Alia, CACEIS Group Head of Digital Transformation

MISE EN PLACE OPÉRATIONNELLE

> Transformer l'expérience de + 10 000 utilisateurs du portail client OLIS

Repenser l'expérience client, c'est avant tout intégrer le client au plus tôt dans la conception et la création de nouveaux services.

A cette fin, une campagne de co-création, au sein du *CACEIS Innovation Lab**, a été lancée avec tous les utilisateurs du site au cours de l'été 2018. Dans la perspective d'une nouvelle plateforme collaborative, nous avons, dans un premier temps, sollicité ses clients, qui ont pu exprimer leurs attentes et partager leurs idées. Par exemple, des fonctionnalités "self-care" ont été particulièrement souhaitées dans une volonté de devenir plus autonomes sur la personnalisation des services.

Dans un second temps, ces fonctionnalités ont fait l'objet d'une priorisation, puis ont été développées en mode projet et soumises à l'ensemble des utilisateurs pour recueillir leurs avis et commentaires.

À l'issue de cette campagne menée avec la méthode Agile, nos équipes ont pu lancer les développements de la nouvelle plateforme avec la garantie de leur adéquation avec les besoins des clients.

La prise en compte des retours clients en amont des développements informatiques a permis de gagner en efficacité et d'aboutir à un résultat final optimal.

La nouvelle baseline d'OLIS, "Where People Meet Data", témoigne de cette nouvelle approche 100 % humaine, 100 % digitale.

* Le CACEIS Innovation Lab rassemble nos collaborateurs, clients et partenaires pour imaginer les produits et services de demain

> La co-création est un formidable outil pour améliorer l'engagement client

La démarche d'associer les clients à la réflexion et à la conception des services du quotidien a permis d'augmenter significativement leur engagement auprès de CACEIS. Les participants ont pu exprimer leurs avis et leurs attentes et partager leurs idées. Les échanges ont mis en lumière les points irritants que l'entreprise devait éliminer en priorité ainsi que les besoins des clients.

> *"CACEIS se transforme pour mettre l'expérience client au cœur de ses services et renforcer la dimension humaine dans la relation au quotidien."*
>
> **Mathieu ALIA**
> *CACEIS Group*
> *Head of Digital Transformation*

Ce projet de co-construction a ainsi amélioré la relation avec les clients qui se sont sentis écoutés et valorisés.

« Partager ses idées avec l'ensemble des clients, collaborateurs, et partenaires de CACEIS, c'est s'autoriser à tout repenser sans préjugés et trouver des solutions pertinentes à diverses problématiques. » Delphine Moulin, CACEIS Digital Transformation Manager

> La mise en place opérationnelle

La banque a mis à disposition de ses clients les nouvelles fonctionnalités sur OLIS début 2019.

Le design OLIS est conçu avec l'objectif d'offrir au client un accès intuitif à ses données : dès la page d'accueil du site, il visualise un dashboard multi-activités, configurable selon les services souscrits et ses centres d'intérêt. Désormais, les informations sont "poussées" aux clients, qui bénéficient d'une vision "descendante" de leurs données.

« Les clients bénéficient désormais de plus de clarté, fluidité et de contrôle sur leurs données. » Mathieu Alia, CACEIS Group Head of Digital Transformation

Une symétrie des attentions - L'humain qui connecte.

Pour réussir dans un environnement de plus en plus concurrentiel avec l'arrivée de nouveaux acteurs, une pression sur nos marges d'exploitations (avec des taux très bas) et un renforcement de la réglementation, nous croyons qu'il est nécessaire d'adopter une approche "employee first".

La refonte de l'expérience client nous a permis d'initier une réflexion sur l'expérience collaborateur et de développer une interaction plus agile et pluridisciplinaire entre les équipes du groupe. En effet, il est impossible de transformer l'expérience client sans une transformation profonde de l'expérience employé. Nous avons repensé intégralement la façon de servir nos clients et nous avons revu nos processus "front to back". Chaque collaborateur est ainsi invité à devenir un "chasseur" d'irritants pour les clients, mais également d'irritants pour les collaborateurs. Nous avons choisi de revoir l'expérience client au sens large, en considérant nos collaborateurs en quelque sorte comme des "clients internes". Avec le CACEIS Innovation Lab et ses campagnes de co-innovation ainsi que la transformation digitale du groupe, nos équipes deviennent plus autonomes et peuvent prendre plus de responsabilités pour innover.

Des actions ont déjà été menées pour améliorer l'expérience collaborateur avec par exemple deux premières campagnes de co-innovation "Imaginons ensemble le futur de CACEIS", qui comprennent une dimension "comment mieux travailler ensemble". Tous les collaborateurs ont pu contribuer en postant leurs idées, exprimant leurs avis, en votant pour leurs idées préférées. Plusieurs projets ont été étudiés, sélectionnés et réalisés pour faciliter le travail de nos équipes.

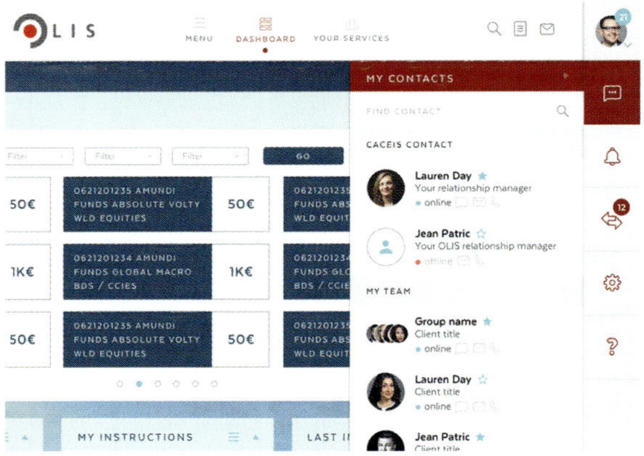

Nous sommes convaincus que des équipes épanouies servent mieux nos clients. L'amélioration de notre relation client a été renforcée avec le projet "Think Client" qui promeut une culture client partagée de manière homogène au sein du groupe. Par ailleurs, de nouveaux moyens et outils ont été mis à la disposition des collaborateurs afin de leur offrir un meilleur environnement de travail. Les projets Digital Workplace et OLIS 360 illustrent la volonté de la banque de décliner en miroir les nouvelles fonctionnalités clients aux collaborateurs. C'est ainsi que nous avons pivoté la nouvelle version de OLIS (son portail client) au service de ses collaborateurs. Il s'agit de fournir à ces derniers le même niveau de qualité de services et d'outils qu'aux clients de la banque. Avec OLIS 360, les commerciaux ont par exemple une vision synthétique des services offerts aux clients et de nos échanges avec eux, leur permettant ainsi d'être plus pertinents dans leurs interactions avec les clients.

Digital expérience | Co-innovation | Méthode agile

> Retrouvez les mots clés en index <

RÉSULTATS

- 100 % des participants ont apprécié cette démarche de co-création
- 100 % préfèrent la nouvelle plateforme relationnelle OLIS issue de la co-création,
- Notre démarche d'amélioration de l'expérience utilisateur, le CACEIS Innovation Lab, a été récompensée par le prix de l'Innovation Experience Client, lors du 30e Global Custodian Leaders in Custody Awards en mars 2019.

« Grâce à sa capacité d'innovation et à sa culture orientée client, CACEIS est le partenaire stratégique de long terme de ses clients », Arnaud Misset, Chief Digital Officer

*Retrouvez la définition dans le lexique en fin d'ouvrage.

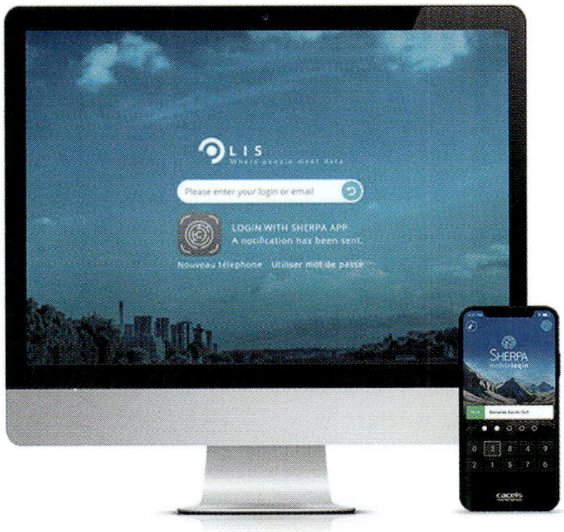

"Grâce à sa capacité d'innovation et à sa culture orientée client, CACEIS est le partenaire stratégique de long terme de ses clients."

Arnaud MISSET
Chief Digital Officer

> CACEIS

Mathieu Alia
Group Head of Digital Transformation
mathieu.alia@caceis.com

Carlos Manjón Guzmán
Group Digital Communication Manager
carlos.manjon@caceis.com

Article

Comment utiliser l'intelligence artificielle pour améliorer l'assistance proposée à nos clients ?

Bouygues Telecom a été créé en 1994 par Martin Bouygues. Avec la construction et les médias, la téléphonie est l'un des cinq métiers du groupe Bouygues. D'abord exclusivement dédiée à la téléphonie mobile, l'entreprise est entrée en 2008 sur le marché du fixe, d'abord sur l'xDSL, puis depuis 2010 sur celui de la Fibre. L'opérateur compte aujourd'hui 20,5 millions de clients et couvre 99% de la population en 4G.

+ de 90 % de nos clients notent leur installation fibre 4 ou 5 étoiles

+ de 60K visiteurs uniques/mois qui s'auto-dépannent

S'appuyant sur son réseau de 500 boutiques réparties sur tout le territoire, Bouygues Telecom joue la complémentarité des canaux humains et digitaux (1800 conseillers de clientèle au téléphone dans son service client, un site web et un espace client qui totalisent plusieurs millions de visites par mois. Faire évoluer en permanence ces outils digitaux est un des challenges des équipes de Bouygues Telecom, afin de garantir à ses clients une expérience toujours plus bluffante !

RENDRE AUTONOME LE CLIENT GRÂCE À LA DIGITALISATION

C'est dans le domaine de l'assistance proposée à nos clients que ce processus de digitalisation des parcours est engagé, en y intégrant notamment de l'intelligence artificielle.

En effet, avec l'émergence de nouveaux comportements liés notamment à l'arrivée des « digital native », on observe que de plus en plus de clients souhaitent accéder en permanence à tous leurs contenus et services disponibles depuis leur mobile.

L'expérience qu'on leur propose doit donc être full digital, mobile first, et surtout captivante. Mais pour que cette expérience soit riche, elle doit être totalement personnalisée. Pour cela, il est nécessaire de connaitre et d'anticiper les besoins de chacun des clients pour créer un parcours sur-mesure.

Dans le domaine de la technologie, qui fait désormais partie intégrante de notre vie, l'auto-assistance est très attendue par cette population très autonome...

En pionnier de l'innovation, Bouygues Telecom a très tôt accompagné ses clients dans cette démarche d'autonomisation.

Cet article porte spécifiquement sur la digitalisation de l'assistance proposée à nos clients dans l'utilisation de la box. Dans les télécoms, il est courant que des conseillers de clientèle répondent aux questions des clients. Celles-ci peuvent concerner aussi bien des problèmes de factures, l'ajout d'un service que de l'assistance technique. En effet, le fixe (box, internet, wifi...) est un concentré de technologie et des dysfonctionnements peuvent survenir (panne à cause des intempéries...) !

VERS UNE PERSONNALISATION DU PARCOURS CLIENT

Pour répondre au besoin d'autonomie de ses clients digital addict, Bouygues Telecom a démarré un programme de personnalisation du parcours client qui doit permettre une « auto-assistance » de plus en plus étendue.

La première brique déployée a concerné l'installation de la fibre à domicile, avec l'envoi de vidéos personnalisées (nom, prénom, adresse, créneau de rendez-vous du client ...). L'objectif est de rassurer le client en lui expliquant l'intervention qui sera réalisée par le technicien et comment la préparer au mieux (rappel des éléments à avoir le jour J : accès au local technique, accord du syndic ...)

La seconde brique est la digitalisation du rendez-vous SAV à domicile. Depuis l'Espace Client Bouygues Telecom, le client a la possibilité de prendre, modifier ou d'annuler un rendez-vous SAV. Le jour J, il peut suivre l'arrivée du technicien en temps réel et le noter à la fin de son intervention. Les notes et verbatims recueillis permettent de mieux cerner les axes d'amélioration de nos techniciens afin de garantir la meilleure qualité de service à nos clients.

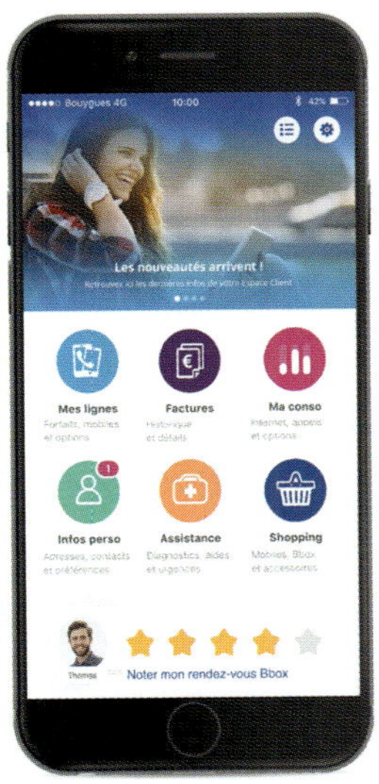

Résultat : Plus de 90% de nos clients notent leur technicien 4 et 5 étoiles.

La 3ème brique a introduit l'auto-dépannage personnalisé disponible sur support web et application 7J/7 et 24H/24.

Cela revient à mettre entre les mains de chaque client son propre parcours de dépannage, en le guidant pas à pas dans l'analyse de son problème. Le client se voit poser plusieurs questions, dont les réponses qu'il formule vont permettre de lui proposer la meilleure solution directement en ligne, sous forme de manipulations sur ses équipements, de régénération de ses droits TV, d'échange de box...

Les process et équipements étant susceptibles d'évoluer en permanence, cette solution est entièrement administrée par le métier. Dans un back office dédié à Bouygues Telecom, les équipes peuvent construire et paramétrer l'enchaînement des questions, les guides et les conseils pour les différents parcours client, sous forme de logigramme.

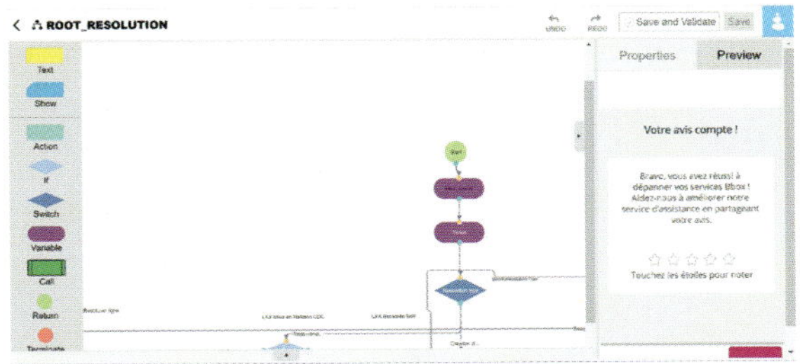

Sur la partie droite de ce back-office (visible sur l'image ci-dessous), on administre les templates du client, en modifiant les visuels et les wording de ces différentes étapes.
Les résultats obtenus sont prometteurs puisque plus de la moitié des clients parviennent à s'auto-dépanner !

ALLER PLUS LOIN AVEC L'INTELLIGENCE ARTIFICIELLE

Bouygues Telecom a travaillé sur le *taux d'engagement** des clients utilisant ces parcours. Cet indicateur majeur correspond au pourcentage de clients qui suivent le parcours de dépannage jusqu'à la fin. Plus l'expérience est simple, accessible et rapide, plus nos clients parviennent à se dépanner seuls.
C'est grâce à l'Intelligence Artificielle, qu'il allait être possible d'améliorer ce taux d'engagement.
Et plus particulièrement avec le *Machine Learning**, (un sous-ensemble de l'Intelligence Artificielle), qui, au travers de différents algorithmes, permet à la machine d'apprendre et de s'améliorer avec l'expérience acquise.
Pour faire simple, c'est un robot intelligent !
Grâce aux nombreux parcours effectués par nos millions de clients, l'analyse de la data a permis d'observer et d'analyser différentes tendances : des modèles se dessinent. Le robot est ainsi capable de prédire et de reproduire ces modèles en fonction des données qu'il reçoit à chaque visite effectuée.
Au sein même du parcours d'auto-dépannage, le client doit d'abord répondre à plusieurs questions. S'appuyant sur la quantité de données précédemment analysées, la machine sera capable de deviner quel sera le choix sélectionné par le client. Ce qui nous permet donc d'atteindre plus rapidement la solution qui répondra vraiment à sa problématique. Et ainsi à augmenter la satisfaction de notre client !

*Retrouvez la définition dans le lexique en fin d'ouvrage.

FAST-FORWARD TO PREDICTED RESOLUTION

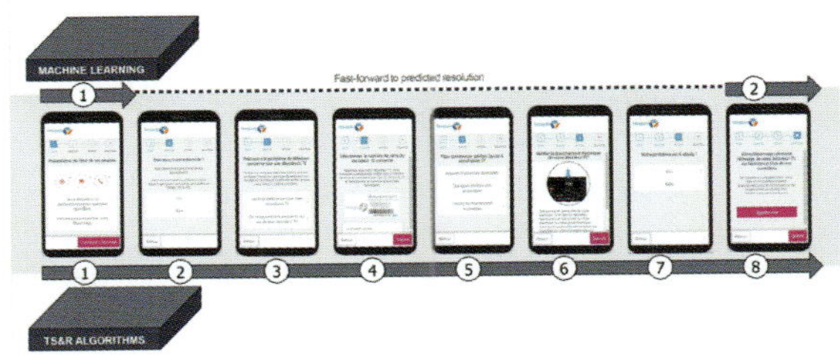

› BOUYGUES TELECOM

Caroline Antoine
Responsable Pôle Projets : Digital & Communications

Article

4 conseils pour mettre l'intelligence artificielle au profit de la satisfaction des consommateurs

L'intelligence artificielle peut être mise au service de l'expérience client sous différentes formes. Toutefois, il ne faut pas se laisser tenter par une utilisation excessive du machine learning au détriment de l'humain. Une alliance des deux mondes est nécessaire pour optimiser la relation client en continu.

53 % du temps d'un agent est dédié à la recherche d'infos

57 % des clients jugent l'IA utile pour régler des problèmes

"Au-delà d'améliorer l'expérience client, les outils basés sur l'IA permettent de libérer du temps aux agents, pouvant ainsi se concentrer sur des tâches à plus forte valeur ajoutée."

Chams EJJAOUANI
Director, South Marketing Zendesk

Beaucoup d'entreprises veulent adopter l'intelligence artificielle (IA) à tout prix, mais il est primordial de l'implémenter de manière modérée, en gardant pour objectif que la technologie doit avant tout aider les humains à fournir de meilleures expériences client. Forrester explique d'ailleurs que le succès d'un service client fondé sur l'IA dépendra de son approche mixte mêlant IA et êtres humains, qui, ne l'oublions pas, jouent un rôle essentiel dans l'optimisation du service en continu.

Réponses plus pertinentes, gain de temps, augmentation de la satisfaction client... implémenter des outils basés sur l'intelligence artificielle et le machine learning peut avoir des bénéfices rapides pour une entreprise. Voici donc quatre conseils pour aider les entreprises à mettre l'IA au profit de leur expérience client.

> 1) Des réponses en self-service pour les clients qui recherchent de l'aide

De nombreux clients préfèrent s'auto-assister plutôt que de contacter un agent ou d'interagir avec un chatbot. Toutefois, trouver ses réponses soi-même peut être fastidieux quand cela implique de faire des recherches sur Google, ou de naviguer de longues minutes dans un *centre d'aide** en ligne pour trouver un article pertinent. Un parcours qui n'est pas forcément adapté à une expérience client fluide.

Les récentes innovations dans le domaine de l'intelligence artificielle peuvent simplifier la vie des clients. En s'appuyant sur le machine learning et le natural-language processing (*NLP**), l'IA est capable d'apprendre quels sont les articles d'aide capable de résoudre le problème d'un client et de lui recommander le bon article. Cette fonctionnalité peut se trouver en page d'accueil d'un centre d'aide, point critique du parcours d'achat, ou encore sur la page d'accueil d'un site web ou d'une application mobile.

> 2) Un contenu mieux adapté aux besoins et aux problèmes des clients

La personnalisation fait partie intégrante de l'expérience client. Une solution simple peut être de proposer de meilleurs articles d'Aide, plus alignés avec les demandes et problèmes récurrents rencontrés par les clients.

Heureusement, l'intelligence artificielle peut aider à la création et l'actualisation d'un contenu plus adapté à une clientèle

> Zendesk Guide (https://www.zendesk.fr/guide/)

spécifique. En effet, les technologies de deep learning repèrent les expressions et mots courants liés et utilisés pour les tickets d'assistance, puis recommandent des optimisations de contenu pour le centre d'aide. Par exemple, si les clients envoient des tickets avec le sujet « Changement de mot de passe », l'IA recommandera les modifications éditoriales appropriées de l'article portant sur la mise à jour des identifiants de connexion.

> 3) Faire gagner du temps aux agents des services clients

Combien de fois un agent d'un service client vous a-t-il dit « donnez-moi une minute pour vérifier » parce qu'il ne connaissait pas la réponse à votre question ? Les agents consacrent en moyenne 20 % de leur temps à la recherche d'informations, ce qui peut avoir un impact négatif sur la satisfaction client.

L'intelligence artificielle peut aussi servir aux agents. Supposons que le compte d'un client est verrouillé, car il a saisi un mot de passe erroné à un trop grand nombre de reprises et qu'il envoie donc un ticket d'assistance urgent. L'agent qui reçoit le ticket ne connaît pas le processus de déverrouillage des comptes, il doit donc consulter la documentation interne qui s'y rapporte… mais d'abord, il doit la trouver. Le bon outil d'IA peut analyser un ticket d'assistance et recommander de manière proactive un article pertinent dans la base de données de l'entreprise et ainsi faire gagner un temps précieux à l'agent.

> 4) Des interactions avec les clients améliorées par des suggestions fondées sur les données

Nos activités et interactions digitales génèrent d'énormes volumes de données exploitables par les algorithmes de machine learning… le carburant des capacités prédictives de l'intelligence artificielle.

En étudiant les détails des tickets d'assistance existants, un outil basé sur l'intelligence artificielle est capable de comprendre si une interaction d'assistance débouchera sur une expérience client positive ou négative, ce qui permet une prédiction du score de la satisfaction client exacte. Les critères de score peuvent inclure le temps écoulé entre la première réponse et les réponses suivantes, les efforts déployés pour résoudre le problème du client ou encore les résultats des réponses utilisant une formulation similaire en matière de satisfaction client.

Ce type d'application de l'intelligence artificielle ne remplace pas les agents, mais vient au contraire les aider dans leurs efforts pour fournir des expériences client de meilleure qualité.

*Retrouvez la définition dans le lexique en fin d'ouvrage.

> ZENDESK

Chams Ejjaouani
Director South Marketing
cejjaouani@zendesk.com

Article

Cultiver ses clients existants, une évidence grâce à l'IA !

Les *data* permettent de mesurer la rentabilité de chacune de vos actions marketing, pour "sortir du chapeau" vos opérations de fidélisation les plus rentables. Utilisez la donnée pour faire de vos clients de "meilleurs clients", c'est-à-dire des consommateurs qui, tout au long de leur vie, généreront davantage de profits pour votre entreprise.

Vers l'instantanéité : la 5G va diviser le temps de latence par **10**

Depuis 2016, le volume de données générées a augmenté de **569 %**

Par nature, la fidélisation sera toujours plus rentable que l'acquisition : elle est moins complexe (on a déjà une cible identifiée, à portée de main), donc moins chère, tout simplement. Mieux, en prenant soin de vos clients existants, vous faites d'une pierre deux coups : ils deviennent des ambassadeurs naturels de la marque. Le géant Amazon lui-même en convient : « *Un acheteur satisfait représente, au final, une dizaine de clients recrutés. D'ailleurs, notre plus gros investissement marketing est dédié à la satisfaction client* », indiquait Romain Voog, alors président d'Amazon France, dès octobre 2014.

ANALYSEZ L'EXISTANT

Comment fait-on grossir la **lifetime value** d'un client, c'est-à-dire la somme des profits générés par l'entreprise tout au long de la vie du consommateur ? Si vous souhaitez progresser, il faut commencer par mesurer la rentabilité de vos actions marketing passées. Cette analyse de l'existant gagne à être confiée à une IA : vous pouvez lui demander de tout tester puis de vous sortir les meilleures combinaisons possibles. L'IA va analyser chaque opération antérieure et ses résultats : une promotion de type "le troisième produit offert" adressée à toute votre base, la refonte du tunnel d'achat sur le site internet, la distribution de flyers dans un rayon de 500 mètres autour des points de vente, l'embauche de coachs en boutique, un emailing envoyé aux moins de 35 ans... Tout ce que vous avez pu tenter. Votre historique est passé au crible.

> *"L'avenir du marketing s'inscrit dans le présent : la valorisation des clients déjà acquis. La donnée vous apportera un meilleur client, ce qui est souvent beaucoup plus précieux qu'un nouveau client."*
>
> **Christophe TRICOT**
> *Expert Intelligence Artificielle & senior manager Kynapse*

DÉFINISSEZ LE MEILLEUR MIX MARKETING

Deuxième étape : il est temps de regrouper toutes les données disponibles pour créer de nouveaux segments de clientèle, fondés cette fois sur l'analyse des comportements. Il s'agit ici, bien au-delà des données de type "âge", "adresse" ou "catégorie socio-professionnelle", de privilégier les parcours de navigation du client et toutes ses interactions avec l'entreprise dans le monde physique, à commencer par ses tickets de caisse et ses allées et venues en boutique.

Ces nouvelles catégories s'avèrent toujours plus justes que les anciens segments, ne serait-ce que parce que ces derniers sont rarement remis à jour et que la ménagère de moins de 50 ans... n'existe plus ! Challenger la qualité de votre segmentation est la première étape pour chercher de nouvelles poches de valeur.

Une fois la nouvelle segmentation établie, on peut prédire la performance de n'importe quelle action future sur n'importe quel nouveau segment, grâce au *machine learning*. On applique alors la meilleure action marketing à chaque segment. Vient ensuite le temps de "relever les compteurs" et de mesurer la performance de chacune des actions. Le modèle qui va prédire la performance sera amélioré avec chaque nouvelle mesure, pour s'inscrire dans un cercle vertueux d'amélioration continue.

PILOTEZ À LA PERFORMANCE

C'est ainsi que vous pourrez adapter votre stratégie marketing aux résultats escomptés. Par exemple, une grande enseigne de prêt-à-porter féminin avait pour habitude de lancer des promotions toujours aux mêmes périodes dans l'année, et toujours auprès de l'ensemble de sa base de clients - sans adapter l'offre aux différentes cibles. En conséquence, la marque conservait des stocks importants, réduisait sa marge potentielle et cannibalisait ses ventes. Or, si vous aviez su que tel client allait acheter un pull, vous auriez évité de lui offrir une promotion ! C'est ce que permet l'IA : avec des promotions personnalisées, en fonction du segment de clientèle, de la période et des stocks en cours, on augmente mécaniquement le chiffre d'affaires, la marge et on réduit les stocks.

Pour augmenter la **lifetime value** de chaque nouveau segment de clientèle, vous pouvez vous appuyer sur deux valeurs-clefs : le panier moyen et la probabilité de ré-achat avec quatre leviers possibles :

- L'*up-sell* : augmentation du panier moyen par une montée en gamme ;
- Le *cross-sell* : augmentation du panier moyen par une diversification des achats ;
- La répétition : augmentation de la fréquence de visite et d'achat ;
- Et la réduction du *churn* (l'*attrition**).

Chez Kynapse, nous avons travaillé également pour une grande chaîne de magasins, en adaptant au jour le jour et boutique par boutique les prix de vente des articles soldés. L'objectif n'était pas de déstocker au maximum, mais bien d'augmenter la marge durant la période des soldes. Les résultats ont confirmé que l'on peut se fier aux chiffres et aux formules.

On le voit, l'avenir du marketing s'inscrit dans le présent, dans la valorisation des clients déjà acquis, plutôt que dans la recherche de prospects. La donnée vous apportera un meilleur client, ce qui est souvent beaucoup plus précieux qu'un nouveau client.

Et au-delà de cette ambition forte autour de la *lifetime value* des clients, la donnée peut venir progressivement transformer toute votre gestion des stocks : on fluidifie les circuits d'approvisionnement en rapprochant mieux l'offre de la demande.

DONNEZ À L'IA LE TEMPS DE DÉPLOYER SES AILES

Le plus difficile reste généralement de mesurer la performance des actions marketing. Exception faite des *pure players* du digital, les entreprises ne savent pas les chiffrer. Et il est vrai que ce n'est pas facile : l'équipe de conseil en transformation digitale essaie de faire cet exercice pour Kynapse, en cherchant par exemple la cause des pics de visites sur notre site Internet. Il faut procéder par estimations, par petits tests successifs sur des segments d'internautes. Mais rien que ce travail de segmentation apporte de la performance, comme évoqué plus haut.

En vous éloignant des anciens segments fondés sur les données déclaratives, pour travailler sur la réalité des comportements de vos clients (leurs visites en boutique ou sur le site Internet, leurs appétences, leurs moments de vie comme un départ à la retraite ou un intérêt soudain pour la concurrence), vous allez vous rapprocher d'eux : le dernier produit qu'ils ont acheté en ligne ou les articles qu'ils ont choisi de lire sur Facebook en disent infiniment plus que leurs données déclaratives.

Bien sûr, une partie de ces données comportementales sont payantes, mais vous pouvez aussi "éduquer" vos clients pour mettre en place des éléments de *tracking*, ou encore obtenir des informations par des moyens indirects, en leur attribuant un score de confiance plus ou moins élevé : ainsi, un pic de consommation d'eau et d'électricité peut signaler une période d'affluence dans un restaurant.

L'expression "piloter par la donnée" semble erronée. "Éclairé par la donnée" semble plus pertinent. Et il ne faut pas oublier que l'utilisation de ces techniques d'IA est souvent nouvelle pour les entreprises et qu'il faut se laisser le temps d'en délivrer tout le potentiel. A l'instar des progrès dans toutes les disciplines. Il me vient toujours en tête les évolutions dans le domaine du saut en hauteur. Les techniques y ont radicalement changé au fil du temps : saut en ciseau, saut en enroulé ventral, *fosbury* (franchissement dorsal)... On sait maintenant que pour battre le record du monde, la meilleure technique est le *fosbury*. Mais ça n'a pas été évident tout de suite : il y a toujours cette phase où ce que vous amenez semble donner des résultats identiques, voire moins performants, que les anciennes méthodes. Il en va de même avec l'IA. Il nous faut savoir susciter la foi, au regard du formidable potentiel que l'IA représente.

Dans quelque temps, nous espérons publier des *abaques** fondés sur les expériences des clients pour ainsi partager les bonnes pratiques, et des indicateurs de performances des actions marketing par typologie de secteurs et clients comme des taux de clics, d'ouvertures d'emailings, et ainsi de suite. Pour le moment, les acteurs sont réticents à l'idée de partager leurs données de performances marketing. C'est dommage. Un "mix marketing" performant, c'est un ensemble de techniques que l'on préfère ne pas dévoiler de peur de perdre tout avantage concurrentiel. Or, le partage des bonnes recettes ne nuit pas aux bons restaurants.

Les *pure players* ont moins de difficultés à partager leurs savoir-faire. Ils ont compris qu'en diffusant au maximum les outils et les bonnes pratiques, ils récupéreront *in fine* beaucoup de valeur. L'exemple le plus emblématique reste Amazon qui est passé de site de vente en ligne à une marketplace que chacun peut utiliser pour vendre ses propres produits. Pour suivre la métaphore du restaurant, c'est comme si une chaîne de restaurant proposait à des cuisiniers de venir faire à manger dans leurs cuisines en leur mettant à disposition à la fois leurs fourneaux et leurs salles. Ainsi est née l'offre Amazon Marketplace qui permet à des vendeurs tiers de vendre des produits en profitant de la base de clients d'Amazon et de toute l'artillerie de services web pour développer leur activité : gestion des clients, des produits, des paiements, des stocks, des fournisseurs, etc. Dans tous les cas, Amazon capte les données d'usage. De même, Google propose toute la batterie d'outils et bonnes pratiques pour gérer la connaissance client : Google Analytics pour capter les données d'usage des sites et applications, Google Trends pour mesurer l'appétence aux différents sujets, Google Ads pour supporter les campagnes marketing... A chaque fois, Google capte les informations nécessaires pour améliorer sa connaissance des internautes, qu'ils soient clients ou fournisseurs.

Dans le monde du retail, rares sont les groupes qui pensent mutualisation de leurs données pour améliorer leur performance. La plupart des entreprises ne sont pas prêtes, ni d'un point de

vue technique ni d'un point de vue culturel. Il n'est pas rare de voir de grands groupes spécialisés dans le retail ne pas mutualiser les efforts entre leurs enseignes.

Mais ce qui les fait bouger, ce sont les rouleaux compresseurs qui fondent sur eux : Amazon, Alibaba... Même chose pour les grandes banques, qui découvrent progressivement qu'avec les données comportementales, elles ont de l'or entre les mains et, faute de "culture data" suffisante, ont laissé jusqu'ici ce gisement inexploité. L'expérience utilisateur primant dans la perception d'un service ou d'un produit, la donnée "cœur business" est reléguée au second plan quand il s'agit de trouver de nouveaux produits ou services. Ainsi, les nouvelles données produites par les usages (utilisations des applications, visites sur les sites Internet, visites en magasin, etc.) sont devenues le nouvel eldorado. Par exemple, pour déterminer l'appétence à un produit financier, il est plus sûr d'analyser les données d'historique de navigation du client que ses relevés de comptes. Les données comportementales en disent beaucoup plus long...

Pour conclure, on peut volontiers reprendre les mots de Douglas Merrill, ancien DSI de Google, qui s'exprimait en mai dernier dans la *Harvard Business Review* (« *What Boards need to know about AI* ») :

- L'IA, ce sont des mathématiques, pas de la magie ;
- Les projets d'intelligence artificielle bien gérés doivent être facilement compris ;
- Vous n'êtes pas obligé de vous donner des sueurs froides pour tirer parti des données (autrement dit : pas besoin de ressembler à Amazon ou Facebook pour vous jeter à l'eau) ;
- L'IA est une dépense d'exploitation, pas un investissement en capital.

*Retrouvez la définition dans le lexique en fin d'ouvrage.

"Rares sont les entreprises prêtes à mutualiser les données de leur "mix marketing". Or, le partage des bonnes recettes ne nuit pas aux bons restaurants."

Christophe TRICOT
Expert Intelligence Artificielle & senior manager Kynapse

> KYNAPSE, cabinet de conseil en transformation digitale d'Open
www.kynapse.fr
Fiche d'entreprise p. 497

Christophe Tricot
christophe.tricot@kynapse.fr

Article

E-commerce et fraude en ligne : l'Intelligence Artificielle comme planche de salut

Les commerçants n'aiment pas aborder le sujet de la fraude, de peur souvent de passer pour pas assez fiable, tant vis-à-vis de leurs clients que de leurs fournisseurs. Apparue en même temps que le commerce, la fraude est une réalité. Ne pas tenter de la réduire peut entraîner des pertes significatives sur le revenu, sans oublier à l'heure du digital, l'impact sur la "e-réputation".

1 entreprise sur 5 est prête pour lutter contre la fraude

Grâce à l'IA, une transaction peut être traitée en **200 ms**

En matière de commerce en ligne, pour essayer de se protéger contre la fraude, les commerçants ont mis en place une parade qui semble à première vue simple, logique et efficace : refuser toutes les transactions suspectes !

Mais, il y a de fortes chances que parmi ces rejets, figurent de vrais clients. Cette pratique appelée aussi rejet des "faux positifs" a pourtant des conséquences redoutables pour le commerçant. Au-delà de la perte de revenu direct liée à cette vente (le coût d'acquisition de l'internaute, plus le panier abandonné), une mauvaise expérience d'achat peut entraîner la perte définitive du client. En effet, le "vrai client" ainsi rejeté risque fort de déconseiller le marchand à son entourage. Avec l'usage croissant des réseaux sociaux, l'impact d'un dénigrement sur Internet, du partage d'une expérience négative sur les forums où les clients existants et/ou clients potentiels sont présents peut porter fortement préjudice à une marque et à sa *e-réputation**.

Révolution digitale faisant, ce même client est en attente d'une expérience d'achat plus intuitive, personnalisée et multicanale. Les entreprises investissent ainsi dans la transformation numérique pour optimiser leur *taux de conversion** et augmenter leur chiffre d'affaires. Elles ont ainsi mis en place d'onéreux programmes marketing en captation et fidélisations. Et, elles ne peuvent se permettre de voir échouer une conversion client au stade ultime du paiement en raison uniquement d'une mauvaise décision de gestion de la fraude. Il y a donc un réel besoin d'améliorer le parcours client et de faire baisser le taux de rejet des cyber marchands, à un niveau que l'on peut considérer comme pertinent, soit en dessous de 5 %.

COMMENT ATTEINDRE CE TAUX ?

En élargissant la zone verte, qui regroupe les clients clairement identifiés, et la zone rouge, qui rassemble les fraudeurs clairement identifiés. L'objectif est donc de réduire l'étendue de la zone grise, qui recouvre la partie où le marchand ne sait pas identifier avec certitude qui est un client et qui est un fraudeur.

Actuellement, l'analyse qui permet de différencier les vrais clients des fraudeurs s'appuie sur des informations de base telles que la carte de paiement, le nom, le panier ou l'adresse de livraison. En intégrant un historique des commandes, il est

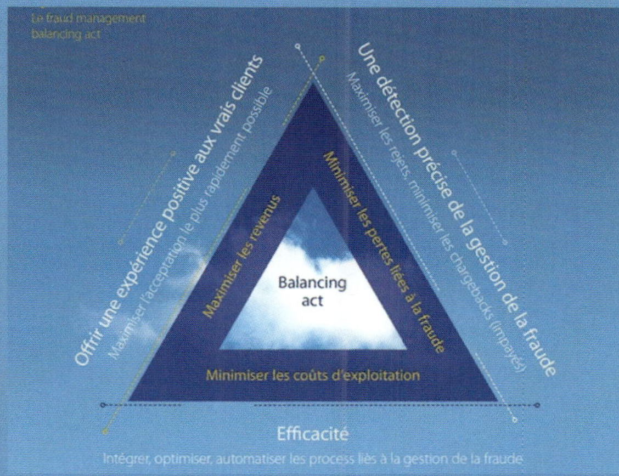

déjà possible d'y ajouter d'autres informations qui vont aider à mieux évaluer la fiabilité de la transaction, comme l'adresse IP, le numéro de téléphone, l'email, etc.

Pour résumer, lutter efficacement contre la fraude n'est possible qu'avec de la donnée, beaucoup de données ! Et grâce aux nouveaux champs de compétences autour de l'intelligence artificielle, et en particulier le machine learning, il est désormais possible de traiter et d'analyser finement cette grande quantité de données.

L'intelligence artificielle, quel que soit son champ d'utilisation, a besoin de deux éléments essentiels pour être efficace : un algorithme puissant, sachant évoluer, et une grande quantité de données, bien qualifiées. Point de salut pour elle sans ces deux ingrédients.

Pour lutter contre la fraude, le *machine learning** est d'une aide sans équivalent. Grâce aux compétences d'optimisation des algorithmes des Data Scientist et à un volume de données récentes et pertinentes suffisamment important, moins de 200 millisecondes sont nécessaires à la solution pour analyser, évaluer et indiquer au commerçant s'il faut accepter, refuser ou revoir manuellement une transaction. Pourquoi accorder une telle importance à la vitesse d'exécution ? Tout simplement pour que le processus de vérification n'impacte en aucun cas l'expérience client au moment du paiement.

Grâce au Machine Learning, les commerçants peuvent désormais mieux identifier leurs vrais clients des fraudeurs, baisser leur taux de fraude, tout en fluidifiant le parcours client.

Avec l'arrivée de l'authentification forte du client dans le cadre de la seconde Directive sur les Services de Paiement (DSP2), le taux de fraude du marchand devient une donnée stratégique. Sans ce précieux sésame, point de possibilité de demander une exemption d'authentification forte, qui représente une grosse friction sur le parcours client, pouvant entraîner jusqu'à 11 % d'abandon de panier ! Alors que moins d'une entreprise française sur cinq[1] se déclare apte à lutter efficacement contre la fraude, il est urgent de prendre ce problème à bras le corps !

(1) CyberSource 2019 Global eCommerce Fraud Management Report
*Retrouvez la définition dans le lexique en fin d'ouvrage.

POUR UNE GESTION ÉQUILIBRÉE DE LA FRAUDE

Une gestion efficace de la lutte contre la fraude exige un équilibre minutieux entre trois dimensions interdépendantes.

Clients et fraudeurs s'adaptent constamment aux évolutions économiques, culturelles et technologiques. Le budget alloué et les objectifs à atteindre en matière de gestion de la fraude évoluent également au gré des réalités commerciales.

Ce paysage en constant changement nécessite des ajustements et réajustements permanents des contrôles et des processus de gestion des fraudes, afin d'atteindre le meilleur équilibre possible.

Claire Castier
Directrice Marketing France
CyberSource
Fiche d'entreprise p. 504
ccastier@visa.com

Article

Machine Learning et Intelligence Artificielle, stop à la confusion

L'intelligence artificielle et le Machine Learning ont été les buzz words de ces derniers mois. Qu'il s'agisse de DeepMind, le programme d'intelligence artificielle de Google, qui a battu un être humain au jeu de Go, ou encore de Netflix qui utilise le Machine Learning pour recommander ses "shows" à ses utilisateurs, ces deux innovations intéressent et inquiètent de nombreuses entreprises.

L'IA augmenterait de **20 %** la productivité de la France

$11,1 milliards : le montant du marché de l'IA d'ici 2024

D'ici 2030, les machines réaliseront **80 %** des tâches répétitives

"Pour que l'IA tienne ses promesses, les parties prenantes doivent être préparées à gérer les avantages et défis qui peuvent naître d'une plus grande intégration de l'IA dans nos vies."

Cyrille BATALLER
Directeur de l'intelligence artificielle
Accenture

Dans les faits, de nombreux dirigeants s'enthousiasment pour les revenus potentiels et d'autres opportunités marché qu'offrent ces technologies. Pourtant une confusion règne autour du Machine Learning et de l'IA. Clarifions les choses, ces deux notions sont différentes. Cette méprise est d'ailleurs le principal obstacle rencontré par les organisations souhaitant implémenter ces technologies. Faisons le point sur leurs différences afin d'y voir plus clair !

LES ORGANISATIONS DOIVENT CONNAÎTRE LA DIFFÉRENCE

Comme l'explique Bernard Marr, expert en Big Data : « l'IA est un concept global, impliquant des machines capables de réaliser des tâches d'une manière que nous considérerons comme "intelligente". Par exemple, reconnaître un visage sur une image ou développer un raisonnement pour pouvoir répondre à une question. Le *Machine Learning** est une application de l'IA basée sur l'idée que les machines devraient avoir accès aux données afin qu'elles puissent apprendre, prédire et les classer en fonction des informations saisies ». Similaire donc, mais pas identique !

Cette confusion démontre bien que les tous les mots à la mode sont un réel problème en entreprise. Surexploités, ils perdent leur sens, entraînant ainsi de réelles incompréhensions, pouvant conduire à de mauvais investissements. Il en découle des convictions erronées selon lesquelles l'IA et le Machine Learning peuvent résoudre tous les problèmes de l'entreprise. De plus, le battage médiatique qui entoure ces technologies implique, in fine, qu'un grand nombre d'entreprises y investiront massivement, augmentant ainsi leur chance de devenir un énième échec. Difficile donc d'avoir une culture analytique pertinente et de rivaliser dans ce domaine, sans une réelle connaissance des outils existants sur le marché.

TOUT CE QUI BRILLE N'EST PAS OR

Facebook, Amazon, Netflix et Google ont compris, avant les autres, qu'en exploitant les nombreuses données qu'ils possèdent, ils partent avec une longueur d'avance sur leurs concurrents. Les informations sont ainsi conservées et archivées au bon endroit, disponibles pour n'importe quel projet expérimental ou de transformation digitale. Cela explique, partiellement leur domination sur leurs marchés.

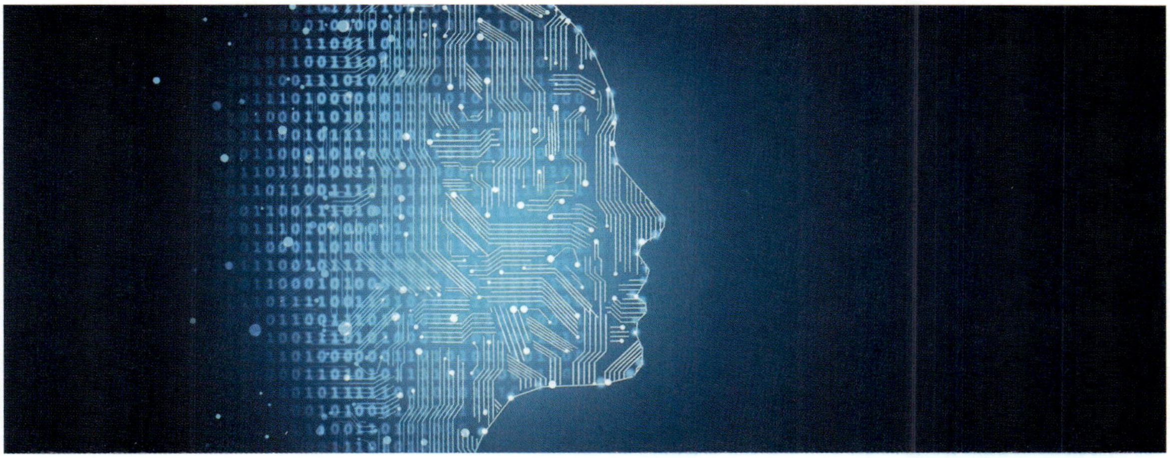

Néanmoins, force est de constater que même les entreprises les plus expérimentées et les mieux équipées, tant en ressources qu'en outils, ne sont pas à l'abri d'erreur en matière d'IA. L'exemple le plus criant étant Tay, le chatbot de Microsoft, arrêté 24 h après son lancement suite à des propos racistes. En cause, des internautes qui, voulant tester ses limites, ont réussi à le faire déraper. L'échec de Microsoft était une preuve de naïveté, fondée sur l'idée d'un Internet de "bisounours", oubliant ainsi de prévoir le pire. Microsoft n'a pas été la seule grande entreprise à se faire prendre. Facebook a dû ralentir certains de ses projets de chatbots, expliquant cela par un taux d'échec de 70 %.

Les erreurs de ces organisations prouvent les défis que pose l'IA. Par ailleurs, comme la plupart des acteurs ne maitrisent pas encore vraiment les subtilités du deep learning (forme d'*intelligence artificielle**, dérivée du Machine Learning), ils ne sont pas à l'abri de désastres.

D'ABORD PENSER AUX FONDAMENTAUX, LE RESTE SUIVRA...

Dans la vie, on apprend à marcher avant de courir. Il en est de même pour les entreprises.

En effet, si l'IA et le Machine Learning occupent le devant de la scène, une autre technologie avait occupé cette place auparavant : l'IoT. Une étude réalisée par Cisco sur les projets autour de l'IoT a démontré que près de ¾ d'entre eux échoueraient. Cisco a avancé des raisons telles que le temps nécessaire pour les finaliser, le manque d'expertise interne ou encore la qualité des données pour expliquer ces échecs. L'IA et le Machine Learning font face à des défis similaires.

Le succès de tout projet expérimental, ou de transformation digitale, repose donc sur la capacité à tirer des informations intelligentes des données, et ce, afin d'améliorer les processus. Néanmoins, sans avoir les bons outils pour les traiter, ou encore la bonne culture pour en favoriser l'exploitation, cela ne sert à rien.

Dans les faits, on constate que l'IA n'est pas aussi simple qu'elle y parait. L'industrie ne comprend pas toujours les champs d'action de chacune de ces technologies. De plus, l'IA (comme le Machine Learning) doit répondre à un problème métier complexe, car elle nécessite une connaissance particulière des besoins du client et/ou utilisateur final pour démontrer sa valeur ajoutée.

Pour conclure, on peut avancer, sans trop se mouiller, qu'il existe, de réelles opportunités à saisir, à condition que l'entreprise soit prête à mettre les moyens nécessaires pour en tirer parti. Créer une culture de la donnée, et l'inculquer aux collaborateurs afin qu'ils puissent prendre part au projet reste donc primordial. À elle de jouer !

*Retrouvez la définition dans le lexique en fin d'ouvrage.

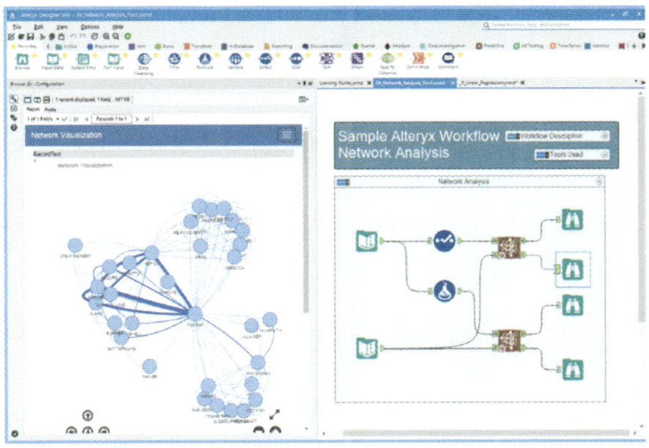

> Workflow de data science

> ALTERYX FRANCE
www.alteryx.com/fr

Raphael Savy
rsavy@alteryx.com

Tribune

L'Intelligence Artificielle n'est pas intelligente

Bien que la discipline existe depuis les années 50, l'Intelligence Artificielle est revenue en force cette dernière décennie. Mais telle qu'elle est présentée, elle amène son lot de promesses irréalistes dignes des meilleurs films d'Hollywood, permettant à quelques détracteurs de nous faire croire que les machines pourraient un jour prendre le pouvoir et nous réduire à néant. Mise au point...

1642 Pascal invente la Pascaline

2007 renouveau des réseaux de neurones

“"Cogito, ergo sum", ou "Je pense, donc je suis", publiée en latin en 1644 dans les "Principes de la philosophie", mais déjà en français dans le "Discours de la méthode" en 1637.”

René DESCARTES
Mathématicien et Philosophe

« Cogito, ergo sum » écrivait René Descartes en 1637, « Je pense, donc je suis ». Tout est dit : ce que nous appelons aujourd'hui l'Intelligence Artificielle ne pense pas, donc l'Intelligence Artificielle n'existe pas. Point. En 1956, lorsque John McCarthy et ses collègues ont décidé d'appeler la discipline sur laquelle ils travaillaient « Intelligence Artificielle », ils pensaient sincèrement pouvoir imiter les fonctions d'un neurone avec quelques équations mathématiques et qu'en les réunissant en réseau, ils pourraient ainsi créer un cerveau artificiel qui reproduirait alors les capacités humaines les plus complexes, en d'autres termes, l'intelligence. Il n'a pas fallu longtemps, moins d'une décennie, pour se rendre compte que cela ne marchait tout simplement pas, et la discipline est entrée dans son tout premier « hiver de l'Intelligence Artificielle ». La première erreur a été de penser qu'on pouvait représenter mathématiquement un neurone universel. Nous ne sommes même pas sûrs aujourd'hui de pouvoir décrire toutes les fonctions possibles de ces neurones et les meilleurs spécialistes du cerveau nous disent qu'ils n'en comprennent que 20 à 40%. La deuxième erreur portait sur le problème auquel McCarthy et ses collègues voulaient s'attaquer : comprendre le « langage naturel », ce qui est certainement la chose la plus difficile à faire, car, encore selon Descartes, le langage est le propre de l'homme....

Bien avant ces débuts difficiles et officiels de l'Intelligence Artificielle, les hommes s'attachaient déjà à construire des systèmes, des machines ou des robots pour les aider dans leurs tâches ou problèmes quotidiens. On pourrait certainement remonter jusqu'à l'Antiquité, mais prenons simplement l'exemple de la Pascaline, qui est, en somme, la toute première calculatrice, construite par Blaise Pascal en 1642. Même si cette machine trouvait comme par magie les résultats de n'importe quelle addition ou soustraction, sans jamais se tromper (contrairement à nous), on n'a jamais pensé à la qualifier « d'intelligente », mais on a loué depuis l'utilité évidente d'un tel outil.

C'est seulement parce que McCarthy a fait l'erreur d'appeler cette discipline «Intelligence Artificielle» que nous avons commencé à croire, bien aidés par Hollywood et les auteurs de science-fiction, que les algorithmes que nous avions créés pouvaient devenir plus intelligents que nous, et peut-être même, un jour, nous remplacer. Mais ce n'est pas le cas. Nous inventons et contrôlons toutes les techniques utilisées depuis plus de 60 ans. Qu'il s'agisse de « Système Experts », de « *Machine Learning** » ou, plus récemment, de « Deep

> La Pascaline By Rama

Learning », ces méthodes utilisent des règles ou des données que nous avons créées ou produites.

Avec l'avènement d'Internet, et du « *Big Data** » qui en résulte, les réseaux de neurones sont revenus à la mode. Mais ils ne sont que des machines statistiques qui ont besoin d'une grande quantité de données pour former des modèles qui sont ensuite utilisés pour reconnaître ce qui leur est fourni en entrée. Cette source de données a été une aubaine pour les spécialistes du Machine et du Deep Learning pour tester leurs algorithmes et leurs modèles, et ont permis de faire des progrès et de prouver leurs techniques en reconnaissant toutes sortes de choses.

Nous comprenons ici qu'il y a un danger potentiel que ces réseaux reconnaissent les mauvaises choses si nous les alimentons, délibérément ou non, avec des données biaisées. Nous n'en parlerons ici que pour dire que, comme tous les outils, l'Intelligence Artificielle peut être utilisée à mauvais escient, mais cette mauvaise utilisation de la technologie incombe, là encore, à la volonté de certains cerveaux humains.

Comme avec la Pascaline, les applications de l'Intelligence Artificielle d'aujourd'hui sont fantastiques parce qu'elles nous permettent d'effectuer de plus en plus de tâches de manière très efficace et précise, sans nous fatiguer. Mais ces applications sont très spécifiques à un domaine et sont loin de couvrir tout le spectre de notre propre intelligence. En plus d'un manque certain d'empathie, l'Intelligence Artificielle ne peut inventer ou créer à partir de quelque chose qu'elle n'a jamais vu auparavant. La machine reconnaît, l'être humain peut découvrir.

Le « Machine Learning » et « Deep Learning » n'en sont qu'à leurs débuts. Les domaines d'application vont s'élargir et nous verrons de nombreux « assistants » fleurir dans les années à venir. Que ce soit en médecine, terrain très fertile avec l'imagerie, mais aussi l'analyse de l'ADN, qui ouvre les portes à de nombreuses analyses combinatoires. Le transport, avec des techniques de perception et de planning de plus en plus fines qui vont amener plus de sécurité et de confort dans nos déplacements quotidiens. Ou encore les objets connectés qui nous faciliteront la vie sans que nous y pensions. Bref le futur nous réserve bien des surprises que nous, humains, avons encore à découvrir...

*Retrouvez la définition dans le lexique en fin d'ouvrage.

Dr. Luc JULIA
Auteur de l'ouvrage "l'intelligence artificielle n'existe pas"
julialuc@gmail.com

Article

Comment la personnalisation sublime l'expérience client

Difficile de concilier une ambition "customer centric" sans prendre en compte la singularité de ses clients. Surtout quand ceux-ci expriment qu'à 77 % ils ont choisi, recommandé ou payé plus pour une marque qui a personnalisé l'expérience ou le service[1]. Au-delà du transactionnel, la personnalisation permet de sublimer l'expérience client et ainsi accroître engagement et préférence de marque.

96 % des clients interrogés estiment que la mauvaise personnalisation est une réalité
Source Sitecore

66 % des consommateurs français interrogés sont davantage susceptibles d'acheter auprès d'entreprises qui personnalisent les expériences avec leurs clients
Source Accenture

À **77 %** ils ont choisi, recommandé ou payé plus pour une marque qui a personnalisé l'expérience ou le service
Source Forrester Data North America Consumer Technographics Brand Compass Survey Q3 2015

UNE VÉRITABLE MUTATION EN MARCHE

Dans ses premières années, le digital a permis d'élargir les zones de chalandise presque sans limites, permettant ainsi aux entreprises de toucher un plus grand nombre de consommateurs et réciproquement. Or ce foisonnement a engendré deux écueils :

- Une moindre attention portée au consommateur individuel "perdu dans la masse" ;

- Une propension toujours plus grande du consommateur à switcher d'une marque à l'autre face à une offre pléthorique peu différenciée et à portée de clic.

Ce manque d'attention réciproque a généré un appauvrissement de la relation entre le consommateur et la marque, centrée presque essentiellement sur le transactionnel.

Mais cette tendance s'efface progressivement sous l'impulsion d'une exigence grandissante du client en termes de :

- Reconnaissance : en tant qu'individu à part entière dans sa relation à la marque, mais aussi dans ses attentes, ses préférences, sans oublier ses émotions ;

- Expérience attendue : sur-mesure, cohérente, fluide et sans couture, quel que soit le canal.

Les entreprises ont bien compris que l'expérience client doit être un axe prioritaire d'autant plus face au retard accumulé et aux évolutions technologiques exponentielles. Une vraie mutation est donc en train de s'opérer : d'une vision entreprise qui était historiquement très product ou entreprise centric, nous allons nécessairement vers une approche 100 % customer centric. Et face à des nouveaux concurrents nativement "customer centric", le défi pour les entreprises réside donc dans le fait d'offrir une expérience client offline et online sans faille, performante et engageante dont la personnalisation est le facteur clé de succès.

> photo by Noah Näf

LES PRÉCEPTES DE LA PERSONNALISATION

La personnalisation en termes de marketing, ou marketing personnalisé, ne se résume pas à personnaliser les bons prénoms et noms sur un emailing : il s'agit concrètement de pousser le bon contenu, le plus adapté, pour offrir une communication propre au client, adaptée à ses besoins et ce, sur tous les canaux existants. Il est donc nécessaire de prendre en compte toutes les informations client dont l'entreprise dispose. Dans ce cadre, la base de données est définitivement la fondation d'une personnalisation réussie.

Ces datas permettent de comprendre qui est le client et quel est son comportement. Au travers de l'analyse de l'ensemble des interactions qu'il peut avoir avec la marque au cours de son cycle de vie, mais également grâce à l'analyse du contexte sociétal et environnemental dans lequel il évolue, son comportement peut être anticipé. Ainsi, en fonction des typologies de data, des actions de personnalisation de niveaux différents peuvent être proposées.

Tout l'enjeu finalement réside dans la capacité d'itérer en temps réel l'analyse de ces données hétérogènes (transactionnelles/comportementales, statistiques descriptives/inférentielles), sur des volumes conséquents pour actionner la personnalisation sur l'ensemble de l'expérience client et à la maille individuelle.

Si les outils issus du Big Data ont permis de travailler la dimension volumique, l'intelligence artificielle (les algorithmes prédictifs notamment) et le *neuromarketing** permettront d'aller encore plus loin vers une hyper personnalisation en temps réel.

Cependant, avoir de la data ne suffit pas. Voici quelques écueils fréquents liés à la data dans les projets de personnalisation :

- Les données existent, mais sont de mauvaises qualités et/ou silotées. Par exemple, les segmentations ultra-fines ont été réalisées, mais ne sont pas opérables dans les outils de ciblage.

- Les fondamentaux ont été négligés dans la quête d'une personnalisation plus aboutie. Par exemple, il existe une erreur dans la personnalisation sur des données basiques telles que le nom.

- Pour les plus avancés, la pertinence des algorithmes n'est pas testée ou remise en question avant la mise en production.

En résumé, il n'existe pas de personnalisation sans connaissance client. Une personnalisation réussie n'est rien sans une connaissance client approfondie via des datas de qualité, des technologies performantes et une stratégie pertinente centrée client.

PERSONNALISER POUR RENFORCER LA RÉCIPROCITÉ

75 % des consommateurs sont plus susceptibles d'acheter chez des détaillants qui les reconnaissent par leur nom et recommandent des options en fonction de leurs achats antérieurs[2]. Les clients attendent un "retour sur investissement" des données qu'ils ont consenti à donner ou qui sont générées par leurs interactions avec la marque. La personnalisation est donc basée sur une relation bilatérale. Plus le client donne de lui, plus il attend en retour. C'est cette réciprocité qui sera

le terreau de son engagement avec la marque. D'autant plus dans ce monde ultra concurrentiel où les clients deviennent très exigeants et extrêmement volatiles, etc.

Les 4 leviers de la personnalisation du *customer journey* permettant de sublimer l'expérience client sont les suivants.

> Premier levier : l'identifier et le reconnaître

- Ex. s'adresser à lui en tant que personne au travers de son nom, son prénom
- Ex. le faire bénéficier d'un accueil individualisé en fonction de son statut

> Deuxième levier : connaître ses habitudes et ses préférences

- Ex. communiquer sur son canal de préférence
- Ex. le faire bénéficier d'avantages personnalisés dans le cadre du programme de fidélité

> Troisième levier : l'accompagner en réactif ou proactif tout au long de son customer journey

- Ex. lui proposer un produit complémentaire pendant un achat
- Ex. anticiper un réachat

> Quatrième levier : l'inspirer

- Ex. lui envoyer un contenu sur les nouvelles tendances en lien avec ses préférences
- Ex. lui recommander des nouveautés basées sur son profil ou des profils similaires

L'intégration de la dimension relationnelle au travers de l'analyse des attentes, des émotions, des freins au sein du customer journey doit permettre de nourrir les actions de personnalisation proposées. En créant différents personas, l'objectif est de regrouper certains profils pour répondre à leurs besoins et à leur langage. En répondant ainsi à leurs attentes, la marque crée du lien et augmente l'engagement de ces derniers, jusqu'à en faire, dans la meilleure des situations, de véritables ambassadeurs. Ambassadeurs qui feront par la suite rayonner, voire défendront la marque constituant toute une communauté importante à reconnaître et à animer.

Enfin, il est important de préciser que toute action de personnalisation n'a de sens que si elle est :

- Respectueuse de la confiance accordée par le client quant à l'usage de ses données personnelles ;

- Pertinente, c'est-à-dire réellement adaptée au client et non simplement dans l'apparence. Ainsi, 96 % des clients interrogés estiment que la mauvaise personnalisation est une réalité[3] ;

- Cohérente, et ce, sur l'ensemble des touch points, en tenant compte des spécificités des canaux.

DE LA NÉCESSITÉ D'ADAPTER LES ORGANISATIONS

Adopter une vision customer centric est un véritable défi à l'interne. Qui dit transformation, dit chamboulement, complexité... et son lot de réticences. Un frein considérable au bon déroulement des opérations ! Ce passage d'une culture produit à une culture client est structurant et engageant pour l'ensemble de l'entreprise. Il s'agit d'une transformation globale qui impacte fortement tous les services afin d'obtenir un alignement commun global. Opter pour une stratégie tournée customer centric signifie transformer fondamentalement son entreprise. Tous les projets de l'entreprise se retrouvent soudainement tournés vers le client.

Aussi, une fois définies, les actions de personnalisation se heurtent souvent à la réalité des organisations historiquement encore trop product centric et silotées. Il est notamment difficile d'approfondir une vision 360° du client quand la notion même

Utiliser des données non fiables pour personnaliser

Trop de segmentation tue la segmentation

Ignorer une interaction avec un client (attention au bad buzz !)

Personnaliser à tout prix et en oublier l'univers de la marque

Oublier un canal de distribution ! ou ne pas tenir compte de ses spécificités (dimensions de contenu ....)

Penser technologies et mettre de côté l'humain

VELVET CONSULTING

LES DON'T EN PERSONNALISATION

velvet

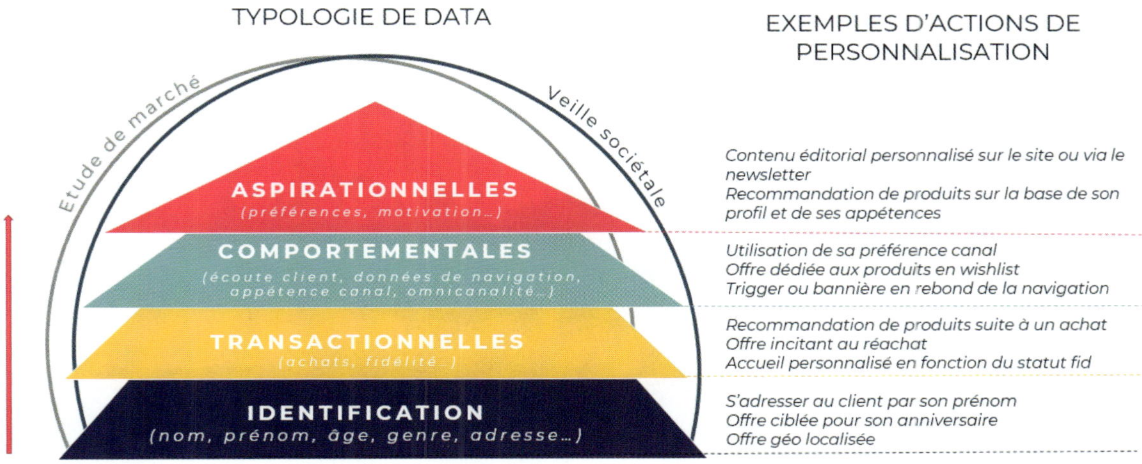

de client est absente de certaines activités de l'entreprise… Et comment assurer une cohérence sur l'ensemble des touch points sans vision transversale et si chacun reste objectivé uniquement sur son périmètre ?

Et au-delà de l'organisation, le pilotage de la performance doit lui aussi être repensé pour inclure une vision moyen terme et long terme avec notamment des KPIs (Key Performance Indicator) relatifs à l'engagement et non plus rester focalisé sur le chiffre d'affaires court terme. Afin d'établir si les actions menées sont pertinentes et performantes, il est absolument indispensable de définir en amont des indicateurs qui serviront de mesure une fois le plan déroulé. Avec la démultiplication et la complexité des parcours clients, la sélection de ces KPIs peut rapidement devenir un challenge à elle seule.

CONCLUSION

Une vraie mutation est donc en train de s'opérer. Cette problématique est un sujet très actuel et prioritaire. Les entreprises ont saisi l'enjeu de l'expérience client. Le niveau d'exigence global s'est donc élevé, poussant l'expérience client basique à devenir de plus en plus améliorée et donc complexe. Il s'agit désormais d'offrir aux clients une expérience porteuse de sens unique et cohérente via le maximum de canaux existants sur le marché. Une expérience dont la personnalisation est le facteur clé de succès.

Un champ des possibles immense s'ouvre aux entreprises pour faire grandir cette expérience client personnalisée. Une opération à double tranchant pour ceux qui n'en maîtriseraient pas la technicité, creusant un gap entre concurrents et pouvant aller jusqu'à détruire le lien créé avec le client en une fraction de seconde. Les consommateurs peuvent faire, mais aussi défaire une réputation en quelques heures. A l'ère des réseaux sociaux, tout se sait et surtout, tout se dit. Donner son avis fait partie de la culture, utiliser les avis, de son quotidien : une expérience client ratée et toute une réputation est en danger.

En résumé, data et technologie sont les ingrédients de base d'une personnalisation réussie. Mais la différence se fera par l'humain : la direction stratégique qu'il souhaite donner, le ton, sa capacité à travailler intra services. Car finalement, le plus important, que ce soit d'un point de vue entreprise comme client, reste toujours l'humain.

(1) et (2) Source Forrester Data North America Consumer Technographics Brand Compass Survey Q3 2015
(3) Source Sitecore
*Retrouvez la définition dans le lexique en fin d'ouvrage.

> VELVET CONSULTING
www.velvetconsulting.com

Aurélie Mairiaux
amairiaux@velvetconsulting.com

Florence Vaguer
fvaguer@velvetconsulting.com

Étude De Cas

RUE DU COMMERCE

Optimiser son parcours client et réduire la fraude

> www.rueducommerce.fr

PROBLÉMATIQUE DE LA MARQUE

> Le difficile équilibre de la lutte contre la fraude

Fondé en 1999, Rue du Commerce est le pionnier du e-commerce en France. Le site s'est tout d'abord illustré comme leader sur le secteur high-tech, puis a étendu son offre lors de la création de sa marketplace en 2007. Aujourd'hui, Rue du Commerce, c'est 1 500 marchands proposant près de 10 millions de produits, un trafic de 4 millions de visites mensuelles et plus de 2 millions de produits expédiés par an.

Depuis 2016, Rue du Commerce fait partie du groupe Carrefour et participe au développement stratégique digital et omnicanal du groupe. Connectés aux magasins Carrefour, de nombreux services ont vu le jour sur le site rueducommerce.fr, avec pour objectif de faciliter le parcours des clients en magasin comme en ligne.

En matière de lutte contre la fraude, le commerçant doit sans cesse s'employer à trouver le bon équilibre entre détection des tentatives de fraudes, réduction des faux positifs (vrais clients rejetés par erreur), et garantie d'une expérience utilisateur le plus fluide possible pour ses clients.

SOLUTION STRATÉGIQUE

> La solution

Pour lutter contre la fraude, Rue du Commerce s'appuyait sur un outil développé en interne, basé sur les impayés et sur les commandes jugées à risques. Avec l'augmentation de l'activité, l'outil s'est rapidement avéré insuffisant. Les équipes de Rue du Commerce se sont alors mises à la recherche d'une solution puissante, efficace et facilement configurable. Leur choix s'est tourné vers la solution de CyberSource, Decision Manager. Depuis qu'elle est pleinement opérationnelle, la solution n'a pas connu une seule défaillance ni aucune interruption de service.

MISE EN PLACE OPÉRATIONNELLE

Une intelligence artificielle qui s'appuie sur l'analyse de plus de 68 milliards de transactions par an.

Decision Manager apporte à Rue du Commerce un couplage optimal entre le meilleur de la technologie et de l'humain, tout en ajoutant la possibilité d'intégrer la connaissance qu'ont les équipes de Rue du Commerce de leur clientèle et de leurs métiers. C'est cette association de compétences qui rend leur lutte contre la fraude si efficace. « L'outil permet de modéliser comme on veut les règles de fraude en plus de s'appuyer sur le scoring et l'intelligence de CyberSource », précise Julien Lepeut.

Parmi les autres avantages plébiscités : le mode "monitoring". Les équipes de Rue du Commerce peuvent tester en direct une nouvelle règle afin d'évaluer sa pertinence, sans risque d'impacter les commandes en cours. Il est également possible de mettre à jour les règles en temps réel en cas de nécessité.

En plus de la performance de la solution, Julien Lepeut apprécie également l'accompagnement fourni par CyberSource, avec un expert dédié qui analyse et propose des optimisations en fonction de l'évolution des comportements des fraudeurs.

INFOS CLÉS

10 millions de produits
+ 1 300 marchands

10 millions de visites mensuelles

+ 3 millions produits expédiés par an

RÉSULTATS

> Des revues manuelles réduites à 10 %

Les commandes à risques passent entre les mains de l'équipe d'analystes internes, qui les qualifient et prennent la décision finale. A la sortie, seule une infime partie de ces commandes seront rejetées. La solution de CyberSource est clé dans le processus de validation des commandes, comme l'explique Julien Lepeut : « sans la validation de la solution de CyberSource, la commande n'est pas libérée, c'est le dernier maillon de la gestion informatique de la commande, elle est donc aussi importante que notre plateforme de paiement. »

À l'avenir, Julien Lepeut veut continuer d'améliorer continuellement sa stratégie de lutte contre la fraude : « J'ai un taux de fraude très bas et un taux de revue assez bas, ce qui nous permet de nous concentrer sur des sujets connexes comme l'augmentation du taux de transformation et la gestion des pics d'activité, en particulier pendant la période du Black Friday. »

"Pour un acteur du e-commerce, la lutte contre la fraude est un élément indispensable : la fraude aux moyens de paiement est une réalité à laquelle sont confrontés tous les commerçants. Pour nous, une solution de lutte contre la fraude est aussi importante que la solution de paiement."

Julien Lepeut
Responsable Sécurité et Prévention des Fraudes
CyberSource
Fiche d'entreprise p. 504

Étude De Cas

CARREFOUR ASSURANCE

L'omnicanalité pour rendre l'assurance à portée de main

> L'Assurance en libre-service assurance.carrefour.fr/assurance-scolaire-et-extrascolaire

PROBLÉMATIQUE DE LA MARQUE

L'assurance scolaire Carrefour était historiquement distribuée dans le réseau d'agences Carrefour Banque situées dans les galeries marchandes des magasins Carrefour.

L'assurance scolaire est un produit indispensable pour les parents dont les enfants sont scolarisés. C'est un produit de commodité qui doit être simple, accessible et disponible à tout moment. Aussi, imposer aux clients de souscrire en agence n'était plus adapté.

Faisant partie d'un groupe de distribution référent, Carrefour Assurance se devait de proposer des solutions directement en lien avec les achats de la rentrée ainsi que des parcours simples et adaptés aux besoins et rythmes de vie des clients.

Aujourd'hui et pour la deuxième année consécutive, avec la carte d'assurance en libre-service. Carrefour propose l'assurance scolaire directement dans les rayons rentrée des classes.

SOLUTION STRATÉGIQUE

Carrefour a été l'observateur de la transformation des modes de consommation : ses clients mixent de plus en plus les points de vente. Ils achètent dans des magasins de tailles et formats différents ou utilisent les solutions drive ou les sites e-commerce.

Carrefour Assurance s'est donc fixé pour objectif de proposer de l'*omnicanalité** afin de simplifier la vie de nos clients : "être là où les clients sont".

Dans cette optique, Carrefour Assurance a lancé en 2018 un concept innovant : le "*Store to Web** Assurance" qui permet d'acheter une carte assurance directement en rayon et de l'activer en souscrivant son contrat en ligne au moment opportun pour le client.

Aux agences Carrefour Banque sont venus s'ajouter des canaux digitaux/distants : la souscription directement en ligne depuis les sites du groupe Carrefour, une plateforme de vente à distance avec plus de 100 conseillers experts en assurance à disposition et le store to web qui allie le physique et le digital.

Suite à l'analyse réalisée par les équipes marketing sur les comportements des familles à la rentrée, il en est ressorti des besoins et des parcours d'achat spécifiques à ce moment clé de l'année.

En réponse, une assurance scolaire simple, claire, au meilleur prix et accessible en rayon a été proposée :
- Un seul produit qui couvre tous les moments de vie des enfants scolarisés, parmi les meilleurs prix du marché : 9,50 € au lieu de 15 € par an et par enfant ;
- Des parcours de souscription variés et omnicanaux ;
- Le tout accompagné d'une campagne de communication 360°.

MISE EN PLACE OPÉRATIONNELLE

L'ambition de Carrefour Assurance est de rendre l'assurance à portée de main.

Au préalable de cette opération, les équipes Communication ont construit une charte avec des codes graphiques ludiques, en rupture avec les codes de l'assurance et très visibles en rayon afin de marquer notre différence en tant que "Distributeur-Assureur".

Omnicanal | Retail | Parcours client

> Retrouvez les mots clés en index <

INFOS CLÉS

Top Annonceur Google

+ 65 % d'enfants assurés

L'opération "Assurance Scolaire 2018" s'est découpée en trois chantiers clés :

1 > La construction des différents parcours : 3 nouveaux parcours en moins de 6 mois

- La mise en place de l'ensemble du parcours de souscription depuis l'achat des cartes en magasin jusqu'à la souscription en ligne. Concrètement, les clients peuvent acheter leur carte en même temps que les fournitures de leurs enfants, puis souscrire l'assurance en remplissant un formulaire en ligne et recevoir immédiatement leur attestation scolaire ;

- La conception d'un nouveau site web permettant un parcours full digital avec signature électronique et paiement en ligne ;

- La mise à disposition du produit auprès des conseillers à distance et leur formation pour répondre aux besoins des clients ;

- La reconduction des parcours existants en agence Carrefour Banque.

2 > La valorisation de notre offre auprès des clients Carrefour : en s'appuyant largement sur la puissance de la marque

- Une promotion attractive pour les clients du 25 juin au 30 septembre (9,50 € au lieu de 15 € par an par enfant) ;

- La conception et l'implantation de la théâtralisation et des mobiliers en magasin ;

- + de 3 000 magasins proposant des cartes d'assurance dans leur rayon scolaire et un plateau dédié au service après-vente de ces cartes ;

- Un maillage complet avec les supports Carrefour : site internet du Groupe, plan de contacts auprès des clients Fidélité, encarts dans les catalogues ;

- Un dispositif digital complet : SEA, partenariat avec des comparateurs et SEO ;

- Un investissement radio aux moments clés de la rentrée.

3 > L'accompagnement des équipes en interne : pour relever le défi d'être installés dans les 3000 points de vente Carrefour

- Une information et des supports d'aide à la vente des équipes terrain ;

- Des newsletters régulières et un accompagnement des équipes magasins pour la mise en rayon des cartes ;

- Une intégration dans les briefs magasins ;

- Un suivi de l'implantation et la mise en place d'une ligne téléphonique dédiée en cas de questions.

RÉSULTATS

Les ventes d'assurance scolaire ont augmenté de 65 % en 2018. Aujourd'hui, 90 % des contrats d'assurance scolaire sont souscrits via des parcours intégrant un ou plusieurs touchpoints physiques et digitaux.

Cette année, nous relançons l'opération Assurance Scolaire et continuons de simplifier et d'améliorer l'expérience de nos clients au moment de la souscription mais également tout au long de la vie de leur contrat. Cette année, les clients peuvent obtenir leur attestation scolaire où et quand ils le souhaitent : mail ou courrier, téléphone grâce à Julia notre callbot ou directement depuis leur espace client.

*Retrouvez la définition dans le lexique en fin d'ouvrage.

> *"Proposer le maximum de fluidité et de simplicité dans les parcours et les produits afin que l'assurance soit réellement à portée de main et l'expérience client une réussite."*

> CARREFOUR ASSURANCE
assurance.carrefour.fr

Loraine Rambour
loraine_rambour@carrefour.com

Étude De Cas

TOYOTA FINANCIAL SERVICES

Start Connect : Une solution de mobilité et des services automobiles

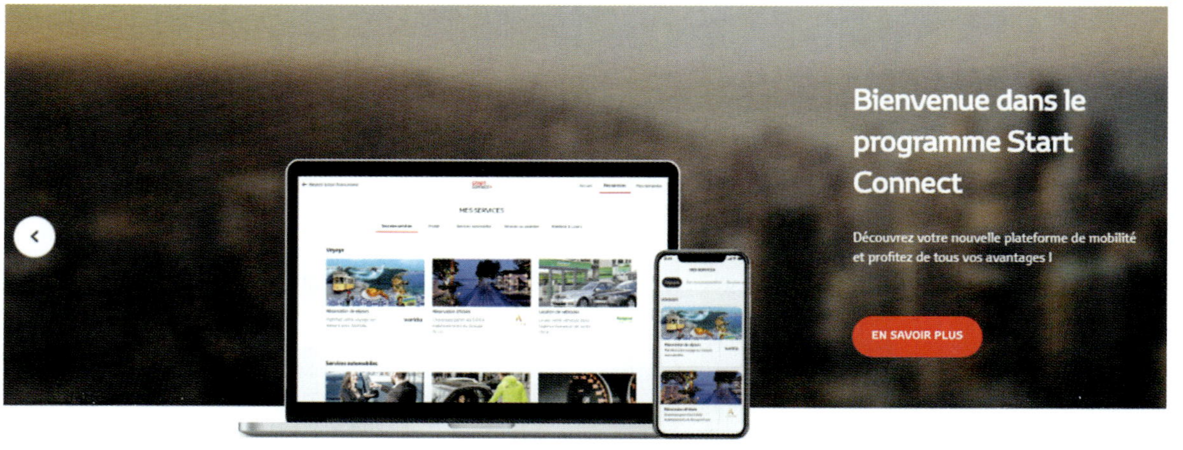

> Application et plateforme web Start Connect

PROBLÉMATIQUE DE LA MARQUE

> Contexte

Toyota France Financement est la société financière du groupe Toyota, née en 1997 pour offrir aux clients Toyota et Lexus toute une gamme de financements et de services associés. Basé sur les valeurs de respect et la culture d'amélioration continue, notre enjeu est de nous adapter le plus rapidement à la mutation actuelle du secteur automobile. Alors qu'il y a quelques années le groupe vendait un produit, ils cherchent aujourd'hui à créer une véritable expérience. C'est pourquoi, Toyota Financial Services a rapidement évolué d'un modèle centré sur le produit vers une offre complète de services et c'est d'ailleurs l'objectif du groupe : s'orienter vers une société de mobilité afin d'offrir à nos clients des solutions parfaitement adaptées aux nouveaux besoins et usages.

> Situation actuelle

À la recherche de prestations sur mesure et d'une assistance à chaque étape d'un parcours clients, les automobilistes attendent une disponibilité 24h/24 et 7j/7. Les formules de mobilité récentes et les nouvelles technologies permettent à de nouveaux concurrents d'entrer en scène pour bouleverser le marché en se différenciant des acteurs traditionnels. Face à ces nouveaux enjeux,Toyota France Financement et ses collaborateurs ont un rôle crucial à jouer dans le développement non seulement des nouveaux produits financiers mais aussi dans celui des services qui répondent aux objectifs du groupe Toyota de devenir une société de mobilité.

> Objectifs

Renforcer la relation du client avec la marque Toyota et transformer son expérience avec son véhicule. Offrir à nos clients Toyota et Lexus un accès à des services de mobilité.

SOLUTION STRATÉGIQUE

Pour fidéliser les clients nous devons être en mesure de proposer la meilleure expérience de marque à travers une offre digitale adaptée à leurs besoins de mobilité et d'excellence de service. C'est pourquoi, Toyota Financial Services a choisi d'avancer avec John Paul, le leader de la relation client, pour créer ensemble une solution de mobilité unique qui vient enrichir l'expérience des automobilistes et l'offre de financement START Confort. En effet, lors de l'achat d'un véhicule, le financement est souvent un processus perçu comme une expérience « ennuyeuse » et parfois frustrante se résumant au payement et au renouvellement. Ce dispositif relationnel vient fluidifier et renforcer la relation avec les clients.

MISE EN PLACE OPÉRATIONNELLE

L'objectif majeur de Start Connect est d'enchanter le parcours client en créant un lien quotidien et surtout en supprimant les « pain points ». Grace à ce partenariat stratégique avec John Paul, la marque intègre, dans la formule de financement START Confort, l'accès exclusif à Start Connect, la plateforme de services de mobilité pour les clients Toyota et Lexus. En format application ou Web responsive, la marque automobile veut apporter encore plus de valeurs à travers cette expérience digitale qui permettra aux clients d'accéder à des avantages exclusifs de différents partenaires. Cette nouvelle offre inédite promet aux clients plus instantanéité, d'économie et un gain de temps important. Ainsi, la plateforme animée propose aux conducteurs un accompagnement au quotidien grâce à un accès simplifié et privilégié aux meilleurs partenaires de mobilité du secteur automobile tel que le service essence à domicile ou encore le service de voiturier dans les gares et aéroports.

Relation clients | Innovation | Expérience digitale

> Retrouvez les mots clés en index <

INFOS CLÉS

30 000 clients/an

1 application & 1 site web intégrant les technologies de pointe

10 partenaires leaders des services de mobilité et lifestyle

Ce programme relationnel permet également d'offrir aux clients des conditions et des avantages dans de plus larges catégories de services comme la billetterie et les loisirs (par exemple pour les billets de cinéma), les voyages (par exemple pour la réservation d'hôtels) ou encore les services au quotidien. Le partenariat avec John Paul permet de se positionner comme un acteur innovant du digital. L'application développée à l'image de la marque, intègre des technologies de pointe, agrège des services uniques dans l'objectif de devenir l'interface centrale de toutes les interactions avec nos clients. Toyota France Financement a choisi d'intégrer la plateforme dans son espace client dans l'objectif de faciliter l'accès aux services et le parcours utilisateur. Le groupe souhaite rendre l'automobiliste le plus autonome possible et qu'il profite à tout moment des services. C'est pourquoi, l'entreprise a agrégé l'ensemble des services des partenaires directement dans une plateforme, facilitant ainsi l'accès aux offres en self-service. Les développements ont été basés sur un socle technique John Paul pour pouvoir garantir une sortie de la plateforme dans un délai très court de 3 mois.

Ce programme innovant est majoritairement digital mais la décision a été de compléter l'offre en assurant un service de qualité via un assistant disponible par email et téléphone à chaque étape du parcours et de la prestation. L'affinité a été créé avec la marque à travers des points de contact multiples et qualitatifs que ce soit en digital ou via l'assistant. L'étape qui suit le lancement de la plateforme est d'attirer les clients et de les accompagner vers l'utilisation du programme et de ses services.

La première approche est d'animer leur quotidien en proposant des contenus et des privilèges en lien avec notre positionnement et le profil de nos clients à travers les newsletters, l'espace membre et l'application. L'animation permet à la fois de garder un contact positif avec les clients mais aussi de les sensibiliser à la simplicité de la plateforme et à ses bénéfices. Toyota Financial Services a mis en place, au cours du programme, des opérations spéciales telles que des offres inédites supplémentaires et ciblées.Toujours dans l'objectif d'animer le programme, le groupe a décidé d'enrichir l'expérience client en introduisant de nouveaux partenaires et services en permanence. Ont été également mis en place des rapports quotidiens et des comités de pilotage pour mesurer et améliorer continuellement le programme avec John Paul.

RÉSULTATS

Lancement des pilotes octobre 2019. Lancement commercial Janvier 2020. Résultats attendus : booster l'enregistrement et la connexion du site client Toyota France Financement - Un fort taux d'activation de l'application et de la plateforme - La fréquence d'utilisation des services - Augmenter le taux de satisfaction client.

> Application Start Connect

> Plateforme Start Connect

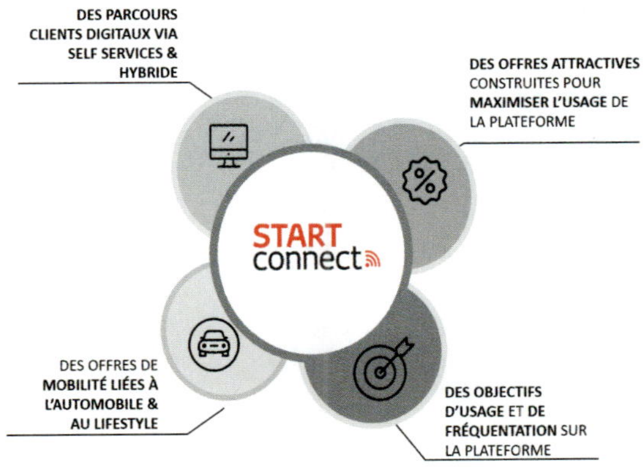

> Les 4 points fort du programme Start Connect

> TOYOTA FINANCIAL SERVICES FRANCE
www.toyota-financement.fr

> JOHN PAUL
www.johnpaul.com

Maya Sala
maya.sala@johnpaul.com

Améliorer la connaissance client, optimiser le ciblage et la personnalisation, maîtriser les nouveaux enjeux liés au RGPD... Tour d'horizon des meilleurs conseils et cas pratiques Data !

ANALYTICS
CIBLAGE
SMART DATA
CONNAISSANCE CLIENT

DATA

DATA-DRIVEN
RGPD
INSIGHTS

SOMMAIRE

CHAP.4

DATA

◗ *Étude de cas* ▶ *Article*

L'enjeu de l'exposition publicitaire

Mediametrie

Performances moyennes des campagnes digitales sur cibles

Périmètre

69 cibles
socio-démographiques normées

21 000 observations, pour un total de **9 000 campagnes**

Part des écrans

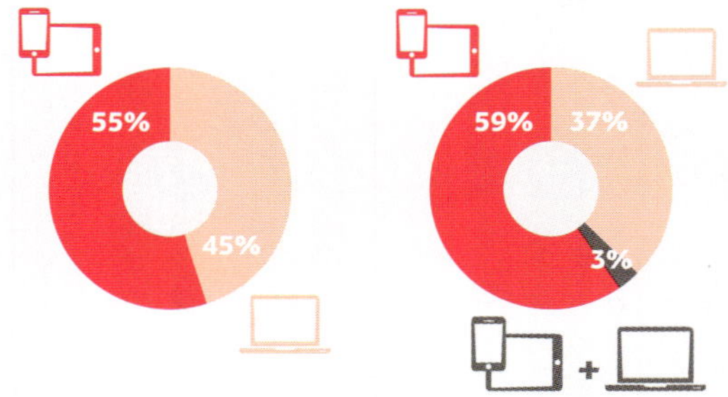

Périmètre : ensemble des campagnes agences depuis le 01/10/2015

Zoom sur les 25-49 ans : Mobile first*

Part des écrans dans la couverture sur cible

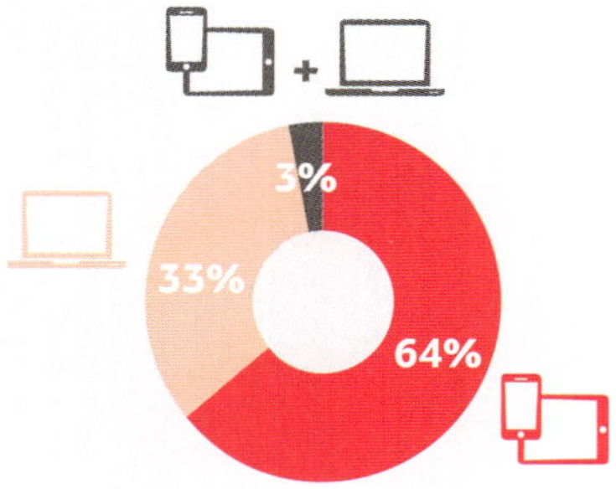

Les écrans mobiles majoritaires dans la couverture 25-49 ans

Pour atteindre **30% de couverture sur les 25-49 ans,** il faut délivrer sur cette cible en moyenne **20 millions d'impressions Mobiles** ou **30 millions d'impressions Fixes**

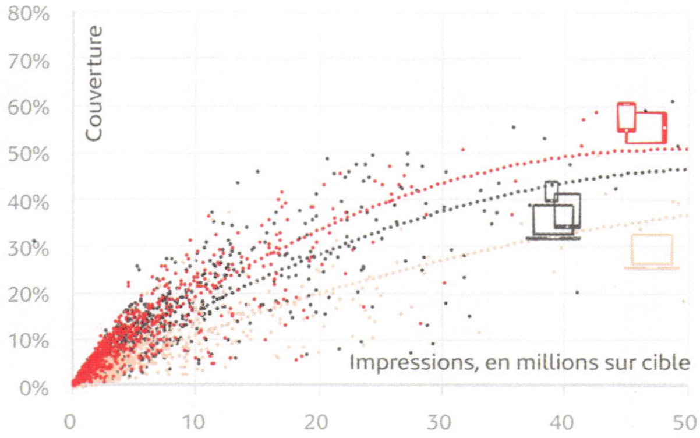

Périmètre : ensemble des campagnes agences sur cible ensemble 25-49 ans depuis le 01/10/2015

Taux d'impressions sur cible

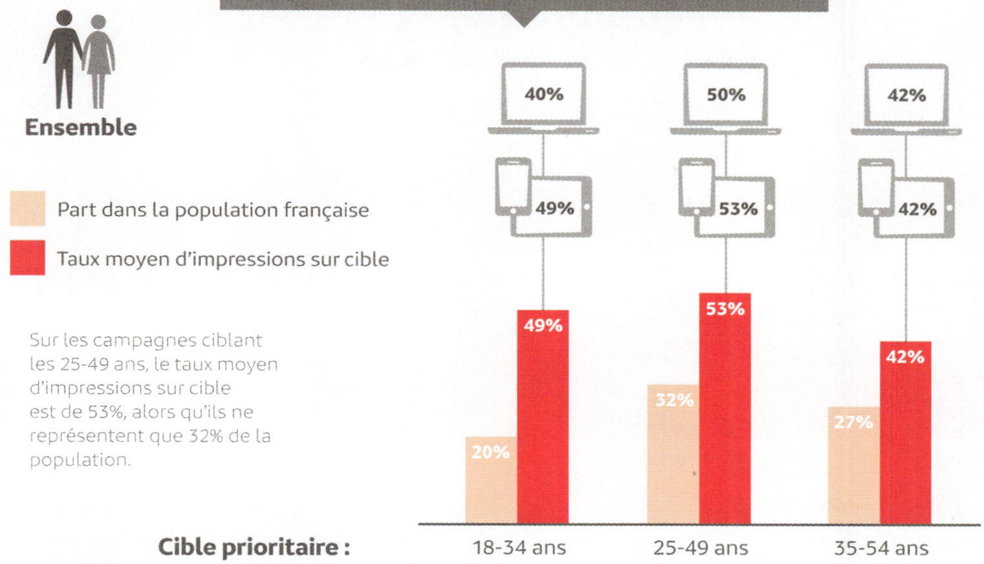

Périmètre : ensemble des observations sur cible prioritaire ensemble hors data-providers

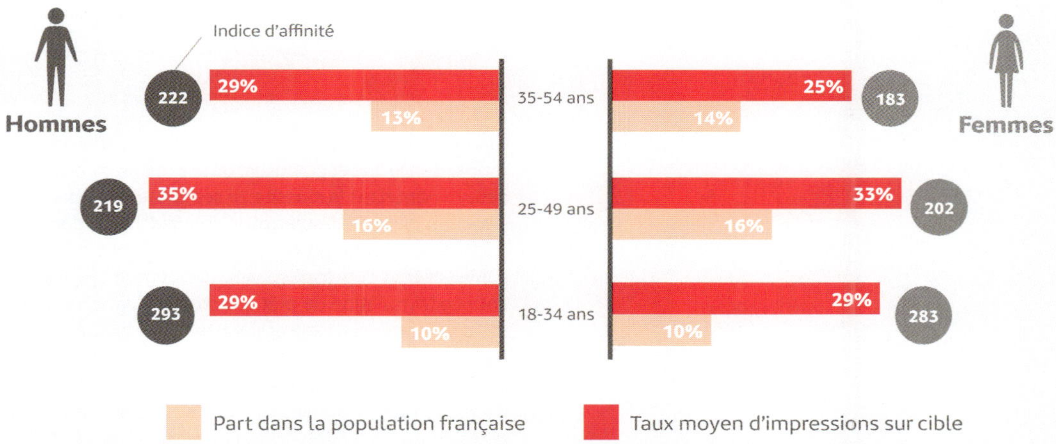

Périmètre : ensemble des observations sur cibles prioritaires Hommes-Femmes hors data-provider

L'indice d'affinité indique la proportion des impressions délivrées auprès de la cible prioritaire par rapportau poids de cette dernière dans la population totale (% impressions servies sur cible / % cible dans population totale) x 100

Normes DAR

Périmètre	Période du 1er novembre 2013 au 31 mars 2019 Univers de référence : France entière (INSEE)
Calculs	Pondération des résultats par le volume d'impressions
Définitions	Taux d'impressions sur cible : nombre d'impressions sur cible étudiée / nombre total d'impressions de la campagne x100

Source : Nielsen Digital Ad Ratings– France – - Mars 2019
*Priorité au Mobile

Article

Les call centers augmentés : la Customer Data Platform au service du customer care

Dans une logique de connaissance client enrichie, les annonceurs ont à leur disposition des technologies de collecte et d'activation de la data qui leur permettent d'accéder à une précision et une granularité inédites en marketing. Face à l'essor de la technologie, les interactions entre intelligences artificielle et humaine constituent un enjeu décisif dans la création de valeur client.

Call center augmenté de Sofinco : indice de satisfaction client **x 2**

Call center augmenté de Sofinco : taux de concrétisation web **+ 38 %**

Ce challenge est d'autant plus tangible autour des points de contacts humains qui sont les pivots du customer care. Comment parvenir à lier entre eux les différents écosystèmes data afin de générer de la valeur et de faire travailler ensemble les algorithmes et les humains ? C'est l'exercice que Sofinco a réussi en partenariat avec les équipes de Numberly, en mettant l'intelligence issue de sa *CDP** au service de son call center.

LA CDP : UN OUTIL POUR DÉTECTER LES SIGNAUX FAIBLES

Grand acteur du crédit à la consommation, Sofinco a misé sur la connaissance fine et granulaire de ses clients comme un facteur déterminant dans la réussite de ses stratégies marketing. Dans le secteur banque-assurance, le timing d'interaction est crucial. Il faut savoir réagir en temps réel aux signes d'intérêts émis par les clients et prospects à haut potentiel : visite sur le site Sofinco (simulation de prêt effectuée en ligne) ou visite sur le site d'un partenaire (concessionnaire automobile par exemple).

La Customer Data Platform (CDP) est une base de données qui présente les données comportementales des internautes et les lie aux données nominatives de type CRM. Il devient possible de savoir si un individu est susceptible d'être intéressé par un prêt automobile en temps réel, par exemple. Par des algorithmes, les approches de data science identifient les comportements susceptibles de témoigner d'une plus grande propension à la souscription d'un prêt. Grâce au machine learning, les individus sont ainsi scorés en fonction de leur intérêt spécifique.

Ce dispositif permet à Sofinco d'orchestrer des parcours omnicanaux complets en personnalisant les campagnes emailing, les bannières en RTB ou le site web. Les nombreux bénéfices que tire Sofinco de sa CDP en termes de data marketing constituent un véritable cas d'usage.

Or, les exploitations d'une CDP sont rares pour les canaux non digitaux. Pourtant, la richesse de la data et la vélocité de la CDP permettent d'enrichir la qualité d'un canal historique de la relation client : le call center.

Si des innovations viennent fréquemment améliorer l'impact du ciblage emailing ou programmatique, on pourrait croire que le fonctionnement d'un call center paraît difficilement

Le call center augmenté de Sofinco

Indice de satisfaction client

x2

Taux de concrétisation Web

+38%

optimisable. Contrairement aux enchères de Real Time Bidding où les algorithmes ont la part belle, les call centers reposent sur la performance, humaine, des opérateurs. Le machine learning aurait donc a priori moins sa place dans l'amélioration permanente de leurs modes de fonctionnement. Pourtant, Sofinco a fourni à ses opérateurs des informations précieuses issues du machine learning afin de leur permettre d'interagir plus pertinemment avec les clients.

Lorsqu'un cookie détecté sur le site de Sofinco est associé à un individu présent en base CRM via une donnée de contact, l'historique de ses comportements et de ses interactions avec la marque est analysé puis scoré. Les individus avec les scores les plus hauts sont priorisés par le call center. Ainsi, un individu qui a commencé à remplir un formulaire de demande de prêt, mais qui a été interrompu peut se voir rappeler dans l'heure par un opérateur Sofinco prêt à l'assister dans sa démarche et qui, ayant accès à son dossier complet, connaît les informations nécessaires pour mieux l'aider.

LE CALL CENTER AUGMENTÉ DE SOFINCO

Le résultat le plus probant du dispositif de call center augmenté mis en place par Sofinco et Numberly a trait à la satisfaction client. Le NPS est un indicateur crucial pour les banques et assurances, car il est sensiblement inférieur à celui d'autres secteurs. À ce titre, les résultats sont particulièrement encourageants : la satisfaction a doublé avec cette nouvelle méthodologie de priorisation des appels sortants.

Le taux de conversion web a également augmenté de 38 % après deux semaines de déploiement.

C'est également le quotidien des opérateurs qui se trouve changé. Loin de recevoir un accueil froid de la part de leurs interlocuteurs, les opérateurs ont maintenant affaire à des clients plus disposés à les écouter. En appelant des prospects et clients dont l'intérêt a été prédit, ils peuvent consacrer plus de temps à leur cœur de métier : accompagner leurs interlocuteurs dans la souscription de leurs prêts. Mieux, leurs interlocuteurs les remercient souvent de leurs appels, qui tombent à point nommé. Ces appels sortants ne sont plus vécus comme intrusifs, mais comme des services rendus.

Au-delà de la satisfaction client, ce dispositif augmente donc aussi la satisfaction des opérateurs. Cela permet d'ébaucher un cercle vertueux par lequel des opérateurs satisfaits augmenteraient la satisfaction client, et vice versa.

Nous assistons donc à la rencontre de deux mondes que l'on pensait distincts : le machine learning d'une part et le customer care de l'autre. La technologie d'une part, l'humain de l'autre. Le cas du call center Sofinco prouve que la data et l'algorithmie peuvent servir à réinventer un canal qui semblait s'essouffler. Ces alliances entre intelligences humaine et artificielle se présentent de plus en plus comme l'avenir du service client. Les opérateurs, mais aussi les vendeurs augmentés par l'IA peuvent accéder en temps réel aux informations et scoring d'un client qui entre dans une boutique ou appelle un standard afin de lui fournir un service personnalisé et de qualité. Bref, on rentre dans un monde où plus de technologie implique plus d'humain. Ces hybridations ouvrent de nouvelles possibilités qui, si elles sont bien exploitées, peuvent permettre aux annonceurs d'optimiser la rentabilité de nombreux centres de coûts. Pour cela, il est nécessaire d'aboutir à une bonne maîtrise de son écosystème data qui permettrait de s'assurer que la data collectée par les annonceurs soit activée au bon moment pour servir la pertinence d'interaction des professionnels de la relation client.

CRÉER DU LIEN DANS LES ÉCOSYSTÈMES DATA

Le succès de la connexion entre CDP et call center ainsi que les résultats très encourageants du cas Sofinco soulignent l'intérêt de créer du lien entre les différentes sources de data. Les données collectées courent le risque d'être confinées à un seul silo plutôt que d'être intégrées à un écosystème relationnel au sens large.

De fait, les écosystèmes sont de plus en plus vastes et fragmentés. Les grands blocs qui les composent sont souvent trop imperméables les uns aux autres : base CRM, DMP, applications mobiles et in-app services, e-commerce...

Comment construire un maillage de son écosystème data ?

Le défi est d'aboutir à un maillage de cet écosystème qui permette de mieux en tirer profit et de faire les liens nécessaires à son efficacité optimale. C'est dans ce contexte qu'émergent les approches dites *people-based**. Elles ont pour but de remettre le client au centre de ce paysage et de s'assurer que les stratégies marketing soient destinées à des individus, et non à des identifiants. Les annonceurs disposent de technologies et outils qui leur permettent de réconcilier les différents identifiants détectés : identity graph, data-onboarding, CDP, nouveaux programmes de fidélité. L'idée est toujours de retracer les interactions d'un individu au sein de l'écosystème afin de lui fournir partout une expérience cohérente.

LA *CUSTOMER INTIMACY** AU CŒUR DE L'EXPÉRIENCE SANS COUTURE

Une bonne relation client se base sur la cohérence et la continuité. Il s'agit de construire, au fil des interactions, une histoire partagée. La multiplication des outils technologiques constitue un challenge pour les annonceurs qui souhaitent faire la différence par la customer intimacy. Il s'agit de concevoir un maillage efficace pour retrouver de la valeur ajoutée dans les interactions avec le client final. C'est cela, l'expérience sans couture : offrir au client un discours cohérent et personnalisé, quel que soit le canal utilisé. Mais une expérience simple et intuitive pour le client final nécessite, du côté de l'annonceur, de mettre en place un système élaboré et efficace qui permette de maîtriser la complexité du nouveau paysage digital.

Loin des codes de la disruption digitale, fabriquer une innovation qui génère de la valeur, cela peut être imaginer la rencontre entre deux briques qui fonctionnaient jusqu'ici séparément. Le fait de les faire travailler en harmonie génère de la valeur pour le client final. Il devient possible de renforcer les liens marque-consommateur par un maillage entre les différents écosystèmes data.

Ce cas ouvre un champ de réflexion pour le marketing client, celui de l'orchestration omnicanale, qui est probablement en passe de devenir un avantage compétitif majeur.

*Retrouvez la définition dans le lexique en fin d'ouvrage.

> NUMBERLY
www.numberly.com/fr
Fiche d'entreprise p. 496

Pascal Tawfik
Directeur Commercial
pascal@numberly.com

Pol Blet
Directeur de Clientèle
pol@numberly.com

Article

Grâce aux datas, détectez à grande échelle vos clients influents !

Une majorité de vos clients sont des influenceurs. Ils parlent de vous à leurs proches comme aux inconnus en visite sur votre site, donc à vos prospects. Ils sont très nombreux, n'ont pas besoin d'être rémunérés pour agir et leur mobilisation s'opère dans le cadre global du CRM. Objectif raisonnable : générer, détecter et activer 30 % d'influenceurs dans votre base client. Quelles sont les données nécessaires à leur identification ? Où se trouvent ces données ? Comment les interpréter ?

Objectif 30 %
d'influenceurs dans votre base client

9 datas d'influence
(3 sources de données x 3 leviers par source)

Les données utiles à la détection de vos clients influents varient en fonction de la nature de cet engagement (avis, partage viral et réponses) et du type de plateforme à partir desquelles elles sont produites (vos propres outils, ceux de vos distributeurs ou sur des plateformes dédiées, etc.).

Précision méthodologique, les influenceurs professionnels ne relèvent pas du CRM, donc nous les avons exclus du champ d'analyse pour nous concentrer sur les leviers automatisables à grande échelle.

OÙ SE TROUVENT LES DONNÉES DE L'*INFLUENCE CLIENT** ?

Quelle que soit la méthode, la première difficulté sera d'accéder aux sources de données.

> Les 1st platforms : charité bien ordonnée...

La source de données la plus riche est aussi la plus facile d'accès. Il s'agit des 1st platforms, c'est-à-dire l'ensemble des plateformes gérées par la marque elle-même. Ce qui lui permet de collecter ces données et de les rattacher à un identifiant client.

De façon non exhaustive, sont inclus les sites d'avis gérés par la marque elle-même, ses enquêtes de satisfaction, ses interfaces de Q/R entre clients, ses pages de boîte à idées ou de co-marketing et encore les partages viraux effectués par les clients dans le cadre de campagnes marketing.

Paradoxalement, il convient d'exclure de cette définition les pages sociales (page entreprise Facebook, compte Twitter ou page entreprise LinkedIn pour citer les principaux) bien qu'elles soient managées par la marque. En effet, la donnée utilisateur est monopolisée par l'éditeur à des fins de monétisation publicitaire, donc les fans ou followers ne sont pas miscibles dans le CRM.

> Les 2d platforms : le pouvoir des retailers sur les industriels

Il s'agit des plateformes de retailers, tels qu'Amazon. Les données client appartenant au retailer (et non à l'industriel), elles lui permettent de collecter un avis produit ou enseigne, de faire tester une innovation, de mettre en relation des prospects avec des clients, et de solliciter des parrainages.

Advocacy | Influenceurs | Programme de fidélité

> *Retrouvez les mots clés en index* <

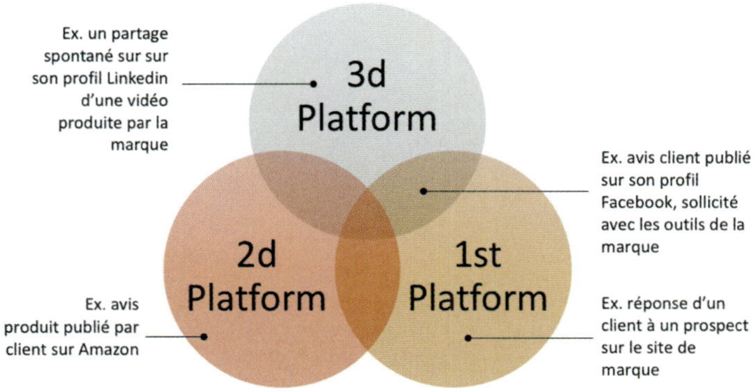

> Les 3 sources de données de l'influence client

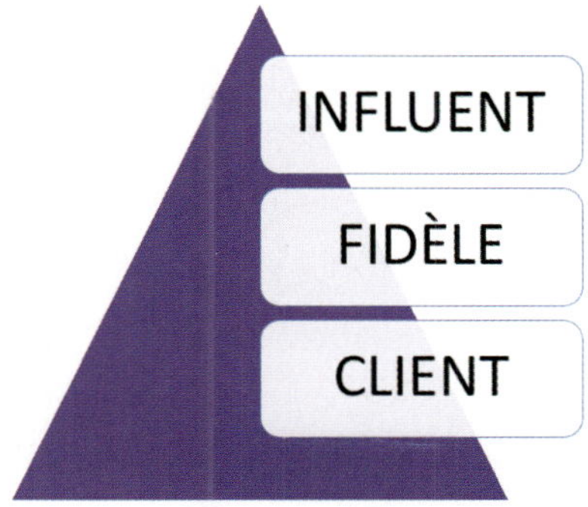

> L'influence, statut ultime d'un client dans le CRM

Peu de retailers se préoccupent encore du sujet des clients influents. Mais beaucoup d'industriels déploient déjà ces stratégies, or ils butent sur un écueil de taille : la donnée ne leur appartenant pas, ils ne connaissent pas leur Brand Advocates. Cette donnée stratégique pourrait à l'avenir devenir une nouvelle source de monétisation de la donnée pour les enseignes.

> Les 3d platforms : le Far West des avis

Citons à titre d'illustration TripAdvisor qui est la plateforme d'avis ayant évangélisé la planète et Google Review qui est en passe de devenir dominant, servi par la position de quasi-monopole de son moteur de recherche. Ces plateformes sont le Far West de l'influence client. Les leviers sont les avis anonymes et la mise en relation opaque entre internautes. Ces données appartiennent à la plateforme et ne sont pas réconciliables avec le CRM.

LES PRINCIPAUX TYPES DE DONNÉES D'INFLUENCE

> Les avis clients

Ces données sont de 3 types :

- Dépôt suite à une sollicitation : oui/non ;
- Tonalité de l'avis : positif, neutre, négatif. Cette tonalité est mesurée par la note, mais elle pourrait l'être par le verbatim à condition que l'outil d'analyse utilisé soit suffisamment puissant donc fiable ;
- Audience de la page d'avis : une donnée fournie par la plateforme de dépôt (site de la marque, plateforme tierce, etc.).

Disposer de ces données est un besoin évident dont l'exécution n'est pas aisée car elle nécessite de tracer ces publications par client et d'organiser un flux de données retour avec les plateformes non gérées par la marque elle-même.

> Les partages viraux

Le partage viral d'un contenu ou d'une offre est une donnée de l'engagement mesurable quantitativement selon 3 données de détail :

- Le nombre de partages effectués : exprimé en valeur absolue ou en % vs le nombre de sollicitations. Des partages qui peuvent se multiplier dans le cadre de programmes annuels de brand *advocacy** ;
- L'audience virale touchée : en valeur ajoutée cumulée ou en moyenne ;
- Le trafic et la conversion virale générés par les prospects exposés au message : exprimés en nombre de visiteurs uniques ou de clients pour le premier et de CA généré pour le second.

> Les réponses en ligne

La mise en relation entre clients est devenue un standard bien que ses formats restent très divers (chat, forum, Q/R...) et dans une logique de délégation de la relation client ou de conversion.

La 1re donnée utile est le nombre de réponses apportées par un client sollicité. Exprimée en valeur absolue ou en % vs le nombre de sollicitations.

La 2e donnée est la tonalité : positive/négative/neutre de cette réponse faite au prospect ou à l'autre client. Donnée inutile si un algorithme permet de ne solliciter que des clients satisfaits, mais elle prend son sens au sein des communautés ouvertes de clients. Dans la pratique, ces analyses sont encore souvent faites dans une logique d'étude macro, à l'instar de l'écoute du web alors que dans une logique d'advocacy ces analyses se font à la maille individuelle.

QUE FAIRE DE CES DONNÉES ?

Il existe donc 9 types de datas (3 sources x 3 types de données). Elles peuvent être synthétisées avec un **scoring d'influence** qui les combine et les pondère. Ce scoring permet de classer vos clients par influence et donc d'ajuster vos investissements non plus seulement en fonction de leur potentiel de fidélisation, mais aussi de **leur potentiel d'acquisition** par recommandation. Un champ nouveau pour le marketing !

*Retrouvez la définition dans le lexique en fin d'ouvrage.

> Q3 ADVOCACY
www.q3-advocacy.com
Fiche d'entreprise p. 498

Patrice Martin,
Directeur des stratégies
contact@q3-advocacy.com

Article

User et *gouvernance** : le nouveau pari d'une relation gagnant-gagnant

Le marché publicitaire numérique, caractérisé par la publicité ciblée, connait des bouleversements dus à l'appétence des internautes à plus de contrôle sur leurs données personnelles. Face à ce phénomène, comment le RGPD, qui encadre le traitement de ces données, redéfinit-il le rôle de l'utilisateur dans l'écosystème numérique ?

93 % des 15-60 ans savent que leurs données sont utilisées pour recevoir de la publicité personnalisée

“Il y a un gros travail d'éducation et de pédagogie à faire pour résoudre le problème de relation de confiance entre les internautes et les acteurs du numérique.”

Emmanuelle DUBOURG
Directrice Générale Chandago

ÉTAT DU MARCHÉ : LES RELATIONS SENSIBLES ENTRE UTILISATEURS ET ANNONCEURS

L'étude Connected Life 2017 de Kantar[1] souligne que 46% des internautes français se sentent « poursuivis par les marques sur internet » et dénoncent le manque de pertinence dans les publicités qui leur sont présentées. 30 à 35% d'entre eux tentent de limiter cette hyperpression publicitaire en s'équipant d'adblockers, avec une proportion encore plus élevée chez les moins de 25 ans. Une marque qui s'immisce ainsi dans leur vie personnelle (et numérique) sans leur consentement peut aboutir à un boycott chez plus de la moitié des Français, ou d'un avis défavorable diffusé à leur entourage (30% selon cette même étude). Désormais, ce que veut et recherche le consommateur lors de sa navigation web, c'est du respect et de la transparence. Du respect quant à ses choix personnels au regard de l'utilisation qui est faite de ses données, et de la transparence sur les mécanismes de collecte, de traitement et de distribution de celles-ci. Aussi, d'après un rapport présenté par l'union des Annonceurs[2], 53 % des français cesseraient d'utiliser les produits ou services d'une entreprise en cas de perte de confiance. Bien que les utilisateurs fournissent volontiers leurs données personnelles s'ils le jugent utile et que la qualité du service offert est à la hauteur, ils s'en sentent souvent dépossédés et ont du mal à visualiser le lien qui existe entre l'accès à un service (éditeur par exemple) et les publicités qui y sont diffusées. En effet, les marques et annonceurs ne parviennent pas toujours à *personnaliser** significativement leur communication -qui repose aujourd'hui sur l'acceptation de cookies- ce qui instaure un climat d'incompréhension et de méfiance. Ce comportement affecte durement tous les acteurs du secteur - les annonceurs et les éditeurs tout d'abord, mais aussi leurs partenaires et prestataires ; le développement économique numérique reposant en grande partie sur l'exploitation des données collectées.

RÉTABLIR LE DIALOGUE ENTRE LES ACTEURS VIA LA PROTECTION DES DONNÉES PERSONNELLES (RGPD)

De plus en plus d'internautes prennent conscience de la valeur attribuée à leurs données personnelles mais considèrent qu'ils n'en ont pas assez la maîtrise. De plus, le pouvoir

de sanction accru de la CNIL face au manque de moyens d'action concrets, ne suffit pas à leur redonner véritablement le contrôle. Une question se pose alors : comment se rattraper dans la pertinence du contexte de diffusion, du *ciblage** et des contenus en eux-mêmes ? Une chose est sûre, c'est l'expérience digitale qui prime pour engendrer engagement et loyauté du consommateur envers un service ou produit. Dans ce contexte, il faut donc redéfinir les rôles et faire de l'utilisateur un partenaire fiable et innovant qui devient de plus en plus décideur et acteur dans l'économie digitale. Il est également essentiel pour les annonceurs et éditeurs de revoir leur stratégie créative, en proposant un marketing plus performant et personnalisé. En y consacrant du temps et des moyens financiers, ils seront en mesure d'anticiper les bouleversements dans les attitudes et comportements du consommateur. C'est en apportant une réponse aux problèmes évoqués que la confiance sera rétablie entre les parties.

Conscients de ces impératifs de confiance et de maîtrise, les sociétés ont décidé de mettre la priorité sur la protection des données de leurs utilisateurs par le biais de services de plus en plus sécurisés. Et le RGPD, entré en vigueur le 25 mai 2018, a introduit en ce sens les principes de Privacy by Design et Privacy By Default. Ce premier concept préconise que les préoccupations de protection de la vie privée soient prises en compte dès le début de la conception du produit ou service proposé, lorsqu'il est amené à collecter, traiter ou utiliser des données personnelles. Le respect de la vie privée doit être intégré dans la structure même du service. Cela passe notamment par la minimisation des données, c'est-à-dire que la collecte doit être strictement limitée à ce qui est nécessaire. A titre d'exemple, en octobre 2018, Apple a décidé de supprimer de nombreuses applications de son Store, dont Onavo. Cette application appartenant à Facebook a été retirée car elle collectait des données personnelles des mobinautes sans leur consentement. Le Privacy By Default implique quant à lui que le plus haut niveau de protection de la vie privée soit mis en place et applicable par défaut. Sans faire intervenir l'utilisateur, toutes les mesures de protection de ses données personnelles doivent être activées. C'est par exemple le cas lorsque l'accès à des données (photographies, contacts...) est soumis à autorisation lors du téléchargement d'une application.

Bien que ces mesures soient extrêmement importantes et prises très au sérieux par tous les acteurs du marché, il est devenu nécessaire de proposer de nouvelles solutions concrètes et accessibles à tous pour que l'utilisateur reprenne confiance et devienne actif dans l'écosystème des données personnelles. Il ne faut donc plus seulement assurer la protection des données qui est devenu une obligation légale, mais également travailler sur la qualité et la simplicité des services proposés. Cela passe notamment par un nouvel équilibre entre les acteurs.

ET PAR LA RÉORGANISATION DE LA GOUVERNANCE QUI RÉGIT LE MODÈLE PUBLICITAIRE

La gouvernance des données est l'ensemble des procédures mises en place afin d'encadrer la collecte de données et leur utilisation. Il faut donc à la fois respecter les obligations légales (notamment le RGPD) et optimiser le potentiel des données utilisées. En quelques mots empruntés à Jean-François Pinget (be-smartcity.com/), la gouvernance « c'est l'équilibre entre la profitabilité des données collectées et le respect des règles permettant d'établir un bon niveau de confiance » auprès des différents acteurs du marché (autorités, annonceurs, éditeurs, clients). Cela n'implique pas uniquement la gestion des risques liés aux données mais l'instauration d'un environnement propice à leur exploitation qui s'appuie sur trois axes principaux :

- La qualité des données qui permet d'améliorer le niveau de confiance dans les informations échangées

• La conformité des données afin de répondre aux contraintes réglementaires actuelles et d'assurer la bonne gestion des échanges.

• La sécurité des données garantissant leur protection face aux nouvelles technologies de collecte et de partage.

Afin de répondre à ces exigences, l'utilisation de la Blockchain apparaît comme étant particulièrement adaptée, notamment afin d'assurer la traçabilité des données, leur provenance ainsi que leur conformité. Cette technologie permet en effet d'authentifier la qualité des données, en cartographiant et en suivant les différents traitements par lesquels elles sont passées. Si la qualité est examinée à chaque point du flux de traitement, cela garantit à l'arrivée des données conformes et constamment mises à jour. La traçabilité harmonise ainsi la chaîne de valeur des données et apporte de la transparence, ce qui permet aux différents acteurs de gagner en confiance les uns vis-à-vis des autres. Dans ce nouvel environnement, il devient donc essentiel de définir les rôles et responsabilités de chacun : si les données personnelles sont précieuses aux yeux des consommateurs, qui aimeraient en maîtriser l'usage, elles le sont aussi pour les marques, qui les considèrent comme la promesse d'une relation privilégiée avec eux.

L'UTILISATEUR DEVIENT POINT CENTRAL DU SYSTÈME

« Il y a un gros travail d'éducation et de pédagogie à faire pour résoudre le problème de relation de confiance entre les internautes et les acteurs du numérique. » Emmanuelle Dubourg, Directrice Générale et Co-fondatrice de Chandago.

Pour de très nombreux internautes, le RGPD se résume à la litanie des mails qu'ils ont reçus ces derniers mois et n'ont pas encore fait le lien avec la question de leurs données personnelles. Face à cela, la multiplication des scandales concernant les fuites de données continue d'apporter son lot de questions et d'inquiétudes. Si tout le monde s'accorde à donner une place centrale à l'internaute/mobinaute dans le système de gouvernance des données, reste à savoir dans quel cadre et avec quel outil il sera capable de reprendre le contrôle sur leur collecte et leur partage, tout en garantissant un juste équilibre entre les intérêts de chacune des parties. Cela commence par une sensibilisation de tout un chacun concernant ses responsabilités face à son comportement de navigation. L'utilisateur doit continuer à prendre conscience de son rôle, mais doit surtout constater que ses choix sont respectés et qu'ils influencent positivement son expérience

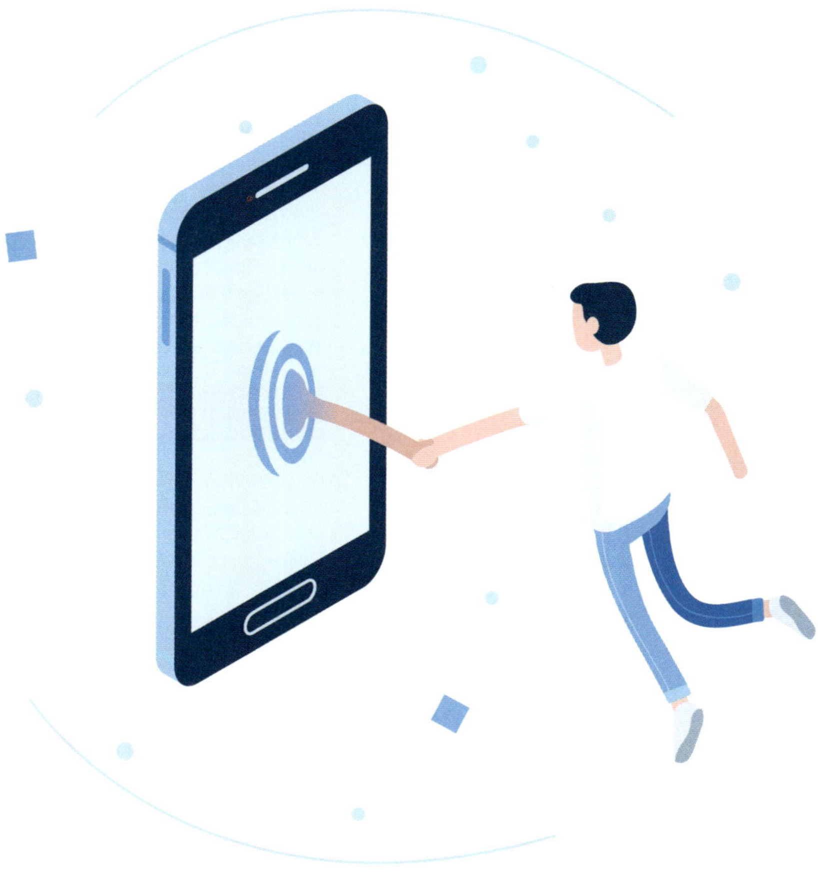

utilisateur. Les acteurs du numérique doivent considérer leurs audiences dès le début de la conception de leur offre, service ou produit, afin de limiter la frustration et d'optimiser les points de contact. Il faut donc guider sa stratégie sur les choix de l'utilisateur final, qui sont garants de la qualité des données. Leur maitrise devient aussi un avantage capital afin de lui montrer son importance et surtout qu'il est respecté quel que soit son positionnement concernant l'utilisation de ses données personnelles. C'est par un dialogue permanent et transparent que l'utilisateur trouvera des réponses claires à ses questions et aura plus de visibilité sur cet écosystème dans lequel son rôle est essentiel.

ET PARTICIPE AU BON FONCTIONNEMENT DE L'ÉCONOMIE DIGITALE

Un parcours de navigation fluide commence par la bonne notice de collecte de consentement, adressée au bon moment et avec des termes simples et clairs. Cela se poursuit par une publicité adaptée qui respecte les choix des utilisateurs et un service ou produit pertinent qui répond directement à leurs besoins. Les marques et autres acteurs du numérique rétablissent ainsi un rapport de confiance avec leurs audiences. L'importance qui leur est accordée, notamment avec l'évolution des réglementations (françaises, européennes mais également américaines), montre bien le rôle prépondérant que tiennent les internautes dans le fonctionnement du marché publicitaire. Ainsi, en réintégrant l'utilisateur au cœur même de l'écosystème numérique, cela participera à créer une dynamique gagnant-gagnant, dans laquelle ses données personnelles auront une valeur d'échange reconnue et où la transparence garantira la confiance entre les différentes parties prenantes. Plus l'internaute sera compris, écouté et « récompensé » pour le partage de ses données, plus il participera à créer de la valeur qui bénéficiera à tous les acteurs au sein de cet environnement.

[1] étude Connected Life 2017 de Kantar TNS :
https://www.tns-sofres.com/connected-life-2017
[2] étude de Kantar présentée par l'union des annonceurs (UDA) :
Les Français veulent des marques responsables
*Retrouvez la définition dans le lexique en fin d'ouvrage.

> CHANDAGO
www.chandago.com
Fiche d'entreprise p. 486

Chloe Colin
Marketing Manager
ccolin@chandago.com

Étude De Cas

L'OCCITANE EN PROVENCE

La Data au service de la personnalisation comportementale

> La home page du site de l'Occitane France se personnalise https://fr.loccitane.com

PROBLÉMATIQUE DE LA MARQUE

> Le contexte et la cible

L'Occitane en Provence a mis en place une cellule dédiée à l'amélioration de l'expérience clients sur tous les touchpoints.

Depuis plusieurs années, les besoins des clients de la marque sont en effet de mieux en mieux compris et adressés via les données issues de la base de données clients CRM.

Pour satisfaire une nouvelle cible de prospects pas encore clients de L'Occitane en Provence, les équipes digitales ont souhaité mieux comprendre les besoins des visiteurs de son site ecommerce.

> Les objectifs

- Acquérir de nouveaux clients en améliorant l'expérience des visiteurs sur le site de la marque ;
- Répondre aux enjeux de personnalisation qui devient le standard sur les sites ecommerce.

SOLUTION STRATÉGIQUE

> Une analyse exploratoire a été menée avec des partenaires

L'agence Sutter Mills, missionnée par l'équipe ecommerce centrale de L'Occitane en Provence, a recueilli les données comportementales des visiteurs du site L'Occitane dans Google Analytics via *BigQuery**.

Ces données ont été analysées et segmentées afin de construire 4 segments de visiteurs.

Deux axes de segmentation ont été retenus :

- Connaissance de la marque L'Occitane en Provence : via les interactions et sa navigation passée, l'analyse a permis de détecter le niveau de connaissance de la marque L'Occitane en Provence pour les 4 types de profils ;
- Similarité vs un nouveau client : le comportement des nouveaux clients a également été analysé afin d'estimer la probabilité d'achat des produits de la marque des 4 types de profils.

Définition des 4 segments de visiteurs :

- Le promeneur : bonne connaissance de la marque mais faible probabilité d'achat des produits. L'utilisateur interagit avec le catalogue produits et les contenus proposés sans entrer dans le processus d'achat c'est-à-dire de la page produit au tunnel d'achat ;
- Le mûr pour la cueillette : bonne connaissance de la marque et forte probabilité d'achat d'un produit. L'utilisateur interagit avec le catalogue produits, les contenus et le tunnel d'achat ;
- Le badaud : peu de connaissance de la marque et peu de probabilité d'achat online. L'utilisateur débute son interaction avec le site et la marque L'Occitane en Provence ;
- Le cueilleur opportuniste : peu de connaissance de la marque mais bonne probabilité d'achat si une promotion intéressante est proposée durant le parcours. L'utilisateur est à la recherche des meilleures offres sur les sites ecommerce.

> Retrouvez les mots clés en index <

INFOS CLÉS

- **Des millions** de données analysées
- Définition de **4 segments** prospects
- Personnalisation du site ecommerce

> L'idée stratégique

Les équipes digitales de L'Occitane en Provence ont souhaité personnaliser l'expérience pour chacun de ces quatre profils de visiteurs en adaptant certains emplacements stratégiques du site tout au long du parcours du client, afin de maximiser la conversion des visiteurs en nouveaux clients.

> Les aspects innovants et de différenciation

Les équipes digitales de L'Occitane en Provence ont mis en place un processus d'automatisation d'analyse des données visiteurs de Google Analytics, afin de segmenter les utilisateurs de son site et de les assigner au bon segment en temps réel.

MISE EN PLACE OPÉRATIONNELLE

> La durée

L'analyse des données clients online a duré deux mois en collaboration avec l'agence Sutter Mills. Deux mois ont ensuite été nécessaires à la définition des expériences les plus pertinentes et des emplacements les plus adaptés aux cibles. Les tests sont renouvelés régulièrement dans une démarche de "test and learn".

> Les étapes

Après les étapes de brief de l'agence, d'analyse et exploitation de toutes les données, et suite à la restitution des 4 segments de visiteurs, un brainstorming a permis de définir les expériences.

> Les expériences de personnalisation

Les expériences sont déployées via une plateforme d'AB testing, afin de pouvoir mesurer l'incrémental de conversion sur chacun des quatre profils de visiteurs et de pouvoir améliorer les expériences les moins performantes dans une démarche d'amélioration continue.

> Exemples d'expériences :

- Personnalisation de la home page en fonction du profil - par exemple, pousser une offre promotionnelle dès l'arrivée sur le site d'un visiteur cueilleur "opportuniste" ou recommander des produits best-sellers ou adaptés à la navigation pour les profils les plus "mûrs" ;

- Personnalisation de la bannière statique qui s'affiche tout au long du parcours sur le site ;

- Personnalisation de la fiche produit avec une mise en avant plus forte du contenu et des avis consommateurs pour les profils "promeneurs" et "badauds".

D'autres expériences seront proposées suite aux résultats des premiers AB tests.

RÉSULTATS

Au niveau qualitatif : cette étude et cette mise en place de la segmentation ont permis tout d'abord d'améliorer la connaissance des visiteurs du site ecommerce de L'Occitane en Provence. L'équipe digitale a ainsi pu communiquer en interne ces profils.

Au niveau quantitatif : le taux de recrutement de nouveaux consommateurs est en nette amélioration sur la totalité des profils.

*Retrouvez la définition dans le lexique en fin d'ouvrage.

> L'OCCITANE EN PROVENCE
https://fr.loccitane.com

Céline Carle-Faye
celine.carle@loccitane.com

Julien Boucher
julien.boucher@loccitane.com

> SUTTER MILLS

Alexey Belichenko
alexey.belichenko@suttermills.com

ORANGE

Attribution marketing : une nouvelle ère augmentée par la Data Science

PROBLÉMATIQUE DE LA MARQUE

Le volume et la vélocité des données obligent les entreprises à réinventer leurs processus de décision. La quantité de données est telle que l'enjeu des Directeurs marketing, digital ou expérience client n'est aujourd'hui plus de chercher la matière première, mais de savoir où porter leur attention. Une approche jamais simple si l'on veut utiliser le potentiel de la data pour maintenir sa position de leader, ou tout simplement rester dans le jeu. Selon le magazine Forbes, les dirigeants marketing les plus innovants ayant investi dans des approches data-driven ont vu leur ROI marketing augmenter d'au moins 5%, et ont accru leur performance de plus de 7%. C'est en toute connaissance de cause qu'Orange a décidé d'investir davantage dans les approches statistiques avancées avec Ekimetrics, société de conseil, pionnière et leader européen en Data Science.

SOLUTION STRATÉGIQUE

La maîtrise des données devient un enjeu majeur de compréhension de notre marché et de nos clients, et de fait un véritable levier de compétitivité pour nos entreprises. L'enjeu est d'autant plus crucial pour Orange ; comme entreprise du secteur numérique, nous sommes impliqués à tous les stades de la collecte, de la diffusion et de l'exploitation des données. L'ambition de notre stratégie digitale est de proposer à nos clients B2B une expérience omnicanale, sans effort et personnalisée. Ce qui implique d'enrichir notre connaissance client pour être plus près de leurs besoins et attentes. Ainsi, nos clients sont satisfaits, consomment ce dont ils ont besoin (croissance du CA) et en toute autonomie (baisse des coûts). Afin de mener à bien cette stratégie, Orange adopte une approche data-driven.

Pour ce faire, Orange a mis en place en 2017 un **Hub Data Entreprise**. Sur cette plateforme Big Data hébergée en interne, un programme de collecte de données d'interactions a été lancé (interactions avec un conseiller Orange via le canal Digital, par téléphone ou en boutique physique, via le canal Digital, etc.). Une fonction Pivot permettant de réconcilier les identifiants des différentes données a également été développée.

Pour suivre la déformation du mix canal par le Digital, la Direction digitale a produit une série d'indicateurs début 2018 : parts du Digital pour des actes emblématiques, suivi de l'adoption du Digital et de la digitalisation de la relation client ventilés par Directions de marché et par site (espace client, boutique e-commerce, application mobile, etc.). Ces KPIs ont permis de suivre et de piloter la digitalisation de la relation client avec des progressions significatives des actes effectués sur le Digital ces dernières années. En parallèle, la 'Data Analyse as a Service' a permis de proposer aux différentes équipes métiers de mener des analyses business ad hoc répondant à leurs besoins : analyses de cohortes sur certains parcours digitaux, qualification par type d'offre, secteur d'activité, etc.

Fort de ces premiers pas dans l'analyse omnicanale, l'objectif était d'aller encore plus loin dans la **valorisation des données et d'explorer début 2019 les méthodes d'analytics avancées telles que les analyses Multi-Touch Attribution et Direct Match Back.**

MISE EN PLACE OPÉRATIONNELLE

Les approches digitales traditionnelles consistent à piloter la performance digitale à l'aide d'outils permettant de collecter les données digitales (Webtracking), de comprendre le 'comment' (Web analyse) et le 'pourquoi' (heat maps sur les différentes pages des sites). Ainsi, ces outils s'avèrent être très performants dans l'écosystème digital.

Néanmoins, ils capturent mal le **comportement du client dans sa globalité**. Cela est d'autant plus vrai pour un client B2B qui cherche de la réassurance auprès d'un conseiller, par le contact humain, en physique ou par téléphone.

> Retrouvez les mots clés en index <

INFOS CLÉS

+ 16 % de contribution incrémentale du Paid Media mesurée par MTA vs. l'attribution Google Analytics

+ 40 % des clients ADSL Orange B2B ayant souscrit à une offre Fibre se sont renseignés sur le canal Digital spécifiquement sur cette offre

213 Millions de lignes de données analysées

Il convient donc d'appréhender de façon holistique l'ensemble des points de contact entre le client et la marque, qu'ils soient online ou offline. En s'inscrivant dans cette démarche, il devient possible de mieux comprendre les points de friction du client, d'optimiser les parcours pour lui délivrer une expérience client omnicanale optimale.

C'est dans cette optique qu'Orange et Ekimetrics ont travaillé sur différentes méthodologies de modélisation de l'impact du Digital sur les ventes :

- Une modélisation Multi-Touch Attribution (MTA) pour mieux appréhender l'impact des campagnes Paid Media digitales sur les ventes B2B digitales via la boutique e-commerce

- Une modélisation Direct Match Back (DMB) pour comprendre l'impact du canal Digital sur les ventes B2B offline, qu'elles aient lieu en point de vente physique ou par téléphone avec un conseiller.

> *"Cette méthode a relevé la contribution incrémentale du Paid Media digital aux ventes digitales de +16% par rapport au résultat de l'attribution au dernier clic."*

Les investissements Média Online impactent les ventes Online et Offline

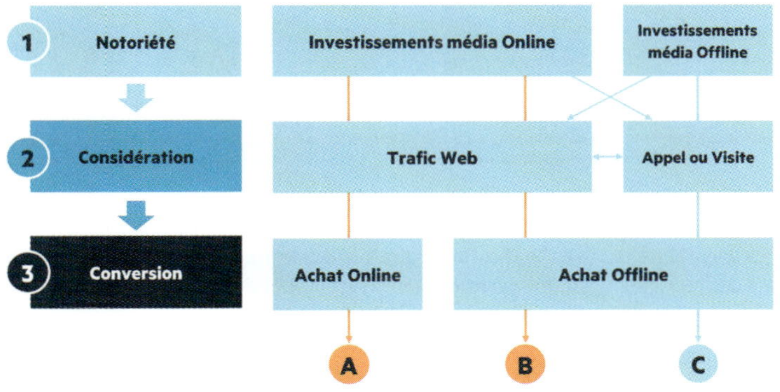

> Mesurer l'impact du digital sur les ventes : isoler, quantifier et analyser les chemins A et B

Pour attribuer une conversion finale à un levier digital, il existe 4 approches traditionnelles sur le marché :
- la règle du dernier clic
- celle du premier clic
- l'approche pondérée répartissant la contribution sur tous les points de contacts précédant la conversion
- et enfin l'approche multi-points (Multi-Touch Attribution)

Cette dernière méthode (MTA) s'appuie sur une modélisation statistique, et est aujourd'hui admise comme la plus complète et la plus fiable. Afin d'objectiver le choix de la méthode, et d'être à même de comparer les résultats de manière pragmatique, Ekimetrics a choisi d'explorer chacune de ces méthodes, leurs implications et leurs limites. Il en a résulté que la méthode MTA était bel et bien la plus pertinente.

Par ailleurs, cette méthode a révélé une contribution digitale (Paid Media) incrémentale de +16% par rapport à l'attribution au dernier clic de Google Analytics, plus lapidaire et moins en phase avec la réalité du parcours client réel.

RÉSULTATS

Le cœur de la mission a consisté à mener à bien une modélisation d'attribution online to offline.

L'étude portait sur un cas d'analyse d'upsell ADSL vers la Fibre, afin d'estimer notamment la manière dont le Digital impacte les migrations d'offres ADSL vers des offres Fibre en call centers et en boutiques physique. Pour ce faire, les datasets enrichis, créés par les équipes Orange sur le Hub Data Entreprise, ont servi de matière première. Un an d'historique de data collectées sur le Hub Data Entreprise à partir de Janvier 2018 a été utilisé. **Les chiffres montrent bien la nature Big Data du travail effectué** : 213 Millions de lignes de données analysées, 17 bases de données croisées, 2000 URLs de la boutique e-commerce classées, 103 millions de logs Web tracking utilisés, etc.

Pour construire les parcours clients, Ekimetrics a retravaillé les données nécessaires à l'analyse : données concernant les offres Pro-PME, les bases contacts, les ventes offline issues de différents parcs, classées selon différentes nomenclatures, etc. Ainsi, Ekimetrics a fusionné ces datasets du Hub Data Entreprise au sein de 3 univers data :

- quelle offre associée à quel client
- quel(s) achat(s) effectué(s) par quel client
- quelles interactions Web pour quel client

En croisant au total 17 bases, une base Parcours Client a alors pu être établie. **Ce travail**, initialement effectué pour le use case, **a également permis d'auditer le champ des possibles, fonction des données accessibles, et d'avoir une proposition de roadmap data en bonne et due forme** (identification des use cases, priorisation au regard de la stratégie d'entreprise, etc.).

L'analyse s'est appuyée sur la méthodologie de Direct Match Back Analysis qui potentialise le tracking individuel des activités d'un client pour construire un tunnel d'achat et le lier à une conversion.

En collaboration étroite, Orange et Ekimetrics ont circonscrit la notion de parcours : « un client ADSL, ayant acheté en Offline une offre Fibre, et ayant visité une page dans l'univers Internet avant l'achat dans l'univers boutique e-commerce. »

Après certaines extrapolations statistiques, il a été prouvé qu'au moins 40% des clients ADSL Orange B2B (marché Pro/PME) ayant souscrit à une offre Fibre se sont renseignés en Online spécifiquement sur ces offres :

- 64% des clients ADSL qui ont acheté offline une offre Fibre ont navigué sur la boutique e-commerce en mode logué avant l'achat

- 40% des clients ADSL qui ont acheté offline une offre Fibre se sont renseignés en mode logué sur une page Internet avant l'achat

Une large proportion du trafic sur la boutique e-commerce s'effectue en mode non logué (71% du trafic)

Une approche plus intégrée de la performance, rapprochant online et offline

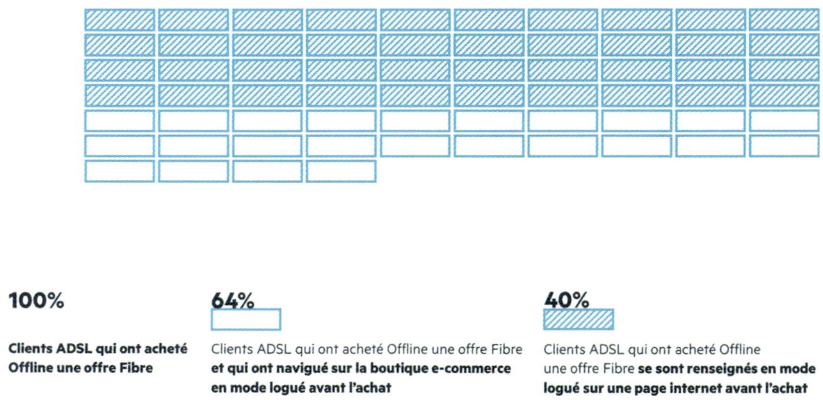

> Le Web, élément majeur du parcours d'achat

Ce résultat a constitué une preuve tangible que le Web est un élément majeur du parcours d'achat, résultat jamais mesuré au préalable.

Fort d'une définition contextualisée d'un parcours, **Ekimetrics a défini et établi 3 métriques caractéristiques** :

- la durée entre la dernière interaction digitale et l'achat offline

- le nombre de pages vues

- la séquence des pages vues (« convergence > internet » étant l'une des séquences les plus fréquentes)

Grâce à cette démarche, Ekimetrics a pu **mettre en évidence certains parcours types**. Par exemple, une grande disparité a été relevée entre des cycles d'achat très courts de l'ordre de 2 à 4 jours entre la dernière visite sur la boutique e-commerce et l'achat offline, et d'autres cycles d'achat plus longs (3 semaines).

De plus, les prémices d'un scoring de propension d'achat pour l'upsell 'ADSL vers la Fibre' ont été testés. Une version bêta a notamment montré que de nombreuses variables 'digitales' apparaissent dans le top 10 des variables explicatives importantes, en plus de variables CRM. Ainsi, la recherche sur le site est un élément clé de l'achat (nombre de page vues, nombre de sessions, visite de pages Broadband, etc.).

Par ailleurs, le moyen d'entrer sur le site n'est pas neutre pour prédire l'upsell 'ADSL vers la Fibre'. La contribution du Paid Media a de nouveau été mise en évidence avec l'importance des campagnes Display.

Cette analyse Direct Match Back a donc permis de démontrer que le Digital au sens large est un élément majeur du parcours d'achat.

Ayant pour point d'entrée la modélisation de l'impact du canal Digital, **ces projets Data Science s'inscrivent dans une réelle démarche data-driven. Les passerelles créées entre Data Science et recommandations business se doivent d'être renforcées.** Pour aller plus loin, différents use cases sont à l'étude.

Dans la continuité des travaux de scoring d'intention d'achat sur les migrations 'ADSL vers la Fibre', il est pertinent de travailler de façon plus exhaustive les niveaux d'intentionnalité, selon les caractéristiques des clients : avec un scoring d'intention d'achat affiné pour les clients Broadband et un scoring d'intention d'achat pour les clients Mobiles.

Les profils clients enrichis avec ces scores ainsi constitués seront alors utilisés dans une logique d'activation, dans le respect du RGPD avec le bon niveau de consentement.

Pour construire ces scores, les data sources des variables explicatives seront des data site-centric (nombre de pages, type de pages, nombre de sessions), ad-centric (canal d'entrée sur le site, suite à campagne Display, mail, etc.), des variables de temporalité (durée de session, temps entre les sessions), des données CRM (offre détenue par le client, secteur d'activité, Direction de marché de rattachement), etc.

Afin d'approfondir la connaissance client, il est également judicieux d'établir une segmentation dynamique : regrouper les clients en segments homogènes (les visiteurs méticuleux, les réguliers, les indécis, etc.), pour mieux les décrire et les connaître. Dans le but de construire une stratégie adaptée à chaque client.

Ces 2 use cases viennent enrichir l'approche Micro de la roadmap data. Cette dernière pourrait être complétée avec une composante Macro, en effectuant une modélisation du Marketing Mix (MMM), offrant une vision holistique de la performance des leviers marketing. Cette méthode nécessite une gouvernance forte et une adhésion des équipes concernées.

> *"Après certaines extrapolations statistiques, il a été prouvé qu'au moins 40% des clients ADSL Orange B2B (marché Pro/PME) ayant souscrit à une offre Fibre se sont renseignés Online spécifiquement sur ces offres."*

> ORANGE
https://pro.orange.fr

Matthieu Bret
Head of Data & Omnichannel Analytics
matthieu.bret@orange.com

> EKIMETRICS
www.ekimetrics.com

Sophie Desroseaux
Chief Marketing Officer
sophie.desroseaux@ekimetrics.com

Étude De Cas

RETAILINK BY FNAC DARTY

Lancement Microsoft Surface Black : soutien des ventes par la publicité digitale et mesure de l'effet *ROPO** grâce à la data

> Microsoft Surface Pro Black

PROBLÉMATIQUE DE LA MARQUE

> Contexte

Retailink est la régie publicitaire omnicanale 100% intégrée au groupe Fnac Darty. Sa mission : innover continuellement pour rapprocher les marques de tous secteurs de leurs communautés et les aider à atteindre leurs objectifs de notoriété, d'engagement ou de vente. Alliant la précision du RETAIL à la puissance du MEDIA, elle s'appuie sur de fortes audiences en ligne avec 23.2M de VU* sur ses sites web, et à travers ses 800 magasins dans le monde. Grâce à une connaissance granulaire de ses 36 M de contacts CRM uniques dont 8M d'encartés Fnac et Darty, Retailink offre aux marques des solutions personnalisées d'activation digitale et offline.

* Visiteurs Uniques par mois dédupliqués - source : MNR Dec. 2018

> Soutenir le lancement d'une gamme de produits premium

Pour le lancement de sa nouvelle gamme de PC Surface Pro et Surface Laptop et du coloris Noir Mat, Microsoft s'est appuyé sur Retailink pour faire connaître et accélérer les ventes de ces nouveautés auprès d'une cible de clients premium.

> Un objectif double pour la communication digitale

En complément d'un vaste dispositif trade pluri-médias, Retailink by Fnac Darty a conçu un plan digital full funnel. L'objectif principal était de soutenir les ventes de manière omnicanale en ciblant en priorité les prospects chauds. Le second enjeu était de mesurer « l'effet *ROPO** », c'est-à-dire l'impact de la communication digitale sur les ventes en magasins. Chez Fnac et Darty, 65% des acheteurs (soit environ 2 shoppers sur 3) effectuent leurs recherches en ligne avant d'acheter*.

* Source : sondage administré par SSI auprès d'un échantillon de 2 128 personnes représentatif de la population française âgée de 18 ans et plus.

> Budget

Le budget de la campagne avec Microsoft était de 45K€.

SOLUTION STRATÉGIQUE

> Activation de la data en amont...

Pour relever le challenge de Microsoft, Retailink by Fnac Darty a mis au point une campagne digitale multi- leviers, ciblée à la fois en haut et en bas de funnel. En collaboration avec les équipes de Microsoft, Retailink a orchestré le déploiement avec un message co-brandé et diffusé aussi bien sur les sites Fnac et Darty, que sur les principaux carrefours d'audience premium du Web.

Le plan s'est composé de deux vagues stratégiques de diffusion :

- la première à des fins de notoriété pour informer les cibles de la disponibilité de la gamme dans le réseau,
- la seconde assortie d'une ODR (Offre de Remboursement) à -15% pendant 3 semaines, en vue de soutenir les ventes et d'inciter à l'achat immédiat.

> ...et en aval pour une mesure end-to-end des performances

Le parcours client n'est plus uniquement multicanal, il est omnicanal. Le principal défi du retailer consiste aujourd'hui à proposer une expérience fluide et enrichie en temps réel sur l'ensemble des canaux et des points de contact. L'efficacité d'une campagne digitale se mesure ainsi également en

INFOS CLÉS

+ 69 % d'amélioration du ROAS sur la référence produit, grâce à l'attribution des ventes in-store déclenchées par une publicité en ligne

magasin. Pour ce faire, Retailink a réconcilié le profil des acheteurs en magasins Fnac et Darty, durant la campagne et dans les 15 jours qui ont suivi, avec les personnes ayant été préalablement exposées à la campagne publicitaire digitale.

MISE EN PLACE OPÉRATIONNELLE

> Durée

Date de la campagne : du 7 février au 31 mars 2019

> Un ciblage d'une précision chirurgicale

Grâce à la Data du groupe Fnac Darty, Retailink a opéré un ciblage à la fois contextuel et comportemental. La connaissance granulaire des segments d'audience du groupe, grâce à la DMP Mediarithmics, a permis de faire émerger les produits auprès des intentionnistes chauds de la catégorie Hardware PC. Il s'agissait en pratique de réussir à toucher plusieurs groupes de cibles identifiés par la régie comme potentiellement affinitaires :

- les acheteurs de PC portables il y a plus de 3 ans
- les visiteurs de fiches produits Microsoft Surface
- le reciblage des visiteurs de ces fiches produits n'ayant pas converti
- ainsi que du reciblage d'intentionnistes chauds sur la catégorie de produits PC (à partir de profils jumeaux statistiquement à ces audiences, retracés à partir de données de ciblage).

La solution Criteo a également été utilisée dans l'analyse afin de maximiser le taux de match et de réconciliation des profils on et off.

> Un plan full funnel on et offsite

Une large gamme de formats publicitaires a mis en avant les produits et l'univers Surface Black, dans le respect des codes graphiques des enseignes Fnac et Darty. Ceci pour faire émerger les produits et faciliter la conversion sur les plateformes e-commerces respectives des deux marques.

1. On-site sur Fnac.com et Darty.com :

- Display en format IAB en Home Page et en rotation générale, avec surimpression en rubrique informatique
- Dispositifs de Search Retail tels que le « Stop rayon » et le Searchandising natif permettant de faire émerger le produit dans le top des résultats suite à une recherche affinitaire de l'utilisateur. Après avoir tapé un mot clé, 33% des clics des utilisateurs se font sur le premier produit qui s'affiche en haut des résultats.

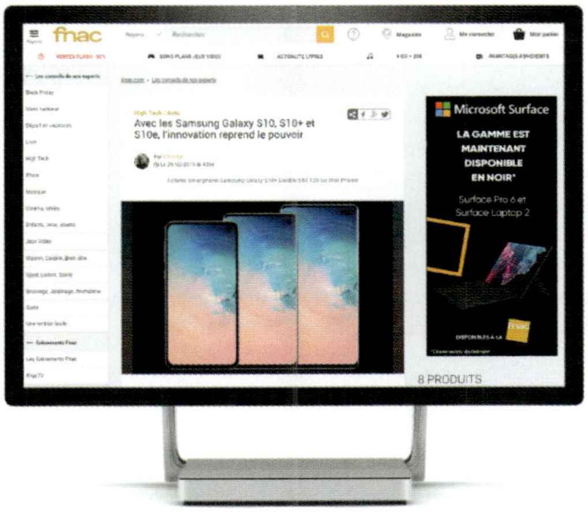

> Display vague 1 Microsoft Surface Black sur Fnac.com

> Display vague 1 Microsoft Surface Black sur Darty.com

DATA

2. Off-site : extension d'audience et display retargeting sur les principaux carrefours d'audience premium du Web tels que 01 net, Le Monde, etc.

> Bilan de la mesure de l'effet ROPO

La campagne Microsoft Surface Black a été l'occasion pour Retailink by Fnac Darty de tester sa capacité à mesurer plus précisément l'impact d'une exposition publicitaire online, sur les ventes réalisées au sein des magasins.

Cette évolution est rendue possible en grande partie grâce à la DMP, "Data Management Platform", qui permet de collecter, segmenter et réconcilier toutes les données des utilisateurs identifiés, en on et offline ; qu'elles soient de type sociodémographiques, navigationnelles ou transactionnelles.

De façon concrète, les acheteurs des produits Microsoft Surface Black en magasins, pour lesquels le groupe dispose des adresses emails, ont ainsi été réconciliés avec les cookies des visiteurs des sites Fnac et Darty qui ont été préalablement exposés à la campagne.

Le groupe dispose d'une connaissance fine de ses clients grâce à ses programmes de fidélité Fnac, Fnac+ et Darty+ (qui regroupent au total plus de 8M d'adhérents) et grâce à la dématérialisation des factures.

Concernant l'attribution des ventes entre les leviers, la méthodologie suivante a été mise en place :

- Post Click et Post View 14 jours pour les leviers on-site sur les sites propriétaires Fnac.com et Darty.com
- Post Click 30 jours et Post View 15 jours pour les leviers off-site en extension d'audience
- Extrapolation des achats offline : conformément à l'usage sur le marché, la part des achats réalisés par des acheteurs offline exposés (parmi les acheteurs identifiés grâce au matching des données on et off) a été extrapolée sur les acheteurs offline non identifiés.

RÉSULTATS

La tactique digitale de la campagne Microsoft Surface Black s'avère être payante pour Microsoft qui a largement rentabilisé son investissement, avec en prime, de précieux enseignements sur le comportement d'achat des shoppers.

L'étude de l'effet ROPO a révélé un fort impact de la campagne sur les ventes en ligne et en magasins :

- *ROAS ID** e-commerce = 8.87
- ROAS ID magasin = 6.13 (dont 3.21 avant l'extrapolation sur les acheteurs non identifiés)
- ROAS ID consolidé = 15.

Soit +69% d'amélioration du ROAS ID apportée par les ventes réalisées en magasins.

Et un parcours shopper omnicanal continu du web au point de vente physique :

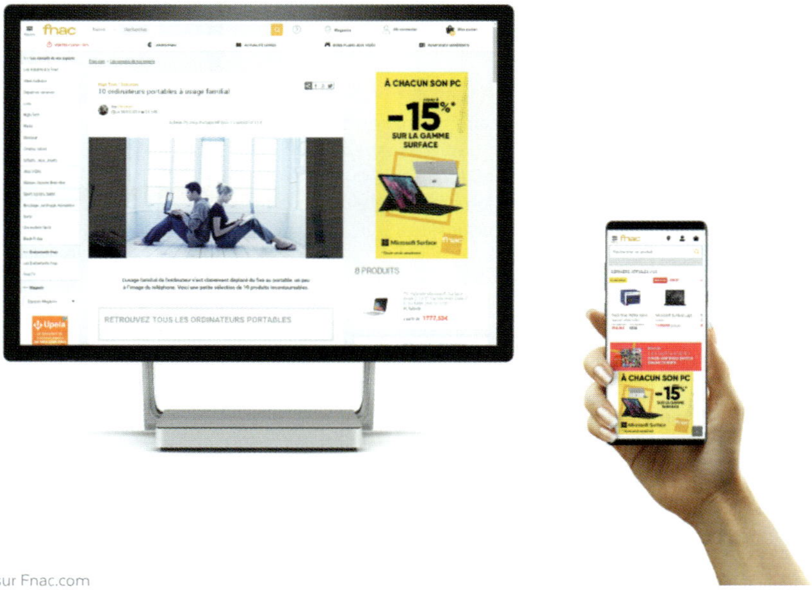

> Display vague 2 Microsoft Surface Black sur Fnac.com

- la campagne digitale a un véritable impact sur l'acte d'achat qui se déclenche très rapidement après l'exposition publicitaire, y compris en magasins puisque 49% des ventes en magasins (off) ont eu lieu dans les 48h suivant l'exposition publicitaire, contre 58% des ventes e-commerce (on).

- outre les ventes réalisées sur les produits mis en avant durant la campagne, la publicité digitale a également eu un effet "halo" sur tous les produits de la gamme PC de la marque avec +52% d'amélioration du *ROAS Brand Halo**.

- le offline reste un mode d'achat privilégié par les personnes effectuant leurs recherches en ligne : 28% des acheteurs exposés à la campagne ont réalisé leur achat en magasins, soit plus d'1 acheteur sur 4 !

*Retrouvez la définition dans le lexique en fin d'ouvrage.

> *"Retailink nous permet de toucher la bonne cible au bon moment et avec le bon message, avec un retour sur investissement excellent, encore plus depuis qu'on intègre l'effet ROPO."*
>
> **Grégory OLIVIER**
> *Directeur Marketing Retail*
> *Microsoft France*

> *"Nous sommes « le media du dernier mètre ». La data du groupe Fnac Darty et nos supports publicitaires, au plus près de l'acte d'achat, nous permettent de mesurer précisément le ROI des campagnes de nos clients, à la fois en on et en offline."*
>
> **Arnauld DE SAINT PASTOU**
> *Directeur de la Régie et du Trade Marketing,*
> *Fnac Darty - Retailink*

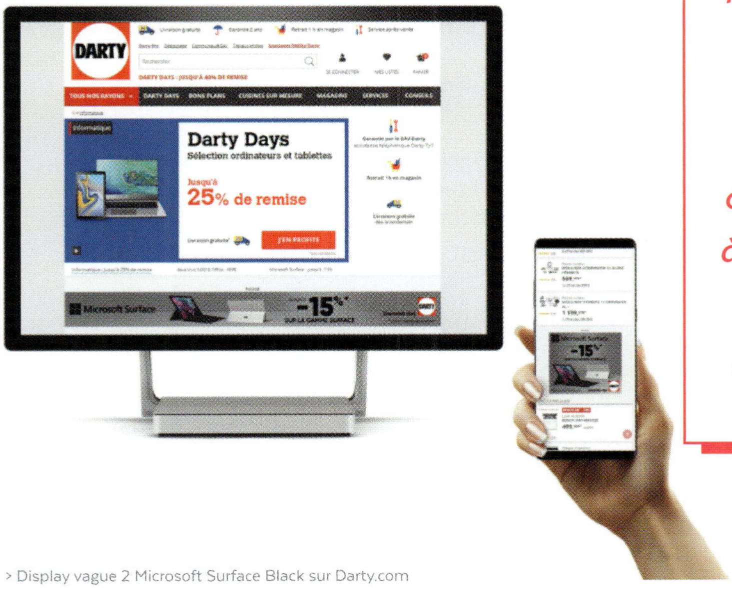

> Display vague 2 Microsoft Surface Black sur Darty.com

Interview

Jean
Boucher
Directeur Vision Client,
Big Data et IA
Allianz

Jean Boucher

L'utilisation de la donnée au service de l'amélioration des parcours client

Allianz France fait le choix de s'appuyer sur l'Intelligence Artificielle pour améliorer le traitement des demandes de ses clients. Ces requêtes, adressées par email ou par téléphone, trouvent ainsi une réponse plus rapidement. Cette stratégie vient directement répondre à un besoin client croissant d'immédiateté.

COMMENT LES ACTIVITÉS "EXPÉRIENCE CLIENT" ET "BIG DATA" SE STRUCTURENT-ELLES CHEZ ALLIANZ ?

Les activités "Expérience Client" et "Big Data" sont réunies depuis février 2019 au sein d'une seule et même direction qui place l'expérience client au coeur de sa stratégie et la structure autour de 4 valeurs : la réactivité, la simplicité, l'accompagnement et la considération. Nous insistons particulièrement sur ce dernier point. Il est en effet essentiel d'identifier les centres d'intérêt de nos clients pour ajuster les offres au plus près de leurs besoins.

COMMENT CELA SE MANIFESTE-T-IL DE FAÇON OPÉRATIONNELLE ?

Les équipes Vision Client, Big Data et IA agissent au service de l'ensemble de l'entreprise. Elles développent notamment une plateforme unique d'intelligence artificielle, appelée "Ask". Cette dernière permet d'améliorer concrètement l'ensemble des parcours clients (de la vente au traitement des sinistres, en passant par la gestion des contrats) grâce à une utilisation avancée de la donnée.

QUEL PARTI-PRIS TECHNOLOGIQUE AVEZ-VOUS ADOPTÉ ?

Nous avons fait le choix d'intégrer une plateforme Big Data mise à disposition par le groupe Allianz. Cet outil est utilisé pour des travaux de modélisation et sert par ailleurs de socle à tous les cas d'usage actuellement en production. Il s'enrichit, selon les besoins, d'outils d'intelligence artificielle open source ou issus d'éditeurs de place, à l'instar de la technologie voix de Google. Cette architecture hybride nous assure une indépendance technologique forte.

COMMENT CES SOLUTIONS VOUS PERMETTENT-ELLES D'AMÉLIORER LA RELATION CLIENT ?

Nous concentrons pour le moment nos efforts sur 2 canaux très empruntés par nos clients : les emails et le téléphone. Notre objectif : utiliser l'Intelligence Artificielle pour améliorer le traitement des demandes adressées par nos clients sur ces canaux.

POUVEZ-VOUS NOUS DÉCRIRE LE FONCTIONNEMENT DU TRAITEMENT DES DEMANDES REÇUES PAR EMAIL ?

Un analyseur d'emails appelé "Ask Mail" assiste en temps réel les collaborateurs dans le traitement de près de 1 million de courriers électroniques annuel. La solution permet de comprendre la nature des demandes clients et de détecter le niveau d'urgence de cette dernière.

QUEL EST L'IMPACT POUR VOS CLIENTS ?

Nous enregistrons un taux de précision de plus de 85% pour la classification des emails et des gains de délai de traitement jusqu'à 3 jours sur certaines demandes. Cette solution permet de franchir une nouvelle étape dans la qualité de service pour le client en apportant rapidité et efficacité.

COMMENT VOUS POSITIONNEZ-VOUS PAR RAPPORT AUX ASSISTANTS VIRTUELS ?

Nous avons créé un assistant virtuel ayant pour objectif d'orienter correctement les demandes téléphoniques de nos réseaux de distribution. Ce robot téléphonique appelé "Ask Bot" permet aux agents généraux d'adresser oralement leurs questions à la compagnie afin d'être dirigés en temps réel vers le conseiller le plus apte à traiter leurs demandes. Cette technologie permet de diminuer de plus de moitié les mauvaises redirections enregistrées au sein des plateformes d'appels. A terme, ce robot téléphonique traitera plus de 500 000 appels d'agents généraux et conseillers par an.

COMMENT AVEZ-VOUS TRAVAILLÉ SUR LA PERSONNALITÉ DE CET ASSISTANT VIRTUEL ?

Pour atteindre ses objectifs, l'assistant doit inspirer confiance. Nous avons opté pour un assistant unique : qu'il s'agisse de la voix ou de parcours conversationnels écrits, notre interface repose sur la même interlocutrice virtuelle : Liza. Nos utilisateurs doivent en effet ressentir un sentiment de continuité et d'homogénéité lorsqu'ils interagissent avec nos services. Ce robot respecte par ailleurs une charte interne que nous avons élaborée avec notre équipe d'UX designers.

QUELLES SONT LES PROCHAINES ÉTAPES NÉCESSAIRES À LA POURSUITE DE L'AMÉLIORATION DE L'EXPÉRIENCE CLIENT ?

Les prochains mois nous permettront de déployer la solution "Ask Bot" auprès de nos clients finaux. Par ailleurs, notre site web intégrera de nouveaux parcours conversationnels. Nous souhaitons, au-delà de ces sujets relationnels, travailler sur la simplification de parcours complexes, faisant intervenir plusieurs parties prenantes pour satisfaire certains besoins clients. Nous travaillons ainsi, par exemple, à la simplification des parcours liés aux sinistres, qui constituent le cœur de notre promesse client. Enfin, il nous faut imaginer des parcours où assistants virtuels et humains se passent le témoin pour une expérience fluide et sans couture vue du client. Les mois à venir seront dédiés à l'optimisation de ces passages de relai.

> *" De la vente au traitement des sinistres en passant par la gestion des contrats, l'utilisation avancée de la donnée nous permet d'améliorer concrètement nos parcours client."*

> RÉDACTEUR

Delphine Uguen
UX Strategist & Researcher
delphine.uguen@allianz.fr

Étude De Cas

AXA

Audience planning : personnalisation de masse pour une meilleure communication

> Projet Audience Planning AXA

PROBLÉMATIQUE DE LA MARQUE

Dans l'assurance le besoin n'est pas récurrent ou immédiat : nous devons cibler les consommateurs avec le bon message en fonction de leur maturité dans le cycle d'achat.

Quand les consommateurs ont l'intention d'acheter un produit d'assurance, il est trop tard pour nous différencier via une campagne de marque. Nous aurions dû le faire plus tôt.

S'exprimer une fois par an sur une ligne de produits n'est pas optimal non plus, car les besoins en assurance existent toute l'année. Nous devons communiquer de façon continue et valoriser de façon différenciée la marque ou les produits en fonction de nos différents consommateurs.

Notre capacité à les connaître et donc à segmenter et à adapter notre discours de marque en continu est donc un élément clé.

SOLUTION STRATÉGIQUE

Remettre le consommateur au centre suppose d'axer son activation média sur les individus et leurs usages plutôt que sur des canaux de diffusion et des tactiques d'achat. Le digital, par sa capacité à cibler et à mesurer, est un média adapté pour délivrer le bon message au bon moment. Et la vidéo online nous est apparue comme un format utile au regard du transfert d'usage progressif de la TV vers la vidéo. C'est ainsi que nous avons lancé en 2016 le projet Audience Planning aux Etats-Unis, au Japon et en Espagne. La version menée avec AXA Seguros (Espagne), Havas et Weborama a été la plus aboutie.

L'approche d'Audience Planning est la suivante :

1) Exploration des usages et segmentation des audiences avec de la donnée tierce : grâce à une analyse détaillée des comportements digitaux, construction de segments d'audience (résumés dans une scorecard) basés sur leur proximité avec AXA et leur propension à acheter nos produits.

2) Création de contenu dédié pour chaque segment : combinaison de la donnée détenue sur le segment avec les contraintes de format pour proposer le contenu le plus efficace.

3) Activation des campagnes : délivrer le bon message au bon moment dans le format approprié, là où se trouve le consommateur, et optimisation des campagnes en temps réel.

4) Mesure du ROI.

MISE EN PLACE OPÉRATIONNELLE

Le projet Audience Planning s'est déroulé de début 2016 à fin 2018. Il a été géré en étapes successives de sophistication croissante et d'ajustement des objectifs tout en s'adaptant aux aléas projet.

1 > Objectif : assurer la couverture

Au démarrage, afin de se comparer au média TV et de réduire la complexité du projet, nous avons pris des restrictions majeures :

- 1 seul produit, l'assurance Auto (priorité business d'AXA Seguros en 2016) ;
- 1 seul type de format vidéo, le pré-roll ;
- 1 seul éditeur, YouTube (choisi pour la taille de son inventaire vidéo) ;
- 1 seul fournisseur de données, Weborama (+ 200 variables et + 80 % de la population espagnole profilée).

L'activation média visait à maximiser la couverture de base des segments d'audience. Du fait des contraintes initiales, nous n'avons pas atteint le niveau requis permettant de se

Branding | Vidéo | Ciblage

> Retrouvez les mots clés en index <

INFOS CLÉS

8 segments d'audience

+ 84 % ROI (vol incrém. contrats/€)

comparer à la télévision. Via une série de tests, nous avons tenté d'augmenter la couverture, mais malgré l'inventaire de YouTube, nous n'arrivions pas à obtenir sur une courte période de temps les mêmes niveaux de couverture et de répétition qu'en télévision.

2 > Extension du dispositif en réaction à une évolution rapide des politiques de données

En 2017, Google a changé sa politique de données tierces. Nous ne pouvions plus utiliser YouTube comme principal partenaire média car il n'a plus été possible de transférer nos segments d'audiences de la DMP de Weborama vers YouTube. Nous avons donc ouvert le projet à de nouveaux éditeurs (7 principaux acteurs espagnols), via de nouveaux formats, via de nouveaux DSP et en utilisant davantage de fournisseurs de données, ceci afin d'augmenter la couverture média de nos audiences.

3 > Focus sur l'amélioration du ROI avec un élargissement à toutes les lignes de produits

L'année 2018 a été celle du ROI et de la rentabilité. La segmentation du marché a été revue et construite autour de 8 audiences plus transversales et un focus multi-produits. Nous avons travaillé l'activation avec 3 DSP, une *Private Marketplace** de 8 vendeurs et 3 sources de données différentes. Cela, combiné à l'adaptation des formats selon la position dans le funnel marketing et le produit, nous a permis de générer de solides niveaux de couverture et des résultats prometteurs.

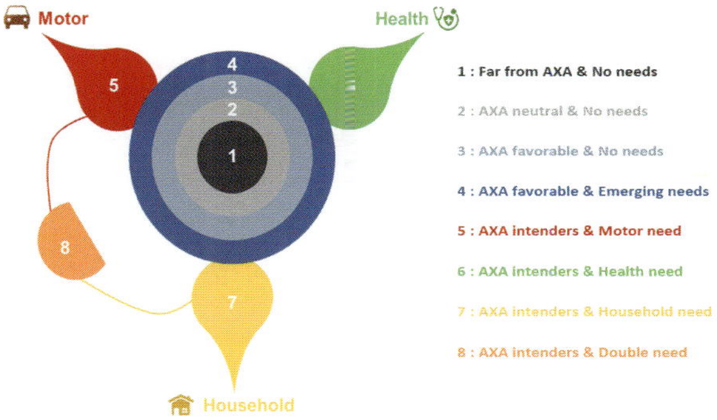

> Segmentation Audience Planning 2018

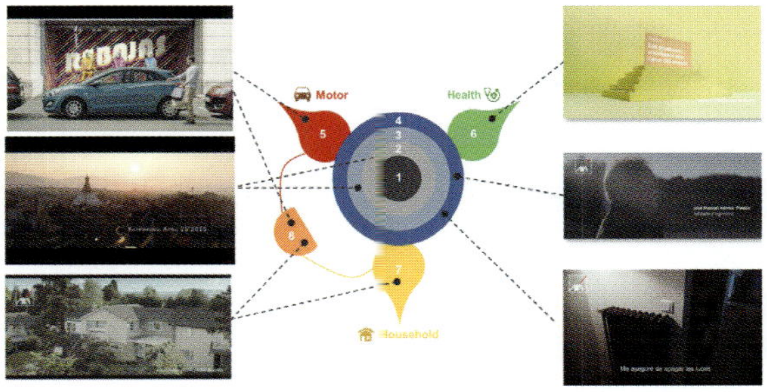

> Personnalisation du contenu par audience

RÉSULTATS

Nous avons mené une analyse du ROI généré en termes de volume incrémental de contrats via des méthodes de modélisation économétrique des investissements médias :

- Entre 2016 et 2018, nous avons augmenté le niveau de ROI global du projet Audience Planning de 84 % ;
- Le ROI volume complet reste encore inférieur à celui généré par la TV ;
- En intégrant l'ensemble des coûts associés, la rentabilité d'Audience Planning est meilleure que la rentabilité moyenne de nos campagnes TV.

Ce projet nous a permis d'identifier les prérequis et points-clés pour industrialiser avec succès ce type d'approche dans le futur : taille critique, business model, leviers d'efficacité média, organisation transverse et animation des équipes pour mener à bien le projet.

*Retrouvez la définition dans le lexique en fin d'ouvrage.

> AXA GROUP
www.axa.com

Florian Combres
Digital and Media Ecosystem Manager
florian.combres@axa.com

Jérôme Amouyal
Head of Analytics and Insights
jerome.amouyal@axa.com

Article

Insights éditeurs, la clé du precision marketing

Les marques investissent beaucoup de temps et de ressources pour répondre à ces deux simples questions : qui est mon audience et quel est son degré d'engagement vis-à-vis de ma marque et de mes produits ? Or, mon audience est plurielle, hétérogène. Le Boston Consulting Group prévoit un transfert de revenus de 800 milliards de dollars vers les 5 premiers acteurs à se tourner vers la personnalisation. Le precision marketing n'est pas un buzzword mais une nécessité. C'est dans ce cadre que les insights consommateurs que peuvent apporter les éditeurs finaux à leurs annonceurs sont cruciaux.

Les insights nous permettent d'optimiser les CAC de **20 à 30%**

La France est le **5e** marché mondial de la data

"La recherche d'insights et leur interprétation représentent un coût, largement amorti en connaissance de son cœur de cible et en optimisation des performances des campagnes à venir."

Isabelle ARGY
Advertising Relationship Director

DES PERSONAS AU MICRO SEGMENTS

60% des organisations comptent encore sur le marketing de masse ou la segmentation générique. Le chemin vers la discussion marque-individu est encore long. La plupart des entreprises ont construit des segments très larges ou personas basés sur des caractéristiques génériques que l'on retrouve chez la plupart de leurs clients. C'est par exemple la jeune maman urbaine CSP+ et bio friendly. L'objectif : adapter sa communication et le choix de ses supports en fonction du profil de son cœur de cible.

Or, les clients sont avant tout des individus qui ont de plus en plus de choix en matière de consommation et dont les parcours d'achat sont multiples. C'est pourquoi les marques doivent bâtir une relation client plus significative et émotionnelle et converser avec leur audience de façon plus directe, personnelle et intelligente. Le point de départ est la publicité digitale et ses infinités de ciblages possibles.

Les entreprises vont dans ce sens et font évoluer rapidement leurs usages en matière d'activation de leur data ou de data tierce. Près de 80% d'entre elles déploient cette année de nouvelles solutions d'analyses, s'équipent en outil de data management, entament des chantiers de CRM onboarding, de data matching, etc. La sophistication croissante des outils pour mieux cerner les opinions de son audience et définir les signaux data les plus pertinents est révélatrice d'un mouvement de fond en matière de communication digitale. Et les principaux possesseurs de data, abstraction faite des marques, sont les éditeurs.

CAPITALISER SUR LA DATA DE SES ÉDITEURS FINAUX

Les panels de consommateurs, les études post-tests, le social listening, les retours terrains... Les directions marketing ont pléthore d'outils pour cerner les profils et les attentes de leur cœur de cible. La première complexité réside dans la traduction de ces profils en cibles médias via des segments pertinents et activables.

Le choix des éditeurs doit se faire avant tout sur la richesse et la granularité de la data car elles garantissent l'optimisation des campagnes et conditionnent la pertinence des ciblages et des insights post-campagnes qui vont nourrir leurs futures communications.

Optimisation | Insights | Ciblage

> Retrouvez les mots clés en index <

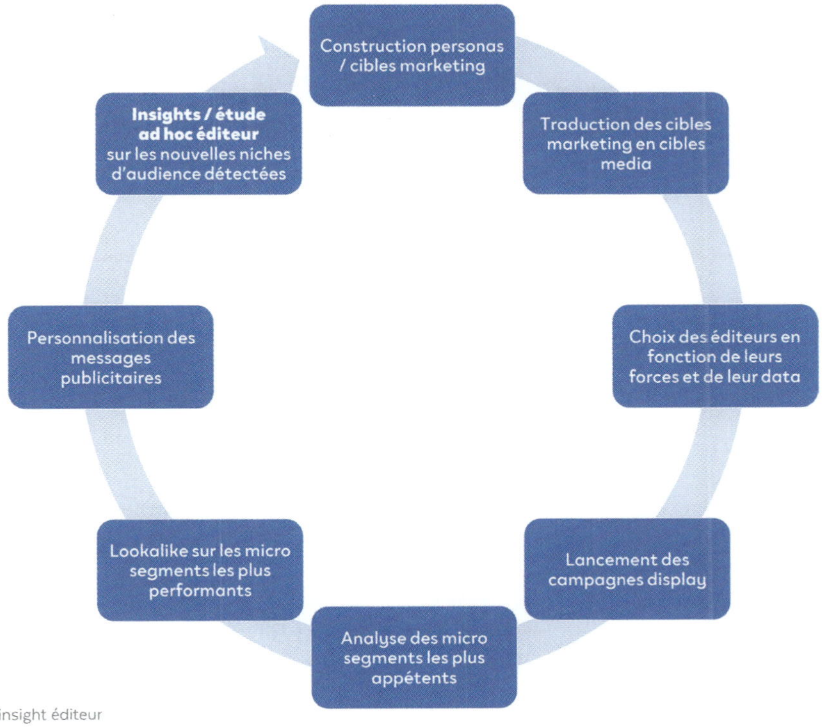

> Le cercle vertueux de l'insight éditeur

BÂTIR UNE RELATION PARTENARIALE AVEC SES ÉDITEURS

Le rôle des éditeurs dépasse largement celui de support de communication. La vraie valeur ajoutée d'un éditeur pour les marques, c'est la connaissance de leurs cibles et leur évolution.

Aussi, en lancement de campagne, il est préférable d'adresser un large bassin d'audience affinitaire, basé sur des critères génériques, ou de définir un échantillon témoin. L'objectif est de piloter les optimisations de performance pour basculer vers de la micro-segmentation (Aller chercher de nouvelles niches).

Exemple : je commence par cibler les femmes urbaines CSP+, ce qui correspond à mon cœur de cible, et j'identifie en cours de campagnes les niches d'audiences les plus appétentes en fonction de critères beaucoup plus segmentants tels que les fans de cuisine, celles qui ont des petits chiens, celles qui roulent en deux-roues électriques...

En cours de campagne, les éditeurs doivent accompagner leurs annonceurs en leur proposant les outils médias au service de la performance : activation de *lookalike** à partir des micro-segments les plus appétents, *re-marketing** personnalisés, création dynamiques optimisées (DCO), exclusion CRM...

Les typologies de données utilisées sont multiples et en mutation. Les caractéristiques socio-démographiques perdent du terrain au profit de données comportementales, d'intention d'achat, de moments de vie et de centres d'intérêts.

La publicité digitale n'est plus la résultante d'une analyse de comportement d'audience à un instant T couplée à un choix limité de messages créatifs et de supports de diffusion. Elle devient agile : on teste, on apprend, on recommence. Les messages et les ciblages deviennent dynamiques et personnalisés. C'est grâce à cette itération continue que les annonceurs récoltent en fin de campagnes les insights consommateurs qui vont nourrir la création des messages et le choix des médias de leurs futures communication.

LES INSIGHTS : UN OUTIL DE MARKETING STRATÉGIQUE

Les enseignements délivrés post campagne peuvent également servir certains axes stratégiques de la marque, notamment la comparaison avec ses concurrents, en termes d'appétence de ses clients et prospects, comme le permettrait une étude qualitative.

En effet, les éditeurs à gros volume d'audience ont la capacité de comparer les marques des annonceurs en termes d'appétence produit, de profils consommateurs, d'engagement et de valeurs.

Des études ad 'hoc sur cette base apportent de riches enseignements pour positionner une marque ou un produit. Elles servent d'outil d'aide à la décision en termes de contenu et de territoire de communication, et nous éclaire sur les attentes des consommateurs.

*Retrouvez la définition dans le lexique en fin d'ouvrage.

> LEBONCOIN
www.leboncoin.fr

Isabelle Argy
Advertising Relationship Director

Étude De Cas

GRDF

L'analyse de la data au service de l'expérience client et de la fidélisation

PROBLÉMATIQUE DE LA MARQUE

> Contexte

Principal gestionnaire de réseau de distribution de gaz naturel en France, GRDF distribue, chaque jour, le gaz naturel à plus de 11 millions de clients, pour qu'ils disposent du gaz quand ils en ont besoin. Pour se chauffer, cuisiner, se déplacer, et bénéficier d'une énergie pratique, économique, confortable et moderne, quel que soit leur fournisseur.

Pour cela, et conformément à ses missions de service public, GRDF conçoit, construit, exploite, entretient le plus grand réseau de distribution d'Europe (200 715 km) et le développe dans plus de 9 500 communes, en garantissant la sécurité des personnes et des biens et la qualité de la distribution.

> La fidélisation, un enjeu clé pour GRDF

En 10 ans, GRDF a raccordé 1,3 million de nouveaux clients. Mais dans le même temps, le portefeuille client s'est érodé : chaque année, plusieurs milliers d'entre eux résilient leur contrat gaz. En cause, une concurrence accrue depuis l'ouverture du marché en 2008 qui vient s'ajouter à un risque en termes d'image et une restriction de plus en plus importante de la réglementation (taxe carbone, fin du tarif réglementé, réduction des aides, etc.).

Le gaz est la 3e source d'énergie la plus utilisée au monde et constitue une énergie d'avenir. Disponible dans la durée, à un prix compétitif, performant sur le plan énergétique et faiblement émetteur de gaz à effet de serre, le gaz naturel se couple d'ores et déjà aux énergies renouvelables qu'il complète idéalement. Autant d'atouts auxquels s'ajoute l'arrivée du gaz vert qui viendra progressivement parfaire un mix énergétique toujours plus respectueux de l'environnement.

GRDF a mis en place un programme de fidélisation en 2018, visant à créer une relation durable avec chacun de ses clients pour qu'ils soient satisfaits de leurs usages gaz et convaincus des avantages de cette énergie.

> La connaissance client, pilier majeur de fidélisation

GRDF a décidé de passer par une démarche *customer-centric** pour fidéliser ses clients afin de connaître plus finement leurs besoins et leur offrir une expérience adaptée et personnalisée. Cette stratégie nécessite la collecte des données clients disponibles (sociodémographiques, comportementales, interactives, etc.) puis la sélection des données les plus pertinentes à travers les multiples sources à disposition. Il s'agit là de l'un des premiers défis à relever. Pour ce faire, GRDF a entrepris une démarche Big data afin de mettre à profit l'ensemble des données clients dont l'entreprise dispose.

> Nos objectifs

En misant sur la qualité de la relation client, GRDF vise à :

- Améliorer ses parcours clients pour augmenter leur satisfaction ;

- Affiner le ciblage de sa stratégie marketing afin qu'elle ait un impact plus fort.

Afin de réaliser des parcours vertueux et garantir une expérience client différenciée, deux projets ont été lancés sur le volet digital :

- L'analyse des verbatims clients pour renforcer l'écoute et améliorer les parcours ;

- Le développement d'un programme relationnel sur l'espace client de GRDF ("Mon Espace GRDF", MEGRDF) afin d'intensifier la proximité avec ses clients en proposant des services adaptés.

Relation client | Expérience client | Data

> Retrouvez les mots clés en index <

INFOS CLÉS

100 000 verbatims catégorisés	Identification de signaux faibles	**1 million** de prospects potentiels

L'identification de données, leur collecte, leur analyse et leur rapprochement permettront d'obtenir une vision 360° de chaque client, et in fine, de personnaliser la relation avec eux afin de contextualiser les expériences tout au long de leur parcours, et ainsi d'améliorer leur satisfaction pour contribuer à les fidéliser.

SOLUTION STRATÉGIQUE

> 1ère étape : la collecte de la donnée

L'optimisation de l'expérience client ou la mise en place d'un programme relationnel nécessitent deux types de données différentes et donc deux approches pour les collecter :

- Les verbatims issus des enquêtes de satisfaction et du web (*social listening**) ;

- Les données clients (données personnelles, historiques de navigations sur les sites internet, ID Client, etc.) disponibles sur Mon Espace GRDF et sur Google Analytics.

Les questions ouvertes des enquêtes de satisfaction, incluant un champ libre de commentaires, sont particulièrement pertinentes pour recueillir les attentes et les perceptions des clients. Ces enquêtes, réalisées à J+2 ou 3 des interventions terrain, des contacts téléphoniques ou des contacts sur internet, sont catégorisées nativement en fonction de la demande du client et permettent ainsi de réaliser une première segmentation des retours en fonction des différents parcours effectués.

Néanmoins, les clients n'attendent plus les enquêtes pour s'exprimer et utilisent leurs propres moyens de communication pour donner leur avis directement sur les réseaux sociaux, les sites d'avis en ligne et les forums. Grâce à un outil de veille, GRDF récolte et conserve les expressions spontanées des clients sur GRDF depuis 2014.

Enfin, la navigation en ligne du client dans Mon Espace GRDF produit une quantité massive de données utiles pour analyser les comportements des clients et leur usage du gaz. Ces datas, couplées aux données personnelles des clients que GRDF a à disposition, fournissent des indicateurs clés pour connaitre leur profil. La collecte et l'exploitation de ces données personnelles sont réalisées grâce au consentement recueilli auprès de chaque client disposant d'un espace (Opt in sur Mon espace GRDF).

A partir de l'ensemble des sources de données, GRDF a pu récolter un volume très important de données clients et de verbatims.

> 2e étape : l'analyse des données récoltées

Les verbatims des enquêtes et du web représentent des sources de données très riches pour comprendre les raisons de

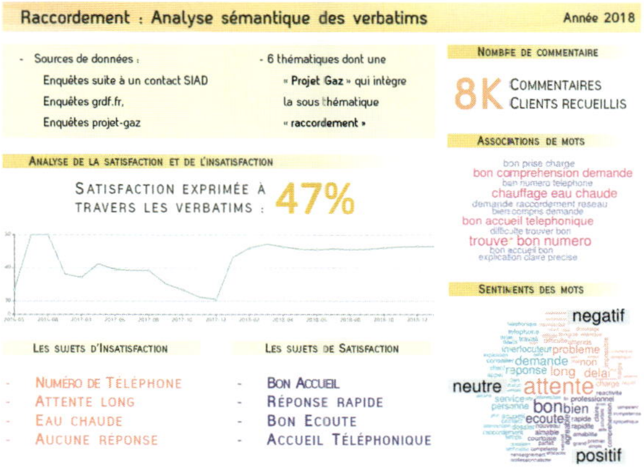

> Un suivi des sujets de satisfaction et d'insatisfaction en temps réel pour le parcours raccordement

DATA

> *"Le principal enjeu pour l'expérience client est désormais l'exploitation maximale de la donnée, essentielle pour mieux cerner les besoins et le comportement de chaque client."*
>
> Agnès **BAILLOT**
> *Déléguée Expérience Client*

satisfaction ou d'insatisfaction des clients, mais sont souvent laissés de côté à cause de leur complexité d'analyse. Le véritable enjeu pour GRDF était de pouvoir traiter l'ensemble de ces flux de données de façon structurée afin d'en extraire de la valeur.

Pouvoir analyser ces données semblait en effet indispensable pour permettre de cibler les points de douleur des clients ou les signaux faibles de mécontentement. Au-delà d'apporter des clés de compréhension, cette analyse avait le potentiel de faire émerger les attentes des clients et ainsi de permettre de mettre en place des plans d'actions pertinents et efficaces, afin d'améliorer leurs parcours.

Quant à la qualité et la performance de campagnes marketing, elles reposent, aujourd'hui plus que jamais, sur le ciblage et la personnalisation. La performance du programme relationnel de l'espace client de GRDF dépend étroitement de la finesse et de la pertinence de la segmentation, des comportements et usages des clients.

Pour pouvoir tirer profit des données récoltées et atteindre un niveau de connaissance client interprétable et utilisable, GRDF s'est tourné vers des techniques avancées en matière d'analyse à travers l'utilisation de solutions technologiques d'intelligence artificielle (IA) et de statistiques. L'analyse des données récoltées s'opère en collaboration avec deux équipes de la Direction des systèmes d'information (DSI) de GRDF : les data-scientists ont pris en charge le traitement des verbatims issus du web et des réponses aux enquêtes de satisfaction, et une autre équipe a pris en charge la réconciliation entre les données de l'espace client et de Google Analytics.

Utilisation du Machine Learning

L'utilisation d'une intelligence artificielle de type Machine Learning a permis d'initier une analyse sémantique sur l'ensemble des verbatims issus des enquêtes et du web. Cette technologie extrait des expressions clients contenues dans les verbatims pour les transformer en données structurées : chaque groupe de mots est analysé et recontextualisé dans la phrase ou le paragraphe auquel il est rattaché afin d'en extraire un sens. En fonction des groupes de mots, et donc des sujets qui composent un verbatim, l'intelligence artificielle classe celui-ci dans une des catégories qui a été en amont définie selon les enjeux de la relation clients de GRDF (accueil, etc.). Elle définit également si les sujets des verbatims sont abordés de manière positive ou négative et prend en compte tous les indicateurs de sentiments, comme la pondération, permettant ainsi de cibler les points d'insatisfaction ou de satisfaction des clients. Jusqu'à maintenant, GRDF a pu faire analyser par cet outil presque 100 000 verbatims.

L'identifiant client : la clé de voûte du programme relationnel

La segmentation de la base clients issue de Mon Espace GRDF a consisté à classer ces clients en fonction de leur appétence aux services et aux fonctionnalités proposées (une segmentation en fonction de ceux qui ont un compte ou non et en fonction de la récurrence d'utilisation du service de suivi des consommations). Pour cela, l'entreprise a centralisé deux types de données sur une plateforme de Business Intelligence :

- La base de données clients de Mon Espace GRDF ;
- Les données de fréquentation du service de suivi de consommation issues de Google Analytics.

Pour catégoriser les clients en fonction de leur fréquence d'utilisation des services de Mon Espace GRDF, les comptes clients de la base clients devaient être reliés aux données de fréquentation de Google Analytics, en mettant en place un *ID Client** commun.

La data visualisation pour faciliter le partage des données

Pour simplifier la lecture et l'analyse de cette abondance de données, deux outils de data visualisation ont servi à illustrer les insights obtenus : l'un pour l'analyse sémantique des verbatims, et l'autre pour l'analyse des profils clients. Ces deux outils sont des facteurs clés pour un partage fluide et efficace de cette connaissance aux collaborateurs et expertises techniques cibles de GRDF qui peuvent dès lors mettre en place des actions pertinentes.

> 3e étape : l'utilisation de l'analyse

L'évolution des parcours pour la satisfaction client

L'analyse des verbatims grâce au Machine Learning a permis d'avoir des clés pour comprendre les points de douleur des clients. Pour déterminer les plans d'action à mettre en œuvre, ces points de douleur devaient être rattachés à la cartographie de chaque parcours client. GRDF devait ainsi collaborer avec chaque expertise technique, afin d'être capable de comprendre la structure des parcours et de positionner, tout au long de ceux-ci, les différents scénarios de transformation.

Il s'agit donc aujourd'hui de convaincre les expertises techniques de l'utilité d'exploiter ces datas, en leur donnant accès aux résultats de l'analyse sémantique dans un format intelligible, au moment opportun, et en les accompagnant sur l'analyse des chantiers à mettre en œuvre.

GRDF a d'abord travaillé sur le parcours raccordement au réseau de gaz naturel des clients. Avec 25 000 raccordements par an pour la cible BtoC et 10 000 pour la cible BtoB, le raccordement au gaz est l'un des enjeux majeurs de GRDF. La satisfaction des clients sur ce point dépasse les 90 % ; cependant, les principales sources de mécontentement, bien identifiées, peuvent masquer de nouveaux sujets d'insatisfaction ou des besoins en nouveaux services.

En ce sens, deux ambitions ont été affichées par l'expertise technique :

- Disposer de l'analyse des verbatims clients à la maille semestrielle pour appuyer son plan d'action sur l'amélioration continue des parcours ;
- Détecter des signaux faibles pour anticiper de potentiels points de douleurs, faire émerger de nouvelles attentes et adapter les parcours.

La personnalisation des campagnes pour la fidélisation
La réconciliation de la base client avec les données Google Analytics a permis d'identifier trois segments de clients en fonction de leur appétence à la maîtrise de leur énergie. Ces segments seront rattachés à des programmes relationnels particuliers. Ces derniers seront lancés au troisième trimestre 2019. Grâce aux informations récoltées, ils permettront d'activer des campagnes relationnelles ciblées en fonction du profil de chaque client :

- Les clients suivant fréquemment leur consommation sur MEGRDF : pour s'assurer qu'ils restent sur le long terme, GRDF les accompagnera dans leurs projets en leur proposant des services affinitaires en dehors de l'espace client (projet de construction ou rénovation, entretien, conseils pour maîtriser leur consommation) ou même en leur proposant d'intégrer la communauté de clients ambassadeurs de GRDF.

- Les clients venant plus ponctuellement sur le service de suivi de consommation : pour augmenter leur fréquence de visite dans l'espace client, GRDF leur envoie des messages personnalisés et engageants, les incitant à se connecter pour bénéficier de plus de services.

- Les clients n'ayant pas de compte Mon Espace GRDF : pour inciter les clients à se créer un compte, la communication sur les services disponibles dans l'Espace sera renforcée auprès de ce segment.

MISE EN PLACE OPÉRATIONNELLE

> Analyse des difficultés clients sur le parcours raccordement

L'analyse sémantique des verbatims clients sur le parcours raccordement s'est construit avec trois pôles : le Pôle Digital pour son expertise client, le métier pour son expertise technique, et les data-scientists (Datalab de GRDF) pour leur expertise en Big Data. En juillet 2018, une première étape de lancement s'est effectuée sans le métier afin d'entrainer l'intelligence artificielle à catégoriser la data donnée par le Pôle Digital. Une fois l'IA entraînée, les data-scientists ont mis à disposition les résultats d'analyse sur une plateforme, permettant le traitement de la donnée en environnement Big Data. En novembre 2018, le partage des données s'est effectué avec le métier pour commencer à identifier les points de difficultés clients sur leur parcours lors d'un raccordement. Les travaux sont à poursuivre avec une forte demande de l'expertise technique de capter les signaux faibles. Aussi, GRDF a changé son approche pour pouvoir fournir cet input plus facilement.

> Analyse de la data clients pour définir des segments clients

L'enjeu principal pour GRDF est de réconcilier les bases de données et d'être en capacité de réaliser un premier matching de chaque champ. La réalisation de cette première étape permettra ensuite de construire les filtres pour nourrir la segmentation client et offrir un accompagnement en ligne personnalisé.

RÉSULTATS

L'ensemble des verbatims client a permis d'entraîner notre intelligence artificielle pour qu'elle soit capable de les catégoriser. Grâce aux données récoltées sur le parcours raccordement (environ 12 500 commentaires clients), nous pourrons établir d'ici la fin d'année les signaux faibles émergents et établir avec l'expertise technique les chantiers à amorcer.

Le démarrage du programme relationnel a permis de construire une segmentation digitale de la base client en différentes cibles. L'exploitation des données à disposition a permis d'identifier les clients éligibles au programme et de définir la stratégie marketing qui sera mise en place : le contenu, l'objet, l'expéditeur, le graphisme et le contenu des différentes campagnes.

*Retrouvez la définition dans le lexique en fin d'ouvrage.

DATA

> GRDF

Linda Benabdelmoumene
Responsable Pôle Digital Relation Client
linda.benabdelmoumene@grdf.fr

Justine Hur
Chef de Projet Digital Relation Client
justine.hur@grdf.fr

Article

Personnaliser les actions marketing selon les données issues de la DMP

Utilisateurs, internautes, clients, sportifs... ils sont une obsession chez Decathlon. La qualité de la relation est donc essentielle pour la marque.
Parmi la centaine de touchpoints possibles, les données traitées via notre *DMP aident à gérer une grande partie des actions marketing. Et ainsi à tenter d'offrir le meilleur message, au meilleur moment, sous la meilleure forme à notre cible.**

+500 segments actifs sur notre DMP

Un CA généré qui a augmenté de **25 %** via le média digital

Une vision omnicanale de nos clients

"Pour une réussite pleine, les outils digitaux (analytics, DMP, A/B Test) doivent être compris et pensés par l'ensemble des métiers et non pas uniquement par l'équipe "digitale" d'une entreprise."

Aurélien DESCHODT
Leader Communication Digitale Decathlon

Globalement les consommateurs ont de moins en moins confiance dans les marques. Si on ajoute les adblockers, les stop pub mais aussi les résultats de l'étude 2019 "meaningfull brands" qui indiquent que 77 % des marques pourraient disparaître dans l'indifférence générale, il y a ici un vrai terreau pour que la relation consommateur-marques disparaisse... ou se "commoditise".

Chez Decathlon, le cas est légèrement différent. Au sein même de notre ADN, la satisfaction de l'utilisateur et du client est un sujet essentiel, permettant notamment d'être très régulièrement dans le TOP 3 des marques et enseignes préférées des Français.

Cependant, il ne faut pas, d'un point de vue relationnel, baisser la garde, plus particulièrement sur le sujet de la communication digitale qui devient de plus en plus sensible pour ne parler que du RGPD, par exemple.

C'est dans ce contexte que depuis plusieurs années et aujourd'hui encore plus, Decathlon reste très attentif sur le fait de pouvoir communiquer de manière pertinente, pour pouvoir faire passer le bon message, au bon moment, à la bonne personne et sur le bon canal.

LA BASE, ME DIREZ-VOUS !

En effet. Mais pour y arriver, le chemin est loin d'être simple, quand vous avez en France plus de 300 points de vente, plus d'une centaine de sports à promouvoir allant du cyclo-sport avec notre marque Van Rysel au canyoning pensé par la marque Maskoon. Et que dire des clients ? Des prescripteurs, des acheteurs, des utilisateurs... qui sont dans des niveaux de pratique variés, allant du débutant à l'expert en passant par le confirmé.

C'est pourquoi la DMP constitue un atout incroyable pour présenter les différences de Decathlon et pour offrir au sportif le contenu recherché. Le tout, bien sûr, en optimisant les investissements média.

Suivre le parcours client, qu'il soit online ou offline. Détecter les intérêts dans les produits et donc dans les sports à présenter. Identifier son niveau de chaleur pour basculer sur l'achat d'une chaussure de running ou d'une draisienne. Créer des audiences

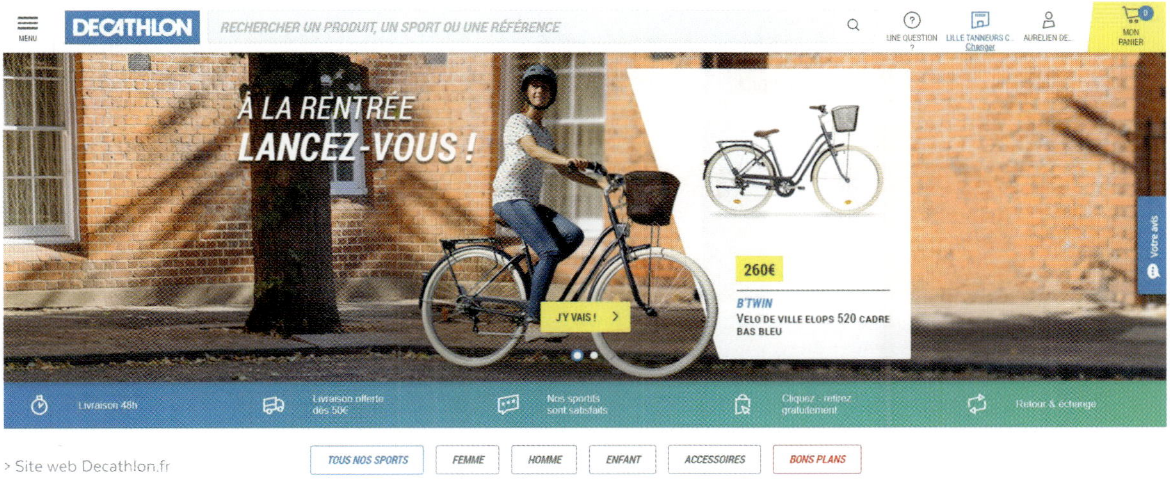

> Site web Decathlon.fr

sur des catégories de produits. Enrichir les profils des sportifs clients, si par exemple ils intègrent la cible famille.

À cela s'ajoutent les algorithmes développés en interne, qui par exemple permettent d'identifier les produits complémentaires à chaque produit sur la base des achats et non sur l'intuition des chefs de produits. Et permettent ainsi concrètement de l'appliquer au retargeting pour pousser du contenu plus pertinent et éviter de présenter 4 paires de skis alors que l'internaute vient d'en acheter une chez Decathlon ou à la concurrence par exemple.

Vous l'aurez compris, l'usage de la DMP est très varié. Il est également un des éléments qui permet d'apporter de la pertinence, comme peut l'être la DCO (Dynamic Creation Optimization) pour personnaliser les bannières avec des flux produits, météo, stocks par exemple. Car au même moment, les marcheurs sportifs de Marseille et de Brest ne cherchent pas spécialement les mêmes produits pour leurs sorties sportives.

POUR CONCRÉTISER LE SUJET, VOICI 5 CAS CONCRETS APPLIQUÉS CHEZ DECATHLON

1/Cibler les individus à forte intention de conversion. Grâce à l'algorithme de la DMP (Ysance) enrichi par les équipes, nous pouvons prédire les individus enclins à convertir. Et, ainsi, mieux cibler et adapter le discours.

2/Une acquisition enrichie. Identifier les appétences, les profils similaires et les moments de vie pour améliorer le ciblage des individus en acquisition.

3/Sur le postulat qu'un client omnicanal apporte plus de valeur qu'un client monocanal (web, app, magasins), nous travaillons sur des segments pour inciter nos cibles à découvrir les autres canaux de ventes.

4/L'optimisation du SEM. Travailler selon la CLV (Customer Lifetime Value), qu'ils soient clients (récents ou non) ou prospects, etc. En fonction des requêtes et des profils, les enchères du search sont optimisées.

5/Mise en place de *trigger** marketing via notre CRM. Où nous combinons l'intérêt pour un sport détecté (sur la base de notre algorithme maison) et les visites sur des pages de code modèles des produits afin de pousser des emails complétant les informations pour aider le sportif dans sa décision : que ce soit un "comment choisir", un avantage produit déterminant, ou des conseils d'experts pour se perfectionner dans la pratique de son sport... le tout poussé par le magasin le plus proche de notre sportif détecté.

Au travers de ces quelques exemples, vous l'aurez compris, la Data Management Platform est un des outils au cœur de notre réacteur marketing.

Mais surtout, nous gardons toujours en tête l'objectif premier et primordial : la satisfaction du sportif. Et comment nous allons pouvoir l'aider dans sa découverte d'une activité sportive, dans son choix lors de l'achat et à mieux pratiquer.

*Retrouvez la définition dans le lexique en fin d'ouvrage.

> App Decathlon, personnalisée par le sport détecté

> DECATHLON
www.decathlon.fr

Aurélien Deschodt
aurelien.deschodt@decathlon.com

DATA

Article

Commerce automobile : Le traitement de la donnée, au cœur des enjeux du pricing

Si personne ne doute plus de l'importance du métier de collecte et de traitement des données pour toute entreprise, sa concrétisation relève encore souvent de l'abstraction d'un futur lointain et flou. Pourtant, sans rupture technologique majeure, il est d'ores et déjà possible de créer de la valeur ajoutée par la constitution et l'exploitation d'un écosystème de données. Explications.

5,6 millions de voitures d'occasion vendues en France (2018)

Calculer la Valeur Argus Transactions requiert **150 variables**

L'Argus observe **75%** des transactions B2B en France

Quelle que soit la filière, le commerce de détail se résume souvent à une équation entre un prix d'achat le plus bas possible et un prix de vente le plus élevé possible, afin d'optimiser la marge brute, tout en veillant à maîtriser les coûts logistiques et les frais de stockage. Acheter au bon prix, revendre au bon prix : de l'hypermarché à la superette de quartier, de l'alimentaire au high tech, du bien de première nécessité au produit de grand luxe, la question du pricing figure toujours au cœur de cette équation qui mobilise souvent des services entiers dans les grands groupes, armés par des données les plus exhaustives et précises possibles : études de marché, benchmark, historique des ventes, état des stocks, etc.

LE PRICING, PIERRE ANGULAIRE DU COMMERCE DE VÉHICULES D'OCCASION

Parmi les différents secteurs du commerce, celui du négoce d'automobiles d'occasion figure parmi ceux où la question du pricing s'avère la plus cruciale. Premièrement, parce qu'à l'échelle d'un professionnel, les montants unitaires des transactions sont élevés (plusieurs milliers voire dizaines de milliers d'euros) et les volumes restreints. Deuxièmement, parce que le négociant intervient sur des produits usagés, et ne peut que subir l'état du parc existant sans réelle possibilité d'agir sur la qualité ou les caractéristiques du véhicule. Troisièmement, parce que les produits sont facilement substituables, qu'aucune exclusivité n'est possible dans la distribution d'une marque ou d'un modèle précis en seconde main, et que les plates-formes infomédiaires ont accru la concurrence, parfois à l'échelle d'un pays entier. Ce qui n'a pas empêché 5,63 millions de véhicules d'occasion de trouver preneur en France en 2018, un marché dynamique et constitué à environ 50% de transactions de professionnel à particulier.

Dans ce contexte, les négociants de véhicules d'occasion devraient se montrer particulièrement attentifs au pricing, en estimant au mieux le prix de revente à attendre pour un véhicule, et donc en déduire la stratégie la plus adaptée en termes de prix d'achat ou de reprise, et d'actions marketing à mettre en œuvre. Et ce, avec l'appui de données nombreuses et facilement accessibles, ne serait-ce que par le volume colossal de petites annonces affichées sur les différents infomédiaires. Une manne d'informations, dont la pertinence reste toutefois discutable, puisqu'un prix d'annonce reste fréquemment sujet à négociation et ne renseigne en rien sur le réel montant de la

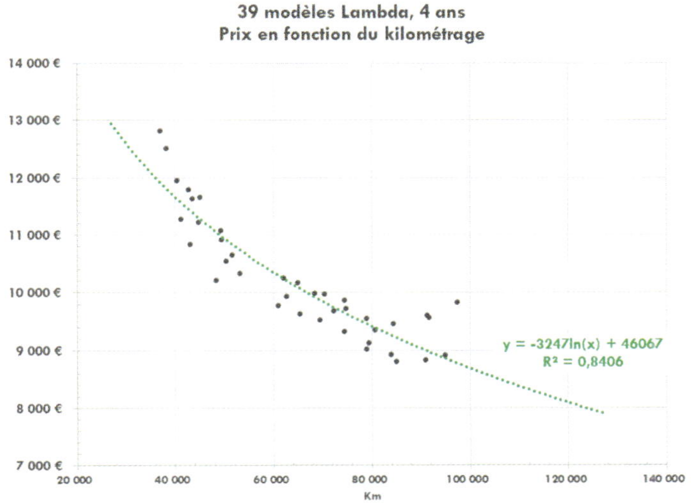

> La régression, au coeur de la modélisation

transaction conclue entre vendeur et acheteur. Qui plus est, le volume de ces données hétérogènes les rend difficiles à exploiter, stocker, interpréter.

COMMERCE 3.0 CONTRE MÉTHODES DE PRICING ANTÉDILUVIENNES

Et pourtant, ce constat n'empêche pas les acteurs du commerce de véhicules d'occasion (VO) de chercher à traiter et interpréter eux-mêmes les données de petites annonces pour estimer le prix de revente futur d'un véhicule. La technique est aussi rudimentaire que répandue : se rendre sur un infomédiaire grand public, chercher une liste de véhicules similaires en termes de marque, modèle, niveau de motorisation et d'équipements, kilométrage et âge. Puis, établir la moyenne des prix d'annonce, et fixer sa stratégie en fonction de la valeur obtenue. Une solution empirique utilisée par 54,9% des professionnels du VO, selon un sondage réalisé auprès du lectorat du site pro.largus.fr du 19 au 26 mars 2019. Parmi eux, 59,6% avouent calculer ces moyennes sur un échantillon inférieur ou égal à 10 annonces. Seuls 8,3% déclarent en utiliser plus de 20.

Hélas, face à la réalité, cette méthode avoue bien vite ses limites. D'un point de vue statistique, déjà : 10 valeurs ne peuvent jamais suffire à calculer une moyenne robuste. Pour vous en convaincre, lancez un dé plusieurs fois d'affilée, et calculez après chaque lancer la moyenne des points obtenus depuis le départ. La moyenne tendra forcément vers 3,5, mais l'expérience vous montrera que plusieurs dizaines, voire plusieurs centaines de lancers sont nécessaires pour approcher cette valeur à plus ou moins 0,1 !

De plus, cette méthode se heurte à une réalité incontestable : chaque véhicule d'occasion est unique. Quiconque souhaite acheter un véhicule neuf sur catalogue pourra déjà constater que l'éventail des choix en termes de marques, modèles, motorisations, carrosseries, transmissions, finitions, équipements et options correspond déjà à plusieurs centaines de milliers de combinaisons différentes. Combinaisons qu'il faut encore multiplier, pour les véhicules en circulation, par toutes les situations possibles en termes de kilométrage, d'âge, d'état et d'historique. Bref, il n'existe pas dans le monde deux véhicules strictement identiques, et la moindre nuance entre deux voitures est susceptible de faire varier leur valeur dans des proportions difficiles à estimer.

UN ÉCOSYSTÈME DE DONNÉES AU SERVICE DU PRICING

Dès lors, comment estimer au mieux le prix de revente à attendre pour un véhicule d'occasion ? C'est la question que s'est posée le Groupe Argus, avec la certitude que deux pré-requis étaient nécessaires : des données qualifiées en grand nombre, et une approche statistique robuste. Et justement, l'Argus dispose des deux.

En effet, le Groupe Argus constitue probablement, en France, un des exemples les plus probants de transition réussie d'une entreprise mono-activité d'édition papier vers un groupe multi-spécialiste international digitalisé à destination du grand public et des professionnels, fort d'un véritable écosystème de collecte et de traitement de données. Au coeur de cet écosystème, une gamme de logiciels de gestion de l'activité de négoce de véhicules d'occasion composée de Planet VO®, Planet VO²® et Cardiff VO®, aujourd'hui utilisés par plus de 3.500 points de vente en France. Ainsi, 75% des transactions de professionnel à particulier en France sont réalisées grâce à ces outils, soit plus de 150.000 achat-vente mensuels. Une matière première que l'Argus enregistre, anonymise, avant de l'analyser et l'étudier dans les moindres détails : type de véhicule, type d'acheteur, type de vendeur, prix d'achat, prix d'annonce, prix de vente, frais de remise en état, temps de détention, etc.

C'est à partir du milieu des années 2000 que l'entreprise va mettre en place une véritable politique de valorisation de ce capital, à travers le déploiement d'une architecture de stockage et de sauvegarde dédiée utilisant les standards d'interface de programmation applicative les plus exigeants, et surtout, le recrutement d'une équipe de data scientists à même de les filtrer, les interpréter, les exploiter. Avec un but précis : créer toujours plus de valeur ajoutée pour la filière automobile.

AU CŒUR DE LA MÉTHODE HÉDONIQUE

Et justement, au cœur de la création de valeur, figure cette solution de pricing permettant aux professionnels d'estimer le prix de revente d'un véhicule d'occasion. Afin de contourner les biais de nombre et d'hétérogénéité des véhicules détaillés plus haut, c'est une approche statistique inédite et brevetée qui sera mise en œuvre par les data scientists de l'Argus, sur la base d'une méthode dite hédonique fondée sur des régressions multi-variables : chaque véhicule est décomposé en une multitude d'éléments constitutifs de sa valeur. Chacun d'entre eux se voit alors attribuer un montant propre en fonction des vraies transactions observées par l'Argus, la somme de ces composantes permettant de recomposer le prix de vente le plus probable. De quoi offrir une estimation de valeur de revente fiable et robuste pour théoriquement n'importe quel véhicule. Ainsi est née la Valeur Argus Transactions®, lancée en 2012 aux côtés de la Cote Argus® historique pour les professionnels, et consultée depuis lors plus de 20 millions de fois.

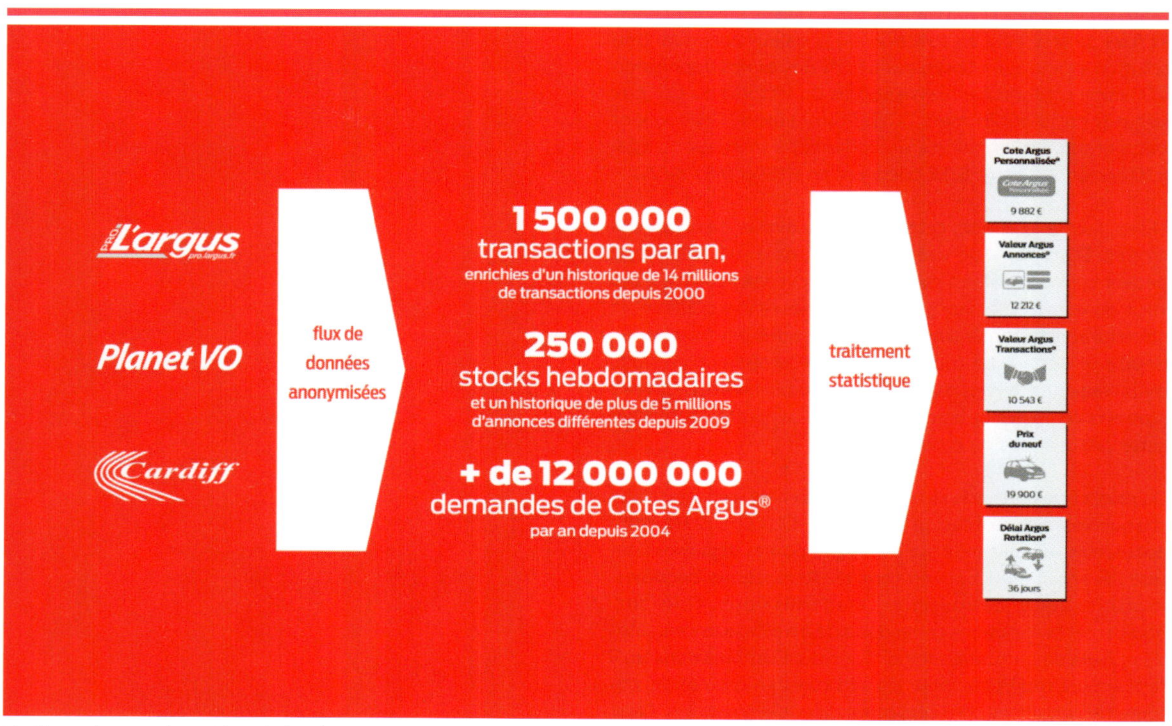

> Le Groupe Argus, un écosystème de données

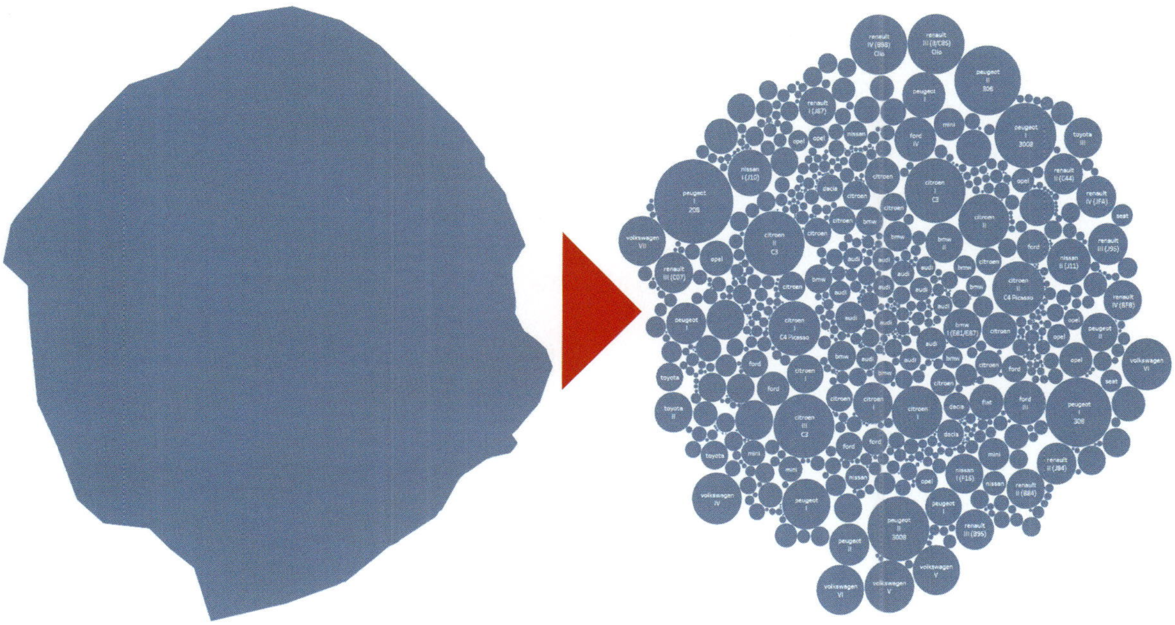

> Le principe de la clusterisation

Dans le détail, le calcul de la Valeur Argus Transactions® répond à une véritable logique de chaîne de production industrialisée : de manière hebdomadaire, les données issues des logiciels du Groupe sont exportées depuis le *DataMart** Argus vers des tables SAS, après avoir été passées au tamis d'un certain nombre de filtres et de vérifications de cohérence permettant d'en garantir la qualité. Une partie de ces données va alors constituer une base d'apprentissage sur laquelle les variables vont faire l'objet d'une étude sous le langage de programmation R, après avoir été éclatées en 3 catégories de variables dites explicatives : les caractéristiques du véhicule invariantes dans le temps, les caractéristiques du véhicule évoluant dans le temps, et les conditions conjoncturelles.

L'étude se concrétise par une *régression** Lasso ("Least Absolute Shrinkage and selection Operator") sur une forme fonctionnelle semi logarithmique. En d'autres termes, au sein d'un nuage de points représentant chaque transaction, il s'agit de déterminer, pour chaque variable explicative, l'équation de la courbe qui passe le plus près possible de tous les points. La somme de toutes ces équations constitue l'équation hédonique finale permettant de reconstruire le prix.

DE LA CLUSTERISATION À LA VÉRIFICATION MÉTIER, UN CONTRÔLE QUALITÉ QUASI INDUSTRIEL

Dans une logique de *clusterisation** permettant de créer des ensembles les plus denses et les plus cohérents possibles, c'est une classification par maille « marque / famille / génération » qui permet d'estimer au plus juste l'influence de chaque caractéristique sur le prix de vente. Chacune de ces mailles bénéficiera donc de sa propre équation, donnant l'estimation du prix en fonction des différentes variables explicatives. Comme dans toute production industrielle, le résultat est alors soumis à un contrôle qualité rigoureux, cette fois dans une base de vérification, composée d'un jeu de données distinct de celui de la base d'apprentissage : de quoi éviter les phénomènes de surapprentissage et minorer les biais statistiques. Enfin, des échantillons issus de ces modélisations sont alors soumis à l'œil avisé des experts valorisation du Groupe Argus, à la recherche d'éventuelles incohérences, afin d'apporter une ultime vérification humaine aux modèles statistique. Evidemment, comme toute production industrielle, la Valeur Argus Transaction n'échappe pas à un suivi de performance quotidien, au travers d'indicateurs de complétude et de stabilité.

C'est ainsi qu'est née la Valeur Argus Transactions, mise à disposition des professionnels français sur la plateforme pro.largus.fr et dans les différents outils et logiciels du groupe, aux côtés de la Cote Argus® de toujours, qui reste un indicateur de référence pour fixer le prix de reprise d'un véhicule. Sur la base de cette même méthodologie, le Groupe Argus a également développé la Valeur Argus Annonces® et le Délai Argus Rotation®, renseignant l'utilisateur respectivement sur le meilleur prix d'annonces à adopter et sur le temps de détention à attendre pour chaque véhicule. La preuve par l'exemple qu'une approche statistique solide appliquée à une quantité de données qualifiées et contrôlées, peut permettre dès aujourd'hui de construire des indicateurs prédictifs, à même de contribuer à la création de valeur ajoutée dans toute activité commerciale.

*Retrouvez la définition dans le lexique en fin d'ouvrage.

> GROUPE ARGUS
www.groupe-argus.com

Thibaut Frank
Éditorialiste
tfrank@largus.fr

Article

Insuffler une culture data-driven dans les grandes organisations

Data-driven, vous avez dit data-driven ?
"Data-driven", l'expression sonne comme un de ces buzz words auxquels il semble difficile d'échapper pour toute entreprise en prise avec son époque. Au-delà de l'effet de mode, l'adoption d'une culture data-driven devient clairement une priorité pour la plupart des entreprises.

5 fois plus de données mondiales en 2025 (vs 2018)
source : Lebigdata.fr

72 % d'entreprises jugées non data-driven en 2019
source : New Vantage Partners, 2019 Big Data and AI Executive Survey

L'analyse demande **90 %** d'intelligence (A. Kaushik)

"Grossière erreur que d'émettre des hypothèses avant d'avoir des données ! Insensiblement on commence à déformer les faits pour adhérer aux hypothèses, au lieu d'étayer les hypothèses par des faits."

Sir Arthur CONAN DOYLE
Ecrivain, auteur des "Aventures de Sherlock Holmes"

ÊTRE DATA-DRIVEN

> Des données issues des interactions clients
Le data-driven devient de plus en plus essentiel à nos organisations. La data, ce sont nos clients et prospects qui la génèrent à l'occasion de leurs multiples contacts avec les boutiques, call centers, sites web, apps... Ces données sont autant de précieuses clés de compréhension de leurs parcours.

Etre data-driven, c'est se donner les moyens d'interpréter ces données afin de formuler des décisions documentées et des propositions de valeur encore plus pertinentes, car adaptées aux attentes exprimées par les utilisateurs de façon déclarative ou comportementale.

Le data-driven est donc un important levier de satisfaction client et de revenus.

> Intuition et autorité vs data-driven
L'approche data-driven limite considérablement les risques d'erreurs induits par l'intuition ou l'autorité.
En un sens l'intuition peut être considérée comme une forme de data-driven personnel. La somme des expériences d'un individu lui permet de répondre instantanément à une problématique donnée en utilisant la pensée rapide ou "System 1" de Daniel Kahneman.

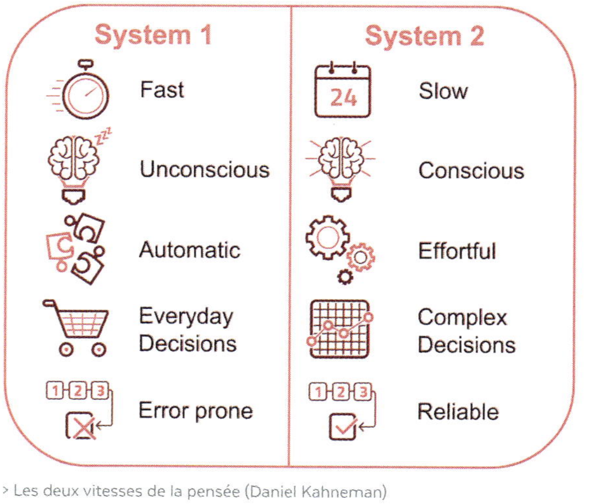

> Les deux vitesses de la pensée (Daniel Kahneman)

> La pertinence des KPIs prime devant le volume

Se fier à son intuition fonctionne dans de nombreux cas, mais s'avère très risqué dans les situations de décisions complexes. Prenons l'exemple d'un site web. L'intuition d'un seul individu ne saurait être représentative des expériences de milliers de visiteurs ayant emprunté les parcours digitaux qu'il propose. Pour définir et prioriser les évolutions d'un site, les données comportementales et déclaratives de ses utilisateurs sont donc largement préférables aux intuitions personnelles des contributeurs projet.

D'autre part le data-driven est aussi un remarquable antidote au syndrome du "*HIPPO**" (highest paid person opinion) : naturellement, les collaborateurs impliqués dans un processus de décision ont tendance à se ranger à l'avis du plus haut gradé dans la réunion qui peut s'avérer purement intuitif. Des arguments étayés par la donnée permettent d'éviter ce biais et de faire primer le rationnel sur l'autorité hiérarchique.

> La transformation digitale comme catalyseur du data-driven

Conséquence de l'accélération de la transformation digitale, les volumes de données disponibles ne cessent de croître et sont servis par des outils d'analyse toujours plus performants renforçant ainsi la pertinence des décisions techniques, financières ou marketing.

Les données sont inhérentes aux canaux digitaux où la collecte s'opère de façon automatisée. En revanche elles nécessitent, sur les canaux physiques, de la saisie et de l'interprétation humaine, limitant les volumes et la fiabilité par exemple pour le traçage des interactions clients/frontliners, la relève de motifs d'appel ou d'insatisfaction en boutique.

Sur le digital les interactions peuvent être remontées de façon extrêmement granulaire : pages, publicités vues, clics, nombre et durée des visites de chaque utilisateur, offrant à l'analyse un socle de données particulièrement riche et objectif. Il est en outre possible de modéliser l'appétence, l'engagement, la fidélité à partir de ces données brutes.

La transformation digitale accélère en outre la démocratisation de la donnée au sein des organisations. La dynamique de transformation est elle-même objectivée et mesurée de façon à mobiliser l'ensemble des métiers y compris non digitaux. Faire adhérer à une dynamique de transformation nécessite en effet de mesurer et communiquer la contribution du digital aux canaux physiques, aux revenus, à l'expérience client. La diffusion des données utiles à l'ensemble des métiers constitue donc un creuset particulièrement favorable au développement de la culture data d'une organisation. Plus il y a d'analystes et d'analyses pertinentes à croiser, plus les décisions sont documentées et fiables.

LES FREINS LIÉS À UNE GRANDE ORGANISATION

> La surabondance de données

L'exhaustivité des données et la performance des outils d'analyse sont certes deux critères nécessaires au pilotage par la donnée. Cependant la facilité croissante des grandes organisations à produire de nouveaux indicateurs comporte aussi un travers : celui de s'appliquer à tout mesurer sans discernement. Une fausse bonne idée soutenue par l'impression trompeuse que le nombre d'indicateurs augmente les chances de résoudre nos problématiques.

Or c'est exactement l'inverse qui se produit, la surabondance de *KPIs** nuit à un pilotage efficace en noyant les informations réellement utiles. Les données nécessaires pour le pilotage d'une activité découlent naturellement des objectifs qui lui sont assignés : volumes d'acquisitions, revenus, taux de conversions... En pratique 5 à 10 KPIs suffisent généralement au pilotage d'une activité.

L'accessibilité des données n'étant plus une contrainte majeure pour les grandes organisations, il est plus profitable de concentrer les efforts sur la définition des objectifs et des KPIs structurants que sur l'exhaustivité de la mesure. Sélectionner les données utiles à l'analyse ne signifie pas pour autant censurer la collecte. Autrement dit toute proposition vers un client (offre commerciale, formulaire, *CTA**...) doit dès sa conception prévoir le dispositif de remontée des données qui permettront de l'évaluer.

> La cohérence entre central et local

A l'inverse des GAFAM, entreprises relativement récentes et construites dès leur origine sur un mode très centralisé, la plupart des entreprises de dimension internationale n'ont pas une approche nativement intégrée de leurs données.

La multiplicité des filiales et des géographies adressées conduit à une grande variété de systèmes et de pratiques de gestion des données limitant la performance globale de l'organisation. Or il est indispensable d'encourager et faire converger ces pratiques locales pour voir s'épanouir une culture data-driven globale. Ayant appuyé son développement sur l'acquisition de nombreux opérateurs en Europe et en Afrique, Orange illustre bien ce cas d'entreprise où chaque entité pays est autonome dans la gestion de son business et de ses données.

Prenons l'exemple des Analytics, pilier de la culture data-driven. Sans support du Groupe, le réflexe naturel de chaque pays aurait consisté à s'équiper de ses propres solutions, acquérir ou de développer des compétences localement. Or non seulement très peu de pays disposent de suffisamment de ressources pour développer seuls et efficacement ce type d'activités, mais une telle logique s'avèrerait extrêmement coûteuse sur le plan global du fait de la multiplication d'investissements locaux sans aucune mutualisation.

LA RÉPONSE D'ORANGE : CAPITALISER SUR UN PÔLE DE COMPÉTENCES EN CENTRAL

En mettant en place un Skill Center Digital Analytics Groupe, Orange a choisi de faire levier sur le central pour accélérer les montées en compétences et la mise en place de solutions Analytics au sein de ses pays.

Le Skill Center contribue au développement du data-driven Orange autour des thèmes suivants.

> La sélection et l'acquisition de solutions

Le Skill Center Groupe garde un positionnement agnostique, apportant son support sur tout type de solutions analytics ou connexes : UX, A/B testing, attribution, DMP... Il maintient une veille des principales solutions et organise des retours d'expériences de façon à pouvoir conseiller sur la couverture fonctionnelle et la pertinence d'une solution au regard d'un contexte pays : écosystème data, compétences présentes, objectifs de la filiale quant à l'acquisition.

Certaines solutions peuvent s'avérer pertinentes pour plusieurs entités sinon l'ensemble. Chez Orange, les pays se sont par exemple massivement prononcés en faveur de la solution Google Analytics 360. Le Skill Center a fait levier sur les Achats Groupe et a traduit les besoins de l'ensemble des entités d'Orange en fonctionnalités et en capacité analytics pour obtenir le contrat global le plus adapté. Cette démarche s'est avérée particulièrement bénéfique sur le plan économique global en couvrant l'ensemble des pays au moyen d'une seule licence.

> Le déploiement de solutions data

Fort de sa connaissance des principales solutions et des multiples expériences de déploiements au sein des entités Orange, le Skill Center conseille sur les meilleures pratiques en matière d'implémentation. Cet accompagnement garantit aux pays la qualité des données collectées et la formulation de plans de taggage cohérents avec les objectifs des sites web et applications.

> Les formations

Si l'outillage est clé dans l'épanouissement du data-driven, les compétences et l'humain sont eux absolument vitaux. Une fois l'outil déployé, encore faut-il s'assurer que les collaborateurs sont en capacité de l'utiliser et d'en tirer le meilleur parti. La montée en compétences des équipes internes est un levier puissant de démocratisation du data-driven.

A l'inverse, l'externalisation (via Agences ou Consulting) permet d'actionner rapidement des compétences data pointues qui ne pourront cependant nourrir l'acculturation de l'entreprise puisque externes.

> Les volumes de données ne cessent de croître

Au-delà du support implémentation, le Skill Center attache un soin particulier au développement de son offre de formations. C'est au travers des formations que les entités peuvent véritablement gagner en autonomie sur les sujets data.

Le Skill Center forme à l'utilisation des outils, mais aussi aux pratiques data-marketing indépendamment des outils. Parmi les plus fréquentes, citons par exemple les formations "Utiliser Google Analytics 360" customisables par niveau ou métier spécifique (e-Commerce, e-Care Manager, Product Owner...). Le module "Optimisation continue" rencontre également un succès croissant. Faisant appel à des compétences analytics, UX analytics et A/B testing, il propose une méthodologie data-driven pour faire évoluer les sites et applications en tenant compte des comportements utilisateurs.

> L'animation de la communauté des Data Marketeurs pays

Outre l'expertise et la capacité à former du Skill Center, le facteur déterminant dans la généralisation d'une culture data-driven est celui de l'échange entre les entités.

Les pays Orange sont naturellement enclins à partager leurs expériences et s'inspirer des bonnes pratiques du voisin. Les retours peuvent même être à l'origine d'une certaine émulation entre pays pour être affichés en leader sur certains indicateurs.

C'est au Skill Center d'encourager cette dynamique communautaire inter-pays au travers d'instances telles que :

- Des points de partage descendants à destination de l'ensemble de la communauté sur une thématique déterminée, ex. : "Qu'est-ce qu'une CDP ?" ;
- Des retours d'expérience d'un pays vers d'autres pays intéressés, ex : "Orange Pologne témoigne de sa mise en pratique de l'Attribution Media" ;
- L'animation de la communauté sur le réseau social d'entreprise et le partage en ligne de contenus pédagogiques sur les thèmes data ;
- Des séminaires pour échanger, mais aussi fédérer et renforcer la cohésion de cette communauté par des activités de team building.

Elément essentiel d'un pilotage éclairé, la donnée a donc vu les volumes, les capacités d'analyses et sa popularité croître de façon exponentielle avec la généralisation de la transformation digitale. Si la production de données n'est plus une contrainte, la sélection des indicateurs pertinents, l'utilisation des outils et la maîtrise des pratiques métiers requièrent une profonde transformation culturelle de l'organisation.

Celle-ci s'avère particulièrement complexe dans les grandes organisations où les maturités data peuvent être variables d'une filiale à l'autre. Le Groupe joue donc un rôle essentiel pour favoriser l'acculturation de l'ensemble des entités, inscrire le data-driven dans l'ADN global de l'entreprise et ouvrir la voie à des analyses toujours plus fines et prédictives.

*Retrouvez la définition dans le lexique en fin d'ouvrage.

> Quand les opinions sonnent comme des ordres

DATA

"Collecter des données n'est pas savoir. La véritable connaissance est un processus de réflexion, un savoir-faire, et non une accumulation de données..."

Dimitri CASALI
Ecrivain, Professeur d'Histoire-Géographie

> ORANGE GROUP

Etienne Lafond
Directeur Performance Digitale
etienne.lafond@orange.com

Article

Publicité et Data : la révolution jusqu'où ?

Il est d'usage de dire que les données numériques révolutionnent aujourd'hui la publicité. Révolution du marketing, tout d'abord, qui avec la data trouve les moyens d'une véritable approche "customer centric" ; révolution de l'efficacité publicitaire, ensuite, avec les perspectives ouvertes par les données numériques en matière d'optimisation de la couverture sur cible ; révolution du marché publicitaire, enfin, dans un contexte où la valeur croissante tirée des données redistribue les forces entre éditeurs historiques et Google et Facebook.

77 % des Français revendiquent la confiance

46 % associent la confiance aux marques

78 % associent la confiance à France Télévisions

"L'étude Value et values d'Iligo révèle le décalage entre ce qui est revendiqué par les Français en termes de valeur et ce qui est véhiculé par les marques. La qualité des contenus de France TV peut aider les marques à réduire cet écart."

Irène GRENET
Directrice Générale adjointe
France Télévisions Publicité

Dans le domaine de la publicité, la promesse de la data est celle de réconcilier efficacité et qualité. Dans un contexte de guerre de l'attention, elle apparaît en effet à la fois comme la meilleure arme d'émergence pour les marques et comme un garant de qualité de l'expérience publicitaire pour les usagers. Et en tant qu'étape ultime du processus de qualification des audiences au bénéfice d'un marketing centré sur le consommateur, l'exploitation des données numériques réunit les objectifs de l'acheteur média (toucher la cible prédéfinie), de l'éditeur (tirer le meilleur parti de ses audiences) et du consommateur (être sollicité par une publicité pertinente, dès lors qu'il est censé ne plus rechercher le produit qu'a son voisin, mais celui qui lui correspond).

Pour que s'établisse cette boucle vertueuse, il faut bien entendu que le consommateur, dont les données socio-démographiques et comportementales sont exploitées, soit partie prenante. C'est la portée du consentement explicite sanctuarisé dans le droit depuis le RGPD, et c'est tout l'enjeu que revêt la Privacy pour les éditeurs historiques. Comme l'a reconnu l'Autorité de la concurrence[1], le marché de la publicité digitale s'est de fait développé plus rapidement que la prise de conscience par les internautes des mécanismes de collecte et de la finalité des traitements opérés à partir de leurs données à très grande échelle : or les premiers bénéficiaires de ce déséquilibre semblent être les grandes plateformes, notamment Google et Facebook, pour des raisons liées à leur omniprésence aux côtés de l'internaute lorsqu'il navigue sur le web. Pour un acteur comme France Télévisions, la protection des données, marquée dès 2014 par la création d'une charte "Data Friendly", portant sur trois engagements fondamentaux (transparence, sécurité, utilité), avant même la nomination d'un *DPO** en 2018, apparaît donc comme un axe stratégique : il s'agit de garantir les conditions dans lesquelles les données numériques peuvent véritablement être l'outil de réconciliation entre efficacité et qualité. Et pour les régies publicitaires des groupes France Télévisions, M6 et TF1, la sécurisation des données loguées avec la mise en place du standard Sygma en 2018 dès lors que la data a commencé à être commercialisée en programmatique relève de la même ambition : l'efficacité publicitaire n'est pas conciliable avec une revendication de qualité pour l'internaute si ses données personnelles peuvent contribuer à alimenter des DMP tierces de manière non maîtrisée.

Alors que le marché de la publicité numérique se construit depuis plusieurs années déjà sur l'exploitation commerciale des données, dont il tire sa croissance exponentielle, deux sujets focalisent aujourd'hui l'attention de l'industrie : le décollage progressif de l'exploitation de la data en publicité TV pour la mesure d'efficacité et le ciblage d'une part, l'émergence de nouveaux freins que les éditeurs historiques ne peuvent ignorer, d'autre part.

En matière d'utilisation de la donnée pour mesurer l'efficacité des campagnes TV live et replay sur les environnements digitaux des annonceurs, France Télévisions Publicité vient de marquer une avancée définitive dans le cadre d'une expérimentation inédite avec Orange. Alors que c'est sans doute à travers le *drive-to-web** que la data a historiquement fait irruption dans l'univers de la télévision par le biais des méthodes de l'analytics TV fondées sur des algorithmes, l'exploitation de la donnée des box d'Orange a permis de franchir un cap en réconciliant les data opérateurs déterministes et celles des annonceurs. Menée dans des conditions réelles, à partir d'un parc de foyers Orange "opt-inés" très important, sur des campagnes broadcastées sur les chaînes de France Télévisions et sur la plateforme de replay France.tv, l'expérimentation "Adformance" menée avec le soutien de la plateforme Realytics pendant dix mois répond à une nécessité : celle de faire converger la mesure de l'efficacité publicitaire TV, replay et digital à partir de données réelles.

L'attention du marché se concentre également aujourd'hui sur le ciblage en publicité TV. Elle est portée par l'autorisation récemment annoncée d'une publicité segmentée sur le linéaire qui permettra aux marques de bénéficier de la puissance et de la sécurité d'environnement propre au média TV, sans faire du ciblage data l'apanage de la publicité numérique. C'est du reste pour des raisons de rééquilibrage des forces avec les GAFA que l'Autorité de la concurrence s'était prononcée en faveur d'un assouplissement de la réglementation sur ce point [2].

Avec le GRP data, France Télévisions Publicité a eu depuis 2011 une démarche de précurseur en matière de data comportementale en TV, pour dépasser les seules catégories socioprofessionnelles (FRDA -50, 15-59 ans, etc.). Après avoir confié en 2018 à Kantar World Panel la réalisation d'une étude économétrique pour mesurer l'efficacité sur les ventes des campagnes fondées sur un tel ciblage, en moyenne 2,1 fois plus efficaces sur les ventes incrémentales de l'annonceur que le ciblage socio-démographique, elle a entrepris avec TF1 Publicité de créer des cibles "shoppers" constituées des individus moyens et gros acheteurs de marques nationales d'une catégorie de grande consommation. Depuis 2019, ces nouvelles cibles sont mises à la disposition du marché publicitaire par Kantar World Panel et intégrées dans les outils de médiaplanning, avec tous les indicateurs permettant de construire une campagne TV. Ce sont ainsi plus de 80 cibles qui sont disponibles aujourd'hui, dont les 3 dernières lancées récemment en propre ("shoppers alimentaires bio", "shoppers entretien green" et "shoppers hygiène beauté et green").

A terme, la convergence totale entre le numérique et le linéaire en matière de ciblage devrait être une exigence des marques, qui devra comprendre le parcours média du client dans son ensemble. Très tôt, France Télévisions a entrepris de proposer

> FranceTV Publicité lance 3 nouvelles cibles SHOPPERS

DATA

au marché des cibles communes entre la télévision et le digital. Le champ d'exploration d'une convergence entre le numérique et le linéaire se fait également à partir du catalogue de données utilisées en replay sur IPTV, à travers les partenariats noués entre France Télévisions Publicité et les FAI. La data opérateur géographique et socio-démographique (âge, sexe, catégories socio-professionnelles) permet aujourd'hui de communiquer de manière plus ciblée sur cet environnement.

France Télévisions Publicité expérimente enfin, dans le cadre des possibilités ouvertes par la réglementation actuelle sous le contrôle du CSA, les solutions techniques de ciblage des publicités télévisées via le signal hertzien TNT et la norme HbbTV. Dans le cadre d'un tel ciblage par téléviseur connecté, il s'agit à ce stade d'exploiter une data sur le foyer. Et c'est tout le travail mené aujourd'hui en lien étroit avec TDF, les opérateurs de télécommunication et Médiamétrie, que d'avoir à terme une vision sur celui qui regarde la télévision à l'instant T, en réel ou suivant une approche par probabilité.

En dépit de ces avancées fortes, le marché ne peut toutefois faire abstraction de tendances de fond relatives à l'utilisation des données personnelles et qui concernent tant les consommateurs, que les éditeurs historiques et surtout les marques. Ce sont ces tendances qui peuvent conduire à s'interroger, aujourd'hui, sur la portée de la révolution de la data pour la publicité. La première concerne les évolutions réglementaires à venir sur la e-Privacy, avec le projet de règlement venant remplacer la directive de 2002 qui pourrait restreindre considérablement les possibilités d'exploitation de la data, voire remettre en question l'utilisation actuelle des cookies si le recueil du consentement s'effectuait au niveau du navigateur. Elle corrobore une montée des comportements d'adblocking, particulièrement forte parmi les internautes français (28,7 % et 42 % chez les jeunes en 2018 d'après e-Marketer), qui pourraient signaler une certaine réticence vis-à-vis de la sophistication des moyens mis en œuvre à des fins de personnalisation.

Le second questionnement concernant l'usage de la data touche à la nature des concessions qui devront être faites par les éditeurs historiques dans le cadre de cette nouvelle économie de la donnée. Le marché publicitaire digital est ici encore plus mûr que le marché publicitaire TV, puisqu'il a vu émerger depuis près de dix ans des acteurs d'un type nouveau dont le développement s'appuie sur l'optimisation de processus technologiques innovants, sous forme de plateforme de gestion des données développées directement autour des métiers et des technologies propres à la publicité en ligne, en adserving gré à gré ou en programmatique. Or ces intermédiaires non seulement captent une part significative de la valeur, mais ils portent un premier coup de canif au principe de souveraineté des éditeurs sur leur propre data, dont la gestion est partiellement

> FranceTV Publicité lance le Quality Rating Point

déléguée, même dans un cadre conforme à la réglementation relative aux données personnelles. La problématique pourrait se poser de manière encore plus radicale avec les opérateurs de télécommunication, pour ce qui concerne non seulement la monétisation, mais aussi le droit d'exploitation de la donnée sur le comportement des utilisateurs des box. Au total, dans le cadre d'une maturation du marché de la data, les éditeurs devront trancher sur la question de savoir si les redevances perçues par les différents intermédiaires sont proportionnelles à la valeur ajoutée attendue.

Au-delà de ces tendances, il semble que la question de la pertinence d'une focalisation exclusive sur les données personnelles se pose également du point de vue des marques. Sans remettre en cause la nécessité de rapprocher le producteur du consommateur, il apparaît que la question des valeurs est aujourd'hui une tendance forte de la consommation : la question n'est plus seulement de communiquer sur un produit ou un service, mais également sur son positionnement et sur la valeur positive qu'il véhicule. Or c'est là que l'avantage concurrentiel des éditeurs historiques est écrasant par rapport aux GAFA. La problématique n'est pas uniquement celle de la brand safety : ce dont il s'agit, c'est du transfert sur la marque de la valeur associée au média. Une étude récente d'Iligo "Value et values" a ainsi récemment montré le décalage existant entre ce qui est revendiqué par les Français en termes de valeur et ce qui est véhiculé par les marques : pour ce qui est de la confiance, par exemple, valeur la plus revendiquée par les Français (77 % d'entre eux), elle n'est associée en moyenne que pour 46 % aux marques ; or elle est associée pour 78 % à France Télévisions. C'est tout le sens de la démarche de France Télévisions Publicité que de démontrer que les médias, par la qualité des contenus, peuvent aider les marques à réduire ce décalage. Alors qu'a été récemment proposé au marché un nouvel indicateur publicitaire basé sur la qualité, le Quality Rating Point, désormais accessible dans les outils de médiaplanning, il vient d'être prouvé qu'un QRP élevé générait + 54 % de confiance envers les marques. Ce qu'une domination des GAFA ne pourra jamais concurrencer, c'est le fait que les valeurs associées aux contenus de qualité rejaillissent sur les valeurs des marques. A côté de la segmentation des audiences, le QRP apparaît ainsi comme le nouvel outil de ciblage de l'offre.

[1] Cf. Avis du 6 mars 2018 portant sur l'exploitation des données dans le secteur de la publicité sur internet.

[2] Cf. Avis du 21 février 2019.

*Retrouvez la définition dans le lexique en fin d'ouvrage.

> FRANCE TÉLÉVISIONS PUBLICITÉ
www.francetvpub.fr

Irène Grenet
Directrice Générale Adjointe
irene.grenet@francetvpub.fr

Étude De Cas

COMPAGNIE DES ALPES

One Client, la stratégie data-driven des parcs de loisirs

> Leader européen des parcs d'attraction

PROBLÉMATIQUE DE LA MARQUE

Depuis 30 ans, la Compagnie des Alpes, leader européen des loisirs, exploite les plus grandes stations françaises de ski alpin et des parcs de loisirs en Europe. Plus précisément, sur son activité de parcs de loisirs, le groupe détient 14 parcs accueillant 9,5 millions de visiteurs par an.

La Compagnie des Alpes a adopté une structure décentralisée qui permet de combiner la flexibilité au niveau local avec l'efficacité d'un pilotage d'ensemble, s'appuyant sur des expertises technologiques et des spécialistes métiers.

C'est dans ce contexte que le Groupe mène depuis plus de deux ans une stratégie de digitalisation pilotée par la connaissance client pour répondre à trois enjeux :

- Appréhender la connaissance client pour offrir une expérience optimisée et personnalisée (un levier pour booster la très grande satisfaction client) ;
- Rattraper une dette technologique (décentralisation de la connaissance client) freinant les marques dans leurs actions de marketing digital ;
- Et évidemment, répondre aux nouvelles réglementations sur la gestion des données personnelles et respecter le RGPD.

Nos objectifs ont donc d'abord été d'optimiser et d'harmoniser la collecte de données, puis d'unifier ces données en connaissance client avant d'exploiter cette richesse pour accroître le business des parcs.

SOLUTION STRATÉGIQUE

Pour mettre en place ce dispositif, un tout nouvel écosystème data est pensé permettant de couvrir 3 étapes clés : collecte, unification et activation.

Pour cette première partie, l'ambition est de pouvoir capter toute l'information que génèrent les clients, tant en déclaratif, qu'en comportemental ou en transactionnel, sur l'ensemble de nos points de contact : applications (système de billetterie, contrôle d'accès, restauration, hôtellerie, wifi, service photo...), plateformes digitales (site, tunnel de vente, application mobile...), agent (caisse, call center, hôtel...). Un volume de données qui est donc exponentiel, hétérogène et démultiplié pour chaque système d'information de chaque filiale. Notre choix s'est donc tourné vers la mise en place d'un ETL avec Talend et d'un cluster Big Data Hortonworks qui offre le stockage et la puissance de calcul nécessaire, le tout constituant notre Data Lake.

Une fois l'information collectée, stockée et avant exploitation, notre objectif est de construire une vision unique de chaque client dans nos environnements omnicanaux. Ce *Référentiel Client Unique** est siloté par marque, mais doit être pensé de manière cohérente pour l'ensemble du groupe, pour permettre dans un avenir proche, la mise en place d'opérations cross-marques.

Nous sommes repartis des cas d'usage et de l'expérience que les filiales souhaitent bâtir pour définir ce RCU au travers de 150 indicateurs qui mesurent : la contactabilité (canaux, consentement...), la valeur (CA, historique d'achat...), les appétences (score par attraction et typologie de visite : billets datés, non datés, séjour...), persuasion (habitudes comportementales, préférences de consommation...) de chacun de nos contacts.

INFOS CLÉS

35 parcours automatisés	14 millions d'envois

Ces indicateurs sont recalculés quotidiennement et sont le cœur de toutes les activations et tous les messages sortants en termes de ciblage et de personnalisation. L'activation est la dernière partie de notre écosystème qui repose aujourd'hui sur 2 briques principales. La première, notre outil de marketing automation Eloqua d'Oracle, est alimentée par les données et les indicateurs du RCU. Elle permet aux campaign managers des parcs de piloter en toute autonomie l'ensemble des actions CRM (triggers : visiteurs, abandons paniers, préparation visite, newsletter, push in parc, etc.) sur l'ensemble des canaux (email, SMS, notification, etc.). La seconde s'intéresse aux cas d'usages DMP implémentés grâce à la suite d'outil Google 360°.

MISE EN PLACE OPÉRATIONNELLE

Le déploiement d'un référentiel client unique et de ses outils d'activation ne se fait pas si simplement.

Il a fallu dans un premier temps croiser l'expertise technique indispensable à la mise en place d'un projet de ce type (Data Engineer, Data Architect, DevOps, etc.), avec des contraintes et souhaits métiers représentés par 14 directions marketing avec des objectifs, roadmaps et maturités différentes.

La méthodologie adoptée pour répondre à ces contraintes a consisté à faire travailler les équipes centrales avec minimum 2 parcs pilotes par brique du projet. Les pilotes ont été sélectionnés par rapport à leur maturité : un parc leader sur les cas d'usages et un parc moins mature pour s'assurer d'embarquer l'ensemble des filiales dans le projet.

Par exemple, plusieurs ateliers avec les parcs ont permis de créer notre modèle de référentiel client unique et de dessiner les contours des campagnes à implémenter dans l'outil de marketing automation.

RÉSULTATS

En une année, 5 parcs ont été migrés sur cet écosystème et d'ici avril 2020, 4 parcs supplémentaires seront déployés.

Il a permis aux directions marketing de se réapproprier leurs datas et de les exploiter en toute autonomie. Aujourd'hui, plus de 35 parcours automatisés sont paramétrés. Ils génèrent plus de 450 emails sur un volume global de + de 14 millions d'envois.

Enfin, 2 leviers supplémentaires sont en cours de déploiement : l'enrichissement des cas d'usages DMP pour maximiser les échanges CRM/média et la mise en place d'un algorithme de revisite clients, permettant de réguler la pression relationnelle en fonction des potentiels de rachat.

*Retrouvez la définition dans le lexique en fin d'ouvrage.

"Les 150 indicateurs du Référentiel Client Unique sont recalculés quotidiennement et sont le cœur de toutes les activations personnalisées des filiales de la Compagnie des Alpes."

> COMPAGNIE DES ALPES
www.compagniedesalpes.com

Bettina Seibert-Sandt
bettina.seibert-sandt@compagniedesalpes.fr

Vincent Boniakos
vincent.boniakos@compagniedesalpes.fr

Article

Valeur d'usage d'une stratégie data en BtoB et BtoC

Les données et leurs valorisations !
Les écrits sont nombreux sur le sujet, et pour cause, la donnée est devenue indispensable pour toutes nos activités professionnelles.

SIACI SAINT HONORE :
+ de 3 500 entreprises clientes

SIACI SAINT HONORE :
2,5 millions
d'assurés dans le monde

"La data est hype, le geek est chic et le marketing ne sera qu'algorithme et corrélations dans un futur proche. Super, mais c'est plus compliqué que ça. [...]"

Mathieu LLORENS
CEO AT Internet

Notre marché, notre contexte
La France est dotée du système de protection sociale le plus réputé au monde, couvrant l'intégralité de sa population sous divers régimes. De nombreux acteurs sont par conséquent engagés dans la santé et la prévoyance de nos concitoyens : la Sécurité Sociale, l'Unedic, l'aide sociale, mais également des entreprises proposant des régimes complémentaires.

Ce secteur traite massivement des données ultra-sensibles, puisque liées à l'état de santé des français, protégées par un arsenal législatif important. Afin de structurer et préserver ces données, ces acteurs se dotent de stratégies data rigoureuses et ambitieuses.

Le Groupe SIACI SAINT HONORE est l'un des leaders de la protection sociale en France, avec des expertises regroupant le conseil, la gestion, la formation et le courtage en France et à l'international. Quotidiennement, de nombreuses entreprises et leurs salariés nous confient leurs données afin de couvrir notamment leurs besoins de conseil et de protection sociale en tant que tiers digne de confiance.

> Les fondamentaux du *Data Management sont indispensables pour sécuriser la promesse de valorisation des données.**
La stratégie data débute par une approche de "Data Warehousing" (entrepôt de données), assez théorique, dans laquelle nous distinguons deux grands types de données :

· Les données "transactionnelles", données vivantes, en permanente évolution, mises à jour unitairement en "ligne à ligne", consultables et modifiables en temps réel ;

· Les données "décisionnelles", sélectionnées avec soin, stabilisées dans un environnement dédié, contrôlées, validées pour leur cohérence et leur pertinence, historisées et protégées.

Cependant, même si elle n'a pas totalement disparu, cette approche a trouvé de nombreuses limites, transcendées par les apports des nouvelles méthodes de "Data Management" beaucoup plus réactives et évolutives.

En effet, les promesses technologiques du Data Management sont nombreuses : de l'informatique distribuée et du Big Data, des concepts de Data Lake, du Smart Data, de la transformation

Les axes de valorisations des données : positions relatives des attentes B2B et B2C

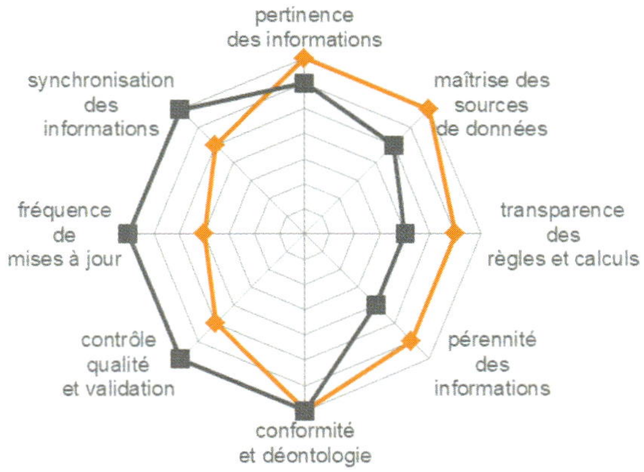

> Les besoins et attentes de valorisation BtoB et BtoC se distinguent (Source : S2H Consulting - 2019)

digitale, du stockage externe dans des Data Centers partagés en mode Cloud.

Elles se développent également avec l'apparition de tableaux de bords dynamiques de type Cockpit (les bonnes informations au bon moment), générés "à la volée" ou via commandes vocales, de propositions par la machine de multiples vues exploratoires, prédictives... Les valorisations par l'IA et la statistique moderne se démocratisent.

Dans ce contexte de promesses nombreuses et variées devant générer de la valeur, notre première conviction est que les fondamentaux du Data management restent un prérequis indispensable.

> La confiance est la principale composante d'une information de valeur et se construit sur plusieurs axes fondamentaux de valorisation des données :

1. La **maîtrise des sources de données** et de leur auditabilité (linéage...).
   Qui produit ces données, d'où viennent-elles ?

2. La **systématisation des contrôles qualité** et la compréhension des modes de production de la donnée.
   Quelle est la fiabilité de cette information ?

3. La **pérennité** dans le temps des indicateurs clés et de leur **crédibilité.**
   Cette information a-t-elle été vérifiée, validée par une expérience passée ?

4. La **fréquence de mise à disposition**.
   Une information a toujours une valeur limitée dans le temps. De quand date la dernière mise à jour ?

5. La **pertinence des informations**.
   La cohérence des données dans le contexte, avec des informations connexes : cette information est-elle cohérente avec le marché ? Les dires d'experts ? Valide-t-elle nos analyses ou doit-on revoir nos hypothèses ?

6. La **synchronisation multicanale/transcanale** des données.
   Une déclaration, demande, donnée se transmet-elle de manière instantanée à tous les vecteurs de communications disponibles ?

7. Le **respect de la réglementation et de la déontologie** sur la protection des données personnelles, mais aussi du secret des affaires, de la réglementation financière, du secret médical...
   Ces informations sont-elles réglementées ? Qui en est le garant ?

8. La **transparence** passe aussi par une description précise des calculs et des règles d'exploitation, en accord avec la nature et les objectifs du cycle de vie des données, du système d'aide à la décision voulue.
   Savoir comment sont constitués les KPI présentés c'est aussi connaître leurs limites.
   La donnée n'est qu'une représentation de la réalité !

> Nous ne traitons pas ces axes de valorisation de la même manière et avec les mêmes outils et méthodes dans notre approche BtoB ou BtoC.

- Au titre des échanges BtoB, la relation de confiance s'appuie sur la responsabilisation des émetteurs et des utilisateurs des données.

Les échanges sont garantis par la mise en place des contrôles qualité s'intégrant dans un processus vertueux récurrent. Pour les informations traitées en vision agrégée, un seuil d'erreur reste acceptable. Les informations stratégiques ou d'aide à la décision ont d'autant plus de valeur qu'elles sont validées par des indicateurs de fiabilité et d'auditabilité.

L'historisation des données est primordiale : l'évolution et le déploiement d'indicateurs de performance du business dans le temps permettent de construire une confiance durable et pérenne.

Les informations doivent alimenter un processus de prises de décisions suivant un calendrier précis rythmant la vie de l'entreprise.

- Pour le BtoC, la mise en place de services automatisés synchronisant et donnant une vision 360° des données est un prérequis indispensable à la qualité de service individuel rendu.

Que la relation individuelle soit traditionnelle (courrier, appel téléphonique) ou digitalisée (flux automatisés, extranet, app...), les travaux de collecte et d'homogénéisation des données individuelles sont réalisés dès la conception des outils.

La cohérence des informations et l'instantanéité du service et des informations fournies priment ici.

> Les axes de valorisation des données développés chez SIACI SAINT HONORE.

De nouveaux axes de valorisations apparaissent, potentiellement disruptifs. Notre seconde conviction est qu'il est nécessaire de les tester et de les valider avec soin avant de les généraliser.

La valeur d'une donnée ne se mesure plus uniquement par l'apport direct et cloisonné de l'information primaire et unitaire dédiée aux usages de l'entreprise : elle est potentiellement valorisable par d'autres usages dans d'autres domaines d'activités. Poser ce principe ne suffit néanmoins pas à une exploitation valorisable : des partenaires crédibles sont ici nécessaires !

Pour illustrer, les données de consommation médicamenteuses ou de fréquence de recherche de certains termes peuvent devenir des indicateurs d'épidémiologie (avec plus ou moins de succès : cf. Google Flue Trends, arrêté aujourd'hui !).

De fait :

1. La **complémentarité des données est un puissant facteur de valorisation** : le croisement de données externes et de savoir-faire avec des clients et partenaires sont autant de pistes de valorisations.
2. Le **délai de mise en service de nouveaux indicateurs** doit être à la hauteur des évolutions rapides et de la digitalisation des entreprises : toute nouvelle application ou service doit porter dès sa conception un projet d'exploitation des Datas !
3. Les **statistiques modernes, l'IA, le Deep Learning...** sont des outils de valorisation réellement exploitables et pérennes dès lors qu'ils s'appuient sur un système de Data Management et de gouvernance des données respectant les 8 principes fondamentaux de confiance en l'information produite (cf. ci-dessus).

Les technologies d'intelligence artificielle ne sont pas "magiques".

On ne peut nier que les apports de la science statistique et probabiliste associés aux puissances de calculs importantes développées peuvent être un facteur de valeur. Attention néanmoins à ne pas sous-estimer les **coûts d'investissement** parfois très importants et à ne pas perdre son "cœur de métier" en le déléguant à un prestataire informatique !

Enfin, pour obtenir un résultat valorisable, il est nécessaire **de le tester, de le contextualiser, de savoir le généraliser dans l'entreprise et sur son marché.**

La mise en place d'un Data Lab/Digital permet dans un environnement dédié :

- De fédérer les compétences variées, internes et externes, en mode collaboratif autour de cas d'usages ;

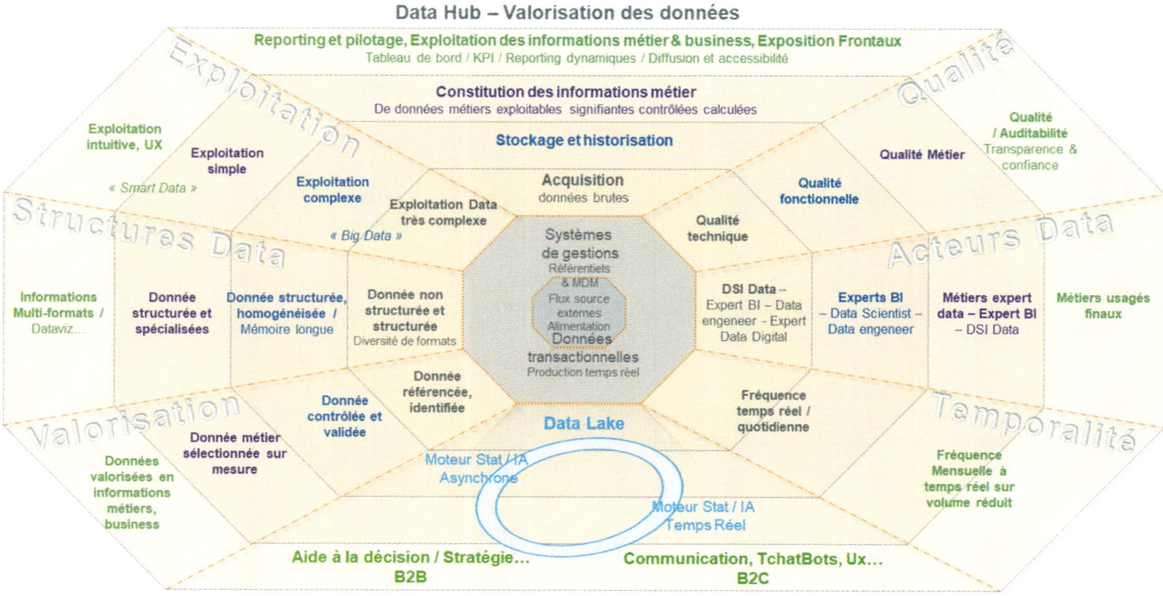

> Data Hub : la valorisation des données se doit de respecter les fondamentaux du Data Management (Source : S2H Consulting - 2019)

- D'éprouver et de mesurer ces cas d'usages ;

- De tester leurs impacts sur nos organisations, avec nos métiers, nos clients et nos partenaires.

Ceci avant toute décision de déploiement industriel.

> *La gouvernance des données: un complément au Data Management à ne pas négliger.**

Au-delà de la phase d'expérimentation et d'innovation, les experts de la donnée sont souvent perçus uniquement comme "disruptifs".

Tous les acteurs de l'entreprise portent une forte expertise sur leur domaine... mais pas forcément sur la gestion et le management de leurs données.

De "nouveaux" métiers sont apparus du fait de l'expertise nécessaire et sans cesse croissante pour maîtriser l'usage et la valorisation des données.

Ainsi, les Data Scientist, Data Analyst, Data Engineer ou Chief Data Officer doivent avant tout se mettre au service de chaque métier de l'entreprise. Pour ce faire, dans bien des cas, une évolution de l'organisation et des rôles de chacun est nécessaire.

L'expertise Data doit être mise au service des savoir-faire de l'entreprise, non pour le complexifier, mais pour le simplifier. Ainsi, l'autonomie des utilisateurs dans l'exploitation des données (Self BI...) doit être un objectif pour tous les experts Data.

En complément des nouveaux outils et des méthodes innovantes du Data Management moderne, la Gouvernance des données doit être transversale et pouvoir s'appuyer sur un socle de valeurs communes partagées par tous les métiers au sein de l'entreprise.

> En conclusion

Il n'y a pas UNE stratégie Data, mais une multiplicité de réponses complémentaires. Le premier axe de cette stratégie est l'absence de dogmatisme technologique, fonctionnel ou organisationnel. Il s'agit d'adapter nos solutions de valorisation des données aux besoins et non l'inverse !

Bien exploitée, avec une gouvernance explicite et partagée au sein de l'entreprise, la donnée permet de créer de la valeur dans tous les processus de l'entreprise :

- Des gains d'accompagnement individuel en relation B2C ;

- Des gains de productivité en gestion ;

- Des gains de maîtrise des équilibres financiers et de pilotage en B2B ;

- Des gains stratégiques de connaissance des marchés et de leurs évolutions ;

- Des gains de développement avec l'opportunité de mettre en œuvre de nouveaux services.

La gestion et la valorisation des données concernent tous les acteurs de l'entreprise, ils devront être accompagnés par de plus en plus d'expertises complémentaires.

*Retrouvez la définition dans le lexique en fin d'ouvrage.

> GROUPE SIACI SAINT HONORE
S2H Consulting

Guillaume Van Gastel
guillaume.vangastel@s2hgroup.com

Damien Louvet
damien.louvet@s2hgroup.com

Article

Technicien augmenté : le digital remet l'humain au cœur de la stratégie des entreprises

La transformation digitale révolutionne la manière de voir et de pratiquer le métier d'origine de l'entreprise. À ce titre, dans les métiers de service, le technicien augmenté est le 1er maillon de la transformation numérique et est un levier de gain de temps, de réactivité et de qualité d'intervention. Il est aussi associé directement dans la création des nouveaux services énergétiques de demain !

Le temps d'intervention des techniciens peut être réduit de **40 %**

Le coût de formation des techniciens peut être réduit de **57 %**

Le temps d'apprentissage des méthodes pourrait être réduit jusqu'à près de **92 %** (en tenant compte des temps de déplacement)

"Dans les métiers de maintenance et d'exploitation, le numérique permet de répondre aux attentes des clients avec comme ambition d'apporter le bon service au bon moment et au meilleur coût."

Lara BERGER
Chef de projet Digital ENGIE

Plusieurs périodes ont émaillé l'histoire économique mondiale d'une façon générale, et française plus particulièrement. On distingue 4 révolutions industrielles (Mécanisation & machine à vapeur/ Production de masse & électricité/ Informatique & automatisation/ Digitalisation).

La 4e révolution industrielle que nous vivons actuellement, avec l'introduction des nouvelles technologies (IoT, IA, Cloud, Big Data, Blockchain, ...), se joue plus que jamais sur le terrain du numérique. Cela s'est traduit notamment par la décision de la Commission européenne de présenter, en avril 2016, un plan de mesures à hauteur de 50 milliards d'euros d'investissements pour un marché unique du numérique.

Avec les mutations accélérées des différents écosystèmes économiques, le contexte concurrentiel se transforme et oblige les entreprises de toutes tailles à accélérer leur transformation numérique et à revoir leurs modèles d'organisation.

La transformation digitale des entreprises passe forcément par les femmes et les hommes qui font la richesse de ces entreprises et qui en sont les acteurs au quotidien. Il est donc primordial de s'assurer de l'accompagnement, de l'implication et de l'appropriation de tous les collaborateurs dans les projets de transformation sous peine de manquer le virage du numérique. « Les espèces qui survivent ne sont pas les espèces les plus fortes, ni les plus intelligentes, mais celles qui s'adaptent le mieux aux changements. » Charles Darwin.

POURQUOI PARLONS-NOUS AUJOURD'HUI DE TECHNICIEN AUGMENTÉ ?

Depuis quelques années, des "slogans" accrocheurs fleurissent un peu partout et semblent devenir des concepts incontournables dans le business des entreprises "tech". Le "*technicien augmenté**" en est un. Néanmoins, au-delà de la formule rebattue, ce concept véhicule une idée nouvelle du métier de technicien et un réel levier de différenciation des entreprises dans le domaine de l'industrie et des services.

Dans les métiers de la maintenance et de l'exploitation, le numérique se développe rapidement et permet aux entreprises de services de répondre aux attentes de leurs clients avec comme ambition d'apporter le bon service au bon moment et au meilleur coût.

Quel que soit le support qui accompagne le technicien dans la réalisation de son intervention, il aura toujours besoin de pouvoir intervenir sur la machine et de consulter de la documentation dans le même temps. C'est cette problématique qui a enclenché le développement de nouveaux outils, visant à optimiser l'efficacité de l'acte technique et de sa préparation.

LES MÉTIERS DE SERVICES AUX ENTREPRISES

Les enjeux financiers sont colossaux de par la place que les services aux entreprises occupent dans l'économie française. En 2012, selon l'Insee, ce secteur comptait 581 000 entreprises et réalisait un chiffre d'affaires de 431 milliards d'euros. Aujourd'hui, plus de 2,3 millions de salariés travaillent pour les services aux entreprises, soit près de la moitié des effectifs des services marchands.

Au sein d'Engie, les métiers de services représentent une part importante des activités du groupe. Chaque jour en France, qu'ils soient sur site ou en itinérance, plus de 20 000 techniciens de maintenance et d'exploitation assurent les interventions de maintenance préventive et corrective des installations techniques de nos clients (climatisation, ventilation, chauffage, froid...).

Ils sont les premiers interlocuteurs de nos clients, et garantissent le respect des engagements contractuels. Ils veillent à la satisfaction des clients en étant garants des règles de santé, de sécurité et environnementales, ainsi que des procédures prescrites et réglementaires qui encadrent leurs interventions.

Les expertises techniques nécessaires aux interventions de ces techniciens peuvent être particulièrement complexes et nécessiter une connaissance parfaite de plusieurs procédures à la fois longues et précises. Par ailleurs, les enjeux de sécurité et de qualité d'intervention viennent s'ajouter à cela, ce qui peut complexifier encore leur travail.

Ce contexte est donc naturellement propice à la mise en place de solutions digitales afin d'accompagner ces métiers en leur permettant de se concentrer sur les actes techniques à forte valeur ajoutée tout en allégeant au maximum le temps passé à réaliser des tâches connexes.

"L' IA et les objets connectés permettront de capter et d'analyser en continu le fonctionnement des équipements, prédire les failles et proposer des recommandations pertinentes."

ÉVOLUTION DES MÉTIERS ET TRANSFORMATION DIGITALE

Une des définitions que l'on pourrait donner au terme "technicien augmenté" est le fait de doter le collaborateur d'outils lui permettant "d'augmenter" virtuellement ses capacités et compétences techniques en lui fournissant des informations pertinentes en temps réel afin de l'accompagner dans la réalisation de ses interventions.

Ces informations peuvent être de différentes natures (notice d'un équipement, historique des pannes, détail des composants, localisation dans le bâtiment, conseils d'un expert, etc.). Elles peuvent être portées par différents types de device (tablette numérique, lunettes connectées, casque de réalité augmentée, etc.) faisant appel à différentes technologies (chatbot, réalité augmentée, localisation indoor, BIM...). S'il est bien entendu que les robots et l'intelligence artificielle ne remplaceront jamais les humains, ce sont bien en revanche des leviers qui nous donnent l'opportunité de transformer nos métiers, en permettant à chaque collaborateur de se concentrer sur les tâches à forte valeur ajoutée, de diminuer les risques de sécurité, de se former en continu et d'améliorer la qualité de service et la satisfaction du client !

ACCOMPAGNEMENT ET CONDUITE DU CHANGEMENT : IL FAUT FORMER À DE NOUVEAUX MÉTIERS

Dans le domaine de l'industrie et du tertiaire, et dans les métiers de services aux entreprises et aux collectivités tout particulièrement, **les techniciens sont la force vive qui produit la valeur et le résultat de l'entreprise. Il est donc essentiel de concentrer nos efforts sur la mise en place de solutions digitales comme levier de performance interne et d'excellence opérationnelle.**

Une des clés de la réussite est de bien accompagner les révolutions que sont en train de connaître ces métiers par une offre de formation complète, efficace et surtout très largement diffusée. Les meilleurs outils digitaux n'ont absolument aucune efficacité si les personnes qui doivent s'en servir ne sont pas correctement formées.

L'enjeu est de pouvoir atteindre rapidement et à large échelle le plus de personnes possible sur le terrain, que ce soit via des webinars, des sessions de formation en présentiel, des digital tours au cours desquels les derniers outils sont présentés, avec un accompagnement personnalisé. Il faut ensuite mettre en œuvre les moyens de pérenniser la connaissance (pour gérer le turnover), de collecter les besoins remontés du terrain et d'adapter les outils au plus près des attentes des techniciens.

QUELQUES EXEMPLES

Plusieurs applications ont déjà été développées pour améliorer le quotidien des techniciens.

1. Les Lunettes de *Réalité Virtuelle** *, exemple type d'une innovation qui a généré beaucoup de scepticisme au départ, mais qui a su finalement trouver sa place dans la nouvelle ère du digital. Les lunettes Porsche par exemple permettent à un technicien d'avoir un accès mains libres à toutes les données stockées dans le cloud, et donc de rechercher et consulter la documentation technique de composants, produits ou autres dispositifs afin d'intervenir plus rapidement et avec une réduction du taux d'erreur non négligeable.

Le temps d'intervention a été réduit de 40 %, et il y a d'autres bénéfices liés à la réduction des coûts des réparations et à la satisfaction des clients.

2. Un exemple de **solution de réalité augmentée**

- TULIP, une entreprise américaine fournissant des applications de formation pour les techniciens, a démontré des résultats très intéressants sur plusieurs cas d'usage : chez Merck (leader dans la pharmaceutique) pour élaborer des process digitalisés afin d'économiser du papier, et pouvoir accroître la vitesse de formation des apprentis techniciens, ainsi que libérer du temps aux managers. Les résultats sont surprenants : **le coût de formation de ces super-apprentis a été réduit de 57 % par le processus digital, et leur temps d'apprentissage des méthodes a été réduit de 92 %.**

- Pour Jabil, entreprise dans l'électronique, en digitalisant ses procédures d'audit et process de formations. ***On notera une augmentation de 10 % de la rentabilité de production et une réduction de 60 % des problèmes de qualité liés à l'assemblage des composants.***

- Chez Anonymized, une société dans l'aéronautique, pour tracer, produire et vérifier la qualité de ses produits. **Cela s'est traduit par une réduction de temps de production de 75 % en moins de 3 mois.**

Les mesures de performance établies avec ces exemples sur la rapidité d'intervention, la qualité et les économies générées, permettent aux entreprises d'améliorer leur qualité de service et donc de satisfaire leurs clients, tout en augmentant leurs marges.

AMÉLIORATION DE LA MARQUE EMPLOYEUR

« Si vous prenez soin de vos employés, ils prendront soin de votre entreprise. » Richard BRANSON

En outre, la mise en place de ce type de solution digitale contribue largement à l'amélioration de la marque employeur, ce qui est primordial dans l'attractivité d'une entreprise. Les générations qui arrivent aujourd'hui sur le marché du travail ont des attentes différentes de leurs aînés. La capacité à fournir des outils de travail innovants et performants doit être considérée comme une condition nécessaire, mais pas suffisante par les entreprises pour améliorer leur marque employeur.

Les collaborateurs sont habitués dans leur quotidien à avoir une expérience digitale très aboutie : applications smartphone pour commander un taxi, un repas, prendre RDV en ligne avec un médecin à n'importe quelle heure, réaliser ses opérations bancaires à la volée etc. Aussi, il faut considérer le collaborateur comme un client interne et lui fournir la même expérience au travail que celle qu'il a chez lui. En améliorant son expérience collaborateur, en lui fournissant des outils performants, sa qualité de vie au travail augmentera et il deviendra un réel "ambassadeur" de son entreprise.

Finalement, l'avènement de la révolution digitale et son impact sur la vie quotidienne de tous obligent les entreprises historiques à se réinventer et les métiers traditionnels à s'adapter aux nouveaux enjeux, donnant par la même l'occasion aux employés - les techniciens en première ligne - d'accéder à des solutions innovantes qui révolutionnent leurs métiers.

*Retrouvez la définition dans le lexique en fin d'ouvrage.

> ENGIE
ww.engie.com

Lara Berger
lara.berger@engie.com

Catherine Cousinard
catherine.cousinard@engie.com

Article

La Data, levier de différenciation pour Aramis Auto

"La Data est le nouvel or noir", "datascientist, le métier de plus sexy de ce siècle", "l'IA n'existe pas", "mais qu'en est-il vraiment ?", "Par quoi commencer : construire un datalake ? Embaucher un datascientist ?" Aramis Auto a souhaité partager avec vous sa vision de la Data. Il était une fois la transformation Data...

163 zettabytes c'est la quantité de données mondiales en 2025

La force de votre **produit Data** résidera dans l'équipe

F.A.I.L. veut aussi dire First Attempt In Learning

"Mesurez, observez et n'arrêtez jamais d'améliorer votre produit Data. Vous en êtes responsables : faites-le grandir pour vos clients ou bien arrêtez-le si la valeur n'est pas là !"

Anne-Claire BASCHET
Head of Data & DPO Aramis Auto

Data, *datalake, machine learning, deep learning et IA sont devenus des buzzwords** depuis 5 ans comme si le concept d'Intelligence Artificielle venait d'émerger alors qu'il a été théorisé en 1955 par Minsky, Shannon, McCarty et Rochester dans leur article "A proposal for the dartmouth summer research project on artificial intelligence", d'après les principes fondateurs posés par Alan Turing.

Les accélérateurs ayant permis de remettre l'IA sur le devant de la scène sont :

- **L'explosion de données grâce à l'essor du digital** : 163 zettabytes, c'est la quantité de données mondiales estimées en 2025 par IDC - soit 13,5 fois plus qu'en 2015.
- **La démocratisation de la puissance de calcul et du stockage** : partant d'un coût moyen > 100$ par TB dans les années 2000, le coût de stockage est passé de 12$ pour 1TB de disque à un peu plus de 2$ pour 8TB (source Back Blaze).

Fortes de ces tendances, nombreuses sont les entreprises qui se lancent à bras ouverts dans cette transformation **en déclenchant un projet de datalake**, telle était l'histoire de l'entreprise Beta. L'entreprise Beta commença par nommer un chef de projet à qui elle demanda de lancer un projet de datalake pour mener des analyses exploratoires et des algorithmes permettant de découvrir des patterns de valeur pour l'entreprise. Lancé en mode agile, le projet se heurta à de nombreuses difficultés : nouvelles technologies, accès à la donnée, fréquence de mise à jour, qualité des données, sécurité... S'étant bien préparé, le chef de projet avait bien identifié les chantiers à adresser : data privacy (dont RGPD), qualité des données, sécurité IT, montée en compétences, recrutement de data engineers & data scientists, gouvernance des données, méthode de delivery agile... **Mais malheureusement, en se focalisant d'avantage sur l'innovation technologique que sur l'apport de valeur aux utilisateurs**, l'entreprise Beta dépensa rapidement son budget et son temps sans avoir révolutionné l'expérience client et la manière de travailler des collaborateurs.

Aramis Auto aborde cette transformation Data en 2012 par la création d'une équipe Data dédiée regroupant l'ensemble des compétences : architecture, engineering et data science. Certes, un datalake a été construit mais au lieu de l'aborder

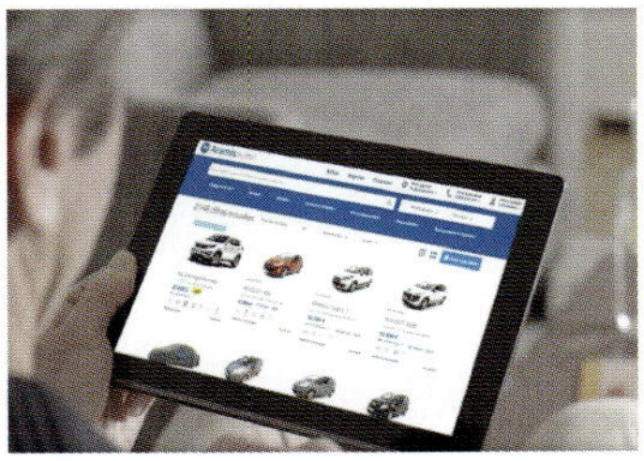

> Rendre l'achat de voiture toujours plus facile

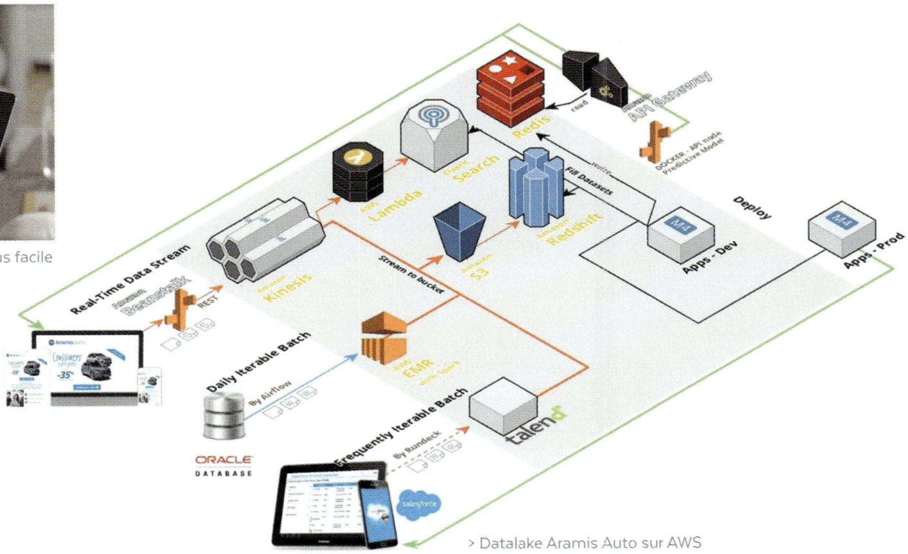

> Datalake Aramis Auto sur AWS

comme un projet de centralisation des données, la marque a :

1. Imaginé une vision cible en prenant en compte par design la data privacy.

2. Démarré par un premier cas d'usage résolvant un problème client, celui de la revente de son véhicule.

3. Fait le choix technologique du cloud de part son offre en services (dont la sécurité) et sa scalabilité si les cas d'usages et la volumétrie de données venaient à croître dans le temps.

Depuis 3 ans ont été déployés plusieurs cas d'usages qui ont été améliorés de manière continue ou arrêtés faute d'utilisation ou de valeur. Le datalake centralise aujourd'hui 300 To de données sur lequel reposent des cas d'usages en temps réel, mais ce qui compte avant tout, ce sont les problèmes client qui ont pu être résolus grâce à la Data. Voici les tips ou la recette, comme vous préférez.

Avant toute chose, notre conviction est qu'il faut **penser sa transformation data en termes de produit apportant de la valeur à un (ou des) utilisateur(s) final(aux) : "Quel problème client ou collaborateur cherchez-vous à résoudre ? "** Ceci vous permettra de trouver le consensus, clarifier l'orientation et engager la dynamique en interne tout en délivrant de la valeur à vos clients.

Puis dans une **approche Product Management, procédez en 3 étapes : Think Big, Start Small et Deliver Quickly**. Si votre 1er cas d'usage met 6 mois à être déployé c'est que vous n'avez pas pensé "Minimum Viable Product" (MVP).

Posez-vous alors la question : pour optimiser le recontact de clients en besoin d'informations commenceriez-vous par : une règle pour recontacter les clients plus récents ayant réalisé plusieurs actions dans les 7 derniers jours (A) ou un algorithme de random forest avec un retraining automatique déployable dans 6 mois (B) ? (A) permet en moins d'un mois d'apprendre avec vos collaborateurs : les clients contactés sont-ils satisfaits ? L'information remonte-t-elle bien dans la bonne interface et sous la bonne forme (donnée, visuel) ? De quelles informations de contexte le collaborateur a-t-il besoin ?

Ce qui nous amène au principe suivant : **"la force de votre *produit Data** réside dans l'équipe"**. Si votre produit est pensé pour/avec les utilisateurs, de manière itérative et incrémentale et en engageant l'ensemble des compétences nécessaires, vous lui donnez le maximum de chance de réussir.

Puis **MESUREZ** : la performance technique (disponibilité, temps de réponse...), l'utilisation de vos clients & collaborateurs et la valeur apportée.

OBSERVEZ : ne restez pas au siège devant les lignes de codes et des PowerPoint, allez près de vos collaborateurs et de vos clients.

Et **N'ARRÉTEZ JAMAIS D'AMÉLIORER** : ne pensez pas projet mais produit - ne vous arrêtez pas une fois le MVP déployé, améliorez votre produit Data de manière continue.

Vous êtes responsables de votre produit Data : de le faire grandir ou bien de l'arrêter si la valeur n'est pas là !

Et tout au long de ce chemin qui ressemblera sûrement plus à un Mud Day qu'à une balade dominicale à vélo, n'oubliez pas : **F.A.I.L. veut aussi dire First Attempt In Learning.**

*Retrouvez la définition dans le lexique en fin d'ouvrage.

> ARAMIS AUTO
www.aramisauto.com

Anne-Claire Baschet
Head of Data & DPO
anne-claire.baschet@aramisauto.com

DATA

Article

Maitriser et exploiter la data, un enjeu stratégique pour marques et retailers

**Les data ? Parlons un peu de ces données consommateurs, clients ou fournisseurs, notamment celles générées et captées via l'e-commerce et le digital, ces données que l'on nous présente comme "New oil of 21st century" (le pétrole du 21e siècle).
De quoi parlons-nous ici ? Est-ce bien nouveau ? A quels changements sommes-nous confrontés ? Y a-t-il vraiment rupture ?**

Une réelle approche CDP permet d'identifier et de recibler **40-50 %** de votre trafic e-commerce

Cibler vos acheteurs en croisant 1st et 2nd party data, c'est **+ 60 %** de performance nette

Le mobile explose, les opérateurs télécom doivent gérer et comprendre un trafic croissant **+ 15 %... par mois**

Resituons-nous, il y a 30-40 ans. Les premières données nous sont venues de business qui nous semblent désormais très traditionnels. Les entreprises de vente à distance (de services ou de biens physiques) captaient alors les données et les exploitaient déjà.

Que ce soit par catalogue, par formulaire voire par l'ancêtre Minitel, nous commencions gentiment à écouter ces signaux : comportements d'achat, récence-fréquence... étaient des termes qui commençaient à apparaitre. Les métiers liés (data-miners) se structuraient également au début des années 90.

Les premières analyses, techniques de ciblage et personnalisation étaient prometteuses et confirmaient la capacité de "viser juste" : communiquer la bonne offre, à la bonne personne, au bon moment. Bien sûr, les canaux de communication et de commande étaient limités, mais la mécanique de la data était en place : capture > structuration > analyse/segmentation > ciblage > mesure du retour sur investissement.

Donc, rien de neuf ? A quelle rupture faisons-nous réellement face ?

Début des années 2000, le digital se développe et ouvre la boite de Pandore. Les data se multiplient, de nouvelles sources apparaissent (mobile, réseaux sociaux, outils CRM et marketing automation, digital marketing...), des données souvent structurées, parfois non.

Au grand désespoir des dataminers, beaucoup de ces données sont en silo et ne peuvent être réconciliées : les outils de capture et traitement de données manquent et nous perdons la trace de l'identité de l'utilisateur, incapables de définir son comportement multi-device, multi-canal...

Ainsi, très heureux de disposer de nouveaux signaux (usage mobile, réaction aux newsletters, interactions via réseaux sociaux), l'impossibilité de croiser ces données et d'obtenir un historique cohérent douche les espoirs des plus optimistes.

En ce début de 21e siècle (première décennie), les gisements sont nombreux, le pétrole "data" est bien là, mais les gisements sont désordonnés et quasiment impossibles à maitriser. A la multiplicité des gisements, s'ajoute encore le volume de données qui explose. Illustration ? En début de seconde

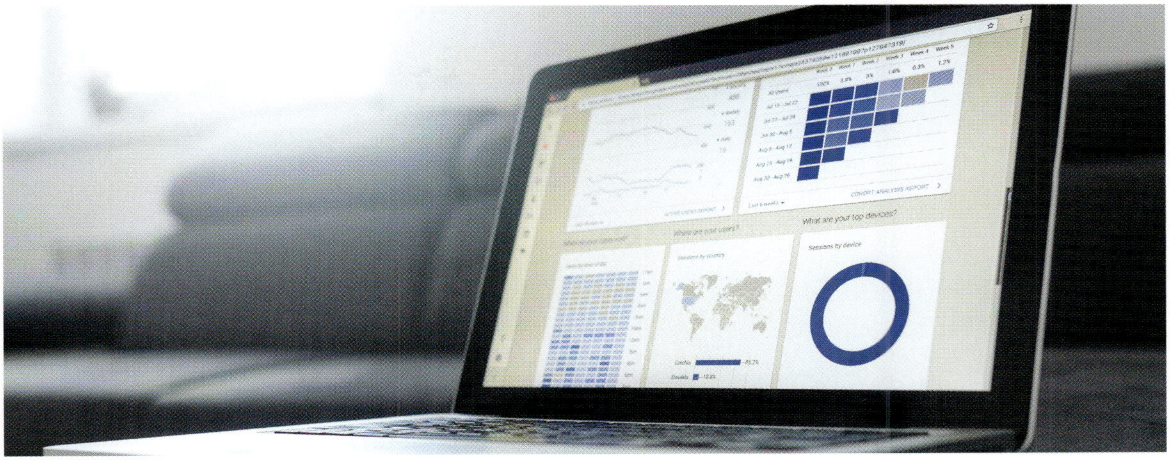

décennie (2010...), les données mobile croissent de 15 %... par mois pour les opérateurs. Impossible à supporter pour les outils analytiques...

Et nous ne parlons pas encore des objets connectés, l'"internet of things"... prochaine réplique de cette explosion de données.

Mais cette profusion, nouvelle, va cependant marquer une prise de conscience : celles de la valeur de ces données, du capital qu'elles représentent pour tout acteur (media, retailer ou marque).

Des écosystèmes complets sont désormais envisageables. Objectif : comprendre et exploiter au niveau business comportements d'achat, géolocalisation, habitudes de paiement, données externes (météo, actualités, etc.). Les GAFA notamment le comprennent et développent des environnements de plus en plus complets.

Et la décennie suivante (2010 et plus) va apporter les outils nécessaires.

- Capture et structuration des données : les technologies (tag management, DMP, *CDP**) intègrent la possibilité de suivre dans le temps les comportements (gestion de l'identité user, historisation) ainsi que de s'ouvrir aux autres sources de données (DMP, réseaux publicitaires...) ;

- L'IA permet de maitriser ces volumes, de croiser ces données et d'enrichir ces indicateurs ;

- Les outils de marketing automation multiplient les points de contact utilisant des data plus riches.

Mais des ingrédients-clés sont nécessaires pour que cet écosystème se déploie réellement :

- Echange des données entre acteurs : 1st party (les marques par exemple), 2nd party (distributeurs, partenaires commerciaux) et 3rd party (GAFA, acteurs tels que Criteo...) communiquent désormais, le *CRM-onboarding** apparait ;

- Anonymisation et sécurisation : un challenge conséquent dans un monde digital qui s'ouvre, innove et accélère toujours plus ;

- Ethique et respect de la vie privée : ce pouvoir (de ciblage, personnalisation...) via les data entraine une forte responsabilisation de tous les acteurs et exige un usage transparent, raisonnable et intelligent de leurs données.

Sur ces aspects de sécurisation et d'éthique, le RGDP apporte une première réponse, probablement suivie dans les prochaines années d'améliorations constantes visant à structurer et clarifier l'usage des data.

Et nous y sommes (ou presque)... Les gisements sont bien mieux maîtrisés et les cartes sont en train d'être profondément rebattues.

C'est ici que les enjeux stratégiques de la data prennent tout leur sens.

Quelle sera demain, dans 3 ou 10 ans, la différence entre acteur retail, media ou prestataire paiement ? L'ensemble de ces acteurs créent actuellement les passerelles pour développer les services qui font sens pour leurs prospects ou clients, sources eux-mêmes de nouvelles data identifiant les futurs services à proposer... Un cercle vertueux où la data crée la data, où le business recrée du business... Où ceux qui ratent ce virage prendront un risque court terme de disparaitre.

Développer cette culture de la donnée, recruter les bons profils data/marketing, comprendre ces consommateurs (qui font ou défont désormais les acteurs traditionnels ou nouveaux) et anticiper leurs besoins seront les meilleurs moyens pour les entreprises de gagner les futures batailles commerciales, que ce soit entre les US, l'Europe ou l'Asie, les acteurs traditionnels, pure players ou futures licornes. C'est cette rupture, réelle, à laquelle chaque acteur devra faire face.

*Retrouvez la définition dans le lexique en fin d'ouvrage.

Olivier Gosset
E-commerce Manager Europe
ogosset@scj.com

Article

Le marché de la donnée post-RGPD : entre obligations et opportunités

Le règlement européen (RGPD), s'applique depuis le 25 mai 2018. Il impose des règles rigoureuses sur la protection des données personnelles alors que la stratégie marketing digitale des marques repose souvent sur leur exploitation. Dans ce contexte, comment se positionner pour trouver le bon équilibre entre conformité juridique et opportunités économiques ?

66 % de Français se disent plus sensibles qu'avant à la protection des données

"On constate une certaine inertie de la part des acteurs du numérique. Ce qui est assez logique, car la protection des données touche à leur modèle économique."

Bruno DELCOMBEL-DELBOS
Président Chandago

UN MARCHÉ EN PLEINE MUTATION

En réponse à la perte de confiance des internautes envers les acteurs collectant leurs données personnelles, le RGPD a introduit un cadre juridique visant à protéger leur utilisation tout en garantissant le développement de l'économie numérique (Préambule 7, RGPD). Dans l'écosystème actuel, l'exploitation des données peut en effet servir aux responsables de traitement (éditeurs ou annonceurs) à influencer la qualité de leur relation client, et générer des sources de revenus importantes. La mise en conformité des acteurs vise ainsi à instaurer un principe de transparence sur le marché publicitaire. Sur cette base, un rapport de confiance pourra se créer et permettre à tous d'en tirer profit économiquement.

Afin d'accompagner sereinement ces changements, les technologies de type Blockchain, à l'instar de l'industrie alimentaire, offrent au marché la possibilité de bénéficier d'outils fiables, garantissant une traçabilité de la donnée et des échanges entre tous les acteurs (éditeurs, clients, prestataires, partenaires ou encore annonceurs). Actuellement, aucun d'entre eux ne bénéficie de transparence sur l'ensemble de la chaîne de valeur de la donnée, mais ne voit seulement ce qui circule dans son propre périmètre. La qualité de la donnée ainsi que sa valorisation dépendent donc à présent de la méthode de collecte du consentement, du respect des choix des internautes, éditeurs et annonceurs, et enfin d'un contrôle sur les transactions afin de limiter la fraude.

« Le RGPD fait entrer des contraintes dans un marché qui n'en connaissait aucune jusqu'à présent. Et puisqu'il est nécessaire de travailler sur la confiance entre les acteurs, il faut arriver sur ce marché naissant avec des outils robustes et technologiquement solides pour pouvoir prouver rapidement et inspirer confiance ». Bruno Delcombel-Delbos, Président et Co-fondateur de Chandago.

DE L'UTILISATEUR À L'ANNONCEUR : LA RESPONSABILITÉ DES ÉDITEURS

Tout d'abord, la méthode de recueil du consentement sur un site internet ou une application nécessite d'offrir une expérience utilisateur qualitative, non-intrusive et personnalisée afin d'optimiser le taux de consent-in et de limiter la *consent-fatigue** des internautes. L'UX est à ce titre primordiale afin

RGPD | UX | CMP

> Retrouvez les mots clés en index <

de connaître et de comprendre, grâce à des tests utilisateurs, le comportement des end-users afin de leur adresser la bonne notice, avec le bon verbatim, au bon moment. Cela favorise l'accès et la collecte de données brutes et authentifiées, ayant donc une valeur incrémentale plus élevée. L'éditeur améliore ainsi l'engagement et la perception positive du service, ce qui rétablit le rapport de confiance avec les autres acteurs du marché.

En effet, les annonceurs auront accès à des données plus qualitatives, aboutissant à un meilleur *ciblage** et générant ainsi plus d'engagement et de conversion - et donc un meilleur retour sur investissement. De plus, l'exploitation de données déclaratives, portant sur les centres d'intérêts, le comportement ou encore le style de vie des consommateurs, est un levier de communication inestimable. Utilisées avec les dispositifs de sécurité et de confidentialité adaptés, ces données améliorent l'expérience client et génèrent de nouvelles sources de revenus grâce à des informations plus précises, synonymes de performance et de *pertinence** dans les messages qui leur sont adressés. C'est grâce à une donnée fiable et traçable que les annonceurs pourront mener des stratégies commerciales optimisées et des partenariats rentables dans le respect de la confidentialité de leur client.

DES OPPORTUNITÉS DE CROISSANCE QUI PASSENT PAR LE CONTRÔLE ET LA TRANSPARENCE

Enfin, le contrôle des transactions sur la chaîne de valeur de la publicité en ligne, contribuera à établir des rapports équilibrés entre les parties prenantes, favorisant les échanges générateurs de croissance. La donnée deviendra donc un actif précieux et stratégique pour tous les intervenants, avec des indicateurs de performance toujours plus nombreux (exactitude, cohérence, exploitabilité...). Garantir ainsi la conformité des données et leur bonne utilisation, respectueuse des choix des utilisateurs, participera à créer une nouvelle forme de dialogue entre éditeurs et annonceurs qui se répercutera directement sur le parcours de navigation des internautes. Les investissements à court terme pour la mise en place de ces mécanismes, permettront à chacun d'être mieux préparé aux futures réglementations à venir, comme l'*E-privacy**.

Le RGPD a donc fait entrer le marché de la donnée dans une nouvelle ère qui permettra aux acteurs du secteur d'engager des relations durables basées sur la transparence et la confiance avec leurs partenaires en leur fournissant un meilleur contrôle et une plus grande visibilité sur la collecte et l'utilisation des données personnelles. L'utilisateur de son côté prendra peu à peu conscience de la valeur que représente ses données, et deviendra acteur dans la relation. En favorisant ainsi les opportunités de croissance issues des transactions de data rattachées à leur base légale (consentement ou intérêt légitime), dans un système où tous les acteurs se font confiance et se respectent, la traçabilité des données et la lutte contre la fraude seront des arguments commerciaux différenciants.

*Retrouvez la définition dans le lexique en fin d'ouvrage.

> CHANDAGO
Fiche d'entreprise p. 486

Antoine Dumas Martin
Directeur Commercial et Marketing
adumas@chandago.com

AppConsent® Xchange

AppConsent® Xchange vous garantit **la provenance, la fiabillité et la conformité des données** collectées et distribuées sur le marché de la publicité en ligne. Avec notre système anti-fraude, la donnée, constamment rattachée à sa base légale, est **tracée sur toute la chaîne de valeur.**

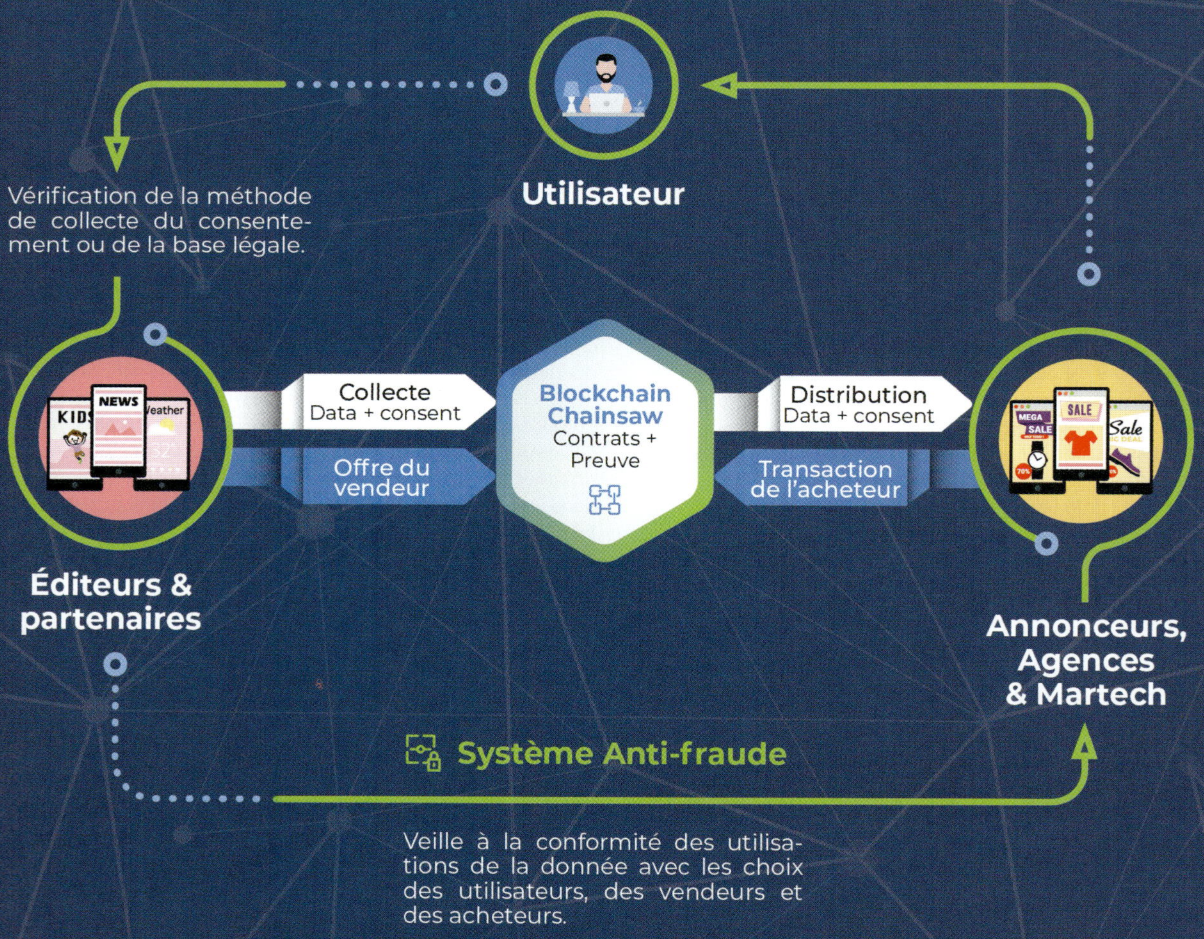

Retours d'expérience et astuces sur les dernières stratégies utilisées dans une logique de commerce unifié !

SEARCH E-COMMERCE

MARKETPLACE

PHYGITALISATION

COMMERCE UNIFIÉ

COMMERCE CONNECTÉ

STORE TO WEB

WEB TO STORE

CLICK & COLLECT

SOMMAIRE

CHAP.5

COMMERCE

◗ *Étude de cas* ▶ *Article*

Les pratiques des consommateurs connectés

Mediametrie

Des consommateurs engagés

Nombre de cyberacheteurs[1]

2010	2015	2018	2019
26,4M	34,7M	37,4M	39,0M
72% des internautes	78% des internautes	86,2% des internautes	87,7% des internautes

Top 5 des sites de « e-commerce » les plus visités en France[2]

Amazon	Cdiscount	Veepee	Booking.com	Fnac
29,9M	19,6M	14,1M	13,7M	13,4M
47,7% internautes	31,3% internautes	22,6% internautes	21,8% internautes	21,3% internautes
visiteurs/mois	visiteurs/mois	visiteurs/mois	visiteurs/mois	visiteurs/mois
dont 61,4% sur mobile	dont 62,1% sur mobile	dont 68,1% sur mobile	dont 60,2% sur mobile	dont 60,3% sur mobile

Top 5 des catégories les plus achetées[3]

50%	37%	36%	26%	24%
Habillement / Chaussures / Mode / Lingerie homme, femme	Produits culturels	Voyage / Tourisme	Billets pour des évènements	Beauté Santé

Préoccupation éco-responsable des consommateurs(4)

fevad

S'informer avant d'acheter

Le **pays de provenance** des produits
78%

L'existence d'**information** sur les éléments de **production responsable**
70%

La possibilité de **réparation** des produits
65%

Les **modalités de reprise** des anciens produits
60%

L'existence d'**information** sur la **politique sociale et éthique** du site
55%

L'impact des démarches responsables

70%
Vous privilégiez **ce site plutôt qu'un autre pour vos achats**

60%
Vous êtes incités à **visiter ce site** Internet ou **télécharger** son application

38%
Vous avez tendance à le **relayer** sur les **réseaux sociaux** ou auprès de vos **proches**

Internet, contributeur au commerce responsable

Découvrir des façons de **consommer responsable** que vous ne connaissiez pas
72%

Trouver plus **facilement** des produits issus du commerce responsable
67%

Acheter des produits issus du commerce responsable **moins chers** qu'en magasin
64%

Consommer plus responsable que l'achat en magasin
43%

Les incitations à acheter d'avantages

52%
Ne jamais utiliser vos données personnelles autrement que pour la transaction et livraison

47%
Des normes éthiques avancées pour l'ensemble de ses collaborateurs et fournisseurs

40%
Des modes de **communication** et de **livraison éco-responsables** (ex : livraison avec des véhicules électriques)

- Source (1) : Médiamétrie - Observatoire des Usages Internet – T2 2019
- Source (2) : Médiamétrie//NetRatings – Audience Internet Global – Catégorie créée spécialement pour la Fevad - Moyenne T2 2019 - France – Base : 15 ans et plus
- Source (3) : Médiamétrie - Web Observatoire - T2 2019
- Source (4) : Médiamétrie – MédiaFit – Etude réalisée auprès de 1 413 Internautes âgés de 15 ans et plus pour le compte de la Fevad.

Fiche Théorique

7 FACTEURS POUR UN PARCOURS OMNICANAL SEAMLESS

La multiplicité des offres de moyens de communication, de distribution, de livraison d'une marque entraîne des problématiques de coordination de ces moyens. Ainsi, pour limiter les dysfonctionnements, le parcours client omnicanal suppose la prise en compte d'au moins 7 facteurs pour offrir un parcours seamless.

LE PROCESSUS DE DÉCISION D'ACHAT OMNICANAL

Le processus de décision d'achat d'un consommateur comprend 5 grandes phases. Il débute par une prise de conscience d'un besoin qui peut émaner de plusieurs sources : besoins physiologiques, présentation par une Instagrameuse, évènement particulier comme un anniversaire… Vient la phase de recherche et de recueil d'informations pour répondre au besoin. Informations en mains, le consommateur va pouvoir considérer les caractéristiques des produits, les comparer et les analyser avant d'en préférer un et finalement de passer à l'achat. Pour résumer, les phases du processus de décision d'achat sont les suivantes : prise de conscience, recueil d'informations, considération, préférence et achat avant de passer à l'étape de fidélisation.

OMNICANALITÉ ET DÉCISION D'ACHAT

Il y a encore quelques années de cela, la prise de décision se déroulait de façon assez linéaire, c'est-à-dire par l'utilisation de moyens limités pour les 5 phases du processus. Par exemple, dans la phase de prise de conscience du besoin, la multiplication des canaux de communication et de sensibilisation IRL et OTI actuels n'a plus rien à voir avec les moyens utilisés par les marques il y a 5 ou 10 ans. Les sollicitations multiples, répétées et omnicanales tout au long de la journée par les entreprises induisent de la part du consommateur l'élaboration d'une prise de conscience d'un besoin différent de la décennie précédente.

DE L'OMNICANALITÉ AU SEAMLESS

Cette omnicanalité se retrouve à chacune des phases du processus de décision. Ainsi, le recueil d'information sur un produit a été simplifié grâce aux outils d'accès aux sources d'informations multiples (smartphones, tablettes, montres) ainsi que les sources d'informations multipliées (géographiques : France, Europe, Monde ; techniques, sociales : communautés, etc.).

Comment, dans un contexte d'omnicanalité, une marque peut-elle concilier présence dans le funnel du processus de décision et budget raisonnable ? Comment assurer pour la marque une présence à la fois sur les réseaux sociaux (et lesquels) en magasin, sur le web, en TV, en radio, etc., sans "coupure" lors des changements de canaux de communication, de vente/distribution et de livraison du consommateur ? L'objectif serait de proposer au futur client un parcours omnicanal "sans couture" entre les différents environnements, un parcours seamless.

PARCOURS D'ACHAT ET DÉCISION D'ACHAT

Le processus de décision d'achat se construit en parallèle d'un parcours d'achat. Parcours qui est identifié comme omnicanal grâce aux multiples possibilités offertes pour les consommateurs et les contraintes que cela implique pour les entreprises comme vu précédemment.

L'objectif pour une marque de construire un parcours seamless est d'offrir aux consommateurs dans le cadre d'un processus de décision d'achat, un parcours d'achat fluide. L'intérêt sera de limiter les ruptures dans le parcours afin d'éviter

Matrice Processus de décision d'achat/ parcours seamless					
Processus de décision	Prise de conscience	Recherche d'informations	Considération	Préférence	Achat
Temporalité					
Message délivré					
Support de communication du message					
Outils digitaux					
Lieux d'actions					
Moyens de distribution de la marque					
Mode de déplacement					

> Matrice processus de décision/parcours seamless

les occasions de mécontentement, de questionnement et d'intention d'aller à la concurrence. Quels sont alors les principaux facteurs à prendre en compte pour accompagner au mieux le futur client ?

LES 7 FACTEURS SOUS FORME DE MATRICE

Un grand nombre de facteurs peuvent rentrer en ligne de compte pour créer un parcours seamless. Toutefois, il semble pertinent dans la détermination du choix des facteurs, de privilégier ceux qui sont directement liés aux parcours physiques et digitaux du consommateur.

Ainsi, le mode de déplacement indique les moments où le consommateur sera disponible ou non pour recevoir de l'information. Les types de supports de communication digitaux (référencement, bannières, email, SMS...) et classiques (média/hors média/média tactiques) auxquels le consommateur est exposé fourniront des informations sur la pertinence de leur déploiement. La connaissance des moyens ATAWADAC (types de smartphones, tablettes, ordinateurs) du consommateur déterminera son degré de maîtrise des technologies et les usages associés. Les lieux de séjour indiquent l'endroit où peuvent s'effectuer les prises de décisions : au domicile le soir ou bien au bureau dans la journée, par exemple. Connaître les lieux de vente et moyens de distribution que le consommateur utilise pour découvrir le produit, le considérer et/ou l'acheter permettra une meilleure adéquation des points de contact entre la marque et le consommateur. Ajoutons à cela l'analyse du message diffusé par la marque qui permettra un retour qualitatif sur sa pertinence auprès de la cible au moment du processus d'achat. Enfin, connaître les moments de diffusion du message permettra d'établir les fréquences et les meilleurs moments de consommation.

EXEMPLE DE PARCOURS D'ACHAT : LE CAS SAINT-VALENTIN

Cinq jours avant la fête de la Saint-Valentin, un homme, en couple, sort de chez lui à pied pour prendre le bus et se rendre à son travail. Il reçoit une notification sur son smartphone de la part d'une enseigne de distribution de parfum lui proposant des recommandations de parfums pour sa femme à l'occasion de la Fête des amoureux. Le SMS l'invite à venir sur le site via un lien hypertexte ou à se rendre en boutique pour tester les parfums.

Dans le bus qui l'amène au travail, il clique sur le lien hypertexte du SMS pour en savoir plus sur les parfums. Il navigue sur le site du distributeur et celui des marques de parfums pour recueillir des informations. Arrivé sur son lieu de travail, il profite de "micro-moments" dans sa matinée pour investiguer sur les réseaux sociaux afin d'en savoir plus sur les produits. Après son déjeuner, il se rend dans le magasin physique de l'enseigne pour "considérer" son futur achat. Il s'oriente sur un parfum après essai. Toutefois, il trouve le prix du parfum élevé et effectue, alors qu'il est encore dans le magasin, une recherche sur son smartphone, en tapant "parfum pas cher". Le moteur de recherche lui propose plusieurs sites répondant à sa requête. Il trouve son parfum deux fois moins cher que dans le magasin et décide de commander directement sur le site. Au moment de payer, il se rend compte que les délais de livraison ne lui permettront pas d'avoir le parfum dans les délais. Il renonce donc à son achat en ligne pour ce motif.

En revanche, il garde les coordonnées du site pour un achat ultérieur. De retour à son travail, il reçoit un SMS d'alerte d'un concurrent proposant pour l'occasion de la Saint-Valentin 25 % de remise sur les parfums. Sûr de son choix quant à la marque, il décide de commander depuis son smartphone dans un taxi qui le conduit à son prochain rendez-vous. Les options sur le site lui permettent de se faire livrer le jour même dans un point relais proche de son domicile : il serait dommage après toutes ces péripéties que la destinatrice du cadeau se retrouve nez à nez avec le livreur de son cadeau ! Quelles sont les raisons qui n'ont pas permis à la marque initiatrice de l'action de réaliser un parcours seamless jusqu'à la phase d'achat ?

ANALYSE DU PARCOURS OMNICANAL SEAMLESS

De cet épisode d'achat découle une première observation : ce n'est pas la marque à l'initiative de la prise de conscience "alerte Saint-Valentin" qui est récompensée. Elle a pourtant été présente au départ sur le digital par l'envoi du SMS puis en offrant des supports d'information et de distribution à la fois digitaux (e-shop) et physiques (le magasin). Le prix a été un motif de comparaison qui a entraîné une sortie du parcours d'achat initial en magasin pour un nouveau parcours digital chez un concurrent "pure player" qui s'est soldé par un abandon du panier dû à un problème de logistique. Finalement, le distributeur qui emporte la vente sera celui qui se sera démarqué en proposant le bon message (- 25 % sur la période) et le bon délai de livraison. Ce dernier se positionne dans le parcours au moment où le consommateur a toutes les cartes en mains pour prendre sa décision (contraintes de temps, livraison, comparatifs des produits et des prix...).

Une analyse plus approfondie de la situation avec la matrice ci-dessous permettra de faire ressortir les comportements et usages de consommation ainsi que les points de rupture dans le parcours client afin de l'améliorer pour le rendre seamless.

COMPORTEMENTS ET USAGES

Le consommateur utilise principalement son smartphone sur l'ensemble du parcours. Il utilise l'ordinateur de l'entreprise pour des "micro-moments" de consultation. La meilleure façon de contacter le consommateur reste le smartphone que ce dernier utilisera tout au long du parcours.

L'utilisation des réseaux sociaux se produit au moment de la recherche d'information. Le consommateur ne s'appuie pas sur les réseaux dans la phase de préférence ou de considération, c'est-à-dire une phase d'incertitude d'achat. Les contenus sur les réseaux de la marque peuvent rester purement informationnels. Ainsi il ne sera pas prioritaire pour la marque de mener des actions qui poussent à l'engagement et au recrutement par les communautés.

L'achat se déroule en phase d'intermodalité, dans un taxi, moment où le consommateur se trouve en phase de transit, sans pouvoir véritablement effectuer des actions compliquées et longues. Le processus de finalisation des commandes doit alors être simplifié au maximum pour limiter les erreurs et les temps d'attente trop longs.

Matrice Processus de décision d'achat/ parcours seamless

Processus de décision	Prise de conscience	Recherche d'informations			Considération	Préférence	Achat
Temporalité	Matin J-5	J-5 Matin		Midi	J-5 Midi	J-5 Après midi	J-5 Après midi
Message délivré	Alerte Saint Valentin. Recommandations produits	Informations sur le produit et le distributeur	Informations informelles sur les produits. Avis de la communauté	Caractéristiques des produits	Caractéristiques des produits.	- 25% pour le Saint Valentin sur les parfums	
Support de communication du message	SMS	Sites web	Réseaux sociaux	Force de vente en magasin	Force de vente en magasin « parfum pas cher » sur le site sélectionné par le moteur de recherche	SMS	Site internet du concurrent
Outils digitaux	Smartphone	Smartphone	Smartphone perso et pc de l'entreprise	Aucun	Smartphone	Smartphone	Smartphone
Lieux d'actions	Dans la rue	Dans le bus	Bureau	En magasin	En magasin	Dans la rue puis taxis	En déplacement
Moyens de distribution de la marque		Eshop possible pour achat du produit sur le site		Magasin et eshop	Magasin et eshop de la marque Site web concurrent	Lien hypertexte qui amène sur le site eshop du distributeur	Eshop et points relais dans la journée
Mode de déplacement	À pieds	Bus		À pieds		Taxis	Taxis

> Analyse du cas Saint-Valentin avec la matrice

LES POINTS DE RUPTURE

Quels sont les facteurs qui ont amené notre consommateur à choisir le concurrent ?

> Temporalité

L'urgence de l'achat : la fête se déroule dans 5 jours. L'alerte a été donnée le matin, entre la prise de conscience et l'achat, le consommateur se donne la journée pour résoudre son problème.

> Le message

Le SMS du matin est composé de deux messages : l'alerte "fête de la Saint-Valentin" et la recommandation de produit. L'alerte a permis au consommateur une prise de conscience du problème, mais les recommandations de parfums n'étaient pas forcement des plus pertinentes. Ce qui a réellement déclenché l'achat reste la remise de 25 %. Un message ciblé alerte/- 25 % aurait été plus efficace. La mise en place sur le site d'un message pop-up "offre de remise" sur la page produit se déclenchant après une période d'inactivité/d'hésitation de l'internaute était une option intéressante pour convaincre le consommateur dans sa décision. La remise aurait pu être d'ailleurs moins importante que celle du concurrent. Lancé dans le processus d'achat, le consommateur ne serait sûrement pas allé comparer sur d'autres sites pendant la phase d'achat ni après l'achat lors de l'envoi du SMS concurrent.

> Les moyens de distribution

La proposition de livraison "click and collect" dans un point relais dans la journée et sur le trajet du consommateur est un réel atout que la première marque ne propose pas. Cette dernière n'offrant "que" la distribution en magasin ou en livraison à domicile doit alors repenser le point de contact magasin afin de proposer des offres attractives à ce moment précis.

En conclusion, cette matrice ne prétend pas résoudre les problématiques liées à l'omnicanal. Elle s'utilise sur un mode d'audit afin de faire le point avec une prise en compte des éléments les plus déterminants dans les parcours. Elle permet de prendre de la hauteur sur les parcours des cibles et de comprendre les usages et comportements afin d'en améliorer l'expérience.

> ISTEC
Ecole de commerce Grade Master

Ronald Boucher
Responsable Master Marketing Opérationnel et digital - Programme PGE - ISTEC
r.boucher@istec.fr

Étude De Cas

DOTT (1)

Tous les chemins ne mènent pas à Amazon ! Créez votre propre succès : cas d'usage avec le lancement réussi de la marketplace Dott

PROBLÉMATIQUE DE LA MARQUE

Amazon propose uniquement à la population portugaise une version en... espagnol. Une faille dans laquelle deux grands opérateurs nationaux se sont engouffrés, en créant en l'espace de six mois une *marketplace** très ambitieuse, qui regroupe déjà 500 marchands pour 500 000 produits.

La collaboration à parts égales entre Sonae, premier distributeur portugais (40 000 employés) et CTT, l'équivalent de la Poste française, s'est montrée particulièrement efficace. La nouvelle marketplace baptisée DOTT (dott.pt) est un concentré de bonnes pratiques. Pour convaincre et fidéliser durablement son public, elle a également pris le parti de jouer la carte locale, en valorisant les marchands portugais et en s'adaptant aux spécificités du pays en matière de livraison.

Les entreprises du pays, jusqu'ici, réalisent moins de 3% de leurs ventes en ligne - contre 15% en Grande-Bretagne ou en Allemagne. En leur offrant un nouveau débouché, DOTT semble promis à un bel avenir.

SOLUTION STRATÉGIQUE

Les deux associés ont mené un benchmark international des solutions marketplace et ont finalement choisi IZBERG en France. « Notre solution les a séduits par son approche très modulaire, la qualité de l'expertise technique des équipes-projets et la promesse d'un temps de déploiement de quelques mois, résume Benoît Feron, co-fondateur d'IZBERG. Nous sommes rapides dans la mesure où nous proposons une solution 100% disponible par API, qui peut être intégrée à n'importe quel SI. »

« L'objectif ici, reprend Benoît Feron, était d'offrir aux acheteurs un maximum de verticaux de produits, avec suffisamment de profondeur pour chaque verticaux. La force d'une marketplace, c'est aussi de pouvoir faire des tests et déployer ou stopper certains articles en fonction des résultats, avec un investissement moindre. »

Pour créer rapidement « le premier centre commercial en ligne du pays », Sonae et CTT ont travaillé avec l'agence Bright Pixel qui s'est chargée du développement front-end, tandis qu'IZBERG travaillait en parallèle sur le back-office. « Ainsi, au bout de trois mois, Sonae et CTT, qui avaient de leur côté employé leur temps à recruter des marchands, ont pu intégrer leurs premiers clients. »

Une campagne de publicité massive, en TV notamment, a permis de lancer le site : les deux partenaires ne se bercent pas d'illusions et savent qu'Amazon va finir par arriver sur leur marché. Ils ont l'intention de prendre des parts de marché le plus vite possible et de les conserver grâce au positionnement « national » de leur offre et à la qualité de services. « Nous nous étions donnés un délai d'un an pour que DOTT soit opérationnel et nous avons tenu le pari. Nous avons même été bien plus rapides que ça », précise fièrement Benoit Feron.

MISE EN PLACE OPÉRATIONNELLE

Les marchands, on l'a vu, ont été sélectionnés avant tout pour leur attractivité auprès de la clientèle portugaise et notamment pour leur étiquette « locale ». L'objectif est de valoriser les petites et moyennes entreprises portugaises, qui ne sont pas encore digitalisées et qui ont du mal à se mettre en valeur sur Amazon.

L'une des particularités du pays repose sur la présence importante d'habitants dans les îles (archipels de Madère et des Açores). La livraison y est d'ordinaire plus longue. « DOTT

Marketplace | partenariat | innovation ouverte

> Retrouvez les mots clés en index <

INFOS CLÉS		
En 2018, **1,86 milliard** de dollars ont été dépensés sur les 100 premières marketplaces mondiales	En 2020, les ventes en ligne du B2B **doubleront** celles du BtoC	En 2021, **33%** des ventes en lignes mondiales seront réalisées sur des marketplaces

a choisi de se distinguer en assurant une livraison en moins de 48h, indique Gaspar d'Orey, CEO de DOTT. Nous avons également mis en place une offre de Click & Collect, avec plus de 1 500 points de retrait dans le pays. »

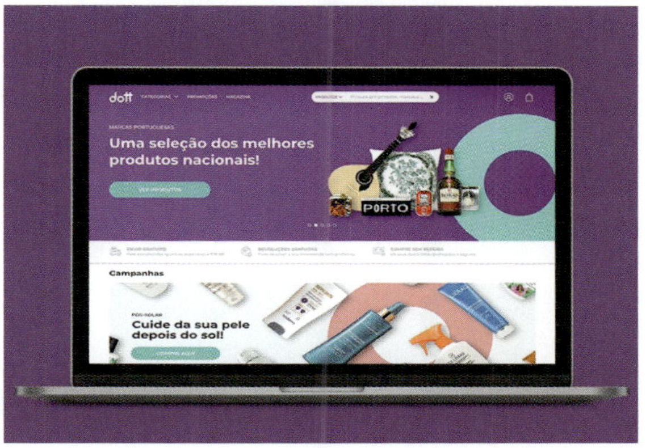

Les retours sont gratuits et le client peut contacter DOTT sur tous les canaux : email, chat, téléphone, réseaux sociaux... 40 collaborateurs sont disponibles pour échanger avec les marchands et acheteurs.

Autre particularité de la marketplace : elle rend possible le paiement par un tiers. Concrètement, l'acheteur peut cliquer sur un bouton « Ask Your Father » et DOTT envoie un email à la personne choisie, avec la référence ATM pour le paiement. Souvent utilisée par les plus jeunes acheteurs, comme son nom le suggère, cette option (rare) a également séduit d'autres typologies de segments, à commencer par les seniors.

L'agence créative Nossa a communiqué sur la joie d'acheter en ligne et le plaisir de recevoir ses paquets chez soi, comme des cadeaux.

Enfin, le projet DOTT est marqué par l'extraordinaire rapidité de son déroulement : il a fallu à peine plus de six mois pour que le site soit opérationnel et ouvert aux premiers acheteurs, en février 2019. « C'est une expérience de coordination et de mobilisation que nous n'oublierons pas de sitôt », souligne Gaspar d'Orey.

Prochaines échéances : le site espère regrouper 5 000 marchands d'ici trois ans et s'ouvrir progressivement aux marques étrangères.

RÉSULTATS

IZBERG facilite l'intégration des marchands et de leurs catalogues produits grâce à ses modules ergonomiques, faciles d'utilisation pour des utilisateurs peu habitués au numérique. Pour preuve, dott.pt compte d'ores et déjà 500 marchands, 17 catégories d'articles et près de 500 000 produits. Le nombre de vendeurs devrait doubler d'ici la fin de l'année 2019, passant à 1 000, pour un million de produits.

Les fondateurs de DOTT poursuivent l'objectif de réaliser 100 000 transactions sur la première année.

Le niveau de services et la clarté du positionnement du site constituent une série de bonnes pratiques, qui pourraient inspirer bon nombre d'opérateurs, au Portugal, en France ou ailleurs.

> *« L'objectif est de valoriser les petites et moyennes entreprises portugaises pour créer rapidement « le premier centre commercial en ligne du pays ». »*

> IZBERG
www.izberg-marketplace.com
Fiche d'entreprise p. 497

Benoit Feron
benoit@izberg-marketplace.com

*Retrouvez la définition dans le lexique en fin d'ouvrage.

(1) Première marketplace B2C généraliste portugaise, lancée par Sonae, leader dans le secteur de la distribution et CTT, leader dans le secteur de la livraison

Étude De Cas

LA POSTE

Comment le site de la Poste s'est transformé en site e-commerce pour simplifier la vie de ses clients

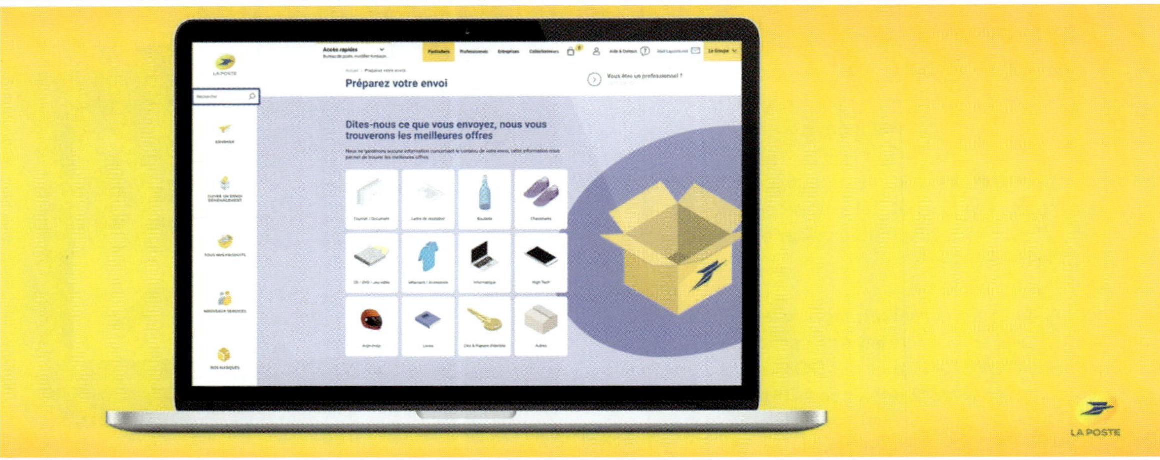

> https://laposte.fr

PROBLÉMATIQUE DE LA MARQUE

La transformation numérique est un des enjeux du plan stratégique de la Poste 2020 CONQUERIR L'AVENIR. Le développement de la présence digitale de la Poste s'est fait avec enthousiasme au fur et à mesure des lancements de nouveaux produits. Avant 2014, 80 sites édito et 12 sites marchands cohabitaient, exposant ainsi au grand public la complexité des offres et des tarifs. En 2014, une première mutation s'opère avec la rationalisation des sites autour de 4 sites, mais avec une prédominance d'un modèle éditorial.

EN 2019, l'enjeu est de s'orienter vers un modèle transactionnel proposant une expérience simplifiée pour réaliser les ambitions de la Poste :

- A court terme, se positionner vis-à-vis de la concurrence des points relais colis et des comparateurs de prix, notamment sur le C2C ;
- A long terme, créer de nouveaux réflexes dans l'envoi d'objets alors que ces usages sont encore peu connus et devenir ainsi le référent de l'envoi en ligne.

SOLUTION STRATÉGIQUE

Le fil conducteur de cette transformation est de placer les attentes des clients au cœur de cette nouvelle expérience, en partant de la manière dont les clients expriment leurs besoins. Cela conduit à repenser l'expérience d'achat en ligne pour les services postaux les plus utilisés.

Les 2 idées directrices sont de :

- Privilégier une approche par usage et non plus par gamme commerciale, ce qui conduit à une refonte complète de la navigation sur la home page du site, plus intuitive, plus fluide. L'internaute navigue désormais par des entrées telles que "envoyer une lettre de chez soi" et non plus "mon timbre en ligne" ;
- Lever les irritants des clients en inventant un outil unique en Europe, l'assistant d'envoi d'objet.

Une des frustrations exprimées par les clients était en effet de devoir se déplacer en bureau de poste pour peser l'objet à envoyer. Sur laposte.fr, un assistant d'envoi propose une entrée par les objets : le client sélectionne très simplement son objet dont les attributs de poids et de dimension ont été prédéfinis. La Poste lui propose alors sa recommandation d'affranchissement.

MISE EN PLACE OPÉRATIONNELLE

Pour mener à bien ce projet de transformation, 3 chantiers ont été conduits.

> A/Phase d'analyse des besoins des clients

- Une étude des usages d'expédition et de requêtes d'envoi d'objet a été réalisée à la fois sur les moteurs de recherche et auprès des clients de laposte.fr. Elle a permis de comprendre les besoins exprimés via les mots-clés les plus requêtés et d'évaluer les irritants des clients.

Cette double étude a permis de proposer une navigation par besoin en utilisant le langage usuel et de sélectionner les familles d'objet qui viennent nourrir l'assistant d'envoi.

- Pour aboutir à la version lancée, de nombreux tests utilisateurs ont permis d'itérer les maquettes. Ainsi les testeurs ont demandé une présentation exhaustive de toutes les solutions possibles et non de la seule recommandation de laposte.fr comme cela était initialement prévu.

> Retrouvez les mots clés en index <

INFOS CLÉS

- **200 millions** d'euros de CA en 2018
- **20 millions** de visiteurs uniques par mois
- **+ 34 %** de visites dans les parcours marchands

> B/Conception des interfaces

Le design des interfaces a fait l'objet d'une attention particulière afin de traduire cet enjeu de simplification de l'expérience client.

En effet, les services de la Poste en ligne sont très "administratifs". Le parti-pris a été de réenchanter ces fonctionnalités pour qu'elles paraissent désormais simples et accessibles à tous de façon totalement universelle, grâce à un design "playskool" :

- Les icônes de la navigation ont été redessinées pour exprimer de façon immédiate les usages des clients (envoyer/suivre un envoi/déménagement) ;
- Les objets du quotidien, clé d'entrée dans le nouvel outil, ont un design intuitif, très figuratif, compréhensible par tous immédiatement ;
- La palette de couleurs est acidulée et apporte la touche ludique et joyeuse à cet univers de l'envoi.

> Le nouvel assistant d'affranchissement par les objets

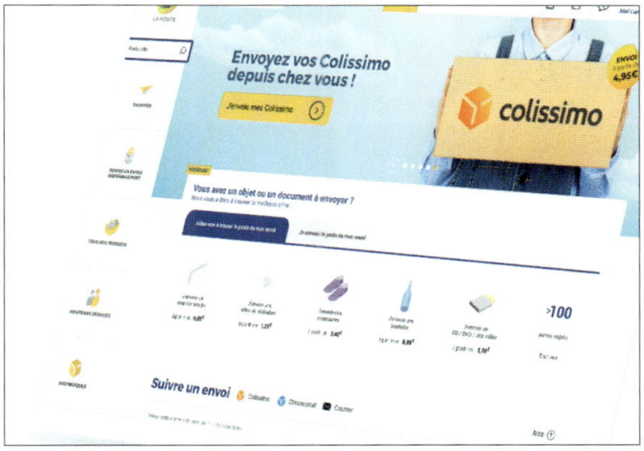

> Une navigation par les besoins des clients

> C/Côté innovation technique, un algorithme créé en interne est le socle de l'assistant d'envoi

Il définit les règles de gestion et donc l'affichage des solutions proposées au client à partir de différents référentiels dont le référentiel des 12 familles et sous-familles d'objets du quotidien et leurs attributs.

Cet algorithme a été conçu à partir d'une structure IT modulable qui permet par exemple d'enrichir le référentiel d'objet en fonction des requêtes entrantes des clients. Toutes les règles de gestion sont administrables depuis le back-office et permettent ainsi de modifier le mapping entre les familles et les offres.

Autre choix technique important, le *dynamic serving** qui permet de proposer des interfaces adaptées à la navigation de chaque écran, en particulier pour le device mobile. C'est important à l'heure de l'Index First Mobile de Google où la version mobile des sites devient la référence pour le positionnement dans les moteurs de recherche.

RÉSULTATS

Ce nouvel assistant d'envoi a dirigé plus de visiteurs dans les parcours marchands (+ 34 %) avec un meilleur taux de conversion (+ 11,5 %) et un taux de rebond moindre (- 9,5 %) : la recommandation de l'assistant semble être en adéquation avec les requêtes des visiteurs qui poursuivent plus volontiers le parcours d'achat jusqu'à la confirmation de commande.

Ce nouvel outil a permis aussi de donner de la visibilité à certaines offres grâce aux règles de gestion de l'algorithme, telles que la vignette recommandée ou de suivi qui apparaît plus fréquemment dans les recommandations de la Poste.

> LA POSTE
www.laposte.fr

*Retrouvez la définition dans le lexique en fin d'ouvrage.

Fiche Théorique

COMPRENDRE LES 3 CATÉGORIES DE SORTIES DE SITES

Sur un site internet, l'internaute peut être amené lors de sa navigation, à sortir du site de manière définitive ou temporaire. Ces sorties ont des origines diverses qui sont classées en trois grandes catégories : Bounces, Churns et Exturns. Identifier les catégories de sorties de site et leurs origines permettra de présenter des recommandations digitales adaptées et argumentées.

LES TYPES DE SORTIES DE SITE

Tout au long du parcours d'achat digital, c'est-à-dire le parcours réalisé sur le site internet débouchant sur un achat, les sorties de sites peuvent être de 3 types. Deux types de sorties de site sont considérées comme définitives et le troisième comme temporaire. Pour chaque type, les internautes sortent pour plusieurs motifs que nous allons définir dans cette fiche théorique.

LES SORTIES DÉFINITIVES

Composées pour l'essentiel du "bounce" et des "churns" elles se distinguent l'une de l'autre, quant au moment où l'internaute sort du site. Le bounce est une sortie dès la première page du site alors que les churns se déroulent sur le reste du parcours. Toutefois, les raisons des sorties sont identiques. Le bounce se distingue des churns par l'intérêt stratégique de placer un KPI spécifique sur la première page du site afin de connaître l'attractivité de celle-ci qui sera le début du parcours de l'internaute.

> Le bounce

Le premier type de sortie correspond à ce qui est communément appelé le bounce. Il peut se définir par une sortie définitive dès l'arrivée sur la première page du site internet. Qu'entend-on par une première page de site ? Cette première page peut être la home page du site ou suivant le référencement sur un moteur de recherche, une "landing page" du site. La landing page est une page du site qui a été référencée par le moteur de recherche (Google, Bing, Qwant...) et qui apparaît sur la page de résultats communément appelé SERP (Search Engine Result Page) ou la page de résultat du moteur de recherche. Par exemple, le site EBG sera présenté sur un moteur de recherche avec un titre, une adresse URL du site, une description puis sous la description des liens du type : les évènements, contacts, pourquoi adhérer ? En cliquant sur le titre, l'internaute arrivera sur la home page. En revanche, si l'internaute clique sur le site link "pourquoi adhérer", il arrivera directement sur cette "première" page de site.

> Les churns

Les churns correspondent aux différentes raisons pour lesquelles l'internaute pourrait sortir du site lors de sa navigation depuis la deuxième page jusqu'à la page de finalisation des achats. Le bounce rate dans ce cas n'est pas pris en compte. Les raisons sont répertoriées en cinq catégories décrites ci-dessous.

> A comme Affective

Cette raison regroupe les churns émotionnels, de ressentis. On parle aussi "d'esthétique" de site ou d'expérience utilisateur. Une annonce sur un moteur de recherche qui ne correspond pas au contenu du site (une offre à - 60 % pour les soldes sur une SERP qui n'est pas reprise sur la home page du site, un produit proposé sur un moteur qui n'existe en réalité pas sur le site...) sont ressentis comme une "duperie" par l'internaute, ce dernier quittera le site avec une image négative au risque de "blacklister" le site définitivement. Un pop-up à l'entrée du site proposant une inscription à une newsletter peut paraître intrusif. Cela peut alors contrarier l'internaute et l'amener à sortir du site.

D'un point de vue esthétique, des photos de mauvaise qualité, des fautes d'orthographe, un style "traduction automatique", des contenus rédactionnels évasifs ou laconiques, une page

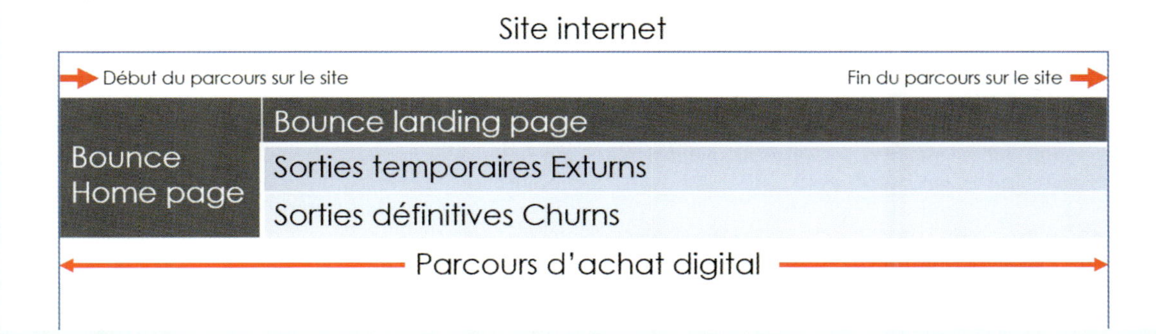

> Les 3 types de sorties de sites

"paiement " non conforme ne présentant pas les garanties classiques de sécurité, laissent à penser que le site n'est pas fiable et entraînent une sortie immédiate de l'internaute.

> P comme Price

Le prix sur le net est un réel enjeu pour les sites. Être compétitif au premier abord attire l'internaute à la recherche de la bonne affaire. Une modification non justifiée du prix initial entre l'annonce sur un moteur et la page produit ou la page de validation du paiement entraînera une rupture dans le processus d'achat. La proposition par le site de produits complémentaires (les options de customisation, les ventes additionnelles, les montées en gamme) entraînant une augmentation significative du prix de la commande, aura pour conséquence l'abandon du parcours par l'internaute.

Le prix des frais de livraison est un problème réel. Combien l'internaute est-il prêt à payer pour la livraison d'un album de Tintin à 10 euros ? Combien pour la livraison d'une machine à laver : 20, 30 50 euros ? Cela dépendra de sa valeur d'usage. Ainsi, au vu de frais trop importants, l'internaute risquera d'aller "benchmarker" d'autres sites en prenant en compte ce nouveau paramètre de recherche.

> P comme Physical

Le terme physique peut être interprété de trois façons sur le parcours digital : les problèmes techniques rencontrés lors de la visite, la logistique d'approvisionnement (stock) et de livraison.

Les raisons techniques regroupent l'ensemble des problèmes liés au hardware et au software lors de la connexion. Une page qui charge difficilement, un navigateur qui dysfonctionne, une page de paiement qui ne répond pas, sont des exemples de churns software. Le hardware quant à lui regroupe l'ensemble des pannes matérielles depuis l'internaute (ordinateur défaillant), en passant par le réseau (pannes physiques/ coupure de câbles...) et l'hébergeur. Pannes considérées comme extérieures à la décision de l'internaute, mais qui génèrent de véritables ruptures.

Le défaut de stock reste le motif de rupture le plus courant. En effet, la réponse à l'immédiateté de la possession du produit fait partie des problématiques des sites. Le produit proposé n'est pas en stock ou bien sera disponible dans plusieurs semaines. Quelques sites de vente de meubles design ont ainsi

perdu beaucoup d'occasions de concrétiser des ventes lorsque les internautes ont été informés des délais de production et de livraison malgré un prix très attractif.

La logistique de livraison correspond à l'effort physique que va fournir l'internaute pour obtenir son produit. Par exemple, l'effort sera plus important si le produit est livré dans un point relais plutôt qu'au domicile. La livraison à domicile ou l'achat sur place d'une pizza peut entrer en ligne de compte au moment de la décision d'achat. Le prix (une réduction conséquente en fonction du mode de livraison), la rapidité d'accès à la marchandise (le drive avec son automobile) ou une offre avantageuse (deux pizzas pour le prix d'une si elles sont emportées) étant souvent "la solution". Toutefois, l'entreprise aura-t-elle les moyens de gérer sur le long terme ce type d'offres promotionnelles ?

> E comme Ergonomic

La fluidité de navigation depuis la page d'accueil participe à une expérience d'achat client réussie. Une interface utilisateur IU mal pensée, un parcours d'achat et de paiement trop compliqué (réception de SMS par la banque avec code d'activation non reçu par exemple) peuvent nuire à la finalisation de la transaction. Un parcours d'achat jalonné par un grand nombre d'étapes pour finaliser la vente entraîne une certaine lassitude de l'internaute qui sera synonyme de churn. L'objectif pour le site sera par exemple de limiter les étapes intermédiaires en proposant plusieurs façons d'aboutir à la requête client : moteur de recherches interne, doubles menus/sous-menus, site links pertinents...

> L comme Legal

L'internaute étant en mode "total access" dans un univers e-commerce mondialisé, l'achat sur un site étranger est monnaie courante : le produit acheté est-il conforme à la législation, aux normes et certifications ? Sur certains mots clés de marque de luxe, la page de résultats des moteurs de recherches présente jusqu'à 40 % de sites de contrefaçons à l'insu de la probité de l'internaute. Celui-ci risque, bien malgré lui, des déconvenues avec la justice. Législation, normes, certifications et phénomènes de contrefaçons sont des facteurs de churn de l'internaute qui restent toutefois extérieurs à sa décision individuelle de rompre son parcours d'acquisition produit digital.

Les 5 raisons du churn digital peuvent se synthétiser de manière mémotechnique par l'acronyme **APPEL**. Car les cinq raisons sont un Appel du client à la rupture : **Affective, Price, Physical, Ergonomic** et **Legal**.

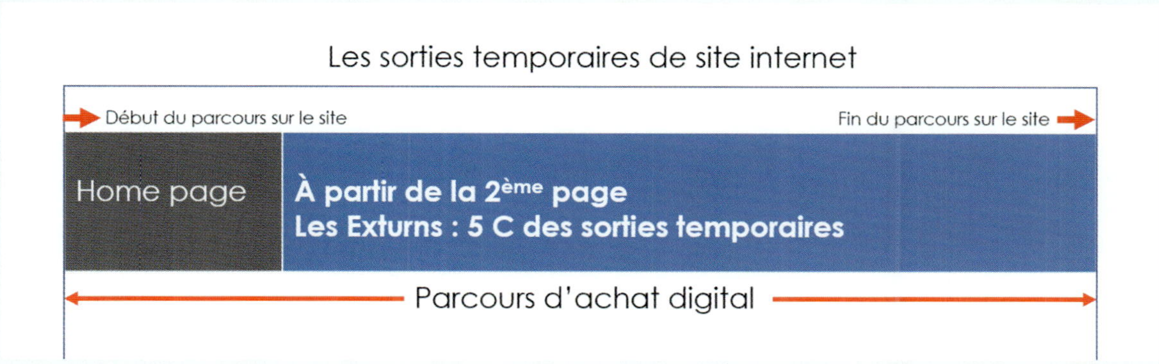

> Les sorties de sites temporaires

LES SORTIES TEMPORAIRES

En dehors des sorties définitives d'un site par un internaute lors d'une session, dans certains cas, l'internaute sortira du site pour y revenir quelque temps plus tard afin de finaliser son parcours d'achat digital. Le terme pour définir ce comportement est la contraction en anglais de "Exit" and "Return" soit Exturn.

Les Exturns : Les sorties de sites temporaires sont classées en cinq catégories, nommées 5C, qui sont présentées ci-dessous.

> Conseil et Inspiration

L'internaute recherche des informations complémentaires sur le produit ou le site. Il souhaite en parler avec ses communautés sur les réseaux sociaux (Facebook, Instagram, youtubeur(se)s...). Communautés qui sont à même de le renseigner de manière plus informelle sur le produit ou la marque par le biais de tuto, DIY, retour d'expérience client... Cette démarche de l'internaute s'appuie sur les moyens earned média, c'est-à-dire les moyens informels de type bouche-à-oreille digital.

L'inspiration et le conseil peuvent provenir des moyens owned média développés par la marque. L'internaute pourra alors se renseigner sur les réseaux sociaux et avoir une présentation du produit sur la chaine YouTube ou voir le produit en situation sur le compte Instagram de la marque.

> Comparaison

L'internaute peut, dans un moment d'incertitude, aller vérifier et comparer le produit sur d'autres sites. Les motifs les plus courants sont la comparaison des prix et des caractéristiques des produits.

> Cross Site

L'internaute réalise en parallèle de son achat sur le site des achats complémentaires sur des sites concurrents ou d'autres sites distributeurs. Il aura alors sur l'écran, deux ou trois pages de navigateurs ouvertes simultanément sur les différents sites. Dans certains cas, l'internaute est amené à ouvrir deux à trois pages simultanément d'un même site pour "garder" les pages produits disponibles. Ces comportements se retrouvent le plus souvent sur des sites de voyages où l'offre est abondante et les prix varient rapidement.

> Cross activités

L'internaute interrompt son parcours et/ou sort du site pour finaliser son parcours sur le site. Dans ce cas, le site demande une intervention extérieure pour continuer le parcours d'achat digital. Par exemple, l'internaute pourra sortir du site pour valider la création d'un compte client, rechercher un code promotion ou attendre le code de validation/activation envoyé par SMS. Dans tous les cas, le parcours est parasité par la contrainte d'une sortie de site.

> Circonstances

Dans ce cas, ce sont les événements extérieurs au site internet qui entraînent une interruption soudaine dans le parcours. Par exemple, une coupure du réseau wifi ou 4G, un appel téléphonique qui suspend la navigation sur un smartphone, un événement extérieur qui amène l'internaute ou le mobinaute à stopper sa navigation de manière temporaire.

En synthèse, les sorties de sites sur une session d'un parcours d'achat digital sont soit définitives soit temporaires. Lorsqu'elles sont définitives, les raisons de ces sorties sont résumées sous l'acronyme APPEL. Les raisons temporaires de sorties de site sont au nombre de 5. Connaître les raisons des sorties permettra au responsable digital de modifier l'interface du site et augmenter le plaisir de navigation afin de procurer à l'internaute une expérience d'achat des plus valorisantes.

> ISTEC
École de commerce et de marketing

Ronald Boucher
Responsable du programme Master Marketing Opérationnel et Digital

Article

E-commerce et packaging unifié, l'étape indispensable au commerce connecté

La diffusion des informations et des visuels des packaging sur les sites marchands demande de reproduire fidèlement les informations des produits physiques imprimés pour éviter de perdre la confiance des consommateurs. Comment progresser et synchroniser les données, les visuels et lancer plus vite vos produits au service de l'efficacité de vos équipes ?

1/3 des informations produit sur le web sont complètes

52 % des consommateurs abandonne leur expérience e-commerce

"Le fait de réunir les acteurs sur la même plateforme augmente la visibilité et permet de mettre en place un système capable de s'adapter au développement interne et externe de l'organisation."

Vilva NATARAJAN
CEO ManageArtworks

Le service e-commerce et marketing font énormément d'efforts pour capter et conserver le consommateur en ligne : cross-canalité, ergonomie des sites, adaptation au mobile.

Pourtant ils atteignent un plafond de verre : Plus d'un consommateur sur deux abandonne son expérience e-commerce, les informations et visuels des produits web étant différents des packaging physiques. Seul 1/3 des informations récupérées par la distribution, pour diffuser vers les sites web, sont complètes (format *GSDN**)

Pourquoi ces écarts ? Quel est le blocage ?

E-COMMERCE ET SERVICE PACKAGING : 2 PROCESS... ET DES DONNÉES DIFFÉRENTES

Les services e-commerce utilisent ce qu'ils pensent être la source « véritable » des données pour leur diffusion :

- Le PLM/ERP, les catalogues électroniques et les syndicateurs proches de leur écosystème.

- Comme le packaging est imprimé, ils tentent de recopier les données produit et les visuels en shootant (packshoot) chaque face du packaging.

- Ce n'est pas fiable, la recopie est manuelle. Cela demande des efforts logistiques conséquents et nécessite d'attendre que le packaging soit imprimé avant de saisir les informations.

D'autant que cette donnée produit a été créée par le service packaging pour préparer l'impression, plusieurs semaines / mois avant.

Pourquoi ne pas récupérer la donnée à ce stade ?
En effet, les services packaging partent du même référentiel, des composants du produit du e-commerce :

- Ils présentent les données selon leur impératifs marketing et réglementaires. La diffusion web nécessite des données supplémentaires. Ils se servent d'autres prestataires que le e-commerce / merchandising pour organiser leurs informations : les agences packaging et premedia.

- Les échanges d'informations se font par mail, téléphone, correction manuelle et sont synthétisés sur les fichiers graphiques (Artworks) des agences. L'objectif étant de figer les données pendant le processus de création et de séparer les couleurs pour imprimer fidèlement.

- Ce process ne permet pas la mise à jour du référentiel produit utilisé ensuite par le e-commerce. Même si les services qualité s'évertuent à mettre à jour manuellement les données d'origine, transformées pendant le développement packaging.

Pourquoi ces services sont si mal équipés ? : les services marketing des produits grand publics sont "peu digitalisés", 31% selon McKinsey. Les multiples prestataires (agences, traducteurs) ont chacun leur process. Il faut une vision globale.

Comment les directeurs marketing / packaging peuvent réconcilier ces différences et piloter les données unifiées ? quel est le modèle :

MAÎTRISER LE DÉVELOPPEMENT PACKAGING DIGITALISÉ POUR ACCÉLÉRER VOTRE CROISSANCE E-COMMERCE

C'est aux services packaging de reprendre le contrôle. Ils sont légitimes, le développement packaging est le seul moment où la marque réalise une synthèse des informations.

Il faut cette fois, prendre en compte le référentiel produit et les besoins du e-commerce, permettant la création de projets digitalisés tout au long du cycle de vie du packaging. Identifier les données spécifiques pour le web et la connexion de cette plateforme au référentiel produit.

Ce développement est possible grâce à deux outils, ces technologies sont matures et existent depuis plus de dix ans :

1/ une solution logicielle centrale pour simplifier les échanges par la collaboration : le fait de réunir les acteurs sur la même plate-forme augmente la visibilité, réduit les aller /retour lors de la création et met en place un système capable de s'adapter à mesure que l'entreprise se développe en interne et en externe".

2/ la synchronisation avec le référentiel produit : le *DAM** qui est une bibliothèque d'images, métadonnées.

Les gains sont importants :
- 60% de réduction du time to market à l'issue des installations.
- La consolidation du patrimoine de marque, tous les prestataires les centralisent désormais.
- Le contrôle des productions.
- Des informations prêtes à être diffusées dès que le packaging est validé, sans attendre l'impression.

Notre objectif est désormais atteint : l'unicité des données produit physiques et web.

COMMENT FAIRE ? : AUTO-ÉVALUATION ET PROPOSITION DE MÉTHODE

Vous trouverez ci-joint les différentes fonctionnalités d'une solution collaborative, permettant d'évaluer facilement votre degré de digitalisation :

1/ échanges manuels
2/ centralisation des gammes / fichiers avec le DAM
3/ le process packaging et le brief digitalisés
5/ l'outil est connecté au référentiel client
6/ en route pour le e-commerce

Maturité du développement du packaging connecté

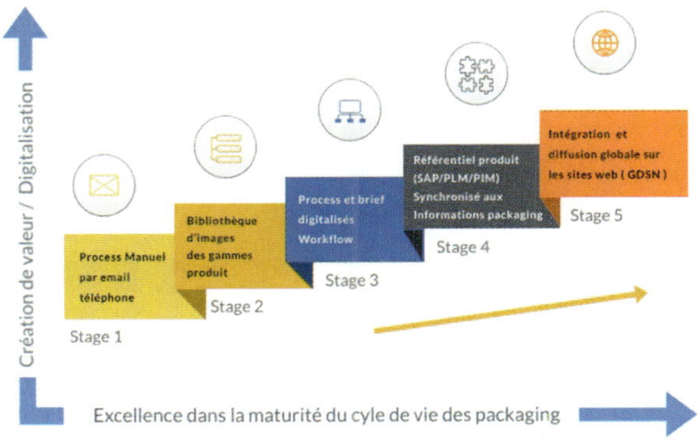

Une fois votre process de travail (workflow et spécification) établit les installations sont rapides. ManageArtworks propose la phase validation en ligne en 1/2 journée et l'installation de la gestion de projet digitalisé en 3 semaines (phase 2 et 3).

Les installations peuvent être déléguées, notamment le constat de la situation actuelle, si vous n'avez pas de compétences ou de disponibilités internes. Il faut dans ce cas, veiller à l'agilité du projet pour vous assurer de la bonne implication de vos équipes.

*Retrouvez la définition dans le lexique en fin d'ouvrage.

> ManageAtwroks
www.manageartworks.com

Christophe Fourcroy
Business Development Director
christophe-fourcroy@manageartworks.com

Étude De Cas

NEXITY

Commercialiser des appartements neufs grâce à un événement en ligne !

> Nexity réinvente la vente de logements neufs

PROBLÉMATIQUE DE LA MARQUE

Nexity est la 1re plateforme de services immobiliers en France. Ses clients, les particuliers, les entreprises et les collectivités, sont accompagnés dans tous leurs projets immobiliers. Que ce soit pour acheter, vendre, louer, gérer, faire construire, aménager ou financer, Nexity est un acteur engagé en faveur d'un habitat toujours plus abordable.
Pour répondre à cet engagement auprès du grand public, Nexity a imaginé une nouvelle façon, entièrement digitale, de commercialiser des appartements neufs.
En tant que leader, Nexity prouve aussi qu'il est tout à fait possible d'avoir un parcours client digitalisé, dans un secteur immobilier encore perçu à tort comme peu innovant.

SOLUTION STRATÉGIQUE

En mai 2019, Nexity a décidé d'occuper le terrain au travers d'une campagne marketing innovante, afin de se différencier à la fois dans la distribution de biens immobiliers et dans sa communication client.

> Innover en vendant autrement

Nexity a choisi de commercialiser une sélection d'appartements via une mécanique d'enchères immobilières en ligne. Cette pratique novatrice sur ce marché permet de faire bénéficier de prix particulièrement avantageux.
8 lots (appartements) représentatifs de l'offre Nexity, ont été retenus pour la campagne : de la petite surface, prisée des investisseurs, au penthouse d'exception !
Les enchères en ligne étant soumises à une réglementation stricte, Nexity s'est appuyée sur un courtier spécialisé qui, outre son expertise, a mis à disposition sa plateforme technologique, dont une partie a été spécialement repensée pour la campagne. Les particuliers intéressés étaient invités à s'inscrire sur un site externe dédié où figuraient toutes les informations sur les lots, le prix de départ (déjà remisé) et les explications détaillées sur le process des enchères.

> Innover en communiquant à contre-courant du secteur

Les enchères étant un moyen d'acheter à un meilleur prix, les "bons plans" se sont imposés comme le message à mettre en avant. Mais, pour que ces bons plans restent des bons plans, Nexity, en collaboration avec son agence de communication, Artefact, a tout fait pour que cela ne se sache pas trop puisque tout le dispositif de communication a été masqué : une campagne de communication dissuasive où les affiches ont été déchirées, les messages pixélisés et dont les bannières peuvent être désactivées par les utilisateurs, car... « des bonnes affaires comme ça, mieux vaut les garder pour soi ».

Cette communication à contre-courant a permis à Nexity d'innover dans sa prise de parole et de s'émanciper des publicités purement produit qui sont encore la norme dans l'immobilier.

MISE EN PLACE OPÉRATIONNELLE

La campagne a été diffusée pendant 2 semaines, du 13 au 29 mai 2019 et s'articulait autour de 3 temps forts, chacun répondant à un objectif précis.

> Temps 1 : acquisition en local

Du 13 au 26 mai 2019, 8 campagnes locales et ciblées d'emails, SMS, Facebook ads et *display** sur les grands portails immobiliers (LeBonCoin...) ont été déployées pour recruter des participants pour chacune des enchères immobilières en ligne. En fonction de la localisation, chacun des leviers présentait "le bon plan", à savoir l'appartement sélectionné avec le prix remisé, à une cible d'intentionnistes immobiliers, identifiés sur des critères sociodémographiques et comportementaux en ligne.

Innovation | Expérience digitale | Acquisition

> Retrouvez les mots clés en index <

INFOS CLÉS

15 000 personnes intéressées

Plusieurs ventes enregistrées

> Temps 2 : renforcement de la notoriété de Nexity au national

Une campagne nationale a ensuite été déployée du 20 au 26 mai pour offrir une visibilité supplémentaire à l'opération et renforcer la campagne d'acquisition en cours. Ce 2e temps, axé notoriété, a permis de présenter le concept créatif novateur sur le secteur, celui où la communication a été "masquée" : les appartements ne sont plus visibles et sont remplacés par un message au ton décalé.

Pour la notoriété, le mix média était :

- En offline : presse et affichage dans le métro à Paris ;
- En online : emails, Facebook et display à éteindre.

> Une innovation : le display à éteindre

Il s'agit de bannières spécialement développées pour la campagne. Sur le réseau de diffusion, une bannière invitait l'internaute ciblé à garder pour lui le "bon plan Nexity". Pour cela, il suffisait de cliquer dessus et automatiquement la bannière était "cachée" de tout le réseau de diffusion pendant 1 min. Pendant ce temps, une nouvelle bannière indiquait à tous qu'un bon plan Nexity avait été masqué, mais qu'il était toutefois possible de le connaître via un lien redirigeant vers le site dédié de l'opération.

> Temps 3 : les enchères en ligne

Dès la fin des phases d'acquisition et de notoriété, l'événementialisation des enchères en ligne a commencé. Pendant 3 jours, 2 ou 3 appartements ont été quotidiennement mis aux enchères. Les personnes inscrites pour un ou plusieurs lot(s) étaient alors invitées à rejoindre la salle d'enchère pour suivre, en temps réel, l'évolution des prix et se positionner.

En fonction du type d'enchères et du prix d'achat, les participants avaient un temps défini et connu pour se prononcer (env. 40 min). Outre le côté naturellement stressant du déroulé d'une enchère, un dispositif complémentaire de *stress marketing** a été utilisé pour augmenter l'engagement : les mentions du nombre de personnes intéressées par le bien et présentes sur la plateforme.

Le lendemain de chaque enchère, chacun des gagnants de la veille a été contacté par un commercial pour contractualiser la réservation.

RÉSULTATS

Cette campagne a remporté un vif succès grâce à son ton décalé et son dispositif à la fois local et national. Sur le temps de l'opération :

Plusieurs dizaines de milliers de personnes ont consulté le site dédié ;

- 15 000 personnes ont été intéressées par ces enchères, avec des milliers de clics sur les bannières à éteindre, sur Facebook et sur les portails ;
- 300 personnes se sont inscrites pour participer à une ou plusieurs enchères en ligne, dont une majorité de nouveaux contacts, sensibles à cette expérience digitale novatrice et, au final, plusieurs ventes ont été conclues.

*Retrouvez la définition dans le lexique en fin d'ouvrage.

> Bannière display "à éteindre" https://www.nexity.fr/encheres

> Affichage Métro à Paris

> NEXITY
www.nexity.fr

Thomas Joie
Responsable Marketing Digital
tjoie@nexity.fr

Julie Tinetti,
Responsable Marketing en charge de l'innovation IR
jtinetti@nexity.fr

Stéphane Clet
Directeur Marketing IR
sclet@nexity.fr

Benjamin Tancrède
Directeur commerce et marketing IR
btancrede@nexity.fr

Étude De Cas

LA REDOUTE

Comment le *coupon dynamique** augmente t-il la conversion et la valeur du panier moyen de La Redoute ?

PROBLÉMATIQUE DE LA MARQUE

› Contexte

Pour La Redoute, leader du e-commerce en Mode et Maison, les codes promo sont un véritable levier d'acquisition et de fidélisation. Ils permettent de réduire significativement les abandons de panier. L'enseigne a su créer de l'attachement à la marque auprès des consommateurs qui plébiscitent les bons plans. Ce levier promotionnel s'avère être un très bon outil d'animation commerciale pour conquérir et fidéliser. Dans sa stratégie globale de couponing déjà fortement optimisée, il était temps pour La Redoute d'intégrer la promotion personnalisée pour offrir une expérience client adaptée à leur profil et comportement d'achat.

La Redoute a fait appel à RetailMeNot, leader de la promotion digitale, afin de l'accompagner dans le développement et la personnalisation de sa stratégie promotionnelle basée sur le couponing.

› Enjeux

L'enjeu pour l'enseigne est de réduire le taux d'abandon et d'augmenter le panier moyen de ses acheteurs. La Redoute avait également besoin d'une meilleure visibilité et d'un meilleur contrôle des montants de remise afin d'ajuster ses mécaniques promotionnelles et optimiser la rentabilité de ses opérations.

SOLUTION STRATÉGIQUE

Pour doper une stratégie promotionnelle décisive dans la conquête de nouveaux clients, d'augmentation du panier moyen et de fidélisation, le Coupon Dynamique permet aujourd'hui la personnalisation des promotions.

Le Coupon Dynamique est une offre de réduction personnalisée et adressée en fonction de critères prédéfinis : comportement de navigation, typologie de produits et catégories consultées, valeur du panier et également le profil de l'internaute. Grâce au tracking, le coupon dynamique permet une meilleure qualification du profil client. La pertinence des offres proposées, de par leur caractère "rare et adressé" permet d'améliorer l'engagement du consommateur. Selon les scénarios, le coupon dynamique va influer directement la qualité du trafic, le temps passé sur le site, le nombre de pages parcourues et inciter l'acheteur à consommer davantage en augmentant son panier et surtout le taux de conversion.

MISE EN PLACE OPÉRATIONNELLE

› Set up

Grâce à cette solution, RetailMeNot est en mesure de créer des scénarios de ciblage sur mesure qui répondront aux objectifs d'augmentation du panier de La Redoute.

› Timing

Le programme de couponing de La Redoute arrivant à maturité, l'enjeu a été de repenser la stratégie vers l'atteinte de nouveaux objectifs :

› Étapes

• Définition des scénarios entre La Redoute et RetailMeNot

Le programme de couponing de La Redoute arrivant à maturité, l'enjeu a été de repenser la stratégie vers l'atteinte de nouveaux objectifs :

- Accroître le ROI
- Incentiver la fréquence d'achat sur le site
- Repenser la fidélisation via des récompenses
- Développer le cross-selling et le up-selling

INFOS CLÉS

+ 23 % de taux de clics sur les offres

+ 34 % du panier moyen

+ 12 % de taux de conversion

L'analyse des KPIs était une étape décisive pour la définition des scénarios permettant l'atteinte de ces objectifs.

• Paramétrage de la campagne du côté RetailMeNot
L'implémentation du coupon dynamique se traduit par l'intégration d'un pixel de tracking dans un premier temps sur un support test du site de La Redoute, en l'occurrence, la page panier d'achat. Ce premier tracking permet de récupérer le montant du panier.

Puis dans un second temps, la mise en place du dispositif s'est généralisée à l'ensemble du site en un temps record. En effet, l'installation du pixel est facile et rapide grâce aux mastertags des plateformes d'affiliation.

Enfin, une fois que le pixel est implémenté, RetailMeNot génère trois coupons dynamiques correspondant spécifiquement à chacun des trois scénarios définis en amont du paramétrage avec La Redoute.

• Activation du dispositif coupon dynamique sur La Redoute (script simple sur page panier)
Le dispositif a démarré avec un lancement modéré sur une période de 2 semaines. Les résultats du premier test basé sur des typologies de remises en valeur monétaire (par exemple : 10€ à partir de 50€ d'achat) étaient concluants. L'opération s'est ensuite étendue sur l'ensemble du trafic en proposant également des remises en pourcentage (par exemple : 15% dès 75€ d'achat). Grâce à cela, le spectre des coupons dynamiques a augmenté sur l'ensemble des pages et le nombre d'utilisation de codes dynamiques a été multiplié par 10 sur cette période. Grâce au coupon dynamique, La Redoute a une meilleure maîtrise des taux de remise appliqués et améliore ainsi sa profitabilité.

RÉSULTATS

La mise en place des coupons dynamiques a été un succès pour La Redoute car la mécanique des trois scénarios a eu un impact sur le taux de conversion et le panier moyen. Le coupon dynamique, s'appuyant sur le comportement et le niveau d'engagement de l'utilisateur, est donc un levier approuvé de cross et up-selling qui permet d'augmenter à la fois le panier moyen et la valeur de l'acheteur. La Redoute peut également personnaliser la récompense donnée aux acheteurs en fonction de leur niveau d'engagement : fréquence de visites, volume d'achats et montant des paniers.

Le coupon dynamique a permis de croître les indicateurs clés de performance de la Redoute :
- +34% sur le panier moyen
- +23% de taux de clics sur les offres
- +12% de taux de conversion

*Retrouvez la définition dans le lexique en fin d'ouvrage.

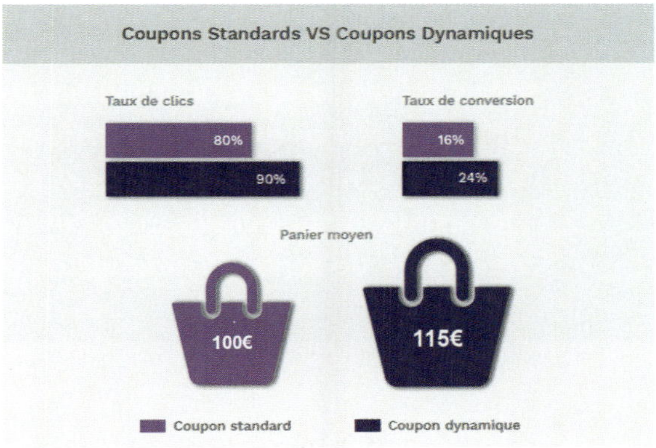

> Coupons standards VS Coupons dynamiques

> *"Avec la solution de "coupon dynamique" de RetailMeNot, nous créons des scénarios de ciblage qui répondent à nos enjeux d'augmentation du panier moyen."*
>
> **Claire LECHEF**
> *Traffic Manager Affiliation*

> LA REDOUTE
www.laredoute.com

> RETAILMENOT FRANCE
www.retailmenot.fr
Fiche d'entreprise p. 500

COMMERCE

Article

Fast Beauty is on track, comment la beauté devient e-commerce ?

Il y a 15 ans, les e-retailers beauté lançaient leur site internet avec la perspective de permettre à leurs consommateurs de pouvoir racheter leurs produits préférés. Contrairement à de nombreux autres secteurs matures en e-commerce à cette même période, l'e-commerce beauté commençait tout juste à voir le jour. Il n'était alors que synonyme de ré-achat. Cette vision a perduré pendant de nombreuses années mais elle est depuis quelques temps en pleine transformation.
En 2018, le marché mondial de la beauté a augmenté de 5.5% et l'e-commerce est l'un de ces facteurs de croissance. L'e-commerce beauté a augmenté de 25% en 2018 et la croissance de vente de produits de beauté en ligne est à 2 chiffres depuis 15 ans.

+5,5 % de croissance du marché mondial de la beauté en 2018

+25 % de croissance mondiale des ventes de cosmétiques en ligne en 2018

Le soin représente **40 %** du marché de la beauté en 2018

LE CONTENU À L'ORIGINE DE CETTE RÉVOLUTION

Avant 2012, le contenu dédié à la beauté sur internet était encore rare et se limitait uniquement à des articles journalistiques et autres publicités. Mais bien sûr, c'était sans compter sur l'explosion de des médias sociaux et la création des communautés 2.0. C'est alors que tout s'accélère, blogs DIY (Do It Yourself), club de testeuses et surtout l'avènement des premières influenceuses. Cet effet bouche à oreille s'accélère grâce aux visuels et vidéos, premiers véhicules du web que nous appelions alors 2.0. Les vidéos permettent aux influenceuses de montrer comment utiliser les produits de beauté et les photos leur permettent d'en partager le résultat. L'avènement des palettes en est un parfait exemple. Les palettes étaient principalement produites par les marques professionnelles ou de luxe pour illustrer les couleurs de leur collection. La palette Naked d'Urban Decay, vendu à plus de 30 millions d'exemplaires s'est rapidement imposée comme la palette de référence. Elle est la confirmation que les réseaux sociaux et donc les consommateurs peuvent transformer un marché.

Quel que soit le format, le digital permet aux consommateurs de s'exprimer sur les produits qu'ils aiment ou non et d'expliquer pour quelle raison. Un produit peut rassembler plus de 1000 avis consommateurs, sur les sites comme Beauté Test ou même chez les retailers. C'est alors que le digital n'est plus uniquement un canal de ré-achat mais de découverte de nouveau produits et même de lancement produits cosmétiques. Certains entrepreneurs le comprennent très bien et créent les première Digital Native Vertical Brands (DNVB). Ces marques font du web leur terrain de jeu en y vendent leurs produits et en appuyant leur marketing sur un consommateur exigent et omniscient.

UN CONSOMMATEUR DEVENU OMNISCIENT

Grâce à l'accessibilité de l'information et au partage des avis clients, nous, consommateurs devenons experts donc mieux équipés et surtout plus exigeants. Les millenials ont amorcés le mouvement grâce à Youtube, on enregistre d'ailleurs une augmentation de +21% des requêtes beauté en 2017. Rares sont les moins de 30 ans qui n'ont pas déjà regardé un tutoriel beauté. Elles savent quel produit cosmétique acheter et comment l'appliquer. Toute la technicité de la beauté est à présent accessible et permet de créer de nouveaux espaces dans un marché qui semblait pourtant saturé. Cette expertise autrefois réservé aux make-up artists se démocratisent. Ainsi, Zoeva, DNVB fondée 2008 a tiré une forte partie de sa croissance de la vente de pinceaux. Tout comme les palettes, ce produit était autrefois réservé aux professionnels. Il suffit aujourd'hui de voir les catégories Best-seller des retailers beauté, elles contiennent toujours des pinceaux.

Les marques ne sont pas en reste sur la création de contenu. Il y a quelques années les marques produisaient un visuel produit pour l'illustrer sur leur site. Ce contenu se résumant à un simple tube de rouge à lèvres est maintenant accompagné par un visuel fermé du tube, une trace de rouge à lèvres pour illustrer la texture, un visuel du produit porté sur plusieurs carnations de peau, d'un swatch, de user generated content dont des photos Instagram ou des vidéos montrant l'application du produit.

Ce contenu est devenu indispensable pour un consommateur qui souhaite acheter un produit cosmétique qu'il n'a sûrement jamais vu. Les avis consommateurs sont un contenu que de nombreuses marques ont déjà repéré comme étant un must-have pour leurs produits sur Internet. Un produit qui a de nombreux avis permet aux marques de mieux comprendre les besoins de leurs consommateurs.

Pendant plus de 5 ans, le maquillage est resté maître des réseaux sociaux. Cependant, en 2019, les volumes de requêtes sur Google sont pour la première fois en léger recul. C'est alors le soin qui concentre une grande partie de la croissance. Il représente 40% du marché de la beauté en 2018 et génère 60% de la croissance du marché cosmétique mondiale. Les requêtes Google sur le soin, montrent un sujet qui concerne autant les marques que les consommateurs : les Ingrédients. De janvier à décembre 2017, 20 noms d'ingrédients représentaient déjà 1 million de requêtes sur Google (source : Google search) : c'est autant que les requêtes sur les mots clés « mojito » ou « sushi » sur la même période. Les applications mobiles qui évaluent les ingrédients des produits comme Yuka, INCI Beauty ou Clean Beauty ont déjà plusieurs million d'utilisateurs. Ces applications recensent plus de 150 000 produits cosmétiques en France. Le consommateur n'a pas seulement repris le contrôle, il est attentif à ce qu'il consomme.

L'E-COMMERCE EN RÉPONSE À CETTE RÉVOLUTION

La solution était toute prête pour les marques et les retailers : l'e-commerce répond à de nombreux besoins de ce marché en pleine révolution. Il permet de rassembler un maximum de contenu sur les produits et le lien avec les réseaux sociaux permet une expérience optimale tout en assurant une part de viralité. Grace au mobile, toute cette expérience est en permanence dans la poche des consommateurs.

Cette expérience est aujourd'hui impossible à reproduire en retail sans outil digital. Comment présenter autant de produit dans un magasin ? Comment naviguer par marque ou par catégorie ? Comment maximiser le cross-sell ? Montrer des visuels portés ou diffuser tous les avis d'un produit ? L'expérience retail est bouleversée par les habitudes des consommations on-line. De plus en plus de Pure Players de la beauté comme Glossier ou Birchbox qui essaient de reproduire ou compléter leur expérience off-line grâce à des habitudes on-line. De nombreux services omnicanaux comme le clic&collect ont été adoptés par de nombreux e-retailers beauté, tout comme l'e-reservation ou la disponibilité des produits en magasin. Sephora a développé le service Sephora + qui permet aux conseillères en magasin de commander un article pour un client dans le cas où ce produit ne serait pas disponible en magasin. Le produit est ensuite livré au domicile du client grâce à la logistique e-commerce.

L'e-commerce est certes un moyen de répondre aux besoins du marché mais il vient lui aussi le perturber. L'essence du e-commerce est l'absence de frontières. Le marché français compte ainsi de plus en plus de marques beauté venant de l'étranger. Merci Handy diffusait une étude en juillet 2019 montrant que les 5 marques cosmétiques les plus puissantes sur Instagram sont : Huda Beauty, Morphe, Colour Pop, Anastasia Beverly Hills et MAC. Morphe et Colour Pop n'ont aucun distributeur officiel en France, ce qui n'empêche pas les Français d'en acheter. Le succès est tel que les sites de ces DNVB livrent tous à l'international.

Les nouvelles technologies ont aussi un rôle majeur à jouer dans la révolution du marché de la beauté. Elles permettent de lever une barrière importante de l'e-commerce beauté : acheter un produit que je n'ai pas pu essayer. Modiface aquit par L'Oréal en 2018, est une application de réalité augmentée qui permet d'essayer du maquillage, des colorations cheveux et depuis 2019, elle permet aussi de faire un diagnostic de peau. Vichy et La Roche-Posay peuvent maintenant proposer à leurs clients d'acheter les produits qui correspondent à leurs besoins, analysés par l'application et fondés sur de l'*intelligence artificielle** et des études scientifiques.

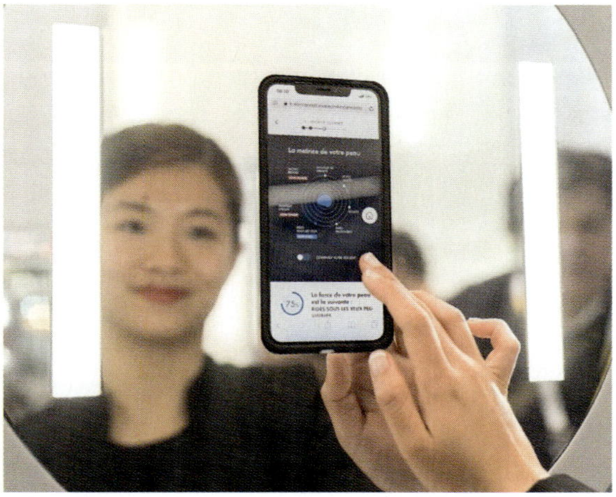

> Stand "SkinConsultAI" de Vichy, Vivatech Paris, 16-18 mai 2019, un diagnostic digital de peau co-développé avec des dermatologues permettant de détecter les signes du vieillissement cutané.

Cette révolution du marché de la beauté tend à s'accélérer ces dernières années, pousser par le contenu des réseaux sociaux et le mobile. Les tendances émergent sur les réseaux sociaux et deviennent de plus en plus nombreuses et de plus en plus rapides. En l'espace de 6 mois une tendance peut exploser et tomber à nouveau dans l'oubli. C'est le cas des rainbow hair ou du layering qui ont généré beaucoup de contenus photos et vidéos sur les réseaux sociaux. A l'inverse les tendances du contouring ou de la noix de coco ont duré plusieurs années et pour ce dernier, la tendance continue. Cette rapidité de changement représente un réel défi pour les marques car le Time-to-market est de plus en plus difficile à anticiper et il faut à présent développer des produits en quelques mois pour garantir son succès.

C'est donc la mutation de tout l'écosystème digital et l'avènement du 2.0 qui ont accéléré l'e-commerce de la beauté. Le contenu, moteur de cette accélération, impose de plus en plus la cadence. A présent, la péremption des contenus digitaux et l'essor de nouveaux concepts impactent le cycle de vie des produits. Alors que certains contenus déchus poussent des bestsellers vers la sortie, l'émergence de nouveaux attire les DNVB et le développement de gammes toutes entières.

La dernière étape permettant de maximiser les résultats de la beauté en e-commerce serait l'avènement du social commerce. Les prochaines années seront marquées par cette connexion entre le social et le commerce (en un clic) et il est donc fort à parier que la fast beauty se devra d'être on track.

*Retrouvez la définition dans le lexique en fin d'ouvrage.

> L'ORÉAL FRANCE

Roxanne Gaillard
Directrice E-commerce
L'Oréal France

Thomas Dessallien
Directeur Digital
L'Oréal France

Article

PIM et DAM : caractérisation et structuration, accélérateurs de projets

La mise en place et l'exploitation d'outils *PIM** (Product Information Management) et *DAM** (Digital Assets Management) devient stratégique dans la commercialisation multicanale. Que le besoin soit abordé sous l'angle de la data, des documents "papier" ou de l'e-commerce, il peut être fastidieux d'appréhender comment ces deux systèmes peuvent interagir et apporter une réponse efficiente.
Pourtant l'approche de tels projets repose sur quelques principes simples.

Le secteur du PIM a un taux de croissance annuel de **25 %**

1 entreprise sur 2 prévoit un projet PIM ou DAM en 2019

"If you want to make a long-term impact, build the roads. When creating an organization, a technology or any kind of culture, the roads are worth far more than the buildings."

Seth GODDIN
Conférencier, ancien responsable du marketing direct de Yahoo

PIM ET DAM : COMPLÉMENTAIRES, MAIS DIFFÉRENTS

Dans les sujets du data management, mais aussi du marketing digital, les déploiements d'un PIM et d'un DAM sont incontournables, au point d'être souvent associés dans un même projet. Même si les principes qui régissent l'étude et l'initialisation de ces solutions sont similaires et qu'il existe une forte adhérence entre les deux, distinguer leur angle d'approche s'avère structurant et important.

Nous pouvons dire que chacun permet une mise à disposition (une publication) d'informations marketing à destination interne et externe, le PIM par des canaux de publication (catalogue digital et/ou print, flux de données, etc.), le DAM par une mise à disposition de médias et documents.

Ce dernier s'attache alors à stocker, classifier et enrichir les données pour des documents et contenus (catalogues, brochures, guides techniques, documents institutionnels), mais aussi les ressources utilisées pour leur fabrication (médias, documents sources, PAO, etc.).

Le PIM, quant à lui, s'appuie sur une structuration et une qualification de l'offre produit.

LE PIM OU LA STRUCTURATION DE L'OFFRE PRODUIT

Afin de pouvoir satisfaire tous les besoins en informations produits, répondre à des demandes ciblées aux formats différents, la structuration du PIM doit reposer sur ce qui définit un produit et non pas sur son comportement (données de prix, de stock, de classifications statistiques). On parle communément de données dites *"chaudes*"* et de données *"froides*"*. Souvent il est tentant d'utiliser une arborescence existante (dans un ERP, par exemple qui est le système maître), mais celle-ci pourrait être complexe à traduire sous forme de chapitres pour la version papier, d'une architecture web. Ainsi il est préférable d'employer des libellés qui définissent le produit en tant que tel plutôt que des termes généraux liés à un comportement ou un contexte (accessoire de...). L'arborescence de publication portera cette information, qui est dépendante d'un canal, d'un marché, d'un segment.

C'est le principe même d'une base de données PIM que de pouvoir regrouper les articles (références) dans un produit

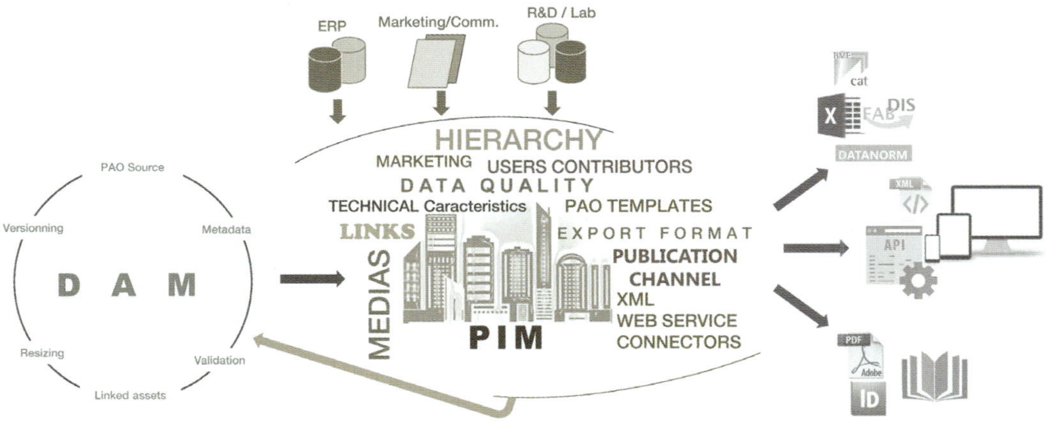

> Principe général des entrées/sorties PIM et DAM

parent. Ceux-ci partageront alors un descriptif, des normes, une photo principale, des avantages. Les références porteront quant à elles des caractéristiques discriminantes permettant de les différencier. Par exemple, dans le prêt-à-porter, le produit "chemise" regroupera les références correspondant à une taille et un coloris différents. Chaque produit pourra ensuite être rangé dans des groupes de produits selon la même stratégie.

LES LIENS ENTRE PRODUITS OU RÉFÉRENCES DANS LE PIM

Une fois les produits et articles structurés et identifiés dans une hiérarchie neutre (indépendante des publications, du commerce, de sa création), c'est la définition et la caractérisation des liens qui permettront de créer une dynamique de relation par compatibilité et association entre produits et/ou références.

Nous pouvons réfléchir par exemple à traiter différemment une option (contexte d'utilisation d'un produit ?), d'un accessoire (nécessaire au fonctionnement d'un produit ?) ou d'un composant (élément d'un kit, d'un assortiment ?).

Les liens s'appliquent-ils à des références articles vers des produits, de référence à référence, de produit à produit ? Autant de cas qui peuvent influer sur la hiérarchie produits : si tous les articles d'un même produit sont toujours l'accessoire d'une référence, alors le lien pourra être créé de référence à produit. Le PIM peut porter certains éléments de cross-selling lorsqu'ils varient peu, typiquement de produit à produit (produits similaires, produits associés).

LA CLASSIFICATION DANS UN DAM : SÉPARER LES DOCUMENTS FINIS, LA MATIÈRE PREMIÈRE ET LES SOURCES

Le DAM permet de gérer le cycle de vie des ressources documentaires, leur visibilité, leur audience. Ces ressources portent des métadonnées permettant de les indexer et de les publier dans différents formats de sortie. Dans un DAM, nous nous attachons donc à ranger les ressources selon leur type, leur format : une photo produit, un schéma coté, une vue 3D, un catalogue commercial, une brochure promotionnelle, une notice d'installation. Il est préférable de rester neutre en ce qui concerne l'emploi et la confidentialité lors de la structuration. Ces informations peuvent être portées par des métadonnées et des indicateurs.

MÉDIAS ET PRODUITS : À CHACUN SON CYCLE DE VIE

Pour les médias relevant de l'offre produits, il y a parfois un risque de malentendu entre le cycle de vie du produit et celui du document : un article peut être obsolète à la vente et les documents le concernant toujours actifs (une notice doit être visible même après installation chez le client).

PIM ET DAM : UN CERCLE VERTUEUX

L'image produit, l'application et les schémas sont catégorisés et stockés dans le DAM puis utilisés pour la valorisation d'une caractéristique dans le PIM. Cette association entre une ressource du DAM et un ou plusieurs produit(s) est portée par le PIM et peut être renvoyée vers le DAM. Ainsi, les deux outils fonctionnent en parfaite réciprocité et permettent un ROI qualitatif et quantitatif des deux projets.

*Retrouvez la définition dans le lexique en fin d'ouvrage.

> Exemple des nœuds et de la structure d'un PIM

> SOCOMEC

Vincent Eckert

Digital Marketing - Data Architect/ PIM-DAM Officer

vincent.eckert@socomec.com

Article

Le commerce unifié : nouveau sésame pour les distributeurs ?

Avec la multiplication des canaux et circuits de distribution, le shopper français diversifie de plus en plus ses modes d'achat. Mais si l'omnicanalité a permis de lever - en partie - certains irritants du magasin, force est de constater qu'elle peut en générer de nouveaux. Le "commerce unifié" sera-t-il le nouveau sésame pour les distributeurs ?

65 % des Français cherchent des infos et achètent en magasin

60 % des parcours mixtes se font du on vers le offline

33 % des Français séduits par le service "co-courses"

"Le digital est parvenu à s'intégrer dans les habitudes d'achat des consommateurs, sans pour autant réussir à les transformer totalement malgré l'émergence de toutes sortes de dispositifs innovants."

Baromètre Harris Interactive sur la digitalisation du point de vente - 2019

LA DISTRIBUTION EN 2019 : ENTRE MONOCANALITÉ RÉSISTANTE ET MIXITÉ DES CIRCUITS

Chez Harris Interactive, à travers notre baromètre annuel, nous observons depuis 2012 l'évolution des tendances de la distribution, afin d'aiguiller les marques et distributeurs sur les attentes des consommateurs. Selon la vague 2019 de ce baromètre, trois grandes tendances se dessinent, et leur aspect contradictoire montre à quel point satisfaire les consommateurs est aujourd'hui un véritable challenge.

Tout d'abord, même si l'omnicanalité se confirme en pratique, aucun secteur ne voit le poids de l'omnicanal dépasser celui du monocanal en magasin ou sur internet. Le parcours d'achat monocanal en magasin reste majoritaire. 65 % des Français cherchent des informations et achètent en magasin, en particulier pour les produits alimentaires, d'hygiène et d'entretien. Pour le multimédia ou les voyages, c'est le parcours d'achat monocanal sur internet qui est privilégié. On observe également que, si parcours mixte il y a, il se fait dans 60 % des cas de l'online vers l'offline : on cherche online avant d'acheter offline. Le magasin demeure le point privilégié de conclusion d'un achat.

Parallèlement à l'honorable résistance du monocanal et du magasin, une deuxième tendance forte se dessine en 2019. Le shopper français mixe de plus en plus les formats d'enseignes : hyper, super, proximité, discount, drive, e-commerce... En moyenne, 5 circuits différents sont fréquentés régulièrement en 2019, contre 4 en 2012. On observe une augmentation de la clientèle des enseignes spécialisées et/ou bio, des commerces indépendants et de proximité, du hard discount et de l'achat auprès des producteurs. La fréquentation des hypermarchés est, elle, en baisse. Cette mixité des circuits et l'engouement pour les surfaces plus petites, plus spécialisées, le bio et le producteur local traduisent une volonté de retour à l'humain dans l'expérience et le parcours d'achat qui a déjà été constatée ces dernières années.

Autre tendance : la possession d'applications d'enseignes augmente. Aujourd'hui, la moitié des Français possèdent au moins une application d'enseigne sur leur smartphone, contre 34 % en 2016, et en particulier du côté des millennials et de la génération X. Quant à l'usage du smartphone en point de

Retail | Parcours client | Digitalisation du point de vente

> Retrouvez les mots clés en index <

des **Millennials** utilisent leur smartphone en magasin contre **39%** pour les **Baby-Boomers**

> Baromètre Digitalisation du point de vente - 2019

vente, il concerne 62 % des consommateurs, mais de façon peu systématique. Là encore, ce sont les millennials qui font exploser les compteurs, puisqu'ils sont 84 % à utiliser leur smartphone en magasin, contre 39 % pour les baby-boomers. On constate cependant une progression de 10 points pour chaque génération ces dernières années, ce qui traduit une maturité digitale de plus en plus élevée.

Ainsi, à la complexification des parcours d'achat répondent des comportements hétérogènes ; et ce pour un même shopper : celui-ci peut passer de l'e-commerce sur le site d'un hypermarché le lundi, à la visite 100 % magasin, un canal de proximité, le mardi... Au rituel d'un achat normé succède une fragmentation des actes d'achats.

NOUVELLES TECHNOLOGIES ET PERSONNALISATION

Le digital est parvenu à s'intégrer dans les habitudes d'achat des consommateurs, sans pour autant réussir à les transformer totalement. Et ce, malgré l'émergence continue de toutes sortes de dispositifs innovants pour, si ce n'est forcément l'améliorer, moderniser le parcours d'achat et proposer de nouvelles expériences. Notre étude récurrente sur la digitalisation des points de vente nous permet de mieux comprendre les attentes des consommateurs en matière d'innovations digitales sur leurs parcours d'achat, et d'identifier sur quel type de dispositif les marques et distributeurs doivent se concentrer pour fidéliser leur clientèle.

La tendance majeure que l'on peut observer est que l'appétence pour ces innovations digitales stagne depuis quelques années. Il est cependant intéressant de constater que les dispositifs pour lesquels l'engouement augmente légèrement depuis ces trois dernières années sont ceux qui impliquent de toutes nouvelles technologies :

- Le recours au paiement biométrique, qui fonctionne par reconnaissance d'empreintes digitales, vocales ou visuelles ;

- La livraison par drone ;

- L'utilisation de lunettes ou casque en magasin permettant d'accéder à des informations complémentaire sur un produit et d'essayer virtuellement des produits

A côté de ces nouveaux dispositifs, la technologie déjà bien éprouvée de la géolocalisation parvient toujours à fédérer les consommateurs. Le fait de pouvoir localiser, en magasin, grâce à un plan disponible sur application mobile les promotions qui peuvent les intéresser, est plébiscité par 45 % des Français aujourd'hui. Proportion qui augmente sensiblement d'année en année. Ici, la technologie qui permet d'associer géolocalisation et personnalisation des promotions pour chaque client est la clé du succès, grâce au combo gain de temps et optimisation budgétaire.

Enfin, en ligne avec l'essor du recours à des services entre particuliers, l'engouement pour les "co-courses" a également augmenté ces trois dernières années. Il s'agit de mettre en relation, via une application, des particuliers ayant besoin de se faire livrer leurs courses avec des particuliers prêts à assurer ces livraisons. Aujourd'hui, 33 % des Français déclarent être séduits par ce type de service. Une alternative intéressante aux applications drive et au click & collect dont l'engouement stagne, même si leur usage demeure encore plus répandu.

De manière générale, les dispositifs digitaux en points de vente qui plaisent le plus aux consommateurs sont ceux qui mettent en avant des offres et promotions personnalisées ainsi que les services en temps réel tels que la mise à jour dynamique des prix ou la géolocalisation, voire le *géofencing**. En opposition, les dispositifs qui plaisent le moins sont ceux qui sont perçus comme intrusifs, tels que l'interpellation nominative via des alertes sur le smartphone ou la réception d'informations sur des produits au moment du passage à proximité dans le rayon. Mais ce qui apparaît comme clé aujourd'hui, à la fois pour les consommateurs, mais aussi pour le succès du suivi de la transformation d'un achat côté distributeurs et marques, c'est le retargeting. Et plus spécifiquement, le *retargeting** du point de vente vers le site internet. En d'autres termes, la capacité "d'unifier" les différents canaux de distribution pour mieux suivre et transformer côté distributeurs, et proposer un parcours d'achat optimisé aux consommateurs.

UNIFIER, POUR MIEUX FIDÉLISER

Les marques doivent dans un premier temps se montrer plus agiles pour susciter l'attention digitale de leurs consommateurs, dans un monde où ils se retrouvent littéralement submergés par les sollicitations, et donc plus exigeants dans leur façon de traiter les informations qu'ils reçoivent et d'y donner suite... ou non. Il ne s'agit plus pour les marques d'arroser spontanément leurs encartés d'informations et de promotions, que ce soit en ligne ou en magasin. Il leur faut désormais proposer une expérience d'achat personnalisée et adaptée au moment où le consommateur en exprime le besoin. Il leur est donc nécessaire de très bien connaître chacun de leurs clients : les canaux qu'ils préfèrent pour se renseigner, ceux qu'ils préfèrent pour acheter, ceux, enfin, qu'ils préfèrent pour obtenir leurs achats. Avec, cerise sur le gâteau, la possibilité de combiner, d'unifier, ces différents canaux pour fluidifier les parcours.

Aujourd'hui, l'omnicanalité des parcours et expériences d'achat donne accès aux consommateurs à des produits d'une même marque par différents canaux : boutique physique, catalogue, site e-commerce, application mobile. Malheureusement, cela n'implique pas toujours la création de synergies entre ces différents canaux. Par exemple, si un consommateur abandonne l'achat d'un produit sur le site internet de la marque, mais effectue l'achat de ce produit dans un point de vente de cette même marque, sans synergie entre le point de vente et le site, cet achat sera perçu comme un échec du point de vue du e-commerce.

D'où la nécessité, d'une part, d'optimiser la façon de collecter les données d'un client, quel que soit son point d'entrée, et d'autre part de suivre son parcours d'achat sur tous les différents canaux. Puis de fusionner les données "offline" aux données "online". En d'autres termes : unifier.

En pratique, cela se traduirait par la mise en place d'une plateforme unique capable de gérer l'intégralité du parcours d'un client en temps réel et à 360° : recherche, achat, passage en magasin pour essayage, achat en ligne après un passage en magasin, achat en magasin après une recherche en ligne, livraison à domicile, livraison en point de vente et jusqu'au

mode de retour éventuel du produit. Le tout, en étant toujours capable de tracer les mouvements "store to web" ou "web to store" pour n'avoir aucune déperdition d'information.

Un tel dispositif, malgré un défi technologique de taille et impliquant des changements importants d'organisation pour les retailers, aurait deux objectifs majeurs :

- D'un côté, pour les marques et distributeurs, une connaissance client centralisée, grâce à une collecte de données qui s'effectue à chaque point d'entrée et à chaque étape du parcours d'achat, tous préalablement liés les uns aux autres ;

- D'un autre côté, pour les consommateurs, une expérience d'achat unique, fluide et personnalisée à 100 %.

Pour mieux fédérer et fidéliser leurs consommateurs, c'est dans ce type de dispositif que les marques se doivent de mettre toute leur énergie dédiée à l'innovation et à la digitalisation. Car c'est bien au niveau de la fidélisation que l'omnicanalité a touché du doigt ses limites : il apparaît compliqué pour une marque de fidéliser lorsque les canaux sont multiples et que l'absence de lien entre eux empêche l'échange des précieuses données du client. Or, une fois unifiés, les différents canaux de distribution tels que nous les connaissons aujourd'hui deviendraient des "points d'entrée" tous liés les uns aux autres, et la data client serait centralisée de même que la façon de communiquer auprès du consommateur. L'identification client doit être au cœur du dispositif. Tout devra tourner "autour de lui". Des technologies en ce sens se développent d'ailleurs, telles que les "tokens", qui permettent de reconnaître un client grâce à sa carte bancaire, toujours de façon très sécurisée, pour aller encore plus loin dans la personnalisation. Il est possible grâce à ces technologies de lier une carte bancaire à un compte fidélité pour que les éventuels avantages auxquels peut prétendre un client soient identifiés dès son passage en caisse.

De telles plateformes unifiées répondraient à un grand nombre d'enjeux tant pour les marques, toujours en quête de conquête et de fidélisation, que pour les consommateurs, qui sont eux à la recherche de services toujours plus personnalisés et de parcours d'achats toujours plus fluides. Et si plusieurs canaux unifiés donnent un seul canal, sommes-nous à l'aube du véritable "hypermarché du futur" ?

*Retrouvez la définition dans le lexique en fin d'ouvrage.

> Unification du parcours d'achat

> *"Il ne s'agit plus pour les marques d'arroser leurs encartés d'informations et de promotions. Il leur faut désormais proposer une expérience d'achat personnalisée et adaptée au consommateur."*
>
> *Baromètre Harris Interactive sur la digitalisation du point de vente - 2019*

> HARRIS INTERACTIVE
www.harris-interactive.fr

Emilie Bacher
Responsable Développement & Innovation
ebacher@harrisinteractive.fr

Article

Le MaaS, une mobilité intégrée « porte-à-porte »

La RATP ne cesse d'innover pour faire évoluer son offre de transport vers une offre *multimodale intégrée, au service de voyageurs toujours plus exigeants dans leurs trajets quotidiens. C'est ce qu'on appelle l'offre MaaS (Mobility as a Service), une offre de mobilité porte-à-porte, multimodale et digitale, avec un accès à des services et à une information en temps réel tout au long du trajet.**

20 % des dépenses de transport de passagers seront liés aux nouvelles mobilités et aux services MaaS en 2040

CONJUGUER DÉVELOPPEMENT DES NOUVELLES MOBILITÉS ET PLATEFORME DIGITALE D'INTÉGRATION MULTIMODALE

Selon une étude d'Oliver Wyman qui date de 2018, la part des dépenses des nouvelles mobilités et des services MaaS pour le transport de passagers augmenterait de 4% en 2015 à 20% en 2040, au détriment du marché des véhicules individuels dont les dépenses chuteraient de 74% en 2015 à 55% en 2040.

Les offres MaaS intégrant ces nouveaux usages sont donc clés pour le voyageur. Ces offres multimodales sont synonymes de simplicité puisque toutes les phases du trajet du voyageur (planification, achat de ticket, accès aux différents modes de transport, suivi en temps réel des imprévus et propositions de solutions alternatives) se font sur une plateforme digitale unique.

Pour les collectivités territoriales et les villes, cette offre multimodale est vertueuse puisqu'elle participe à la réduction de leur empreinte écologique en encourageant le recours aux transports en commun et la diminution de l'*autosolisme**. Ainsi, en février 2019, une première application MaaS a vu le jour à Annemasse en Haute-Savoie sur le réseau exploité par RATP Dev, filiale du groupe RATP. La RATP a également lancé l'expérimentation MaaX (Mobility as an Experience) en Île-de-France, en partenariat avec Île-de-France Mobilités.

D'une durée de six mois, cette « application test » a été lancée auprès de 2 000 Franciliens bêta-testeurs pour leur fournir une offre de transport multimodale en leur permettant d'organiser leurs trajets grâce à l'intégration d'une dizaine de fournisseurs de services de mobilité en Île-de-France (transport en commun, co-voiturage, autopartage, scooter, vélo, *VTC**, parking, trottinette), allant jusqu'à la réservation pour certains modes.

L'ENJEU DE L'INTEROPÉRABILITÉ DANS LA MISE EN ŒUVRE D'OFFRES MAAS

La future Loi d'Orientation des Mobilités (LOM) révolutionne le secteur des mobilités. En plus d'élargir les responsabilités des autorités organisatrices de mobilité (AOM), elle ouvre davantage les données du secteur (statiques/temps réel) et les services de vente. Elle propose aussi un nouveau cadre juridique et réglementaire qui oblige les acteurs à coopérer et à s'organiser pour offrir aux citoyens une solution de mobilité intégrée « clé

MaaS | Mobilité | Digital

> Retrouvez les mots clés en index <

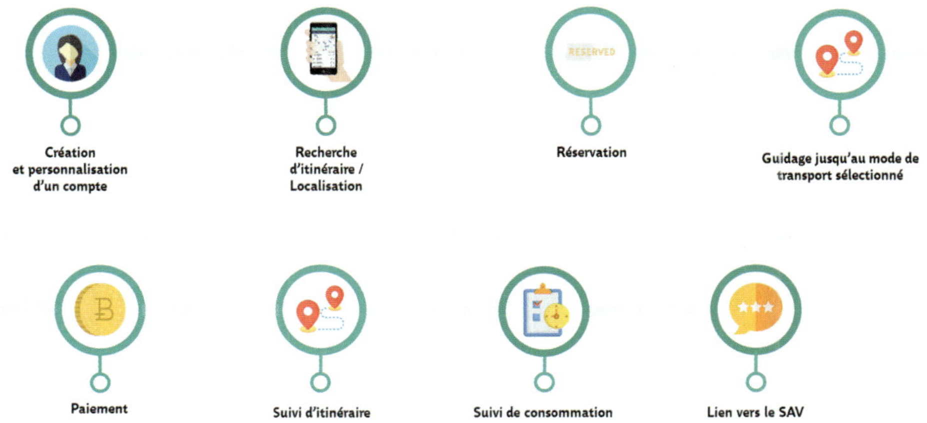

> Exemple de parcours voyageur MaaS

en main » sur leurs territoires. La LOM amène ainsi un certain nombre de défis technologiques pour les opérateurs de mobilité.

AOMs, villes, opérateurs de transport publics et privés, fournisseurs et intégrateurs technologiques, opérateurs de mobilité (VTCs, covoiturage...), constructeurs automobiles mais aussi opérateurs d'application de transport : tous se positionnent aujourd'hui sur des offres MaaS avec des niveaux de maturité très différents, notamment sur le plan technologique. Certaines startups n'ont par exemple pas les moyens de financer l'accès à leurs services de vente de nouvelles mobilités. L'enjeu est donc d'aller vers une uniformisation des standards d'APIs afin de faciliter l'intégration des différents services de mobilité, y compris pour le transport en commun, sur les plateformes et de favoriser l'interopérabilité entre elles, en vue de construire un parcours voyageurs fluide, à moindre coût.

LA RECHERCHE D'UN MODÈLE ÉCONOMIQUE ÉQUITABLE

Proposer aux voyageurs les nouveaux services liés à la mobilité dans un parcours fluide nécessite de travailler en écosystème. Or, qui dit travail en écosystème, dit bouleversement de la chaîne de valeur. Pour éviter ce qui a pu se produire dans l'hôtellerie où des déséquilibres économiques importants se sont créés entre les producteurs de solutions et les distributeurs, il faut veiller à déployer des modèles économiques vertueux pour tous et notamment pour les acteurs qui assurent le financement des réseaux physiques de transport. Deux modèles ont ainsi émergé de la LOM : ceux de « plateforme de mise en relation » et de « distributeur » (qui permet d'offrir des bouquets de mobilité). Ces modèles doivent pouvoir faciliter un partage de la valeur vertueux alors même que la mobilité est un enjeu crucial pour le développement économique et l'inclusion sociale.

DES HUBS URBAINS POUR UNE INTERMODALITÉ PLUS FLUIDE

Le MaaS exige que l'intermodalité entre les moyens de mobilité soit reproduite dans son exploitation physique. Cela constitue un réel défi puisque le territoire utilisé n'est pas extensible à la vitesse du digital, ni dans l'infini qu'il suppose. De nouveaux hubs urbains sont notamment nécessaires pour permettre une navigation fluide et fiable d'un mode à l'autre avec des espaces plus lisibles, plus repérables, plus simples en usage pour répondre aux attentes des voyageurs habituels et surtout des occasionnels pour qui des ruptures de charge difficiles sont de véritables freins au choix du transport public.

ET LE MAAS DEMAIN ?

Qui dit MaaS dit expérimentations pour tester les offres et collaboration pour proposer les meilleures solutions aux voyageurs, mais aussi et surtout création d'écosystèmes et partage de la valeur dans l'intérêt du voyageur.

*Retrouvez la définition dans le lexique en fin d'ouvrage.

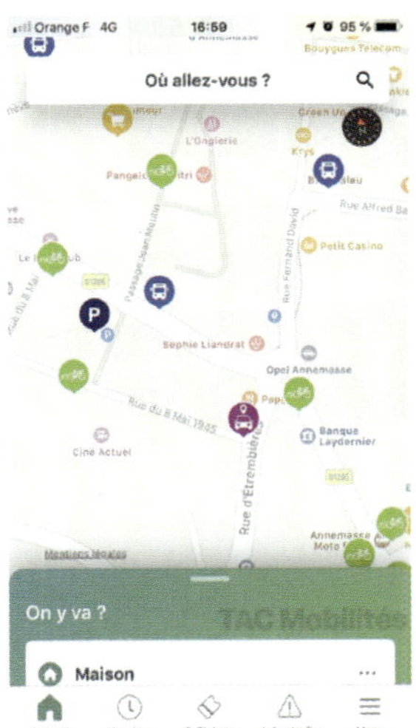

> Écran TAC Mobilités Annemasse

> RATP
www.ratp.fr/groupe-ratp

Eléonore de Bellabre
Responsable Programme Digital Voyageurs RATP
eleonore.lajoumard-de-bellabre@ratp.fr

Maëlle Da Silva Gomes
Chef de produit MaaS RATP Île-de-France
maelle.da-silva-gomes@ratp.fr

Article

Comment les workflows permettent de décupler la puissance du DAM

L'heure est aujourd'hui à l'automatisation tous azimuts et l'intérêt d'une solution de *Digital Asset Management** réside aussi dans sa capacité à créer et mettre en place facilement des *workflows** personnalisés, adaptés aux processus de travail de chaque organisation.

Le **DAM** enrichit nos vies numériques tous les jours

> L'expérience utilisateur au cœur de la gestion de fichiers

> Des KPIs pour fluidifier les opérations

Le workflow n'est autre qu'un enchaînement automatisé de tâches. L'idée étant de "chaîner" plusieurs opérations et d'automatiser leur exécution. Dans le cas de médias (photos, vidéos, etc.), le workflow peut aussi bien permettre de faire valider par différents intervenants l'utilisation d'un visuel dans une campagne de communication, un catalogue ou une brochure, que de déclencher (sans intervention humaine) son archivage après un certain laps de temps à des fins de conservation.

WORKFLOW, LA FACE IMMERGÉE DU DAM

Aujourd'hui, les solutions de rakuten autorisent la mise en place simplifiée de ce type de workflow. Ce qui est un "plus" incontestable pour les utilisateurs et contribue à optimiser leur productivité, à réduire le temps de travail, mais aussi le coût des différentes opérations.

QUAND LE DAM DEVIENT UN PLANIFICATEUR DE TÂCHES

Pour définir un workflow, l'utilisateur doit donc fournir au logiciel plusieurs informations essentielles :
- Les tâches à réaliser ;
- L'ordre dans lequel elles doivent être réalisées ;
- Le timing dans lequel elles doivent être réalisées ;
- Les personnes par qui les informations doivent transiter ;
- Les droits attribués aux différentes personnes concernées (droits d'accès, de modification, de validation, de téléchargement, etc.).

Le DAM permet ainsi de programmer la réalisation des opérations sans que l'humain intervienne. Importation, classement, indexation, publication, création/modification de galeries d'images, archivage ou encore suppression sont autant de tâches qui peuvent composer le workflow. Tout en sachant que le parcours prédéfini de chaque média reste modifiable à tout moment, en cours de route.

DE L'HUILE DANS LES ROUAGES DES PROJETS

L'usage des workflows trouve tout son sens lors de la réalisation de projets complexes avec plusieurs intervenants, plusieurs décideurs ou lorsque les équipes sont dispatchées sur plusieurs sites. La mise en place d'un circuit de validation s'impose alors

DAM | Digital Asset Management | Transformation digitale

> Retrouvez les mots clés en index <

> Une parfaite traçabilité des projets et des échanges

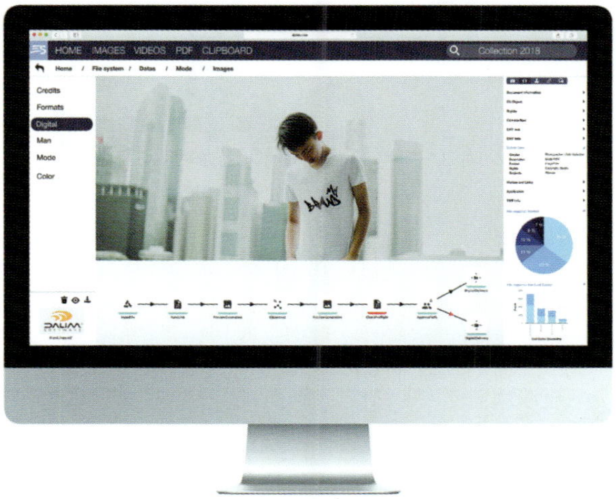

> Une parfaite traçabilité des projets et des échanges

comme la solution la plus simple et la plus efficace. Le statut d'une ressource (une photo, une vidéo, un visuel produit, etc.) passant dès lors d'un statut à l'autre ("brouillon", "en révision", "validé") en fonction du circuit défini et chaque étape du projet devant être validée par un responsable ou un collaborateur avec le BAT final du client. L'ensemble du processus doit aussi pouvoir être suivi par l'ensemble des acteurs du projet.

CENTRALISER LES OPÉRATIONS DE VALIDATION DANS LE DAM

Dans l'industrie et la grande distribution, par exemple, où la gestion des flux de validation entre le marketing et les différents services (qualité, usine, R&D, chaîne graphique et filiales) est souvent un véritable casse-tête, le DAM est utilisé pour le contrôle et la validation des packagings. La diversité des emballages oblige, en effet, l'industriel à imprimer avec différents procédés (héliogravure, flexographie, offset, numérique, etc.), ce qui implique de nombreux partenaires différents. Chacun devant, bien entendu, valider sa partie sur les documents de création, d'exécution ou de photogravure. Et plutôt que de valider les packagings depuis les plateformes tierces de leurs partenaires ou pire, par échange et retour de mail, certains ont choisi de tout centraliser dans le DAM.

TRAÇABILITÉ ET FLUIDIFICATION DES OPÉRATIONS

Certaines plateformes permettent, par exemple, de gérer les superpositions pour comparer différentes versions d'un même visuel, et proposent également des outils de reporting (les recherches les plus fréquentes, les fichiers les plus téléchargés, les plus importés, les plus publiés, etc.). Des fonctionnalités qui offrent aux industriels une parfaite traçabilité de leurs projets et des échanges liés, afin de fluidifier les opérations, de mieux respecter les délais et d'éviter aux différents services d'être pollués par des informations qui ne les concernent pas.

In fine, grâce au DAM, les industriels automatisent leurs processus et ne perdent plus de temps à travailler sur plusieurs plateformes.

*Retrouvez la définition dans le lexique en fin d'ouvrage.

“Quelles sont les principales caractéristiques des workflows ?
- Automatiser et planifier des tâches personnalisées
- Cartographier des processus métier complexes
- Prendre en charge des workflows parallèles
- Approuver les photographies, brochures, vidéos, 3D
- Faciliter le contrôle des canaux de distribution
- Utiliser des métadonnées pour des processus flexibles.”

Eric Le Ven

Vanessa
Gignoux
Responsable digital
et e-commerce
Gémo - Groupe Eram

Vanessa Gignoux

S'attacher plus à l'expérience, au service et à l'accompagnement.

Après plus de 10 ans passés auprès d'entreprises telles Ventes-Privées, l'agence Baobaz, Christofle ou encore Dior cosmétique, Vanessa Gignoux s'est forgé une solide expertise dans le domaine du e-commerce. Aujourd'hui responsable digital et e-commerce de Gémo, elle témoigne de la stratégie omnicanale adoptée par la marque, ainsi que de l'évolution des usages consommateurs.

UNE PRÉFÉRENCE POUR L'ACHAT EN MAGASIN, UN RÔLE FORT DU DIGITAL POUR LE RELAIS D'INFORMATION

Le client Gémo préfère acheter en magasin, c'est l'un des insights recueillis par la marque d'après une récente enquête consommateur. La grande majorité du chiffre d'affaires de la filiale du groupe Eram est d'ailleurs réalisée en points de vente physique. Si l'enseigne peut compter sur un maillage territorial fort avec 440 magasins en France et à l'international, le digital n'en reste pas moins un canal important, notamment pour informer ses clients. « Nous mettons en avant nos collections à travers 12 campagnes par an, relayées sur notre site par des pages dédiées très axées contenu. Nos clients sont très attentifs à ce que nous proposons sur le Web, l'objectif premier de notre site est donc de les informer de nos nouveautés, les guider dans leur choix comme nous le faisons avec le guide morphologique pour les jeans, leur faire découvrir des looks ou de nouvelles typologies de produits telles que notre gamme écoresponsable. Ils peuvent en outre retrouver ces contenus en magasin. » Le Web pour Gémo est donc avant tout un levier de trafic en magasin, bien que la vente reste une dimension importante, ce qui correspond à une vraie tendance sectorielle. « Le consommateur dispose d'une multitude de sources d'informations avec le Web : les sites, les blogs, les réseaux sociaux, les marketplaces... Sur les produits mode, les influenceuses impactent énormément le choix des consommateurs et peuvent avoir une importance quasiment aussi forte que la communication traditionnelle, le succès de notre nouvelle collection crée avec l'influenceuse Lalaa Misaki en témoigne. »

DES SERVICES POUR ACCOMPAGNER LES USAGES ROPO

Pour satisfaire ses clients et répondre aux usages liant recherches online et achats en magasin (effet ROPO), Gémo a d'ailleurs mis en place une offre de click&collect ou encore plus récemment un service permettant de commander en magasin des produits exclusivement proposés sur le Web. «Toutes nos collections ne se trouvent pas forcément en magasin, comme la lingerie ou les grandes tailles, par exemple. Nous avons une stratégie omnicanale. À l'aide du digital, nos conseillers de vente ont tous les outils pour apporter des solutions à nos clients. Il permet de dépasser les limites du physique et d'augmenter

le pouvoir de nos vendeurs dans le but d'atteindre 100% de satisfaction client. C'est un lieu de relation entre nos clients et nos équipes quand le web est un lieu de transaction. Le magasin permet de créer l'attachement à la marque. Ainsi, nos vendeurs sont équipés de tablettes pour permettre de consulter les stocks disponibles sur le digital et de passer commande. Le démarrage est assez fort, surtout pour pallier l'irritant que sont les ruptures de taille. Enfin, nous incitons nos clients à se rendre sur notre site tout au long de leur parcours à travers des PLV en magasins afin de découvrir plus de choix, plus de tailles et plus de "looks".» Très peu d'utilisation du smartphone en magasin pour comparer en revanche, la marque n'étant distribuée que dans ses propres points de vente.

DES CHANTIERS POUR UN PARCOURS OMNICANAL TOUJOURS PLUS FLUIDE

La marque opère étape par étape une refonte UX de son site, à commencer par les pages produits dont la nouvelle mouture vient d'être lancée (mai 2019). « Ces nouvelles pages poussent plus de détails produits, la réservation en magasin, donnent un indicatif des stocks en magasins pour éviter tout déplacement inutile. Nous travaillons aussi sur la personnalisation et la connaissance client. Nous avons un POC en cours avec la société Advalo pour créer de la croissance organique. Grâce à la data, nous pouvons suivre nos clients dans leurs parcours on et offline pour leur proposer des produits en lien avec leur consommation. À titre d'exemple, une femme qui aura acheté des vêtements de naissance se verra proposer des chaussures premiers pas l'année d'après. Le bébé est un marché très porteur pour le Web, car il évite aux parents de se rendre en magasin avec leurs enfants en bas âge. »

MOYENS DE PAIEMENT : AVANT TOUT UN SERVICE POUR RÉPONDRE AUX USAGES

Concernant les moyens de paiement, Gémo a pour objectif de proposer sur le site une palette très diverse : CB, PayPal et même la carte cadeau. « Nous envisageons également tout ce qui est fastpaying avec Apple Pay, Amazon Pay et autres. Nous cherchons aussi à mettre en place le paiement différé, en 3 ou 4 fois, pour des moments forts de l'année comme la rentrée des classes, par exemple. En revanche, les innovations comme la reconnaissance faciale, oculaire ou vocale n'est pas une priorité pour nous, car ce n'est pas ce que cherche le client Gémo aujourd'hui. Les clients sont pragmatiques et ne retiennent que les services qui leur servent vraiment dans le parcours d'achat. »

RAKUTEN

Empowerment : Rakuten redonne pouvoir et autonomie aux marques et aux enseignes

> https://fr.shopping.rakuten.com

PROBLÉMATIQUE DE LA MARQUE

L'écosystème numérique est souvent décrit comme un monde impitoyable dans lequel les plus grands ne laissent que peu, voire pas, de place aux plus petits. Il est vrai qu'il est actuellement le théâtre d'un combat sans précédent entre d'un côté des enseignes, des distributeurs traditionnels et de l'autre, de puissantes plateformes numériques qui opèrent de plus en plus d'incursions sur le terrain du physique en ouvrant des magasins, en se substituant parfois aux premiers, mais aussi en déréférençant des marques ou des enseignes et en imposant des conditions tarifaires et contractuelles très exigeantes.

S'il est nécessaire pour les vendeurs d'être référencés sur une place de marché - elles représentent près d'un tiers du volume d'affaires aujourd'hui en France - il doit être possible pour une place de marché numérique de viser une croissance de ses activités et une recherche de profitabilité sans entrer en concurrence avec ses partenaires.

SOLUTION STRATÉGIQUE

Le groupe Rakuten, sous l'impulsion de son CEO et fondateur Hiroshi Mikitani, cultive une philosophie unique depuis sa création en 1997. Il en a fait la vertu cardinale de sa culture d'entreprise et de sa stratégie au service de son développement. Cette philosophie a un nom : empowerment.

Appliqué au secteur du e-commerce, l'empowerment permet aux plateformes de fournir des outils de développement aux marques et enseignes ainsi que de s'inscrire collectivement dans un partage équitable de la valeur ajoutée créée sur la place de marché. **« Chez Rakuten, nous avons la conviction que le digital peut et se doit au contraire de s'appuyer sur la puissance que chacun peut apporter à l'autre. En travaillant ensemble, et grâce à l'innovation, le monde peut devenir meilleur »**, précise Hiroshi Mikitani.

Pionnier japonais du e-commerce, Rakuten est devenu un des groupes internationaux leaders dans le domaine digital (Rakuten Viber, Rakuten Kobo, Rakuten TV, Rakuten Marketing, etc.) en puisant dans ses racines. Rakuten cultive cette philosophie en veillant à créer des passerelles entre ses différentes activités pour proposer à ses quelque 1,3 milliard de membres mondiaux un environnement toujours plus interconnecté qu'ils sont en capacité d'appréhender et de maîtriser.

MISE EN PLACE OPÉRATIONNELLE

Dans une logique d'empowerment, la plateforme e-commerce s'inscrit dans la stratégie d'acquisition, de transformation et de fidélisation des vendeurs professionnels.

Rakuten est un canal indispensable pour des enseignes désireuses de développer leurs ventes en ligne, qui devraient continuer de progresser de 11,5 % par an en France sur les cinq prochaines années, d'après le cabinet Forrester. Rakuten leur donne l'opportunité de développer un véritable espace personnalisé - appelé "corner dédié" - sur la place de marché. Les vendeurs ont ainsi la possibilité de maîtriser leur image de marque et de personnaliser ce corner à leurs couleurs pour un espace dédié sur-mesure. Ce corner devient une extension de boutique, sur laquelle ils gèrent leurs promotions et bénéficient des nombreuses opérations spéciales proposées par Rakuten pour promouvoir leurs meilleures offres.

L'empowerment ne s'arrête pas là. Rakuten leur offre également l'opportunité de piloter leur visibilité et leur référencement en ligne. Grâce à de puissantes campagnes d'affiliation, de

INFOS CLÉS

1ère place de marché omnicanale en France

2 millions de membres au "Club R", le programme de fidélité gratuit de Rakuten France

5 500 retailers

prospecting et de retargeting, les retailers sont en capacité de délivrer le bon message au bon moment à des consommateurs qui attendent plus de personnalisation, plus de pertinence et plus de valeur.

C'est également en point de vente que se noue le rapport au produit. Rakuten est en effet la première place de marché à proposer à ses clients une offre de *click & collect**. En passant sa commande depuis le corner dédié de l'enseigne sur la plateforme, le client sélectionne le magasin le plus proche de sa localisation puis, une fois la commande finalisée, récupère son achat en seulement 2h. Cette solution encourage le trafic en magasin, et donc lutte contre la désertification des centres-villes, tout en étant un réel modèle « gagnant-gagnant » puisque la présence du client sur le lieu de vente est génératrice de ré-achat.

De plus, Rakuten déploie actuellement un algorithme - Rakuten Ready - qui va permettre d'optimiser le click & collect en prédisant l'heure d'arrivée en magasin selon les comportements d'achat et en aidant les magasins à améliorer la préparation des commandes.

Bic au Japon, Walmart aux États-Unis, Tolino en Allemagne ou encore Boulanger en France sont autant de retailers avec lesquels le groupe s'est associé et qu'il accompagne dans leur stratégie omnicanale.

RÉSULTATS

Cette offre unique sur le marché répond à une tendance de consommation forte.

Depuis sa mise en place, certains partenaires de Rakuten ont observé jusqu'à plus de la moitié de leurs commandes effectuées en click & collect, notamment lors des temps forts d'achat. Les 10 jours avant Noël, par exemple, cela concerne 75 % de leurs commandes.

Aujourd'hui, plus d'une trentaine de marques et enseignes sont intéressées par notre solution de click & collect et donc par la possibilité d'accroître le trafic sur leurs points de vente. Ainsi, embrasser l'empowerment, c'est concevoir le commerce dans une logique partenariale où chaque partie prenante a la volonté de faire gagner l'autre. Et donc, in fine, de gagner.

> *"Les marques et enseignes bénéficient de notre solution click & collect, soit une réunification et une convergence du monde physique avec le monde du digital."*
>
> **Fabien VERSAVAU**
> *CEO de Rakuten France*

*Retrouvez la définition dans le lexique en fin d'ouvrage.

Étude De Cas

BABYBEL®

MINI BABYBEL® - Les Super Fromages : quand websérie rime avec success story

> Super Fromages en quête des Terres Laitgendaires

PROBLÉMATIQUE DE LA MARQUE

> Contexte

Connue de tous et achetée par près d'une famille sur deux, Babybel® est leader du marché du fromage enfant en part de marché valeur (28,6 % en 2018) depuis des années, mais fait face à une concurrence qui s'intensifie avec d'autres marques qui viennent comme elle préempter le territoire du FUN.

Après la réassurance des parents (un vrai fromage fait avec 4 ingrédients et c'est tout), la prescription des enfants (le petit fromage rigolo avec sa coque en cire) est le deuxième pilier du business model de la marque.

Depuis 2017, c'est pour renforcer cette prescription que Babybel® a pris la parole avec la première web-série interactive sur YouTube, forte du constat que 70 % des enfants de 7-14 ans s'abonnent chaque mois au visionnage de vidéos sur la plateforme et profitant de la forte notoriété de Supercheese, un personnage emblématique arrivé en TV en 2015 pour incarner la mission de la marque : faire le plein de lait et de fun dans les familles.

Suite au succès des aventures des Super Fromages en saison 2, avec plus de 18 millions de vues, comment aller plus loin sur YouTube pour devenir la marque alimentaire préférée des enfants ?

> Cibles

Les familles avec enfants de 6 à 11 ans, qui représentent la cible historique de Babybel®.

> Objectifs

- Travailler la visibilité de la marque sur le digital en complémentarité des autres touchpoints de l'écosystème (TV et magasin) ;
- Renforcer l'engagement des enfants avec Babybel® en travaillant son image fun, pilier de l'equity de la marque ;
- Développer l'impact business du brand content.

> Moyens

YouTube

> Budget

< 500 000 €, inférieur aux coûts de production d'une copie TV

SOLUTION STRATÉGIQUE

Face à des concurrents qui activent de plus en plus le levier de la prescription en magasin, le parti pris de Babybel® est d'une part l'engagement des enfants, mais également l'adhésion des parents au contenu. À l'instar d'un film d'animation, les épisodes s'adressent aux parents mais aussi aux enfants. Alors que les seconds sont prescripteurs, les premiers sont d'un soutien sans faille lorsqu'il s'agit d'aider à résoudre les énigmes et à avancer dans l'enquête !

Fort du succès de la saison 2, les Super Fromages reviennent donc avec une stratégie renforcée sur la double-écoute. En 2019 pour la troisième saison, l'objectif est de passer un cap dans l'engagement de la cible de la marque via la web-série et d'intégrer chaque épisode aux temps forts de communication pour plus de verticalité dans les prises de parole.

C'est sur un enjeu fort de montée en puissance dans l'entertainment pour engager les enfants de 6 à 11 ans que la saison 3 des Super Fromages est née avec en son cœur un côté interactif fort, en restant très accessible via YouTube, plateforme préférée des enfants. Ainsi pour s'inscrire dans les codes de la série d'animation, les fondamentaux ont été appliqués à la web série : Cyril Tysz, directeur d'écriture star

Web to store | Web-série | YouTube

> Retrouvez les mots clés en index <

INFOS CLÉS

15,4 millions de vues (+ 11 % vs la saison précédente)

50 % des visionautes ont regardé le contenu jusqu'à la fin

+ 5 % sur l'intention d'achat

dans l'animation pour enfant, circus un studio 3D experts dans ce secteur et des comédiens ayant prêté leur voix pour bon nombres de héros de dessins animés.

MISE EN PLACE OPÉRATIONNELLE

La saison 3 des Super fromages comporte 5 épisodes répartis selon les temps forts de la marque de mars à octobre 2019. De nouvelles aventures rocambolesques attendent nos héros, et sauront tenir en haleine les spectateurs.

> Un nouvel univers, hors de la cuisine !

Alors que la saison 2 était un huis-clos dans la cuisine, avec à chaque épisode un nouvel invité, cette fois-ci les Super Fromages partent à l'aventure grâce à *Laboitagoutay*. Supercheese et ses 3 acolytes ont alors une mission claire : rejoindre enfin les fameuses Terres Laitgendaires, le paradis des Fromages.

> Un *storytelling** construit autour d'une enquête

Le choix de l'enquête comme cap pour cette nouvelle saison résonne pour notre cible aujourd'hui. Alors que les Escape Game, les jeux d'énigmes physiques ou digitaux connaissent des records d'intérêts, Cyril Tysz le directeur d'écriture a su remettre le sujet au cœur de l'histoire. En construisant un arc narratif, les fromages Mini Babybel® vont devoir trouver l'identité du fameux guide, le seul à connaître la route vers les Terres Laitgendaires.

> Des énigmes sur-mesure

Qui dit enquête dit énigmes ! Les énigmes utilisées dans les épisodes ne sont pas sans rappeler les jeux bien connus des enfants et de leurs parents. Chacune est créée dans le but de faire avancer les Super Fromages dans leur enquête.

> Un nouveau personnage phare : Draculait

C'est le personnage emblématique de cette nouvelle saison grâce à qui l'enquête sera résolue. Draculait n'est pas seulement présent dans le dernier épisode de la saison mais aussi en TV et en magasin sur des PLVs tout au long du mois d'octobre, pour le temps fort concentré sur la période d'Halloween.

RÉSULTATS

Fort des enseignements des 2 saisons précédentes, cette troisième saison s'appuie sur l'alliance d'un contenu attractif qui favorise la double écoute enfant-parent et d'un ciblage pertinent et économique. Cette association a permis de hisser cette initiative digitale à des résultats comparables voire supérieurs à de l'investissement média traditionnel.

Pour les 4 premiers épisodes (sur 5 que compte la saison 3) :
1) Une visibilité massive et compétitive : alors que la saison 2 avait été classée publicité la plus populaire de YouTube en 2017 devant des marques comme Peugeot ou Dior, la saison 3 fait déjà mieux avec 15,4 millions de vues (+ 11 % vs la saison précédente).
2) Un engagement très fort : la moitié des visionautes ont regardé le contenu jusqu'à la fin. Il y a eu 8 000 nouveaux abonnés.
3) Un impact business significatif sur l'intention d'achat :
- Intention d'achat : + 5 % sur les exposés ;
- Mémorisation : + 29 % sur les exposés ;
- Notoriété : + 6 % sur les exposés.

*Retrouvez la définition dans le lexique en fin d'ouvrage.

> Les Super Fromages s'envolent dans la boîte à goûter

> Enigme "Où est Draculait" issue de l'épisode 5

> MINI BABYBEL
www.babybel.fr/fr-fr

Mylène Cellier
Chef de produit, marque
mcellier@groupe-bel.com

Eloïse Lejeau
Chef de projet marketing digital
elejeau@groupe-bel.com

> DARE.WIN
https://dare.win

Marieke Navaux
Directrice artistique senior
marieke@darewin.fr

Jeanne Monneroux
Account & Production Coordinator
jeanne@darewin.fr

Article

Vers la digitalisation des magasins physiques

Le digital est souvent vu en opposition aux magasins physiques, en réalité, le digital est un moyen d'améliorer l'expérience client en magasin, de l'accompagner, de le conseiller et de fluidifier son parcours d'achat tout en lui offrant de nouveaux services.

20 % de la population urbaine de plus de 18 ans considère les courses comme une corvée

"Dans cet espace conçu avant tout comme un lieu de vie, la technologie est discrète, mais bien présente pour améliorer et enrichir l'expérience du consommateur."

Cyril BOURGOIS
Directeur de la transformation digitale
Groupe Casino

L'INNOVATION AU SERVICE DU CLIENT : UN ACCOMPAGNEMENT CONNECTÉ POUR LUI FACILITER LE QUOTIDIEN

L'intégration de solutions connectées au sein du magasin vise à rendre chaque visite plus simple, efficace et ludique : moins d'attente en caisse, une offre démultipliée, une ouverture 24h/24, etc. Par ailleurs, à l'heure du digital et de l'explosion de la vente en ligne, la force indéniable des magasins demeure dans la possibilité de la visite physique. L'expérience sensorielle reste clé pour les consommateurs, ainsi l'objectif est d'associer cette expérience aux technologies les plus innovantes pour accompagner au mieux chaque client dans ses courses et faciliter son parcours au sein du magasin.

Voici les innovations les plus marquantes, permettant d'accompagner le client et de simplifier son expérience d'achat :

> 1. Le Scan Express
Ce système permet via l'application de fidélité, Casino Max, d'accéder au magasin 24h/24, 7j/7, mais également de régler ses achats puis de passer le portail de sortie, sans passage en caisse. Un service simple d'utilisation, qui offre un gain de temps considérable pour le consommateur et qui permet également aux équipes de se concentrer sur le conseil et le service au client, plutôt que sur l'encaissement. Ainsi, à l'opposé de ce qui est trop souvent dit, le digital n'est pas ici destructeur d'emploi et de valeur, mais plutôt un outil pour recentrer cette valeur ajoutée sur le service au client.

> 2. Le Picking Wall
Le client, celui qui déjeune sur le pouce par exemple, peut effectuer ses achats sur un mur connecté affichant l'intégralité des produits vendus par l'enseigne. Quand ses courses sont terminées, le client choisit son créneau de livraison et peut profiter du concept-store, tout en repartant les mains vides. Le client peut ainsi également compléter sa liste de courses s'il souhaite un produit spécifique n'existant pas sur cette surface de vente. Le digital est ici un outil qui permet de proposer au client une offre augmentée, similaire à son expérience lors d'achats en ligne.

> 3. Une borne itinéraire
Afin de favoriser une orientation plus simple en magasin, il suffit au client d'utiliser un assistant vocal présent dans une

> Retrouvez les mots clés en index <

> Le Scan & Go

borne en magasin. Le client peut alors énoncer le produit qu'il recherche devant la borne et l'itinéraire jusqu'au produit s'affiche alors en 3D. En scannant un *QR code**, le client reçoit également l'itinéraire de manière instantanée sur son smartphone. Le client connecté a aujourd'hui l'habitude de trouver le produit qu'il cherche en quelques secondes sur les plateformes d'e-commerce, ainsi il ne veut plus perdre de temps à chercher des produits, même en magasin. Cette borne permet ainsi de répondre à cette exigence de plus en plus marquée chez les clients.

LA TECHNOLOGIE : UN OUTIL DE PERSONNALISATION ET UNE AIDE AU CHOIX LUDIQUE

Personnalisation, conseil et accompagnement sont les mots d'ordre des consommateurs du 21e siècle. Dans l'optique d'aider toujours plus leurs clients dans leur expérience en magasin, les acteurs de la grande distribution doivent intégrer différents services connectés inédits pour les guider au mieux.

La réalisation de ces idéaux peut par exemple se traduire sous les formes suivantes :

> 1. Un mur à spiritueux

Au sein de l'espace de la cave à vin, un mur, associé à un jeu de lumières intelligentes, permet d'identifier la bouteille idéale pour le client. Le consommateur renseigne ses préférences sur une tablette disponible au sein du corner, à travers une liste de critères personnalisés, il peut ainsi illuminer les bouteilles correspondant le plus à ses critères.

Le digital permet ici de sonder les attentes du client pour lui proposer le produit parfait, exactement comme sur les sites e-commerce, mais ici le rendu est infiniment plus beau et séduisant, attirant le consommateur vers ce dispositif et le poussant à acheter. L'objectif est clair : associer le meilleur du monde digital et du monde physique.

> 2. La Table Vin

Également installée au sein de l'espace de la cave à vin, cette table connectée permet au client via un simple scan de la bouteille d'obtenir des informations sur le vin choisi ainsi que des conseils de dégustation. Cet outil, qui favorise la transparence tout en permettant au consommateur de mieux se projeter dans son achat, lui offre également la possibilité de manipuler les produits en magasin et d'avoir accès à une richesse d'informations extraordinaire.

> 3. Un showroom physique

Toujours dans cette dynamique d'aide aux choix, l'apparition de showroom de *pure players** dans les magasins permet aux clients de tester les produits, par exemple pour du mobilier d'intérieur, de consulter via des dispositifs digitaux l'intégralité de l'offre sur ce secteur, et in fine de commander et se faire livrer les produits choisis. Le digital permet ainsi, encore une fois, de proposer une offre élargie, des informations supplémentaires et des services attendus par le client d'aujourd'hui, toujours plus difficile à satisfaire.

*Retrouvez la définition dans le lexique en fin d'ouvrage.

> Le mur des spiritueux

Étude De Cas

MONASSURANCEBTP.COM

Souscrire ses assurances professionnelles en toute simplicité grâce à une plateforme de vente en ligne

> Vente en ligne MonassuranceBTP.com

PROBLÉMATIQUE DE LA MARQUE

Partenaires depuis de nombreuses années, spécialistes du BTP et porteurs des mêmes valeurs, SMABTP et PRO BTP ont renforcé leurs liens en 2018, pour apporter une réponse complète aux besoins des artisans du BTP. C'est ainsi qu'est née MonassuranceBTP.com, une offre réunissant toutes les solutions d'assurances indispensables au quotidien de ces professionnels. Les garanties proposées sont sur mesure, adaptées et personnalisées. Pour une gestion simplifiée, 2 packs, conformes à la réglementation, sont à la disposition de ce public aux besoins très spécifiques.

Avec le digital, l'exigence du client a changé. Il demande toujours plus de simplicité et de réactivité. Une enquête réalisée par PRO BTP en 2018 indique que 77 % des artisans du BTP estiment qu'une innovation doit leur permettre de gagner du temps et 53 % déclarent qu'elle doit simplifier une tâche de leur métier.

Le parcours client est donc un enjeu majeur de prospection, notamment lors de la souscription d'un contrat d'assurance professionnel. Un acte réglementaire essentiel qui engage la responsabilité des artisans et leur activité.

Dans ce contexte, MonassuranceBTP.com se lance dans la transformation de son parcours de souscription en proposant une plateforme de vente en ligne multi-assurances.

Cette démarche vient appuyer la simplification de l'offre santé et prévoyance déjà en marche chez PRO BTP. Le Groupe est en effet le 1er à proposer aux artisans un contrat prévoyance sans questionnaire médical.

SOLUTION STRATÉGIQUE

La souscription d'une assurance professionnelle est souvent vécue comme une contrainte réglementaire par les artisans qui les empêche de se concentrer sur l'essentiel : leur chantier.

Lorsque cette démarche concerne en plus une complémentaire santé ou un contrat prévoyance, cela apparaît particulièrement long et compliqué.

Pour faciliter la vie professionnelle des artisans, MonassuranceBTP.com a décidé de repenser son mode de souscription en proposant une solution inédite pour ce public : une version 100 % *selfcare**, immédiate et sécurisée.

« MonAssuranceBTP.com a un rôle à jouer pour faciliter le quotidien des artisans du BTP, c'est notre ambition, explique Jean-David Michel, directeur général adjoint développement et interventions sociales de PRO BTP. Ils attendent de la rapidité et de la simplicité. Améliorer l'expérience client lors de la souscription d'assurance grâce à un tunnel de conseil et de souscription en ligne, simple et rapide répond à leurs aspirations.»

MISE EN PLACE OPÉRATIONNELLE

> La démarche

Quatre mois seulement ont été nécessaires pour mettre en place cette plateforme de vente en ligne. Pour cela, MonassuranceBTP.com s'est appuyé sur l'expérience de +simple, un expert de l'assurance en ligne.

Les équipes ont travaillé en mode agile afin de connecter à notre système d'information la plateforme technologique de +Simple. Son algorithme innovant permet de personnaliser les offres en fonction du secteur d'activité et de son évolution. Le tout de

INFOS CLÉS

4 mois pour lancer la vente en ligne

100 % selfcare

5 minutes suffisent pour qu'un prospect devienne client

manière sécurisée et conforme à la réglementation sur la protection des données et la Directive sur la Distribution d'Assurances.

> Le service

Désormais, en quelques clics, les artisans peuvent réaliser un devis pour une assurance décennale, un contrat de prévoyance et une complémentaire santé pour les travailleurs non salarié (TNS) et souscrire immédiatement en ligne.

Quelques questions suffisent pour proposer une solution et un tarif personnalisés.

En fonction des éléments renseignés, la plateforme de vente étudie instantanément toutes les combinaisons possibles, puis, sélectionne celles qui correspondent le mieux à la demande. Pour une satisfaction optimale, trois niveaux de garanties sont proposés : la + économique, la + équilibré, la + complète.

Une couche de *machine learning** vient régulièrement renforcer la pertinence des propositions. Cela permet d'affiner les critères de souscription et la pertinence des recommandations faites aux clients.

Une fois son choix fait, le prospect signe électroniquement en une seule fois, même s'il adhère à plusieurs contrats. Il retrouve tous les éléments dans son espace privé.

La souscription est possible à n'importe quel moment, depuis n'importe quel support (ordinateur, tablette, smartphone...), le tout en complète autonomie.

Une interface user friendly permet de garantir une expérience utilisateur conviviale et optimale.

Des conseillers commerciaux experts du domaine complètent ce dispositif 100 % selfcare. Besoin d'une précision, d'un accompagnement, l'internaute peut contacter un conseiller.

RÉSULTATS

Déjà des résultats !

La démarche de simplification engagée par Monassurance BTP.com, avec notamment la commercialisation de pack d'assurances, a déjà permis d'améliorer significativement la distribution de nos produits.

Une chose est certaine : avec ce nouveau dispositif digital, moins de 5 minutes suffiront pour qu'un prospect devienne client.

« En étant l'acteur de la simplicité et de la proximité, nous créons une relation durable avec nos adhérents », conclut Jean-David Michel

Le mouvement de simplification se poursuit. Prochainement en ligne : l'adhésion à l'assurance auto, l'assurance multirisques locaux pro et la gamme collective (complémentaire santé, prévoyance collective et garantie arrêts de travail).

> Chiffres

- 77 % des artisans du BTP estiment qu'une innovation doit leur permettre de gagner du temps
- 100 % selfcare la souscription à l'assurance décennale
- 5 minutes suffisent pour qu'un prospect devienne client.

*Retrouvez la définition dans le lexique en fin d'ouvrage.

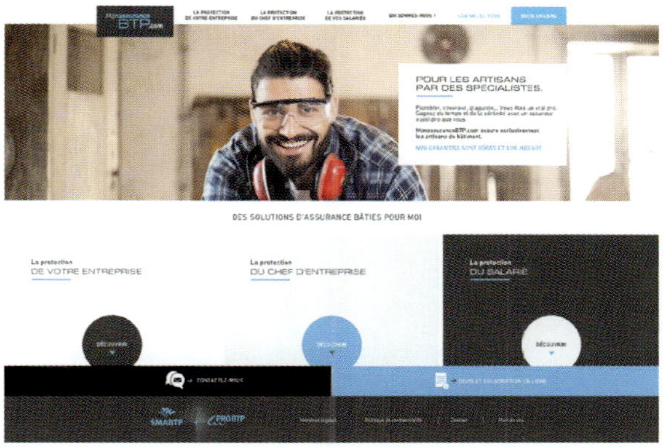

> Le site Monassurancebtp.com

> MONASSURANCEBTP.COM
Monassurancebtp.com

Jean-David Michel
Directeur général adjoint développement et interventions sociales de PRO BTP
Jd.michel@probtp.com

Grégory Kron
Directeur général adjoint, en charge de l'assurance IARD de SMABTP
Gregory_kron@groupe-sma.fr

Anthony Jouannau
Directeur Général et co-fondateur de +Simple
Ajouannau@plussimple.com

Article

Comment maximiser le trafic incrémental en point de vente tout en maitrisant les coûts ?

Les 2500 stations-service Total du réseau français concentrent des services variés et des produits de qualité afin de répondre aux besoins des automobilistes. 700 stations à la marque Total Access proposent des carburants à prix bas toute l'année. Afin de générer du trafic incrémental dans ses points de vente, Total a décidé dès 2017 de lancer une campagne drive-to-store active toute l'année.

2 millions de visites incrémentales générées en 2018

+ 750 campagnes SEA et **1,5 millions** de mots-clés achetés.

"Une campagne SEA hyper granulaire et le développement d'un modèle sur-mesure de calcul de navigations incrémentales avec Waze ont permis de matérialiser l'efficacité de notre achat média."

Lisette KAPEPULA
Digital Marketing Manager Total M&S

Ce dispositif drive-to-store consiste à :

- identifier les internautes exprimant ou ayant l'intention de se rendre en stations-service grâce aux « signaux » digitaux que l'on peut capter, qu'ils soient explicites (par exemple : un internaute qui effectue une recherche sur un moteur de recherche) ou implicites (par exemple : un automobiliste en préparation d'itinéraire) ;

- choisir les médias digitaux qui permettent de toucher ces internautes au moment idéal -et à booster le trafic en stations en déclenchant dynamiquement l'achat média en fonction des performances constatées et jusqu'à un certain coût que l'on considère comme acceptable.

SOLUTION STRATÉGIQUE

Si la localisation de la station-service reste bien évidemment l'un des plus évidents critères de choix des automobilistes, il est aujourd'hui incontestable que le rôle des leviers digitaux (via les services de navigation et le référencement dans les moteurs de recherche principalement) s'accroît significativement dans les parcours client. En effet, le recours aux médias digitaux étant de plus en plus systématique dans les usages quotidiens, pouvoir disposer dans son propre réseau de points de vente de ces nouveaux outils est devenu incontournable pour les retailers.

Un dispositif adapté à ces nouveaux comportements s'est alors imposé : la solution stratégique a été d'utiliser de manière combinée **le référencement payant (SEA) et le réseau social Waze pour mieux accompagner le client dans son parcours omnicanal**.

Avec cette diversification des leviers d'acquisition, il s'agit pour Total et pour ses points de vente d'être présent au bon endroit au bon moment tout en ciblant la bonne audience. Une telle démarche nécessite d'avoir une approche très granulaire.

MISE EN PLACE OPÉRATIONNELLE

Si de nombreux automobilistes identifient aisément les stations TOTAL présentes sur leurs trajets quotidiens et récurrents, l'objectif de ce dispositif *drive-to-store** consiste à cibler les individus qui ne sont pas encore dans ce cas de figure, qui ne connaissent donc pas bien leur environnement immédiat et qui pourraient ainsi être à la recherche d'une station-service à proximité.

> Quid de ce dispositif drive-to-store ou drive-to-station ?

D'une part, Total a identifié le réseau social des automobilistes Waze pour cibler des automobilistes en préparation d'itinéraire et a choisi d'activer deux formats complémentaires sur Waze : le Search (outil de recherche intégré à l'application et disponible pour les parkings, restaurants et bien sûr stations-service) qui permet de cibler les Wazers à la recherche d'une adresse ou d'un point d'intérêt sur Waze ;le Pins qui permet de faire apparaître les stations-service TOTAL sur la carte. Les stations apparaissent ainsi immédiatement sur l'écran des Wazers lorsqu'ils passent à proximité d'une station référencée.

La combinaison de ces deux formats permet à TOTAL de mettre en avant le maillage de son réseau et de veiller au volume de navigations généré vers ses stations-service à la marque TOTAL et TOTAL Access. Pour pouvoir mesurer le trafic incrémental, Total a fait en sorte d'avoir sa propre mesure et peut ainsi mesurer l'uplift de la campagne tout en pilotant le coût par navigation.Par conséquent ,en plus des KPI traditionnels , des KPI spécifiques ont été crées: la visite utile (et le coût par visite utile) et les navigations incrémentales (et le coût par navigation incrémentale).

Grâce à cette stratégie, **près de 2 millions de *visites incrémentales** ont été générées en stations-service TOTAL en 2018. D'autre part, Total a choisi de cibler les internautes qui sont en situation de recherche active sur les moteurs de recherche en mettant en place une campagne SEA.**

Avec l'agence média Vizeum, Total a réalisé une structure SEA idoine (locale et géociblée) et fait un énorme travail d'optimisation quotidien pour ajuster les enchères en fonction des performances et des seuils fixés en amont. Ainsi, Total est désormais en mesure de répondre à une demande explicite et locale de tout internaute cherchant une station-service .**Plus de 750 campagnes lancées autour du produit, de la station , du prix et 1,5 millions de mots-clés achetés** ont permis d'avoir l'approche locale la plus performante ! (soit un niveau, aussi - voire - plus important, que deux des plus grands acteurs du e-commerce)

> Waze access

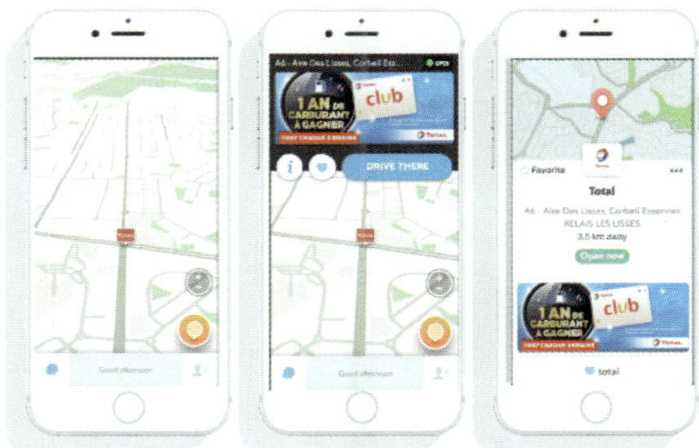

> Waze pics

POUR ALLER PLUS LOIN

Une réflexion est actuellement en cours sur l'évaluation de l'éventuelle cannibalisation des résultats payants (SEA) sur les résultats organiques(SEO). De plus, dans une démarche d'audit de l'efficacité des campagnes drive-to-station, une collaboration avec un tiers mesureur est prévue pour mieux évaluer les résultats; l'objectif **est de mesurer au réel le coût de la visite par station.** A termes, Total sera ainsi capable de mieux appréhender les comportements des automobilistes pour mieux répondre à leurs attentes et ce, dans le respect du règlement général sur la protection des données (RGPD).

*Retrouvez la définition dans le lexique en fin d'ouvrage.

> TOTAL MARKETING ET SERVICES

Justine Chambrillon
Chef de projet digital Réseau France
justine.chambrillon@total.com

Lisette Kapepula,
Digital marketing manager
lisette.kapepula@total.com

Article

La connaissance de l'emplacement produit, levier de performance des retailers

Le titre de cet article peut sembler trivial. Pourtant, chez les grands retailers la maîtrise de l'emplacement produit est encore loin d'être acquise. Cette donnée est stratégique pour l'expérience client, les opérations en magasin et les fournisseurs. Son exploitation systématique et automatisée implique souvent une mise à jour de certains outils et opérations, mais la valeur captée est immense.

Avec + de 80 % des supermarchés et hypermarchés équipés du Drive, la préparation de commandes doit s'appuyer sur la connaissance de l'emplacement produit pour être efficace

la recherche d'un produit pour un client ou un préparateur de commandes est faite parmi **50 000** références dans un hypermarché

La question de l'emplacement produit n'est pas uniquement celle des supermarchés ou des hypermarchés. Les petites surfaces auront aussi un grand intérêt à mieux exploiter cette donnée.

Aujourd'hui un directeur de magasin s'appuie sur le planogramme stratégique de son enseigne et sur son expérience terrain pour positionner les produits en rayon. Il vous dira à raison qu'il maîtrise parfaitement l'emplacement de ses produits. Mais cette connaissance est à géométrie variable : les clients, les fournisseurs, les équipes magasin et les fonctions support de l'enseigne ne peuvent pas en dire autant. C'est bien dommage quand on comprend à quel point cette expertise peut créer de la valeur.

NOUVELLE DONNE À TOUS LES NIVEAUX

Intégrer à la stratégie d'innovation de son enseigne la notion d'emplacement produit, c'est garantir des améliorations à tous les niveaux de la chaîne de valeur des magasins. Achats, opérations en magasins ou au siège, expérience client et revenus, voici un bref récapitulatif de cette nouvelle donne.

> Préparation de commandes et réassortiment

Sur ce point, nous nous adressons en particulier aux grandes surfaces (> 2 000 m²). L'enjeu pour celles-ci est notamment d'optimiser la préparation des commandes issues des ventes en click & collect. Quand les préparateurs prélèvent des produits en magasin, leur connaissance des emplacements est comme pour le consommateur, confrontée à la rotation continue des produits. Si l'on considère en plus que les effectifs des préparateurs changent en continu, l'enjeu est double pour que les retailers garantissent des opérations de *picking** efficaces. Les gains de productivité se mesurent à la fois par le nombre de produits collectés par opérateur par jour et par le gain de temps réalisé sur leur formation.

> Merchandising et approche bottom-up

Le merchandising "classique" est aussi révélateur des améliorations possibles grâce à une meilleure maîtrise de l'emplacement produit. Aujourd'hui, une enseigne travaille sur plusieurs typologies de magasins et réalise au niveau du siège des *planogrammes** types. Ils sont ensuite partagés avec les équipes magasins qui adaptent la vision stratégique à leur agencement local. Il est possible dorénavant d'adapter ce planogramme à chaque magasin et de réconcilier merchandising stratégique

Geolocalisation-indoor | Picking | Merchandising

> Retrouvez les mots clés en index <

> Modélisation 3D de magasin

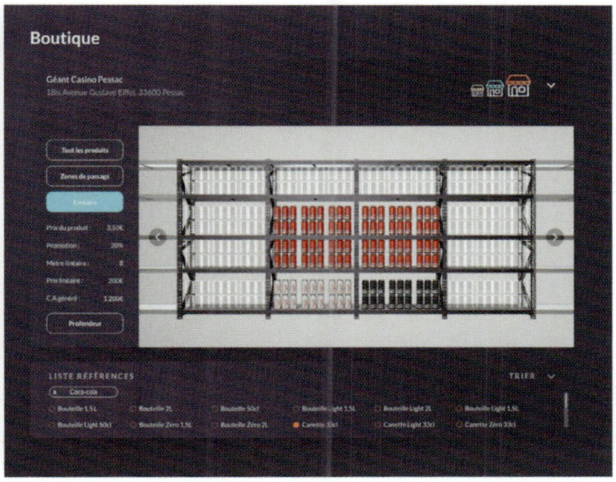

> Visualisation de planogramme

et opérationnel. La simplification de l'utilisation de logiciels 3D dédiés qui ne requièrent aucune compétence technique et leur bas coût permet de souscrire des licences au niveau de chaque magasin. Ces derniers sont équipés d'outils modernes et peuvent faire remonter leur planogramme au niveau du siège. Dans la durée et à l'échelle d'un réseau, cette valeur est importante pour l'enseigne. L'expérience unique de chaque magasin pouvant dorénavant profiter à l'ensemble du réseau.

> Fournisseurs et transparence contractuelle

Un planogramme spécifique à chaque magasin est une mine d'or pour les marques fournisseurs. Celles-ci utilisent habituellement leur force de vente ou un prestataire pour faire des relevés ponctuels sur un échantillon de leurs points de vente. Leur capacité à vérifier la conformité des emplacements de leurs produits avec le contrat passé avec le distributeur est donc limitée et coûteuse. Si un accord avec le retailer permet l'accès à ces informations à l'échelle du réseau, alors non seulement la tâche devient plus simple et rapide, mais en plus les fournisseurs accèdent à une donnée capitale pour appréhender leurs performances de vente.

> Une expérience client moins irritante

En bout de chaîne, il y a évidemment le client et son expérience en magasin. Le principal irritant après l'attente en caisse est le temps passé à chercher des produits. Certaines enseignes estiment que près de 15 % des visiteurs repartent sans au moins un produit figurant dans leur liste. Les gains de chiffre d'affaires sont non négligeables et la satisfaction client renforcée.

DES SOLUTIONS SUR LA VOIE DE LA MATURITÉ

Des acteurs américains sont sans surprise en avance sur ces aspects avec notamment Wallmart qui s'appuie sur Bossa Nova pour obtenir un état régulier de son facing grâce aux passages quotidiens des robots de la start-up. Le premier cas d'usage traité concerne l'état des rayons et doit permettre de déclencher des opérations de réassortiment quand des irrégularités en rayon sont détectées. Mais peu à peu, en s'appuyant sur la reconnaissance d'image, le service intègre la notion d'emplacement produit et de planogramme dynamique. Find & Order a de son côté fait le choix de se positionner comme un expert de l'emplacement produit grâce à sa solution de cartographie et de géolocalisation indoor. Le service ne propose pas la connaissance de la profondeur des rayons, mais bien la maîtrise des emplacements des étiquettes, avec une grande précision, pour répondre à l'ensemble des cas d'usage cités plus haut.

PAS DE SURCOUCHE MIRACLE

Il n'y a pas de solution miracle permettant de garder des habitudes obsolètes tout en intégrant des surcouches modernes. Comme tout choix structurant, la mise en place d'une stratégie intégrant la maîtrise de l'emplacement produit nécessite un investissement et l'adaptation de certaines opérations. Le bénéfice de cet effort se mesurera en ROI et expérience, pour chaque magasin, et sur les sujets stratégiques que sont la satisfaction client, l'optimisation des opérations ou encore la création de nouveaux canaux de revenus.

*Retrouvez la définition dans le lexique en fin d'ouvrage.

> Visualisation du guidage indoor

> FIND & ORDER
www.findnorder.com

Arthur Guelton
cofondateur
arthur.guelton@findnorder.com

Mickael Carvalho
cofondateur
mickael.carvalho@findnorder.com

Le mobile et son champ des possibles : analyse des usages et tendances en marketing mobile, focus sur la géolocalisation, l'attribution et l'engagement mobile.

GÉOLOCALISATION

M-REPUTATION

PUSH & IN APP

MOBILE

PROGRAMMATIQUE

ATTRIBUTION MOBILE

ENGAGEMENT

MOBILE FIRST

SOMMAIRE

CHAP.6

◗ *Étude de cas* ▶ *Article*

Smartphone : un allié précieux !

Mediametrie

Les applications au cœur de l'expérience

Le mobile, premier écran pour se connecter

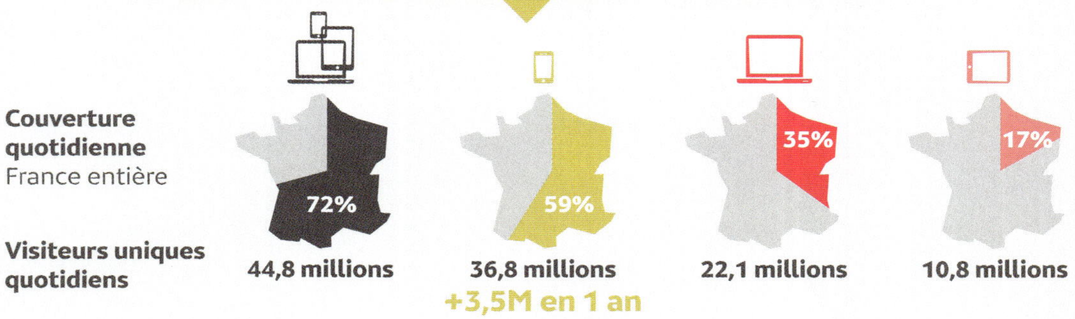

Les trois quarts du temps internet se font sur les écrans mobiles

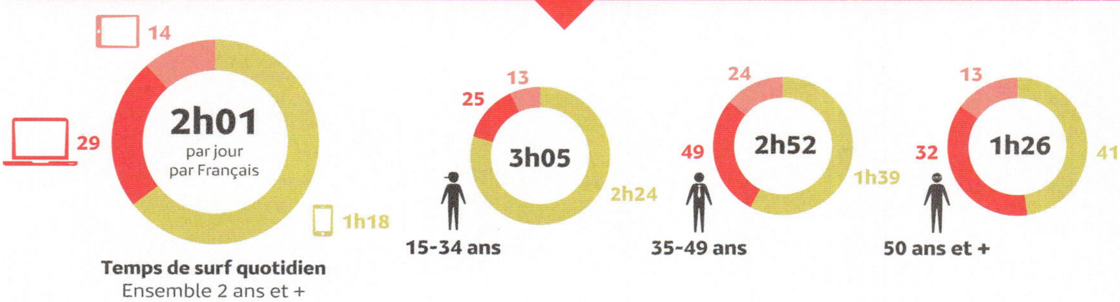

De mobile-first à mobile-only ?

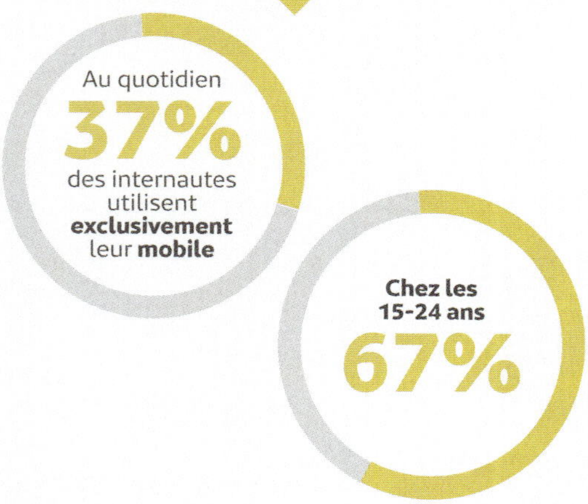

Top 10 des catégories passées mobile-first cette année

Photographie	80%
Rencontre	79%
Tourisme/Destinations	73%
Météo	68%
Guides d'achat/Comparateurs	63%
Portails spécialisés féminins	63%
Sites marchands généralistes	58%
Cartes de crédit	56%
Annuaires/Guides régionaux	56%
Outils de recherche	54%

3 fois plus de sites consultés que d'applications

56 sites mobiles en moyenne par mobinaute par mois

19% des mobinautes visitent chaque mois **+ de 100 sites**

18 apps en moyenne par mobinaute par mois

34% des mobinautes utilisent chaque mois **+ de 20 apps**

93% **du temps mobile** se passe **sur les apps**

Top 10 apps 2 ans et +

Visiteurs uniques mensuels (en millions)

YouTube	32,3
Google	30,4
Google Play	29,2
Facebook	29,0
Google Maps	28,0
Messenger	24,9
Whatsapp	22,2
Gmail	22,2
Google Drive	20,7
Snapchat	19,9

= 48% du temps total passé sur les apps

Le smartphone, au cœur du drive-to-store(2)

MMA MOBILE MARKETING ASSOCIATION

Le smartphone, plus que jamais un équipement primordial

66% des utilisateurs **préparent** leur visite en **point de vente**

La recherche personnelle, un facteur prédominant du **drive-to-store :**

66% se sont rendus en **point de vente** après avoir effectué une **recherche**

La géolocalisation, de plus en plus acceptée

45% des **utilisateurs** smartphones → **56%** pour bénéficier de **bons plans**

Les communications*, un complément efficace pour inciter à se rendre en **point de vente**

58% se sont rendus en **point de vente** suite à la réception d'une **communication***

les communications* géolocalisées, particulièrement performantes pour inciter à la visite du **point de vente**

70% des utilisateurs ayant reçu une **communication* géolocalisée** se sont rendus dans le **point de vente**

*Communications : sms, e-mail, publicité sur site ou application, notification via une application

- Source (1) : Médiamétrie et Médiamétrie//NetRatings – Audience Internet Global – France – Juin 2019 – Base : 2 ans et plus
- Source (2) : Médiamétrie – Etude Impact du mobile sur les achats des Français en magasin réalisée en ligne du 12 au 19 juin 2019 auprès de 1 561 utilisateurs de smartphone âgés de 15 ans et + représentatifs de la population résidente en France pour le compte de la MMA en partenariat avec FidMe, Group M, S4M.

Article

La transparence : l'étalon indispensable pour une mesure juste et efficace du trafic en magasin

Dans un marché où les campagnes de drive-to-store ne cessent de conforter leur place de chouchou chez nos annonceurs, le sujet de la mesure d'efficacité de ces campagnes fait encore débat. Une multitude d'acteurs, d'offres et de technologies s'appuient sur autant de manières de mesurer. Cette cacophonie a fait apparaître un besoin évident : la transparence comme facteur de confiance.

Le mythe de l'omniscience sur les déplacements des personnes

La mesure d'efficacité sous le sceau de la transparence

"La technologisation à l'échelle de l'individu n'est ni un gage de performance, ni souhaitable en terme de respect de la vie privé ; raison pour laquelle nous avons privilégié l'estimation."

Mathilde FERRIOL
Privacy Manager & DPO Vectaury

Avec l'avènement du digital, les solutions technologiques et d'intelligence artificielle sont sur le marché avec la promesse d'une approche one-to-one et d'une mesure plus fine. Promesse bénéfique puisque le digital est aujourd'hui le premier écran investi. Pour autant, il serait naïf de ne voir que ce qui est donné à voir, en omettant les effets pervers d'une "technologisation" à l'échelle de l'individu. **La mesure exige de la transparence.** Dans ce sens, il devient indispensable de demander aux acteurs du drive-to-store de partager les informations nécessaires à leur propre évaluation. C'est sur cette doctrine que nous nous construisons et que nous avançons. Nous avons la conviction que la mesure d'efficacité doit s'appuyer sur un référentiel commun, sur des critères techniques irréprochables et une forte crédibilité auprès des annonceurs et des utilisateurs. Pionnier sur ce sujet, nous avions déjà traité du premier point lors de l'édition 2019 sur les bonnes pratiques de l'efficacité des campagnes drive-to-store. Il devient nécessaire d'aller plus loin.

De nombreux acteurs de la mesure media s'appuient sur une méthode aussi simple que naturelle : compter les événements de visites. La faible complexité explicative de cette approche et sa simplicité de mise en œuvre en fait une méthodologie phare dans le marché de la mesure média. Cependant la validité d'une telle façon de faire repose sur deux piliers souvent oubliés : l'intégralité des individus soumis à la campagne doit être observée de même que la totalité des déplacements en point de vente.

L'omniscience sur les déplacements des personnes exposées à la campagne publicitaire est évidemment un mythe : il n'existe aujourd'hui aucune technologie permettant d'observer l'intégralité des visites en point de vente ainsi que le nombre de visiteurs de manière certaine. Dès lors, toute approche reposant sur un comptage explicite des événements de visites est fatalement une sous-estimation du nombre de visites réel. À cela s'ajoute le fait que la parfaite précision des capteurs de visites ne peut être garantie par aucun constructeur et ce quelque soit la technologie employée. Il n'est alors pas rare d'avoir ce que l'on appelle en mathématiques des "faux positifs", c'est-à-dire des événements considérés comme des visites alors qu'ils n'en sont pas. Cela induit fatalement une surestimation du nombre de visites.

Transparence | Mesure de la performance | Privacy by design

> Retrouvez les mots clés en index <

> Mesure par estimation et respect de la vie privée

Ce sont justement ces limitations technologiques qui empêchent toute mesure reposant sur un simple comptage. Afin de s'émanciper de ces problématiques créant d'énormes biais dans les mesures calculées, il est nécessaire de mettre en œuvre des méthodologies basées sur des estimateurs dont l'erreur est parfaitement maîtrisée.

Chez Vectaury, nous nous sommes alors tournés vers des méthodologies de mesure différentes : se baser sur un sous-ensemble d'événements et d'individus dont les caractéristiques sont certifiées comme représentatives de l'ensemble de la population exposée à la campagne. A partir de ces échantillons, des outils issus des statistiques et des mathématiques permettent de construire des estimateurs robustes qui produisent une mesure plus fine et plus juste de l'impact d'une campagne.

Les bénéfices d'une mesure par estimation sur le respect de la vie privée des utilisateurs sont indéniables en plus d'être nécessaires. Mais cela ne s'improvise pas ! Chez Vectaury, nos produits sont conçus sur le modèle du *Privacy by design** et appliquent le principe de *minimisation**. Cela signifie qu'ils sont conçus pour obtenir le même niveau de performance en minimisant le nombre d'informations collectées et traitées. Nous n'avons pas besoin de tout savoir sur tout le monde tout le temps pour livrer la juste mesure d'une campagne ayant exposé plusieurs centaines de milliers d'utilisateurs sur une période restreinte. Qui dit moins d'information sur les déplacements de l'utilisateur, dit moins de risque sur la protection de sa vie privée.

Lorsqu'une rupture technologique est aussi disruptive que celle du drive-to-store, l'écosystème change d'état d'esprit de façon automatique : d'un besoin individuel à une nécessité collective, le mode de pensée qui veut que « tout seul on va plus vite mais ensemble on va plus loin » s'enclenche.

Nous sommes exactement à cette étape sur la mesure d'efficacité du trafic en point de vente. C'est la reconnaissance du travail effectué par une entité reconnue, neutre et indépendante qui assurera la validité des résultats par son travail d'audit et de certification. Vectaury s'inscrit dans cette démarche de transparence : publier ses méthodologies et faire certifier leur efficacité par des acteurs tiers référents.

Dans un marché où la technologie et la science abattent les frontières entre le monde digital et physique, dans un écosystème publicitaire où géants ne riment pas avec transparence, **il est de la responsabilité de chacune des parties prenantes de ce marché d'installer durablement un climat de confiance avec les utilisateurs et les annonceurs**. Et cela passera nécessairement par une mesure d'efficacité sous le sceau de la transparence, avec une méthodologie certifiée et dans le respect de la vie privée des utilisateurs.

*Retrouvez la définition dans le lexique en fin d'ouvrage.

> VECTAURY
www.vectaury.io

Égide Maës
egide.maes@vectaury.io

Gildas Jeantet
gildas.jeantet@vectaury.io

Étude De Cas

DANONE LIGHT & FREE

Destination-based marketing : être au plus proche de la conversion

SOLUTION

Danone Light & Free intègre Waze dans sa campagne Back-to-School

1 Notoriété locale de Light & Free

2 Sponsoriser les navigations

3 Convaincre les shoppers

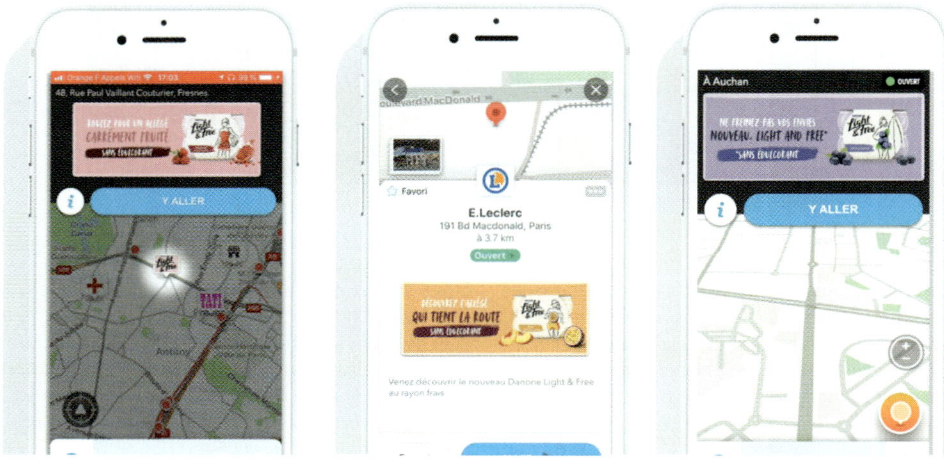

PROBLÉMATIQUE DE LA MARQUE

> Contexte

La marque Light & Free de Danone voit le jour en mai 2018 afin de répondre aux nouvelles attentes des consommateurs.

Avec sa recette allégée en sucre, sans édulcorant et son goût très fruité, elle réussit à défier les grandes lignes du marché du yaourt.

> Cible

L'ensemble des shoppers.

> Objectifs de cette campagne

- Installer la marque Light & Free auprès des consommateurs français ;
- Accroître les ventes en magasin et maximiser la notoriété de la marque en France.

> Budget

Moins de 90 000 € pour l'achat d'espace auprès de la régie publicitaire. Avec en complément des frais de production pour le développement des formats publicitaires.

> Méthodologie

Ventes incrémentales en magasin, calculées par MarketingScan, société spécialisée dans le test de produits en condition réelle et la mesure d'efficacité, en comparant les ventes incrémentales réalisées en ajoutant Waze aux campagnes média télévision et vidéo en ligne.

SOLUTION STRATÉGIQUE

Le retail est devenu la 2e catégorie de destinations sur Waze. Cet usage plébiscité par les 13 millions d'utilisateurs est un bon moment de communication pour une marque de grande consommation.
Tout l'enjeu de notre collaboration était de monter ensemble cette première activation de shopper marketing et de prouver son impact.

Avant cela, quels étaient nos **challenges** sur le lancement de la marque ?

- Une **distribution fragmentée** : nécessité de rester efficace dans les actions marketing notamment dans les activations média dans un contexte où nos produits sont commercialisés dans de nombreux points de vente ;
- La **catégorie est ultra compétitive**, où la prime est donnée au dernier contact publicitaire : l'enjeu, être le plus proche de l'acte d'achat tout en partant de la conversion ;
- Pour un bien de grande consommation, **l'essai reste la clé** : nous devons le maximiser en travaillant l'ensemble du purchase funnel pour déclencher l'achat sur des zones précises.

MISE EN PLACE OPÉRATIONNELLE

Waze est un des acteurs majeurs de la mobilité et rassemble près de 13 millions d'utilisateurs tous les mois. Aujourd'hui Waze est devenu le co-pilote du quotidien puisque 83 % des navigations s'effectuent à 30 km autour du domicile de nos utilisateurs. Par extension, l'usage de Waze lors des itinéraires

Mobile | Shopper media | Digital

> Retrouvez les mots clés en index <

INFOS CLÉS

+ 6 % de ventes en volume

+ 4 % en pénétration de marché

+ 220 % de mémorisation publicitaire

vers des points des ventes s'est incroyablement développé jusqu'à représenter notre 2e catégorie de destination. L'idée, ici, c'est de faire profiter Danone de cet usage massif et de s'intégrer nativement dans ces moments de mobilité vers les hyper et supermarchés sur Waze.

Waze s'intègre parfaitement dans cette approche et dans la stratégie média plus large autour du lancement de Danone Light & Free un yaourt allégé sans édulcorant.

Entre mai et septembre, plusieurs leviers ont été activés dans cette approche de **Precision Marketing** pour travailler le funnel de conversion de manière précise : TV, VOL, Social, DOOH en proximité, et Waze in fine.

Comment avons-nous pris la parole sur Waze ?
Nous avons activé les 3 formats Waze permettant de répondre à nos objectifs :

- Le **Pins** permettant d'intégrer le logo Light & Free là où ils étaient vendus sur plus de 2 000 points de vente et générant de la notoriété à l'échelle locale ;
- Le **Search** permettant d'être présent auprès de ceux qui planifient leurs itinéraires en hyper et supermarché ;
- Le **Takeover** diffusé auprès des shoppers juste avant de passer les portes de leur hyper/supermarché.

Période : du 1er au 30 septembre 2018

RÉSULTATS

> Impact business

Waze est un bon complément des médias upper-funnel : + 6 % de ventes incrémentales et + 4 % de pénétration (mesuré par Marketing Scan) en complémentarité avec la TV et la VOL. Les coûts de navigation ont été 32 % moins chers (vs benchmark distributeurs) et Waze a mesuré une augmentation de 10 % de navigations.

Bon outil pour améliorer la considération en bas de funnel : + 220 % de mémorisation entre exposés/non exposés à la campagne, c'est-à-dire 5,6 millions d'individus exposés à des emplacements de magasins partenaires, soit 47 % de l'ensemble des Wazers.

> Impact organisationnel

En interne, Waze est un média qui remporte l'adhésion de toute l'organisation et notamment de la force de vente sur le terrain.

> Impact externe

Waze est un pont entre les marques et les retailers. Il contribue également au trafic en magasin : 350 000 navigations générées auprès de 6 retailers sur cette campagne (Carrefour, Cora, Leclerc, Super U, My Auchan et Intermarché).

Exemple de Carrefour : sur ce retailer, la campagne Light & Free a permis d'augmenter la visibilité du retailer de 38 % dans le Search et d'augmenter les navigations vers son réseau de 13 %.

> DANONE
www.danone.fr

Mathieu Lacombe
Head of Media & Digital
mathieu.lacombe@danone.com

> WAZE
www.waze.com/fr

Thomas Grosset
Industry Manager
tgrosset@waze.com

SAMSUNG

Do What You Can't Tour : un dispositif tactique et géolocalisé

> Dispositif pour la campagne DOWHATYOUCANTTOUR

PROBLÉMATIQUE DE LA MARQUE

> Et si vous viviez l'impossible ?

Samsung est le leader de la téléphonie et la marque préférée des Français. Chaque année, la marque lance un produit toujours plus innovant pour satisfaire et surpasser les attentes des adeptes des nouvelles technologies. Toutefois, le paysage concurrentiel est saturé. Pour se démarquer, Samsung a fait appel à Cheil France pour construire un dispositif innovant et impactant qui favorise la découverte du produit, valorise l'image de marque et incarne la promesse de marque : Do What You Can't.

> Cibles

Samsung s'adresse aux visiteurs des grands centres commerciaux partout en France, intéressés par les nouvelles technologies et avides d'expériences nouvelles.

> Objectifs

Objectif d'image, d'acquisition et de vente.
Créer une expérience nouvelle et divertissante à chaque lancement de produit pour améliorer l'image de marque, favoriser la découverte produit et booster les ventes.

SOLUTION STRATÉGIQUE

> Samsung rend l'impossible possible en retail

Difficile de tester un produit en conditions réelles avant l'achat. Pourtant, c'est la raison première (71 %) pour laquelle les consommateurs se rendent en magasin[1]. Déçus de ne pas pouvoir manipuler le produit à leur guise et tester les innovations promises, les consommateurs peuvent choisir de renoncer à leur achat. A cet instant, il devient crucial de contrer l'abandon grâce au live-testing.

Samsung et Cheil France relèvent ce challenge et lancent le #DoWhatYouCantTour : un roadshow immersif au cœur des plus grands centres commerciaux de France pour découvrir les produits Samsung à travers des expériences immersives et surprenantes.

Ce dispositif permet de compléter la campagne de lancement de produit pour que les consommateurs soient non seulement informés des *tech specs**, mais aussi qu'ils puissent les tester par eux-mêmes. Le tout à travers des expériences mémorables, qui créent un impact fort chez les shoppers pour accroitre l'attachement émotionnel à la marque et améliorer son image. Pour compléter le dispositif et remplir les objectifs de ventes, Samsung amène les participants un pas plus près de l'achat avec la distribution de codes promotionnels uniques.

Avec le #DoWhatYouCantTour, faire du shopping n'a jamais été aussi surprenant, divertissant et stimulant.

MISE EN PLACE OPÉRATIONNELLE

A l'occasion de la sortie de la nouvelle gamme Galaxy S10, un dispositif événementiel inédit a été imaginé avec une multitude d'expériences immersives dans lesquelles les visiteurs ont été invités à vivre des sensations extraordinaires.

Ils ont ainsi profité d'un photocall surprenant dont les secrets ont été révélés grâce à l'ultra grand-angle du Galaxy S10, et avec l'opportunité de repartir avec leur photo souvenir. Grâce aux casques de réalité virtuelle Samsung Gear VR et aux sièges dynamiques, les passagers ont été transportés dans les airs, sur une île et sous l'eau pour vivre de multiples aventures plus vraies que nature.

INFOS CLÉS

+ de 240 000 expériences vécues	**59 %** ont une meilleure image	**64 %** déclarent vouloir acheter

Ainsi pendant plusieurs mois, le #DoWhatYouCantTour a investi tour à tour les centres de shopping Parly 2, Nantes Paridis, Euralille, Vélizy 2, Les 4 Temps - La Défense et La Part Dieu - Lyon.

> Un espace expérientiel inédit pour découvrir et tester les produits

Des expériences captivantes ont été proposées pour tester toutes les innovations du Galaxy S10. Elles ont eu lieu dans un espace d'une centaine de mètres carrés au cœur des centres commerciaux, à côté de tables produits qui permettent de prendre en main smartphones (live testing), tablettes, montres connectées et accessoires de la gamme, et d'être accompagné par un conseiller Samsung.

Ce stand regroupait l'ensemble des animations et des espaces de découvertes produit au sein d'un seul et même univers. Il reprenait l'ensemble des codes de la marque afin de créer un espace cohérent, impactant visuellement de loin et immersif une fois à l'intérieur.

> Découvrir les 10 générations de Galaxy S

Retour plein d'émotions sur les différents modèles Galaxy S : les visiteurs ont pu revivre l'évolution de l'iconique gamme de smartphones Samsung, de son design aux innovations technologiques, et ce depuis son lancement en 2010, grâce à une exposition digitale.

> Un plan de communication géolocalisé

Afin de faire la promotion du #DoWhatYouCantTour, un dispositif tactique et géolocalisé a été proposé. Il comprend des campagnes d'emailing, des campagnes Facebook et Twitter ainsi qu'une communication dédiée sur les sites et applications des centres commerciaux.

RÉSULTATS

Un succès pour la marque qui renouvelle l'opération pendant 4 ans de décembre 2016 à juillet 2019 :

- 200 jours d'événements au total sur les 4 ans
- + de 240 000 expériences vécues au total sur les 4 ans
- 59 % des visiteurs ont une meilleure image de Samsung en moyenne sur l'ensemble de l'opération
- 64 % déclarent vouloir acheter un produit Samsung en moyenne sur l'ensemble de l'opération

*Retrouvez la définition dans le lexique en fin d'ouvrage.

[1] Mood Media, 2017

> Expérience VR

> Live testing

> Vue d'ensemble

> SAMSUNG ELECTRONICS FRANCE
www.samsung.com/fr

> CHEIL FRANCE
www.cheil.fr

Brigitte Abessira
b.abessira@cheil.com

Article

L'expérience utilisateur : l'arme fatale de votre application mobile

Mettre l'expérience utilisateur (UX) au cœur de votre réflexion est essentiel pour concevoir une application mobile satisfaisante. Elle représente un enjeu clé, au-delà de la simple interface de l'app, puisque, bien maîtrisée, elle contribue à réduire vos coûts, à augmenter votre ROI et à fidéliser vos utilisateurs.

68 % des mobinautes veulent retrouver les services essentiels sur leur app

37 % quittent l'app car n'ont pas envie de se créer de compte

"Une application mobile est un véritable outil de gestion du cycle de vie de vos prospects et clients. C'est aussi un canal où vous pourrez établir une relation privilégiée avec votre communauté."

Stéphane FAVRE
Marketing FollowAnalytics

Avec 46 applications installées en moyenne sur leur smartphone, les mobinautes voient leur bande passante se réduire comme peau de chagrin. De plus, la majorité du temps passé sur les apps se limite à quelques élues : Facebook, Messenger, Instagram, WhatsApp...

Pour ne pas devenir invisible aux yeux de vos utilisateurs, votre app doit aujourd'hui proposer la meilleure expérience possible et marquer les esprits dès la première utilisation. Une expérience optimisée permettra à votre app d'être un véritable atout dans votre arsenal marketing, et vous apportera :

- Un avantage concurrentiel certain ;
- Des coûts maîtrisés, voire réduits ;
- Une fidélisation des utilisateurs sur le long terme ;
- Une conversion plus forte des utilisateurs, et donc un meilleur ROI.

QUELLES SONT LES ATTENTES DES UTILISATEURS ?

Une étude réalisée par FollowAnalytics et Harris Interactive en 2018 avait permis de cerner plus finement les différentes attentes des mobinautes en matière d'expérience sur mobile. Les principaux enseignements tirés de celle-ci sont qu'une bonne app doit :

- **Être simple, intuitive** : si la navigation s'avère trop complexe, les utilisateurs décrocheront rapidement et ne réutiliseront pas l'app ;

- **Leur permettre d'atteindre rapidement leur objectif** : la patience est bien plus limitée sur mobile où tout doit aller très vite. Optimisez donc votre application pour diminuer les temps de chargement et raccourcir les parcours, et particulièrement les validations de paniers. Surveillez également les bugs rencontrés par les utilisateurs et veillez à limiter le plus possible leur apparition ;

- **Tenir compte d'eux** : la personnalisation de l'interface ou des contenus est un atout aux yeux des mobinautes. Ils veulent pouvoir s'approprier l'application, ce qui peut passer par des options en termes de graphisme, mais surtout, celle-ci doit s'adapter à leurs préférences : les produits/services qui peuvent les intéresser, leurs sujets favoris, etc. ;

• **Leur inspirer confiance** : les mobinautes se sentent plus concernés qu'avant par la sécurité de leurs données, et en particulier les données personnelles et sensibles. Il est essentiel d'être transparent dans votre communication à ce sujet.

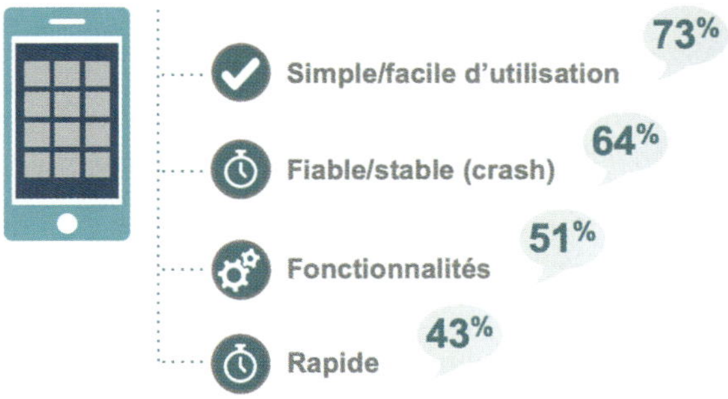

> Quelles sont les attentes des utilisateurs envers les applications mobiles ? Extrait de l'étude menée par FollowAnalytics et Harris Interactive en 2018.

MISEZ SUR L'EXPÉRIENCE DÈS LA PHASE DE DÉVELOPPEMENT DE L'APP

> Supprimez les obstacles à l'utilisation

La première impression est toujours déterminante. Assurez-vous que l'*onboarding** sur votre app est à la hauteur : affichage d'un tutoriel, design soigné, demandes d'opt-in contextualisées...

L'utilisateur doit cependant trouver ses marques rapidement et intuitivement. Il ne faut pas le faire trop attendre (séquence de présentation trop longue ou tutoriel impossible à passer...) avant qu'il puisse accéder aux services.

De même, ne forcez pas la création d'un compte dès le premier lancement de l'app. Il n'y a rien de plus agaçant que de voir s'afficher cet écran avant de savoir si l'app va ou non nous convenir. Si vous vous y risquez, ne vous étonnez pas d'observer un pic de départ à ce moment-là. Il sera alors plus difficile de faire revenir les décrocheurs.

Si cette étape vous est indispensable, sachez qu'il existe de nombreuses solutions pour faciliter le processus, comme les keychains intégrés permettant d'accélérer la reconnaissance de vos prospects ou clients. Les GAFA ont également mis la main à la pâte pour faciliter cette étape, comme Facebook qui permet aux utilisateurs de se connecter avec ses identifiants Facebook, ou encore Apple et son Sign in with Apple, un moyen sécurisé et simplifié de se connecter avec ses identifiants Apple à des applications sans transmettre ses données.

Pour résumer, n'en demandez pas trop : donnez d'abord un avant-goût de votre service pour susciter l'intérêt avant d'inviter les utilisateurs à effectuer ce type d'actions. Si vos utilisateurs sont séduits, ils seront plus enclins à suivre vos recommandations. En somme, adoptez une stratégie d'onboarding non invasive.

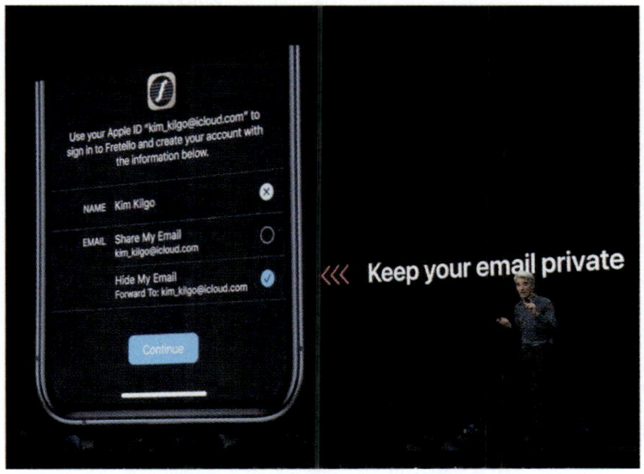

> Lancement de Sign in with Apple

> Allez à l'essentiel

D'après le baromètre des usages mobiles 2018 publié par Open et l'EBG, 54 % des mobinautes attendent d'une application qu'elle propose une déclinaison des services proposés sur le site de la marque, et 68 % pensent qu'une app mobile ne doit contenir que les fonctionnalités les plus utiles.

Ainsi, il sera préférable de limiter le nombre de fonctionnalités disponibles dans votre app, en ne gardant que les services les plus importants pour vos mobinautes.

Les utilisateurs qui connaissent déjà votre site devront retrouver un contenu et une présentation qui leur semblent familiers. Quant aux autres, ils devront rapidement pouvoir trouver leurs repères.

Réduire les fonctionnalités disponibles vous permettra également d'alléger l'app en limitant les contenus volumineux, et ainsi rendre la navigation plus rapide, autre critère important aux yeux des utilisateurs.

> Et pour une app e-commerce ?

Si vous développez une application d'e-commerce, voici quelques conseils pour en optimiser l'expérience :

- La recherche par mots-clefs doit être simple et intuitive ;
- La présentation des pages produits doit être soignée ;
- Les articles doivent pouvoir être partagés facilement sur d'autres canaux (Facebook, WhatsApp, SMS, emails...). La mise en favoris d'article doit être possible, et l'accès aux informations pour vous contacter facilité ;
- L'utilisateur doit pouvoir basculer d'un device à l'autre sans que cela gêne son expérience (ex. : panier sauvegardé dans l'app et passage de commande sur desktop, ou inversement) ;
- L'utilisateur doit pouvoir bénéficier de services à forte valeur ajoutée, comme la proposition de services supplémentaires en fonction de sa localisation.

> Push Notification interactif proposant un service lié à la localisation de l'utilisateur

> Misez sur la confiance

Le choix d'applications mobiles est vaste et les mobinautes sont de plus en plus exigeants, ce qui a pour effet de rehausser leurs attentes en matière d'expérience et de sécurité. Il est donc primordial d'instaurer rapidement une vraie confiance dans votre relation avec ces derniers, d'autant plus depuis l'entrée en application du RGPD.

Il s'agira alors de limiter à l'essentiel la collecte des données personnelles, et rassurer les utilisateurs en leur expliquant clairement pourquoi et comment ces données vont être traitées.

Sur une app e-commerce, il faudra également s'assurer de proposer :

- Des solutions de paiement sécurisées et variées (CB avec double validation, PayPal, Apple Pay...) ;
- Un affichage clair des tarifs, des informations de livraison et des services de retours disponibles ;
- Un récapitulatif de la commande avant paiement ;
- Un suivi du traitement de la commande en temps réel après paiement, avec possibilité de contacter vos services à tout moment

Toutes les informations essentielles liées à la commande doivent être indiquées clairement. En cas de doute, le mobinaute préférera abandonner le panier.

COMMENT AMÉLIORER L'EXPÉRIENCE SUR L'APP UNE FOIS CELLE-CI LANCÉE ?

Une application mobile est un véritable outil de gestion du cycle de vie de vos prospects et clients, bien plus puissant qu'un site internet. C'est un canal où vous entretenez une relation privilégiée avec votre communauté, mais aussi un produit qui doit évoluer continuellement pour répondre à ses attentes, et ainsi la fidéliser avec le temps. Comment procéder ?

> Les campagnes de notifications Push

Les notifications push sont à la fois une excellente manière d'accroître le nombre de visites sur votre app et d'améliorer l'expérience utilisateur. Pour en envoyer, vous devrez vous assurer d'avoir obtenu l'opt-in de vos utilisateurs lors de la phase d'onboarding.

L'idée est d'opérer un ciblage précis en fonction de certains critères, comme les différentes actions réalisées sur votre application. En d'autres termes, il est préférable d'envoyer des notifications push à des segments d'utilisateurs prédéfinis que d'adopter une approche broadcast, qui laissera penser à vos utilisateurs que vous n'êtes pas dans une démarche de proximité avec eux.

Prenons l'exemple d'une application d'e-commerce. Si vous donnez la possibilité à vos utilisateurs de mettre des articles indisponibles en favori, pensez à leur envoyer une *notification push** dès que ceux-ci seront à nouveau disponibles.

> Push Notification alertant de la disponibilité d'un produit mis en favoris

Dans le cas d'une application de type serviciel, il peut être intéressant d'envoyer des notifications push en fonction de la position géographique du mobinaute. Imaginez votre utilisateur se promener en ville et recevoir une notification lui indiquant qu'un bon plan (réduction dans un restaurant, activités culturelles gratuites...) est à proximité : rien de tel qu'une expérience en temps réel pour susciter plus d'engagement !

> Récoltez des feedbacks

Contrairement à ce que l'on pourrait imaginer, les mobinautes sont plus susceptibles de donner des avis positifs que négatifs. En effet, les 64 % d'utilisateurs ayant déjà noté une app donnent en moyenne 9 notes positives contre 4 notes négatives.

La raison est simple : lorsqu'une application leur plaît, ils veulent le faire savoir, mais aussi aider à l'améliorer. Lorsqu'elle leur déplaît, ils se contenteront bien souvent de la désinstaller. Ces feedbacks sont donc très précieux pour vous, car souvent partagés par des utilisateurs qui apprécient votre service et souhaitent voir votre application évoluer dans le bon sens.

Pour obtenir plus facilement le feedback de vos utilisateurs, il est possible de capitaliser sur les messages intégrés à l'app, ou messages "in-app". Paramétrez des campagnes qui s'activeront lors du déclenchement de certains événements : 5e connexion à l'application, connexion consécutive à une première commande... Envoyer des campagnes après qu'une personne ait pu bénéficier d'une expérience significative sur l'app augmentera vos chances d'obtenir des avis pertinents.

> Mobiliser vos ambassadeurs

> Proposez des mises à jour régulières

Les ajouts de nouvelles fonctionnalités ou l'amélioration de fonctionnalités existantes sont souvent appréciés par les mobinautes. Cela démontre une implication de votre part et un sentiment que vous êtes à l'écoute de leurs besoins. Attention tout de même à ne pas en abuser : les évolutions et mises à jour doivent rester mesurées dans leur fréquence et concordantes à vos objectifs.

Les mises à jour vous permettront également de corriger les éventuels bugs, qui peuvent significativement impacter l'expérience. Vous devez veiller à les corriger dès que possible pour ne pas créer de frictions trop importantes.

COMMENT MESURER LE ROI DE L'EXPÉRIENCE UTILISATEUR SUR L'APP ?

Pour mesurer le ROI de votre app mobile, il vous faudra suivre avec attention plusieurs éléments :

- **L'adoption** : nombre et fréquence d'ouverture de l'app, temps par session, nombre d'éléments consultés ou partagés, nombre d'utilisateurs actifs, de nouveaux utilisateurs... ;
- **La conversion** : taux de conversion, chiffres d'affaires, nombre d'abonnements, nombre d'inscriptions... ;
- **La rétention** : est-ce que les utilisateurs restent actifs sur le long terme ? Est-ce qu'ils passent régulièrement des commandes, utilisent régulièrement un service, se réabonnent ?

Pour mesurer au mieux ces KPIs et suivre au plus près l'utilisation de votre application, pensez à intégrer un plan de taggage et un outil d'analyse dès sa conception.

Le succès d'une application mobile dépend largement de sa capacité à offrir la meilleure expérience possible. Pour satisfaire vos utilisateurs, vous devez partir d'eux, de leurs intérêts et de leurs besoins, puis faire correspondre votre connaissance client à vos objectifs. C'est ainsi que vous pourrez concevoir une application qui séduit votre audience et permet de rentabiliser vos efforts.

*Retrouvez la définition dans le lexique en fin d'ouvrage.

> FOLLOWANALYTICS
fr.followanalytics.com
Fiche d'entreprise p. 490

Stéphane Favre
stephane@followanalytics.com

MOBILE

Les 3 briques indispensables pour une stratégie mobile réussie:

Créez votre application mobile native à partir d'un site web responsive, sans équipe de développement dédiée en 3 à 4 semaines

Capitalisez sur l'analytique et l'intelligence artificielle pour mieux comprendre le comportement de vos utilisateurs

Tirez profit de nombreux formats de messaging mobile (Push, In-App) et engagez plus efficacement vos segments d'utilisateurs

Article

Performances mobiles sur les réseaux sociaux : sources payantes VS non payantes

Les réseaux sociaux jouent un rôle majeur dans le parcours client mobile : 96 % des visites sur Facebook se font sur smartphone. Il est donc primordial pour les e-commerçants de parvenir à mesurer la conversion et le trafic par canal afin de mieux analyser leur performance. C'est dans cet objectif que Nosto a mené l'étude "l'E-commerce mobile dans le monde de la mode", dont voici un extrait.

125 % : panier moyen des marques de mode sur Pinterest

1,50% taux de conversion au dernier clic du trafic payant

+105 % d'interactions mensuelles des marques Instagrameuses

"Du fait du nombre et de la complexité des étapes du parcours client numérique, l'attribution des sources de trafic reste un défi pour les retailers, quelle que soit leur taille."

Cindy DEGUINGAND
Marketing Manager Nosto

Dans ce rapport, nous avons mesuré le trafic, la conversion et la valeur des commandes enregistrés sur mobile par des retailers du secteur de

la mode utilisant les outils Nosto. Les données ont été analysées sur la base du « dernier clic » : le trafic et les achats qui en découlent ont été attribués au dernier site référent ayant redirigé l'acheteur vers la boutique. Les données ont été collectées sur un échantillon de 1,19 milliard de visites effectuées dans des boutiques en ligne utilisant les outils Nosto entre novembre 2018 et janvier 2019.

Lorsque l'on répartit les données par source de trafic et qu'on analyse les performances mobiles sur les principaux réseaux sociaux, on constate plusieurs faits remarquables.

Bien que Pinterest affiche un nombre impressionnant d'utilisateurs mensuels actifs (250 millions), la proportion de trafic ou de ventes générées par ce réseau social reste modeste si l'on mesure ses performances sur la base de l'attribution au dernier clic (payant ou non payant). En fait, si l'on examine les Web Analytics sur les visites, commandes, ventes et taux de conversion, **les résultats directement attribuables à Pinterest semblent minimes ; en revanche, la plateforme surclasse toutes les autres en termes de panier moyen (125 €).**

D'autres recherches corroborent ces résultats : les acheteurs sur Pinterest dépensent en moyenne 29 % de plus que ceux qui utilisent d'autres plateformes. Alors que les utilisateurs se connectent à Facebook et Instagram principalement pour interagir avec d'autres utilisateurs, Pinterest propose un canal de découverte et d'achat. 83 % des utilisateurs hebdomadaires de Pinterest (« Pinners ») ont déjà effectué un achat sur la base des tableaux publiés par des marques sur ce réseau.

En attendant, la recherche payante est celle qui produit le taux de conversion au dernier clic le plus élevé, 1,50 %, ce qui corrobore l'hypothèse selon laquelle les acheteurs d'articles de mode qui achètent par ce canal se situent plus bas dans le tunnel conversion, avec une intention d'achat plus forte, car ils recherchent un produit ou une catégorie de produits spécifique.

Les autres canaux « payants » (réseaux affiliés, publicités et réseaux sociaux locaux plus petits) affichent le deuxième taux de conversion le plus élevé dans la catégorie des sources

payantes (1,3 %) Dans les sources non payantes, la catégorie « Autres » inclut le trafic direct, les e-mails et les sessions shopping non trackées (comme mentionné précédemment, le pourcentage d'attribution du dernier clic aux e-mails n'a pas été mesuré séparément, car les liens n'étaient pas toujours trackés).

Instagram affiche le troisième taux de conversion au dernier clic le plus bas par rapport aux autres réseaux sociaux, sur les sources d'achat payantes (0,54 %) et non payantes (1 %). La plateforme a récemment lancé le service « Checkout », qui permet aux acheteurs d'explorer et d'acheter les produits d'une boutique directement dans l'application, sans avoir à en sortir pour visiter la boutique elle-même. Ce nouveau service pourrait faire baisser le taux de conversion au dernier clic d'Instagram, ainsi que le trafic d'affiliés. Cependant, il devrait permettre en contrepartie aux retailers de générer davantage de revenus auprès de visiteurs qui ont l'intention d'acheter.

En matière de découverte de catalogue, Instagram constitue une réelle opportunité pour le secteur de la mode. Depuis l'actualisation en 2016 des algorithmes de son fil d'actualité, les marques présentes sur Instagram ont enregistré une hausse de 105 % des interactions mensuelles, en faisant le réseau social de référence pour la découverte de marques et d'articles de mode en ligne.

Instagram permet aux acheteurs de suivre des influenceurs de la mode pour découvrir les nouvelles tendances et styles. Si cette activité

située en haut du tunnel de conversion n'apparaît pas dans le web analytique des professionnels du marketing e-commerce, elle n'en est pas moins susceptible d'amener des utilisateurs à suivre des marques : en conséquence, il sera plus facile et moins cher d'engager ces utilisateurs à travers des annonces payantes ou du contenu Instagram organique.

Le faible pourcentage de commandes et de visites attribué à Instagram peut être dû au fait que les acheteurs découvrent souvent des produits en parcourant l'application, mais qu'ils recherchent ensuite directement ces produits sur un moteur de recherche ou sauvegardent le lien pour les rechercher plus tard : le trafic est alors attribué au trafic direct.

Cela ajoute au défi lié aux contenus du « dark social » ((6)), ces contenus partagés via des canaux privés et que les outils de Web analytique ne peuvent pas suivre. Une marque peut donc engager des sommes importantes dans le marketing d'influence sans recevoir de retour tangible sur son investissement, car le trafic et les conversions générés pourront être attribués à d'autres canaux (trafic direct par exemple).

> NOSTO
www.nosto.com/fr

Cindy Deguingand
cindy.deguingand@nosto.com

Camille Aassila
camille.aassila@nosto.com

Article

Réconcilier créativité, transparence et efficacité des campagnes publicitaires sur mobile

Les investissements mobiles se rapprochent de plus en plus des usages, ils ont même dépassé ceux sur desktop l'année dernière.

2/3 du temps
passé sur internet
se fait sur mobile

On "scrolle" entre
25 et 100 m
de contenu par jour

En moyenne, 76% des visites se font sur mobile et 2/3 du temps passé sur internet se fait sur mobile. C'est déjà un grand pas en avant, mais cet argent est-il bien dépensé ? A priori non car malheureusement, la publicité mobile est encore mal perçue des utilisateurs...

En effet, les formats publicitaires diffusés par le marché ne sont pas efficaces sur mobile, pas adaptés, génèrent peu d'engagement, peu d'efficacité, engendrent parfois de la frustration voire du rejet.

Deux choses à retenir : 90 % des investissements sont concentrés sur deux acteurs et on observe une hyper standardisation des achats media on-line Dans les faits, les formats achetés sont toujours les mêmes : footer, MPU, interstitiel (quand c'est possible).

On achète donc plus, moins cher, en augmentant le nombre d'emplacements publicitaires, sans création de valeur ni pour les utilisateurs ni pour les marques. Cette rationalisation devait créer de l'efficacité pour tous ; elle a surtout poussé les éditeurs à ajouter de la publicité sur leurs contenus, les annonceurs à acheter moins cher des emplacements pas toujours utiles, et augmenter la pollution publicitaire.

La publicité mobile se trouve malheureusement dans un état dramatique : les utilisateurs ne se reconnaissent pas du tout dans ce qui leur est proposé par les marques. Formats inadaptés, ciblage non consenti, surpression publicitaire, pollution visuelle, clics erratiques, redirections intempestives...

Les marques dépensent mal leur argent en n'investissant pas assez dans la créativité. Or on sait que quand on investit dans la créativité, on est beaucoup plus rentable et productif.

Les chiffres parlent d'eux-mêmes ; sur une journée type, un mobinaute passera quasiment 1 heure 30 de son temps sur son smartphone, il « scrollera » environ 25 mètres de contenu, verra plus de 300 publicités... Le résultat est sans appel : les mobinautes cherchent à éviter la publicité. Le taux de clic moyen sur une bannière est bien inférieur à 1 % (sachant que 60% des clics sont des clics d'erreur) et personne ne se souvient des publicités vues la veille. Dans le but d'éviter ce vide émotionnel, on doit avant tout travailler le message.

Il est donc très important de respecter et de valoriser la rareté du temps dont les mobinautes disposent. De trouver le temps et un terrain commun dans une ère de polarisation. Ce dénominateur commun, c'est le message créatif car notre attention n'a jamais été aussi fragmentée ; en particulier sur smartphone.

Un message créatif, innovant, original, qui se démarque est plus performant. Investir dans la créativité est au moins aussi rentable qu'investir dans la productivité.

La créativité génère autant si ce n'est plus de performance : 3 fois plus d'engagement (de clics ou d'interactions avec le format), 5 fois plus de mémorisation, 9 fois plus de notoriété, et chose étonnante, +32 % de visites physiques en magasins.

On peut diffuser de beaux formats, investir dans la créativité, sans pour autant être allergique à l'utilisation de la technologie. Au contraire, l'utilisation de la data, de l'intelligence artificielle, du « *machine learning** » pour accélérer la prise de décision, pour aider l'humain dans son analyse, pour prévoir les résultats d'une campagne, etc.

Les acteurs de la publicité ne doivent pas se transformer en robots, ils doivent devenir des humains augmentés, qui écoutent leur sensibilité, utilisent leur créativité, tout en se faisant accompagner par la machine.

Il est donc primordial de mélanger l'humain et la technologie, l'émotion et la data, la créativité et le « machine learning », pour être le plus efficace donc optimiser la rentabilité des campagnes.

L'efficacité d'une campagne sur mobile peut se traduire par les KPIs connus des Directeurs Marketing (visibilité, CTR, conversions) mais surtout par l'engagement d'une marque avec sa cible (engagement, interactions, mémorisation, temps passé sur le format, ; par exemple).

Pour créer et renforcer le lien entre une marque et ses consommateurs, il est aujourd'hui essentiel de nous adapter à leurs habitudes de consommation. La publicité sur mobile peut avoir un impact considérable, si elle est adaptée, claire, concise et qu'elle génère de l'engagement.

La créativité doit donc être le point de départ de chaque bon concept publicitaire, le message doit être central. C'est en présentant aux utilisateurs un message créatif, pertinent et tenant compte de son contexte qu'un annonceur arrivera à se démarquer et à regagner leur confiance. Un confiance trop peu souvent considérée, malgré les opportunités créatives que peut offrir le mobile.

Car c'est là l'essence même de la publicité : toucher le consommateur, créer une émotion et un souvenir, pour finalement lui donner envie.

*Retrouvez la définition dans le lexique en fin d'ouvrage.

Le plus important, c'est le *message*

> MOZOO
www.mozoo.com

Nicolas Girault
Directeur Commercial
nicolas.girault@mozoo.com

Étude De Cas

WWF - WE ACT FOR GOOD (WAG)

Réussir le lancement de l'app d'engagement éco-citoyen du WWF grâce au précision marketing

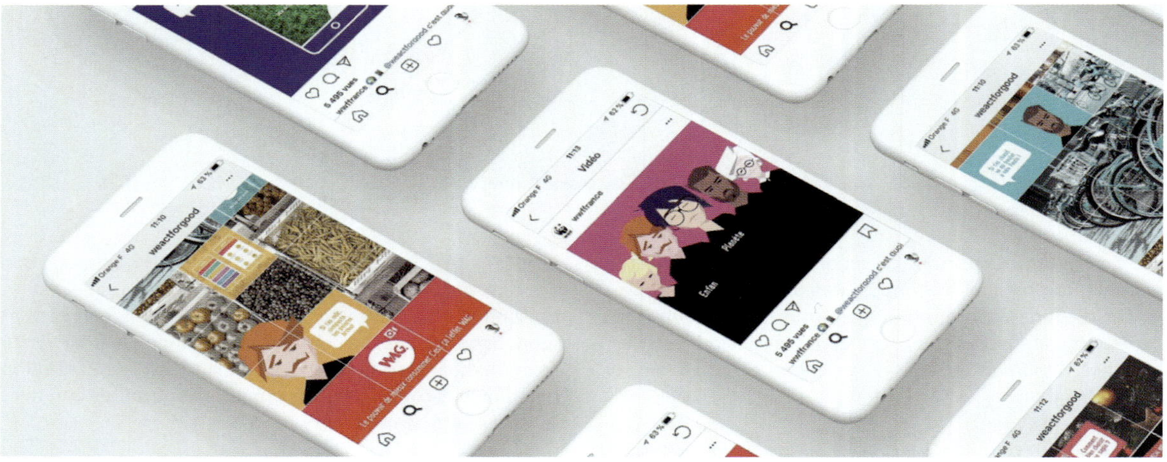

> Campagne de lancement de We Act for Good (WAG)

PROBLÉMATIQUE DE LA MARQUE

Le WWF, première organisation mondiale pour la protection de la nature et des espèces, a décidé de créer un nouvel usage vertueux à intégrer dans le quotidien des Français : We Act for Good (WAG). Cette application servicielle est un programme gamifié qui donne les bons gestes autour de défis pour évoluer de manière responsable.

Sans avoir le budget d'un grand annonceur, comment faire émerger cette app à l'heure où :

- De multiples initiatives sur le même thème se lancent (« On est prêt », « L'affaire du siècle », « marche pour le climat »...).
  Comment générer 2 millions € de earned media avec 200 000 € investis ?

- Les coûts d'acquisition des app explosent (de 35 % à 60 % au cours des 5 dernières années).
  Comment atteindre 500 000 téléchargements en un an en maîtrisant les coûts d'acquisition ?

- De nombreux freins existent à l'engagement des Français pour l'action écologique (35 % des Français estiment que les menaces environnementales sont exagérées).
  Comment dépasser les paliers de 15 000 followers sur nos médias sociaux et du million de défis sur l'app ?

Trois enjeux à adresser en travaillant sur trois cibles aux motivations diverses :

> Les éco-acteurs
Le cœur de cible : depuis longtemps ils le disent, la planète va mal et c'est là le problème le plus urgent. Même s'ils ne se sentent pas entendus par la société, ils rejoignent des mouvements et manifestent cette prise de position sur leurs réseaux sociaux (9 % de la population).
Alors, s'ils découvrent l'application WAG, ils seront tentés d'essayer.

> Les éco-conscients
Ils le savent, on traverse une mutation majeure dans nos habitudes de consommation. Pour autant, ils ne souhaitent pas bousculer totalement leurs modes de vie, mais font des efforts au quotidien. Ils ont besoin d'accompagnement, parce qu'ils jugent les éco-gestes trop minimes à l'échelle personnelle pour avoir un réel impact sur le monde (10 % de la population).
Il faut les embarquer dans une aventure collective, qui les incite à passer à l'action.

> Les WeLoveGreen
la cible de conquête : ils sont jeunes, urbains, trendy et pour eux l'écologie a une valeur statutaire, qu'ils associent au cool. Ils ont des chaussures Faguo, vont à la Biocoop... Mais ils peuvent aussi acheter des bouteilles en plastique, et aller au Burger King. Ils sont paradoxaux, mais, malgré quelques écarts, ils sont tout de même soucieux de leur mode de vie (11 % de la population).
Il faut qu'ils se reconnaissent statutairement dans WAG afin qu'ils la téléchargent.

SOLUTION STRATÉGIQUE

Une réflexion qui s'est axée autour d'un insight fort révélé par une étude du CREDOC (Tendances de consommation 2018) mettant en lumière la dissonance cognitive des cibles face à l'écologie, un paradoxe entre la prise de conscience écologique et les actions du quotidien pour l'environnement.

INFOS CLÉS

350 000 téléchargements en 6 mois

3,34 millions € de earned media (CostPerInstal divisé par 6 vs marché)

1,5 million de défis commencés sur l'app

Les personnes les plus sensibilisées aux thématiques environnementales (correspondant donc au cœur de cible) sont principalement les classes "supérieures". Cependant, appartenir à une classe supérieure (fort capital économique et culturel) est directement corrélé à une empreinte écologique plus élevée.

Ainsi, **les Français les plus sensibles à l'environnement (les 3 cibles de WAG) font également partie de ceux avec la plus forte empreinte écologique.** Une cible paradoxale qui prend l'avion pour aller en vacances, mais fait ses courses à la BioCoop et participe à la marche pour le climat.

Alors une question : pourquoi ne passent-ils pas plus à l'action ?

Les causes de cette inertie sont multiples :
- Par méconnaissance des solutions d'actions ;
- Car agir seul semble vain ;
- Manque d'impact concret...

Ainsi, le succès de WAG tenait davantage à la capacité de donner les clés pour agir significativement plutôt que de sensibiliser une cible déjà convaincue de l'urgence du passage à l'action.

C'est pourquoi il fallait faire de **We Act for Good un mouvement d'action collective**, en donnant à chacun les moyens de passer à l'action pour l'environnement, quel que soit son niveau de maturité écologique, son "budget écologie" ou les thématiques qui l'interpellent.

Puisque sensibiliser et culpabiliser les différentes audiences à la cause serait inutile, il faut concevoir une campagne de lancement s'appuyant sur les mécaniques de *gamification présentes dans WAG : les défis comme leviers pédagogiques d'incitation à l'action.**

> *"Puisque sensibiliser et culpabiliser les différentes audiences à la cause serait inutile, il faut concevoir une campagne de lancement s'appuyant sur les mécaniques de gamification présentes dans WAG : les défis comme leviers pédagogiques d'incitation à l'action."*

MISE EN PLACE OPÉRATIONNELLE

Avec cette campagne, un parti pris : jouer sur l'empowerment en adoptant un discours d'action qui invite, au travers de défis, les publics à se mobiliser et leur donne l'impulsion manquante.

Il fallait dépasser les messages de sensibilisation qui sont souvent le propre des ONG pour inciter à l'engagement en donnant le pouvoir aux Français de changer véritablement et durablement les choses.

Ont été représentés les potentiels utilisateurs de WAG sous la forme de personnages graphiques, complices et variés. Un traité illustratif avec des couleurs pop et acidulées qui représente chacune des thématiques de WAG. Aussi, le smartphone est dessiné et devient l'émetteur qui s'adresse directement au futur utilisateur, en le tutoyant et en allégeant le propos dans une tonalité connivente et contemporaine. Ont volontairement

> Visuel clé n° 1 : Arthur

MOBILE

été choisies des situations communes, résonnant avec le quotidien des trois cibles, qui permettent de mettre en scène différents niveaux de défis. La véritable force de cette campagne c'est la clarté du message et son incarnation par des personnages aux niveaux d'engagement variés : tout le monde peut s'y retrouver.

Tout en garantissant l'unité et la cohérence de la campagne, avec des codes graphiques communs et une tonalité propre, ont été multipliées les déclinaisons afin d'apporter des messages et contenus adaptés à chacune des cibles : répondre à leurs attentes, adresser leurs modes de vie et besoins liés à l'écologie. Ainsi, l'ensemble du dispositif a été nourri tout en favorisant le téléchargement.

Ensuite, il a fallu déterminer les espaces où Chantal, Paulo et Vanessa pourraient s'exprimer, pour résonner dans la vie des Français tout en respectant le budget et les objectifs.

Notoriété : la campagne a capitalisé sur les relais d'influence grâce à des personnalités telles que Yann Arthus Bertrand, Aure Atika ou encore Nikola Karabatic qui se sont mobilisés à nos côtés. En tout, ce sont 34 influenceurs qui ont décidé d'adhérer et de relayer WAG, offrant une couverture média et une grande notoriété. Ces influences ont également eu lieu sur les médias sociaux, permettant d'élargir notre communauté tout en gardant une cohérence dans la stratégie média. De plus, la campagne a bénéficié de nombreuses retombées presse, grâce à des publications gracieuses dans des magazines variés (Campus Magazine, le Sévrien...), mais aussi par des interventions de Pascal Canfin, anciennement directeur général du WWF dans des médias (radio, télévision, presse...). Enfin, un partenariat avec Plus Belle La Vie et une conférence de presse pour le lancement ont achevé cette phase d'awareness.

Acquisition : dans une logique de *précision marketing**, ont été déployées deux campagnes d'acquisition à la performance sur Facebook. Il était possible de toucher directement les trois niveaux de cible grâce à des messages dédiés. Les amateurs de vélo seront confrontés au visuel de Paulo, tandis que les femmes adeptes du DIY seront interpellées par Vanessa. Dans une logique de growth hacking à court terme, Facebook était le média le plus approprié afin de tester la réactivité des groupes cible. Ce média a permis d'optimiser au mieux notre budget pour répondre au double objectif d'acquisition et de création d'une communauté engagée.

> Visuel clé n° 2 : Chantal

Engagement : enfin, une stratégie social media a été déployée sur Instagram, Twitter et Facebook. Le défi a été de créer une véritable tonalité à WAG, se démarquant de celle du WWF. Des contenus pédagogiques ont été diffusés, en reprenant les codes graphiques de la campagne, avec des tutoriels, des présentations des différentes fonctionnalités de l'application... De plus, des contenus plus aspirationnels ont également été créés pour dépeindre le style de vie WAG : recettes, DIY, défis... Cette communauté WAG était engagée autour de contenus drive to app.

RÉSULTATS

Six mois après le lancement de WAG, cette campagne est un succès

> Une création au service de l'efficacité
En analysant les résultats de notre campagne, il apparaît très clairement que la création améliore significativement l'impact du dispositif global. En effet, déployer des messages ciblés, en affinité avec nos cibles a permis de multiplier notre efficacité. L'illustration des CPC (Coûts Par Clic) sur Facebook est particulièrement parlante : la campagne est ainsi passée d'un benchmark autour de 0,70 €/clic à un coût 22 % inférieur (0,54 €/clic).

> Une visibilité décuplée
La stratégie de relation presse, de relais d'influenceurs et de partenariats a permis d'obtenir une visibilité bien supérieure à l'investissement engagé : sont aujourd'hui comptabilisés 3,5 millions € de earned media, générant du trafic vers WAG (34 fois l'investissement média).

> Une acquisition à moindres coûts
Le dispositif d'acquisition, s'appuyant sur la création et sur le earned media a permis de générer, après six mois, 350 000 téléchargements (soit 70 % de l'objectif à un an) avec des coûts d'installation (CPI) divisés par 6 : d'un benchmark marché CPI entre 5 € et 7 € à un CPI entre 0,89 € et 1,11 €

> Un engagement dans la durée
La stratégie de construction et d'animation des communautés sur les réseaux sociaux propriétaires de WAG a permis de fédérer une nouvelle communauté de 23 000 personnes sur Facebook, Twitter et Instagram et de leur pousser de nombreux contenus les incitant à se rendre sur l'app et à s'engager pour l'environnement.

Preuve de cet engagement, on comptabilise aujourd'hui 1,5 million de défis lancés sur l'app WAG (+ 50 % vs objectif).

*Retrouvez la définition dans le lexique en fin d'ouvrage.

> *"La véritable force de la campagne c'est la clarté du message et son incarnation par des personnages aux niveaux d'engagement variés : tout le monde peut s'y retrouver."*

> WWF - We Act for Good
www.wwf.fr/agir-au-quotidien/we-act-for-good

> INTEGER FRANCE (TBWA\Groupe)

Nicolas El Koubi
nicolaselkoubi@integer.com

Catherine Michaud
catherinemichaud@integer.com

Article

Comment optimiser le parcours client en se servant du mobile comme point d'entrée

2018 a signé un tournant dans l'usage internet : le premier écran de connexion est désormais le mobile, avec 33,7 millions de mobinautes par jour, alors que seuls 22 millions d'internautes se connectent via leur ordinateur au quotidien. Ce changement de paradigme ouvre une nouvelle priorité pour les marques, qui doivent penser mobile first.

33,7 millions de mobinautes par jour

55 % des internautes effectuent des achats via leur mobile

"La toute-puissance du mobile ne doit pas être vue comme un poids. Il peut être exploité pour faciliter le parcours des consommateurs et permettre d'autres interactions, plus enrichissantes."

Antoine BAUME
Co-Fondateur Raymonde

LES USAGES DU MOBILE

Encore plus significatif, 55% des internautes effectuent des achats en ligne via leur mobile. Le m-commerce s'installe donc comme une pierre angulaire du commerce en ligne, après avoir été freiné par les réticences induites par ce support.

Si la montée du mobile est bien effective depuis plusieurs années, il a longtemps été perçu comme une simple extension de l'ordinateur. Or, pour répondre à ce changement de paradigme, les marques doivent placer la stratégie mobile en amont de la réflexion digitale, et non plus comme une déclinaison du desktop.

LES OBSTACLES ET FREINS À L'USAGE MOBILE

Des contraintes sont à prendre en compte pour éviter les points de frictions qui pourraient nuire à la conversion.

Tout d'abord, la taille et la prise en main sont différentes, l'*UX** doit donc s'adapter pour une navigation aisée.

D'autre part, sur le smartphone, la capacité d'attention est réduite car les sollicitations sont permanentes. L'expérience mobile dépend aussi du réseau 4G, qui peut être capricieux. Le temps de chargement doit être rapide et la navigation reprise facilement.

Enfin, les mobinautes sont sensibilisés aux questions de la sécurisation des données privées. Pour palier cette méfiance grandissante, il important d'offrir une navigation sécurisée. Aussi, l'usage de la data doit se faire de manière subtile, pour gagner la confiance de l'utilisateur sans être trop intrusif.

COMMENT OPTIMISER SA PRÉSENCE MOBILE POUR EN FAIRE UN POINT D'ENTRÉE PUISSANT ?

> Niveau 1 : exploiter les solutions proposées par les plate-formes sociales

Il est malin d'utiliser en premier lieu les outils mis à disposition par des applications comme les réseaux sociaux. Facebook ou Instagram shopping (à partir de 10k abonnés), permet de créer une boutique intégrée, créant un lien d'achat direct à travers la mise en scène du produit sur les posts. Les réseaux sociaux endossent un rôle marchand, largement intégré et accepté,

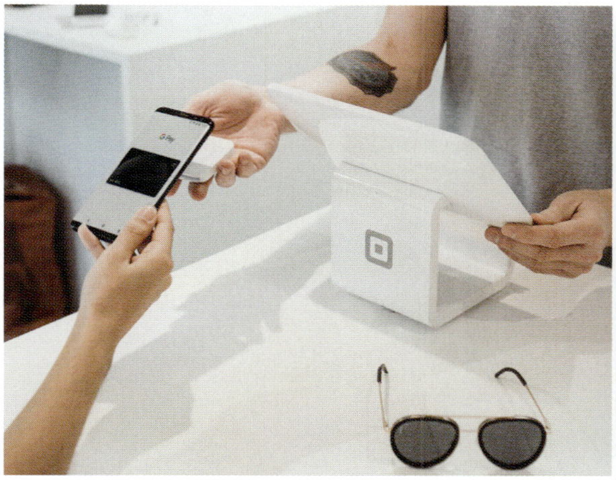

> Solution de paiement mobile

> La toute puissance du mobile

surtout par les plus jeunes. Cette solution est facile et rapide à mettre en place, pour un coût nul.

> Niveau 2 : le développement d'une application dédiée si approprié
Après un période de grâce, les applications sont descendues de leur piédestal. Les usagers téléchargent de moins en moins d'applis et en utilisent qu'un nombre très restreint. Déjà que le téléchargement est vue comme une contrainte, c'est aussi un support plus intrusif, qui demande une inscription ou un accès à des données privées, mal perçus par le mobinaute. Enfin, le coût de développement d'une appli n'est pas négligeable.

Cependant, dans certains secteurs, l'application mobile reste une solution optimale.

Les néo-banques étant présentes uniquement sur mobile, elles se doivent de proposer une application de qualité et intuitive, qui répond à toutes les exigences du client, digital native ou non.

Le retail est aussi un secteur pour lequel le développement d'une appli reste intéressant, notamment pour proposer des solutions telle la réalité augmentée ou des services CRM personnalisés.

> Niveau 3 : un site web mobile plus que responsive
Jusqu'alors, les sites web étaient conçus pour le desktop puis adaptés au mobile. En pensant *mobile first**, il faut inverser ce process et concevoir le site web sur la version mobile, puis l'adapter ensuite pour les écrans plus larges. Les priorités et la structure du site s'en voit modifiés. Résultat, les sites web ainsi conçus sont plus simples, avec un accès rapide aux informations clés, un code source léger, un langage HTML5 uniquement et des CTA lisibles, faciles à cliquer.

Preuve de ce retournement de situation, Google indexe désormais ses résultats de recherche sur la base de l'appréciation des sites web mobile.

> Niveau 4 : mêler mobile et retail physique
L'avantage ultime du mobile est le lien intime qui le lie à son usager. Exploiter cette proximité permet une expérience d'achat toujours plus forte et totalement fluide. En intégrant le mobile au sein du retail physique, le consommateur vit un parcours augmenté. Plusieurs technologies sont à disposition des marques : scanner un produit, la réalité augmentée, le paiement mobile....

Les géants du commerce ont déjà mis en place plusieurs expérimentations.

Très intuitif, le parcours d'achat "Just Walk Out" d'Amazon offre au client la possibilité de payer leurs achats directement via leur mobile, sans aucun passage en caisse.

Nike joue la carte de la proximité, en renforçant l'expérience d'achat via une application mobile. Essayer des chaussures sans avoir à attendre un vendeur, Scan the look pour retrouver les produits sur les mannequins, Pick up area pour commander une taille manquante... Des petits plus qui fluidifient et facilitent le parcours d'achat.

Autre technologie, autre avantage, Ikea teste la réalité virtuelle pour palier un frein à l'achat commun dans ce secteur : la difficulté de projeter l'achat en situation. Avec l'appli Ikea Place, les clients peuvent intégrer les meubles dans leurs intérieurs avant de les commander.

Ainsi, la toute-puissance du mobile ne doit pas être vue comme une menace ou un poids. Contrairement aux idées reçues, l'usage du mobile ne ferme pas forcément l'utilisateur aux autres. Il peut être exploité pour faciliter le parcours des consommateurs et permettre ainsi de mettre l'accent sur d'autres interactions, plus enrichissantes mais aussi de faire vivre une expérience, complémentaire au parcours client classique.

*Retrouvez la définition dans le lexique en fin d'ouvrage.

> RAYMONDE
www.agenceraymonde.com

Antoine Baume
Co-fondateur
antoine@agenceraymonde.com

Caroline Helaine
Planneur stratégique
caroline@agenceraymonde.com

Article

La gamification au service de l'engagement : aider les marques à créer un lien fort avec leur client

Dans l'espace publicitaire digital encombré, toutes les publicités luttent contre des milliards d'autres. Trouver un moyen de se distinguer nécessite une connaissance approfondie du marché et de la créativité. Une publicité doit pouvoir marquer les esprits des utilisateurs et attirer leur attention, mais se démarquer n'est jamais suffisant.

4,9 milliards € de CA en France pour le marché du jeu vidéo (2018)

62 % des Français voient le jeu vidéo positivement

39 ans est l'âge moyen des joueurs français

“Jouer est un comportement universel qui trouve également sa traduction auprès des marques. Créer un univers d'interactions positives est la raison d'être et le facteur clé de succès de la gamification.”

Cyril GUILLEMINOT
Directeur France et Benelux

La publicité a pour objectif de faire connaître une marque et de diffuser son message aux utilisateurs intéressés. C'est en s'assurant que les utilisateurs se souviennent de la publicité et du message de la marque que les annonceurs remplissent certains de leurs objectifs. Une publicité extrêmement originale que les utilisateurs n'attribuent à aucune marque n'a aucune valeur.

La gamification* intervient alors comme une solution infaillible notamment grâce à sa puissance émotionnelle et mémorielle, mais également par son haut degré d'interactivité.

> Une publicité est-elle visible dans une forêt ?

QU'EST-CE QUE LA GAMIFICATION ?

La conception d'un jeu nécessite une compréhension profonde de plusieurs idées compliquées. À tout moment, il y a une combinaison de styles graphiques, de personnages originaux, de mécaniques de *gameplay** et d'une histoire cohérente. Cette combinaison d'éléments doit être fusionnée de manière à créer quelque chose de divertissant et de captivant. Il faut une connaissance approfondie de tout ce qui a trait aux jeux vidéo pour mélanger tous ces éléments de manière harmonieuse. Lorsque cela est réalisé dans les règles, le résultat est une expérience interactive, un moment divertissant, en somme : un jeu.

L'application des idées d'équilibrage de l'interaction et du divertissement est connue sous le terme de *gamification*. Pour les marques et leurs campagnes marketing, cela peut se traduire par des divertissements ludiques comme des **advergame** ou encore des vidéos interactives.

LES ÉMOTIONS, AU CŒUR DE LA RÉFLEXION

La *gamification** implique l'utilisateur physiquement et émotionnellement, tout en lui apportant une valeur ajoutée. Savoir exactement quand placer une publicité ou un Call-To-Action, c'est comprendre précisément comment les jeux fonctionnent, les émotions qu'ils suscitent chez les joueurs et pourquoi ces derniers y jouent. Imaginez-vous foncer le long d'une plage dans Asphalt 9 : Legends. Trois tours de course effrénée et de cascades hollywoodiennes, suivis par le franchissement de la ligne d'arrivée en premier pour accéder à la gloire. Toujours sous le coup de l'adrénaline, une invitation à doubler la récompense apparaît à l'écran. Regardez une courte vidéo et cela se transformera en 2 victoires en moins de 30 secondes. Les variations d'humeur ressenties au cours d'une expérience vidéoludique peuvent être représentées par ce que l'on appelle la courbe émotionnelle.

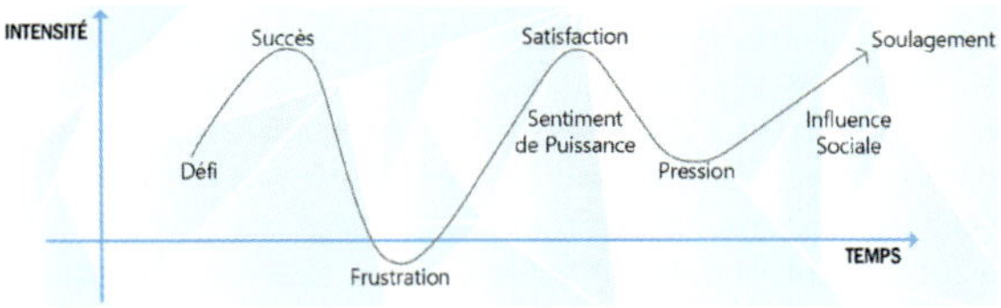

> La courbe émotionnelle

La clé d'un message percutant consiste à le placer au bon moment sur cette courbe et les avantages sont alors doubles. La publicité elle-même se joue dans le pic émotionnel provenant du fait de jouer à un jeu, et le contenu variable créé une incitation à interagir avec la publicité de manière répétée. La fatigue publicitaire disparaît alors naturellement et l'implication augmente de manière vérifiable lorsque la gamification est correctement utilisée.

Si nous allons une étape plus loin dans la gamification, le message d'une marque peut aussi exploiter ces mêmes sensations avec la publicité elle-même. L'un des moyens de plus en plus en vogue pour approcher les utilisateurs sur mobile consiste à utiliser des publicités interactives, telles qu'un advergame*, comportant des éléments reconnaissables de la marque et présentés de façon ludique et accessible. Le format permet non seulement de prendre un bon départ en offrant aux utilisateurs la possibilité de s'amuser et d'interagir avec les marques, mais le *gameplay** constitue également un reflet de la marque et de son message. Il y a plusieurs étapes à respecter pour s'assurer de laisser une impression positive et durable.

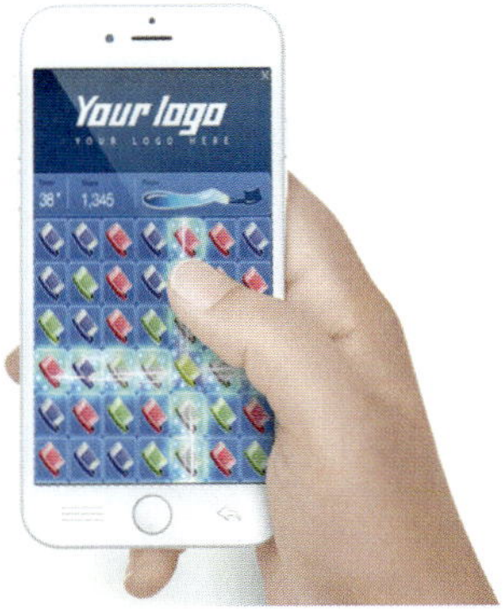

> L'Advergame : une publicité jouable

La nouvelle publicité innovante connue sous le nom de vidéo interactive en est également un exemple limpide. En termes simples, il s'agit d'une vidéo interactive où les choix affectent la manière dont la publicité est vue.

LA GAMIFICATION, GÉNÉRATEUR D'ENGAGEMENT ET ACCÉLÉRATEUR DE NOTORIÉTÉ

Lorsqu'elle est bien conçue, la gamification permet aux annonceurs de se démarquer dans l'espace numérique avec des publicités que les consommateurs désirent. Les formats interactifs encouragent les idées marquantes, stimulent l'intérêt pour les marques, et établir un lien avec les bonnes émotions peut doubler les mesures clés des marques. Répondant aux besoins du consommateur et de l'annonceur, ces formats permettent à l'utilisateur de passer plus de temps à interagir avec une marque. Ces publicités offrent des taux d'engagement 2 à 3 fois plus élevés que les campagnes standard.

Gameloft a collaboré avec Nielsen pour mener un post-test de campagne en mesurant la notoriété de marque sur un panel d'utilisateurs exposés et non exposés à la campagne mobile. Le post-test global de la campagne en question a atteint un résultat de + 44,5 % de brand lift (= le gain de notoriété apporté par la campagne), mais le plus intéressant est la façon dont le format du mini-jeu a nettement surpassé tous les autres formats, notamment le score des formats vidéo avec un brand lift atteignant + 53,4 %.

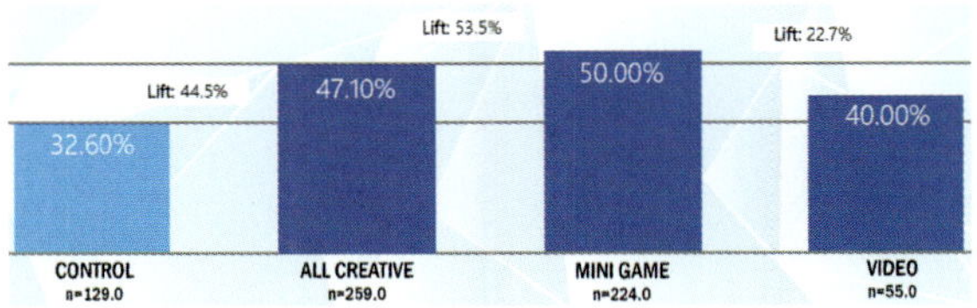

> Étude Gameloft en collaboration avec Nielsen

Créer des associations positives avec la marque permet de laisser une impression durable chez les utilisateurs en augmentant sa notoriété. L'idée est qu'avec un souvenir positif et marquant de la publicité, les utilisateurs se souviendront plus facilement de la marque.

*Retrouvez la définition dans le lexique en fin d'ouvrage.

> GAMELOFT
www.gameloft.com/advertising-solutions/fr

Cyril Guilleminot
Directeur France & Benelux
cyril.guilleminot@gameloft.com

Kevin Lery
Marketing Manager France
kevin.lery@gameloft.com

Article

Pour un marketing digital piloté par le choix de l'utilisateur

Pendant longtemps, les organisations ont cru que la donnée des utilisateurs était un bien gratuit dont elles pouvaient disposer à leur guise, sans conséquence. Et pendant longtemps le consommateur a été dupé. On lui a fait croire que internet était gratuit alors qu'il payait avec ses données, à son insu. Cette approche trompeuse est révolue. Le marketing digital a besoin d'une profonde refonte.

1 français sur 4
préfère payer que partager ses données pour accéder à un contenu en ligne

75 % des français
préfèrent partager certaines données, telles que leur historique de navigation

“Les marques comme les éditeurs doivent être certains que la donnée qu'ils utilisent est consentie, mais ils doivent aussi pouvoir garantir la traçabilité et la validité de ce consentement.”

Olivier MARTY
Brand Director Ogury

Les nouvelles régulations, les récents scandales et les sanctions sont des indicateurs forts de la nécessité et l'urgence d'un nouveau modèle. La donnée est, bien évidemment, importante dans le monde digital, mais elle ne doit être pas être collectée et utilisée n'importe comment et à n'importe quel prix. Les marques comme les éditeurs doivent être certains que la donnée qu'ils utilisent est consentie, mais ils doivent aussi pouvoir garantir la traçabilité et la validité de ce consentement. Dans une ère post-RGPD, notre industrie toute entière doit se réinventer afin de rendre le marketing digital transparent, compréhensible, et surtout digne de confiance. Chez Ogury, nous pensons que le seul moyen d'y parvenir est de mettre en place un nouveau marketing digital piloté par le choix du consommateur. Un choix éclairé, explicite et surtout respecté à travers toute la chaîne marketing. Car, à l'heure où la donnée est devenue la ressource vitale du marketing, c'est précisément aux entreprises qu'il revient de proposer un choix clair aux consommateurs quant aux modalités du partage de leurs données. Ce qui se joue ici est la confiance qu'ont les utilisateurs envers ces organisations, ainsi que l'émergence d'un Internet mature au sein duquel le consommateur exige désormais d'être traité en adulte responsable.

A l'été 2019, Ogury a publié « The Reality Report », 287 571 mobinautes à travers le monde, dont plus de 22 000 français, ont été interrogés sur leur perception du marketing digital, de la donnée et du *consentement**. Les résultats de cette enquête apportent un éclairage particulier sur la conscience qu'ont aujourd'hui les Français de la valeur de leurs données. Quand on leur propose un choix explicite, 25 % des répondants déclarent préférer payer pour accéder à un contenu en ligne plutôt que de partager leurs données. Les sondés reconnaissent ainsi qu'il existe un juste prix à payer pour bénéficier d'un service en ligne, qui nécessite à la fois une infrastructure à financer et des développeurs à rémunérer. Mais cette question montre également que, confrontés au même choix, 75% des consommateurs préfèrent partager certaines de leurs données – telles que leur historique de navigation – pour accéder gratuitement à un contenu. Les internautes ont pris conscience de la valeur de leurs données et sont donc prêts à les partager, tant que l'échange donnée-contenu ou donnée-service est clair, équitable et respecté. C'est ce constat qui nous a poussé à concevoir Fair Choice afin de proposer aux utilisateurs trois véritables options claires et équitables : accepter que leurs données soient collectées

de manière anonyme afin de recevoir du contenu marketing personnalisé ; refuser de partager leurs données et être exposé à de la publicité indésirable ; ou payer un prix juste (calculé sur la base de ce que ses données et son exposition publicitaire auraient rapporté à l'éditeur) pour accéder au contenu, sans collecte de donnée ni affichage de publicité.

Avant toute collecte de donnée il doit donc y avoir le choix de l'utilisateur et son consentement. Et c'est justement de ce consentement, « libre et éclairé », que le RGPD est le garant. Les consommateurs ne toléreront plus que les entreprises ne respectent pas leur choix et leur pouvoir. Et, qu'on ne se méprenne pas, il ne suffit pas de payer l'internaute en échange de ses données pour gagner sa confiance. Quelle que soit la valeur que l'utilisateur accorde à ses données, c'est le respect inconditionnel de son choix qui compte avant tout. Loin d'être une stratégie marketing qui satisferait la demande d'un capricieux « client roi », c'est une conviction profonde qui doit animer l'ensemble des acteurs du numérique. Pour être adoubés, ces derniers ont désormais l'obligation de respecter le consommateur roi : celui qui doit enfin pouvoir régner sur ses données !

Cette approche éthique du marketing est doublement efficace. Tout d'abord, elle garantit la conformité totale avec les lois de protection des données et de la vie privée des consommateurs. Mais bien au-delà de la loi, elle permet tout simplement de meilleurs résultats, car elle basée sur un contrat de confiance entre les consommateurs, les marques et les éditeurs. Cette confiance est génératrice de business. Depuis la nuit des temps sans confiance entre le vendeur et l'acheteur, il n'y a pas de commerce durable, et ceci est encore plus vrai dans un monde digital complexe et difficile à déchiffrer. Tout le monde y trouve son compte, le consommateur, les marques et les éditeurs. Le marketing devient un échange de valeur choisi et équitable entre ces 3 constituants.

Un marketing digital piloté par le choix du consommateur est notre vision pour une nouvelle approche porteuse de valeur, à la fois pour les marques et les consommateurs. Nous souhaitons que ce nouveau modèle se répande et prenne la place du modèle existant, opaque et révolu. Et nous invitons l'ensemble des acteurs du marché à rejoindre ce mouvement.

*Retrouvez la définition dans le lexique en fin d'ouvrage.

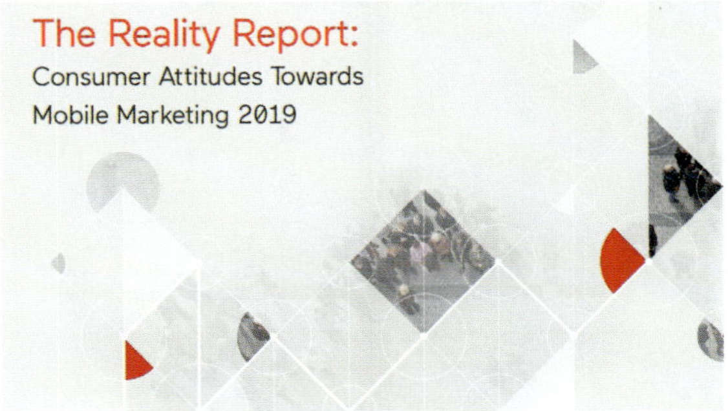

> OGURY
www.ogury.com

Olivier Marty
Brand Director
olivier.marty@ogury.com

Habenn Bereket
Sales Managing Director France
habenn@ogury.com

Étude De Cas

FRANCE TÉLÉVISIONS

Des notifications push personnalisées pour un meilleur engagement utilisateur

> Application mobile France.tv https://www.france.tv/

PROBLÉMATIQUE DE LA MARQUE

> Contexte

Selon les études, plus de 65 % du temps numérique est désormais passé sur un smartphone. Et 85 % de ce temps serait consacré aux applications. Si les opportunités liées aux usages (boom de la consommation vidéo sur mobile, hausse des téléchargements via les stores) sont à saisir, il n'est pas aisé de se faire une place lorsque la majorité des utilisateurs n'utilise in fine que 3 applications en moyenne !

Dans ce contexte, les notifications représentent un canal relationnel puissant permettant de communiquer auprès des porteurs opt-in pour favoriser la revisite sur applications.

Mais face à des utilisateurs auxquels s'offre un hyperchoix lié à la fragmentation de l'offre, le risque lié à des sollicitations trop fréquentes et pas assez pertinentes est de générer de l'insatisfaction et un opt-out définitif de l'utilisateur.

Les survivants dans cette économie de l'attention sont ceux qui investissent et tirent profit de démarches data driven à l'instar de Netflix, YouTube, usant des technologies pour offrir un service personnalisé, devenu une attente minimum vis-à-vis de toute plateforme distributrice de contenus.

France.tv, la plateforme vidéo (direct, replay, exclusivités) gratuite de France télévisions, premier média audiovisuel français, ne déroge pas à la règle.

Mettant le public au centre de sa stratégie digitale, le Groupe propose une expérience personnalisée omnicanale pour développer la consommation de vidéos en se basant sur ce que les utilisateurs ont l'habitude de regarder.

Le levier push se doit de s'inscrire dans cette proposition de valeur afin d'offrir une expérience optimale et engager efficacement nos audiences.

SOLUTION STRATÉGIQUE

> Idée

Utiliser les potentialités apportées par le numérique pour concevoir notre stratégie de fidélisation sur mobile et construire une relation équilibrée et pertinente centrée sur un rôle de marque à valeur ajoutée.

C'est pour proposer aux porteurs de l'application les contenus les plus susceptibles de les intéresser et positionner les notifications comme un service utile qu'il convient de nourrir le ciblage des données que nous sommes en mesure de collecter.

Objectif : augmenter la pertinence et la performance des pushs en les personnalisant en fonction de données comportementales et des intérêts des utilisateurs.

MISE EN PLACE OPÉRATIONNELLE

Pour ce faire, nous exploitons les données issues de notre *DMP** et de nos plans de taggage afin de segmenter nos utilisateurs en fonction de leur comportement de consommation dans l'application.

> Avant de se lancer, il a donc fallu...

- Déployer le SDK DMP et mettre en place un plan de taggage, ce dernier permettant d'obtenir des informations telles que les programmes ajoutés en favoris, le suivi d'événements particuliers (visionnage d'une vidéo) ;
- Avoir une *taxonomie** détaillée afin de cibler précisément les utilisateurs selon leurs usages.

CRM | DMP | Personnalisation

> Retrouvez les mots clés en index <

INFOS CLÉS

Sur apps, les visiteurs consomment bien plus de vidéos que sur les autres supports

TOU x2 pour les notifications push ciblées

> Puis s'ensuivent :

1. La sélection des contenus qui pourraient convenir à des segments.

2. La création des audiences à cibler via la DMP en fonction du comportement de l'utilisateur sur l'application avec la possibilité d'étendre l'audience à des *look-alikes**.

3. L'activation de la campagne dédiée via notre outil de push : Airship nous propose via son interface de gérer nos critères de ciblage, avec des opérateurs permettant de créer des ciblages plus ou moins avancés.

Nos pushs sont ainsi personnalisés en affinant le ciblage grâce à des segments actualisés et des données de comportement en temps réel obtenues via un plan de marquage adapté.

À titre d'exemple, un push sur un épisode en avant-première de Dix pour Cent sera ciblé uniquement sur les personnes ayant consommé de la Série-Fiction dans les 90 derniers jours ainsi que leurs profils jumeaux (visuel 1).

Notre offre évolue avec des notifications personnalisées en fonction des intérêts des utilisateurs matérialisés par la mise en favoris de programmes (visuel 2). L'idée est de capitaliser sur une fonctionnalité présente dans l'application et d'y associer des alertes afin de proposer encore plus de contenus autour des programmes suite à une appétence déclarée au programme en question.

RÉSULTATS

Les taux d'ouvertures des pushs ciblés sont doublés par rapport à des envois sur tout le parc opt-in. Le taux d'opt-out est maîtrisé et stable à un niveau faible.
Cela nous a aussi permis de distinguer les thématiques alliant le plus puissance (volume ciblé) et engagement (TOU élevés), par rapport à d'autres genres et de piloter nos campagnes selon les performances générées.

Un constat qui nous amène à cibler 95 % de nos messages afin de :

- Faire revenir sur les thématiques de prédilection ;
- Optimiser la conversion vers la vidéo vue ;
- Gérer la pression en ne proposant que ce qui est pertinent pour l'utilisateur.

Reste une part d'envois non ciblés, du fait de notre responsabilité en tant qu'acteur public, lorsqu'il semble nécessaire du point de vue de la pédagogie, de l'information, de l'éducation, ou lorsque nous avons un positionnement éditorial à renforcer, de proposer des contenus plus largement… Une juste balance entre personnalisation et découverte de contenus.

Ces résultats permettent de compléter la formule qui fait la force d'engagement des pushs : la créativité dans l'éditorialisation, des formats enrichis et la personnalisation des messages qui permet à chaque consommateur d'avoir accès facilement aux programmes correspondant à ses goûts et à tout nouveau contenu susceptible d'aiguiser sa curiosité.

*Retrouvez la définition dans le lexique en fin d'ouvrage.

> Visuel 1 : Notification via un ciblage avec la DMP

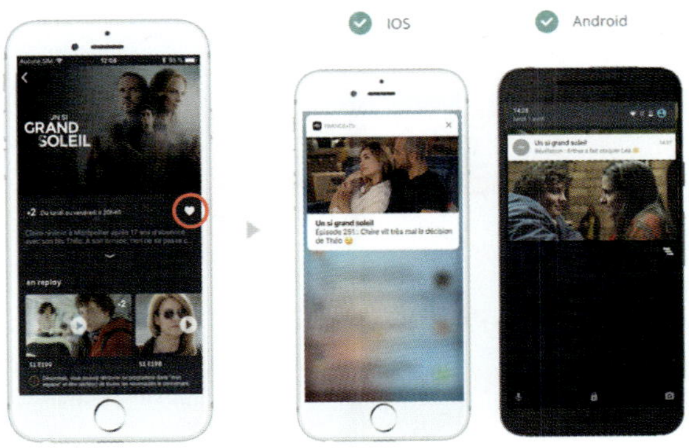

> Visuel 2 : Notifications suite à une mise en favoris

> FRANCE TÉLÉVISIONS
Direction Marketing numérique et Data
www.france.tv

Mélanie Bachelier
Chef de projet CRM mobile
melanie.bachelier@francetv.fr

Charlotte Marois
Responsable CRM
charlotte.marois@francetv.fr

Article

La digitalisation de la relation client comme vecteur de fidélisation

À l'heure où le fait de proposer une app de fidélisation dans les services de banques et assurance devient incontournable et les budgets alloués devenant significatifs, il est important de se poser les bonnes questions pour lancer ou faire évoluer votre appli sans vous tromper!

64 % de clients prêts à changer suite à une insatisfaction

1er motif de désinstallation d'une app : la lenteur

80% de nos clients envoient leur facture via Easy Claim

"Créez une app avec une fonctionnalité originale et unique, répondant à un vrai besoin. La killer feature : ce sera la raison d'être de votre appli, car essentielle aux yeux de vos utilisateurs."*

Marie GOURLAOUEN
Responsable projets marketing
APRIL International Care

LES BONNES PRATIQUES POUR LANCER SON APP AVEC SUCCÈS

- **Solliciter un UX designer** qui vous donnera de vrais conseils non seulement sur le design, mais également sur la fluidité du parcours. Un UX designer pourra repartir du besoin du client, vérifier la cohérence des informations affichées et challenger votre appli pour qu'elle devienne plus compréhensible pour un non-expert. Attendez-vous toutefois à repartir avec une longue liste de recommandations pour faire évoluer votre appli!

- **Travailler la mise en avant sur les stores**, même pour une app de fidélisation. C'est important de valoriser l'appli, la marketer dès l'affichage sur les stores. Utilisez ainsi des captures d'écran de qualité, travaillez le wording et mettez-le à jour, personnalisez le message de mise à jour pour qu'il décrive vraiment la nature de l'évolution livrée.

- **Mesurer la satisfaction à chaque étape clé du parcours** : des enquêtes de satisfaction à chaud vous permettront de prendre la température et de mesurer l'évolution de la satisfaction régulièrement et sur la durée. Les verbatims que vous aurez seront précieux pour améliorer votre app en continu. De nombreux utilisateurs prennent en effet le temps de laisser de vrais retours d'expérience détaillés. Prenez le temps d'y répondre et priorisez dans vos prochaines livraisons de mise à jour les corrections les plus attendues par vos clients.

- **Lancer un Minimum Valuable Product (MVP)** : testez d'abord la *killer feature** de votre app et lancez-vous dans des développements plus coûteux si, et seulement si, votre app rencontre son public!

- **Considérer la performance comme une feature à part entière** : nous avons trop tendance à repousser les investissements liés aux refontes techniques pour privilégier les innovations. Grave erreur, car la lenteur fait partie du top 3 des motifs de désinstallations d'une appli! Et une appli que l'on ne maintient pas à la page, en y intégrant les nouvelles technologies, finit par devenir peu performante, voire même inutilisable. Les mises à jour d'iOS nécessitent par exemple de faire évoluer votre appli pour répondre aux nouvelles exigences d'Apple. Ces évolutions sont nécessaires pour faire vivre l'appli sur le long terme.

> APRIL : l'assurance santé des expatriés

> Easy Claim, appli incontournable pour nos assurés

• **Partir des besoins du client, ses envies, ses appétences** : nous nous lançons parfois dans des projets d'app innovantes, mêlant les nouvelles technologies dans le but de paraître disruptif. Et si les technologies de blockchain et d'IA deviennent majeures, n'oubliez pas que le besoin premier du client est souvent très simple !

• **Identifier un cas d'usage apportant du ROI** : une app de fidélisation ne génère pas forcément de chiffre d'affaires, mais elle peut devenir un atout différenciant pour les commerciaux dans leur prospection. Si le service client est dématérialisé, et que vous poussez le selfcare dans le but de satisfaire vos clients, cela devient un bel argument en avant-vente.

LES POINTS DE VIGILANCES ET PIÈGES À ÉVITER

• **Accepter toutes les demandes d'évolution reçues en interne** : une appli qui a du succès est une appli pour laquelle vous recevrez régulièrement des demandes d'ajout de fonctionnalités. Si certaines évolutions sont à prioriser, et surtout si vos capacités d'investissements sont limitées, veillez à les challenger en amont. Pour cela, il peut être recommandé de nommer un Product Owner de l'appli qui veillera à la priorisation des besoins métiers.

• **Lancer son appli et ne pas l'entretenir** : lorsque vous vous lancez dans un projet d'app mobile, allouez un budget au lancement ET au *run**. Le vrai coût d'une appli ne correspond pas à la somme investie au lancement de la V1, mais bien à l'enveloppe budgétaire allouée en continu pour entretenir et faire évoluer l'appli. Les applis lancées et non entretenues ne sont pas rares !

• **Ne pas anticiper les évolutions d'iOS** : Apple met régulièrement à jour son système d'exploitation. Et si certaines mises à jour ont peu d'impact, d'autres sont majeures et viennent notamment fortement impacter le design. Il faudra alors faire évoluer le front de l'appli, alors autant rester en veille pour anticiper les mises à jour d'Apple.

• **Perdre de vue l'objectif de l'appli** : une appli de fidélisation saura séduire votre clientèle si elle répond à un réel enjeu. Ce sera la raison d'être de votre appli, et il ne s'agit pas seulement de pouvoir consulter ses informations personnelles ou télécharger sa dernière attestation ! La tentation sera ensuite grande d'enrichir l'appli pour y ajouter des nouveautés. Et pour garantir une expérience client de qualité, le parcours utilisateur doit rester fluide : ne perdez pas de vue la simplicité !

*Retrouvez la définition dans le lexique en fin d'ouvrage.

> APRIL International Care
www.april-international.com

Marie Gourlaouen
marie.gourlaouen@april.com

Étude De Cas

ADECCO

Adecco & Moi : une expérience 100 % mobile pour les candidats et intérimaires

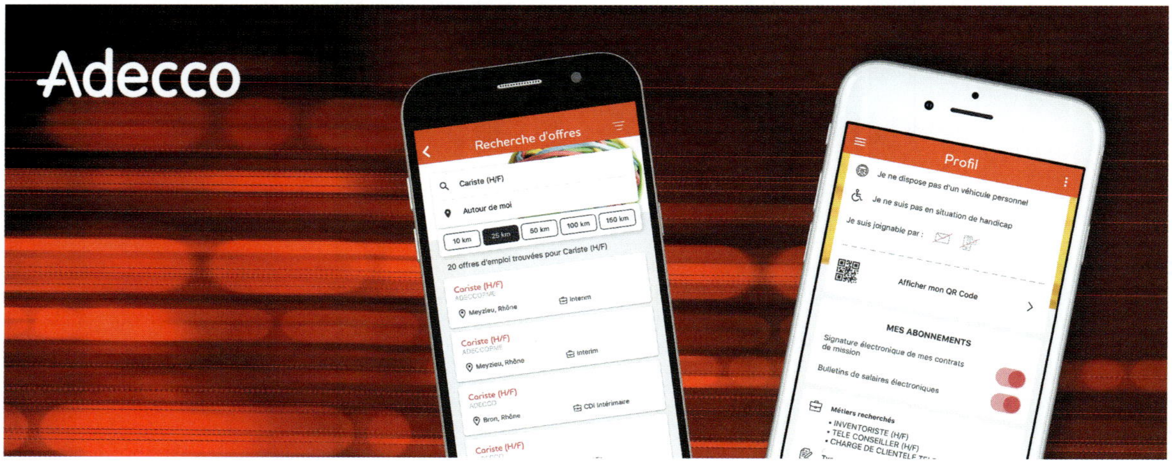

> Application mobile Adecco & Moi

PROBLÉMATIQUE DE LA MARQUE

Adecco est le 1er réseau d'agences d'emploi en France avec :
- 900 agences d'emploi en France ;
- 4 000 collaborateurs permanents ;
- 127 000 intérimaires en mission dans 41 000 entreprises clientes/semaine.

Dans un contexte où la guerre des talents ne se limite plus à des postes de cadres, la direction a souhaité lancer en 2017 une initiative pour améliorer l'expérience proposée aux candidats et intérimaires. Ce public, accro aux smartphones, a de plus en plus d'attentes, notamment en termes de suivi administratif et il devenait crucial de lui proposer un outil clé en main qui lui permette de gérer ses parcours, et ainsi de devenir acteur de sa vie professionnelle. Notre objectif est également de développer un sentiment d'appartenance et de fidélisation à la marque Adecco et d'améliorer la relation employé/employeur.

En interne, dans le cadre la stratégie de transformation de l'entreprise, nous tendons vers une dématérialisation des documents administratifs et une meilleure circulation des flux et des données afin d'afin de permettre à nos collaborateurs de rester concentrés sur leur cœur de métier et ainsi d'améliorer notre efficacité opérationnelle.

SOLUTION STRATÉGIQUE

Dans une optique de différenciation sur le marché, d'amélioration de la productivité et d'augmentation de la satisfaction des candidats et intérimaires, il a été décidé de proposer à ces derniers une application mobile qui leur permette de réaliser toutes ces actions 24h/24 et 7j/7.

> Recherche d'offre et suivi de mission
- Rechercher des offres et postuler ;
- Accéder à toutes les informations sur les missions ;
- Avertir d'une absence ou d'un retard.

> Tâches administratives
- Signer les contrats ;
- Accéder aux bulletins de salaire ;
- Demander des acomptes ;
- Télécharger des attestations ;
- Gérer les indisponibilités ;
- Envoyer des documents ;
- Vérifier les relevés d'heures.

> Fidélisation
- Suivre les évaluations ;
- Débloquer et alimenter un compte épargne temps ;
- Télécharger les comptes-rendus d'entretien annuel ;
- Retrouver tous les avantages en fonction du cumul d'heures.

Le but est de créer de l'engagement et d'améliorer l'employabilité de nos publics candidats et intérimaires.
Pour chaque feedback d'utilisateur reçu via les stores ou le formulaire de contact, une réponse est apportée et des développements sont actés pour garantir la meilleure expérience utilisateur qui soit.

MISE EN PLACE OPÉRATIONNELLE

Une équipe transverse avec le marketing, la DSI, la finance et les opérations a été mise en place en février 2017 pour un lancement de l'application en juin 2017, soit une livraison du MVP en 4 mois. Le délai a été tenu grâce à une implication forte des équipes qui ont travaillé en mode commando.

Application mobile | Mobile first | Mobilité

> Retrouvez les mots clés en index <

INFOS CLÉS

+ de 120 000 utilisateurs/semaine

+ de 800 000 téléchargements

52 % des intérimaires équipés

La première étape a été l'interrogation des utilisateurs finaux de l'application. Plusieurs déplacements de l'équipe projet en agence ont permis d'échanger directement avec des intérimaires et de déterminer leurs besoins. Un backlog a alors été créé et, grâce aux concours des directions métiers, une priorisation a pu être déterminée pour lancer le développement du MVP.

Pour cette première version, un ROI a pu être calculé sur la base du temps économisé pour chaque action réalisée en direct par l'utilisateur sur son application mobile et qui ne nécessitait plus d'action de nos collaborateurs en agence. Le business case a été approuvé très rapidement.

Un prestataire spécialisé a été choisi pour développer l'application mobile en natif sur Android et Apple. Ce prestataire jouissait d'une bonne réputation au sein du groupe suite au succès du lancement de l'application mobile Adecco Médical quelques mois plus tôt.

L'équipe projet resserrée a alors travaillé en mode agile avec ce prestataire, sous forme d'itérations régulières.

Quelques semaines plus tard, l'application mobile Adecco & Moi était publiée dans les stores en toute discrétion, ce qui n'a pas empêché plusieurs milliers de mobinautes de l'adopter dès les premiers mois, un signe extrêmement encourageant.

Pour l'interne, un prototype dynamique a été mis à la main des agences pour qu'elles puissent s'approprier l'application mobile plus facilement en naviguant comme pourrait le faire un intérimaire sur une démo en ligne. Les avantages pour nos collaborateurs ont été rappelés par le biais de communications internes.

Une vidéo, ainsi que des flyers et des affiches ont été lancés à la rentrée suivante pour promouvoir l'application mobile à l'externe.

Des centaines de trackers ont été ajoutés sur tous les écrans et boutons de l'application mobile et un suivi statistique hebdomadaire a été lancé pour piloter le plus finement possible le déploiement d'Adecco & Moi.

RÉSULTATS

En publiant simplement l'application sur les stores, sans communication, l'application a immédiatement rencontré son public avec plus de 20 000 téléchargements pendant l'été 2017. Aujourd'hui, le nombre de nouveaux téléchargements s'élève à plus de 40 000 chaque mois.

L'application passe également sous la loupe de Moodpeek qui analyse l'ensemble des opinions exprimées par nos utilisateurs sur les stores Android et iOS et évalue leur satisfaction. 76 % d'entre eux trouvent Adecco & moi très utile dans la recherche et la gestion de leurs missions et 94 % apprécient son interface et son design.

Le pourcentage de candidatures réalisées par Adecco & Moi versus le web est de plus de 30 %.

> Géolocalisation

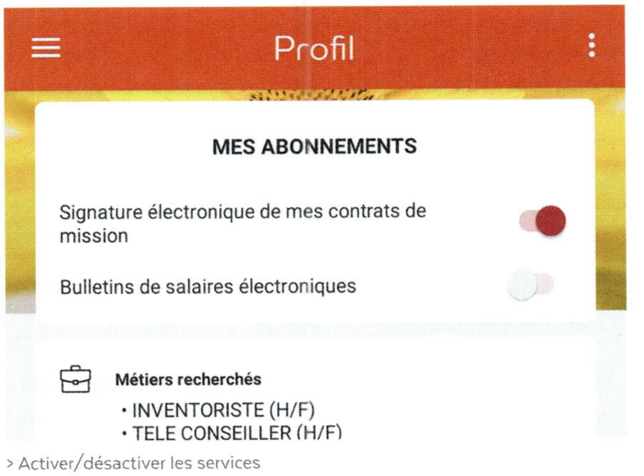

> Activer/désactiver les services

> THE ADECCO GROUP
www.groupe-adecco.fr

> DEVOTEAM
https://france.devoteam.com

Gautier Barbe
Responsable Web et Mobile
gautier.barbe@adeccogroup.com

Étude De Cas

APAVE

Innover et renforcer l'engagement client par une démarche customer centric en BtoB

> Apave : sécurité des hommes et des biens https://www.apave.com

PROBLÉMATIQUE DE LA MARQUE

> Contexte
Apave est un groupe privé de 11 000 salariés, dont 8 000 en France où Apave est leader avec un réseau de 130 agences. L'activité de service d'Apave consiste à accompagner les entreprises et les collectivités souhaitant renforcer la sécurité des hommes et des biens, à optimiser la performance de leurs installations et de leurs bâtiments et préserver l'environnement. Les ingénieurs et techniciens d'Apave interviennent partout où l'on travaille et où l'on produit. Notre offre de services : contrôle de la conformité des sites, formations, conseil, Bâtiment Génie Civil, essais-mesures et certification.

La marque Apave, peu connue du grand public bénéficie en revanche d'une forte notoriété sur le marché TIC, Testing Inspection Certification.

Créé en 1867 le groupe Apave compte 200 000 clients aujourd'hui. La réglementation et les bonnes pratiques en matière de sécurité évoluent de manière continue. Le service apporté par Apave et ses concurrents s'est fortement renforcé ces dernières années sous forme de plates-formes servicielles fournissant KPIs, analyses et pilotage de la gestion des risques.

> Problématique
Comment innover sur le marché TIC et adresser au marché un service à forte valeur ajoutée ?

> Objectifs
- Démontrer la capacité d'innovation de la marque, se différencier ;
- Ancrer la marque Apave dans l'univers digital, renforcer l'engagement.

SOLUTION STRATÉGIQUE

> Idée
La première étape a été d'observer les usages de nos clients responsables QHSE. Pour identifier les insights clients, l'équipe marketing a travaillé en mode *design thinking**, réalisé des entretiens et des ateliers avec nos consultants spécialisés. Nos études de satisfaction et d'image ont également apporté des pistes.

La sécurité repose sur des process, mais aussi sur le comportement des personnes. Les équipes QHSE sont en général bien pourvues en termes de systèmes de pilotage de la sécurité, mais bien moins en termes d'outils mobiles. Or la clé de succès est la collaboration avec le terrain pour remonter les situations dangereuses.

La nécessité d'une application mobile via smartphone est devenue une évidence au fil de nos échanges clients.

> Aspects innovants et différenciation
Nos concurrents directs n'offraient pas ce type de service et le besoin était mal couvert par d'autres. La mobilité a constitué un axe de différenciation clé en entrant totalement dans le fonctionnement des équipes clients et en contribuant à développer chez eux une culture sécurité au niveau du terrain, enjeu fondamental pour le client.

MISE EN PLACE OPÉRATIONNELLE

> Le dispositif
Nous avons développé avec l'agence Alchemikas une application en mode agile en 3 mois permettant de sensibiliser et impliquer les salariés en les rendant acteurs de la sécurité. Le *PoC** a été réalisé au sein d'Apave auprès de quelques salariés puis

Customer centric | Mobilité | Innovation

> Retrouvez les mots clés en index <

INFOS CLÉS

> 4 000 téléchargements en 5 mois	**Prix** Innovation Préventica 2019	Nouvelles opportunités business

déployé auprès des 8 000 salariés en France avec le concours de la Direction QHSE.

Une version Freemium a été mise en place sur les stores Apple et Android. Cette version limitée a permis de capter des prospects et clients via une promotion par emailings, réseaux sociaux LinkedIn et Twitter et communiqués de presse. Une conférence et des animations sur le salon Preventica Paris ont fortement accéléré la notoriété avec l'obtention du Prix de l'Innovation Management SST.

Trois semaines après le téléchargement de l'application, une enquête de satisfaction a été diffusée aux utilisateurs pour recueillir leurs avis et intérêts et leur présenter les versions plus avancées START, PREMIUM et EXCLUSIVE (sur-mesure).

Les commerciaux grands comptes accompagnés des chefs projets marketing ont également déclenché des rendez-vous à haut niveau décisionnaire. Cela a permis de découvrir de nouveaux usages. Aujourd'hui, deux nouvelles offres liées à la sûreté-malveillance et au risque chantier sont en développement.

> Les fonctionnalités

L'utilisateur crée son compte rapidement, puis prend 1 à 9 photos d'une situation à risque. Il la catégorise sur le second écran (incendie, électrique, chute…) puis indique le niveau de dangerosité sur une échelle de risque ainsi que la mesure corrective prise immédiatement. Ces éléments sont adressés par mail au responsable de la sécurité. Celui-ci va ainsi suivre en temps réel les remontées d'incidents, disposer d'un dashboard avec indicateurs de pilotage et déclencher des plans d'action correctifs sur son espace. Un outil qui entre totalement dans son activité quotidienne et communique avec ses autres applicatifs.

Les clés de succès : une application très user-friendly, paramétrable et installable en SaaS sans la DSI client, des datas exploitables pour piloter.

RÉSULTATS

Les résultats ont été assez rapides, les utilisateurs nous indiquant qu'ils avaient « rêvé de cette appli simple et efficace ». Plus de 1 500 clients, essentiellement des grands comptes, ont téléchargé en 5 mois la version Freemium. Ce service est reconnu à forte valeur ajoutée par nos clients et nous avons capté plusieurs prospects grands comptes grâce à cette innovation.

Nous avons gagné le Prix de l'Innovation Preventica Paris, premier prix obtenu dans le domaine de l'innovation par Apave. Une reconnaissance importante en terme de conduite du changement et un véritable encouragement pour nos projets de transformation digitale.

Nos objectifs d'amélioration de l'image de marque par l'écoute client, l'agilité et l'innovation pour accompagner nos clients ont été atteints. Nous sommes encore attendus sur des évolutions, bien entendu.

*Retrouvez la définition dans le lexique en fin d'ouvrage.

> Avert inOne, la remontée des situations à risques

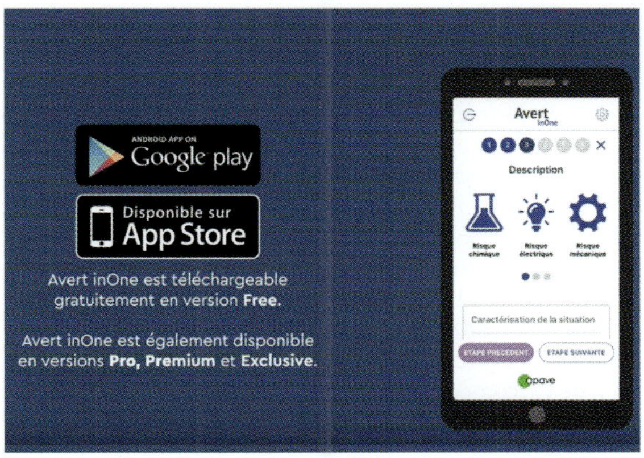

> Téléchargement sur App Store et Google Play

> APAVE
www.apave.com

Laurence Barriere
Directrice Marketing Groupe
laurence.barriere@apave.com

Mélanie Desternes
Responsable Content et social Média - Digital marketing
melanie.desternes@apave.com

> ALCHEMIKAS LAB
www.alchemikas.com

Marija Tetefort
marija@alchemikas.com

AFSEP

Sensibiliser sur la maladie en intégrant l'usage d'une application de rencontre

> Laura, 30 ans. www.josiane.fr

PROBLÉMATIQUE DE LA MARQUE

> Contexte

Chaque année, la sclérose en plaques touche plus de 5000 nouvelles personnes en France. Encore méconnue, cette maladie génère de nombreux handicaps au quotidien : affaiblissement musculaire, troubles visuels, sensations de fourmillements et de brûlures dans le corps, pertes d'équilibre et plus globalement, une extrême sensation de fatigue généralisée. Si les symptômes semblent correspondre à ceux d'une personne âgée, il est d'autant plus surprenant d'apprendre que la maladie se déclare et frappe en majorité des jeunes femmes de 20 à 35 ans.

L'AFSEP milite pour que « les personnes atteintes de sclérose en plaques soient traitées avec dignité dans toutes les situations. » C'est pourquoi elle intervient tous les jours pour l'amélioration de la qualité de vie des personnes atteintes de sclérose en plaques, tant sur le plan de l'action sociale que celui de l'accompagnement personnel.

> Cible

Le grand public et plus spécifiquement les trentenaires, femmes et hommes.
Les millennials de 20 à 30 ans, fortement digitalisés dans leurs usages.

> Objectifs

L'AFSEP souhaitait :

- Sensibiliser le grand public sur la maladie et faire connaître ses symptômes.
- Mobiliser les pouvoirs publics et soutenir les malades en appelant au don.

SOLUTION STRATÉGIQUE

> Point de départ

Méconnue du grand public, la sclérose en plaques est couramment associée à une catégorie de malades particulièrement âgés, notamment en raison de ses symptômes. Pourtant, les malades sont prioritairement des jeunes femmes de 25 à 35 ans. En effet, la maladie atteint en moyenne 2 femmes pour 1 homme.

> Insight

On a souvent l'impression que les malades de la sclérose en plaques sont des personnes âgées. Pour autant, lorsque l'on est atteint de la sclérose en plaques, on peut être très jeune malgré les apparences.

> Angle stratégique

Changer les représentations du grand public sur la maladie en faisant prendre conscience du drame et du combat quotidien vécu par les personnes touchées, d'autant plus lorsqu'il s'agit de jeunes malades.

> Idée

Remettre en perspective les symptômes de la maladie dans la vie habituelle d'une jeune femme de 30 ans.
Laura 30 ans, dont 5 ans de sclérose en plaques.

MISE EN PLACE OPÉRATIONNELLE

La campagne omnicanale a été orchestrée en 3 temps :

1. Une activation digitale qui *hack un site de rencontre**

La campagne a débuté sur le célèbre site de rencontre qui fait « matcher » les trentenaires, avec un hack consistant à utiliser un *bot** chargé de converser avec des milliers de célibataires.

INFOS CLÉS

Une hausse des dons

10 millions de contacts

De nombreuses retombées media

À l'aide de ce bot, le profil de Laura, jeune femme de 30 ans, a envoyé des messages a priori suggestifs à de nombreux célibataires :
« Je te préviens, je ne suis pas comme toutes les femmes, j'ai parfois du mal à maîtriser mes ardeurs... »
« Toujours un peu crispée au début, mais aujourd'hui je suis en feu. »
« Avec toi, je sens que vais vite perdre le contrôle. »
« Je ne sais pas si c'est toi mais je tremble de partout quand tu me parles. »

L'idée a été d'utiliser un discours de séduction pour faire la pédagogie des symptômes. Alors que les célibataires sont surpris par le côté aguicheur de Laura, celle-ci leur annonce qu'elle est atteinte de la sclérose en plaques. Pour connaître ses symptômes, il n'y a qu'à relire l'ensemble de la conversation pour en saisir le double-sens :
« du mal à maîtriser mes ardeurs... » : dérèglement du système nerveux
« je suis en feu. » : sensation de chaleur
« perdre le contrôle. » : perte de contrôle
« je tremble de partout » : tremblements

Pour aller plus loin, elle décide de leur envoyer une petite vidéo. L'interlocuteur découvre alors que celle-ci n'est autre que le film de la campagne.

2. Une campagne d'image qui permet de regarder la maladie en face

Une campagne grand public a été réalisée en télévision, video online et affichage afin de faire prendre conscience de la réalité de la cible et des symptômes. Le film se passe dans un long silence rythmé par le bruit du temps qui passe, laissant entrevoir la solitude d'une personne contrainte physiquement de rester chez elle. Elle marche péniblement à l'aide d'une canne. Tout laisse penser qu'il s'agit d'une personne très âgée. D'un mouvement de caméra, nous nous retrouvons face à elle et découvrons alors qu'il s'agit de Laura, 30 ans, dont 5 ans de sclérose en plaques. Le concept a également été traduit en print 4x3.

3. Une étude sociologique qui met en lumière la vie sentimentale des malades

Les résultats de l'activation digitale ont posé les prémices d'une « expérience sociologique ». A l'issue de la conversation sur le site de rencontre, Laura demandait à ses interlocuteurs si le fait qu'elle soit atteinte de la sclérose en plaques les dérangeait. Cette expérience a permis de faire remonter des données sur la perception de cette pathologie. Par exemple, 76% des interrogés n'étaient pas dérangés par sa maladie et cherchaient à en savoir plus. Un rapport a été établi et communiqué au Ministère de la Santé afin de faire valoir les enjeux réels de sensibilisation.

RÉSULTATS

Les trois volets de cette campagne omnicanale conçue et orchestrée par l'agence Josiane ont généré de nombreuses retombées presse (web, télévision , presse). Plus de 10 millions de personnes ont été ainsi touchées. Cela a permis de générer de nombreux dons et de faire changer les regards sur cette maladie, auparavant trop méconnue.

*Retrouvez la définition dans le lexique en fin d'ouvrage.

"Il faut que tout le monde comprenne que l'impact de cette maladie est aussi bien physique que sociétal."

Jocelyne NOUVET-GIRE
Présidente de l'AFSEP

> Association française des sclérosés en plaques (AFSEP)
https://afsep.fr

Jocelyne Nouvet-Gire
Présidente
nougire@wanadoo.fr

Pierre-Remi Nouvet
Responsable Communication
pr.nouvetgire@gmail.com

> JOSIANE
www.josiane.fr

Laurent Allias
Directeur Général
laurent@lemaildejosiane.com

Raphaël Chalaye Lozano
Directeur des Stratégies
raphael@lemaildejosiane.com

Étude De Cas

FITNESS PARK

Le "Growth Hacking" appliqué à l'influence : impacts et méthodologie

> Application My Fitness Park

PROBLÉMATIQUE DE LA MARQUE

Toute marque a aujourd'hui compris l'intérêt d'animer sa communauté et surtout de la rendre plus influente. Ce retour d'expérience explique comment Fitness Park, premier réseau de salles de sport en France (600 000 clients, 200 salles) utilise le *growth hacking** pour mobiliser 400 micro-influenceurs et animer activement 2/3 de sa base client sans débourser d'importantes sommes de marketing d'influence.

En partant d'insights et d'analyses datas, l'application MyFitnessPark est créée en partenariat avec l'agence Doers, elle permet de faire produire tous les contenus et animations des clubs par ses propres adhérents "enthousiastes", à savoir les personnes s'entraînant de manière régulière, qui influencent naturellement autour d'eux et sont parfois sollicitées au sein de leur salle. Ces personnes ont un point commun : leurs comptes sociaux sont importants à leurs yeux et chaque post est soigné et motivant.

SOLUTION STRATÉGIQUE

La principale technique consiste à automatiser la création de contenus et les interactions qu'ils génèrent, c'est-à-dire créer un système où le fruit d'une collaboration entre un influenceur et la marque est calibré pour fonctionner sans nécessité de rémunération ou d'efforts de suivis opérationnels importants côté agence et marque.

Un outil de capture d'exercices via le mobile est mis en place, où chacun peut enregistrer ses séances d'entrainement dans la salle, mais aussi en dehors, pour les publier sur le réseau commun aux 600 000 adhérents. Nous validons simplement la pertinence du contenu et celui-ci devient visible par l'ensemble du réseau via l'application mobile My Fitness Park, les newsletters hebdomadaires clients et les posts Facebook/Instagram de la marque.

Les entraînements les plus plébiscités, c'est-à-dire effectués en salle par plus de 1 000 personnes, se retrouvent mis en avant sur tous les écrans TV des 200 clubs sous forme de clip auto généré avec comme tête d'affiche son créateur.

Plusieurs campagnes locales sponsorisées mettent en avant les créateurs de contenus, devenus pour certain(e)s égéries de la marque.

Une mécanique reposant sur le principe du "give-get given", où plus l'entraînement est suivi par d'autres adhérents, plus la mise en avant faite par la marque est importante, le tout automatisé.

MISE EN PLACE OPÉRATIONNELLE

Voici quelques pratiques clés du growth hacking appliqué aux marques et à leur *marketing d'influence** (conseils de Julien Veillon de l'agence DOERS) :

1/Évaluez votre mécanique de growth hacking d'influence selon des critères définis tels que votre concept devant être en mesure d'impacter a minima trois secteurs de votre business.

Exemple :

- Ma mécanique permet de déclencher des interactions continues entre les différents membres d'une même communauté (influenceurs <> utilisateurs), car elle se focalise sur un centre d'intérêt commun, le sport, avec des stimuli fondamentaux que sont la transmission d'expertise, l'entraide et l'échange conversationnel ;

INFOS CLÉS

1er réseau social fitness | **200 000** utilisateurs | **+ de 5 000** entrainements

- Ma mécanique permet de motiver les influenceurs en mettant en avant leurs profils sociaux de manière juste et motivante (plus je contribue de manière qualitative, plus la marque me met en avant) ;

- Ma mécanique me permet de légitimer une expertise métier sur des prises de paroles commerciales (prise en main d'un client, suivi...).

2/Attribuez des actions et des rôles clairs à chaque protagoniste grâce à la création, entre autres, d'outils et de process le plus simples possible.

Exemple :
- Les influenceurs créent leurs programmes d'entrainement et transmettent leurs techniques directement depuis leur smartphone en échange de visibilité et de reconnaissance

3/Identifiez le lien intrinsèque entre vos différents acteurs et à quoi pourrait ressembler le cœur de leurs interactions.

Exemple :
- Les influenceurs de ma catégorie aiment mettre en avant leurs efforts et résultats <> les débutants ont besoin de sentir que leurs efforts ne sont pas vains et veulent du suivi évolutif.

4/Objectif 100 % automatisation, LE principe de base du growth hacking : votre mécanique sera directement intégrée au sein de vos produits et services (website, app mobile, appareils connectés en retail ou évènement, pages sociales...) et doit permettre d'automatiser la production de contenu ou d'interaction faites par les influenceurs et de façon autonome, générer des discussions entre plusieurs membres d'une communauté sans requérir systématiquement à un community manager ou encore permettre de générer du display digital de façon automatisée et contextuelle.

5/Aucune rémunération financière, en aucun cas, base de toute action de growth hacking VS de l achat d'influence. Elle permet d'établir un relationnel donnant donnant sur le long terme, plus engageant, et de nouer des partenariats au potentiel plus riche. Il est possible en revanche d'investir sur de la mise en avant d'influenceurs au sein de votre écosystème ou de l'achat média.

6/Exploitez de manière palliative et continue la data, le contenu et les interactions collectées sur l'ensemble de vos points de contact (retail, social media, CRM, medias above the line) pour déterminer comment médiatiser au mieux votre mécanique auprès de vos clients/prospects et micro-influenceurs.

RÉSULTATS

Thomas Mendonça, CDO de Fitness Park et Julien Veillon DG de l'agence Doers partagent plusieurs KPI's : « Les ambassadeurs ont vite constaté que leurs partages d'entraînements étaient réellement mis en avant par la marque de manière consistante sur tous les points de contact (mobile app, retail, social media). Leur engagement profite aux adhérents et des moments de partage se créent spontanément en club. Le principe du "give get given" est respecté et nous offre beaucoup plus d'horizons que si nous avions simplement rémunéré des influenceurs pour du contenu. Plusieurs indicateurs nous donnent envie de continuer à adopter cette approche et de la faire évoluer. 200 000 utilisateurs/5 000 entrainements/des milliers de followers en plus sur les réseaux sociaux de notre page Fitness Park et de nos micro-influenceurs. »

*Retrouvez la définition dans le lexique en fin d'ouvrage.

> *"Les influenceurs les plus emblématiques et les plus motivés sont nos propres clients, grâce à eux nous pouvons montrer de l'authentique sur les réseaux sociaux."*

> FITNESS PARK
www.fitnesspark.fr

Thomas Mendonça
tmendonca@groupemoving.fr

> DOERS AGENCE/AGENCE DIGITALE
www.doers.fr

Julien Veillon
julien@doers.fr

La transformation digitale vue à travers la mutation de l'environnement de travail, l'émergence des nouveaux métiers et la digitalisation des processus interne.

MÉTIERS
EN ÉMERGENCE
MÉTIERS DU DIGITAL
ET LEURS ÉVOLUTIONS
OPEN INNOVATION

TRANSFORMATION DIGITALE

MÉTHODE AGILE
DESIGN THINKING
OBJETS CONNECTÉS
EMPLOYABILITÉ

SOMMAIRE

CHAP.7

◗ *Étude de cas* ▶ *Article*

« Mon emploi/ma carrière » depuis tous les écrans

Mediametrie

Les Femmes particulièrement actives

21,4 millions
de visiteurs uniques mensuels
soit 34,2% des individus 2 ans et +

Chaque jour,
2,9 millions de personnes 2 ans et + se sont rendues sur au moins un site ou une application emploi/carrière

Répartition des consultations par écran

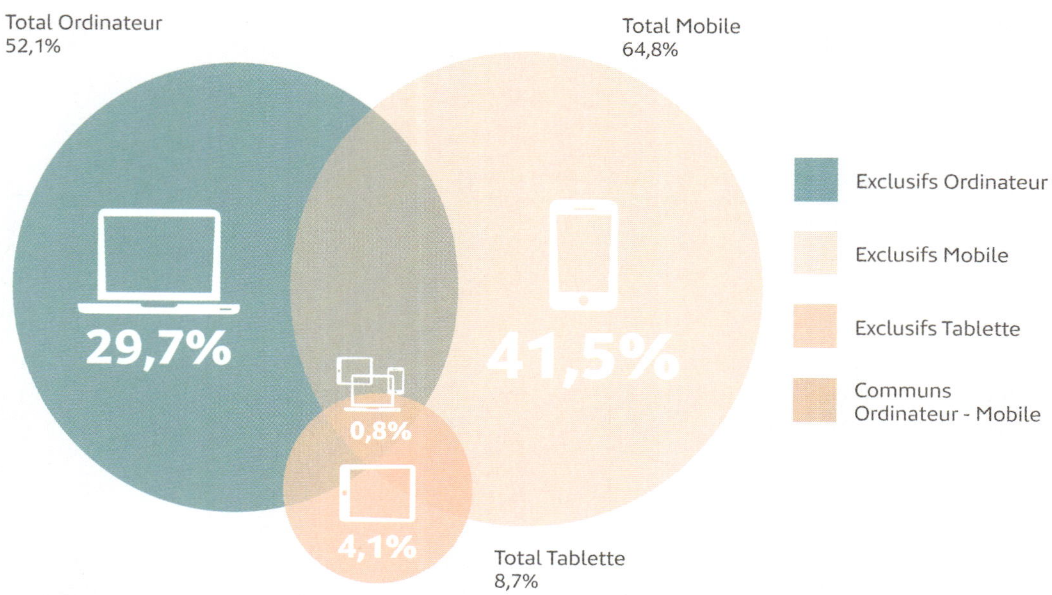

Couverture France entière mensuelle des sites emploi/carrière par cible

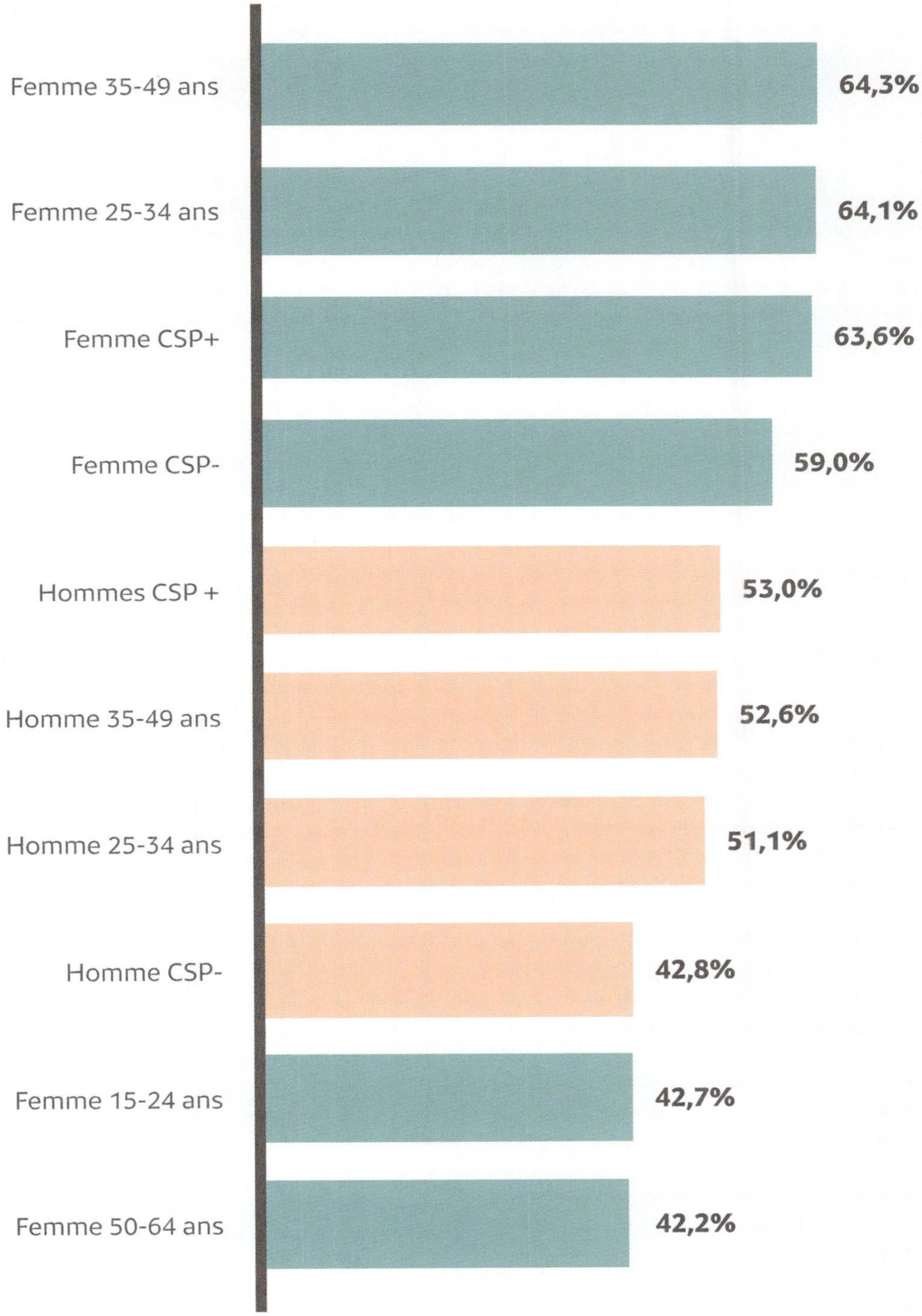

Source : Médiamétrie//Netratings – Audience Internet Global – France – Juin 2019 – Base : 2 ans et plus

Article

Developer marketing - l'incontournable communauté

L'audience développeur est incontournable pour toutes les entreprises technologiques, car elle est au cœur de la décision d'adoption d'une solution. S'ils sont rarement décisionnaires d'achat, les développeurs n'en sont pas moins de très forts influenceurs et même des faiseurs de succès ou d'échec. En effet, l'adoption d'une technologie et donc sa diffusion passe par eux.

7 étapes dans l'adoption d'un produit par un développeur

"La communauté constituée doit devenir un différenciateur, un accélérateur de notoriété, un outil d'adoption, de rétention et donc un générateur de business."

Carole WINQWIST
VP marketing Bonitasoft

1. MARKETING POUR LES DÉVELOPPEURS : EST-CE SI DIFFÉRENT ?

Le développeur est-il un être à part ? On le dit allergique au marketing, différent dans son mode de consommation des contenus, dans son rapport au produit ou encore dans son rythme de travail. S'il est vrai que le développeur a des caractéristiques particulières, il n'en reste pas moins une persona que l'on peut caractériser et donc que l'on peut adresser avec des techniques marketing, tout comme le comptable, ou le responsable RH. Ce qui est sûr c'est que c'est une persona sophistiquée et pour le moins sceptique. Mais tous les acheteurs ne le sont-ils pas ?

On devrait d'ailleurs parler de développeurs au pluriel, car derrière ce terme se cachent de nombreux profils : programmeurs, architectes, managers d'équipes, et ceci sans même aborder les notions de front-end, back-end et de technologie. Cette complexité est à prendre en compte pour bien l'adresser.

Les équipes marketing qui s'adressent à cette audience ont à leur disposition toutes les tactiques classiques. Il faut juste les adapter aux caractéristiques de cette audience notamment en termes de style, de ton ou de format. Lorsqu'on étudie de plus près cette audience, on se rend compte pourtant qu'il existe un concept qui, même s'il ne leur est pas spécifique, prend une place prédominante. Je veux parler bien entendu ici de la (ou plutôt des) communauté(s) de développeurs.

2. QUAND ON PARLE DE COMMUNAUTÉ, QU'EN EST-IL VRAIMENT ?

On entend souvent le mot "communauté" dans le monde de l'open source, mais cela n'est pas exclusif. Alors, que représente vraiment une *communauté** dans ce domaine ? Notre expérience l'a montré, il y a souvent un amalgame entre une communauté et l'ensemble de ressources dédiées à cette communauté, l'espace communautaire.

La communauté représente donc un ensemble de personnes aux caractéristiques et goûts communs, mais surtout avec un sentiment d'appartenance fort à ce groupe. Les communautés sont de vraies audiences pour le marketing et peuvent être un accélérateur de vente, à partir du moment où on les identifie et on les appréhende.

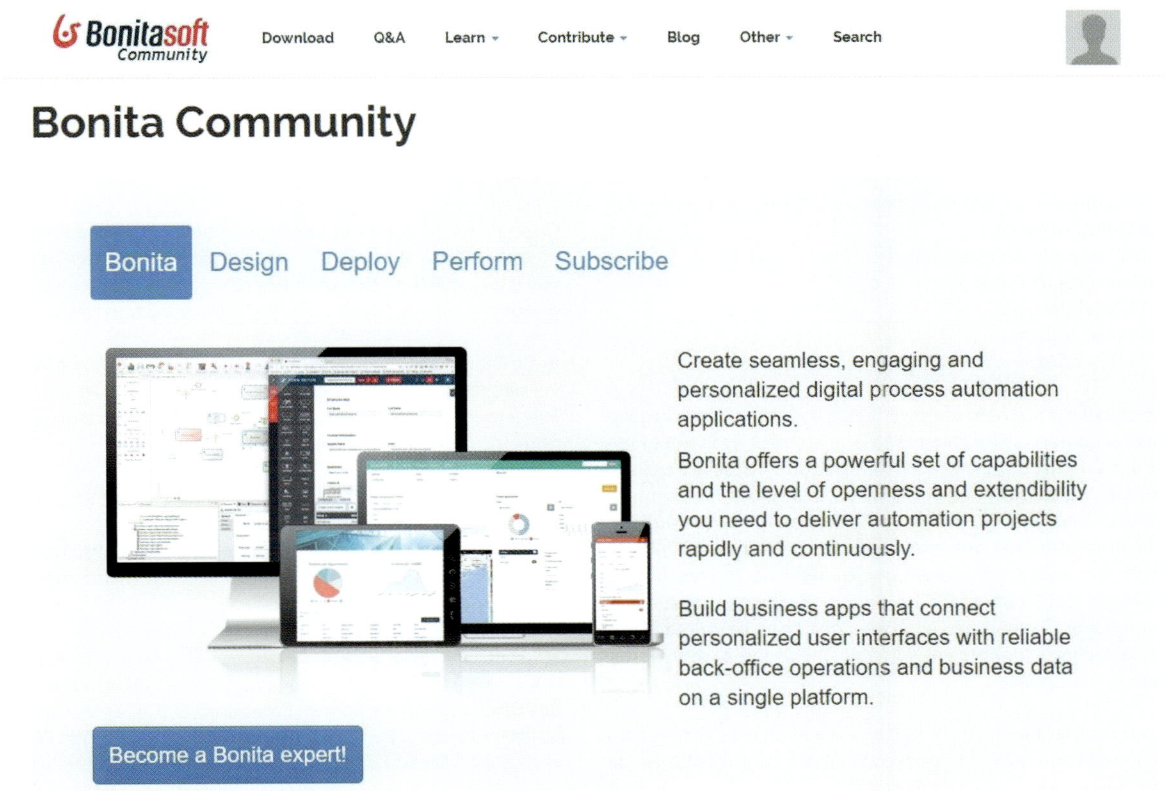

> Exemple de site communautaire : Bonita community

Or la communauté de développeurs a ses particularités, et on l'aborde différemment d'une communauté clients, par exemple.

Là où une communauté de clients va partager des retours d'expérience, également chercher un sentiment d'exclusivité, celle des développeurs est friande d'apprentissages, de partages sur de nouvelles technologies ou des projets réalisés, d'idées de développements, voire de jeux.

Phil Leggetter, une référence dans le domaine de la Developer Relation, définit les 7 étapes d'adhésion d'un développeur à un produit et sa communauté de la manière suivante :

1. **Prise de conscience** : de l'existence de la plateforme et de son utilité ;
2. **Acquisition** : téléchargement et installation, moment crucial où le développeur sera en recherche de documentation et tutoriaux clairs et efficaces ;
3. **Activation** : utilisation active de la plateforme, le développeur pouvant alors se tourner vers la communauté pour répondre à ses questions ;
4. **Fidélisation** : utilisation continue et avancée de la plateforme. A ce moment, le développeur fidélisé pourra commencer à répondre lui-même aux questions de la communauté ;
5. **Revenu** : souscription à des services payants (accès à des fonctionnalités plus avancées de la plateforme, support étendu, etc.) ;
6. **Recommandation** : recommande la plateforme à ses pairs ;
7. **Produit** : implication dans la construction et l'amélioration du produit, remontée des bugs, demandes de fonctionnalités et contributions.

Pour chacun de ces points, le développeur sera susceptible de rester "bloqué" à une étape voire, dans le pire des cas, de quitter le parcours d'adoption. Il est donc normal que le nombre de participants diminue pour chaque étape. Afin de minimiser ce point, toute notre attention devra se porter non seulement sur le quantitatif d'entrée dans ce parcours, mais aussi et surtout dans la diminution des obstacles au passage de chaque étape, et dans l'encouragement à les franchir.

3. LE RÔLE DE LA COMMUNAUTÉ DANS LE MARKETING MIX

La communauté étant à la fois un groupe d'individus, un lieu où la conversation peut s'engager et un réceptacle de contenu, elle est au cœur d'une stratégie de marketing de contenu, mais vient aussi nourrir le marketing produit.

Il faut donc porter attention à tous les éléments qui la constituent, car elle doit devenir un différenciateur, un outil d'adoption, de rétention et donc un générateur de business.

Le premier élément à soigner est le contenu mis à disposition de la communauté. Ce contenu technique doit être développé par des profils développeurs internes à l'entreprise. Une équipe d'évangéliste techniques ou encore de developer advocate est recommandée.

La nature des contenus doit prendre en compte le cheminement d'adoption de l'utilisateur, son niveau d'expertise, ses différents cas d'usage. Il est donc important de varier les formats. Ce que l'on pourrait résumer, selon leur ordre de priorité, aux éléments suivants :

- Documentation et tutoriaux ;
- Exemples et échantillons de code ;
- Trucs et astuces ;
- Vidéos courtes ;
- Démonstrations.

Le deuxième élément important est l'espace communautaire qui comprend notamment le forum, au cœur de la notion de communauté. Cet espace d'échange doit être facile à utiliser, proche, voire intégré aux outils de travail du développeur (Stack Overflow, Gitter, Slack...). Mais au-delà de l'outil, le plus important est que ce forum soit vivant. Et un forum ne peut être vivant s'il dépend uniquement de vos ressources internes. L'objectif est d'attirer d'autres experts, utilisateurs, partenaires, à répondre au forum. Comme vu plus haut, cette variété d'intervenants est souvent une étape à franchir par une communauté.

Soyez authentique, en effet le ton est important dans le cadre d'une communauté. Et l'on en revient aux caractéristiques de la persona développeur qui veut toucher du doigt le produit, en connaître les forces, les faiblesses, en devenir l'expert même si parfois le chemin est ardu.

Chacun doit savoir à qui il parle, son niveau de compétence et son appartenance. Donc, surtout ne faites jamais passer vos ressources internes pour des développeurs externes à la marque. Cela peut avoir un impact de réputation très fort.

Enfin il faut faire vivre la communauté au-delà de cet espace via des tactiques bien connues des équipes marketing ; les événements et les médias sociaux. Pour aujourd'hui, nous nous focaliserons sur les médias sociaux.

4. LES MÉDIAS SOCIAUX COMME AMPLIFICATEUR

Les médias sociaux jouent un rôle clé dans la construction de la notoriété d'une communauté qu'elle soit technologique ou pas, d'ailleurs.

Si l'on en croit la dernière étude de Stack Overflow qui a recueilli l'avis de 90 000 développeurs, les médias sociaux préférés des développeurs ne sont ni Facebook (15,6 %), ni Instagram (7,4 %) ni Twitter (13,5 %), ni LinkedIn (5,3 %), mais Reddit (17 %) et YouTube (16,4 %). Ces chiffres sont nettement différents si l'on

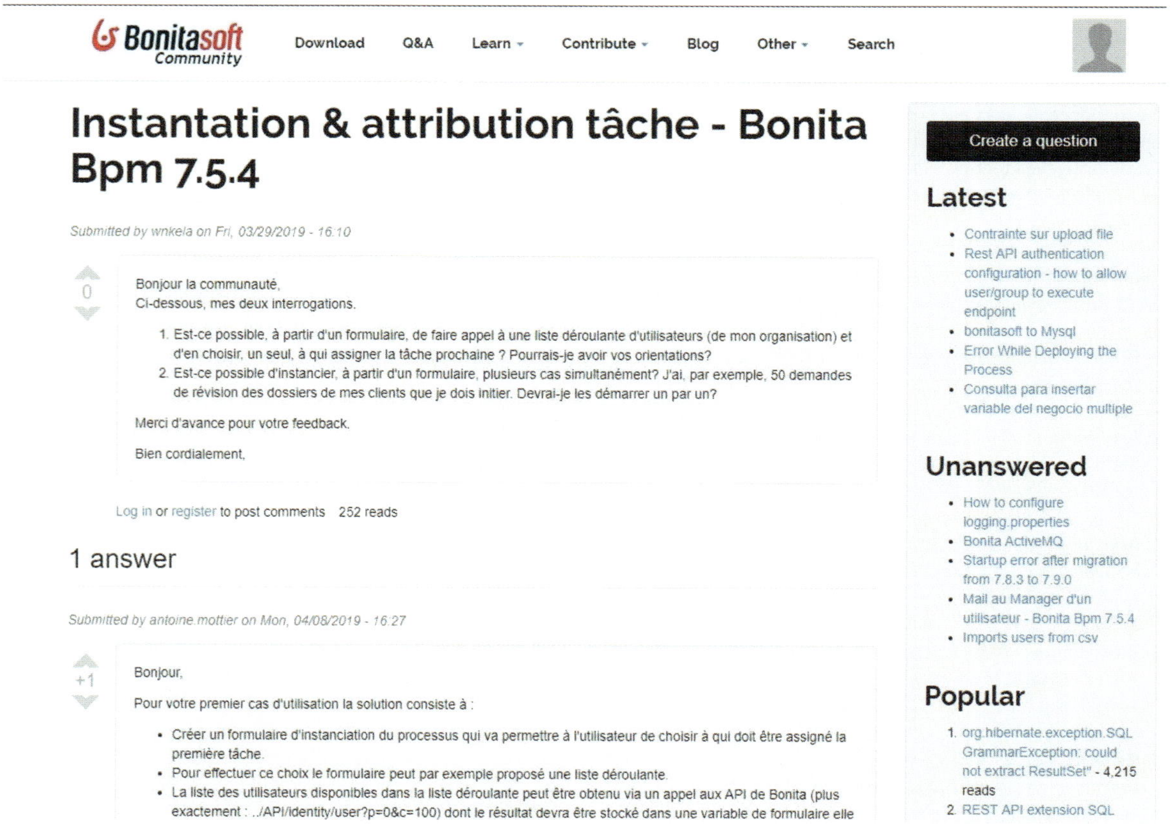
Bonitasoft Community | Download | Q&A | Learn | Contribute | Blog | Other | Search

Instantation & attribution tâche - Bonita Bpm 7.5.4

Submitted by wnkela on Fri, 03/29/2019 - 16:10

0

Bonjour la communauté,
Ci-dessous, mes deux interrogations.

1. Est-ce possible, à partir d'un formulaire, de faire appel à une liste déroulante d'utilisateurs (de mon organisation) et d'en choisir, un seul, à qui assigner la tâche prochaine ? Pourrais-je avoir vos orientations?
2. Est-ce possible d'instancier, à partir d'un formulaire, plusieurs cas simultanément? J'ai, par exemple, 50 demandes de révision des dossiers de mes clients que je dois initier. Devrai-je les démarrer un par un?

Merci d'avance pour votre feedback.

Bien cordialement,

Log in or register to post comments 252 reads

1 answer

Submitted by antoine.mottier on Mon, 04/08/2019 - 16:27

+1

Bonjour,

Pour votre premier cas d'utilisation la solution consiste à :

- Créer un formulaire d'instanciation du processus qui va permettre à l'utilisateur de choisir à qui doit être assigné la première tâche.
- Pour effectuer ce choix le formulaire peut par exemple proposé une liste déroulante.
- La liste des utilisateurs disponibles dans la liste déroulante peut être obtenu via un appel aux API de Bonita (plus exactement : ../API/identity/user?p=0&c=100) dont le résultat devra être stocké dans une variable de formulaire elle

Create a question

Latest

- Contrainte sur upload file
- Rest API authentication configuration - how to allow user/group to execute endpoint
- bonitasoft to Mysql
- Error While Deploying the Process
- Consulta para insertar variable del negocio multiple

Unanswered

- How to configure logging.properties
- Bonita ActiveMQ
- Startup error after migration from 7.8.3 to 7.9.0
- Mail au Manager d'un utilisateur - Bonita Bpm 7.5.4
- Imports users from csv

Popular

1. org.hibernate.exception.SQL GrammarException: could not extract ResultSet" - 4,215 reads
2. REST API extension SQL

> Exemple de forum

regarde le marché américain, Twitter passant devant Facebook à 17,3 % Reddit montant à 28,4 %. Il faut donc analyser assez finement votre audience en termes de localisation et d'usage privé/récréatif, professionnel/communautaire et trouver où les influenceurs qui vous intéressent sont présents. Il faut aussi ajouter que LinkedIn reste un média important pour les décideurs IT.

Mais même une fois tous ces outils communautaires sélectionnés, les comptes créés pour votre entreprise pour publier dans les médias sociaux ne peuvent bien entendu suffire. Des personnes dédiées seront indispensables pour non seulement relayer vos messages, mais aussi, et surtout construire une véritable relation, interpersonnelle et sur le long terme, avec votre communauté. Ce domaine professionnel, nouveau en France, mais déjà bien installé hors de nos frontières, est très justement désigné par l'appellation "Developer Relation".

5. ET LE RÔLE DU COMMUNITY MANAGER DANS TOUT ÇA ?

Le *Community Manager** a une place prépondérante. Ce rôle est assez récent en France, mais très répandu aux Etats-Unis, notamment dans le domaine de l'informatique. Cependant, si l'on s'intéresse de plus près à ce rôle, les profils sont souvent orientés BtoC ou ont une approche commerciale, et on constate qu'il y a souvent une confusion entre *Social Media Manager** et Community Manager.

Le Community Manager aura un rôle clé dans l'animation et la rétention de la communauté de développeurs. Une communauté pourra s'auto-alimenter, mais dans une optique de rétention voire de croissance de celle-ci, il faut l'animer et l'enrichir. Et c'est ce rôle que joue le Community Manager, en apportant des réponses à leurs questions en proposant des systèmes de gamification, par exemple. Une solution comme Atlassian propose un système de gamification très visuel, dynamique, à base de Karma, de challenges, de pièces d'or en fonction des contributions, qui plait beaucoup aux développeurs.

Il est aussi le garant de la qualité des contenus, de mise en valeur des experts reconnus par cette communauté, et, point important, assure le relais avec les équipes produits. Il est donc le porte-parole de cette communauté en interne comme en externe.

Cependant, contrairement au rôle de Community Manager dans la plupart des domaines, celui d'une communauté de développeurs doit éviter toute démarche pouvant amener les membres de sa communauté à l'interpréter comme démarche commerciale. Le profil de votre Community Manager devra donc attester de son intérêt authentique et de sa connaissance pour votre communauté et avoir une expertise produit. Et surtout, utiliser la bonne approche et les bons canaux de communication, avec une adaptation du vocabulaire à son audience.

Un exemple d'erreur que nous avons personnellement commise illustre très bien ce propos : afin de remercier un développeur très actif de la communauté, nous avions pensé lui envoyer un mug au nom de la société. Il était tout d'abord réticent à fournir son email pensant que nous allions l'ajouter à la mailing list marketing, ou que nous attendions quelque chose de sa part, une fois convaincu, il a gardé le mug et renvoyé une photo du mug trônant sur son bureau.

Cela illustre bien l'importance de bien connaître sa communauté de développeurs et les moyens de les approcher en confiance, eux qui se méfient des approches marketing classiques.

CONCLUSION

Construire une communauté vivante, diffusante et génératrice d'adoption est le Graal du developer marketing, mais c'est un investissement de longue haleine. Dans la continuité de l'arrivée des réseaux sociaux, et la naissance du mixed-media et son orientation plus largement bi-directionnelle et "intime", le rapport aux développeurs nous amène à repenser notre rapport aux leads et à leur conversion en opportunités. Il faut donc trouver les bonnes mesures d'efficience et sensibiliser le management à cette approche marketing dite d'influence.

> *"Le Community Manager a un rôle clé dans l'animation et la rétention de la communauté de développeurs. Une communauté peut s'auto-alimenter, mais il faut l'animer et l'enrichir."*
>
> **Delphine COILLE**
> *Community Manager Bonitasoft*

> BONITASOFT
www.bonitasoft.com

Carole Winqwist
carole.winqwist@bonitasoft.com

Delphine Coille
delphine.coille@bonitasoft.com

Interview

Romain
Marino
Data Ingénieur

Romain Marino

Vous souhaitez connaître le métier de Data Ingénieur par le biais d'une personne le pratiquant ?

Besoin de plus de précisions après avoir consulté notre fiche sur le métier ? Découvrez le témoignage de Romain Marino !

EN QUELQUES MOTS, QUI ÊTES-VOUS ET QUEL EST VOTRE PARCOURS ?

Romain Marino, diplômé ingénieur en mathématiques appliquées à l'INSA. Je commence par 6 ans de consulting dont les 3 premières années chez Air France où je découvre les prémices du big data et du machine learning. Je travaille aujourd'hui chez Maisons du Monde en tant que Data Ingénieur "full stack" (Data Ingénieur - Data Scientist - Business Analyst).

POURQUOI ÊTRE DEVENU DATA INGÉNIEUR ? VOCATION OU ABOUTISSEMENT D'UN PARCOURS IMPRÉVU ?

Ce poste n'existait pas quand je suis sorti d'école. Je l'ai pratiqué à Air France sans avoir encore mis le mot sur ce métier. Ce choix était imprévu, il a découlé du besoin que j'ai rencontré chez les entreprises.

EN QUOI CONSISTE VOTRE MÉTIER ?

Tout ce qui tourne autour de la data et de son utilisation : récolte de la donnée, transformation et réconciliation, exploitation de la donnée via de la data viz et des modèles de prévision, puis analyse métier pour appuyer les décisions de l'entreprise.

Plus précisément quelles sont vos tâches au quotidien ?
Coder les briques autour de la collecte et la transformation des données, tout en réfléchissant à l'architecture de nos données dans le datalake, réaliser des dashboards via des outils de dataviz et les présenter au métier, suivre et accompagner des métiers pour l'utilisation des dashboards. Je développe, mets en production des modèles de machine learning (prévision de la proba d'achat, prévision des ventes, prévision de la customer lifetime value, etc.) et gère des ateliers métiers pour comprendre - proposer des cas d'usage.

QUELS SONT LES OUTILS D'UN DATA INGÉNIEUR ?

- Une plateforme data : on premise ou cloud ;
- Un langage de programmation : python - java - autre ;
- Un requêteur : hive - big query - autre ;
- Des outils de gestion de code (git), de déploiement de code (capistrano) ;
- Un outil de data viz ;

· Un outil d'orchestration de pipeline (apache airflow) ;
· Et d'autres outils.

QU'EST-CE QUI SELON VOUS FAIT D'UNE PERSONNE UN BON DATA INGÉNIEUR ?

De la rigueur, savoir organiser/diffuser la data, un bon relationnel avec les autres équipes techniques et une compréhension des enjeux métiers.

QUELLE PARTIE DE VOTRE PROFESSION PRÉFÉREZ-VOUS ? POUR QUELLES RAISONS ?

Comprendre les problèmes métiers et proposer des solutions/outils qui changent leur façon de travailler. C'est à ce moment qu'on sent le plus sa valeur ajoutée.

SI D'UN COUP DE BAGUETTE MAGIQUE VOUS POUVIEZ CHANGER DE MÉTIER, QUE SERIEZ-VOUS ?

Je ferais le même métier.

UN CONSEIL POUR LES DATA INGÉNIEUR DE DEMAIN ?

Utilisez le cloud, et oubliez hadoop !

Regardez en permanence les derniers outils du marché : ils peuvent simplifier et accélérer considérablement notre travail, soyez flexible et ouvert(e) au changement.

Il faut également veiller à ne pas oublier les problématiques métier.

Merci, Romain !

“ Regardez en permanence les derniers outils du marché : ils peuvent simplifier et accélérer considérablement notre travail, soyez flexible et ouvert(e) au changement.”

> JOURNALISTE

Grégoire Bénard
Consultant en recrutement
Clémentine

Fiche Métier

DATA Engineer

Quand on parle de métier de la Data, on pense directement au Data Scientist, ce n'est toutefois pas le premier maillon de la chaîne de traitement de la donnée. Le travail de conception de pipelines de données du Data Engineer est effectué en amont de celui du Scientist et permet à ce dernier d'effectuer sa mise en place d'algorithmes.

QU'EST-CE QU'UN DATA ENGINEER ?

Le Data Engineer définit, développe, met en place et maintient les outils et infrastructures adéquats à l'analyse de la donnée par les équipes de Data Science. Il veille à créer une solution permettant le traitement de volumes importants de données tout en garantissant la sécurité de celles-ci. Il représente le premier maillon de la chaîne de traitement de données.

De nombreux métiers spécialisés dans la Data ont fait leur apparition ces dernières années. Le poste de Data Engineer en fait partie.

Toutefois, à la différence du poste de Data Scientist, qui est le plus "célèbre" d'entre eux, le Data Engineer est le **premier acteur** du traitement de la data.

Le travail de l'ingénieur est en amont de celui du Data Scientist. Son but est de concevoir des plateformes permettant de traiter des volumes importants de données dans les meilleures conditions. Pour cela, il veille à ce que les pipelines de données déployés soient suffisamment sécurisés et clairs pour être analysés par les Data Analysts puis transformés par les Data Scientists qui y appliqueront des algorithmes.

Pour ce faire, le Data Engineer possède une expertise pointue qui lui permet de mener à bien sa mission de développement de flux de données. C'est un spécialiste des langages structurés tels que Javascript, Scala et Python. Il possède également des compétences dans la conception de bases de données qu'il crée à l'aide de SQL et NoSQL. La production du Data Engineer doit être lisible et facilement manipulable par la suite.

L'Ingénieur de Données doit maîtriser différentes technologies utilisées dans les métiers du Big Data comme Hadoop.

Le Data Engineer œuvre en équipe et doit donc posséder un excellent relationnel. En effet, son travail vient avant celui de ses collègues Data Scientists et Data Analysts et leur permet d'analyser la structure de données dans les meilleures conditions.

MISSIONS

- Conception de solutions permettant le traitement de volumes importants de pipelines données. Ceux-ci doivent être suffisamment sécurisés et lisibles pour les Data Analysts et Data Scientists ;
- Animation d'une équipe de professionnels de la Data sur toutes les étapes du traitement de la donnée ;
- Mise à jour permanente sur les technologies et langages utilisés dans le but de partager ses connaissances et aider à l'avancement du projet.

PROFIL

Le Data Engineer sort d'une formation supérieure en école d'ingénieur, école d'informatique ou Master spécialisé dans la Data Science ou l'Intelligence Artificielle. Une première expérience acquise en stage ou en alternance est fortement requise pour obtenir les compétences requises à ce métier.

Métier - Data Engineer

Met en place et maintient les outils et infrastructures adéquats à l'analyse de la donnée

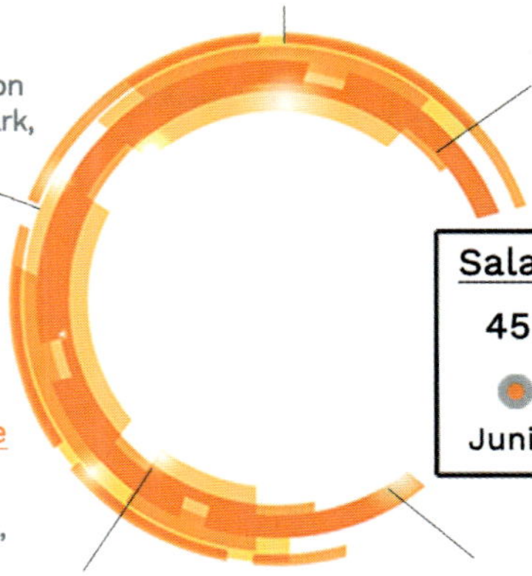

Maitrise des technologies du Big Data

Forte expertise des technologies du Big Data permettant la manipulation de données (Hadoop, Spark, Kafka...)

Un travail en amont de celui du Data Scientist

Conçoit des plateformes permettant de traiter des volumes importants de données

Salaire

45K	60K
Junior	Senior

Une expertise pointue

C'est un spécialiste des langages structurés (Java, Scala, Python...) et de la conception de bases de données (SQL, NoSQL...)

Animation d'une équipe

Veille à ce que les pipelines de données soient suffisament sécurisés et clairs pour être analysés puis transformés

clémentine
certified search & selection

COMPÉTENCES

- Maîtrise des langages structurés (Javascript, Scala, Python...) ;
- Maîtrise de divers systèmes d'exploitation : UNIX, Linux, Solaris ;
- Connaissances en solutions de bases de données (SQL, NoSQL...) ;
- Forte expertise dans le stockage de données et les outils ETL ;
- Maîtrise des technologies du Big Data permettant le traitement et la manipulation de données (Hadoop, Spark, Kafka...),
- Anglais courant.

QUALITÉS

- Force de proposition ;
- Rigueur ;
- Réactivité ;
- Esprit analytique et de synthèse ;
- Esprit d'équipe ;
- Excellent relationnel ;
- Sens de l'organisation ;
- Sens de la qualité.

SALAIRE

Un Data Engineer Junior débute en général avec un salaire d'au moins 45 k€/an. Cette rémunération est ensuite amenée à évoluer à environ 60 k€/an, qui est la moyenne nationale en France. Le salaire d'un Data Engineer Senior dépend de plusieurs facteurs comme la structure de l'entreprise, de l'environnement, si une équipe est à gérer ou non...

	Data Engineer
Junior	45 k€
Sénior	60 k€

ÉVOLUTION DE CARRIÈRE

Une évolution en Data Scientist est envisageable. Par exemple, pour un individu qui souhaite continuer dans ce cœur de métier, mais en opérant sur des étapes avancées du traitement de la donnée.

> CLÉMENTINE
www.clementine.jobs
Fiche d'entreprise p. 487

Grégoire Bénard,
Consultant en recrutement

Fiche Métier

CHAPTER Lead

Le Chapter Lead est un membre d'une équipe de développement réunie au sein d'un Chapter. En plus de son rôle de développeur, il porte également la casquette de leader, c'est le référent technique de l'équipe et veille à son encadrement.

QU'EST-CE QU'UN CHAPTER ? UN SQUAD ? UNE TRIBE ?

La particularité de ces équipes est que les membres sont autonomes. On leur exprime un besoin sans pour autant les aiguiller tout au long du projet, c'est à eux de déterminer la manière dont ils vont arriver à leur fin. La confiance est le maître mot de cette méthode de travail. Le postulat de départ est le suivant : pour arriver aux résultats demandés, le collaborateur a toutes les clefs pour mettre en place sa méthodologie. Cela lui permettra d'être plus performant.

Les connaissances acquises par les Chapters seront par la suite échangées et partagées avec les membres du Squad.

Les objectifs à accomplir par les Squads sont à court-terme, les projets sont courts et ils ont peu de temps pour les réaliser. Le tout avec une totale autonomie.

Cette méthodologie a été mise en lumière par Spotify et l'explique dans une vidéo complète.

Un Squad est une équipe Scrum dirigée par un Product Owner. Cette organisation est comparable à celle d'une start-up. Ce sont des équipes de tailles réduites composées d'individus ayant des compétences différentes et complémentaires.

Un Chapter ou chapitre en français est une notion d'agilité à grande échelle qui désigne une nouvelle méthode d'organisation. C'est une partie spécifique d'une organisation agile. Le but d'un Chapter est de réunir des individus travaillant dans un domaine d'expertise similaire. Tout cela dans le but d'œuvrer tous ensemble dans le cadre d'un projet managée par le Chapter Lead.

Plusieurs Chapters & Squads forment une tribu (Tribe). Elles permettent la libre entrée et sortie des individus au sein d'un chapitre sans pour autant qu'ils doivent changer de référent. Une tribu est comparable à un incubateur de startups, il s'agit d'une équipe composée d'individus ayant des domaines fonctionnels commun.

MISSIONS

En plus de sa mission de développeur au sein d'une équipe, le Chapter Lead doit veiller à plusieurs points. C'est le responsable d'une équipe autonome, il devra donc veiller à respecter l'autonomie de chacun tout en portant la casquette de manager au sein de l'équipe. C'est à lui d'être présent sur les problématiques de coaching, performance, formation et développement personnel. Le Chapter Lead représente, en général, 50% de management et 50% de technique. Contrairement au Product Owner qui explique la façon de faire aux équipes, le Chapter Lead doit lui expliquer comment arriver à un résultat, tout en partageant son expérience et les bonnes pratiques avec les autres Chapter Leads.

Le Chapter lead doit Garantir l'application des bonnes pratiques de développement en faisant en sorte que la communication au sein du chapter soit efficace. Il devra également animer la communauté des développeurs, s'assurer que l'équipe du chapter développe continuellement ses compétences et s'améliore (notamment par de la veille technologique) et définir une feuille de route technologique.

Métier - Chapter Lead

En plus de son rôle de développeur, il porte également la casquette de leader d'une équipe

Les Chapter Leads apprennent entre eux

Au sein d'une Tribu, Le Chapter Lead communiquera avec les autres Leads de Squads différentes afin d'apprendre de ses semblables

Veille à l'encadrement d'une équipe

Il doit veiller à respecter l'autonomie de chacun et être présent sur les problématiques de coaching, performance, formation et développement personnel

Salaire

70K — 90K

Senior

Garant des bonnes pratiques

Il doit s'assurer que la communication au sein du Chapter est efficace et que l'équipe développe continuellement ses compétences

50% de management 50% de technique

Le Chapter Lead explique comment arriver à un résultat, tout en partageant son expérience et les bonnes pratiques

clémentine
certified search & selection

COMPÉTENCES

- Langages de développement,
- Méthodologie Agile.

QUALITÉS

- Excellente communication,
- Leadership,
- Animer une communauté.

SALAIRE

Un Chapter Lead Junior... n'existe pas. En effet, un manager de chapitre est déjà senior ! Les offres d'emplois proposent des salaires allant en moyenne de 70k€/an à 90k€/an

	Chapter Lead
Sénior	70-90 k€

› CLÉMENTINE
www.clementine.jobs
Fiche d'entreprise p. 487

Axel Richard
Consultant en recrutement

Fiche Métier

PRODUCT
Owner

Le Product Owner/Product Manager ou PO/PM est le responsable de la définition et de la conception d'un produit. Expert de la méthodologie agile, il fait le lien entre la partie métier (bonne vision business) et la partie technique du projet. Il doit porter la vision du produit. Il est l'interface entre l'utilisateur, le Scrum Master et les équipes chargées du développement.

MISSIONS

Ce métier est souvent considéré comme étant un nouveau type de Chef de Projet, la responsabilité principale est de définir un produit qui apportera le maximum de valeur métier aux utilisateurs dans le temps et le budget impartis au projet.

D'après le Guide Scrum, le Product Manager est « responsable de maximiser la valeur du produit résultant du travail de l'équipe de développement. La façon de jouer ce rôle peut varier grandement selon les organisations, les équipes Scrum et les individus ».

Le Product Owner contribue à la réalisation de la roadmap et encadre les projets techniques en veillant à leur réalisation. Pour cela, le Product Owner utilise un outil appelé Product Backlog ou PB. Cet outil représente la liste des éléments qui constituent le projet et est adaptable, il peut être modifié selon l'évolution du projet. Le Product Manager doit s'assurer de prioriser les objectifs, en fonction des besoins exprimés par les utilisateurs et de rédiger les users stories, c'est-à-dire une description simple et compréhensible de l'envie de l'utilisateur.

Le Product Owner doit également s'assurer que les recommandations émises par l'utilisateur sont faisables et respectent son budget. En effet, toutes les recommandations ne peuvent être acceptées car chaque modification devra être jugée en fonction de son coût, du temps mais aussi de sa valeur ajoutée.

ÉTUDES

Le Product Owner est avant tout un Super Chef de Projet, il aura donc déjà porté cette casquette et acquis un background digital/tech important lors d'une précédente expérience durant son cursus scolaire en alternance ou pendant les quelques années suivant son diplôme acquis en école de commerce ou école d'ingénieur.

COMPÉTENCES

Une expertise des méthodes agiles et un côté tech/digital sont des éléments clés pour être un bon PO. Le Product Owner, fort de ses expériences passées, doit avoir une bonne connaissance du domaine métier dans lequel il évolue. De plus, il se doit de rester attentif aux tendances du marché afin de gagner un maximum en temps ainsi qu'en efficacité lors des sélections d'améliorations à fournir dans le prochain livrable. Un Product Owner informé pourra choisir des solutions qui faciliteront la tâche de ses différents interlocuteurs.

QUALITÉS

- Force de proposition ;
- Rigueur ;
- Réactivité ;
- Esprit d'équipe ;
- Excellent relationnel ;
- Sens de l'organisation.

Métier - Product Owner

Expert de la méthodologie agile considéré comme un super Chef de Projet Digital et/ou IT

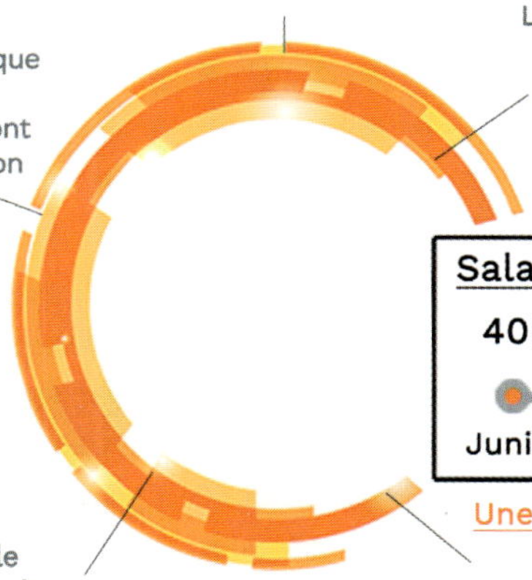

Des objectifs priorisés

Le PO rédige des Users Stories afin de s'assurer que les recommandations émises par l'utilisateur sont faisables et respectent son budget

Un nouveau type de Chef de Projet

Le Product Manager fait le lien entre la partie métier et la partie technique du projet en portant la vision du produit

Salaire

40K	65K
Junior	Senior

Réalisation de la Roadmap et encadrement

Il utilise un outil adaptable appelé Product Backlog qui représente la liste des élements qui constituent le projet

Une interface entre plusieurs acteurs

Le Product Owner est l'interface entre l'utilisateur, le Scrum Master et les équipes chargées de developement

clémentine
certified search & selection

SALAIRE

Un Product Owner Junior débute en général avec un salaire d'au moins 40 k€/an. Cette rémunération est ensuite amenée à évoluer à environ 65 k€/an, qui est la moyenne nationale en France. Le salaire d'un Product Owner Senior dépend de la taille de l'entreprise pour laquelle il œuvre, de l'importance du projet qu'il gère...

	Product Owner
Junior	40 k€
Sénior	65 k€

ÉVOLUTION DE CARRIÈRE

Un Product Owner Senior peut décider de devenir Chief Product Officer afin d'accompagner, structurer et accélérer la croissance économique de l'entreprise.

> CLÉMENTINE
www.clementine.jobs
Fiche d'entreprise p. 487

Axel Richard
Consultant en recrutement

Ceci n'est pas un fruit...

Interview

Sarah
Mavro
Product Manager/
Product Owner

Sarah Mavro

Vous souhaitez connaître le métier de Product Owner par le biais d'une personne le pratiquant ?

Besoin de plus de précisions après avoir consulté notre fiche sur le métier ? Découvrez le témoignage de Sarah Mavro !

POURQUOI ÊTRE DEVENUE PRODUCT MANAGER ? VOCATION OU ABOUTISSEMENT D'UN PARCOURS IMPRÉVU ?

Je suis devenue Product Owner, tout simplement en saisissant une opportunité chez Oodrive, où j'ai pu découvrir le métier, les méthodes agiles et comment travailler avec des développeurs, je dirais de manière imprévue, car comme beaucoup de personnes, je ne connaissais pas ce métier.

Etant donné que j'avais déjà fait de la gestion de produit, j'ai pu décrocher le job, car j'avais déjà de l'expérience et un bon raisonnement pendant le cas pratique.

EN QUOI CONSISTE LE MÉTIER DE PRODUCT MANAGER ?

Mon métier consiste à comprendre les besoins des utilisateurs, à les retranscrire en rédigeant notamment des spécifications fonctionnelles. On porte la vision du produit à court, moyen et long termes grâce à une roadmap.

J'aime bien résumer mon métier en 3 parties : la stratégie produit, la partie product ownership (l'opérationnel et la planification des tâches avec l'équipe technique) et enfin une partie product marketing qui consiste à communiquer sur le produit en interne et en externe (par exemple : rédiger des release notes, et des newsletters). Parfois, il y a aussi une partie avant-vente et commerciale, où l'on va accompagner les commerciaux en rendez-vous clientèle et répondre aux appels d'offres.

PLUS PRÉCISÉMENT, QUELLES SONT VOS TÂCHES AU QUOTIDIEN EN TANT QUE PRODUCT MANAGER ?

Concernant la stratégie produit : il faut avoir la bonne vision du marché, connaître ses concurrents et ses clients. Il faut aussi connaître des méthodologies : agile, lean, scrum, design thinking... Donc on fait de la veille, on rencontre les utilisateurs en organisant des ateliers, on crée et met à jour la roadmap produit. Il faut savoir prioriser les prochaines évolutions produit.

Product ownership : une fois les besoins des utilisateurs bien identifiés, on va pouvoir rédiger les spécifications fonctionnelles sous forme de user stories. L'UX designer crée les maquettes, une fois les maquettes et les specs réalisées, les développeurs peuvent développer les fonctionnalités. Bien sûr, en général tout cela se passe selon des cérémonies scrum. On prépare les sprints, où l'on va en fonction de la vélocité de l'équipe technique mettre un certain nombre de tickets (tickets produit, tickets techniques) dans le sprint.

Product Marketing : on communique concernant les nouveautés, les évolutions du produit en rédigeant des release notes, et parfois des newsletters.

On forme les commerciaux avec des bons arguments de vente, en expliquant quelle est notre valeur ajoutée par rapport à la concurrence.

Avant-vente/Commercial : accompagner en rendez-vous les commerciaux qui n'ont pas toujours toute la connaissance produit et la roadmap en tête. Aider à répondre aux appels d'offres, voire même en soutenir.

QUELS SONT VOS OUTILS ?

JIRA : pour gérer son backlog produit, ses tickets, les sprints.

Confluence : pour rédiger les specs fonctionnelles, ajouter les maquettes et la documentation technique.

La suite Google : pour les fichiers, présentations.

QU'EST-CE QUI SELON VOUS FAIT D'UNE PERSONNE UN BON PRODUCT OWNER ?

Toujours placer l'utilisateur au cœur de sa stratégie (user centric). Etre empathique, se mettre à sa place. Penser que quand on crée le produit, on le crée pour que nos utilisateurs l'aiment et donc l'achètent ! Donc non seulement avoir une vision produit, mais aussi business.

Il faut être très bien organisé, car le scope est large, il y a beaucoup à faire. Etre curieux, se tenir à jour des nouveautés et tendances, connaître son marché, ses clients... Etre un bon communicant, savoir parler à toutes les parties prenantes, tous les services en interne (marketing, commercial, juridique, avant-vente, professional services : customer success managers, finance, direction, équipe technique, service client) et en externe à ses clients, prospects, et partenaires.

Être un leader dans l'âme, savoir emmener tout le monde dans sa barque, car on travaille en équipe et il faut la convaincre par rapport à ce que l'on demande de développer.

Enfin, chose très importante, savoir dire non, car le PO est sollicité de partout, tout le monde veut sa fonctionnalité, et savoir bien prioriser.

QUELLE PARTIE DE VOTRE PROFESSION PRÉFÉREZ-VOUS ? POUR QUELLES RAISONS ?

Ce que j'adore dans ce métier, c'est d'avoir une idée et de pouvoir la voir se concrétiser une fois la fonctionnalité développée ou le produit créé. Voir les choses avancer et satisfaire les clients.

J'aime aussi, car c'est un poste stratégique, il faut savoir prendre des décisions, on porte pas mal de responsabilités.

Et enfin, le côté relationnel où il faut savoir adapter sa communication et parler à un grand nombre de personnes et de profils différents.

UN CONSEIL POUR LES PO DE DEMAIN ?

Lorsque l'on embauche, les personnes techniques créent un produit de façon technique. Elles créent en fonction de comment elles savent coder et donc se restreignent dans la création du produit ou fonctionnalité : « je crée le produit de cette façon, car je sais que techniquement, je le ferai comme ça... », au lieu de penser à l'utilisateur.

Lorsqu'on n'est pas technique, on pense à l'infini. Je dis toujours que tout est possible, je ne me mets pas de barrière dans mon imagination.

> *“ Toujours placer l'utilisateur au cœur de sa stratégie (user centric). Être empathique, se mettre à sa place. Penser que quand on crée le produit, on le crée pour que nos utilisateurs l'aiment et donc l'achètent ! Donc non seulement avoir une vision produit, mais aussi business.”*

› JOURNALISTES

Axel, Richard
Consultant en recrutement & Community Manager
Clémentine

Chakib Belhadj
Content & Community Manager
Clémentine

Article

Le manager leader est mort, vive le manager coach !

La révolution digitale tend à faire perdre aux métiers du management leur statut de "métiers" à proprement parler pour évoluer vers des "rôles" successifs, à tenir selon les circonstances. Face à cette évolution, il est essentiel de convaincre les entreprises d'innover dans leur choix de recrutements managériaux.

“Un manager authentiquement "coach" se montre avant tout une personne attentive aux besoins des autres et n'éprouve pas le besoin de sentir toutes les lumières concentrées sur lui !”

Emmanuel STANISLAS
Fondateur Clémentine, cabinet de conseil en recrutement

En une vingtaine d'années, le numérique aura fondamentalement changé la conception des relations entre collaborateurs au sein de l'entreprise. L'arrivée d'une nouvelle génération de professionnels, détentrice de nouvelles compétences digitales - devenues indispensables - aura, là aussi, joué un rôle essentiel. Ces jeunes recrues, en demande de plus d'autonomie, de plus de sens à leur action, mais aussi de plus d'accompagnement humain, ont contribué à mettre le management au défi de se réinventer.

Le digital a contribué à faire advenir de nouvelles organisations du travail, plus collaboratives, allant à l'encontre de l'idée d'un management fondé sur l'ascendant hiérarchique de "celui qui sait mieux que les autres". Ce modèle du manager visionnaire et omniscient, suggérant les solutions et éliminant les problèmes pour, in fine, s'approprier tous les succès, est en passe de disparaître. Pourquoi ? Parce qu'il ne satisfait plus aux exigences actuelles du fonctionnement de l'entreprise, ni aux besoins des collaborateurs.

ÊTRE À L'ÉCOUTE

Aujourd'hui, les compétences mises en jeu dans les systèmes de production sont divisées en de multiples spécialités, portées par des individus "qui savent" et dont l'implication et la motivation sont indispensables pour atteindre les objectifs fixés. Plus encore, ces compétences sont aussi celles d'acteurs extérieurs avec lesquels il est nécessaire d'interagir le plus sereinement possible. Un tel système, pour fonctionner de façon fluide et réactive, a besoin d'un management constamment à l'écoute plutôt que de leaders autoritaires ne se fiant qu'à leur "vision".

Aujourd'hui un manager doit pouvoir accorder une véritable attention à son équipe, lui rappeler régulièrement quel est le rôle de chacun et comment il contribue à une réussite partagée. Cette réussite n'est plus présentée comme la sienne, mais comme une réussite collective. On comprend que, dans ce contexte, la bienveillance figure parmi les clefs d'une plus grande efficacité dans le management des ressources humaines.

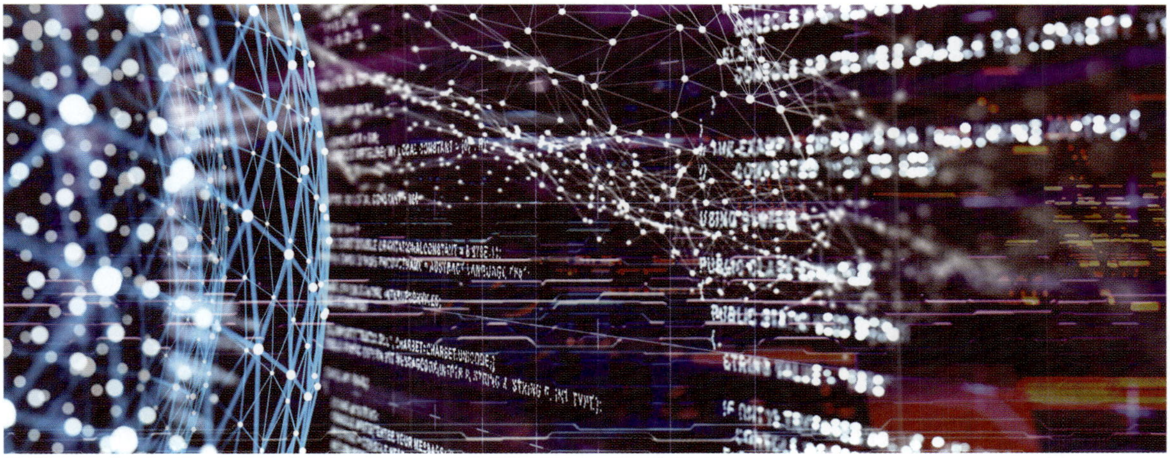

CHEF "SANS POIGNE" ?

Dans un environnement où les changements se succèdent rapidement, un manager ne peut plus, par son attitude, être un facteur de stress supplémentaire pour les collaborateurs. Son action doit être motivante plutôt que contraignante : il doit se comporter... en coach. Un coach est une personne qui fait grandir - et réussir - les autres. Son talent se situe dans sa capacité à aligner l'intérêt de ses collaborateurs à ceux de l'entreprise ; il doit savoir qui est capable de quoi et dans quelles conditions.

Le manager coach est évalué sur des succès qui ne sont pas personnels, mais collectifs. Il doit donc accorder à son équipe une juste dose d'autonomie, l'encourager à se dépasser, lui faire confiance et valoriser les réussites de chacun ; ce qui suppose bien entendu... de savoir écouter - la chose la plus difficile qui soit. C'est cette écoute bienveillante qui conduit chacun à formuler ses besoins et à faire émerger, ensemble, une solution. Le manager leader tyrannique s'appropriant les succès comme les échecs est mort ; l'avenir appartient au manager coach. Il devient essentiel de savoir l'identifier parmi les candidats et reconnaître ses qualités, ce qui n'est pas toujours simple dans une culture qui associe encore le manager bienveillant au... chef "sans poigne".

UNE AUTHENTICITÉ INDISPENSABLE

Cela explique en partie les méprises actuelles dans les choix effectués : on assimile trop vite les qualités humaines d'un candidat manager - notamment son attitude bienveillante - à des comportements sans authenticité. Il ne suffit pas de serrer la main à tout un plateau chaque matin pour cocher la case « je me soucie du bien-être de mon équipe » ; il ne suffit pas de demander à un collaborateur comment il va si l'on n'est pas capable d'entendre sa réponse - laquelle peut être « ça ne va pas, de gros problèmes font que j'ai besoin de m'absenter » - ni de prendre les dispositions nécessaires, etc.

On rencontre encore trop de ces attitudes types dont l'effet est encore plus regrettable que celui produit par le comportement d'un manager distant dont on peut au moins penser que s'il n'est pas à l'écoute, c'est qu'il n'en a pas le temps. Un manager authentiquement "coach" se montre avant tout une personne attentive aux besoins des autres et n'éprouve pas le besoin de sentir toutes les lumières concentrées sur lui !

VERS DES RECRUTEMENTS PLUS JUDICIEUX

Il y a tout à gagner à soutenir l'émergence de ce nouveau manager coach. Les sociétés qui font appel aux chasseurs de talents en sont conscientes ; toutefois, elles peinent encore à faire confiance à qui n'est pas conforme à l'image traditionnelle du manager. A-t-on vraiment besoin d'un manager qui sache, décide et montre la voie avec assurance ? A-t-on besoin d'un manager qui rassure et protège ? S'il est temps de questionner les modèles actuels du top management dans l'entreprise, il est aussi temps de s'interroger sur l'ambiguïté de nos attentes !

En résumé : on veut aujourd'hui des managers innovants, bienveillants, capables d'emporter une équipe sur un projet, certes, mais on veut aussi qu'ils ressemblent à ceux qui étaient là avant ! Ne laissons pas ces anciens schémas - qui persistent parce qu'ils sont rassurants - devenir des entraves à des recrutements plus judicieux dans le contexte actuel.

*Retrouvez la définition dans le lexique en fin d'ouvrage.

> CLÉMENTINE
www.clementine.jobs
Fiche d'entreprise p. 487

Emmanuel Stanislas
Fondateur
estanislas@clementine.jobs

Article

Un CTO pour développer l'expérience collaborateur

Après le Chief Technology Officer, un autre CTO, le Chief Talent Officer, tend à devenir le poste en vue dans les entreprises. Responsable de tous les aspects RH, sa visibilité nouvelle place la notion d'expérience collaborateur au cœur de la transformation des organisations.

DRH ou CTO ? Au vu de la description de ses missions, le rôle du "chief talent officer" peut faire figure de "rebranding" de la fonction du DRH. Pourtant, loin d'être anecdotique, cette tendance souligne utilement un fait : la ressource la plus importante des organisations - même lorsqu'elles ont achevé leur transformation digitale - reste leur capital humain, et il réclame aujourd'hui de nouvelles formes d'attention, plus appropriées à la transformation des entreprises.

Dans ce contexte, pourquoi ne pas s'inspirer des efforts menés pour optimiser le parcours client - tracking, analyse, optimisation - et développer, cette fois, la notion d'expérience collaborateur ? Pourquoi ne pas observer et mettre en perspective le parcours d'un collaborateur dans l'entreprise, et ce depuis son entrée, voire dès son premier contact en tant que candidat ? En suivant attentivement son évolution, en enquêtant sur ses motivations, ses besoins - lesquels peuvent, en partie, être anticipés - il devient possible de fluidifier son parcours au sein de l'organisation. L'enjeu est particulièrement crucial pour les jeunes recrues, soucieuses de "vivre une expérience" et non plus seulement "d'avoir un job". Il en va de même pour les cadres digitaux en poste, dont on attend qu'ils évoluent avec l'entreprise, tout en s'assurant de leurs fidélités.

DÉSILOTER L'ENTREPRISE

Donner à la RH une plus grande visibilité est devenu un enjeu stratégique. Les technologies se sont banalisées et le paysage des organisations a changé : des équipes éclatées, le recours au télétravail, ainsi que de nouvelles méthodes de management ont fait exploser les approches traditionnelles de la gestion des talents et du déroulement de carrière. Privilégier l'expérience collaborateur s'impose. L'avènement du CTO va de pair avec cette dynamique qui vise, in fine, à favoriser le partage et l'innovation dans l'entreprise, c'est-à-dire à faire en sorte que les projets puissent être appréhendés de manière volontaire, et non plus de façon descendante dans une organisation figée en silos. Puisqu'on leur demande d'être dans une démarche d'apprentissage permanent, les collaborateurs doivent pouvoir s'attendre à une forme d'attention et un accompagnement adaptés à leur besoin d'évolution.

Toutes les entreprises sont donc aujourd'hui mises au défi de devenir "apprenantes". Pour cela, elles ont compris qu'il était nécessaire, certes, d'attirer les jeunes talents, mais aussi

urgent de ne plus laisser leurs cadres seniors sans formation, ni contact avec les nouvelles recrues. Car celles-ci, détentrices des compétences digitales, les emportent avec elles lorsqu'elles quittent l'entreprise, le plus souvent sans les avoir transmises. Dans ce contexte, il incombe au CTO de créer un climat de confiance qui mette fin aux réticences, notamment en faisant accepter aux managers que leurs N-1 puissent être "plus sachants" qu'eux.

UNE REVALORISATION DES RH ?

Encore peu de DRH figurent au comité de direction, aussi trop de décisions essentielles sont prises en son absence. Faut-il recruter un bataillon de CDI pour renforcer ses compétences data ? Ou bien faire appel à quelques experts au profil hybride et à la personnalité magnétique - on parle de profils "aimants" - qui soutiendront la curiosité et la motivation des équipes et sauront attirer d'autres talents ? Rappelons que la fonction de DRH est historiquement peu valorisée en France. Dans un pays où les PME l'emportent en nombre - 139 500 PME recensées par l'Insee en 2017 -, son image est trop souvent associée à celle d'un responsable de la paie monté en grade. Or, une étude de l'Apec, menée sur dix ans d'offres d'emploi, montre que sa fonction a considérablement évolué, portée par la transformation numérique des entreprises et de nouveaux outils collaboratifs. Si l'on rapproche cette évolution de l'apparition du CTO, on est en droit d'espérer une prise de conscience : il est temps de revaloriser la fonction RH et de lui donner la visibilité qu'elle mérite.

*Retrouvez la définition dans le lexique en fin d'ouvrage.

> CLÉMENTINE
www.clementine.jobs
Fiche d'entreprise p. 487

Emmanuel Stanislas
Fondateur
estanislas@clementine.jobs

Article

La transformation digitale au service des clients & des collaborateurs

Les outils digitaux apportent de nouveaux usages, des façons innovantes de commercer et communiquer. Les entreprises doivent prendre en compte ces comportements pour se réinventer : leur capacité à réaliser des changements structurants pour s'adapter aux besoins clients tout en accompagnant les collaborateurs est devenue vitale, d'autant plus face aux nouveaux acteurs nativement digitaux.

76 % des ETI n'intègrent pas le digital dès la conception de leurs offres (baromètre 2018 EY et Apax Partners)

82 % des décideurs RH estiment que le digital permet d'améliorer l'engagement des collaborateurs, selon Markess - Sopra HR qui a analysé l'influence de la transformation digitale RH sur la relation avec les salariés

TRANSFORMATION DIGITALE : DE QUOI PARLE-T-ON ?

La transformation digitale, si elle est en cours voire très aboutie dans beaucoup d'entreprises, n'en est en revanche qu'à ses prémices dans de nombreuses autres. Mais que met-on derrière cette notion de transformation digitale ?

L'AFNET[2] définit la transformation digitale comme « la transformation de toutes les composantes de l'entreprise sous l'influence des Technologies de l'Information et de la Communication ». Ainsi, contrairement à ce qui a été longtemps projeté, **la transformation digitale d'une entreprise ne se limite pas à l'aspect technologique** : c'est autant un sujet IT que métier, processus, culturel, organisationnel, RH... Mais si la transformation touche tous les aspects de l'entreprise, par où commencer pour opérer ce chantier ?

COMMENT S'Y PRENDRE ?

Lorsque l'on parle du "digital", on pense spontanément aux outils digitaux : site web, applications, réseaux sociaux, bornes interactives en magasin... Ce sont autant de supports de communication, de commercialisation, de relation client qui, pour les entreprises qui se sont construites avant l'omniprésence d'internet dans nos vies, ont été **implémentés "à côté" des canaux et process historiques**. Le plus souvent, ils l'ont d'ailleurs été par des équipes dédiées et spécialisées, recrutées pour cet objectif. Les équipes ont fonctionné en "silos" par rapport aux autres activités de l'entreprise.

Or, ces outils ne doivent pas être considérés comme des éléments à traiter de façon isolée, mais bien comme des **briques à intégrer** d'une part dans **une expérience client globale** qu'il faut repenser et d'autre part dans un écosystème technique, **une organisation et des process internes** qu'il faut faire évoluer.

UNE STRATEGIE CENTREE CLIENT

D'un point de vue client, la transformation digitale représente avant tout une relation, et plus globalement **une expérience client qu'il faut redéfinir**, ou même, le plus souvent, seulement définir en intégrant ces nouveaux leviers de contact. Or, de nombreuses entreprises ont construit leurs stratégies et sont

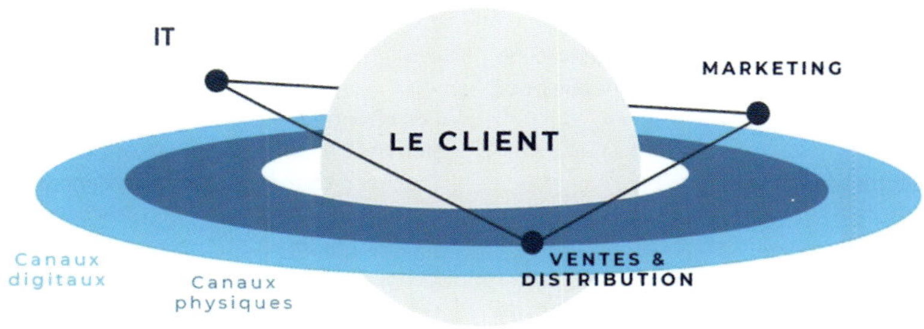

> Une approche globale, intégrée et efficace

traditionnellement organisées **non pas en fonction des clients qu'elles adressent**, mais autour **des offres et services** qu'elles proposent ou **par canal de distribution**.

Un client peut ainsi avoir une expérience totalement différente avec une même entreprise, s'il souhaite retourner un produit selon si sa demande est faite sur le site internet, au service client ou en boutique. Il peut également avoir des parcours client très différents en fonction des produits qu'il achète.

La situation est identique lorsque l'entreprise anime ses clients et prospects : chaque équipe a son propre plan d'animation commerciale qui ne tient pas compte de ce qui est fait par les autres services. Ainsi, l'expérience vécue par le client avec la marque n'est ni homogène ni réfléchie du point de vue de ses attentes spécifiques et donc sans cohérence globale.

Cette approche marketing très traditionnelle ne fonctionne plus. Les offres se sont démultipliées. Les clients sont sursollicités. Des acteurs pure players et disruptifs "client centric" sont apparus et surtout, grâce au digital, les comportements des consommateurs ont évolué.

Ils sont aujourd'hui :

- **Plus informés**, grâce aux recherches sur internet, à l'utilisation des réseaux sociaux, aux avis consommateurs... ce qui les rend également plus puissants face aux marques ;

- **Plus habiles**, en étant acteurs de leur relation aux marques, en consommant plusieurs marques, avec une fidélité de moins en moins forte, en choisissant leurs canaux de contact et en les utilisant de façon simultané ;

- **Plus responsables**, en consommant autrement, en tenant compte de leur impact sociétal et environnemental ;

- **Plus rapides et mobiles**, en attente d'instantanéité et de propositions sur mesure qui leur permettent de gagner du temps.

Par-dessus tout, **le consommateur d'aujourd'hui est plus exigeant**. Il attend **une expérience de marque uniforme, cohérente et sans couture**, quel que soit le canal de communication et le type de produit proposé. Il passe du online au offline sans y réfléchir et ne s'attend pas à subir des contraintes liées à l'organisation de la marque ni à faire des compromis sur la qualité du service. Un service qu'il souhaite également personnalisé et évolutif en fonction de ce qu'il est, de ses habitudes et de sa relation spécifique avec la marque. C'est ainsi que 74 % des consommateurs déclarent avoir déjà dépensé plus en raison de la qualité de l'expérience client proposée par une enseigne.[3]

Pour définir cette expérience client omnicanale cible qui permettra d'offrir le service le plus personnalisé et adapté à chaque client, il faut donc savoir en premier lieu **qui sont les clients**. Pour cela, le plus simple est de **définir des *personas****, c'est-à-dire des personnages représentatifs de chaque typologie de client. Cette phase est réalisée avec les équipes marketing. L'objectif est de permettre à chacun de projeter les attentes et les besoins spécifiques de ce client et ainsi de bien comprendre de quelles façons il faudra ensuite **adapter la proposition de valeur** (ou en proposer d'autres) pour **répondre à ses besoins**. Concrètement, il s'agit de définir un profil type qui soit le plus détaillé possible : sexe, âge, statut marital, enfant(s), profession, niveau de revenus, loisirs et bien entendu les canaux de contacts privilégiés.

Lorsque les personas sont définis, on écrit la "**customer journey**" type de chacun d'entre eux. C'est à cette étape que l'on mesure **à quel point les supports digitaux sont présents dans les interactions entre une marque et ses consommateurs**. C'est un fait : le parcours client est omnicanal et l'expérience qui lui sera proposée doit l'être également. L'objectif est donc d'identifier les différentes étapes par lesquelles le consommateur va passer, online et offline, jusqu'à l'achat, voire le ré-achat du produit.

Par exemple :

- Le matin, recherche d'informations concernant le produit, sur des sites comparateurs, depuis son ordinateur ;

- A midi, visite en boutique pour voir et tester le produit - Consultation d'un produit concurrent depuis son mobile ;

- Le soir : lecture d'avis consommateurs depuis sa tablette - Achat sur le site de la marque. Choix du mode de réception pour le lendemain ;

- Le lendemain matin : réception du produit, mais celui-ci ne convient pas. Message sur Facebook depuis son mobile pour demander comment retourner le produit ;
- A midi : visite en boutique pour le rendre ;
- Le soir : post d'un avis sur les réseaux sociaux ;

Cette étape permet de **cartographier l'ensemble des points de contacts et d'interactions et notamment de bien comprendre quels sont les outils et supports digitaux utilisés par les clients et pour quel usage** : site internet, appli, email, réseaux sociaux (lesquels ?), chatbot... sur ordinateur, tablette ou mobile (depuis 2017, le support le plus utilisé pour surfer sur internet).

Dans cet exercice, il est important de ne pas se restreindre à ce que l'entreprise propose déjà, mais bien de **projeter une expérience client cible et optimale**, qui permet d'utiliser potentiellement des outils ou des fonctionnalités qui n'existent pas encore, mais qui répondront à un besoin.

A ce stade, l'expérience client telle que l'entreprise souhaite la proposer, en intégrant notamment tous les points de contacts online, est écrite. Mais elle reste théorique et il y a de **nombreux chantiers à mener pour qu'elle soit concrètement opérationnelle.**

L'HUMAIN AU CŒUR DE LA TRANSFORMATION

Les chantiers à mener pour opérer cette transformation qui permettra de répondre aux besoins du client omnicanal touchent **tous les aspects de l'entreprise** : la technique bien entendu (*RCU**, CRM, architecture du SI...), mais aussi les process, la logistique, la communication, la relation client... Cependant, **le caractère commun, trop souvent oublié** de tous ces chantiers, est **l'humain**. Les entreprises ont bien priorisé les projets purement techniques à mettre en œuvre, mais elles oublient que derrière ces outils, il y a des personnes et des équipes.

Si 39 % des entreprises disent rencontrer des résistances internes au changement[3], c'est parce que, trop souvent, elles imposent des transformations d'organisation et de process ou multiplient les nouveaux outils sans véritable politique de conduite du changement. Certains collaborateurs se sentent alors dépassés, et perçoivent davantage **le digital comme un risque que comme une opportunité**.

Or, pour susciter l'adhésion des équipes et les embarquer réellement dans la transformation, il est d'abord important de **lui donner du sens** : d'une part en évangélisant sur la place primordiale du digital, et d'autre part en partageant la vision stratégique de l'entreprise.

> Photo by Ian Schneider

L'évangélisation au digital est notamment nécessaire pour les collaborateurs en poste depuis longtemps, qui voient le changement comme une menace sur leur place dans l'entreprise. **Ce processus d'évangélisation peut passer par plusieurs moyens** : présentations internes des collaborateurs, formations, conférences externes, rencontres ou immersion chez d'autres acteurs... Mais il faut surtout qu'il soit **porté par la direction et les managers** qui doivent encourager et valoriser les collaborateurs qui s'impliquent dans la transformation.

L'autre volet consiste à partager avec les collaborateurs une vision claire de la stratégie de l'entreprise afin que ceux-ci prennent conscience des **enjeux et bénéfices découlant de cette transformation digitale**. Pour atteindre cet objectif, une démarche "bottom-up" qui permettra de **faire participer les collaborateurs et d'être dans la co-construction**, suscitera davantage l'envie de s'impliquer. Des ateliers de travail doivent ainsi être mis en place sur chaque chantier. Ils permettent aux collaborateurs de bien comprendre les objectifs, de partager leurs besoins spécifiques, de construire des solutions qui leur correspondent et de **mettre un premier pied dans la transformation**.

Cet aspect est aussi important pour les générations les plus anciennes - qui attendent une valorisation de leur expérience pour se sentir partie prenante de cette révolution digitale - que pour la génération Y dont la recherche de sens est l'un des besoins les plus importants à satisfaire dans leur vie professionnelle.

Enfin, il ne faut pas oublier que la transformation digitale est également un élément extrêmement positif pour favoriser le bien-être des collaborateurs au travail :

- Le travail au quotidien est simplifié, en permettant notamment de gérer ses tâches en mobilité ou à distance et ainsi de mieux prendre en compte le contexte personnel de chacun ;
- La transversalité est facilitée, grâce à une communication souvent mieux partagée, par exemple sur les réseaux sociaux ;
- L'engagement, sujet prioritaire du moment en termes de ressources humaines, est favorisé, en développant notamment un sentiment d'appartenance autour des outils communautaires internes.

CONCLUSION

La transformation digitale d'une entreprise est donc un sujet global. Quels que soient les chantiers de transformation entrepris, il faut, dès le départ, **définir les KPIs qui permettront d'évaluer la pertinence des choix effectués et de travailler en amélioration continue**. Ces KPIs sont propres à chaque activité, mais parmi eux, on peut notamment citer : le *NPS** (clients et collaborateurs), le taux de dématérialisation des actes, le poids du e-commerce dans l'activité globale, le pourcentage de collaborateurs qui utilisent un nouvel outil ou encore le taux d'erreurs. Mais il ne faut pas perdre de vue **l'objectif final** qui, au travers de l'amélioration de l'expérience client et de l'accompagnement au changement des collaborateurs, reste **la performance de l'entreprise.**

*Retrouvez la définition dans le lexique en fin d'ouvrage.
(1) et (4) Etude Socialy 2018
(2) Association francophone des utilisateurs du Net
(3) Sondage IPSOS, 8 000 répondants

> VELVET CONSULTING
www.velvetconsulting.com

Florence Faure
ffaure@velvetconsulting.com

Article

Digital Adoption
Vos nouveaux outils digitaux sont sous-utilisés
Et si on changeait ça ?

Adopter une approche qui associe expertise technique et expertise change est une clé de succès indiscutable pour passer d'une transformation digitale subie à une "digital adoption" réussie.

Seulement **12 %** des entreprises forment leurs collaborateurs au digital

32 % des échecs des projet digitaux sont dûs à un manque d'accompagnement aux changements

72 % des entreprises pensent que pour réussir leur transformation digitale elles doivent agir sur leur organisation et leur culture

"Nous avons mis en place un baromètre utilisateurs pour mesurer si l'outil fonctionnait sans même penser à questionner nos collaborateurs pour savoir si la solution répondait à leurs attentes."

Directeur de la Transformation
Secteur : Distribution

ENJEUX & PROBLÉMATIQUE

La transformation digitale est un enjeu majeur pour les entreprises qui sont aujourd'hui plus de 70% à investir dans cette révolution. En voici les raisons :

- Favoriser une croissance rapide et durable ;
- Créer un avantage concurrentiel en proposant de meilleurs produits et/ou services clients innovants et différenciants, en s'intéressant à la satisfaction des utilisateurs ;
- Rester compétitif en améliorant la productivité (TTM), en maîtrisant les coûts, en automatisant les tâches à faible valeur ajoutée et en favorisant l'efficacité collective ;
- Moderniser leur image, favoriser leur attractivité, l'engagement et la motivation de leurs collaborateurs.

Beaucoup de temps et d'efforts, sans parler de ressources, sont consacrés à la mise au point de ces solutions. Le déploiement de ces technologies novatrices et intuitives semble pourtant ne plus suffire pour garantir leur succès. **Dans quelle mesure toutes ces innovations sont-elles vraiment satisfaisantes et correctement utilisées ?**

ILLUSTRATIONS

Nous rencontrons (trop) régulièrement cette situation pour des logiciels mis sur le marché, mais aussi pour ceux mis à disposition en interne.

Le paiement par mobile avait pour ambition de disrupter le service bancaire. Malgré les moyens déployés, l'adoption annoncée est anecdotique et concerne seulement 2% des paiements en France vs 35% en Chine.

Disposer d'un chatbot est devenu une norme, mais ce service ne remplit pas pour autant la totalité de sa mission. Dépourvu d'intelligence artificielle, il s'avère souvent limité pour des questions complexes et le passage à l'intervention humaine pourtant indispensable n'est pas proposé systématiquement, laissant le client sans réponse. Ainsi, même si 60% des entreprises pensent offrir une bonne expérience utilisateur, seulement 22% des consommateurs le confirment.

Prenons également l'exemple d'une application développée en Central et monétisée en Local, qui se retrouve finalement sans acquéreur, car n'ayant pas pris en compte les besoins et spécificités des pays en amont. Ou encore le déploiement partiel des fonctionnalités d'un PLM ou d'un CRM, ne favorisant pas la valeur ajoutée et l'efficacité collective escomptée.

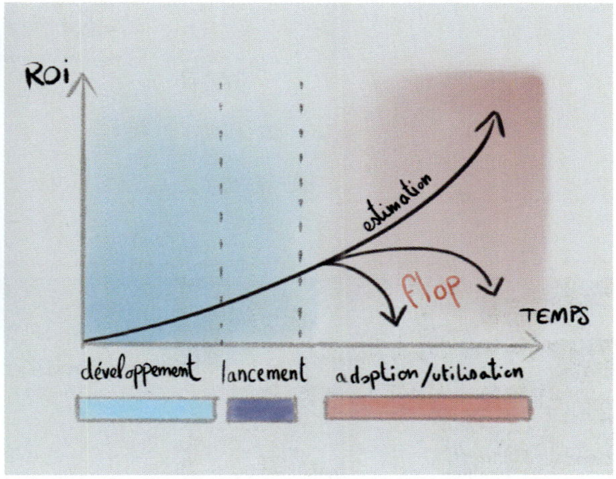

Les entreprises qui investissent dans une révolution digitale et numérique doivent donc également s'assurer que celle-ci soit adoptée.

LA « DIGITAL ADOPTION », QUÉSAKO ?

- **Favoriser la bonne connaissance et utilisation des solutions.** Atteignez un état où tous les outils numériques sont exploités au maximum de leur potentiel par l'interne et par l'externe, en favorisant des actions de type « communication, formation, accompagnement ».

- **Anticiper les conditions nécessaires au succès.** Agissez au sein des équipes projets pour vous assurer de la bonne connaissance des besoins terrain, impliquez les managers et les utilisateurs, optez pour une réflexion UX/Agile, mettez en cohérence les organisations, les process et les métiers.

- **S'ancrer dans l'histoire et la culture d'entreprise.** S'adapter à un monde en perpétuelle évolution est dans les gènes de ceux qui réussissent avec et par leur capital humain.

CONSEILS D'ACTIONS À MENER

> En interne

- **Sortez de la complexité et donnez envie à vos collaborateurs.** Anticipez leurs besoins et leurs attentes, réduisez les fonctionnalités à ce qu'ils doivent vraiment savoir-faire lorsqu'ils vont commencer puis itérez de manière agile, favorisez l'ergonomie et les parcours client, améliorez les temps de réponse.

- **Pensez à anticiper les résistances et mettez en place de la *conduite du changement**.** Le « je ne sais pas faire » se résout avec de la formation et de l'accompagnement ; le « je ne peux pas faire » nécessite une intervention sur l'organisation ou les process par exemple ; le « je ne veux pas faire » se travaille avec la ligne managériale, de la communication, et des actions incitant à l'engagement.

- **Pilotez votre taux d'adoption.** Ne vous focalisez plus seulement sur vos livraisons et le fonctionnement de vos logiciels. Faites de ce KPI le nouveau centre de vos préoccupations.

- **Impliquez les métiers** (managers et utilisateurs) **tout au long du cycle de vie du projet.** Le design de la solution, les tests tout comme les supports de formation doivent être réalisés avec et pour les métiers/pays concernés.

- **Maintenez des dispositifs d'accompagnement dans le temps.** Cela permet d'accélérer la productivité, de continuer à former aux évolutions et de mettre en place un dispositif de surveillance de la qualité de la donnée.

> En externe

- **Faites savoir que votre produit existe et favorisez les « clients-ambassadeurs ».** Appuyez-vous sur vos « early adopteurs » et vos « leaders d'opinion » en leur offrant en amont une expérience complète, l'objectif étant de favoriser la rumeur positive en plus de développer des campagnes de communication.

- **Formez vos clients et gardez une assistance sur le long terme.** Utilisez votre réseau de proximité (commerciaux, vendeurs terrain, ...) pour leur montrer comment exploiter pleinement les fonctionnalités qui s'offrent aux clients et maintenez une assistance jusqu'à ce que vous atteigniez le point de bascule auprès de la majorité de vos utilisateurs.

QUELS BÉNÉFICES ?

Investir dans la « *digital adoption** » vous permettra d'atteindre vos enjeux, d'obtenir le ROI escompté et de transformer vos projets en réelles opportunités et non des menaces pour votre croissance.

*Retrouvez la définition dans le lexique en fin d'ouvrage.

> LISTEN TOO
www.listen-too.com
Fiche d'entreprise p. 493

Julie Ogé
Directrice Offre Change
joge@listen-too.com

Renan Keraudran
Resp Communication & Marketing
rkeraudran@listen-too.com

SANEF

La transformation digitale comme levier de l'engagement collaborateur : une démarche marketing ?

PROBLÉMATIQUE DE LA MARQUE

Sanef est un groupe concessionnaire d'autoroute, anciennement société d'économie mixte privatisée en 2007 et détenue à 100 % par le groupe Abertis, 1ere société concessionnaire d'autoroute du monde en km exploités.

Ancrée dans les territoires de la Normandie à l'Alsace en passant par tout le nord de la France, Sanef exploite 2 060 km d'autoroutes et gère environ 300 millions de transactions de péage par an. Le groupe compte 2 500 salariés, 30 centres d'entretien, 150 gares de péage et 300 aires de repos et de service. Son siège est à Issy-les-Moulineaux.

SOLUTION STRATÉGIQUE

> Impulsion

La première étape de cette transformation est évidemment interne et débute avec la revue de nos process, nos méthodes et nos outils (digitaux). L'enjeu est de proposer une offre de services utile à tous les collaborateurs et ainsi de réduire la fracture digitale entre le cadre hyper connecté et l'ouvrier autoroutier remettant ses demandes de congés sur un quart de feuille A4. L'objectif est ici double : digitaliser les process administratifs de l'entreprise tant pour les fonctions supports que pour les opérationnels, et s'assurer de l'engagement de tous dans le changement.

La première idée a été de créer un département *transformation** à la DRH concentrant les fonctions de revue de process (produit), de transformation digitale (projet) et de communication interne (marketing). La stratégie de l'équipe : considérer les collaborateurs comme des clients de la transformation digitale et les faire adopter les différents services digitaux visant à augmenter leur engagement et leur efficacité opérationnelle.

Réaliser une étude de marché (baromètre collaborateur) et rencontrer nos clients sur le terrain (et tout le terrain !) ont été les préalables de toute la démarche. Contraintes, attentes, améliorations, les utilisateurs finaux doivent être écoutés pour que les process soient correctement outillés. Le digital offre aujourd'hui des solutions standards (SaaS) qu'il est nécessaire de paramétrer au plus juste, avec des process internes satisfaisant l'utilisateur et les objectifs d'efficience du groupe.

MISE EN PLACE OPÉRATIONNELLE

> Digit'all : stratégie des petits pas digitaux

Digit'all est une initiative interne regroupant les chefs de projets mettant en œuvre des projets digitaux dans le groupe. Sa création est due à la multiplication des projets digitaux dans le groupe et au besoin de croiser les roadmaps digitales de chaque direction. La stratégie de Digit'all est volontairement celle des petits pas avec l'ambition de convaincre, projet après projet, que la modernisation permet de gagner du temps, d'être plus efficace et finalement plus heureux dans son travail.

Digit'all permet également de travailler sur un process entier, mais petit bout par petit bout. Par exemple, chez Sanef comme dans bon nombre d'entreprises, la paie est directement liée aux activités réalisées par les salariés, certaines donnant lieu à des majorations. Les systèmes RH doivent payer au plus juste les activités recensées par les managers terrain. Par ailleurs, ces mêmes managers ont besoin de planifier les activités des collaborateurs pour s'assurer que les tâches liées à l'entretien du patrimoine autoroutier sont réalisées. En travaillant de concert dans l'organe Digit'all, les deux projets, RH et SI opérationnel, peuvent avancer en parallèle en alignant leurs roadmaps de projets, pour qu'elles se rejoignent au bon moment et ainsi digitaliser le process entier.

Transformation digitale | Collaborateur | Engagement

> Retrouvez les mots clés en index <

INFOS CLÉS

2 500 salariés répartis sur 2 000 km d'autoroute

1 500 salariés ne disposant pas d'un accès direct à un PC

Créé au début 2018, Digit'all a d'abord permis la connexion de chaque collaborateur avec l'ouverture d'une adresse email et la mise à disposition de PC partagés accessibles par chacun. Cela parait trivial, mais les contraintes des salariés postés en 3X8 sont fortes et le temps de travail n'est pas vraiment prévu pour la consultation des emails... alors pour un réseau social...

« Pour aller sur workplace, j'ai besoin d'un smartphone de fonction ! »

Rien ne remplace le terrain et c'est pour cette raison que Digit'all organise des visites sur le terrain (appelées Digitour) pour échanger sur les bonnes pratiques et passer les messages qu'il est difficile de communiquer par les canaux de com' traditionnels.

« Consulter vos emails sur votre temps de travail, il faut le faire, mais ce n'est pas prioritaire »

« Ah, mais oui, tu peux poser tes congés depuis chez toi si tu le souhaites, voici le lien »

« Evidemment tu peux télécharger workplace sur ton smartphone perso si tu veux ! »

A cette occasion, les communautés de managers et assistantes sont mobilisées par les chefs de projet digitaux pour qu'elles puissent accompagner les collaborateurs et donner du sens par rapport à l'activité quotidienne. Encore une fois, il faut tirer l'usage par l'envie ou le besoin pour s'assurer que nos clients internes nous suivent et finalement deviennent demandeurs de nouveaux services digitaux.

RÉSULTATS

La communication interne joue un rôle primordial et doit adapter ses canaux de communication et les rendre ascendants pour capter les attentes des utilisateurs. Rien ne remplacera le contact humain, mais le digital permet de garder ce contact et de le renforcer. Le journal interne, l'intranet, le blog des managers sont remplacés par un *réseau social d'entreprise** Workplace par Facebook, solution largement répandue dans sa version grand public et donc facilement prise en main par tous nos clients internes.

En 2018, nous avons connecté 450 employés à leur boite email, digitalisé le processus de recrutement, de note de frais, déployé la signature électronique et automatisé l'organigramme du groupe. Beaucoup d'autres projets vont rapidement voir le jour, permettant à la fois de désiloter l'entreprise et d'engager les collaborateurs dans une transformation profonde, mais en douceur de Sanef.

*Retrouvez la définition dans le lexique en fin d'ouvrage.

> SANEF
www.sanef-groupe.com

Pierrick Le Puil,
Responsable Transformation
pierrick.lepuil@sanef.com

Noémie Wederich
Responsable Projets et Innovations RH
noemie.wederich@sanef.com

TRANSDEV

Le design system comme marqueur d'une transformation digitale opérationnelle

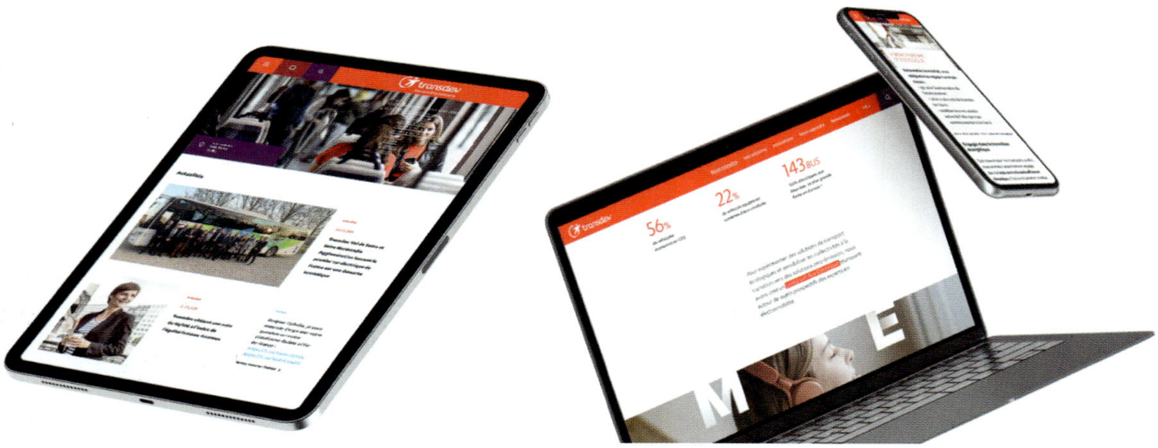

> Interfaces digitales Transdev - Corporate website www.transdev.com

PROBLÉMATIQUE DE LA MARQUE

Transdev, opérateur et intégrateur mondial de solutions de mobilité présent dans 18 pays, s'attache à développer des modes de déplacement libres, adaptés à chacun et respectueux de l'environnement. De la navette autonome de l'aéroport de Los Angeles aux ferryboats qui opèrent dans la baie de Sydney, des bus urbains aux trains en Europe, tous les modes de transports sont maitrisés.

Le groupe anticipe son avenir, manœuvre avec son temps, jongle entre industrie et société de services pour garantir d'une part des collaborations durables avec les collectivités et les entreprises mais aussi, et surtout, servir les passagers qui utilisent leurs solutions au quotidien.

Des publics aussi variés que complexes à séduire, plus de 80000 employés à travers le monde, 11 millions de passagers chaque jour et la nécessité d'être une entreprise de plus en plus communicante, ouverte et rivée sur l'avenir avec comme vision celle de se tourner vers la mobilité de demain.

Le secteur de la mobilité vit, comme bien d'autres, une période de transformation profonde où le digital peut devenir aussi bien un frein qu'un véritable allié suivant la manière dont on l'utilise.

Du statut de point de contact prépondérant, le digital est dorénavant central pour la marque.

En parallèle du « produit industriel » composé d'une flotte de plusieurs milliers de véhicules, il devient le rayonnement du groupe avec une responsabilité double :

- celle d'aligner les discours et d'augmenter les initiatives commerciales BtoB ou BtoG dans des projets de plus en plus variés et complexes ;
- celle d'uniformiser et enrichir les expériences de mobilité auprès des « end-users » dans des moments aussi simples que l'achat d'un titre de transport jusqu'à la programmation multimodale d'un trajet.

L'enjeu est là : comment construire ce nouvel univers digital que l'on veut impactant, optimisé et rationalisé au vu des investissements et des équipes disponibles ?

SOLUTION STRATÉGIQUE

Les initiatives ne manquent pas et le premier audit digital groupe parle de lui-même : plus de 400 sites Web à travers le monde, aussi bien "corporate" que "marchands", résultent de nombreuses initatiatives et témoins d'une transformation en cours que l'on veut maintenant rationaliser.

Dans le même temps, nouveau positionnement de marque, nouvelle expression visuelle, nouvelle signature, Transdev change de trajectoire et le digital doit en devenir le bras armé.

Il répond immédiatement présent avec un nouveau site corporate groupe auquel se rallient progressivement les pays. Mais comment stopper le flow de production des sites connexes afin d'uniformiser discours et expérience utilisateur ?

La problématique est connue des grands groupes, le central doit reprendre la main mais ne peut accompagner la production de ces centaines de sites à travers le monde.

De plus, les pays sont organisés de sorte à avoir toute l'autonomie nécessaire pour orchestrer la production d'interface digitale.

Le *design system** est alors apparu comme la solution idéale.

INFOS CLÉS		
+ de 400 projets d'interfaces potentiellement concernés	**Entre 30 et 50 %** de temps économisé sur les projets d'interfaces digitales	**Entre 40 et 60 %** d'économie

À la fois suffisamment directif pour unifier les interfaces à travers le monde mais paradoxalement tout aussi flexible pour répondre aux différents enjeux de chaque pays vis-à-vis de ses publics, de ses modes de transport opérés ou plus rationnellement des investissements qu'il est prêt à consentir.

MISE EN PLACE OPÉRATIONNELLE

Pour l'agence Small is bigger, il ne s'agissait pas seulement de mettre en place un design system usuel mais d'en créer un qui réponde à un grand nombre d'objectifs ambitieux à commencer par le principal : en garantir son usage.

> Le site corporate comme site fondateur

L'exercice fut d'autant plus ambitieux qu'il s'est déroulé de manière concomitante à la sortie de la nouvelle expression créative de la marque.

Dans ce contexte, la production du site corporate s'est trouvée être un très bon étalon test sur l'interprétation digitale de cette nouvelle charte. Il a permis d'en challenger son exécution et d'enrichir ses assets pour couvrir l'ensemble des besoins digitaux.

Il a servi de référence en terme d'UX design, a permis de définir les grands principes créatifs et structurels du site et de l'expérience globale que Transdev proposera désormais sur le digital, quels que soient ses publics.

> L'audit des besoins

Lorsque l'on couvre un public aussi large que celui évoqué, il est crucial de garantir à chacun de trouver ce dont il a besoin dans le futur design system.

L'enjeu de cet audit fut de définir quels seraient les types de modules les plus utilisés par les pays, aussi bien sur des sites vitrines que sur des sites marchands et cela quel que soit le mode de transport concerné.

En effet, si le design system ne satisfait pas majoritairement les besoins, il risque d'être contourné avec tous les désagréments que cela pourrait engendrer.

A l'issue de cette phase, en s'appuyant sur le principe créatif de l'*atomic design**, il est apparu qu'une soixantaine de modules type répondraient à plus de 90% des besoins.

> Partis pris fonctionnels

Au-delà de son usage, l'un des enjeux était de rationaliser les investissements digitaux. Quand on sait que les sites Web représentaient la plus grande proportion de devis validés par le service achat, le besoin d'optimisation semblait évident.

> *"Lorsqu'il est maitrisé, le design system, au-delà d'apporter des réponses opérationnelles concrètes est un véritable support permettant d'accélérer la transformation digitale d'une entreprise."*

Dans la majorité des projets digitaux, la part financière concernée par les développements techniques reste sensiblement majoritaire mais surtout critique pour garantir une expérience à la hauteur des ambitions de la marque. Plus important encore, un défaut d'exécution technique peut mettre en péril toute tentative de communication ou de service.

Fortes de ce constat, les équipes projets ont décidé de pousser plus loin l'exercice du design system. Habituellement conçu comme une bibliothèque d'assets créatifs prêts à être associés pour former une expérience cohérente, nous avons souhaité garantir davantage la phase technique des futurs projets.

C'est pourquoi dans l'approche fonctionnelle que nous avons souhaité mettre en place, au-delà des habituels assets et guidelines créatifs, nous avons poussé l'exercice jusqu'à la mise à disposition de modules digitaux pré-développés.

Les bénéfices sont clairs. Aligner les référentiels en terme d'intégration technique et surtout alléger davantage les investissements techniques de la part des filiales.

> Convaincre de l'intérêt de son usage

Une fois en place, même si chacune des entités à travers le monde peut se connecter à cette plateforme unique et construire ses interfaces digitales à la manière d'un "Lego" de façon totalement autonome, avec des CMS propriétaires ou open-source, il reste à les accompagner pour les inciter à son utilisation.

Pour cela, la preuve par l'exemple reste le meilleur atout.

Par chance, les projets de production d'interface digitale ne manquent pas. Ainsi 4 à 5 projets furent produits en condition réelle via la Digital Toolbox de Transdev à titre de valeur de test et d'exemple.

Ceux-ci ont permis de vérifier la pertinence et l'efficacité du design system sur des projets concrets et ainsi de mesurer les économies réalisées avec une meilleure précision.

> Une transformation qui s'accompagne dans le temps pour en garantir la valeur ajoutée

L'intérêt d'un tel projet est qu'il devienne l'élément fondateur d'une nouvelle forme d'interaction. D'une part entre le siège et les filiales, mais aussi entre les experts du digital et les équipes internes.

> Une montée en compétence globale

Ainsi dotées, les équipes centrales modifient la perception de leur rôle vis-à-vis des pays, elles deviennent pourvoyeur de solutions et d'économies substantielles tout en accélérant le potentiel de chacun et en uniformisant la marque.

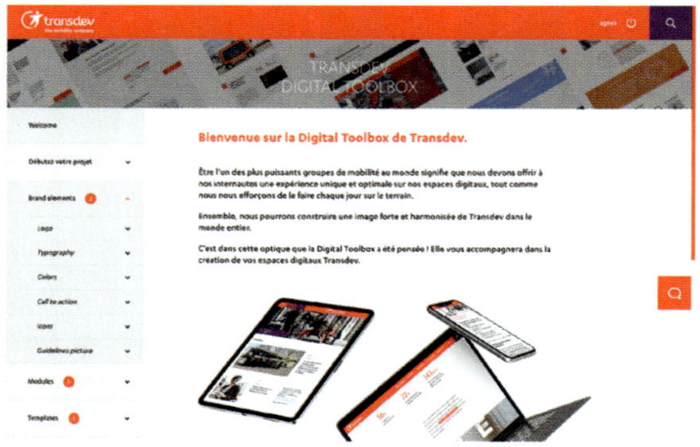

> Interface Digital Tool Box Transdev

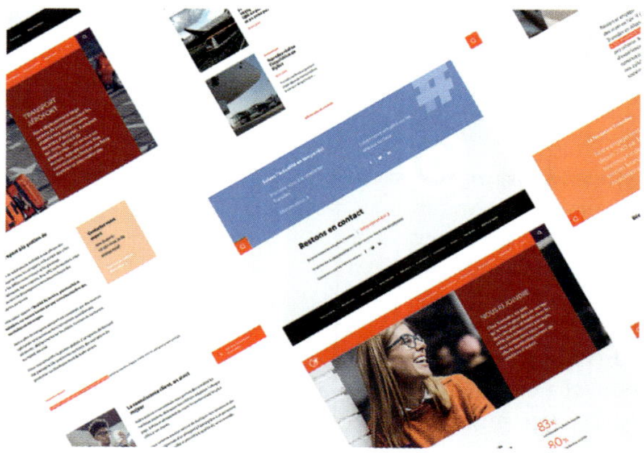

> *Atomic design** : quelques exemples de modules disponibles

Le bénéfice en retour se traduit par une traçabilité sans faille des initiatives des pays mais aussi par un partage de l'intelligence commune. En effet, dès qu'un nouveau besoin est identifié, plutôt que d'être traité à l'échelle de la zone concernée, la solution trouvée irradie sur l'ensemble du groupe via l'upgrade de la Digital *Toolbox**.

> Un support synonyme d'évolutivité

Un design system, aussi bien pensé soit-il, ne peut rester figé dans le temps.

Les besoins évoluent, les comportements aussi et cela impacte le « service digital » que vous proposez.

Un support est nécessaire tout autant qu'un flux de communication pour permettre de tenir chaque entité informée des évolutions apportées à la Digital Toolbox.

RÉSULTATS

Il s'agit d'un projet au long cours et même si plusieurs interfaces ont déjà été produites avec la Digital Toolbox, les bénéfices devront se vérifier dans le temps.

D'un point de vue quantitatif, la migration des interfaces vers de nouvelles versions produites à l'aide de la Digital Toolbox suit son planning établi, les premières estimations en mode projet nous permettent d'estimer des économies comprises entre 40 et 60% suivant les complexités techniques et les choix de langages retenus.

Au delà des économies financières, notre courbe d'expérience a déjà permis de valider l'importance d'une équipe support disponible pour accompagner ce type de transition opérationnelle. Son rôle est crucial, d'une part pour assurer une réponse et un accompagnement en cas de besoin d'un pays et récupérer tout retour d'expérience, mais d'autre part afin d'identifier en temps réel tout nouveau besoin de sorte à le produire pour l'entité demandeuse, pour le rendre accessible à l'ensemble des pays.

Enfin, sur un plan qualitatif, l'adhésion des pays est un franc succès. Une transformation digitale se décide, mais ne se valide que lorsque son exécution est avérée. L'intérêt et la fluidité des échanges avec les différentes entités du groupe démontrent que cette initiative est un succès pour le groupe.

"Le design system apporte de la cohésion et de la réassurance sur les assets utilisés, il permet à une entreprise de se projeter dans l'avenir sans réinventer la roue à chaque nouvelle évolution."

*Retrouvez la définition dans le lexique en fin d'ouvrage.

> TRANSDEV
www.transdev.com

Anne Thomine
Head of projects and digital communication
anne.thomine@transdev.com

Alexandre Ségués
Digital communication manager
alexandre.segues@transdev.com

> SMALL IS BIGGER
www.smallisbigger.com

Nicolas Czorny
Directeur Général
nicolas@smallisbigger.com

Michel Buonomo
Directeur de Clientèle
michel@smallisbigger.com

Bruno de Seguins
et Blandine Chaghal
Aviva

Bruno de Seguins et Blandine Chaghal

Le projet "Client Unique", c'est rendre tangible la promesse de l'assureur Aviva de mettre le client au cœur de sa réflexion stratégique.

Rencontre avec Blandine Chaghal, Directrice Commerciale des Activités Directes et Bruno de Seguins, Directeur Commercial des Activités de Proximité, pour évoquer les différents aspects de ce projet ambitieux.

EST-CE QUE VOUS POUVEZ NOUS EN DIRE PLUS SUR LA GENÈSE DU PROJET ?

Bruno de Seguins (BdS) : En tant qu'assureur, nous partions souvent du produit et nous regardions ensuite à qui vendre ce produit. Nous avons besoin de changer notre perception des choses, en partant du besoin du client pour lui amener des solutions et pouvoir lui proposer ce dont il a besoin à tout moment, où il veut et quand il veut.

Blandine Chaghal (BC) : C'est aussi le constat que nous avons des forces chez Aviva que nous dispersons beaucoup trop. Le client ne perçoit pas tout le bénéfice de ce que nous lui proposons.

POUR PARLER AU CLIENT D'UNE SEULE VOIX, QUEL QUE SOIT LE CANAL DE DISTRIBUTION, CONCRÈTEMENT, COMMENT CELA VA-T-IL S'ARTICULER ENTRE DIRECT ET PROXIMITÉ ?

BC : Le client ne doit même pas savoir qu'il y a deux réseaux de distribution. Il doit avoir ce qu'il veut quand il veut. Pour lui, c'est naturel. Il va sur Internet, il cherche la meilleure couverture au meilleur prix. On doit pouvoir lui proposer ça en ligne, mais aussi en agence s'il en a envie.

BdS : Aller chercher à travers la marque Aviva des solutions pour le client tout au long de sa vie. Que ce soit via un réseau physique ou le digital.

QUELS SONT LES GRANDS JALONS DU PROJET ? COMMENT PASSE-T-ON D'UN RAISONNEMENT CENTRÉ PRODUITS À UNE STRATÉGIE CENTRÉE CLIENTS ?

BdS : Ce qui nous a guidés, c'est d'offrir le meilleur service possible à nos clients. Avant le produit, c'est le service. Que peut-on proposer de mieux à nos clients ? En cas d'indemnisation, de sinistre, en cas d'avenant... Le produit est arrivé après. Pour répondre à ce service, c'était naturel d'avoir un produit commun, qu'il n'y ait plus par exemple différents produits Auto chez Aviva. C'est ce qui va nous permettre d'optimiser nos services...

BC : Au bénéfice du client. Il veut la meilleure couverture au meilleur prix ? C'est ce que le Direct s'est toujours efforcé de proposer. Le client veut aussi le meilleur service et le meilleur conseil ? Nous l'avions à disposition côté Proximité. Maintenant, nous mettons tout ça ensemble avec au centre le bénéfice client. Nous avons rapidement partagé cette vision avec Cédrick Rougeron, président du Snaga, le syndicat des agents Aviva. Un autre socle essentiel du projet, c'est la convergence des outils. Et dans une entreprise qui a 150 ans d'histoire, il y a un vrai challenge à rationaliser des systèmes informatiques et des outils différents qui répondent chacun à des besoins différents. Les agents en face-à-face ont besoin d'aller plus dans le détail des offres, il faut proposer un catalogue très large et des outils pour le Direct beaucoup plus industriels. Le tout pour apporter plus de fluidité dans la commercialisation de tous ces produits uniques, et rendre le parcours complètement transparent et omnicanal.

CE PROJET EST-IL UNE FAÇON POUR AVIVA DE SE DISRUPTER AVANT D'ÊTRE DISRUPTÉ PAR DES NOUVEAUX CONCURRENTS (GAFA, ALAN, LEMONADE...) ?

BdS : La disruption dans l'assurance se fera beaucoup par la data. Et en offrant la meilleure proposition en fonction de ces datas. Mais notre valeur ajoutée, selon moi, c'est vraiment le service qu'on va pouvoir amener. On abandonne la notion de produits pour penser services. Je suis persuadé que ceux qui auront le meilleur service continueront à conserver leurs clients et à aller en conquérir de nouveaux.

BC : Les nouveaux acteurs mettent clairement cette expérience client toujours au centre et ça nous challenge. Nous devons valoriser notre expertise dans ce domaine. Et le Client Unique va permettre de tenir cette promesse plus forte. Mais au-delà de la disruption, il y a aussi un challenge réglementaire. C'est une mise sous tension bénéfique, le consommateur est beaucoup plus protégé, il y a une maturité indéniable de la consommation. Ce contexte-là est donc très important aussi.

BdS : Tous ces facteurs nous obligent à avoir une vraie agilité. Il faut une adaptation permanente au marché qui va très vite à l'heure actuelle.

UN MOT DE CONCLUSION ?

BC : Nous avons la volonté de garder le meilleur des deux mondes. Sans faire de compromis ni sur le prix ni sur la qualité de service. Avec le client au centre.

BdS : Et pour l'engagement des collaborateurs en interne, c'est très important. Mettre le client au cœur de nos réflexions et au cœur de notre stratégie permet une adhésion forte des équipes, quel que soit le service concerné. Dans une compagnie d'assurance, on est toutes et tous au service d'un client.

> *“Client Unique : la meilleure qualité de service au meilleur prix - quand le client le veut, où il le veut.”*

Emmanuel Pujol
Head of Digital Communication
Aviva France

Article

Agilité : trois conseils pour réussir le passage à l'échelle

Passer d'un "cycle en V" à une méthode agile n'est déjà pas chose facile sur le périmètre restreint d'une équipe projet de 5 à 10 personnes. Cette transformation est alors encore plus complexe quand on souhaite faire basculer une entreprise tout entière. L'article qui suit présente une série de conseils pour réussir cette transition, ainsi que le témoignage d'une entreprise qui a sauté le pas.

15 minutes : la durée du "daily SCRUM"

3 à 9 personnes : la taille idéale d'une équipe SCRUM

"On parle de "l'HIPPO problem" quand c'est la personne la plus haut placée qui impose sa vision. Or, avec les méthodes agiles, ce ne sont pas les avis qui priment, mais les retours d'expériences."

Charlotte GARAUD
Experte Agilité à l'échelle chez Kynapse

1. DOTEZ-VOUS D'UNE SYNCHRONISATION EFFICACE

En 2001, lorsque Ron Jeffries et ses pairs ont publié le Manifeste Agile, il s'agissait avant tout de mutualiser des bonnes pratiques observées depuis des années afin de rendre la vie plus facile aux développeurs :

- Les individus et leurs interactions plus que les processus et les outils ;
- Des logiciels opérationnels plus qu'une documentation exhaustive ;
- La collaboration avec les clients plus que la négociation contractuelle ;
- L'adaptation au changement plus que le suivi d'un plan[1].

Deux de ces préceptes soulignent l'importance d'une bonne communication au sein d'une équipe. Cette synchronisation essentielle repose sur :

- Une communication adaptée : des rites-clés peu nombreux et intégrant les bonnes parties prenantes ;
- Un système de priorisation permettant de choisir de façon pertinente les meilleures actions à mener ;
- Des indicateurs clairement définis, mis à jour régulièrement et correspondant à l'attendu sur un projet donné ;
- Un accompagnement des équipes dans leur montée en compétences autour de la gestion de projet grâce aux méthodes agiles.

Cette synchronisation est facilitée par des profils dédiés au sein de plusieurs des méthodes agiles. Par exemple en Scrum, c'est au Scrum Master qu'il incombe de s'assurer que l'équipe communique quotidiennement durant des points courts (les "daily scrum" qui ne doivent pas dépasser 15 minutes), dont la vocation est d'assurer une visibilité de tous les membres de l'équipe sur les tâches et les problèmes rencontrés par leurs collègues.

De même, dans les méthodes dites d'agilité à l'échelle on trouve des rôles chargés de garantir le bon fonctionnement de la méthode et la synchronisation entre les équipes. C'est par exemple ce dont s'occupent les RTE et STE (*Release Train Engineer* et *Solution Train Engineer*) dans la méthode SAFe.

2. DONNEZ AUX ÉQUIPES PROJET UN VRAI POUVOIR DE DÉCISION

Au-delà de cette synchronisation, le bon fonctionnement des méthodes agiles repose sur le principe d'autonomie des équipes. Dans les grandes entreprises, où cette capacité à déléguer le pouvoir de décision au sein des équipes projet n'est pas toujours acquise, l'agilité à l'échelle nécessite un profond changement de culture.

Ce que l'on appelle "l'HIPPO problem" cristallise cette difficulté, HIPPO signifiant *Highest Paid Person Opinion* : quand la personne la plus haut placée dans la hiérarchie impose sa vision sans concertation. En agilité, ce ne sont pas les avis qui doivent primer pour décider de la direction du projet, mais les retours d'expériences, les résultats des tests ou encore les observations de terrain. Dans ce contexte, le top management doit apprendre à faire confiance à l'équipe et à accepter que sa connaissance du projet lui permette de prendre les bonnes décisions. Se pose alors la question de rassembler et synthétiser plusieurs dizaines, voire centaines de retours d'expérience rapidement et efficacement.

Prenons l'exemple d'un projet mené suivant une méthode agile à l'échelle, sur lequel travaillent 100 ou 150 coéquipiers. Une structure typique pour ce type de projet serait la suivante :

- Les collaborateurs embarqués sur le projet travaillent en petites équipes de 5 à 10 personnes ;

- Ces équipes peuvent être en vertical ou en transverse (pour des sujets comme l'architecture ou les API) ;

- Chaque équipe participe à deux niveaux de synchronisation :
    - o Pour elle-même ;
    - o Avec les autres équipes.

Pour assurer le bon déroulement du projet, un certain nombre de rituels et d'outils sont mis en place afin d'assurer une visibilité optimale sur le projet. Le *PI planning SAFe** en fait partie : c'est la cérémonie qui permet d'aligner l'ensemble des équipes de l'*Agile Release Train** (Art) sur la vision et les objectifs pour une durée de 8 à 12 semaines.

Les rituels sont des évènements qui jalonnent le déroulement d'un projet : les différentes méthodes agiles proposent pour chaque type de rituel un objectif précis, un format adapté ainsi qu'une liste de participants. Si au début, cela sert aux équipes à mettre en place des automatismes, sur le long terme chaque équipe doit s'approprier ces rituels et éventuellement les faire évoluer afin d'en maximiser la valeur.

3. CHOISISSEZ UN MODÈLE... ET NE VOUS INTERDISEZ PAS DE LE FAIRE ÉVOLUER

Les méthodes agiles proposent des modèles de développement de projets théoriques qui permettent aux entreprises de s'en servir comme base afin de construire la méthode qui sera adaptée dans leur contexte. L'enrichissement de ces méthodes et leurs évolutions permet de les améliorer sans cesse. Il est important d'avoir une vraie réflexion et de ne pas nécessairement copier-coller une méthode au risque de perdre les bénéfices attendus.

Bien choisir le modèle qui convient nécessite d'évaluer sa compatibilité avec :

- La nature des projets envisagés pour être embarqués dans ce mode de développement ;

- La culture de l'entreprise ;

- Le niveau d'acculturation des ressources humaines.

C'est là que réside une grande partie de l'intérêt des méthodes agiles : elles offrent un cadre qui permet de capitaliser sur l'expérience de ceux qui ont en premier éprouvé ce système de fonctionnement, tout en permettant à chacun de se l'approprier et de le faire évoluer à son rythme.

Ces méthodes de développement de projet reposent sur la valorisation de la *user centricity* où la valeur métier est définie par des échanges et des tests avec des utilisateurs réels. Une approche où la curiosité et l'ouverture d'esprit priment.

Au niveau d'une entreprise, quelle que soit sa taille, mais en particulier pour les grands groupes, pour que l'agilité à l'échelle fonctionne, il faut que l'ensemble de la chaîne de décision y croit, des opérationnels jusqu'au top management.

Au-delà de la bonne synchronisation des équipes, de la délégation du pouvoir de décision et du choix d'une méthode adaptée, la formation des équipes et la préparation à des nouveaux rôles constituent également un élément clef de succès souvent sous-estimé. Dans la mesure où l'agilité place le facteur humain au cœur du développement du projet, à travers notamment la valorisation des interactions (entre l'équipe et les clients cibles, au sein de l'équipe ou encore entre différentes équipes), il est primordial de former et d'accompagner les ressources dans leur montée en compétences.

Ces principaux facteurs clefs de succès viennent de ce que nous avons pu le plus souvent observer quand un grand groupe décide d'instaurer une méthode agile pour piloter des projets. Perçue comme plus souple et intuitive, l'agilité demande beaucoup d'organisation et de travail, ce qui n'est pas toujours anticipé lors de son déploiement. Mais le jeu en vaut la chandelle. L'un de nos clients en a fait l'expérience : il revient avec enthousiasme sur le parcours accompli et les résultats déjà tangibles apportés par la méthode agile.

TÉMOIGNAGE : « L'AGILITÉ À L'ÉCHELLE D'UNE GRANDE ENTREPRISE »

Le Groupe BPCE a fait le choix, il y a trois ans, de créer une direction du digital - renommée en juin dernier "direction du digital et de la data" - pour lancer son plan de transformation digitale, de la stratégie à la réalisation des projets. Dirigée par Yves Tyrode, elle est ancrée dans l'organisation du groupe et comprend la 89C3 Factory, la Digital et Data Factory du Groupe BPCE, en charge de porter la vision technologique de la transformation digitale et de développer les produits digitaux. Elle s'appuie sur les compétences déjà existantes dans les DSI et les métiers des entités du groupe et permet aux collaborateurs de rester dans leur organisation d'origine. « C'est une usine digitale qui permet de mettre en œuvre l'accélération digitale du Groupe BPCE. 89C3 signifie BPCE en langage *Leet Speak* » résume Yann Guichaoua, Coach Agile à i-BP, qui diffuse les méthodes agiles dans l'entreprise.

Tout naturellement, la 89C3 Factory est devenue l'un des premiers territoires d'expérimentation de l'agilité à l'échelle du groupe. Elle joue un rôle d'éclaireur : « Nous avions un vrai besoin d'agilité, reprend Yann Guichaoua, car nous travaillons sur des sujets comme les crédits, qui impliquent quatre à cinq établissements dans le groupe. Nous avions identifié une série de blocages dans notre mode de fonctionnement et nous ressentions la nécessité d'aligner toutes les équipes. L'organisation agile s'appuie sur des rôles : elle ne demande donc pas de modifier nos contrats de travail, mais de "détacher" des collaborateurs pour tenir ces rôles. C'est une bonne façon de rapprocher des entités différentes tant sur le plan organisationnel que culturel. »

Pour se lancer, le groupe n'a pas choisi un "petit sujet" : rien de moins que la digitalisation des parcours de souscription des crédits, avec un agenda ambitieux. « Nous avons décidé de fixer le jalon de démarrage du nouveau fonctionnement dans un délai court, avec le tout premier "PI planning" qui intervient tous les 4 ou 5 sprints. Ce PI planning réunit une centaine de personnes. Nous avons formé quelques leaders pour qu'ils disposent d'une vision claire de notre objectif et ouvrent le chemin pour les autres. Ensuite, nous nous sommes lancés, alors que tout n'était pas "sec" - et à mon sens cela reste la meilleure façon d'y aller. »

Les premiers bilans se révèlent très positifs : la livraison des projets s'est améliorée de manière sensible tant en qualité qu'en respect des délais. Et la nouvelle organisation fait des ricochets. D'abord, parce que l'agilité à l'échelle constitue une « formidable aventure humaine » : « le constat le plus bluffant porte sur l'engagement des acteurs du périmètre, des équipes métier aux développeurs, tout le monde plébiscite ce mode de fonctionnement. A chaque PI planning, ils reviennent et sont actifs. L'agilité ne peut pas être tirée seulement par l'IT, les Product Owners, par exemple, se sont bien approprié la mécanique agile. Ils ont adopté la logique de fonctionnalités, pour enrichir les produits de façon incrémentale, en plaçant des indicateurs pour valider que la nouvelle fonctionnalité apporte de la valeur. Tout le monde a accès à ces KPIs "business", qui confirment ou infirment la pertinence de chaque action. Cette logique-là n'existait pas forcément avant, et surtout il y avait un trop grand délai entre le projet et les résultats. »

« Autre bénéfice de l'agilité : l'un des grands principes de la méthode SAFe est de placer l'innovation au service du produit. Nous ménageons donc du temps aux développeurs, pour leur permettre d'imaginer et de conduire de petites expérimentations autour du produit. Ils ont la possibilité, "deux journées par cycle", de tester leurs propres idées ou les suggestions émanant des métiers ou des architectes. Cela permet de maintenir un niveau de motivation et de créativité important. Au quotidien, on peut difficilement expérimenter : on ne trouve jamais le temps. Il est donc pertinent d'en faire une règle, un élément structurel. »

Atout supplémentaire de l'agilité à l'échelle, elle permet de décentraliser la prise de décision, « pour de vrai » ! Dans le Groupe BPCE, ces pratiques s'étendent progressivement à d'autres périmètres, y compris sur de grands programmes réglementaires où on ne l'y attendait guère : directives de la Banque Centrale Européenne, adaptation au RGPD... Ces domaines extrêmement cadrés ont, eux aussi, beaucoup à gagner d'une approche agile. « On peut renouveler l'exercice, apporter de l'oxygène, se rapprocher du client final qui semblait très éloigné... Tous les collaborateurs embarqués dans ces programmes y trouvent un sens. »

*Retrouvez la définition dans le lexique en fin d'ouvrage.
[1] https://agilemanifesto.org/iso/fr/manifesto.html

"Au quotidien, on peut difficilement expérimenter : on ne trouve jamais assez le temps. Il est donc pertinent d'en faire une règle, un élément structurel"

Yann GUICHAOUA
Expert Méthode i-BP BPCE

> KYNAPSE
Cabinet de conseil en transformation digitale d'Open
www.kynapse.fr
Fiche d'entreprise p. 497

Charlotte Garaud
charlotte.garaud@kynapse.fr

Étude De Cas

BODEN

Une transformation digitale qui a du style

PROBLÉMATIQUE DE LA MARQUE

Boden : Fashion depuis 1991

En 1991, dans l'ouest londonien, Johnnie Boden confectionnait sur sa table de cuisine huit pièces de vêtements pour homme qui furent vendues dans un catalogue de vente par correspondance. Aujourd'hui, Boden conçoit des vêtements qui donnent de la couleur aux garde-robes et qui sont vendus dans les magasins physiques, mais aussi en ligne chez les retailers.

La société londonienne Boden affiche un chiffre d'affaires de 350 millions de livres. Le retailer compte 1 200 employés et cherchait une solution pour l'automatisation des flux de travail, le suivi de production et également pour la gestion de ses fichiers.

Karen Phillipson, Directrice de création, a commencé à travailler chez Boden il y a douze ans en tant qu'employée du département artistique. Elle est depuis devenue responsable du studio de création et doit s'assurer aujourd'hui que les équipes créatives aient les outils nécessaires pour répondre aux exigences de l'entreprise.

SOLUTION STRATÉGIQUE

> Pourquoi Boden avait-elle besoin d'une solution de *Digital Asset Management** (DAM) ?

Boden, en pleine transformation digitale, revoit actuellement ses processus pour s'assurer de pouvoir répondre aux besoins multicanaux de ses clients partout dans le monde.

L'entreprise cherchait avant tout à proposer le bon produit au bon moment, avec des communications pertinentes et des expériences client personnalisées et localisées. La photo étant un élément clé de tous les contenus produits, Boden avait forcément besoin d'un DAM.

> L'idée stratégique

Boden a donc créé une médiathèque centrale permettant à ses équipes de création et marketing de revoir leurs images et de savoir où elles en sont dans le processus de production. Ce faisant, l'entreprise a voulu :

- Rechercher et trouver des images en fonction de critères clés (métadonnées) ;
- Automatiser certains *workflows** ;
- Assurer la connectivité au service informatique de l'entreprise ;
- Construire un workflow facilitateur pour les créatifs ;
- Se préparer pour l'avenir.

Après des recherches approfondies, Boden a choisi DALIM ES. Une équipe projet s'est montée et a dressé la liste de ses principaux objectifs. Ensuite, elle a benchmarqué le DAM DALIM par rapport à d'autres solutions, tout en s'assurant de nouer une bonne relation de travail, un facteur clé dans le succès de la mise en place du système.

MISE EN PLACE OPÉRATIONNELLE

> Les étapes

> Intégration et suivi des modifications

L'un des flux de travail les plus importants impliquait le suivi de modifications de l'image et l'intégration de la reproduction. Ce flux de travail a pris en charge chaque projet, de la photographie à la sélection de la meilleure image, en passant par la préparation du matériel pour la mise en page, la création des pages – et, si nécessaire, la retouche des images – et l'envoi en production.

> Le workflow : du shooting photo à la publication

> Identifier les pertes de temps

« Le processus est la clé. Vous devez savoir quels sont vos processus actuels et être en mesure de les cartographier pour comprendre comment se fait la production », explique la directrice de création. « Nous avons également appris à tout remettre en question. Nous voulions nous assurer que tout le monde sache pourquoi il fait ce qu'il fait. Parfois, on découvre que certaines étapes peuvent être supprimées. En analysant le temps consacré à chaque tâche, nous pouvons savoir où il y a d'éventuelles pertes de temps. Toutes ces activités nous ont appris à voir grand, en commençant petit à petit ».

D'autres services de l'entreprise sont en train de mettre en place de nouveaux systèmes dans le cadre du projet de transformation digitale de Boden. La gestion du contenu web et la gestion de l'information produit sont importantes car elles contribuent à la réalisation des objectifs numériques de la marque.

> Impliquer l'IT

Comme pour tout grand projet, Boden a beaucoup appris de son expérience. Selon la directrice de création, toute entreprise qui construit un système pour elle-même devrait :

- S'assurer d'avoir suffisamment de temps ;
- Faire des tests dès le départ et être préparée pour les imprévus.

Et enfin :

- S'assurer d'avoir une équipe dédiée disponible ;
- Ne pas tester et approuver à la place de l'équipe dédiée : cela ne rend service à personne !

RÉSULTATS

> Un succès collectif

L'un des facteurs déterminants du succès a été la capacité de Boden à s'assurer de l'engagement de ses équipes. « Cela signifiait qu'il fallait mettre sur pied une équipe dédiée qui nous suivrait tout au long du processus pendant la période de découverte. Cela impliquait aussi que l'équipe IT participe activement dans le processus. Impensable de les laisser de côté », pour Karen, la directrice de création. « Nous nous sommes assurés que tout le monde était impliqué et informé pendant chacune des étapes. Nos équipes engagées ont certainement été les actifs les plus précieux qui ont assuré le succès de notre projet. »

La production de Boden – print et web, de la photographie au design et à la création du contenu final – a bénéficié à la fois de la technologie DALIM ES et d'un processus bien géré !

*Retrouvez la définition dans le lexique en fin d'ouvrage.

> DALIM SOFTWARE
www.dalim.com
Fiche d'entreprise p. 488

info@dalim.com

Étude De Cas

SCALEMAX

Groupe Casino : du supermarché au datacenter

> Le premier centre de calcul du Groupe Casino

PROBLÉMATIQUE DE LA MARQUE

> Contexte

Le Groupe Casino (Casino, Monoprix, Franprix...) est un acteur historique de la distribution et s'affirme grâce à Cdiscount comme un leader du e-commerce en France et un pionnier de l'omnicanal. Le groupe mise sur l'innovation pour rester au plus près de ses clients et s'appuie sur l'expertise des start-up françaises pour expérimenter de nouvelles solutions en permanence.

Qarnot Computing est une start-up qui utilise la chaleur fatale issue du calcul haute performance pour chauffer des logements. Elle commercialise des radiateurs-ordinateurs dont les processeurs exécutent à distance des calculs intensifs pour des entreprises et produisent localement une chaleur gratuite et écologique. En s'appuyant sur une infrastructure totalement décentralisée, la *puissance de calcul** n'est plus concentrée au sein de datacenters, mais distribuée dans les bâtiments au plus proche des sources de données et des utilisateurs.

Le marché mondial du calcul haute performance estimé à 9 milliards de dollars en 2018 est en forte croissance (+ 21 % en 2023), la demande émanant principalement du secteur privé (banques, assurances, modélisation, IA...). Les entreprises y ont recours afin d'économiser sur les coûts d'infrastructure informatique.

> Objectifs

À l'occasion du CES 2018 à Las Vegas, la direction innovation de Casino rencontre Qarnot, venue chercher un partenaire pour l'aider à augmenter ses capacités de calcul. Les échanges vont rapidement permettre d'identifier une solution commune aux objectifs complémentaires : ScaleMax, une co-entreprise destinée à installer et exploiter des centres de calcul nouvelle génération au sein des espaces disponibles du groupe Casino.

Le partenariat permet à Qarnot d'augmenter sa capacité de puissance de calcul et de faire porter une partie de l'investissement à un solide partenaire, Casino, qui poursuit sa stratégie de monétisation d'actifs en exploitant l'espace disponible et trouve une alternative écologique, durable et économique aux solutions de chauffage.

> Cibles

BtoB

SOLUTION STRATÉGIQUE

> Une offre innovante de puissance de calcul

Pour se lancer sur le marché du calcul haute performance et se démarquer face aux mastodontes que sont Amazon, Microsoft... ScaleMax se devait de proposer une offre de puissance de calcul véritablement unique et innovante.

ScaleMax a donc choisi de se différencier par le prix : en optimisant ses coûts de structure, elle peut proposer une tarification ultra attractive. Contrairement aux datacenters classiques qui nécessitent un lourd investissement initial dans le bâtiment, les centres de calculs ScaleMax sont installés dans des entrepôts et des réserves répondant déjà à de nombreuses normes sécuritaires (gardiennage 24/24, alarme, détection incendie) et équipés en fibre optique et en puissance électrique. ScaleMax s'acquitte uniquement d'un loyer mensuel à l'enseigne qui l'héberge et prend en charge les travaux d'installation complémentaires.

L'autre aspect différenciant de la solution de ScaleMax repose sur sa démarche écologique. Traditionnellement les datacenters sont des gouffres énergétiques, car en plus d'alimenter les serveurs en électricité il faut refroidir ces derniers qui dégagent une importante quantité de chaleur lorsqu'ils effectuent des

Open innovation | Cloud | Techforgood

> Retrouvez les mots clés en index <

INFOS CLÉS

1 site déployé en 2019	Jusqu'à **4x** moins cher que ses concurrents	Puissance de calcul durable

calculs informatiques (50 % de la facture d'électricité d'un datacenter vient de la climatisation). Plutôt que de climatiser, ScaleMax entend tirer parti de la chaleur fatale dégagée par les serveurs pour réaliser, en période de chauffe, d'importantes économies sur le chauffage des bâtiments où sont installés les centres de calcul. En été, ScaleMax refroidit le local de manière naturelle en utilisant l'air extérieur : c'est le free cooling. De plus, tous les centres de calcul sont alimentés en électricité verte par GreenYellow, la filiale énergie du groupe Casino spécialisée dans le photovoltaïque, l'offre de puissance de calcul est ainsi presque totalement décarbonée.

Enfin, tous les sites de ScaleMax sont et seront déployés en France afin de garantir la souveraineté des données de ses utilisateurs français.

> Une puissance de calcul ultra-performante
ScaleMax entend réduire ses coûts grâce à l'utilisation de locaux existants, mais porte une attention particulière au choix du matériel informatique afin d'offrir une puissance de calcul extrêmement performante. ScaleMax exploite des serveurs *bare-metal** confectionnés par Qarnot et équipés de processeurs AMD dernière génération.

MISE EN PLACE OPÉRATIONNELLE

> Définir le modèle avec Qarnot
La première étape du projet commun consista à définir le modèle, établir les prérogatives de chaque partie et créer la structure juridique. Dans le cadre de ScaleMax, l'apport de chacune des parties étant clairement identifié, les échanges débouchèrent très rapidement sur une solution satisfaisante pour les deux parties.

ScaleMax s'appuie sur les compétences et l'expérience de Qarnot dans la conception des solutions informatiques destinées à l'exploitation de puissance de calcul. Cela englobe aussi bien la partie hardware - l'architecture des serveurs bare-metal déployés dans les centres de calcul - que la partie software - la plateforme Q.Ware qui permet de distribuer dynamiquement les besoins en puissance de calcul. Le groupe Casino met à disposition de ScaleMax les espaces disponibles de ses différentes enseignes en échange d'un loyer et sa filiale GreenYellow assure l'approvisionnement en l'électricité verte. La structure est codétenue à 50 % par les deux entreprises qui se partagent donc les risques et les bénéfices.

> Tester puis industrialiser la solution
L'alliance s'est concrétisée en deux phases, une première avec une installation test dans le concept store de Casino "le 4" sur les Champs-Elysées qui a permis de valider l'intérêt commun et dans un second temps la création de la co-entreprise ScaleMax. La signature des accords a permis

"Le projet prolonge la vision de Qarnot : un accès à une infrastructure extensible et vertueuse écologiquement. Qarnot change d'échelle, pour répondre durablement à la demande de puissance de calcul."

de cadrer le déploiement du premier centre de calcul d'une capacité de 20 480 cœurs dans un entrepôt Cdiscount à Réau en Seine-et-Marne. Immédiatement après, les équipes de ScaleMax ont lancé les travaux d'aménagement du local, essentiellement des travaux d'alimentation électrique ainsi que d'installation du système de récupération de chaleur. Les équipes de Qarnot finalisaient parallèlement l'assemblage des "omars" : les serveurs qui effectuent à distance les tâches de calcul. Un omar est un ensemble de processeurs réunis sur un même portant métallique. Ils ont été conçus et optimisés pour la performance et la récupération de chaleur. Le centre de calcul est intégralement équipé de capteurs de température et les omars communiquent en temps réel leur consommation électrique : toutes les données sont agrégées dans la plateforme de Qarnot. ScaleMax peut visualiser en temps réel la performance énergétique de ses centres de calcul et peut lancer des tâches sur le site qui en a le plus besoin à l'instant t.

Les travaux ont été réalisés dans un temps record et ont permis de lancer rapidement l'exploitation du premier contrat de ScaleMax signé avec une grande banque française. Les équipes de ScaleMax ont découvert toutes les spécificités et les complexités d'une activité, la conception de centres de calcul, bien loin de leur cœur de métier. La création du centre de calcul de Réau a permis de constituer un modèle industrialisable et déployable rapidement pour répondre à la demande de puissance de calcul.

> Accélérer sur la commercialisation

La mise en service du premier centre de calcul et la signature d'un premier contrat d'envergure ont confirmé la pérennité du modèle. Deux nouveaux sites sont en cours de déploiement et vont permettre à ScaleMax de disposer d'un peu plus de 60 000 coeurs fin 2020. Mais le déploiement de l'infrastructure n'a de valeur que si cette dernière est exploitée commercialement. ScaleMax concentre aujourd'hui ses efforts sur la commercialisation et cible tous les secteurs consommateurs de puissance de calcul.

On retrouve ainsi au premier plan les grandes banques qui effectuent de nombreux calculs de positions réglementaires, mais aussi les compagnies d'assurances qui simulent leurs prix régulièrement et les entreprises qui modélisent leurs nouveaux produits en 3D dans le cadre de leur recherche & développement. A cela s'ajoutent les entreprises en pointe dans les nouvelles technologies que sont l'analyse de données, l'intelligence artificielle, la blockchain... Les start-up sont particulièrement ciblées, car elles représentent un vecteur de croissance important. Pour convaincre ces dernières et les enrôler sur la plateforme, ScaleMax travaille notamment à la création de partenariats avec les incubateurs et les accélérateurs. C'est ainsi qu'est né le programme Scal'aunch qui donne la possibilité aux start-up prometteuses de se voir proposer une offre de bienvenue ainsi qu'un accompagnement dédié et adapté à leurs besoins.

> Les omars ont une capacité de 256 cœurs

> Le centre de calcul occupe un local existant

RÉSULTATS

Après six mois d'existence, un site déployé, deux sites en cours de déploiement et deux contrats d'envergure signés, les premiers résultats ont permis de confirmer l'atteinte des objectifs initiaux. Et la réplicabilité du modèle est particulièrement prometteuse pour le futur du partenariat.
Au-delà de ce premier constat, l'intérêt pour Qarnot est de pouvoir proposer des services informatiques avec une surface d'activité beaucoup plus importante. Cela permet aussi d'accroître la capacité de l'offre Qarnot de manière beaucoup plus réactive et ainsi faire face à une montée en charge rapide. En outre, l'investissement est supporté par ScaleMax en apportant la puissance financière d'un grand groupe. La présence de Casino a également eu un rôle important dans la signature de certains contrats.

Du point de vue de Casino, l'alliance avec Qarnot a permis de valoriser les actifs du groupe et de faire émerger une nouvelle source de revenus. Il s'avère en complément que cette alliance s'inscrit dans le sens d'un engagement toujours plus fort dans le développement durable. L'entrepôt de Réau réalise ainsi d'importantes économies sur ses coûts de chauffage grâce à la chaleur fatale.

Avec cette alliance, le groupe Casino poursuit sa démarche d'Open Innovation qui s'exprime non seulement au travers d'un cadre juridique dédié, la co-société ScaleMax, mais également dans une collaboration de tous les jours, comme le ferait une équipe intégrée, pour construire ce modèle inédit en France.

*Retrouvez la définition dans le lexique en fin d'ouvrage.

> *“Les besoins en calculs intensifs vont augmenter avec la blockchain, l'intelligence artificielle : nous développons cette activité parce qu'au-delà de sa rentabilité, nous croyons à son fort potentiel.”*

> SCALEMAX

Martin Calmels
mcalmels@groupe-casino.fr

> QARNOT
www.qarnot.com/fr/home-fr

Erik Ferrand
erik.ferrand@qarnot-computing.com

Étude De Cas

AIR FRANCE

Air France Digital Factory : Oser !

> Bannière Air France Digital Factory

PROBLÉMATIQUE DE LA MARQUE

> Contexte
Face aux nombreux labs et autres factorys émergeant dans les grandes entreprises, Air France s'est posée la question de créer une structure de ce type. Dès le début du projet, on s'est efforcés de répondre à une véritable problématique. Pourquoi créer une Digital Factory ? Quelle proposition de valeur ?

> Cibles
D'une part, les équipes projet de tous les métiers travaillant sur leur transformation digitale, de manière indépendante. Par sa position transverse, au sein de la direction de la transformation, la *Digital Factory** permet de faciliter le re-use, de recruter des compétences rares en interne, et de proposer une expérience digitale améliorée aux collaborateurs, dans un souci de symétrie des attentions. D'autre part, avec la construction du lieu et son animation, elle s'adresse à l'ensemble des collaborateurs d'Air France et agit sur tous les aspects de la transformation digitale : outils, process et culture.

> Objectifs
La Digital Factory c'est une équipe d'experts, des convictions et un lieu dédié à l'accélération de la transformation digitale de l'entreprise en agissant autour de 3 axes :

- Délivrer des solutions digitales concrètes aux métiers en garantissant l'adoption des utilisateurs finaux ;
- Offrir un vecteur de transformation culturelle pour rendre le digital à portée de tous ;
- Créer une sorte de "hub" où se croisent les différents métiers de l'entreprise, casser les silos de l'entreprise et l'ouvrir sur l'externe.

> Moyens
Une vingtaine de collaborateurs, un lieu, une approche centrée utilisateur, et... seulement 5 ans pour mener la mission. La Digital Factory, c'est un petit peu la start-up au sein du groupe !

Last but not least : un allié de poids, l'informatique d'Air France KLM, partenaire privilégié, dont les experts sont associés dès le début aux projets pour s'assurer que tout ce qui est développé s'insère parfaitement dans le système d'information de l'entreprise.

SOLUTION STRATÉGIQUE

La Digital Factory agit comme une agence interne au service des métiers.

Pour chaque projet nous définissons précisément avec les équipes ce que seront concrètement : les livrables, la contribution des acteurs et le timing.

Pour chaque projet elle définit précisément avec les équipes ce que seront concrètement : les livrables, la contribution des acteurs et le timing. Avec à l'esprit que la Digital factory n'est pas là pour faire 'à la place' mais bien 'avec' les métiers. Elle s'appuie sur **trois principaux piliers** :

> Une équipe
L'organisation : 5 pôles de compétences (projets, opérations, IT, culture digitale, design), qui se rapprochent et se complètent selon les besoins et enjeux, avec une obsession, collaborer, casser les silos et créer de la valeur grâce à des actions transverses au sein de l'entreprise.

Qui sont les collaborateurs ? Une partie de l'équipe est issue de l'entreprise, qu'elle connaît très bien, accompagnée d'ex-

INFOS CLÉS

Un lieu construit en **6 mois**	**20** projets en 18 mois	**1 000** visites par mois

perts de l'informatique Air France. Elle est complétée par de nouvelles expertises (data engineers, expertises en design, en transformation, coachs agiles...), des consultants temporaires...

Tous partagent 3 valeurs en commun : audace, collaboration, attention.

> Un lieu conçu comme un véritable outil de travail

Un lieu qui a pour fonction de favoriser la collaboration autour des projets digitaux et appliquer les méthodologies Agile et Design Thinking. Sa conception sur deux niveaux a été imaginée comme une ligne de production de solutions digitales.

C'est une sorte de one-stop-shop du digital, un point d'ancrage où les métiers peuvent accéder facilement à un réseau de compétences nécessaires à la définition et l'exécution de leurs projets.

Plus qu'une simple Factory, ce lieu est aussi un catalyseur de l'acculturation digitale.

Le lieu accueille keynotes, formations, évènements, tels que la première Design Week d'Air France, ou des Tech Days, pour sensibiliser l'ensemble des collaborateurs aux enjeux du numérique. De plus, une équipe de Digital Officers est en charge de diffuser les bonnes pratiques collaboratives "hors les murs" de la Digital Factory, au sein des métiers.

> *"How to make it happen ! Parce qu'il n'y a pas d'innovation sans utilisateurs, l'enjeu ne se résume donc pas à avoir des idées, mais à réussir à les concrétiser, et à les faire adopter en maîtrisant le facteur temps."*

> Showroom Air France Digital Factory

L'équipe de la Digital Factory partage le lieu avec les équipes innovations de l'informatique. Ces équipes en charge de travailler sur les technologies émergentes, et de chercher les cas d'usage pour les tester au sein de l'entreprise, ont trouvé le terrain de jeu idéal pour être plus connectées au métier. Vous avez dit sérendipité ?

> Méthodologie & collaboration

Le digital ne s'arrête pas aux silos des organisations et nécessite une approche globale. La Digital Factory apporte de la transversalité dans les projets en fédérant les différents métiers impliqués.

Design Thinking et méthode Agile sont bien sûr nos approches de prédilection et se déclinent en différents formats au quotidien dans nos espaces : workshops, plénières, prototypages de collaboration autour des outils digitaux, serious games... afin de développer la capacité à partager et communiquer, dans un objectif de co-construction.

MISE EN PLACE OPÉRATIONNELLE

> Étapes

Automne 2017 : après le GO du Comex, recrutement des premiers membres de l'équipe, et étude d'opportunité autour du lieu.

Janvier 2018 : début des opérations. Travail sur les premiers projets digitaux, lancement des recrutements externes, et lancement du projet immobilier.

Novembre 2018 : inauguration du lieu Digital Factory, célébration des 10 premiers projets.

Avril 2019 : l'équipe est au complet, 20 projets ont été menés, les processus et l'offre de service formalisée, le lieu a reçu plus de 8 000 visites en 6 mois.

> Cette réussite tient en un mot : l'audace !

- **Audace de la promesse =** un esprit start-up au cœur de l'entreprise agissant concrètement dans la vie des métiers, qui a pour objectif de "craquer" les problématiques (véritables uses cases).

La Digital Factory est une structure éphémère qui œuvre pour un changement durable.

- **Audace du lieu =** une construction modulaire atypique : 28 containers (700 m²) déposés sur le parvis du siège social d'Air France, face au hall d'honneur, c'est en soi, une démarche innovante tant dans la symbolique de bousculer l'existant que dans son concept architectural participant à la diffusion d'une image d'Air France plus moderne et innovante.

> Air France Digital Factory : Forum On Air

- **Audace dans le timing de réalisation =** 2 mois pour élaborer le concept et fédérer les décideurs, 6 mois pour imaginer un lieu et 4 mois pour le construire, tout en constituant l'équipe de pionniers et 18 mois pour livrer les 20 premiers projets.

RÉSULTATS

Les résultats observés après 18 mois vont au-delà des ambitions de départ, autant sur les projets, que sur la fréquentation et l'intérêt manifesté autour du lieu.

La raison d'être imaginée en théorie fin 2017 s'est affirmée au travers des 20 premiers projets. La position privilégiée dans l'organisation en termes de captation d'infos, neutralité et de recoupement des besoins métiers nous permet d'agréger de manière transverse les problématiques et les solutions digitales des métiers.

Les retours positifs des équipes projets ont permis d'instaurer de la confiance dans la capacité de la Digital Factory à réussir même s'il nous reste encore des challenges à relever.

Le lieu suscite beaucoup d'intérêt et répond à des besoins plus ancrés que ce qui avait été imaginé, avec aussi une forte demande d'exportation hors du siège. C'est un vecteur essentiel du savoir-faire digital. Il a accueilli 8 000 personnes depuis son ouverture, internes et externes. Les missions de gestion du lieu et d'accueil des visiteurs s'ajoutent à la réalisation de nos projets.

La Digital Factory joue aussi un rôle dans la modernisation de la marque employeur Air France et est en mesure d'attirer de nouveaux talents.

*Retrouvez la définition dans le lexique en fin d'ouvrage.

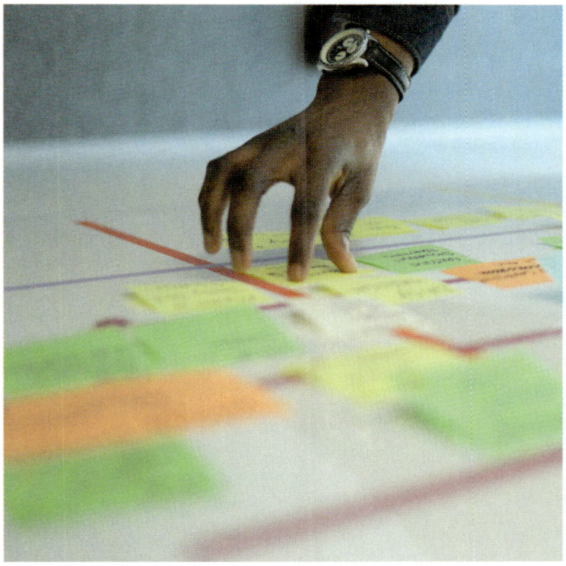

> DIGITAL FACTORY
Sophie Troel
Directrice de la Digital Factory
sotroel@airfrance.fr

> AIR FRANCE
Rachel Lesage
Chief Operations & Promotion
rclesage@airfrance.fr

Article

Comment la vidéo aide à lever les résistances aux changements

La réussite d'un projet de transformation digitale dépend du degré d'adoption des nouveaux process et solutions. Informer, convaincre, former ou encore conduire le changement... Chaque étape clé réserve son lot de résistances au changement. La vidéo en tant que média engageant, éducatif et viral, permet de lever l'ensemble de ces obstacles. Décryptage d'une stratégie vidéo.

La vidéo aide à prendre une décision pour **90 %** des acheteurs

94 % des professionnels RH plébiscitent le microlearning

> *"La production de contenu vidéo est devenue plus rapide et plus simple et se prête désormais à des contextes de communication qui exigent de la réactivité."*
>
> Lionel CHOURAQUI
> *CEO Pitchy*

1) CONVAINCRE LES SPONSORS ET LES COLLABORATEURS DE LA NÉCESSITÉ DU CHANGEMENT

Avant même le démarrage, il faudra d'abord présenter votre projet et convaincre en interne la direction et les autres sponsors d'adopter de nouvelles méthodes de travail. Dans un second temps, il sera utile de communiquer sur le pourquoi du changement et le contexte opérationnel.

Convaincre la direction et les différents sponsors passe par différents formats vidéo :
- Présentation de la solution ;
- Présentation de l'entreprise ;
- Présentation produit/service.

Toutes ces vidéos de présentation possèdent un taux de conversion et d'engagement supérieur à n'importe quel autre contenu. Présenter une solution, un produit ou un service projette l'audience dans la solution. 97 % des entreprises estiment d'ailleurs que la vidéo permet aux utilisateurs de mieux comprendre leur offre (Source : Wyzowl, Global Survey, 2018). Tous supports confondus, 72 % des professionnels préfèrent également s'informer en vidéo.

La valeur de ces vidéos réside dans la richesse des contenus dispensée avec brièveté. Elles apportent un aperçu, une mise en situation et le ROI de la solution. Dans votre stratégie vidéo, vous pouvez également adosser à ce premier contenu, d'autres vidéos qui présentent l'entreprise pour humaniser la solution et introduire les futurs partenaires.

> Cas pratiques :
L'interview d'un manager du futur prestataire : ce format permet de montrer comment travaille le futur partenaire et permet d'entrer en immersion chez lui. Cela peut donner un aperçu de ses méthodes de travail et de sa force de frappe.

La vidéo de présentation institutionnelle de l'entreprise : un format qui permet de présenter une marque, son service et ses équipes en très peu de temps. Ce contenu est idéal pour la prise de décision et pour choisir entre un partenaire ou un autre.

Le showreel : cette vidéo permet d'aborder l'ensemble des fonctionnalités de la solution et de les corréler aux bénéfices clients qui en sont tirés.

> La vidéo améliore l'adoption des innovations

Le teaser pour annoncer l'implémentation du projet : en surcouche à un dispositif de communication classique, vous pouvez utiliser un teaser, en mode bande-annonce pour enrichir votre newsletter collaborateurs, habiller le display dans vos bureaux, présenter votre projet sur l'intranet ou la plateforme LMS de votre entreprise. Votre taux d'engagement n'en sera que meilleur.

2) COMMUNIQUER SUR LE CHANGEMENT

La communication est essentielle pour embarquer les équipes dans le changement. Le référent en charge du projet met en place une stratégie de communication pour clarifier les nouveaux process, annoncer le rétroplanning, embarquer les collaborateurs.

Cette communication passe d'abord par la mise en place de la *situation d'urgence**. L'idée est de communiquer sur les raisons d'un changement rapide et les bénéfices apportés aux équipes. Le recours au storytelling permet de construire la vision du changement. Ce dispositif de communication doit également clarifier les étapes du projet et anticiper les résistances.

Le recours à la vidéo dans le cadre d'un projet de transformation digitale se légitime pour plusieurs raisons :

- La vidéo véhicule un message simplifié et attractif ;
- Le format met l'accent sur l'humain ;
- L'outil est collaboratif ;
- La production de contenu vidéo est devenue plus rapide et plus simple et se prête désormais à des contextes de communication qui exigent de la réactivité ;
- Les contenus sont toujours disponibles sur de nombreuses interfaces (intranet, réseaux sociaux d'entreprise, web-TV, plateforme de LMS...).

>Cas pratiques :
Vidéo de bilan : ce format met en valeur de façon chiffrée (visualisation de données, infographies animées...) les raisons du changement. Dans cette vidéo vous pouvez aussi annoncer le but à atteindre et les bénéfices apportés par le projet de transformation digitale.

> *"Pour éviter les résistances possibles, il est indispensable d'identifier ceux qui constitueront les futurs ambassadeurs et créateurs de contenus vidéo."*
>
> **Lionel CHOURAQUI**
> *CEO Pitchy*

T. DIGITALE

Vidéo d'annonce corporate : le référent du projet a réussi à convaincre sa direction. Il s'agit maintenant de la faire intervenir en tant que sponsor du projet pour construire la vision du changement. Une interview d'un dirigeant qui explique soutenir le projet permet de renforcer la crédibilité du projet auprès des équipes.

La vidéo de rétroplanning : l'idée de ces vidéos est de clarifier les étapes du projet pour anticiper les premières résistances qui s'expriment dans le fait de changer les habitudes de travail. Montrer en vidéo que le changement se passe en douceur et sans heurts aide à lever certains verrous psychologiques.

La vidéo reminder : rappeler les étapes clés via une vidéo est un moyen plus sûr de vous assurer que les collaborateurs aient bien le calendrier à l'esprit.

3) IMPULSER LE CHANGEMENT/FAVORISER L'ADOPTION POUR AMÉLIORER LA CULTURE DIGITALE DE L'ENTREPRISE

Votre phase de *PoC** se termine. L'heure des premiers bilans arrive. C'est aussi l'occasion de renforcer la culture digitale de l'entreprise grâce à ce projet de transformation.

La culture d'entreprise cimente la façon de collaborer des équipes et permet leur adhésion à de nouveaux projets. Une entreprise faisant de l'innovation un pilier de sa culture sera plus encline à adopter de nouvelles solutions et à réussir sa transition digitale.

La vidéo permet de capitaliser sur vos premiers succès et d'engager vos équipes en nommant des ambassadeurs. Par ailleurs, développer la vidéo comme média de formation permet également de développer le mentoring dans la conduite du changement. Pour éviter les résistances possibles, il est indispensable d'y préparer les salariés et d'identifier ceux qui constitueront les futurs ambassadeurs de la solution. La création de vidéos par ces futurs mentors permet de mettre à disposition des supports de formation pertinents.

>Cas pratiques :

Interview témoignage/remerciements : ce format permet de présenter en peu de temps les avancées et les réussites du projet. Il peut se concrétiser par une interview du référent du projet qui remercie les équipes ou par le témoignage de collaborateur en mode success-story qui présente concrètement les bénéfices du changement.

Vidéo de visualisation de donnée/infographie : ce support met en valeur le ROI du projet auprès des sponsors et des équipes. L'idée est de mettre en avant les KPIs (indicateurs) fixés au début du projet et de montrer leur progression. Cette vidéo a pour but de pérenniser le changement et d'être ensuite

> Le SaaS vidéo, outil pour le change management

utilisée comme contenu d'évangélisation lors du déploiement de la solution à de nouveaux périmètres (entités, filiales ou business unit).

Rétrospective/making-of des premières étapes du projet : plusieurs vidéos dans le cadre de ce projet de transformation digitale ont déjà été réalisées. Le moment est arrivé de capitaliser sur ce contenu et de réaliser une rétrospective ou un making-of. Ce contenu permet de montrer aux équipes la transversalité du projet et d'améliorer la culture digitale de l'entreprise. Ces vidéos présentent ainsi l'entreprise comme une entité agile qui développe son appétence pour l'innovation. Un plus pour votre marque employeur !

4) FORMER LES COLLABORATEURS ET LEVER LES FREINS À L'ADOPTION

Un projet de transformation digitale présuppose plusieurs moments de formation : la formation initiale au moment du kick-off et la formation continue pour ancrer les pratiques et intégrer de nouvelles fonctionnalités si besoin. Ici, les contenus doivent s'adapter aux desiderata des collaborateurs, à leur emploi du temps et à leurs points de souffrance. Ces contenus permettent aussi la consolidation du savoir-faire et son adoption définitive.

La tendance aux formations courtes, voire parfois très courtes - quelques minutes à peine - se confirme selon l'étude menée par Talentsoft sur l'avenir de la formation en 2018. Selon cette étude, les nouveaux modes jugés efficaces pour la formation se répartissent entre la réalité virtuelle, le mobile learning et le video learning.

Le video learning est dans cette optique un outil de formation performant pour la conduite d'un projet digital. Il permet d'isoler les fondamentaux de formation et de les diffuser dans le temps pour apprendre et ensuite pour consolider. En d'autres termes, il privilégie des contenus fragmentés qui s'intègrent au quotidien et au mode de consommation de contenu des collaborateurs.

En outre, l'utilisation de la vidéo permet d'activer trois leviers pour rendre l'apprentissage plus efficace :

- L'attention est meilleure en vidéo (canaux visuels et auditifs sollicités en même temps, montage rythmé, animation...) ;
- La compréhension est optimale, car la vidéo permet de vulgariser les sujets les plus complexes (motion design, médias d'illustration, voix-off...) ;
- La mémorisation est également meilleure grâce à la vidéo en comparaison aux autres supports de formation (PowerPoint, print...)

> Cas pratiques :

Le tutoriel de prise en main (pré-adoption)/le tutoriel après prise en main : le format correspond aux façons de consommer la vidéo dans la sphère privée. Le "tuto", le "tips & tricks" ou le "how to" font partie de la catégorie de vidéos la plus consultée sur la toile depuis plusieurs années. Il permet de montrer comment se plier aux nouveaux process d'une nouvelle solution. Idéalement, une première série de tutoriels est utile pour la prise en main. Chaque tutoriel s'attarde sur un point clé (technique, réglementaire, process, vocabulaire, geste métier...). Cette première série de tutoriels doit ensuite être enrichie d'une seconde série de tutoriels davantage tournés vers les métiers pour répondre à certains usages spécifiques.

La F.A.Q (foire aux questions) vidéo : le support peut également inclure des vidéos qui montrent où rechercher certaines ressources utiles. Vous pouvez également décliner en vidéo les réponses aux principales questions. La vidéo apporte un aspect didactique bien plus facile à suivre qu'une F.A.Q rédigée sous forme de listes interminables.

L'utilisation de la vidéo rend votre processus de transformation plus crédible, car vous assurez la communication de votre projet avec le média le plus digital. Logique ! Cette crédibilité ne fera que renforcer la culture de l'innovation au sein de votre organisation. Surtout le recours à la vidéo permet de lever les obstacles classiques rencontrés dans une conduite du changement. D'autant plus, lorsque ce contenu est produit par les collaborateurs. Cette communication digitale de pair à pair doit être encouragée. Pour ce faire, l'internalisation des moyens de production vidéo est à envisager sérieusement pour conduire sereinement son projet de transformation.

*Retrouvez la définition dans le lexique en fin d'ouvrage.

> PITCHY
www.pitchy.fr

Geoffroy Framery
Content Manager
gframery@pitchy.fr
contact@pitchy.fr

Étude De Cas

CE RATP

La mise en place d'une plateforme collaborative

PROBLÉMATIQUE DE LA MARQUE

> Comment le CE de la RATP a optimisé sa communication et la réactivité de son équipe communication grâce au Digital Asset Management (DAM)

Le Comité d'Entreprise de la RATP a été créé en 1947 dans le but de promouvoir le bien-être au travail. Il a dû évoluer pour s'adapter aux besoins des plus de 400 salariés et 45 000 agents utilisateurs de ses services. Troisième plus grand CE de France, il s'agit d'une structure de droit privé qui développe différentes activités sociales et culturelles à destination des agents et des retraités RATP. Pour gérer et faire connaître son offre de services, il se sert de multiples supports print et web : un magazine mensuel de 40 pages, deux catalogues vacances par an, une newsletter mensuelle, un site web, une app mobile, une page Facebook, un compte Twitter et 26 écrans d'information.

Des documents internes sont aussi produits pour les directions du CE (flyers, affiches, documentations). Afin d'optimiser ses processus de production marketing, le CE RATP, sous la houlette de Patricia Guillamot, sa responsable communication, a décidé de ré-internaliser un certain nombre d'opérations, auparavant sous-traitées. Ils ont constaté certains dysfonctionnements, occasionnant des retards dans les délais de livraison. « Il est apparu clairement que nos solutions d'échange de fichiers manquaient d'efficacité. S'ensuivaient des problèmes de planning et de sécurisation, d'archivage et de stockage, pour un service com qui n'était pas optimal, manquant de réactivité et d'autonomie », explique la responsable.

Sous-traiter alors qu'ils avaient des ressources internes disponibles et osciller entre les pics d'activité et les attentes de dossiers nuisait à la mission du service communication et générait également un certain stress. « D'où l'importance d'agir au niveau du processus de conception et réalisation des supports, dont le volume par an est considérable. Tous documents confondus, nous sommes à plus de 600 000 impressions », souligne Patricia Guillamot.

SOLUTION STRATÉGIQUE

> Savoir réutiliser et capitaliser sur l'existant

Avec un volume croissant de supports de communication et de plus en plus de demandes internes, le CE RATP avait besoin de centraliser la totalité de ses ressources numériques, d'être en mesure de les trouver facilement pour leur réutilisation sur les différents canaux de distribution, d'identifier les étapes clés de leur processus de création et de définir les référents pour chacune de ces étapes afin que les cycles de validation soient plus fluides. Pour répondre à ces problématiques en se servant des ressources internes dont ils disposaient, un choix d'outil s'imposait. Il fallait trouver une solution pour gérer le patrimoine numérique, permettant d'implémenter des cycles de validation et pouvant être déployée le plus rapidement possible.

> Professionnaliser la communication grâce aux workflows

Ils ont alors lancé un appel d'offre et huit prestataires ont été pressentis. Trois dossiers sont passés en commission avant d'opter finalement pour la solution DAM de DALIM SOFTWARE. Un DAM, de l'anglais Digital Asset Management, est une plateforme qui permet de gérer des actifs numériques (images, documents de texte, vidéo, 3D, etc.). La solution de DALIM SOFTWARE non seulement leur permettait d'avoir une source unique de ressources numériques, mais elle leur offrait aussi la possibilité de réaliser des projets collaboratifs en temps réel, d'automatiser certains flux de production, de suivre facilement la progression des tâches, de consulter

INFOS CLÉS

1 300 réalisations graphiques gérées	**96 000** économisés en un an

l'historique de versions de chaque support et d'identifier les éventuels goulets d'étranglement dans les différentes étapes du processus.

« Ce qui nous a séduits dans cette solution est son aspect presque sur-mesure, personnalisable et évolutif », explique Patricia Guillamot. « Nous avons alors écrit un cahier des charges techniques très précis concernant nos attentes, puis monté une équipe projet en interne ». C'est elle qui a recensé les supports et décortiqué le travail du service communication, afin d'adapter la solution à ses besoins et coller aux processus de production.

MISE EN PLACE OPÉRATIONNELLE

> Une plateforme pour mieux collaborer

L'adoption du nouvel outil s'est déroulée en quatre étapes : le recensement des différents processus, la mise en place d'une solution adaptée, la formation des utilisateurs et des séances de retour utilisateurs.

Pour la mise en place de la solution, il a d'abord fallu identifier les différents processus de l'équipe de création, puis collaborer avec le studio graphique et la chargée de communication pour étudier les méthodes de travail. Ensuite, le temps a été consacré au déploiement agile de la solution, ainsi que cinq séances de formation avec la société Galilée, intégrateur de solutions DALIM.

> Le bon interlocuteur pour réduire les délais

Chaque service avait besoin de faire le point sur ses propres circuits de validation, la personne référente n'étant pas toujours la plus à même de valider un support ou de le relire. « La partie la plus longue a été d'identifier les référents, les validants et les suppléants de chaque service demandeur », reprend la responsable. « Mais elle nous a permis de responsabiliser les services. Nous avons une plateforme collaborative, ce n'est donc pas la direction de la communication qui donne le "go", mais bien le responsable du projet, au sein de chaque service. »

Une fois les acteurs bien identifiés, le déploiement de la solution a commencé. Les différents flux de production avec leurs cycles de validation respectifs ont été mis en place. Un module de génération de catalogues interactifs leur a permis de basculer la consultation d'une publication papier en EPUB sur le web. La partie DAM a donné la possibilité d'archiver, consulter, mettre à jour et réutiliser les supports que les uns et les autres avaient réalisés par le passé. Elle a aussi permis à chacun de consulter la base d'images pour orienter plus facilement le graphiste dans sa mise en page. Enfin, l'intégration d'un planning prévisionnel donne des informations à l'utilisateur pour savoir s'il est déjà trop tard, et si, à défaut d'un support imprimé, il doit se rabattre sur un support web.

> *“La sous-traitance graphique presque disparue et la réalisation des supports réinternalisée ont permis des économies estimées à 96 000 € sur une année.”*
>
> **Patricia GUILLAMOT**
> *Responsable Communication du CE RATP*

1 Cycles de **d'approbation** optimisés pour réduire les **délais de création**

2 **Réduction des coûts** grâce à l'automatisation des **workflows**

3 Processus numériques et **KPI** pour une **précision** et une **transparence optimales**

> Gestion des versions et des comparaisons

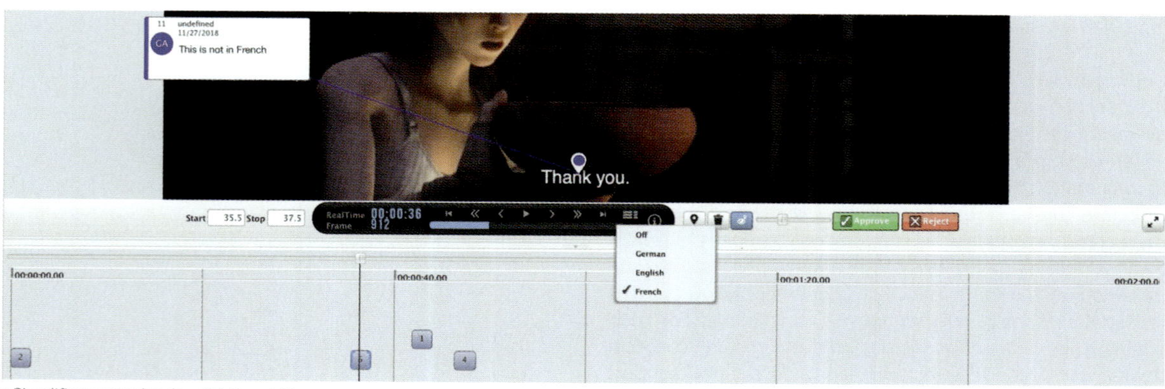

> Simplifiez vos cycles de validation vidéo

> Retrouvez les mots clés en index <

> Une solution personnalisable et évolutive

« DALIM nous a permis d'avoir beaucoup plus de transparence dans le processus de conception et de fabrication des supports, aussi bien pour notre service que pour l'utilisateur », affirme la responsable de communication. Suite au déploiement, un club utilisateurs a été instauré sous les conseils de DALIM afin d'améliorer continuellement l'outil. Au cours de la première année, Galilée a réalisé une série de formations pour une cinquantaine d'utilisateurs qui ont ensuite été conviés à participer à une séance REX afin de partager leur expérience avec le nouvel outil.

> Et ainsi naquit Créacom

« Afin de nous approprier la solution DALIM, nous l'avons renommée "Créacom", après un vote collectif des utilisateurs », indique Patricia Guillamot. « Tout service ayant un besoin en support de communication peut désormais faire sa demande dans l'interface de Créacom. Une fois validée par sa hiérarchie, la demande nous parvient, et passera par un certain nombre d'étapes, incontournables pour pouvoir démarrer le projet. Cela nous a permis de refixer un cadre, tel que la nécessité d'un brief, d'une recherche visuelle, la mention de la destination, de la cible, du nombre d'exemplaires, de la date, etc. »

RÉSULTATS

> Plus d'efficacité et un ROI quantifiable

Rien qu'en 2018, le module de DAM a permis de gérer près de 1 300 réalisations graphiques, dont 200 documents mis à la nouvelle charte graphique, 99 totems pour des évènements, 9 vidéos sous-titrées et 3 clips en motion design. La mise en place du flux de production via DALIM ES a finalement permis une meilleure prise en charge des dossiers au sein de la direction de la communication avec davantage de réactivité et moins d'erreurs, un volume plus important de demandes traitées, une quasi-disparition de l'enveloppe budgétaire dédiée à la sous-traitance graphique et la ré-internalisation de la réalisation des supports avec des économies estimées sur une année à 96 000 €.

Rapidement, Créacom s'est parfaitement intégrée à l'écosystème existant et est devenue un outil indispensable à la stratégie de communication du CE. Cette plateforme collaborative servira d'ailleurs de support au nouveau site web du CE de la RATP qui sera lancé au printemps 2020 et qui permettra à tous les bénéficiaires d'avoir accès à l'ensemble des prestations du comité d'entreprise, aussi bien en consultation, qu'en réservation ou encore en paiement.

*Retrouvez la définition dans le lexique en fin d'ouvrage.

> *"Ce qui nous a séduits dans cette solution, c'est son aspect presque sur-mesure, personnalisable et évolutif."*
>
> **Patricia GUILLAMOT**
> *Responsable Communication du CE RATP*

> DALIM SOFTWARE
www.dalim.com
Fiche d'entreprise p. 488

Eric Le Ven
Didier Destabeaux

Étude De Cas

SUEZ

Business *Lead Generation**
ou comment booster ses opportunités

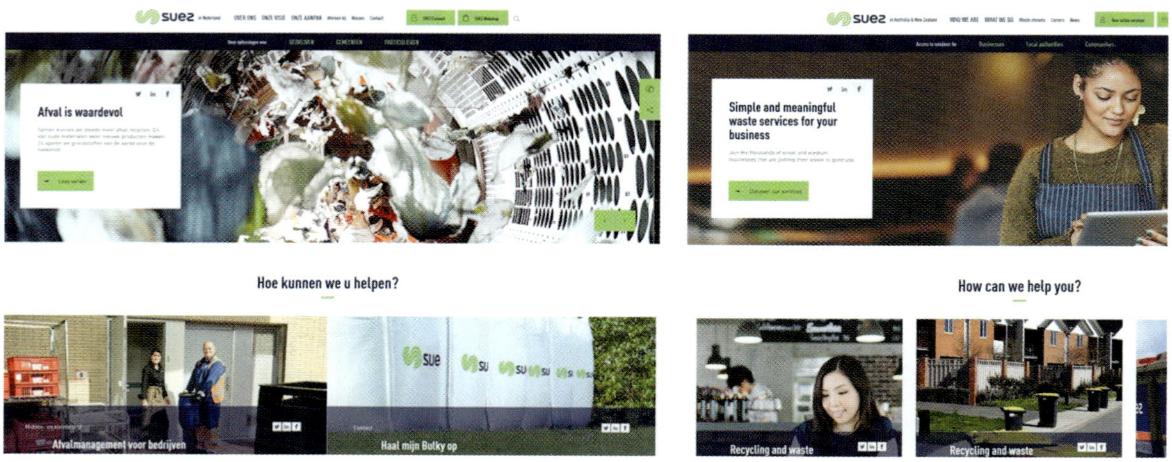

> Customer website suez.com

PROBLÉMATIQUE DE LA MARQUE

> Contexte

SUEZ est un groupe mondial, présent sur 5 continents. L'entreprise a mis en place un nouvel écosystème web suite au passage à une marque unique. Les sites corporate SUEZ (1 site global suez.com et 16 sites pays) sont les principaux générateurs de trafic : en moyenne plus de 220 000 visiteurs uniques par mois. Leur objectif est de présenter la marque et de permettre de générer du business localement. Ils cohabitent avec des portails clients et/ou des sites e-commerce locaux.

> Cible

SUEZ est un groupe multi-local avec des clients/prospects très variés (TPE, PME, grands groupes industriels, collectivités, particuliers). Il s'agit donc de prendre en compte les spécificités et attentes de chaque typologie de client afin d'y répondre au mieux tout en conservant une identité de marque globale.

> Objectifs

L'objectif du programme est de réinventer l'expérience client sur les sites locaux afin d'augmenter la génération de lead et de business dans des géographies de nature diversifiée.

SOLUTION STRATÉGIQUE

L'ambition du programme "Business Lead Generation" mené avec notre agence digitale partenaire, est de pouvoir être étendu à toutes les géographies du groupe. Cette ambition est d'autant plus difficile que chaque géographie fait face à un contexte différent et sur des dynamiques variées.

Deux pays ont été choisis et volontaires pour être pilotes, construire et tester la démarche sur leur marché local : l'Australie et les Pays-Bas.

Ces deux pays ont des typologies de clients/prospects différentes, mais aussi un écosystème digital différent : plutôt des grands industriels et des collectivités en Australie, tandis que l'écosystème des Pays-Bas est composé principalement de clients/prospects PME, avec des activités de e-commerce.

La collaboration avec des deux pays permet donc d'adresser deux contextes spécifiques, ce qui rendra plus simple le passage à l'échelle à l'issue du projet pilote.

MISE EN PLACE OPÉRATIONNELLE

> Durée

Les pilotes sont concentrés sur une période courte : 8 semaines d'audit et de développement d'un plan d'actions qui sera mis en place sur une période de 3 à 4 mois suivant la complexité des actions recommandées.

> Étapes

1. Personas

La première étape consiste établir des personas. Concrètement, nous avons identifié deux personas prioritaires pour l'étude des parcours clients : le Business Owner qui dirige une petite ou moyenne entreprise, le Procurement Officer qui est en charge des appels d'offres pour une grande industrie.

Les personas, via l'analyse de leurs besoins et de leur comportement, permettent de se projeter dans des parcours clients. On identifie ainsi les principales actions réalisées, l'état d'esprit et les attentes à chaque étape et les moments clés de l'expérience. Pour ce faire, nous avons réalisé plusieurs interviews avec les principaux acteurs en contact avec les clients notamment commerciaux et marketing.

Customer Journey | Business driven | Websites

> Retrouvez les mots clés en index <

INFOS CLÉS

220 000 visiteurs par mois

16 sites

2. Customer Journey Map

L'analyse de la performance des parcours liés aux personas permet de comprendre et cartographier le parcours client : de la notoriété à l'engagement et à la recommandation, en passant par la sélection. Partagée avec nos filiales, cette Customer Journey Map a permis de mettre en lumière les principaux irritants pour nos clients, ainsi que les premiers leviers opérationnels à activer.

3. Plan d'action

Une fois établie la cartographie des parcours clients et des opportunités ou irritants qui y sont associés, nous avons construit une liste d'actions à mener priorisée en fonction de l'impact client (irritant majeur, taux de rebond important...), l'impact business en termes de volume/valeur de lead et l'accessibilité du levier (budget, temps de mise en œuvre...). L'objectif est de tendre vers un "parcours client idéal" basé sur les plateformes existantes (CRM, CMS, marketing automation, CXP).

Cette étape comporte également la modélisation d'un business case, avec une étude de la valeur générée par le projet afin d'estimer et suivre l'impact du projet. Ce business case permet notamment d'identifier les prochaines géographies prioritaires de déploiement de l'approche.

4. Scalabilité

Cette étape consiste à déployer l'approche plus largement dans le groupe, suite au retour sur expérience des filiales pilotes.

RÉSULTATS

Chaque pays pilote se voit livrer un backlog de recommandations opérationnelles chiffrées, quantifiées et priorisées dans une roadmap. Un outil de monitoring et d'AB testing est également proposé pour suivre l'impact du projet et ajuster les actions menées.

L'engagement du Groupe est également d'accompagner la mise en œuvre et de suivre l'impact des actions afin d'améliorer la priorisation des prochains déploiements sur les autres géographies du Groupe.

« SUEZ Australie et Nouvelle-Zélande a été sélectionné comme pilote pour optimiser notre site web suez.com.au en termes de "lead generation". Ce projet va générer de nouvelles opportunités business et renforcer notre présence locale face à la concurrence. »

*Retrouvez la définition dans le lexique en fin d'ouvrage.

"Le choix n'a pas été simplement de livrer les résultats aux équipes, mais de les accompagner dans la mise en œuvre et dans l'échange de bonnes pratiques dans une démarche d'amélioration continue."

> SUEZ
www.suez.com

Mourad Ben Ali
Head Of Digital Marketing and CX Group
mourad.benali@suez.com

Blandine Lugagne
Group Digital Project Leader
blandine.lugagne@suez.com

Article

Notre industrie n'est qu'à l'aube des impacts formidables de la transformation digitale

Depuis plus d'une décennie, la transformation digitale a eu un impact sur les usages et les habitudes de consommation des utilisateurs, mais aussi sur l'évolution de l'industrie des médias, en bousculant son modèle. La nature protéiforme du digital a ponctionné des budgets marketing et médias auprès des autres acteurs. La télévision a plutôt été préservée par rapport à d'autres médias, mais pour retrouver sa croissance, elle doit parachever sa mue digitale afin de profiter à plein de l'impact de la révolution numérique.

Désormais entre **8 et 10 %** de la durée d'écoute de la télévision se fait via les nouveaux usages

Une TV Segmentée qui proposerait le meilleur des deux mondes : le reach incomparable et la brand safety de la télévision alliés à l'agilité et le ciblage granulaire du digital

La consommation de contenus vidéo évolue : désormais entre 8 et 10 % - suivant les cibles - de la durée d'écoute de la télévision se fait via les nouveaux usages (IPTV & OTT), c'est à la fois un challenge pour les éditeurs et les régies, mais aussi un formidable atout pour adresser des contenus différents (publicitaires ou non) à tous les téléspectateurs, y compris les plus jeunes. C'est dans ce contexte en mutation que de nouvelles opportunités apparaissent pour la télévision. Depuis son arrivée en 2013, Gilles Pellisson a initié une nouvelle stratégie : « faire du Groupe TF1 un multicoque à 3 flotteurs ». Une coque centrale basée sur ses métiers historiques (diffusion, distribution et monétisation des contenus de télévision) soutenue par 2 flotteurs complémentaires. La production de contenus avec NEWEN (1er producteur de fiction en France en volume horaire), achetée en 2015, qui développe séries et documentaires notamment pour le Groupe TF1, mais surtout pour d'autres acteurs, en France et au-delà. Le second repose sur la marque digitale UNIFY, créée en 2018, qui développe et monétise les contenus digitaux de AuFéminin, Marmiton, Doctissimo...

Une dynamique que l'on retrouve aussi chez TF1 Publicité qui enclenche la deuxième étape de son plan de transformation : CAP 2022. Un plan qui vise à enrichir son statut de leader et de première régie audiovisuelle de France en se contraignant à l'excellence sur 5 dimensions :
- Être moteur d'une convergence TV-digital ;
- Toujours mettre les problématiques client au centre ;
- Partir à la conquête des SMB (small and medium business) qui sont sources de croissance ;
- Bousculer l'inertie du marché en impulsant les changements de KPIs ;
- Accompagner tous les collaborateurs à la fois en formation et mobilité.

Une deuxième étape dans la transformation de la régie après 3 années déjà riches en changements, dans les outils, les offres, les fonctions supports ou les méthodes de travail. Via une refonte complète du SI, des partenariats stratégiques pour améliorer les offres datas (Médiamétrie - Kantar - 3W Relevanc) ou de façon moins visible dans l'organisation du travail. Le management de projet en mode matriciel s'est énormément développé pour aller chercher les meilleures compétences

nécessaires à la réussite d'un projet dans plusieurs équipes. Ou encore avec la généralisation depuis janvier 2019 du flex office jusqu'aux plus hauts niveaux de hiérarchie de l'entreprise.

Autant d'atouts nécessaires pour performer dans un univers en mutation et à l'aube d'une bascule du marché, avec l'arrivée possible en 2020 de la TV Segmentée ; un sujet actuellement en cours d'instruction auprès de nos régulateurs. Une TV segmentée qui proposerait le meilleur des deux mondes : le reach incomparable et la brand safety de la télévision alliés à l'agilité et le ciblage granulaire du digital. Une promesse d'une publicité mieux ciblée, moins intrusive, plus concernante et donc plus efficace au bénéfice de tous les acteurs : téléspectateurs, annonceurs et éditeurs.

Mais aussi belle la promesse de la TV Segmentée soit-elle, les défis pour y arriver sont encore nombreux. Au-delà du complexe chantier technique, la question de la convergence et des KPI's est cruciale : quelles datas seront utilisées, quel mode de vente (direct ou programmatique), utilisation des GRP de la télévision ou des CPM du digital... Autant de questions à trancher pour déployer cette nouvelle proposition de façon sereine et en tirer tous les bénéfices escomptés.

Tout cela représente une remise en question de nos process actuels qui ne seront pas simples à faire évoluer. Cela fait par exemple 10 ans que la télévision propose une optimisation des campagnes via un ciblage data sur le flux linéaire, et ce n'est qu'en 2018 que son utilisation a commencé à décoller. L'inertie du marché et le réflexe des cibles sociodémographiques restent tenaces, quand bien même l'efficacité supérieure de la data n'est plus à prouver.

Autant d'avancées marketing qui ne seraient rien sans ce qui génère l'audience : les contenus. Ce sont ces contenus qui créent l'attention des téléspectateurs, facteur déterminant de l'efficacité incomparable de la télévision. Cette brand safety, 100 % native en télévision, est récemment devenue un must pour les annonceurs. Il est de notre responsabilité de créer les nouveaux KPI's qui permettront à nos annonceurs d'évaluer leurs campagnes sur les tous les paramètres de l'efficacité et du ROI : à la fois le ciblage et la data, mais aussi l'effet contexte et la brand safety.

Notre leadership nous impose des responsabilités : impulser les changements nécessaires à notre industrie, en lien avec toutes les parties concernées, les syndicats et les institutions (union des marques, UDECAM, SNPTV, CESP, Médiamétrie...).

> TF1 PUBLICITÉ

Laurent Bliaut
DGA Marketing et R&D
lbliaut@tf1.fr

Article

Comment mieux travailler avec les nouveaux travailleurs (digital nomades, freelances, etc.) ?

De plus en plus nombreux, les freelances s'imposent comme les partenaires indispensables des projets des entreprises. Mais cette collaboration, plus agile et légère qu'un contrat de salariat ou le travail avec une entreprise plus importante, nécessite de penser de nouvelles bases.

Une croissance de **+ 126 %** de freelances en France en 10 ans

Le choix des projets est la principale motivation pour **42 %**

"Les freelances s'inscrivent durablement dans le futur du travail. Et loin du cliché du freelance solitaire, on voit l'émergence de communautés d'entraide et de nouveaux statuts administratifs."

Jean-Noël CHAINTREUIL
Directeur Change Factory

Avoir de bons prestataires est presque aussi important pour une entreprise que d'avoir de bons collaborateurs. Trouver et garder de bons prestataires peut en revanche être encore plus difficile que de trouver et garder de bons collaborateurs. Parmi ces prestataires, les *freelances** ont une place particulière. Ils interviennent sur des missions de court ou de long terme, ont souvent choisi leur statut pour ne pas avoir à subir les contraintes habituelles : lieu de travail unique, temps de travail prédéfini, variété limitée de missions, hiérarchie. Mais comment faire pour réussir, en tant qu'entreprise, à travailler avec eux d'une façon qui n'est pas utilitariste, mais permet à chacun de s'épanouir dans la relation de travail ?

MISEZ SUR LE CADRE DES MISSIONS

Tout d'abord, définissez clairement ce que vous attendez d'un freelance. Afin de faciliter la collaboration, il est essentiel d'en établir le périmètre et les outils. Mettez en place vos propres procédures pour travailler avec des freelances et *digital nomades** – fréquence des points et bilans, outils d'échange (messageries et autres outils de travail), accès aux outils de travail de l'entreprise.

Il est essentiel, pour le bien de votre projet et de la collaboration avec votre prestataire, qu'il soit tenu au courant des informations qui le concernent et l'aideront à avancer dans son travail.

Enfin, si vous envisagez une collaboration de plus long terme, ne promettez pas plus de travail que vous ne pourrez en fournir au freelance... et ne soyez pas surpris, en retour, qu'il ne soit pas toujours disponible si vous le prévenez tardivement.

RELATION AVEC VOS ÉQUIPES

Favorisez les rapports entre vos équipes et vos freelances, mais aussi au sein de votre communauté de freelances. Les freelances aiment échanger avec leurs pairs, que ce soit dans leur métier ou dans d'autres métiers. En revanche, il peut leur être difficile de renouveler le cercle de contacts professionnels qu'ils connaissent déjà... et qui n'est pas toujours composé de freelances. En organisant des afterworks thématiques qui lient réflexion professionnelle et networking, vous créez autour de vous un réseau de freelances qui auront l'impression de mieux vous connaître en travaillant pour vous, et pourront monter des équipes de freelances qui soutiennent certains de vos projets.

L'ARGENT ET L'ADMINISTRATIF, NERF DE LA GUERRE

Facilitez les démarches administratives de vos freelances. L'un des plus gros points de frictions entre nomades, freelances (ou start-up) et grands groupes est le poids de l'administratif. Temps de validation de devis, constitution et enregistrement de dossier dans la base des prestataires, et surtout délais de paiement font partie des choses qui rendent les collaborations difficiles. Pour la tranquillité d'esprit du freelance, mettez en place des procédures administratives et comptables qui évitent les retards de paiement, sensibilisez les différentes parties prenantes à la nécessité de valider les services faits rapidement, communiquez de façon claire sur les éventuels délais.

ET POUR LES GARDER EN CDI ?

Rien n'est impossible ! Des entreprises, comme Buffer, ont fait le choix de laisser tous leurs collaborateurs travailler d'où ils veulent dans le monde. Cela sous-entend un soin particulier apporté à la culture d'entreprise, aux outils pour échanger entre collègues, à la communication qui permet de savoir facilement dans quel fuseau horaire se trouvent les membres d'une équipe, aux interlocuteurs parfaitement définis pour les questions administratives.

Si la liberté n'est pas un enjeu de lieu, mais de missions, votre tâche sera tout aussi délicate, si ce n'est plus. À vous de réussir à trouver un poste qui plaira à votre nouveau collaborateur. Misez sur son esprit entrepreneurial pour lui faire développer un projet au sein de l'entreprise, peut-être même un projet auquel il aura participé auparavant. Vous pouvez aussi créer un poste de consultant interne, qui consistera à accompagner plusieurs de vos équipes pour mener leurs projets à bien.

Quoi qu'il en soit, n'oubliez pas que ces nouveaux travailleurs aiment se développer en permanence... les possibilités de formation et la variété de tâches au sein de votre organisation seront ainsi clef pour le fidéliser.

UTILISEZ LEUR AGILITÉ POUR ACCÉLÉRER VOTRE TRANSFORMATION

Et si le regard extérieur des freelances sur vos missions était un formidable accélérateur de transformation ? Laissez-leur l'espace de suggérer des améliorations de vos process et méthodes de travail, donnez à vos collaborateurs la possibilité d'appliquer leurs suggestions. Si votre entreprise n'aura jamais l'agilité d'une personne seule, rien ne l'empêche d'y aspirer. Les freelances doivent toujours se tenir au courant des dernières tendances de leur secteur, mais sont aussi souvent en recherche de nouvelles méthodes de travail et de productivité. Ils sont ainsi des puits de conseils et astuces, que ce soit en sources d'informations à suivre ou en méthodes de travail à tester. Ne négligez pas leur apport !

La bonne pratique ultime ? Créez, s'il le faut, votre propre charte de travail avec les freelances, charte dans laquelle chaque partie prenante de l'entreprise a son rôle à jouer pour une collaboration réussie, qu'elle soit ponctuelle ou de long terme.

*Retrouvez la définition dans le lexique en fin d'ouvrage.

> CHANGE FACTORY
https://changefactory.fr

Jean-Noël Chaintreuil
Directeur
jn@changefactory.fr

Article

En quoi les pure-players sont-ils des éléments clés de la transformation digitale des entreprises ?

Alors que l'acculturation digitale d'une grande entreprise semble être un processus lent et lourd pour se diffuser à tous les niveaux et à l'ensemble des collaborateurs, comment le développement de projets et de services pure players accélère-t-il la transformation de tout le groupe ?

63 % du CAC 40 n'a pas encore de programme d'intrapreneuriat.

+ 12 % de résultat de par une expérience client multicanale.

“Le travail d'un intrapreneur est d'identifier des opportunités là où les autres voient des obstacles. La plupart de nos bonnes idées viennent de frustrations personnelles.”

Richard BRANSON
CEO Virgin

« L'adaptation au digital représente pour les entreprises un impératif urgent, autant qu'une opportunité majeure pour leur compétitivité. » (McKinsey, 2 017)

On pourrait croire que les grands groupes de services tels qu'Orange ou BNP Paribas créent ou rachètent des filiales à l'offre pleinement digitale dans le but unique de répondre à des exigences qui changent de la part de leurs clients. Le développement de services qui rendent possible une assistance client sans attente est évidemment motivé par les besoins de clients qui ont de plus en plus l'habitude de pouvoir réaliser des opérations ou trouver des informations en ligne. Que ces filiales se démarquent de l'offre traditionnelle en termes de marque et de communication semble aussi démontrer que les structures anciennes des géants des services sont difficiles à adapter aux besoins de certains clients d'aujourd'hui, que ce soit en termes d'image ou en termes de capacité de création d'offre à proprement parler. Créer des filiales pure players est ainsi très souvent une forme de développement d'une offre nouvelle, moins chère, adaptée aux codes des nouveaux consommateurs. Elles ont également la qualité non négligeable de permettre de tester de nouvelles pratiques et de nouveaux modèles économiques.

DÉVELOPPER UN LABORATOIRE DE L'OFFRE POUR FAIRE FACE AUX NOUVEAUX ACTEURS

Créer ou racheter un *pure player** qui a une activité a priori similaire à la sienne, c'est renforcer son propre concurrent pour, à terme, renforcer le groupe entier.

Par exemple, le groupe EMOVA (Monceau Fleurs, Happy, Au Nom de la Rose et Rapid'Flore/Cœur de Fleurs), en septembre 2018, a accéléré sa stratégie digitale grâce au rachat de Bloom's, spécialiste de la vente de fleurs en ligne, pour cibler ainsi les millenials, une clientèle complémentaire de celle d'EMOVA Group. « Après le lancement du site e-commerce Monceau Fleurs, la refonte du site Au Nom de la Rose, et le partenariat signé avec Amazon, l'acquisition de Bloom's, site d'e-commerce de vente de fleurs par abonnement, nous permet d'accélérer notre stratégie digitale », affirme Bruno Blaser, Président du Directoire d'EMOVA Group.

BNP Paribas l'a également bien compris. Le groupe développe de nouvelles offres pour répondre à un constat simple : les

> Retrouvez les mots clés en index <

GAFAM, start-up et autres acteurs plus agiles que BNP Paribas sont déjà présents dans le domaine bancaire. Il est donc nécessaire pour eux de développer de nouvelles offres pour réussir à leur tenir tête. Ainsi, plutôt que de réinventer des offres en partant de zéro sous la marque BNP Paribas, le groupe a choisi de se diversifier en créant ou rachetant de nouvelles filiales. Ainsi, en 2016, BNP Paribas a lancé une banque entièrement mobile : Hello Bank! En 2017, le groupe a fait le choix de racheter Compte Nickel, signant le plus gros rachat de l'écosystème fintech français, à hauteur de 200 000 euros. Ce rachat avait été annoncé à peine quelques semaines avant le lancement, en partenariat avec Carrefour et Crédit Mutuel, de Lyf Pay.

Hello Bank! est une banque mobile qui permet, avec très peu de conditions de revenus, d'obtenir une carte bancaire gratuite avec une offre principalement tournée vers les jeunes : les campagnes de publicité s'adressent à des étudiants qui font face à des moments charnières dans leur cursus. Au-delà de la communication, l'application, primée pour la qualité de l'expérience utilisateur fournie, intègre désormais une assistante virtuelle qui répond également aux questions des utilisateurs et futurs utilisateurs en temps réel sur Facebook Messenger et dans leurs messages privés Twitter. Le compte Nickel laisse chacun ouvrir un compte bancaire avec carte de paiement gratuite en présentant à un buraliste une pièce d'identité et un numéro de téléphone, loin de la paperasse et des contraintes habituelles du système bancaire. Après le rachat, BNP Paribas a d'ailleurs étendu l'offre Nickel, notamment pour proposer des facilités d'utilisation de la carte à l'étranger. La joint-venture Lyf Pay est quant à elle une application 100 % mobile, permettant les paiements de particulier à particulier, mais aussi de particulier à différentes enseignes. Que ce soit pour faire vos courses à Auchan ou pour ne plus prendre le risque de perdre votre porte-monnaie à un festival, cette application permet en effet de payer de manière dématérialisée, depuis son mobile ou depuis un support tiers, comme un bracelet plastique.

Ces usages se détachent de ceux qui sont traditionnellement associés à un grand groupe bancaire, et c'est normal. Le 19 juin 2019, BNP Paribas organisait son premier UX-Day, montrant son engagement pour repenser son offre et se transformer en affinant ses offres grâce aux retours clients. Ces offres sont ainsi autant de laboratoires pour le groupe entier. Plutôt que d'attendre qu'une demande émerge, les filiales pure player sont une façon pour BNP Paribas d'anticiper les besoins, de mettre des solutions sur le marché rapidement, de les affiner si elles trouvent des clients, de les supprimer dans le cas contraire. C'est ainsi du test-and-learn à grande échelle, sur un marché bien réel, avec des pratiques ancrées dans les toutes les dernières pratiques en vogue chez leurs clients.

DEVENIR ACTEUR DE LA TRANSFORMATION D'UN SECTEUR

Le secteur bancaire est particulièrement perturbé par les fintechs, qu'il s'agisse de néo-banques (N26, Revolut) ou de services qui permettent d'économiser plus facilement (comme Birdycent), de faire des virements (Lydia, ou Venmo aux Etats-Unis) ou encore d'avoir une vision à moyen terme sur son budget (Linxo). La crainte pour les acteurs traditionnels de se retrouver dépassés les pousse à créer des filiales pour avoir au minimum un coup d'avance sur les usages des clients. Tout cela bien sûr en conservant parallèlement leurs propres parts de marché. Les banques ont pour objectif, comme toute grande entreprise finalement, de créer des solutions utilisées par le plus grand nombre pour assurer leur pérennité.

Au-delà de transformer leurs propres entreprises, elles créent ainsi des solutions qui transforment le secteur entier et touchent le plus grand nombre de clients possible. Les services Paylib sont par exemple le fruit d'une réflexion commune entre un groupement d'intérêt économique, initié par BNP Paribas, la Banque Postale et Société Générale, ayant pour but à terme d'être rejointes par d'autres acteurs majeurs. Le GIE (Groupement d'Intérêt Economique) développe des technologies qui sont accessibles aux clients de toutes les banques qui le composent, apportant de ce fait des innovations comme le paiement mobile et le paiement entre amis via numéro de téléphone aux clients de toutes les banques qui le composent.

REPENSER LA STRUCTURE INTERNE D'UN GROUPE

Une fois les innovations mises en place dans la filiale ou le GIE, comment s'assurer qu'elles soient diffusées à tout le groupe, que ce soit en termes de services ou de méthodes de travail ? L'entreprise, qu'elle soit du secteur bancaire ou non, doit réellement s'appuyer sur sa filiale comme un levier pour diffuser la transformation au sein de toutes ses équipes. Qu'il s'agisse de repenser la relation client ou de refondre les offres et services pour les ancrer dans le présent et l'avenir, l'entreprise doit briser ses silos pour réussir à faire essaimer les idées nouvelles. Les pure players ne peuvent être un moteur de transformation que si leurs collaborateurs peuvent échanger avec les collaborateurs de l'activité traditionnelle du groupe. D'ailleurs, il semble plus judicieux de créer ces pure players en incluant dans leurs équipes des collaborateurs de l'activité traditionnelle de l'entreprise. Cela passe bien sûr par la facilitation de la mobilité, dans un sens comme dans l'autre. Cela permet également aux différentes équipes de mieux se connaître, de se sentir plus impliquées dans les différents projets, et donc de favoriser les échanges de bonnes pratiques entre les collaborateurs. Ces échanges peuvent prendre la forme d'ateliers, de mises en commun, de bulletins d'information réguliers, de retours d'expérience formels ou informels, etc. L'objectif est en définitive de réussir à isoler ce qui fonctionne, pourquoi, les résultats obtenus et les applications possibles à l'activité traditionnelle de l'entreprise.

Il ne s'agit pas uniquement de partager les solutions présentées aux clients, mais aussi les méthodes de travail qui ont permis de leur donner naissance. Les pure players digitaux ont souvent la particularité de ne pas considérer une solution comme finie, mais en état d'être proposée aux clients pour être

ensuite continuellement affinées au fil de leurs retours. Les équipes techniques et produits sont aussi toutes, et se sentent toutes, plus actrices du projet : plutôt que d'avoir une équipe conceptrice et une équipe réalisatrice, tous les acteurs seront écoutés pour assurer le bon déroulé du projet.

Repenser sa relation client, dans les offres et services et dans la façon de parler au client, passe ainsi par le fait de repenser ses méthodes de travail pour avoir la réactivité et la capacité d'analyse qui vont avec la nouvelle relation client.

LA RÉPONSE VIENT-ELLE DE L'EXTÉRIEUR ?

L'entreprise a-t-elle la capacité d'innover par elle-même ? Si la voie choisie pour la diversification peut être celle du rachat ou encore du GIE, l'innovation ne doit pas toujours être apportée par des acteurs externalisés. Au contraire, les collaborateurs de l'entreprise ont souvent des idées inspirées de leurs propres expériences de la vie quotidienne ou de retours clients. Leur faire développer des idées dans un programme d'*intrapreneuriat**, cadrés et accompagnés par des experts en transformation et des start-up, peut ainsi être une bonne façon de lancer votre start-up interne. Pour que des projets voient le jour de cette façon, il faut que la hiérarchie soit convaincue du potentiel bénéfique test-and-learn sur l'activité et accepte de laisser des collaborateurs s'investir dans des projets dont on ne sait pas encore s'ils réussiront, en fixant bien évidemment des indicateurs pour évaluer leur réussite. Par exemple, pour Richard Branson, « Virgin n'aurait jamais pu se développer en plus de 200 entreprises sans un afflux constant d'intrapreneurs qui cherchent les opportunités et les développent, menant des actions qui vont souvent contre la tendance générale. »

Cette stratégie peut d'ailleurs s'avérer plus bénéfique au groupe que le rachat sur le long terme : quand bien même tous les collaborateurs qui ont une bonne idée ne la mèneraient pas à terme, ils seront sensibilisés à de nouvelles façons de percevoir et évaluer leur travail, à la prise en compte des retours clients, à la symétrie des attentions, sans oublier une amélioration certaine de leur posture et de leurs capacités, qu'elles soient ou non directement liées à leur activité initiale au sein de l'entreprise.

La transformation de l'entreprise, au-delà d'une offre innovante à part entière, n'en sera que plus rapide et profonde !

*Retrouvez la définition dans le lexique en fin d'ouvrage.

> CHANGE FACTORY
https://changefactory.fr

Jean-Noël Chaintreuil
Directeur
jn@changefactory.fr

Étude De Cas

CASDEN BANQUE POPULAIRE

La facilitation et l'agilité au cœur des équipes pour booster la performance

À LA CASDEN, LA « TRIBU AGILE » COMPOSÉE DE COLLABORATEURS ISSUS DE DIFFÉRENTES ENTITÉS, PARTICIPE À LA DIFFUSION DES PRATIQUES AGILES ET DE FACILITATION AU SEIN DE LA BANQUE.

PROBLÉMATIQUE DE LA MARQUE

> Contexte

Banque coopérative de la Fonction publique, la CASDEN propose à ses Sociétaires une offre globale d'épargne, de crédits et de caution aux meilleures conditions.

Elle a noué un partenariat durable avec Banque Populaire pour permettre à ses Sociétaires de bénéficier d'une offre bancaire complète et de proximité.

Avec plus de 1,8 million de Sociétaires, elle a pour ambition de devenir la banque de référence de la Fonction publique et d'être au plus proche des attentes de ses membres.

Depuis 2015, la CASDEN accélère sa transformation digitale qui représente un enjeu majeur dans les années à venir. Adaptation de son modèle, simplification de son offre, fluidification des process, développement de nouveaux outils... Autant de chantiers pour un même objectif : améliorer la qualité de service délivrée à ses Sociétaires et faire perdurer son modèle et ses valeurs.

> Cibles

Collaborateurs, Sociétaires.

> Objectifs

Saisir l'opportunité que présente la transformation digitale de la banque pour favoriser la mutation de l'environnement et des méthodes de travail en interne.

> Moyens

Conseil agences, accompagnement de coach agile, création d'une "Tribu agile".

SOLUTION STRATÉGIQUE

En 2015, les taux d'intérêt, particulièrement bas, impactent l'activité des banques. Une autre donnée à prendre en compte : le cadre réglementaire instable et contraignant. Comme tous les établissements bancaires, la CASDEN doit s'adapter et revisiter son modèle économique, en préservant l'attractivité de son offre.

La banque coopérative s'est toujours adaptée à son environnement. Elle a notamment été la première banque à offrir une souscription de prêt consommation sur Internet en 2005.

Toutefois, le rythme de changement s'accélère.

En cette année 2015, le Comité de Direction (CODIR) de la CASDEN a donc inscrit à ses orientations stratégiques son ambition d'adapter son modèle de banque affinitaire au monde digital et a nommé un de ses membres pour impulser et piloter cette mutation.

C'est dans ce contexte que la parole de collaborateurs de la banque, convaincus que les méthodes agiles, la *facilitation** - et le travail collaboratif sont des pratiques à utiliser dans la conduite de projets, est entendue et soutenue ; 7 chantiers pilotes sont alors lancés en agilité.

La volonté d'étendre l'agilité au-delà des projets informatiques et de déployer ces pratiques à travers tous les métiers de l'entreprise est partagée par les dirigeants et rapidement, des actions d'acculturation et de sensibilisation sont mises en œuvre pour tous les collaborateurs.

Facilitation | Agilité | Sketchnote

> Retrouvez les mots clés en index <

INFOS CLÉS

200 participants aux sessions de formation aux pratiques collaboratives (facilitation, agilité, sketchnote)

59 % de tableaux de management visuel déployés dans l'ensemble des services du siège et du réseau

MISE EN PLACE OPÉRATIONNELLE

Pour engager de manière opérationnelle l'accélération de sa transformation, la CASDEN met en place une organisation spécifique : création d'un comité de pilotage interne, intervention d'un cabinet-conseil pour faire émerger les premières réflexions, implication des collaborateurs, lancement de plusieurs chantiers de réflexion…

Début 2016, la CASDEN décide de se faire accompagner par un cabinet d'innovation technologique, managériale et organisationnelle pour sa transformation agile.

Ainsi, pendant près de deux ans, un coach agile présent sur site accompagne les équipes dans la conduite de projets transverses et participe à la sensibilisation de tous.

Fin 2017, le CODIR souhaite qu'un transfert de compétences s'opère du coach agile vers une équipe de collaborateurs qui, après deux ans de pratiques à ses côtés, se donne pour mission de se mettre au service de tous les collaborateurs pour les sensibiliser aux atouts de l'agilité. Partant du principe que le collectif est une force pour mener à bien diverses missions, elle se base sur l'échange, le partage d'informations, la prise en commun des décisions, mais aussi l'organisation du travail par cycles.

Assistants, chefs de projets ou directeurs, tous issus de différentes entités de la banque, ils sont 12 membres de la Tribu, épaulés de sponsors du CODIR et du "Digital champion" de la banque, à participer activement à la conduite du changement.

La Tribu agile peut accompagner les collaborateurs qui souhaitent s'essayer à l'agilité : en appui tout au long d'un projet ou pour le démarrage, elle peut aussi faciliter une réunion, un atelier et participer à l'amélioration continue. Elle propose aussi une offre de formations qui comprend notamment une sensibilisation à l'agilité, une introduction à la facilitation et une initiation au sketchnoting.

La Tribu agile vient également en appui des chantiers du projet de transformation RH lancé à l'été 2016 et qui entend repenser les modes de travail pour aller vers plus de transversalité et de collaboratif.

L'un des groupes de travail qui a pour objectif de faire évoluer les managers vers une posture managériale "coach-confiance" a notamment contribué au déploiement du Management visuel dans les équipes. La Tribu agile participe, tant en présentiel qu'à distance, à la mise en œuvre de cet outil d'animation des équipes. Et pour les collaborateurs travaillant dans les délégations CASDEN en régions donc à distance, l'utilisation d'outils d'animation de réunion collaboratifs permet de dynamiser les échanges.

Autre sujet auquel elle apporte son appui : la mise à disposition des managers d'un toolkit de pratiques de facilitation pour résoudre des problématiques managériales.

RÉSULTATS

Aujourd'hui, la Tribu agile s'est enrichie de nouveaux membres et est sollicitée au-delà des murs de la CASDEN pour transmettre son savoir-faire dans les filiales du groupe bancaire auquel elle appartient.

En février 2019, elle s'est vu remettre le 2e prix de l'agilité au concours organisé par Orange Consulting et Agil'OA auquel ont participé plus de 60 entreprises, qui récompense la mise en œuvre et le développement de l'agilité dans ses pratiques et son organisation.

Au sein de la CASDEN, la sensibilisation des managers et des collaborateurs se poursuit, la Tribu agile est très régulièrement sollicitée pour faciliter des ateliers sur des sujets très divers : près de 30 ateliers ont ainsi été animés avec son aide sur le premier semestre 2019.

Un constat positif par ailleurs : 200 collaborateurs ont participé aux sessions de formation aux pratiques collaboratives dispensées par la Tribu agile en près de deux ans. Le relais s'opère et nombre de collaborateurs se lancent désormais dans l'animation d'ateliers ou de réunions de travail de manière beaucoup plus collaborative.

*Retrouvez la définition dans le lexique en fin d'ouvrage.

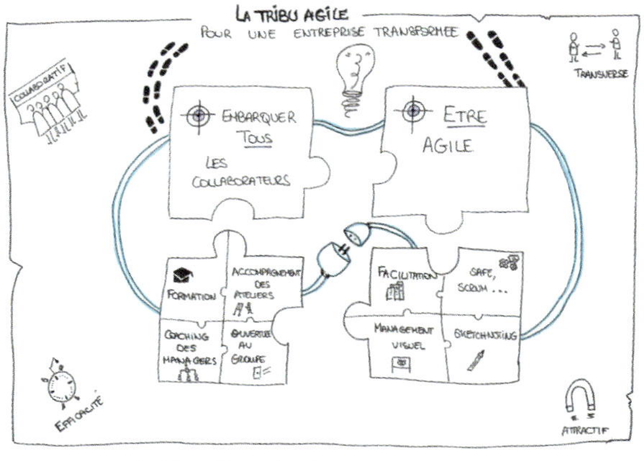

> La mission de la Tribu agile en sketchnote

> CASDEN Banque Populaire
www.casden.fr

T. DIGITALE

Étude De Cas

SAINT-GOBAIN

Comment digitaliser le métier du vendeur dans le monde du bâtiment ?

> Les configurateurs de chantier SOLU+

PROBLÉMATIQUE DE LA MARQUE

Les enseignes de distribution du groupe Saint-Gobain commercialisent des **matériaux de construction et d'équipement des habitations**, dans des enseignes généralistes comme Point P ou La Plateforme du Bâtiment ; ou spécialistes : SFIC pour la plâtrerie isolation, CEDEO Brossette pour le sanitaire chauffage, DISPANO pour le bois - panneaux, etc.

Les clients sont des professionnels : des petites entreprises et des artisans indépendants.

Même si la concurrence des enseignes digitales s'accroît, le marché du bâtiment n'est pas aussi mûr que d'autres secteurs quant à l'utilisation des outils digitaux. Le commerce y est encore majoritairement traditionnel : les clients et les équipes de vente prennent le café ensemble en toute convivialité, les prix se discutent…

Mais les smartphones apparaissent, les sites web se multiplient, les industriels proposent de plus en plus de matériaux nouveaux, de systèmes constructifs différents, les règlementations se complexifient… et les nouvelles générations d'équipes de vente sont de plus en plus connectées et mobiles, comme leurs clients.

Saint-Gobain a l'ambition d'apporter une vraie réponse de Pro à ses clients, et se doit pour cela d'avoir des équipes dotées des meilleurs outils pour se différencier aussi bien des négoces traditionnels, que des GSB (Grandes Surfaces de Bricolage comme Leroy Merlin, Castorama ou Brico Dépôt) qui ciblent aussi ce marché des artisans.

Tout cela se passe dans un contexte concurrentiel de plus en plus tendu, où le travail du panier moyen et de la marge est évidemment primordial…

L'enjeu est double pour le groupe Saint-Gobain : **se différencier de la concurrence en fidélisant aussi bien ses clients… que ses collaborateurs !** En dotant ses équipes de vente des meilleurs outils, l'ambition est de faire monter en compétences ses équipes pour mieux accompagner et donc fidéliser ses clients, tout en développant les ventes complémentaires et à valeur ajoutée pour assurer sa rentabilité.

SOLUTION STRATÉGIQUE

Le groupe Saint-Gobain décide d'investir pour équiper ses équipes d'outils digitaux performants et différenciants. Après des lancements préalables avec l'enseigne POINT P, une équipe dédiée est créée en interne mi 2016 au sein de la Direction Marketing & Digital du groupe : la 'Direction des Services Digitaux'. C'est une équipe mixte, alliant des compétences informatiques, marketing, et d'ingénierie du bâtiment.

Une des missions de cette nouvelle équipe est de mettre en place des configurateurs de chantiers, lancés sous le nom « SOLU+ ». « SOLU+ » pour signifier l'objectif de passer d'une vente de 'produit' à une vente de 'solution' complète.

Le choix technologique s'est porté sur la solution SMART CPQ de l'éditeur PROS pour développer des configurateurs de chantiers. Le groupe travaille en collaboration avec l'agence de web design PIA Production, en particulier pour les visuels et l'ergonomie des outils.

L'objectif est de répondre aux principaux besoins des artisans dans leurs chantiers de rénovation, en maison individuelle dans un premier temps, puis également pour les ERP (Etablissements Recevant du Public).

INFOS CLÉS

+ de 3 300 utilisateurs/mois	**+25 %** : hausse du panier moyen	**+** de productivité pour les vendeurs

Les corps de métier couverts par Saint-Gobain étant variés, les équipes s'attèlent à développer des outils pratiques et intuitifs dans des domaines divers : en plâtrerie - isolation, en gros-œuvre, mais aussi en couverture, en aménagement extérieur, en sanitaire-chauffage...

L'outil web doit être simple et intuitif, aussi bien pour des artisans experts que débutants, des vendeurs ayant 30 ans de métier, que des jeunes sortant de BTS !

Les configurateurs synthétisent les **questions clés du parcours client** pour proposer la liste des articles nécessaires au chantier dans les bonnes quantités, et cela dans le respect des règles de l'art.

Une des particularités des configurateurs 'SOLU+' est d'être interconnectés à tout le système IT des enseignes de Saint-Gobain :

- Connecté à un point de vente choisi : le plan de vente et de stock est à jour
- Connecté à un client professionnel : ce sont ses conditions commerciales qui apparaîtront
- Connecté à l'interface commerciale de l'enseigne : le vendeur peut transformer le devis en commande en 1 clic, l'artisan peut valider également son panier pour une commande web.

MISE EN PLACE OPÉRATIONNELLE

Le lancement des configurateurs SOLU+ s'est fait, et continue à se faire, progressivement dans chaque enseigne du groupe : POINT P en 2016, SFIC et DECOCERAM en 2017, L'ASTURIENNE en 2018, CEDEO, BROSSETTE, DISPANO et La Plateforme du Bâtiment en 2019, et d'autres à venir en 2020 !

Aujourd'hui, **SOLU+ propose plus d'une soixantaine d'outils de chiffrages distincts dans de nombreux corps de métier.**

SOLU+ est désormais d'abord lancé pour les équipes interne de vente, avant d'être proposé comme un service d'accompagnement additionnel pour les clients sur les sites web.

Comme tout nouvel outil, il implique un **changement d'habitude** de vente pour les équipes, et dans le cas de SOLU+ un double changement :

- Changement d'interface : SOLU+ est une interface web, et doit faire face à ***l'illectronisme**** d'une partie des équipes de vente. Certains collaborateurs se sont très rapidement appropriés l'outil, mais c'est plus difficile pour d'autres. Un

> *"En 2 mots : un super outil qui fait gagner du temps. Et puis avec SOLU+ je suis sûr de fournir une solution logique, avec des produits compatible entre eux, y'a pas à dire, c'est PRO."*
>
> Vendeur SFIC

accompagnement régulier doit alors être disponible (équipe support joignable par téléphone, par mail...).

- Changement d'attitude commerciale : passer d'une vente 'produit' à une vente de "solution complète" implique de prendre le temps d'**identifier et de questionner son client.** Identifier si le client est décideur ou non, et savoir le questionner sur son chantier.

Pour les équipes de vente interne, SOLU+ est aussi bien utilisée par les vendeurs en vente "au comptoir", une vente rapide, que par les ATC (Attachés Techniciens Commerciaux) qui réalisent des devis souvent plus longs et complexes. SOLU+ peut aussi être utilisée par les TCA (Techniciens Commerciaux Agence) lors de rendez-vous clients sur les chantiers.

La mise en place opérationnelle de l'outil représente bien plus que la simple mise à disposition d'une URL Web... Elle implique toute une **conduite du changement** :

- L'élément central est **l'implication du management**. Le sujet ne peut fonctionner que si les managers sont convaincus de l'intérêt de l'outil digital et des gains de performances qu'il va apporter. Dans le projet SOLU+, l'implication du PDG Patrice RICHARD et de ses collaborateurs dans chaque enseigne a joué un rôle clé dans la diffusion de l'outil.

- Des **équipes supports** sont évidemment nécessaires pour gérer l'animation et le déploiement des configurateurs : former les collaborateurs, rassurer sur l'évolution de leur métier (et sa non disparition, qui reste une crainte forte des équipes face à la montée en puissance des outils digitaux !), suivre les utilisations des outils.... Plus des équipes support sont disponibles au plus près des collaborateurs, et plus le déploiement est rapide et facile. Par exemple, certaines régions POINT P ont recruté des "alternants digitaux" pour accompagner les équipes de vente au quotidien en répondant à leurs interrogations, une bonne pratique qui a fait ses preuves. L'animation managériale dans chaque point de vente est évidemment la clé.

- Pour faire changer les pratiques de vente, rien de tel que des **incentives pour motiver les équipes !** La mise en place de challenges permet à chaque fois de passer à une vitesse supérieure en recrutant de nouveaux utilisateurs, et en augmentant la fréquence d'utilisation des vendeurs déjà acquis. L'enseigne POINT P seule représente environ 4 500 personnes à la vente sur plus de 800 points de vente : la diffusion d'une nouvelle pratique prend donc du temps. Les formats de challenge qui ont le mieux fonctionnés sont de deux types :

- Des challenges régionaux sur deux mois, avec un reporting statistique toutes les deux semaines, et récompensant les meilleurs vendeurs

- Des opérations "coup de poing" sur une semaine, avec des tutoriels vidéos et des quizz.

> SOLU+ POINT P

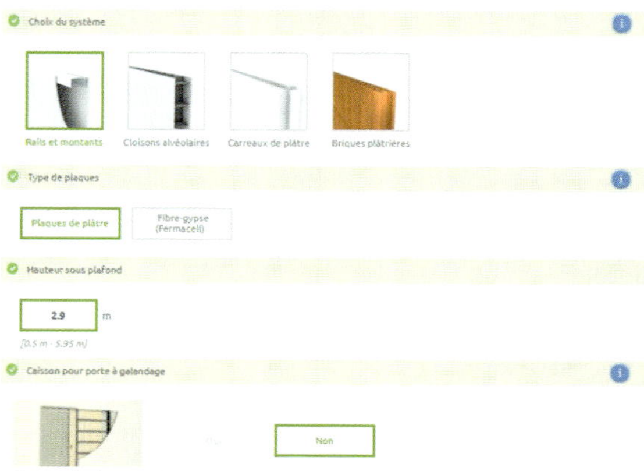

> Exemple de questions dans un parcours SOLU+

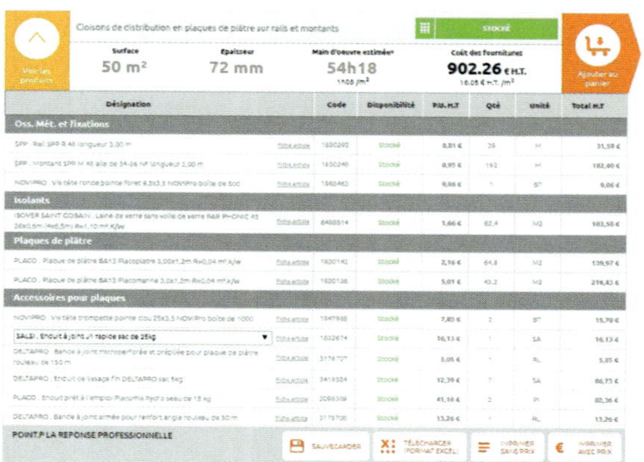

> Exemple de solution SOLU+ pour une cloison

Conduite du changement | Fidélisation | Experience collaborateur

> Retrouvez les mots clés en index <

RÉSULTATS

Les résultats ? Ils sont en constante évolution, car les collaborateurs sont de plus en plus nombreux à s'approprier l'outil dans leur quotidien :

- Difficilement mesurable mais pourtant clé, un des résultats de ces outils digitaux est de **renforcer le professionnalisme des équipes de vente.**

Ces configurateurs permettent un discours professionnel et accompagnent les équipes dans leur montée en compétence. De nombreux chefs d'agence utilisent désormais SOLU+ comme un outil de formation technique pour leurs nouveaux arrivants. Un nouveau vendeur pourra par exemple se former à la couverture en tuiles en exploitant SOLU+ Toiture.

- L'impact recherché par cette transformation digitale est évidemment sur les **ventes**.

Aujourd'hui, environ **15% des devis réalisés** chez POINT P le sont avec l'utilisation de SOLU+, et ce chiffre est en constante et forte progression. La cible est de tendre vers les 30%.

En effet, toutes les demandes clients n'ont pas forcément besoin de passer par un outil digital comme un configurateur. Un certain nombre de nos clients sont des professionnels qui savent exactement ce qu'ils veulent comme matériaux, voire ont même des cahiers de prescription technique à respecter.

Mais dans beaucoup de cas, les clients ont besoin d'accompagnement pour ne pas oublier d'articles qui leur seront nécessaires à la bonne mise en œuvre de leur chantier, et ainsi éviter de devoir repasser pour des compléments de chantier.

En utilisant ces configurateurs, le **panier moyen augmente de 25%** versus une vente traditionnelle. Par ailleurs, le dialogue qui s'instaure en exploitant ces outils permet de valoriser une expertise technique forte, et donc d'orienter le débat sur d'autres sujets que l'unique négociation du prix de vente, sujet traditionnellement clé dans la vente en négoce.

- Enfin, cette transformation digitale permet un **gain de productivité** significatif.

En moyenne, le **temps passé à réaliser les devis est plus que divisé par deux**, permettant un gain de productivité, mais surtout de **réactivité** pour être plus efficaces avec nos clients Professionnels. Ces nouveaux outils permettent aux équipes de gagner du temps sur une partie chiffrage qui peut parfois être longue et rébarbative, pour être plus disponible afin de fidéliser les clients sur tous les autres aspects de la relation commerciale. C'est donc bien d'une réelle transformation des métiers de la vente dont nous parlons.

*Retrouvez la définition dans le lexique en fin d'ouvrage.

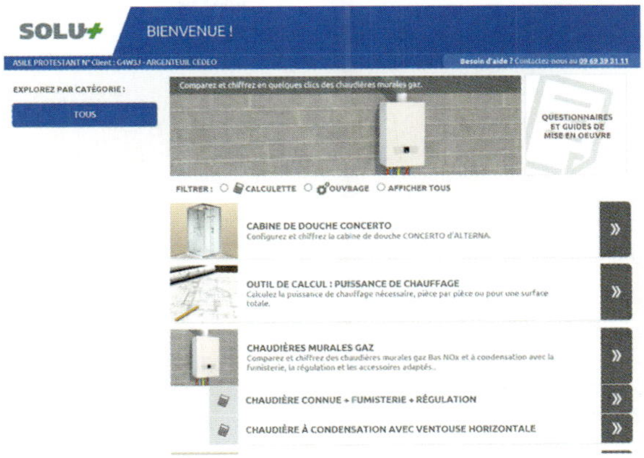

> SOLU+ CEDEO

> *"Maintenant quand j'embauche un nouveau, je le forme avec SOLU+ : ça lui apprend les règles de l'art du bâtiment et ça lui permet de faire des devis rapidement, et complets !"*
>
> *Chef d'agence POINT P*

Amélie Faure Corman
Directrice des Services Digitaux
SGDBF
amelie.faure@saint-gobain.com

Article

Annonceurs et éditeurs : dans quelles mesures faut-il externaliser ?

Aujourd'hui, les annonceurs cherchent à désintermédier leurs activités d'achat d'espaces (prises en charge par les agences média) tandis que les éditeurs souhaitent tirer parti de l'outsourcing pour réduire les coûts liés au fonctionnement de leurs briques technologiques. Les enjeux de l'externalisation au sein des organisations du secteur des médias évoluent donc peu à peu...

82% des entreprises ont recours à l'externalisation

40 % à 60 % d'un budget média capté par des intermédiaires

“Aujourd'hui, le média et la data convergent. Il est donc crucial pour les annonceurs et les éditeurs de développer des stratégies pour garder la maîtrise de leurs actifs et de leur environnement.”

Bertrand PICHOT
CEO Ratecard

ANNONCEURS : VERS UNE *INTERNALISATION** DES FONCTIONS STRATÉGIQUES

En permettant l'automatisation de l'achat d'inventaires, le programmatique a introduit de nombreux acteurs dans le processus d'achat média traditionnel (ad exchange, DSP, SSP, trading desks, etc.) et dans le même temps exacerbé l'opacité des méthodes d'achat et des frais qui incombent aux marques. En outre, avec la mise en application du RGPD qui a redéfini les notions de contrôle et de propriété des données, les annonceurs ont pris conscience de la convergence du média et de la data, désormais stratégique.

Afin de reprendre la main sur leurs investissements média et sur leurs données, quelques annonceurs choisissent d'internaliser l'achat média. Toutefois, si l'offre technologique s'adapte à ces nouveaux besoins, cette alternative requiert de réunir certaines conditions. Bien que les marques soient aujourd'hui matures sur le sujet de l'internalisation après s'être approprié certains leviers marketing (ex : search, réseaux sociaux, affiliation), l'internalisation suppose d'avoir une taille critique et surtout une vraie expertise en interne. L'accompagnement par les agences média reste aussi indispensable pour garder une vue d'ensemble sur l'écosystème et maîtriser la chaine de valeur.

En outre, d'autres fonctions moins stratégiques peuvent être confiées à des partenaires externes. C'est notamment le cas des métiers liés à la diffusion publicitaire tels que le trafficking des campagnes. Autrefois, la programmation des campagnes était exclusivement prise en charge par les agences média, cependant, les cabinets de conseil ou les sociétés spécialisées proposent aujourd'hui ces mêmes services. Ainsi, l'annonceur signe des partenariats en direct avec des solutions du marché, se décharge de la partie technique et conserve l'achat média pour plus de transparence ainsi qu'une réduction des coûts.

Bertrand Pichot, CEO d'Adnovia : *« En faisant appel à des sociétés dédiées à l'outsourcing* du trafficking de leurs campagnes, les annonceurs tirent parti d'une expertise sur les diverses technologies du marché qu'il leur est difficile d'acquérir en interne. »*

> Retrouvez les mots clés en index <

> Prestataires

> Technologie

Il faut néanmoins rappeler que l'externalisation elle aussi a un coût et implique de devoir gérer la relation avec les prestataires. Mais elle permet in fine de mettre fin à l'opacité et d'éviter les difficultés engendrées par la gestion des ressources et des compétences en interne (charge de travail, production pendant les départs, formation, etc.).

EDITEURS : L'EXTERNALISATION POUR MAÎTRISER UN ENVIRONNEMENT À FORTE TECHNICITÉ

De leur côté, les éditeurs sont eux aussi confrontés à des problématiques qui leur sont propres et qui les conduisent à externaliser. La monétisation de leurs emplacements publicitaires se fait notamment à travers un environnement où gravitent un ensemble de technologies sophistiquées à gérer (ad servers, SSP, DMP, technologies dédiées aux divers leviers et créations, au tracking, à l'ad verification ou au recueil du consentement pour l'exploitation des données utilisateurs).

En plus de pallier un manque de ressources ou encore de permettre de déléguer les tâches chronophages, l'outsourcing diminue les coûts technologiques grâce aux économies d'échelles; les frais étant directement absorbés par le prestataire. Par ailleurs, dans un contexte qui évolue constamment (technologies ou réglementation), la veille est primordiale pour maintenir les technologies utilisées au niveau du marché. Au vu des enjeux, il est préférable de l'externaliser en passant par des sociétés dont c'est le cœur de métier. Ceci est encore plus important pour les éditeurs qui développent des technologies propriétaires.

Raphaël Boukris, VP Sales & Co-founder de Didomi : *« Les éditeurs sous-estiment l'importance des efforts et des ressources nécessaires pour maintenir ses outils à la pointe alors que les évolutions technologiques s'accélèrent. »*

Néanmoins, la tendance de la création de solutions sur-mesure « maison » décline. Pour plus de facilité de gestion et pour éviter les problèmes d'intéropérabilité ainsi que la perte de données lors des migrations, les éditeurs privilégient l'utilisation de solutions proposées sur le marché.

D'autre part, le suivi des contrats avec les partenaires technologiques doit être méticuleux, car mal géré, il peut engendrer le retard des projets. Une connaissance approfondie du sujet évite les risques, d'autant plus que les contrats définissent les termes liés à l'exploitation des bandes passantes utile au fonctionnement des solutions. Confier cette tâche à des entreprises spécialisées assure l'anticipation des besoins lorsque l'éditeur s'équipe de nouvelles briques technologiques.

Julien Galim, DG & Co-founder de Moneytag : *« Il faut comprendre les tenants et les aboutissants des contrats mais aussi connaître les alternatives proposées sur le marché pour faire les bons choix. Ceci nécessite une réelle expertise ».*

Pour réussir leur externalisation, les éditeurs doivent assurer la coordination de l'information et des équipes qui doivent travailler ensemble pour mieux comprendre les objectifs et périmètres de chacun. Si les éditeurs souhaitent pouvoir garder la main, il leur faut envisager l'outsourcing sur le moyen terme et former les équipes.

En ce qui concerne les fonctions stratégiques telle que la relation commerciale, il reste fondamental qu'elles soient conservées en interne.

*Retrouvez la définition dans le lexique en fin d'ouvrage.

> RATECARD
www.ratecard-agency.com
Fiche d'entreprise p. 499

Stéphanie Silo
stephanie.silo@ratecard.fr

Fredéric Sadarnac
frederic.sadarnac@ratecard.fr

Article

Jeunes et bénévolat : les moteurs de l'engagement

Aujourd'hui, plus d'1 jeune sur 5 est engagé bénévolement dans le domaine associatif. Pour quelles causes souhaitent-ils se mobiliser ? Quels sont les leviers de leur motivation ? L'entreprise a-t-elle un rôle à jouer pour promouvoir l'initiative bénévole ? Pour mieux comprendre ces ressorts, l'équipe SolidaiMe de Médiamétrie a conduit une étude auprès des jeunes de 15 à 34 ans.

Près de 62 % des anciens engagés ont quitté leur association par manque de temps. Seulement 2,6 % déclarent ne plus se sentir concernés par la cause

"L'étude indique que plus d'1 jeune sur 5 (22 %) s'investit bénévolement dans une, voire plusieurs associations. Un chiffre en hausse, puisqu'ils étaient 15 % par le passé."

LA SOLIDARITÉ ET L'ENTRAIDE AU PREMIER PLAN

Pour les 15-34 ans, l'engagement bénévole évoque des actions concrètes de soutien en faveur des autres : interrogés sur les notions qui leur viennent à l'esprit, plus d'1 sur 3 (35 %) mentionne spontanément la solidarité et l'entraide. 18 % parlent d'altruisme, de générosité et de partage. Lorsqu'on leur propose des représentations précises de l'engagement associatif, près de 8 jeunes sur 10 y voient un moyen de soutenir une cause ou d'aider les autres. Plus de la moitié envisagent également l'engagement comme la possibilité de créer du lien social et de favoriser des rencontres autour d'intérêts communs. 1 jeune sur 3 pense que c'est une façon de donner du sens à sa vie. A noter que pour une très faible minorité, s'engager est perçu comme quelque chose d'inutile (un peu plus d'1 jeune sur 10) ou est considéré comme une perte de temps.

En se penchant sur la réalité de l'engagement, l'étude indique que plus d'1 jeune sur 5 (22 %) s'investit bénévolement, dans une voire plusieurs associations. Un chiffre en hausse, puisqu'ils étaient 15 % par le passé.

L'ENVIE D'ÊTRE UTILE ET LA CAUSE DÉFENDUE, MOTEURS D'ENGAGEMENT POUR LES JEUNES

L'étude apporte un éclairage sur les leviers de motivation des jeunes qui reposent sur deux axes principaux : avant tout l'envie d'être utile, citée par près de la moitié des personnes investies ; puis le domaine de l'association, exprimé par plus de 45 % des bénévoles. La cause défendue par l'association tient une part croissante dans la démarche d'engagement bénévole. Les associations dont les jeunes bénévoles sont membres poursuivent des objectifs variés, pour beaucoup dans les domaines de la solidarité et de l'entraide. Près de 12 % des jeunes bénévoles sont actifs au sein d'associations en faveur de la santé, la recherche médicale ou l'aide aux malades ; une part en baisse : ils étaient 19,2 % auparavant. Juste derrière, en nette progression, on retrouve l'engagement pour l'environnement, la réduction des déchets, et le gaspillage alimentaire - avec 11,4 % des jeunes bénévoles contre près de 9 % par le passé. Suivent l'aide aux jeunes en difficulté (9,9 %), la lutte contre la précarité (9,7 %), et la solidarité nationale ou internationale (9,4 %).

Des durées d'engagement très hétérogènes

Les durées d'engagement sont très variables, en particulier chez les engagés actuels.
Près de 50% sont engagés depuis 1 an ou moins, et 12,8% depuis plus de 5 ans.
Pour les anciens engagés, 29,4% d'entre eux l'ont été entre 6 mois et un an.

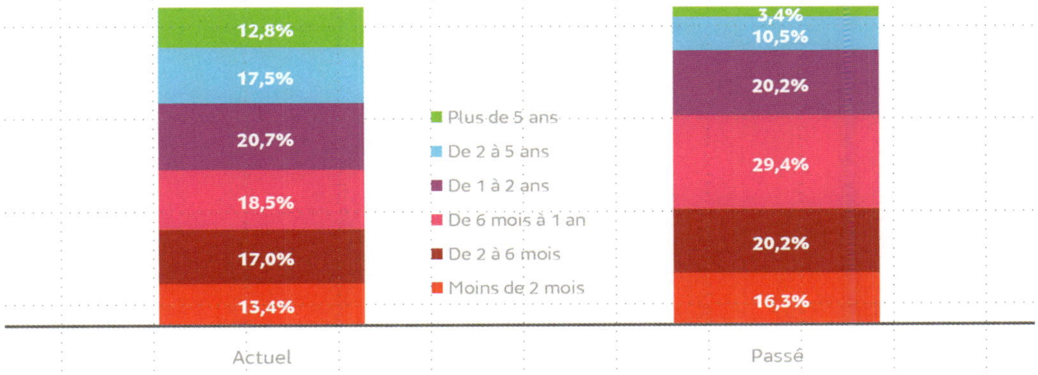

- **Q6.** Depuis combien de temps êtes-vous engagé(e) dans cette association ?
- **Base :** Engagés (219 répondants)

- **Q6bis.** Combien de temps avez-vous été engagé(e) dans cette association ?
- **Base :** Engagés par le passé (155 répondants)

LES JEUNES, DES BÉNÉVOLES À FIDÉLISER

Les durées d'engagement au sein d'une association sont très variables et généralement relativement courtes. Près d'1 personne sur 2 est engagée depuis 1 an ou moins ; seul 1 bénévole sur 8 l'est depuis plus de 5 ans. Lorsqu'on interroge les jeunes qui ont autrefois fait partie d'une association, près de 3 sur 10 déclarent y être restés entre 6 mois et 1 an.

Quels facteurs poussent les bénévoles à cesser leur action ? Plus de 3 sur 5 invoquent le manque de temps et 3 sur 10 (28 %) un déménagement. Les autres raisons, moins citées, tiennent notamment au format du bénévolat ou au mode d'organisation de l'association.

LES LEVIERS DE MOBILISATION

Pour réussir à mobiliser les jeunes, l'étude SolidaiMe s'est aussi intéressée à ceux qui ne s'engagent pas dans le bénévolat. D'autant que lorsqu'on les questionne sur leur envie de s'investir dans une association, près de 3 sur 5 (60 %) répondent par l'affirmative.

Pour eux, le manque de temps constitue le principal obstacle : près de 3 sur 4 le mentionnent. Plus d'1 sur 3 indique que l'occasion ne s'est pas présentée, et 16 % disent ne pas connaître d'association près de chez eux.

Voici des pistes de réflexion pour les associations ! Qu'est-ce qui stimule l'envie de s'engager chez les jeunes ? Se rendre utile, le format de l'engagement, un surcroît de temps libre et le domaine de l'association sont les principaux leviers de l'engagement pour au moins 4 jeunes sur 10. Ils envisagent le plus souvent un engagement en extérieur ou sur site, pour mettre à profit leurs compétences professionnelles et défendre concrètement les causes qui les touchent.

Plus de la moitié des jeunes (53 %) aimeraient s'engager pour une cause environnementale. Près d'1 sur 3 se tournerait vers la défense des droits et des causes, l'aide aux jeunes en difficulté et enfin la santé.

En termes de fréquence d'engagement : plus de 3 jeunes sur 4 plébiscitent un engagement régulier, 1 fois par mois ou plus.

Le monde de l'entreprise peut faciliter et favoriser ces démarches : 71,3 % des jeunes actifs seraient intéressés si leur entreprise proposait un partenariat avec une association. On observe d'ailleurs une tendance de fond à la mobilisation des entreprises dans ce domaine, comme le prouve la signature d'un manifeste de *mécénat de compétences** en janvier 2019 par 17 grandes entreprises (Cf article Les Echos 20/01/2019). De même, les derniers chiffres clés 2018 du Baromètre du Mécénat d'entreprise de l'Admical (Association pour le Développement du Mécénat Industriel et Commercial) soulignent une augmentation significative du mécénat de compétences, ce qui résonne fortement avec le besoin de sens et d'engagement exprimé par de plus en plus de salariés.

Depuis 2017, les équipes de Médiamétrie s'engagent auprès de 6 associations dans un Mécénat de compétences.

*Retrouvez la définition dans le lexique en fin d'ouvrage.

> **MÉDIAMÉTRIE**
www.mediametrie.fr
Fiche d'entreprise p. 495

Nelly Dubner
ndubner@mediametrie.fr

ANNUAIRE

Les grands acteurs du Digital se présentent !

Accenture Interactive
Carmila
Chandago
Clémentine
Dalim
Eulerian
Follow Analytics
J'ai un pote dans la com'
Kalima PR
Listen Too
Markentive

Mediametrie
Numberly
Open
Q3
Ratecard
Retail Me Not
Tilkee
Transaction Connect
Vanksen
Visa Cybersource
Yext

Accenture Interactive

www.accentureinteractive.fr

Date création
2001

Groupe
Accenture

Accenture Interactive

Adresse
118 avenue de France
75013 Paris

Contact
events_france@accenture.com
Tél. 01 53 23 55 55

Réseaux sociaux :

in /accenture-france
f /AccentureFrance
@Accenturefrance

Claude Chaffiotte
Directeur Exécutif Accenture Interactive France et Benelux

Stéphanie Lafontaine
Directrice Exécutive Accenture Interactive France

Arnaud Monnier
Directeur Exécutif
Accenture Interactive

Accenture Interactive est l'agence de l'expérience. Nous créons pour nos clients des expériences clients, collaborateurs, citoyens ou patients uniques. Nous les accompagnons de la définition des stratégies jusqu'à leur déploiement en combinant Création, Consulting et Technologie.

Notre ambition ? Créer des expériences significatives qui améliorent la vie.

DOMAINE D'EXPERTISE

Dans un monde où la transaction fait place à la relation, nous concevons, bâtissons et opérons des expériences porteuses de sens et de valeur.

Accenture Interactive bouleverse le paysage des agences en proposant une offre complète et intégrée basée sur 5 piliers :

- Nous réinventons le concept d'expérience en proposant de nouvelles stratégies de marque, du conseil en expérience et en marketing.
- Nous imaginons des expériences clients idéales à travers le Design et l'Innovation, dans leurs dimensions digitales et/ou physiques.
- Nous traduisons ensuite cet idéal en réalité pour assurer la rencontre de ces produits ou services avec ces cibles, en construisant des plateformes technologiques, des sites de marques en nous appuyant sur des innovations telles que le mobile, le vocal, les chatbots, l'IA ou le programmatique.
- Nous activons les stratégies de communication et d'engagement, nous les mettons en œuvre et en mesurons la performance.
- Enfin, nous amplifions les stratégies de contenu, nous le créons, le produisons, le distribuons et nous en mesurons l'efficacité. Tous les enjeux de la data, de la personnalisation, du contenu, du média avec les enjeux organisationnels qui en découlent sont travaillés.

PRINCIPAUX CLIENTS

L'Oréal, Radisson Hotel Group, Walt Disney Studio Lab, La Poste

Article
La data au service de l'optimisation
des stratégies SEM à l'international
P.78

Carmila

www.carmila.com

Adresse
58 avenue Emile Zola
92100 Boulogne-Billancourt

Contact
contact@carmila.com
Tél. 01 58 33 63 00

Réseaux sociaux :

in /carmila
CARMILA

Morgan Lavielle
Tél. 01 58 33 63 29
morgan_lavielle@carmila.com

Arnaud d'Hoop
Tél. 01 58 33 64 80
arnaud_d_hoop@carmila.com

Créée par Carrefour en 2014, Carmila est la société dédiée à la dynamisation des centres commerciaux attenants aux hypermarchés de l'enseigne en France, Espagne et Italie. 3e société cotée de centres commerciaux en Europe continentale, Carmila s'appuie sur le dynamisme et l'expertise de ses équipes, pour renforcer le leadership local de chacun de ses actifs, implantés au coeur des territoires. Bénéficiant de la culture commerçante du groupe Carrefour et d'une excellente connaissance de chaque zone de chalandise, Carmila propose aux enseignes et commerçants :

- **des emplacements sur-mesure au sein de centres commerciaux leaders,**
- **des implantations adaptées à votre projet : bail commercial, boutique éphémère, specialty leasing, événementiel,**
- **des solutions ciblées de marketing local et digital pour booster vos performances,**
- **des équipes locales pour vous accompagner avant et pendant votre exploitation.**

DOMAINE D'EXPERTISE

Pour proposer une expérience client 360 et répondre aux attentes d'un consommateur omnicanal, Carmila déploie une stratégie drive-to-store en s'appuyant sur les meilleurs outils digitaux au service du local. Grâce à sa connaissance précise de chaque zone de chalandise et au dynamisme de ses équipes marketing, Carmila accompagne la performance locale des enseignes avec « Le kiosque », des solutions de marketing digital local pour booster leur attractivité. Campagnes digitales micro-ciblées, social content, événementiel, opérations spéciales sont autant de solutions qui peuvent être déployées localement dans chacun de nos centres commerciaux pour accompagner vos problématiques de visibilité, trafic ou fidélisation.

PRINCIPAUX CLIENTS

Carrefour, Alain Afflelou, Camaïeu, Célio, H&M, Jules, Micromania, Promod, Orange, Sephora, Yves Rocher, Zara...

Article
"Shop'Influence", ou comment animer les communautés
micro-locales dans une logique drive-to-store
P.126

Chandago

www.chandago.com

CHANDAGO
Privacy matters

Date création
2017

Adresse
15 place Canteloup
33800 Bordeaux

Contact
contact@chandago.com
Tél. +33 (0)5 56 74 58 08

Réseaux sociaux :

in /chandago
@Chandago_

Bruno Delcombel Delbos
Président
Tél. 06 49 27 88 74
bdelcombel@chandago.com

Emmanuelle Dubourg
Directrice Générale
Tél. 06 47 47 40 52
edubourg@chandago.com

Antoine Dumas Martin
Directeur Commercial et Marketing
Tél. 07 86 03 46 90
adumas@chandago.com

Chloe Colin
Marketing Manager
Tél. 06 70 86 01 39
ccolin@chandago.com

Chandago® est une privacy company, ayant une vision équitable en matière de données personnelles. Notre préoccupation principale est de rétablir une relation de confiance entre le consommateur et les différents acteurs du digital, en le rendant libre de partager sa data de manière pertinente, claire et non-ambiguë.

Nous voulons également sensibiliser les entreprises, marques comme fournisseurs de solutions, à remettre le consommateur au centre des dispositifs d'utilisation raisonnée des données collectées, renforçant ainsi le lien de confiance avec leurs utilisateurs et offrant aux internautes une expérience personnalisée de qualité.

DOMAINE D'EXPERTISE

Les produits sont développés sur une blockchain privée, garantissant la sécurité et traçabilité de la collecte de données personnelles et des consentements rattachés ainsi que de leur utilisation.

> AppConsent®Premium
Lancée en 2017, AppConsent® Premium est une CMP, Consent Management Platform, appelée plus de 1.2 Milliard de fois par mois en Europe. A la fois pure mobile et web/web mobile, cette solution tiers de confiance complète et performante, permet aux acteurs du digital de maintenir un fort taux de consentement et d'assurer une expérience utilisateur qualitative et personnalisée.

> AppConsent®Xchange
Cette solution propose de nouvelles offres qui permettent aux éditeurs, retailers, et e-commerçants de distribuer leurs données en toute confiance.

AdTechs, Martech et annonceurs peuvent enfin avoir accès à des données traçables, qui ne peuvent circuler qu'avec le bon signal de consentement, les bonnes "coordonnées" et les finalités de traitement autorisées par l'utilisateur final.

PRINCIPAUX CLIENTS

Groupe Figaro, Fidme, Elokence, Wamiz, Journée de Chasse

Article
User et Gouvernance : le nouveau pari d'une relation gagnant-gagnant
P.246

Article
Le marché de la donnée post-RGPD : entre obligations et opportunités
P.298

Clémentine

www.clementine.jobs

certified search & selection

Date création
2000

Adresse
65 rue de Turbigo
75003 Paris

Contact
estanislas@clementine.jobs
Tél. 01 78 09 52 00

Réseaux sociaux :

- in /company/clémentine
- f /clémentine.jobs
- /ClementineJobs

Emmanuel Stanislas
Fondateur et Directeur du cabinet de conseil en recrutement Clémentine
Tél. 01 78 09 52 00
estanislas@clementine.jobs

Lorsque nous avons fondé Clémentine en 2000, nous avons défini notre mission : permettre à nos clients de recruter rapidement les meilleurs talents IT & Digitaux.

Pionnier sur le secteur du Digital et de l'IT, nous accompagnons l'accélération de la transformation digitale chez nos clients grands groupes de tous secteurs, mettant à profit nos 20 ans d'expertise des sujets et talents digitaux en ciblant très précisément un candidat pour une entreprise grâce à une excellente compréhension de son besoin et de ses enjeux.

DOMAINE D'EXPERTISE

L'expertise du cabinet Clémentine est définie dans sa baseline : Certified Search & selection. Nos pratiques de sourcing, comme d'évaluation, sont certifiées ISO 9001 et reconnues sur le marché depuis 20 ans par les employeurs les plus exigeants.

Notre approche concilie donc une connaissance approfondie des métiers et secteurs d'activité sur lesquels nous intervenons (Digital, IT/SI, Data, Marketing, Expérience Client, Software Engineering, IoT, Cloud, Sécurité, Cybersécurité...) et une maîtrise des techniques d'identification, d'évaluation et de sélection de candidats.

PRINCIPAUX CLIENTS

Engie, Bouygues Télécom, Hermès, Europcar, KFC, Transdev, Fédération Française de Tennis, Laboratoire Pierre Fabre, Matmut, Sécuritas, Le Bon Coin

Interview
Romain Marino
P.410

Fiche Métier
Data Engineer
P.412

Fiche Métier
Chapter Lead
P.414

Fiche Métier
Product Owner
P.416

Interview
Sarah Mavro
P.420

Article
Le manager leader est mort, vive le manager coach !
P.422

Article
Un CTO pour développer l'expérience collaborateur
P.424

DALIM SOFTWARE GmbH

www.dalim.com

Date création
1985

Adresse
Strassburger Strasse 6, 77694 Kehl
(Allemagne)

Contact
info@dalim.com
Tél. +49 7851 91 96 0 - Fax : +49 7851 73 57 6

Réseaux sociaux :

in dalim-software-gmbh
f DALIMSOFTWARE
@DalimSoftware

Dr. Carol Werlé
Tél. +49 7851 91 96 50
carol.werle@dalim.com

Isabelle Billerey Rayel
Tél. +33 6 61 10 96 13
isabelle.billerey@dalim.com

Le siège de DALIM SOFTWARE GmbH est situé à Kehl, en Allemagne.

DALIM SOFTWARE est un des leaders dans le développement des plateformes web collaboratives et innovantes dédiées aux marques, aux institutionnels ainsi qu'à tous les acteurs de la communication et des arts graphiques. Depuis 1985, les solutions de DALIM SOFTWARE ont été sélectionnées à l'échelle internationale par les entreprises les plus renommées dans des domaines aussi variés que : la communication, la publicité, l'édition multimédia, le retail, l'industrie pharmaceutique...

Nous ne sommes pas simplement éditeurs de logiciels, nous sommes une équipe internationale de spécialistes enthousiastes, experts dans différents domaines : programmation, spécialistes premedia, gestions de processus industriels... et bien d'autres encore !

Nous combinons toutes ces compétences pour mettre à votre disposition des solutions innovantes qui ont le potentiel de changer le monde qui nous entoure, pour les futures décennies.

DOMAINE D'EXPERTISE

- Digital Asset Management
- Enterprise Content Management
- Solution Saas ou cloud computing
- Gestion des processus métier
- Solution de gestion des workflows pour les emballages et étiquettes
- Gestion des fichiers numériques
- Solutions web to print
- Solutions de gestion colorimétrique
- Gestion de production pour impression numérique
- Gestion de production prépresse
- Logiciels de mise en page
- Logiciels spécialisés prépresse
- RIPs et flux prépresse
- Progiciels

PRINCIPAUX CLIENTS

Adeo, Royal Canin, Fleury Michon, Altavia, CA COM, Ritter Sport, Isdin, Diadeis, Média Participations, Christie's, Pierre Fabre, Mondadori, Urgo, Altavia, Time out, Marvel...

Article
Comment les workflows permettent de décupler la puissance du DAM
P.338

Étude de cas
BODEN - Une transformation digitale qui a du style
P.444

Étude de cas
CE RATP - La mise en place d'une plateforme collaborative
P.458

Eulerian

www.eulerian.com

Date création
2002

Groupe
Indépendant

Adresse
162 boulevard de Magenta
75010 Paris

Contact
contact@eulerian.com
Tél. +33 1 84 16 64 54 - Fax : +33 9 50 27 62 75

Réseaux sociaux :

in /eulerian-technologies
/EulerianTech
www.eulerian.com/blog

Emmanuel Brunet
CEO
Tél. +33 1 84 16 64 54
contact@eulerian.com

Fabien Roger
VP Sales Europe
Tél. +33 1 84 16 64 54
contact@eulerian.com

Alexis Tacquard
VP Product & Solutions
Tél. +33 1 84 16 64 54
product@eulerian.com

Eulerian aide les équipes marketing à améliorer les performances de leurs campagnes grâce à une suite technologique couplant une collecte de données exhaustive et des fonctions d'attribution marketing complètes. **Notre suite d'attribution** est fondée sur une technologie de tag unique qui permet de collecter l'ensemble des données marketing avec une vitesse de mise en place remarquable. Le couplage « suite attribution & data » permet d'obtenir des analyses mixant sources de trafic et profil du consommateur pour des optimisations budgétaires encore plus efficaces. Les experts d'Eulerian accompagnent les annonceurs et les agences pour exploiter au maximum le potentiel des solutions et booster ainsi les performances de leurs campagnes tout en améliorant leur ROI. Eulerian a été nommée par Gartner dans le "Magic Quadrant for Digital Marketing Hubs" et reconnue Vendor to watch dans le "Magic Quadrant for Digital Marketing Analytics".

DOMAINE D'EXPERTISE

> Suite d'Attribution

Notre suite d'attribution évolutive aide les équipes à reprendre la main sur leurs investissements médias en toute transparence. Les solutions sont adaptées à chaque étape du Customer Journey afin d'optimiser les prises de décision au niveau de ces investissements.
Elle permet d'adresser les deux premiers enjeux de l'attribution : l'attribution opérationnelle et stratégique. L'attribution opérationnelle correspond à la mise en place d'un contrôle quotidien de la performance (et ainsi l'obtention de premiers insights activables) et l'attribution stratégique au lancement d'analyses afin de mieux comprendre ses investissements média et les faire évoluer. Il est également possible de se projeter grâce aux features avancées (i.e. Custom & Multi-touch Attribution, People based Activation).
Cette suite permet donc d'optimiser le mix média de tout un chacun à son propre rythme.

> Data Technologies

Un ensemble de technologies basées sur une collecte premium.
Notre Data Management Platform permet de tirer profit des données afin d'améliorer le ROI des campagnes marketing. Sur la base d'une connaissance unifiée, notre DMP permet de créer des audiences et de les activer chez les partenaires menant les campagnes.
Notre Customer Data Lab permet de profiter d'une data utilisateur réunifiée grâce à une technologie unique pour alimenter et donner un socle solide aux activités data de chaque société : in-house, datascience, dashboarding.
Notre Tag Management System permet de gagner en indépendance vis-à-vis des équipes IT en reprenant en main l'intégration des tags des partenaires média. Notre TMS, couplé à une solution d'attribution, peut conditionner le déclenchement du tag selon une règle d'attribution personnalisée. Cela permet d'ajuster et de personnaliser en temps réel les campagnes.

PRINCIPAUX CLIENTS

Eulerian compte parmi ses clients des annonceurs leaders sur leurs marchés tels que : OUI.sncf, SFR, La Redoute, Fnac Darty, Meliá Hotels International...
La société, via ses clients, est présente dans 35 pays.

Article
Comment (enfin) avancer en attribution
P.54

FollowAnalytics

https://fr.followanalytics.com

FollowAnalytics

Date création
2013

Adresse
95 boulevard de Sébastopol
75 002 Paris

Contact
marketing@followanalytics.com
Tél. 01 85 09 95 14

Réseaux sociaux :

in /followanalytics
f /FollowAnalyticsFR
@Follow_EMEA
https://fr.followanalytics.com/blog

Pascal Laik
CEO
Tél. +33 6 75 93 37 06
pascal@followanalytics.com

Alison Borra
EMEA Sales Director
Tél. +33 6 61 16 80 55
alison@fo lowanalytics.com

FollowAnalytics, scale-up franco-américaine créée en 2013, est l'un des principaux fournisseurs mondiaux de solutions mobiles. La plateforme Mobile Marketing Automation de FollowAnalytics permet la création d'applications web et mobiles sans code, ainsi que le pilotage de celles-ci de façon à en augmenter et optimiser le taux de rétention d'utilisateurs.

Reconnue pour son innovation, la société cible principalement le marché du CAC40 et compte une centaine de clients dont des marques telles que Le Monde, TF1, Louis Vuitton, Allianz, Orange, Société Générale et BNP Paribas Cardif. FollowAnalytics dont le siège social se trouve à San Francisco possède également des bureaux à New York et Montréal. Le siège européen basé à Paris impulse l'innovation et le développement de la société et regroupe aujourd'hui 60 % de ses effectifs.

DOMAINE D'EXPERTISE

Sous le credo "BUILD - ANALYZE - ENGAGE", la solution de FollowAnalytics a été spécialement conçue pour :

- Faire d'un site web une application mobile intelligente en seulement quelques minutes ;
- Intégrer cette application mobile à l'écosystème de l'entreprise sans écrire une seule ligne de code ;
- Commencer à générer des revenus potentiels en quelques jours.

Pour créer sa propre application mobile, il suffit d'entrer l'adresse URL de son site Web responsive sur la plateforme de BUILD.

BUILD détecte alors automatiquement les systèmes utilisés et génère l'application en quelques minutes. Grâce à un simple "glisser-déposer", la solution permet de customiser à souhait l'application afin de concevoir une expérience mobile native et ergonomique. L'entreprise pourra très facilement retirer ou modifier des éléments, ajouter des fonctionnalités mobiles natives (Burger menu, Touch ID, Google Pay...) pour personnaliser son application, et tout cela sans écrire une seule ligne de code.

PRINCIPAUX CLIENTS

Le Monde, TF1, Louis Vuitton, Allianz, Orange, Pathé Gaumont, Olympique Lyonnais, Société Générale, BNP Paribas Cardif

Article
L'expérience utilisateur : l'arme fatale
de votre application mobile
P.368

J'ai un pote dans la com

http://jai-un-pote-dans-la.com

J'ai un pote dans la com

Date création
2012

Groupe
Média indépendant

Adresse
Paris

Contact
contact@jai-un-pote-dans-la.com

Réseaux sociaux :

in /company/5147931
f @jaiunpotedanslacom
@unpotedanslacom

Valentin Richardot
Rédacteur en chef
& CEO
valentin@jai-un-pote-dans-la.com

Laurent Garrouste
Fondateur
laurent@jai-un-pote-dans-la.com

Né en 2012, j'ai un pote dans la com c'est le média référence de l'actualité créative & digitale à destination des professionnels de la communication. Il propose une veille complète dédiée à la création, à l'innovation et au marketing. A travers des formats innovants, J'ai un pote dans la com permet aux lecteurs de mieux comprendre les tendances créatives et de s'inspirer. Podcasts, vidéos ou encore décryptages de campagnes, J'ai un pote dans la com propose plusieurs contenus inédits, tous adaptés aux audiences et aux nouvelles pratiques de consommations de l'information. Ce média nouvelle génération s'impose depuis plus de 6 ans dans le paysage communicationnel français et compte chaque mois plus de 5 millions d'internautes touchés par ses contenus.
L'essence de ce média réside dans le besoin d'apporter une nouvelle vision du monde ainsi que de nouvelles inspirations. Idées créatives, nouvelles technologies, campagnes innovantes, ce sont tous ces éléments que nous repérons et diffusons pour nos lecteurs.

DOMAINE D'EXPERTISE

Informer, divertir et accompagner. Voici les trois valeurs inhérentes à J'ai un pote dans la com. Pour cela, nous proposons à nos clients des formats vidéo sur mesure afin de garantir une médiatisation ainsi qu'une visibilité évidente, synonyme de développement business. Par le biais d'activations de brand content et de native advertising, nous permettons aux marques & aux agences créatives de communiquer sur nos plateformes, avec pragmatisme et efficacité.

J'ai un pote dans la com c'est également un cabinet de formation indépendant qui vous permet de développer vos compétences sur tous les domaines de la communication digitale : Community management, veille stratégique, SEO, stratégie éditoriale, marketing d'influence. Nous dispensons ainsi, plusieurs formations aux équipes communication et marketing digital de grands groupes et d'incubateurs.

Enfin, j'ai un pote dans la com c'est aussi un studio de production et de conseil à destination des annonceurs souhaitant développer leur visibilité sur le web. Nous proposons ainsi des prestations vidéo, du conseil en stratégie digitale mais également des réflexions autour de nouvelles solutions créatives.

PRINCIPAUX CLIENTS

Orange, Coca-Cola, JCDecaux, Université Paris Dauphine, Braaxe, Publicis Conseil, EY, EDHEC, Les Gros Mots, Getty Images, Prévention Routière, Sup de Création

Article
Les meilleures activations marketing
de réalité augmentée
P.68

Étude de cas
MONOPRIX - Une stratégie
social media créative & efficace
P.110

KALIMA PR

www.kalima-rp.fr

KALIMA \ PR
OPEN INFLUENCE

Date création
2006

Adresse
43 Boulevard Haussmann
75 009 Paris

Contact
contact@kalima-rp.fr
Tél. 01 44 90 02 36

Réseaux sociaux :

in @KalimaPR
f @AgenceKalima
@Kalima_RP

Tygénia Saustier
CEO
Tél. 01 44 90 02 36
tsaustier@kalima-rp.fr

Marion Lauria
Directrice Générale
Tél. 01 44 90 02 36
mlauria@kalima-rp.fr

Marie Vasseur
Chef de projet
Tél. 01 44 90 02 36
mvasseur@kalima-rp.frr

Kalima est une agence de conseil en stratégie de communication PR, spécialiste des relations avec les médias et des stratégies d'influence. Acteur clé de l'écosystème digital, nous accompagnons la croissance des entreprises de l'économie numérique : start-up et PME, groupes et filiales, dans les domaines BtB et BtC (tech4good, e-commerce, fintech, cybersecurité, foodTech, services, travel, retail,...) en France à l'international (UK, Allemagne, Espagne, Italie, Benelux, US, Canada).

Nous envisageons notre métier comme un laboratoire permanent de la commutation les publics des entreprises. Nous développons en collaboration avec nos clients des stratégies de communication innovantes, au coeur des tendances économiques et sociales de notre monde. Notre équipe partage son expertise de la communication, des medias du digital pour conseiller et construire des stratégies sur mesure.

Les entreprises relèvent sans cesse de nouveaux défis pour renforcer leur image de marque et leur notoriété auprès de leurs publics - consommateurs, collaborateurs, influenceurs, partenaires. En pleine évolution, les médias constituent plus que jamais des canaux de communication essentiels pour les marques et les entreprises. Journalistes, blogueurs, youtubers, twittos, instagrammers... sont autant d'influenceurs qui crédibilisent le discours et les messages des marques, en s'en faisant l'écho auprès de leurs communautés.

DOMAINE D'EXPERTISE

Conseil en stratégie de communication, pilotage de projets
PR : presse, social media
Evenementiel : workshops de produits, salons/conférences/tables rondes, vernissages, pop-up stores...
Contenus : editorial, livre blanc, vidéos, contenus medias sociaux
Communication sensible : stratégie et conseil, monitoring, procédure de crise, media training

PRINCIPAUX CLIENTS

Aquarelle, Thecamp, Rakuten Viber, mailinblack, Emerging Valley, Youse, Deloitte, Make.org, Placement Direct, Hesus, cozycozy, Ring Capital

Étude de cas
THECAMP - La proximité comme pilier des RP
P.34

Étude de cas
RAKUTEN - Créer l'événement, maillon essentiel de la stratégie RP
P.50

Listen Too

www.listen-too.com

Listen too

Date création
2013

Groupe
Indépendant

Adresse
12-14 rue de l'église
75015 Paris

Contact
contact@listen-too.com
Tél. 06 75 38 26 98

Réseaux sociaux :

in /listen-too
f /listentoofrance
@Listen_Too

Christophe de Boisgelin
CEO
Tél. 06 75 38 26 98
cdeboisgelin@listen-too.com

Renaud Migné
Directeur Commercial
Tél. 06 08 74 29 46
rmigne@listen-too.com

Julie Ogé
Directrice Conduite du Changement
Tél. 06 80 05 23 89
joge@listen-too.com

Listen Too est un cabinet de conseil organisationnel et opérationnel spécialisé en transformation digitale, en management de projet et en conduite du changement dans les environnements Digitaux et SI.
Le groupe est composé de :

- Listen Too (Région Parisienne)
- Listen Too Grand Ouest (Bretagne, Pays de la Loire)
- Listen Too Méditerranée (Provence - Alpes - Côte d'Azur, Occitanie)
- Journey by Listen Too, spécialisé en UX

Le groupe Listen Too est fier de faire partie du top 10 dans la catégorie 50-500 employés, des entreprises où il fait bon travailler en 2019 selon l'organisme Great Place To Work France. Ce prestigieux label a récompensé pour la deuxième fois consécutive le groupe qui s'est également vu accorder la 8e place au classement LinkedIn France Top Startups 2019.

DOMAINE D'EXPERTISE

1. Stratégie & Relation Client

Le digital transforme en profondeur la relation client qui se veut plus individuelle, mieux ciblée et plus efficace. Nous accompagnons nos partenaires dans ce processus de transformation autour de la connaissance de leurs prospects et consommateurs sur l'ensemble du parcours client. Nous agissons ainsi dans toutes les étapes de la relation client (Acquisition, CRM, fidélité, ...) avec des consultants spécialisés sur les problématiques webmarketing, e-commerce, mobile ou encore analytics.

2. Pilotage & Transformation des SI

Passage obligé d'un projet digital, Listen Too intervient au sein des équipes SI sur la traduction des besoins clients en règles de gestion complexes, leur implémentation dans les systèmes d'information et le pilotage de projets/programmes transverses. Forts d'une expertise méthodologique et outils, les consultants Listen Too accompagnent vos projets dans une démarche d'amélioration continue et d'adaptation des méthodes au contexte client (réflexion, conception, conduite opérationnelle, ...).

3. Product Management & Innovation

Listen Too accompagne ses clients dans la construction itérative de produits et services digitaux adaptés aux besoins de leurs utilisateurs, c'est à dire utiles et utilisés. Passionnés d'innovation, nos consultants interviennent en méthodologies agiles (Scrum, Kanban, Lean) dans la définition de la vision produit, l'élaboration des modèles économiques, et pilotent ensuite la réalisation du projet par les équipes SI.

4. Conduite du Changement

Le Change Management a pour vocation d'aider les entreprises, les organisations, les projets, les équipes, à passer d'un état actuel à un état futur et ainsi s'adapter efficacement à un monde en constante évolution. Dans le cas d'un projet de transformation digitale, comment s'assurer que les solutions mises en place seront (bien) utilisées ? Pour répondre à cette question, nous agissons en amont avec les équipes projet pour intégrer la dimension « client final et leurs usages » aux réflexions sur les fonctionnalités à développer.

Article
Digital Adoption - Vos nouveaux outils digitaux sont sous-utilisés. Et si on changeait ça ?
P.430

PRINCIPAUX CLIENTS

Accor, BNP, LVMH, Disney, France TV, PMU, L'Occitane, Apec, ENGIE, Shiseido, AXA, Hello Bank, McDonalds, Oui.SNCF, Adeo

Markentive

www.markentive.fr

Date création
2012

Adresse
157 boulevard Macdonald
75019 Paris

Contact
contact@markentive.com
Tél. +33 (0)9 63 65 78 40

Réseaux sociaux :

in /markentive
f /markentivegroup
/markentive_fr
www.markentive.fr/blog

Christian Neff
CEO
Tél. 06 09 24 15 31
christian.neff@markentive.com

Patricia Saona
Manager Consulting Services
Tél. 06 70 57 07 45
patricia.saona@markentive.com

Markentive est une agence spécialisée en Inbound Marketing et Marketing Automation BtoB. Nous accompagnons nos clients dans la mise en place de stratégies de croissance et de transformation digitale du marketing et des ventes. Faisant figure de pionniers en France sur ce marché, nous sommes notamment certifiés HubSpot Diamond Partner depuis l'été 2017 et nous intervenons dans toute l'Europe.

Tous nos clients ont un point commun : ils sont persuadés que leurs produits et services ont une place sur le marché et souhaitent se démarquer de leurs concurrents en adoptant des méthodes innovantes. Ils recherchent la croissance et souhaitent mettre en place des méthodes scalables. Markentive, en maîtrisant les aspects marketing & ventes de la transformation digitale s'inscrit directement dans cette démarche.

DOMAINE D'EXPERTISE

Nous proposons des services sur trois volets principaux :
- Stratégie, conseil, conduite du changement et formation
- Design Web et intégration de solutions : Marketo, HubSpot, Salesforce Pardot, Act-On et Webmecanik
- Mise en œuvre de campagnes Inbound marketing et Growth marketing

Markentive se distingue par :
- Une équipe expérimentée qui a accompagné plus de 100 projets
- Une maîtrise full stack des technologies de marketing automation & CRM
- Une méthodologie et des process éprouvés
- 6 langues pratiquées au quotidien

PRINCIPAUX CLIENTS

Total Lubmarine, Metron, Cegedim, Groupe La Poste, Sodexo, Geodis, Jobteaser, Digimind, Textmaster, Minutebuzz, Pediact, Theodo, BAM, Itesoft, Lunchr, Payplug, L-Expert Comptable.

Article
Marketing Automation BtoB :
les prérequis d'une stratégie réussie
P.80

Mediametrie

www.mediametrie.fr

Date création
1985

Groupe
Mediametrie

Adresse
70 rue Rivay
92532 Levallois Cedex

Contact
mediametrie@mediametrie.fr
Tél. 01 47 58 97 58 - Fax : 01 47 58 09 26

Réseaux sociaux :

in /mediametrie
f /Mediametrie
@Mediametrie

Bruno Chetaille
Président-Directeur Général
Tél. 01 47 58 97 59
bchetaille@mediametrie.fr

Benoît Cassaigne
Directeur Général Délégué, Mesures d'audience et Data
Tél. 01 47 58 97 35
bcassaigne@mediametrie.fr

Charles Juster
Directeur Communication et Mission Grands Comptes
cjuster@mediametrie.fr

Julien Rosanvallon
Directeur Exécutif TV et Internet, Directeur de Médiamétrie// NetRatings
jrosanvallon@mediametrie.fr

« Dans un monde numérique en transformation permanente, Médiamétrie observe les comportements du public et analyse les évolutions des usages des médias et des loisirs culturels. Nous mesurons avec précision l'audience multi-source de chaque média et reflétons simultanément la consommation multimédia des individus. Forts de cette connaissance unique, nous accompagnons les médias pour mieux valoriser leurs contenus et sommes parallèlement aux côtés des agences et des annonceurs pour améliorer l'efficacité de leurs campagnes publicitaires. Notre capacité de recherche et développement sur les plans technologique et scientifique, de plus en plus reconnue internationalement, nous permet d'anticiper les changements et de contribuer à la dynamique du marché. Attachées à quatre valeurs fondamentales, l'audace, la fiabilité, la connexion et le respect, nos équipes ont comme priorités la qualité de nos services, l'innovation et bien entendu la satisfaction de nos clients. » L'indépendance de Médiamétrie est garantie par la présence, dans toutes ses instances de décisions et dans son capital, de l'ensemble des professionnels (médias, annonceurs, agences) sans qu'aucun ne détienne une majorité pour décider seul. La règle est le dialogue et le débat en vue de parvenir à un consensus dans l'intérêt général de la profession. Véritables lieux de convergence et de débats, six comités définissent, orientent et valident les mesures et les études, dont le dernier en date, le Comité Data. Des commissions scientifiques et techniques ainsi que des Groupes de travail et une Assemblée Internet viennent compléter ces instances.

DOMAINE D'EXPERTISE

Leader des études médias et référence de la mesure d'audience, acteur de la data média, Médiamétrie accompagne ses clients et anticipe les évolutions du marché. Médiamétrie place l'innovation méthodologique et technologique au cœur de ses activités en s'appuyant sur l'expertise de ses équipes et un programme d'open innovation à double dimension, académique et start-up.
Engagée depuis plusieurs années dans le traitement d'importants volumes de données – les big data, ou données massives – Médiamétrie a renforcé cette approche avec la création du Lab Innovation. Médiamétrie participe à de nombreux congrès internationaux et a remporté de nombreuses récompenses pour ses innovations. Dernières en date : le Grand Prix pour l'Audience Internet Global dans la catégorie « Mesure d'Audience » aux IAB Europe Research Awards 2018, le Trophée Argent pour Data Checking dans la catégorie « Data Intelligence » aux Trophées des Etudes et de l'Innovation 2018, le prix Tony Twyman TV et Vidéo lors de la conférence ASI 2018, une récompense pour le Médiaplanning Internet dans la catégorie « Advertising Solutions » aux IAB Europe Research Awards 2019. Plusieurs de ses membres sont également membres de l'IS. De plus, Médiametrie, aux côtés de BETC, Boulanger, EM Lyon et Vivendi, est membre fondateur et partenaire de LINCC Paris & CO (le plus grand incubateur d'Europe) dédié aux industries numériques culturelles et créatives.
Médiamétrie, c'est : 10 % de son CA investi en R&D chaque année, + 1 milliard de data traitées chaque jour, 1,5 million d'interviews par an, 60 000 panélistes animés au quotidien, 450 000 access panéliste etc.

Article
Marques : innover dans l'expérience client
P.150

Article
Transformation des usages, nouvelle donne pour l'audience
P.172

Article
Jeunes et benevolat les moteurs de l'engagement
P.480

Numberly

www.numberly.com

Date création
2000

Groupe
Numberly

Adresse
28 rue de Châteaudun
75009 Paris

Contact
juliette@numberly.com
Tél. 01 49 49 06 60

Réseaux sociaux :

in /numberly
f /Numberly1000mercis
/Numberly
https://numberly.com/fr/insights

Pascal Tawfik
Tél. 01 49 49 57 04
pascal@numberly.com

Pol Blet
Tél. 01 71 72 28 82
pol@numberly.com

Numberly (1000mercis group), Marketing Technologist, aide les annonceurs à se différencier par la qualité de leurs relations avec leurs clients. Notre approche people-based permet aux annonceurs d'identifier et de comprendre les besoins de leurs cibles, en combinant les données nominatives et comportementales, afin de dialoguer avec elles de manière plus efficace et de générer du résultat incrémental.

Avec des équipes à Paris, Londres, Milan, Amsterdam, Dubaï, Montréal, Bruxelles et New York, Numberly opère dans plus de cinquante pays : le groupe, résolument international, poursuit son expansion. Plus de 500 passionnés contribuent tous les jours à la qualité d'exécution et la satisfaction client, en restant curieux, agile et innovants, un état d'esprit qui anime Numberly depuis sa création.

DOMAINE D'EXPERTISE

Trois pôles complémentaires permettent de répondre aux enjeux des annonceurs, de l'acquisition à la rétention : orchestration omnicanale, trading programmatique et plateformes conversationnelles. Notre spécialité ? Créer des liens entre les mondes du programmatique et du CRM. Nous proposons des mécanismes à fort impact incrémental et nous facilitons la construction de partenariats second party entre marques et distributeurs.

PRINCIPAUX CLIENTS

Air France, Total, Carrefour, Procter & Gamble, Groupe Seb, L'Occitane, Lacoste, Disneyland Paris, Aigle, Éram, Center Parcs, Léon de Bruxelles, Sofinco, Guerlain, Nestlé, LesFurets.com, Crédit Agricole, Intersport...

Article
Les call centers augmentés : la Customer Data Platform au service du customer care
P.240

Open

www.open.global

Date création
1989

Groupe
Groupe Open

Adresse
28 rue Jacques Ibert
92300 Levallois-Perret

Contact
contact@open-groupe.com
Tél. 01 71 06 31 28

Réseaux sociaux :

in /open_2
f @opencarrieres
@Open_ESN

Hervé Claverie
Directeur des Agences Digitales et des Solutions
Tél. 01 71 06 31 28
herve.claverie@open-groupe.com

Nathalie Mrejen
Directrice Marketing & Communication
Tél. 01 71 06 31 28
nathalie.mrejen@open-groupe.com

Philippe Kanony
Directeur Business Development
Tél. 01 71 06 31 28
philippe.kanony@open-groupe.com

Entreprise de services du numérique (ESN), Open est engagé dans la transformation IT et digitale de ses clients. Son ambition : faire du digital un levier de création de valeur pour les marques. Participer à la création des entreprises du futur, innovantes, ouvertes, c'est ce qui motive ses 3760 collaborateurs répartis dans toute la France, au Luxembourg, aux Pays-Bas et en Roumanie.

DOMAINE D'EXPERTISE

Parce que l'évolution rapide des entreprises nécessite de réinventer les applicatifs et infrastructures du SI, Open a adopté une démarche permanente de Professionnalisme & Proximité. Open propose une offre IT et Digitale efficace sur toute la chaîne de valeurs des entreprises. Son objectif : transformer les SI de ses clients pour répondre à leurs nouveaux Business Models digitaux en répondant aux enjeux de mise sur le marché.

> Conseil et Expertises • IT & Digital :
- Conseil :
- Innovation : Mobilité & Géo, IoT, Commerce Digital (Lateos)
- Transformation digitale et valorisation des données : Kynapse - Cabinet de conseil spécialisé en Data et IA
- Communication Digitale : La Netscouade

- Expertises :
- Agilité
- Assistance à maitrise d'ouvrage
- Design & conception de services
- Développement d'applications
- Gestion de Patrimoine Applicatif
- Intégration de Solutions
- Test
- DevOps et MovetoCloud
- Gestion et Supervision des Infrastructures
- Support Fonctionnel

> Développement & Industrialisation des applications et des environnements technologiques : Lab de prototypage rapide pour concevoir des MVP (Fastlab® by Open), Dispositif de Production Industriel Normé (ISO 9001) et Sécurisé (ISO 27001) répondant aux impératifs de qualité, de Time to Market et de proximité, Plateforme technologique DevOps.

> Solutions byOpen :
- Plateformes Technologiques
- FullMaps : Solution de cartographie
- Moodpeek : Solution d'analyse d'opinion des utilisateurs mobiles
- Swizi : 'L'Usine à Apps" pour créer et animer les applications mobiles en un temps record

- Plateformes Business :
- Izberg : Plateforme de Marketplace scalable, modulaire et personnalisable
- Xloan : Solution de gestion des opérations de financement
- Primpromo : Solution de suivi et pilotage de la Promotion Immobilière

PRINCIPAUX CLIENTS

Société Générale, BPCE, UGAP, EDF, Est-Ensemble, EM Services

Étude de cas
CLUB MED - La donnée au service de la création de contenus
P.114

Article
Cultiver ses clients existants, une évidence grâce à l'IA !
P.214

Étude de cas
DOTT - Tous les chemins ne mènent pas à Amazon ! Lancement réussi de la marketplace Dott
P.312

Article
L'agilité à l'échelle dans divers secteurs d'activité
P.440

Q3 ADVOCACY

www.q3-advocacy.com

Date création
2012

Adresse
56 avenue Schuman
13 002 Marseille

Contact
contact@q3-advocacy.com
Tél. 04 91 67 15 30

Réseaux sociaux :

in /company/q3-advocacy
@Q3_ADVOCACY
q3-advocacy.com/blog-q3-advocacy

Patrice Martin
Dirigeant et Co-fondateur
Tél. 04 91 67 15 30
pmartin@q3-advocacy.com

Bertrand Thomas
Dirigeant et Co-fondateur
Tél. 04 91 67 15 30
bthomas@q3-advocacy.com

La promesse de Q3 ADVOCACY est d'augmenter la puissance des leviers marketing des marques et réseaux sans en augmenter les coûts, grâce à la contribution non rémunérée de leurs propres clients. Pour cela, Q3 ADVOCACY propose une plateforme d'Advocacy Marketing dont les 2 spécificités sont d'être la plus large du marché et de permettre de détecter et d'activer les clients prescripteurs à partir des bases de données clients. La modularité et la puissance de paramétrage de la plateforme permettent à ses utilisateurs de combiner et d'intégrer sans couture les leviers les plus efficaces mobilisés dans ces stratégies :

- Satisfaction ;
- Avis clients ;
- Q/R entre prospects et clients ;
- Campagnes virales ;
- Co-innovation.

Afin d'industrialiser ces processus, la plateforme exclut de son champ d'action les influenceurs professionnels et les fans/followers des pages sociales, car elle est alimentée par les bases de données clients.
La largeur fonctionnelle de la plateforme permet d'adresser vos "Brand Advocates" selon une infinité de scénarios, mais les 2 schémas les plus fréquents sont :

- Utiliser une ou plusieurs briques de la suite pour adresser des problématiques spécifiques ;
- Gérer spécifiquement les Brand Advocates dans le cadre de son programme de fidélité/relationnel.

La plateforme est en marque blanche et s'intègre sans couture dans l'environnement marketing de ses clients.

DOMAINE D'EXPERTISE

Q3 ADVOCACY permet d'industrialiser l'ensemble des leviers de l'Advocacy Marketing et de les combiner entre eux. Cette expertise globale s'appuie sur la maitrise des domaines spécifiques suivants :

- Baromètre et pilotage de la satisfaction ;
- Maitrise de sa e-réputation à 360° ;
- Fidélisation non financière des clients satisfaits ;
- Acquisition par bouche-à-oreille ;
- Conversion par mise en relation entre prospects et clients satisfaits ;
- Co-innovation ;
- Programmes de fidélité ;
- Programmes ambassadeurs ;
- CRM ;

PRINCIPAUX CLIENTS

Edenred, Sport 2000, Korian, Parc Astérix, Thello, Habitat, Groupe Beneteau, Crédit Agricole, Berlitz, Ecole du Ski Français, 02, Homair, Vacances Bleues, Walibi, Merial.

Article
L'Advocacy Marketing au secours du R.O.I
des programmes de fidélité
P.194

Article
Grâce aux datas, détectez à grande échelle
vos clients influents !
P.244

Ratecard

www.ratecard-agency.com

ratecard

Date création
2003

Adresse
10 rue de la Fontaine au roi
75011 Paris

Contact
ratecard@ratecard.fr
Tél. 06 33 03 59 43

Réseaux sociaux :

in /1907665
f /Ratecard.actualite.marketing.digital
/Ratecard_fr
Blog : www.ratecard.fr

Frédéric Sadarnac
Tél. 06 33 03 59 43
frederic.sadarnac@ratecard.fr

Ratecard est une agence de communication AdTech et Martech. Depuis 2003, nous aidons les technologies du marketing digital et les agences publicitaires à promouvoir leurs produits et services. Nous concevons et orchestrons les plans de communication de nos clients en mobilisant différentes briques créatives et marketing :

- Des services de relations presse auprès des médias influents du secteur ;
- Une gamme de médias édités en propre, leaders en France sur les verticales AdTech et Martech (notamment le magazine Ratecard bien connu dans le secteur, ainsi que les sites et newsletters ratecard.fr et ad-exchange.fr) ;
- En outre, depuis 2013, Ratecard est le partenaire officiel France de Dmexco, le plus grand salon international dédié au marketing digital qui rassemble chaque année à Cologne (Allemagne) l'ensemble des acteurs AdTech et MarTech. Ratecard aide notamment les participants (exposants et visiteurs) dans leurs démarches administratives et logistiques.

DOMAINE D'EXPERTISE

› Communication & Relations Presse

L'expertise de nos équipes nous permet de fournir à nos clients : qualité de service et gain de temps, ce, grâce à une solide compréhension des diverses technologies ainsi que de leurs problématiques de communication.

Nous bénéficions d'accords-cadres à l'année avec différents supports nous permettant de proposer des garanties de diffusion pour les contenus de nos clients.

Nous organisons également des conférences de presse auxquelles nous convions les journalistes afin de faire bénéficier nos clients d'un lien direct avec les différents médias et leurs représentants.

PRINCIPAUX CLIENTS

Adagio, Captify, Didomi, Moneytag, Mozoo, seedtag, ZBO

Article
Attention publicitaire :
tendance de fond ou mode passagère ?
P.48

Article
Annonceurs et éditeurs : dans quelles mesures
faut-il externaliser ?
P.478

RetailMeNot France

www.retailmenot.fr

RetailMeNot

Adresse
3 allée de Trehornec
56 000 Vannes

Réseaux sociaux :

in /company/retailmenot-france
RetailMeNot_FR

Thomas Sauzedde
VP & General Manager France

Leader mondial de la promotion digitale, le groupe RetailMeNot est particulièrement connu en France grâce à ses deux marques, Ma Reduc, premier site communautaire de codes de réduction et de bons plans en ligne et Poulpeo, marque préférée de cashback des Français.

RetailMeNot accompagne les retailers et les e-commerçants dans leur stratégie de promotion digitale et in-store avec la volonté de connecter les consommateurs et les enseignes en leur proposant des offres pertinentes et personnalisées.

DOMAINE D'EXPERTISE

RetailMeNot Inc, est la destination incontournable pour faire des économies sur ses achats à la fois en ligne ou en magasin. La société permet aux consommateurs de trouver des centaines de milliers d'offres de réductions digitales pour économiser de l'argent sur tous leurs achats.

Spécialisé dans la promotion digitale, l'aide à la vente, le cashback et l'in-store, RetailMeNot s'efforce au quotidien d'offrir des services gratuits, toujours plus innovants afin que les consommateurs puissent réaliser des économies rapidement et facilement lors de leur shopping en ligne et en magasin.

- Ma Reduc est le 1er site communautaire de codes de réduction et bons plans en ligne et en magasin ;

- Poulpeo compte parmi les sites leaders du cashback en France

PRINCIPAUX CLIENTS

Booking.com, Yves Rocher, Asos, Conforama, Groupon, La Redoute, Lastminute.com, Sephora, AliExpress, Hotels.com, Cdiscount, Amazon, Bonprix, Powersanté, Deliveroo, Made.com, Orange Internet, boohoo, Etam, Camaieu, Eram, 3 Suisses, Look fantastic, Boulanger, Carrefour, Sarenza, Desigual, H&M, Fnac, AccorHotels.com, Françoise Saget, Norauto, Zooplus, SheIn, Darty, Romwe, Casino drive, Photobox, Kiko Cosmetics, Carrefour Drive, Levi's, Nike, Myprotein.

Étude de cas
LA REDOUTE - Comment le coupon dynamique augmente t-il la conversion et la valeur du panier moyen de La Redoute ?
P.324

Tilkee

www.tilkee.fr

Date création
2012

Adresse
22 rue Constantine
69001 Lyon

Contact
sales@tilkee.com
Tél. 04 82 53 53 01

Réseaux sociaux :

in /tilkee
f /tilkeeapp
/tilkeeapp
www.tilkee.fr/blog/

Stéphane Girardin
Directeur Commercial
Tél. 04 82 53 53 01
stephane@tilkee.com

Sylvain Tillon
CEO
Tél. 04 82 53 53 01
sylvain@tilkee.com

Timothée Saumet
CTO
Tél. 04 82 53 53 01
tim@tilkee.com

Tilkee est une société lyonnaise qui a pour vocation de révolutionner la manière de faire du commerce !

Nos solutions consistent à **analyser tous les comportements de lecture sur vos documents stratégiques** : propositions commerciales, devis, livres blancs, plaquettes... Nous souhaitons fournir les bonnes données, en temps réel, à nos utilisateurs afin de qualifier chaque prospect, et de le relancer au meilleur moment. Le tracking de document numérique a pour objectif de rendre plus efficace l'organisation de la prospection jusqu'au closing.

Nous déclinons notre technologie en 3 produits :
Tilkee for Sales permet d'évaluer l'intérêt d'un prospect vis-à-vis de vos documents commerciaux : nombre de lectures, temps passé lors de chaque lecture, pages les plus lues, téléchargement des annexes... autant de données précises qui facilitent la relance commerciale. Vous vous focalisez dès lors sur les interlocuteurs les plus intéressés : vous gagnez du temps et vous augmentez nécessairement votre taux de transformation.

Tilkee for Marketing permet de diffuser simplement vos documents sur plusieurs canaux (site internet, campagne mail, blog, réseaux sociaux...) et de mesurer la façon dont ils sont réellement lus. La plateforme génère en temps réel des leads ultra qualifiés pour les commerciaux et vous informe de l'efficacité de vos supports.

Tilkee for Events optimise tous vos salons ! Gagnez du temps en relançant immédiatement et de manière automatisée vos prospects rencontrés lors d'évènements professionnels sans rien laisser passer. En prenant une simple photo d'une carte de visite, vous envoyez le document de votre choix au visiteur en trackant sa lecture. Les informations s'ajoutent automatiquement dans votre CRM et les commerciaux n'ont plus qu'à attendre que les prospects se connectent pour relancer au bon moment.

DOMAINE D'EXPERTISE

L'objectif pour les commerciaux de Tilkee est de comprendre l'écosystème d'outils existants chez les prospects afin de proposer des solutions Tilkee intégrées et efficaces en fonction des processus mis en place. Comprendre les enjeux du client sur son secteur nous permet par la suite de l'accompagner dans l'utilisation de la plateforme et dans la compréhension des statistiques fournies. Nous conseillons les équipes pour appeler au bon moment, avec le bon discours et à utiliser les bonnes données de lecture !

Tilkee n'a rien de magique. Il faut comprendre les données et les exploiter au maximum pour impacter directement le taux de transformation.

PRINCIPAUX CLIENTS

Nous avons plus de 6 000 utilisateurs, majoritairement B2B à travers l'Europe. De la TPE aux grands comptes, nous couvrons plusieurs secteurs, dont voici quelques références : EDF, Adecco, Schneider Electric, Pôle Emploi, Crédit Agricole, Vinci, Orange, Chronopost, Gazprom, Meilleurs Agents, BNP, Kiloutou, Orexad...

Article
Les 10 chiffres clés à suivre dans son tableau de bord de prospection
P.190

Étude de cas
EDF - Prospection par emailing pour acquisition de clients B2B
P.202

Transaction Connect

www.transactionconnect.com

Adresse
18 rue du Faubourg du Temple
Paris

Contact
contact@transactionconnect.com
Tél. 07 68 54 70 35

Réseaux sociaux :

in /company/10621359
/transactioncon

Didier Gasté
Fondateur CEO
Tél. 06 12 03 40 01
didier@transactionconnect.com

Diégo Basset-Chercot
Directeur Commercial
Tél. 07 68 54 70 35
diego@transactionconnect.com

84% des clients seraient prêts à ne plus acheter auprès d'une enseigne qui ne tiendrait pas compte de leurs préférences et de leurs achats passés, à l'inverse 50 % des clients privilégient volontiers un commerçant qui leur présente des offres et des messages adaptés à leurs préférences.
Parce que l'acquisition de nouveaux clients est un processus long et coûteux, il est devenu primordial, pour tous les acteurs du Retail, non seulement de les fidéliser mais surtout de maximiser la valeur de chaque client.
Pour cela, Transaction Connect propose une technologie unique permettant d'identifier chaque transaction effectuée offline et online, quelque soit l'enseigne, et ce, grâce au consentement donné en direct par le client exclusivement. Fiable, simple et transparent.
Afin de garantir une relation client foncièrement plus qualitative à ses utilisateurs, la start-up a développé une plateforme Marketing/CRM proposant des recommandations personnalisées pour chaque utilisateur, en fonction de ses habitudes d'achat (panier moyen, fréquence de visite, enseignes préférées...). Elle permet ainsi à toutes les marketplaces physiques et on-line (Centres commerciaux, centre-villes, enseignes click&mortar...) d'engager leurs clients finaux de manière hyper personnalisée grâce à des algorithmes de recommandation basées sur de l'intelligence artificielle.

DOMAINE D'EXPERTISE

La technologie Transaction Connect propose au consommateur de rattacher directement son moyen de paiement à son programme de fidélité. Une expérience sans frictions car il est automatiquement reconnu lors de son passage en caisse, sans avoir à présenter sa carte de fidélité ou sortir son mobile et sans intervention de la part du vendeur.
De plus, la solution ne nécessite aucun déploiement de matériel supplémentaire en point de vente, ni d'intégration avec le système de caisse, ce qui permet un déploiement rapide et à moindre coût.
Les clients bénéficient d'une expérience fluide, sans carte de fidélité et sont récompensés lorsqu'ils paient avec leur moyen de paiement électronique habituel. Par ailleurs, l'analyse des données d'achat donnent aux retailers et aux centres commerciaux des insights précieux pour améliorer leur marketing et leur stratégie.
La société utilise les nouvelles technologies d'open banking et de machine learning pour collecter, analyser et enrichir les données d'achats des clients qui l'acceptent à l'inscription au programme de fidélité. Le service est facturé sous forme de licence SAAS.
Agréée par l'autorité Française de régulation du secteur bancaire (ACPR) en Décembre 2018 (Numéro d'Enregistrement 17038), Transaction Connect répond à des exigences comparables à celles des banques et accède aux données de paiement des utilisateurs sous le contrôle de l'Autorité Bancaire.

PRINCIPAUX CLIENTS

Unibail Rodamco Westfield, Hammerson, Frey, Eurocommercial, Centre Commercial Hyper U Sud Dracénie, Shopping Center Company, Fiminco.

Article
La donnée de paiement au service de votre stratégie Marketing : 4 cas d'usage
P.152

Vanksen

www.vanksen.com

Date création
2001

Groupe
Datawords Group

Adresse
5 rue du Helder
75009 Paris

Contact
contact@vanksen.com
Tél. +33 1 80 98 00 41

Réseaux sociaux :

in /vanksen
f /vanksen
@vanksen

Xavier Lesueur
Partner & Founder
Tél. +352 48 90 90 1
xlesueur@vanksen.com

Lionel Constantini
Partner
Tél. +33 6 60 10 47 18
lconstantini@vanksen.com

Jeremy Coxet
Partner
Tél. +352 691 501 411
jcoxet@vanksen.com

Hémisphère gauche & Hémisphère droit, Rationnel & Emotionnel, Data & Créa, Excel & Visuel, Analyste & Graphique...
Chez Vanksen, nous croyons aux statistiques nourrissant nos créations ; aux analyses orientant nos recommandations.
Digital natives, nous réconcilions la performance et la créativité pour offrir les meilleurs dispositifs et ainsi répondre efficacement aux besoins de nos clients.
En 2018, nous nous associons à Datawords et 87 seconds pour former un groupe international aux expertises digitales complémentaires et présent dans 13 pays avec plus de 500 collaborateurs.
En 2019, après 18 années d'existence, nous passons le cap symbolique des 100 collaborateurs pour nos 7 agences, réparties dans 4 pays (France, Luxembourg, Belgique et Suisse).
Vanksen - Connecting Performance and Creativity.

DOMAINE D'EXPERTISE

- Accompagnement stratégique, conseil, positionnement et image de marque
- Création d'outils et de solutions digitales (site web, app, mini-site, advergame...)
- Stratégie, gestion, optimisation Social Media et Community Management
- Social Data Intelligence & E-Reputation, Gestion de crise
- Acquisition de trafic, payant (media digital/SEA) et naturel (SEO/SEM)
- UX/UI Design
- Brand Content
- Protection de la marque
- Webanalytics, CRM & e-CRM
- Formation.

PRINCIPAUX CLIENTS

Automobile. Arval - PSA - Peugeot - Citroën - Hertz. **Banque & assurance.** BNP Paribas - Crédit Agricole Life Insurance - Crédit Mutuel - Generali - Pictet - Allianz - AXA - Bâloise. **Sport et loisirs.** Columbia Sportswear International - Kempinski - Paris Games Week - SEM Nouvelles Pyrénées - Salomon - Thalassa - Paris Longchamp - Aéroport de Bordeaux. **Grande distribution, alimentation, biens de consommation.** Granini - Pernod-Ricard - Nestlé - Purina - Petit Navire - SEB - Primagaz - Délifrance - Intermarché. **Luxe, santé et beauté.** Audemars Piguet - Fondation pour la Recherche Médicale - Bergère de France - Groupe Panther - Laboratoire Menarini. **Nutrition, hygiène et santé.** Isoxan - Laboratoires Pierre Fabre - Eau Thermale Avène - Marque Verte - Hansgrohe. **Services financiers.** Bourse de Luxembourg - Fundsquare - Quilvest. **B to B.** Guardian - Firmenich - Onduline - Services Industriels de Genève - Viessmann. **Télécommunications & technologies.** Post Telecom - Logitech - Tango.

Étude de cas
FONDATION RECHERCHE MÉDICALE - Construire des campagnes d'appel aux dons efficace grâce au digital
P.98

Interview
Jeremy Coxet - Employee Advocacy : les employés prennent le pouvoir !
P.106

CyberSource

www.cybersource.com/fr-FR.html

CyberSource® | A Visa Solution

Date création
1994

Groupe
Visa

Adresse
21 boulevard de la Madeleine
75 001 Paris

Contact
CyberSourceFrance@cybersource.com
Tél. 01 53 05 39 25

Réseaux sociaux :

in /company/cybersource

Claire Castier
Directrice Marketing France
Tél. 06 95 57 27 18
ccastier@visa.com

Julien Duméry
Senior Sales Director France Benelux
Tél. 06 78 45 36 09
jdumery@cybersource.com

CyberSource est une filiale de Visa spécialisée dans la lutte contre la fraude et la gestion des moyens de paiement. Historiquement basée en Californie où elle commença ses activités en tant que start-up en 1994, CyberSource est aujourd'hui une société d'envergure mondiale. Elle opère et sécurise 1/10ème des transactions mondiales en ligne pour les marchands et leurs clients.

Alors que les systèmes de paiement sont régulés à l'extrême, de plus en plus divers et complexes, sécuriser et analyser les transactions est un levier clé des marques pour garantir la simplicité des achats et offrir une expérience client unique, partout dans le monde et sur tous les canaux. CyberSource répond à cette complexité des systèmes de paiement et la transforme en opportunité de développement international et d'optimisation des expériences marchands.

DOMAINE D'EXPERTISE

CyberSource est une plateforme de gestion de paiements intégrée aux infrastructures sécurisées de Visa. Elle bénéficie des avantages et de l'expertise d'un réseau de traitement international d'une valeur de 427 milliards de dollars. CyberSource aide les entreprises à atteindre leurs objectifs e-commerce : trouver le bon équilibre entre taux de conversion, fluidité du parcours client et prévention de la fraude. CyberSource offre également à ses partenaires acquéreurs une plateforme technologique dédiée ainsi qu'une expertise en matière de paiement et un service d'assistance. Pour plus d'informations, rendez-vous sur www.cybersource.com.

PRINCIPAUX CLIENTS

459 000 clients dans le monde

Article
E-commerce et fraude en ligne :
l'Intelligence Artificielle comme planche de salut
P.218

Étude de cas
RUE DU COMMERCE - Optimiser
son parcours client et réduire la fraude
P.228

YEXT

www.yext.fr

Date création
2006

Adresse
40 rue du Louvre
75 001 paris

Contact
hdraoulec@yext.com
Tél. 01 87 16 73 17

Réseaux sociaux :

in /company/yext
@yext
www.yext.fr/blog

Hélène Draoulec
Directrice Marketing
Tél. 01 87 16 73 17
hdraoulec@yext.com

L'univers des recherches sur Internet connaît une révolution en passant des résultats aléatoires à des réponses vérifiées. Avec l'avènement de l'intelligence artificielle et des assistants digitaux, les utilisateurs apprennent à effectuer leurs recherches de façon différente, en posant par exemple des questions spécifiques pour obtenir des réponses directes. Mais à l'ère de la désinformation, la réputation des marques est mise en jeu par les résultats que les clients trouvent en ligne.

Nous partons du principe qu'une entreprise devrait être maître des informations qui la concernent. Avec Yext, les marques peuvent créer et rassembler toutes les informations à leur sujet dans un graphique de connaissances, baptisé Knowledge Graph. Celui-ci répond à toutes les questions et alimente les sites et services d'une marque en se synchronisant avec les moteurs de recherche, cartes, applications, assistants vocaux, chatbots, et plus encore.

Aujourd'hui le parcours client commence par une question, et les clients méritent une réponse. Si vous ne répondez pas, quelqu'un d'autre le fera.

DOMAINE D'EXPERTISE

Les entreprises du monde entier choisissent Yext pour rencontrer leurs clients au moment où ceux-ci formulent leur intention. Ces entreprises peuvent ainsi stimuler leur visibilité sur le Web, booster l'engagement et accroître leur chiffre d'affaires. Notre mission : fournir des réponses parfaites sur tous les canaux pour guider les marques vers l'avenir de la recherche sur Internet. Êtes-vous prêt à répondre aux questions de vos clients ?

PRINCIPAUX CLIENTS

Marriott, Fitness Park, Air France, Morgan Stanley, Ben and Jerry's

Étude de cas
FITNESS PARK - comment muscler la visibilité en ligne de clubs de sport
P.52

Article
Comment vous préparer aux changements des expériences de recherche
P.70

A

• **ADVOCACY MARKETING :** Ensemble des leviers permettant de détecter et de mobiliser ses clients prescripteurs.

• **AFFILIATION :** Système permettant à un annonceur de diffuser ses offres commerciales auprès d'une force de vente constituée de sites Internet (les partenaires). L'affiliation comprend deux principaux intervenants : la plateforme d'affiliation et l'affilié.

• **AMBASSADEUR DE MARQUE :** (Synonymes : brand advocate, prescripteur) Individu réalisant plus ou moins bénévolement la promotion d'une marque, par le biais du bouche-à-oreille, auprès de ses pairs & consommateurs. Il peut s'agir d'une démarche spontanée, d'un aficionado de la marque ou d'un comportement encouragé ou provoqué par la marque à l'aide de différents éléments de motivation.

• **AMÉLIORATION CONTINUE :** Dans un contexte agile, les erreurs sont autorisées à partir du moment où elles ne sont pas répétées. Les rétrospectives sont des démarches opérationnelles visant à garantir la réduction progressive des dysfonctionnements et favoriser la création de valeur. Bienveillance et transparence sont deux valeurs clés à adopter.

• **APPROCHE CUSTOMER-CENTRIC :** L'approche customer-centric est une stratégie qui aligne le développement des services et produits avec les besoins actuels d'un segment restreint de clients dans le but de maximiser leur valeur financière à long terme dans l'entreprise.

• **ARBRE DE DÉCISION :** Un arbre de décision est un outil d'aide à la décision représentant un ensemble de choix sous la forme graphique d'un arbre. Les différentes décisions possibles sont situées aux extrémités des branches, et sont atteintes en fonction de décisions prises à chaque étape.

• **ASO :** Il s'agit de l'optimisation du référencement d'application mobile sur les stores.

• **ASSISTANT VOCAL :** Un assistant vocal est une application logicielle basée sur la reconnaissance vocale du langage naturel et la restitution d'informations par synthèse vocale. Un assistant vocal s'appuie sur des techniques d'IA et notamment l'apprentissage automatique.

• **ATOMIC DESIGN :** L'Atomic design est une nouvelle approche du design modulaire conçue par Brad Frost afin de créer des Design Systems à partir de composants plus simples : atomes, molécules, organismes, templates et pages. À l'image des atomes et molécules chimiques, les éléments de l'interface doivent être vivants, évolutifs.

• **ATTRIBUTION :** Un modèle d'attribution est la règle que l'on adopte pour affecter une vente à un ou plusieurs leviers d'acquisition de trafic.

• **ATTRITION :** Perte de la clientèle, diminution du nombre d'utilisateurs ou d'abonnés, par opposition à la rétention et à la fidélisation.

B

• **BARE-METAL :** Un serveur bare metal est un serveur informatique qui est un serveur physique à locataire unique. Le terme est utilisé de nos jours pour le distinguer des formes modernes de virtualisation et d'hébergement en nuage. Les serveurs Bare-Metal ont un seul locataire. Ils ne sont pas partagés entre les clients.

• **BAROMÈTRE COLLABORATEUR :** Etude qualitative anonyme proposée à l'ensemble des collaborateurs d'un groupe pour mesurer l'engagement sous plusieurs critères évaluant la motivation / le bien-être / les relations d'un collaborateur au sein de son Equipe / Service / Direction et en transverse. Les résultats sont communiqués aux managers de chacun de ces cercles pour action.

• **BRAND CONTENT :** Le brand content désigne l'ensemble des contenus directs et indirects réalisés par une marque sans évoquer directement celle-ci, que se soit par l'intermédiaire d'un site web, des réseaux sociaux.

C

• **CAMPAGNE MULTICANAL :** Une campagne multicanal désigne une campagne marketing pour laquelle on utilise simultanément au moins deux canaux marketing (ex. : social media + affichage).

• **CDP :** Les Customer Data Platforms permettent de stocker et d'activer de manière centralisée l'ensemble des données relatives aux clients d'une entreprise que ce soit des données de type CRM ou des données digitales. Elles sont utilisées dans le cadre d'opérations de ciblage et d'envoi de propositions de valeur personnalisées au travers des canaux off et online.

• **CHOICE-FIRST MARKETING :** Approche du marketing pilotée par le choix du consommateur. Ce choix doit être clair afin que l'utilisateur puisse émettre son consentement, de manière informée.

• **CIBLAGE :** Le ciblage en ligne se base sur différents critères (contextuel, comportemental, temporel ou encore lié à la géolocalisation) pour intégrer du contenu marketing dans le parcours de navigation des internautes. L'analyse des données permet de les toucher à des moments plus opportuns et avec du contenu adapté au contexte de diffusion.

• **CLICK & COLLECT :** Le click & collect caractérise un comportement d'achat où le consommateur concrétise un achat sur Internet avant de le récupérer en magasin.

• **CLUSTERISATION :** La clusterisation est une méthode d'analyse des données, visant à diviser un ensemble de données en différents "paquets" homogènes, en ce sens que les données de chaque sous-ensemble partagent des caractéristiques communes.

• **COMMUNICATION CONVERSATIONNELLE :** La communication conversationnelle est une technique marketing proche du marketing relationnel qui consiste à établir un dialogue continu ou ponctuel avec les clients et prospects. Ce dialogue permet de travailler la qualité de la relation et de mieux connaître le client.

• **COMMUNITY MANAGER :** Il est en charge du développement et de la gestion de la présence d'une marque sur les réseaux sociaux et espaces communautaires. Il est souvent considéré comme le garant de la réputation et de l'engagement à l'égard de la marque, mais peut également avoir un rôle plus promotionnel à travers la mise en place d'animations et jeux concours divers.

• **CONCEPTION CENTRÉE HUMAIN :** La conception centrée humain consiste à considérer les utilisateurs, leurs émotions, leurs attentes et leurs besoins tout au long du processus de développement d'un produit numérique ou physique, d'un process ou d'un service.

• **CONDUITE DU CHANGEMENT :** La conduite du changement permet d'aider les entreprises, les projets, les équipes à passer d'un état actuel à un état futur et ainsi s'adapter efficacement à un environnement en constante évolution. Elle met en mouvement les individus en anticipant les résistances et accompagnant la dimension humaine dans les phases de transition.

• **CONSENT FATIGUE :** Le RGPD oblige à collecter le consentement des utilisateurs, pour l'utilisation de leurs données, pour toutes les finalités et sur chaque site visité. Ceci génère un "consent fatigue" chez l'utilisateur constamment sollicité, ce qui peut rendre le mécanisme de collecte inefficace s'il n'est pas correctement adapté à l'expérience utilisateur.

• **CONSENTEMENT :** Toute manifestation de volonté, libre, spécifique, éclairée et univoque par laquelle la personne concernée accepte, par une déclaration ou par un acte positif clair, que des données à caractère personnel la concernant fassent l'objet d'un traitement.

• **CONTENT MARKETING :** Le content marketing consiste à créer et distribuer du contenu de valeur, pertinent et utile afin d'attirer et d'acquérir une audience clairement définie.

• **COUPON DYNAMIQUE :** Coupon de réduction personnalisé et adressé en fonction de critères prédéfinis tels que le comportement de navigation, le profil de l'internaute, la typologie de produits et la valeur panier d'achat.

• **CPH :** Le CPH représente le Coût Par Heure d'exposition. Il s'agit d'un mode de facturation qui se base sur la durée effective d'exposition cumulée d'une campagne. La mesure de la durée d'exposition peut être réalisée via un outil d'ad verification.

• **CRM :** Customer Relationship Management ou Gestion de la relation client, est l'ensemble des outils et techniques destinés à gérer et suivre les échanges à caractères commerciaux d'une entreprise avec ses clients dans le but de les fidéliser.

• **CRM-ONBOARDING :** Dans un monde digital où les devices sont nombreux (PC, tablettes, mobiles, TV connectées) et où les cookies sont instables, identifier l'utilisateur que ce soit on-line, off-line ou cross-device est un vrai défi. En se basant sur une utilisation poussée des cookies, IDs ou login des utilisateurs, le CRM-boarding a pour objectif de retracer l'identité d'un utilisateur donné, de reconstituer son historique et ainsi de permettre son (re)ciblage. Que ce soit pour les marques ou les distributeurs.

• **CROWDSOURCING :** Designe la pratique qui correspond à solliciter le grand public pour co-créer et collaborer à un projet.

• **CTA :** Le Call to action désigne un élément d'une page web ou d'une application, généralement un bouton ou un lien, incitant l'internaute à réaliser un objectif spécifique : acheter, demander un devis, s'inscrire, télécharger un document, contacter, etc. C'est donc un élément clé dans la stratégie de conversion des sites et applications.

• **CTR :** Le CTR (taux de clics) correspond au nombre de clics enregistrés par une annonce, divisé par le nombre d'affichages de celle-ci. Il est exprimé en pourcentage. Par exemple, si vous enregistrez 5 clics et 100 impressions, le CTR est de 5 %. Un CTR élevé constitue une bonne indication de l'utilité et de la pertinence des annonces pour les internautes.

• **CUSTOMER INTIMACY :** La customer intimacy désigne la stratégie adoptée par les annonceurs qui souhaitent se démarquer par l'excellence de leurs relations avec leurs clients. Elle nécessite une connaissance approfondie des besoins de ses consommateurs et la capacité d'y répondre.

• **CUSTOMER JOURNEY :** La customer journey est le terme anglais souvent utilisé en marketing pour le parcours client. Il s'agit donc de l'ensemble des points de contacts et d'interactions entre le clients et une entreprise dans le cadre de son processus d'achat.

D

• **DAM (DIGITAL ASSET MANAGEMENT) :** Un DAM permet d'organiser, de stocker et de récupérer des contenus multimédias : photos, musique, vidéos, animations, podcasts, etc. Le DAM implique une infrastructure permettant de préserver et de gérer les actifs numériques et une fonctionnalité de recherche permettant aux utilisateurs d'identifier, de localiser et de récupérer un actif.

• **DATALAKE :** Le data lake (ou lac de données) est un référentiel de données permettant de stocker une grande quantité de données brutes pour une durée indéterminée. Il permet de réunir et stocker toutes les données de l'entreprise.

• **DATAMART :** Un datamart (parfois traduit magasin de données ou comptoir de données) est un sous-ensemble d'un data warehouse destiné à fournir des données aux utilisateurs, et souvent spécialisé vers un groupe ou un type d'affaire.

• **DATA GOUVERNANCE :** Regroupe l'ensemble des processus et organisation des acteurs permettant de maitriser la valorisation des données au sein d'une entreprise.

• **DATA MANAGEMENT :** Regroupe l'ensemble des techniques, méthodes, outils et savoir faire permettant de maitriser l'exploitation des données au sein d'une entreprise.

• **DATA WAREHOUSE :** Espace de stockage centralisé pour toutes les bases de données prospects/clients qui regroupe les informations provenant de sources multiples et disparates. Le data warehouse marketing permet de construire une vision 360 prospects et clients et d'effectuer des analyses avancées (segmentation, scoring...) pour aider la prise de décision.

• **DCO (DYNAMIC CREATIVE OPTIMIZATION) :** Consiste à optimiser les créations publicitaires automatiquement et en temps réel au fur et à mesure de leur diffusion. Cela garantit une publicité plus pertinente et personnalisée en fonction des préférences spécifiques de l'internaute ciblé.

• **DESIGN SYSTEM :** Un Design System est un référentiel UX/UI pensé et mis à disposition via une interface digitale à destination des responsables de projets digitaux pour designer et développer leurs propres interfaces et services digitaux, quel que soit le sujet (application métier, plateforme de service, site e-commerce, service client), et quel que soit le secteur BtoC, BtoB ou BtoG.

• **DESIGN THINKING :** Le design thinking est une approche de l'innovation et de son management qui se veut être une synthèse entre la pensée analytique et la pensée intuitive. Il fait partie d'une démarche plus globale appelée design collaboratif.

• **DIGITAL ADOPTION :** La digital adoption regroupe des actions permettant de favoriser la bonne connaissance et l'utilisation des solutions (formation et communication), d'anticiper les conditions nécessaires au succès (organisations, process, métiers) et de s'ancrer dans l'histoire et la culture d'entreprise.

• **DIGITAL FACTORY :** Lieu d'accélération des projets digitaux et d'acculturation des métiers.

• **DIRECT MATCH BACK ANALYSIS (DMB) :** Le Direct Match Back utilise des identifiants uniques pour directement relier une vente aux activités marketing qui l'ont générée, au niveau individuel. Quelques exemples d'identifiants uniques : les renseignements des cartes de crédit, le suivi mobile, les balises en points de vente, les cookies, les adresses mail ou les numéros de téléphone.

• **DISPOSITIF 360° :** C'est un principe de communication qui mobilise tous les points de contact avec la cible visée. Un dispositif 360° doit posséder une cohérence sur l'ensemble des points de contacts et canaux utilisés.

• **DMP (DATA MANAGEMENT PLATFORM) :** Plateforme de gestion des données qui permet de centraliser et d'agréger l'ensemble des données comportementales relatives aux utilisateurs et enrichies par certaines données déclaratives.

• **DONNÉES FROIDES ET CHAUDES D'UN PRODUIT :** Les données froides d'un produit sont structurantes et peu variables : elles le caractérisent. Les données chaudes sont variables (typiquement du prix, du stock...).

• **DRIVE-TO-STORE :** Terme qui comprend toutes les actions ayant pour but de faire déplacer le consommateur en point de vente physique afin qu'il y réalise un achat.

• **DYNAMIC SERVING :** Le dynamic serving permet de servir avec 1 URL unique, un code HTML et CSS différent en fonction du device. Cela permet d'offrir une expérience différenciée selon les environnements tout en bénéficiant d'une URL unique, en particulier sur mobile.

E

• **EARNED MEDIA :** Le Earned Media constitue l'exposition qu'obtient gratuitement une marque sur les réseaux sociaux, blogs et autres espaces personnels, avis et commentaires des consommateurs ainsi que par le biais des reprises presse. Elle est devenue l'un des enjeux prioritaires des marques.

• **ECOSYSTÈME :** Regroupe les différentes structures avec lesquels une entreprise peut intéragir : les start-ups, les universités, les fournisseurs, les clients...

• **E-PRIVACY :** Ce projet de règlement devrait encadrer les communications électroniques et complète le RGPD qui gère le traitement des données. Il prévoit l'obligation d'obtenir le consentement préalable au dépôt des cookies sur un navigateur. Le recueil du consentement de l'utilisateur pourrait avoir lieu au niveau du navigateur et non plus sur chaque site.

• **E-RÉPUTATION :** L'e-réputation est l'opinion commune (informations, avis, échanges, commentaires, rumeurs ...) sur le web d'une entité (marque), personne morale (entreprise) ou physique (particulier), réelle ou imaginaire. Elle correspond à l'identité de cette marque ou de cette personne associèée à la perception que les internaures s'en font.

• **EXPÉRIENCE CLIENT OU CX :** L'expérience client désigne l'ensemble des émotions et sentiments ressentis par un client avant, pendant et après l'achat d'un produit ou service. C'est le résultat de l'ensemble des interactions qu'un client peut avoir avec la marque ou l'entreprise.

• **EXPÉRIENCE DE MARQUE :** L'expérience de marque est constituée de l'ensemble des émotions et perceptions ressenties par un consommateur à l'égard d'une marque à l'occasion de ses différentes opportunités de contacts (contacts publicitaires, visites points de vente, utilisation produit, etc.).

• **EXPÉRIENCE UTILISATEUR :** Dans un contexte digital, l'expérience utilisateur recouvre la façon dont un site web ou une application est perçue et ressentie par ses utilisateurs en fonctions de ses qualités ergonomiques, de navigation et de contenu.

F

• **FACILITATION :** La facilitation est une pratique d'animation pour mieux gérer les temps de travail collectifs ; un facilitateur accompagne le groupe afin d'améliorer son efficacité pour : - identifier et résoudre des problèmes - prendre des décisions - s'engager collectivement dans l'action.

• **FID'ACQUISITION :** Couplage d'offres de fidélité adressés à des clients fidèles dont le bénéfice peut être conditionné par le partage d'offre d'essai à destination de leur réseau.

• **FREEMIUM :** Le terme Freemium désigne un modèle économique qui consiste à proposer un service ou un produit gratuitement. Le but est d'attirer un grand nombre d'utilisateurs. Par la suite, la stratégie consiste à convertir les utilisateurs en clients en leur proposant un accès payant à des contenus plus complets.

G

• **GAFAM :** Désigne Google, Apple, Facebook, Amazon et Microsoft. En 2019 leur capitalisation boursière cumulée dépasse le PIB de l'Allemagne et se rapproche de celui du Japon.

• **GAMEPLAY :** Correspond à la mécanique et l'ergonomie utilisée afin que le jeu devienne ludique et agréable à jouer.

• **GAMIFICATION :** La gamification est un néologisme employé pour décrire le concept qui consiste à reprendre des mécaniques, des concepts propres à l'univers du jeu vidéo pour les appliquer à d'autres domaines.

• **GDSN (GLOBAL DATA SYNCHRONISATION NETWORKS) :** Constitué d'un ensemble de catalogues électroniques interopérables, basés sur les standards GS1, il permet d'échanger ses informations produits avec ses partenaires dans le monde entier. Il offre ainsi un point d'entrée unique pour la synchronisation des fiches-produits.

• **GÉOFENCING :** Pratique marketing proposant des messages publicitaires et de promotion à des consommateurs situés et géolocalisés dans un périmètre prédéfini. Par exemple, une chaîne de supermarché peut envoyer des coupons auprès de tous les consommateurs géolocalisés à proximité de leurs points de vente.

• **GÉO-TARGETING :** Le géotargeting est un levier média mis à disposition par Facebook. Il permet d'exposer un message à une audience ciblée selon sa position géographique, permettant des campagnes affinitaires et un pilotage budgétaire au plus fin.

• **GOUVERNANCE :** La gouvernance consiste à donner à chaque acteur (utilisateurs et entreprises) les moyens d'action et de contrôle sur la collecte, le traitement et l'exploitation des données à caractère personnel, ainsi que les responsabilités découlant de leur contribution et de leur rôle. Chacun retrouve ainsi sa place dans la chaîne de valeur.

• **GROWTH HACKING :** Le growth hacking est une activité consistant à "activer la croissance" d'une entreprise, par un ensemble de techniques de marketing permettant d'accélérer rapidement et significativement sa croissance.

H

• **HACK :** En communication, un hack est le détournement d'un outil, d'un réseau, d'une plateforme, d'un usage à une fin différente de celle pour lequel il a été conçu.

• **HIPPO :** Le HIPPO ou highest paid person opinion, désigne le membre plus haut gradé d'un projet ou d'une organisation. L'effet HIPPO correspond à la tendance naturelle des collaborateurs à privilégier l'avis du HIPPO devant les données factuelles pour nourrir une prise de décision.

I

• **INBOUND MARKETING :** L'Inbound Marketing est une stratégie qui repose sur des contenus forts, un tunnel de conversion efficace, des achats medias bien calibrés et un analytics précis pour un pilotage au plus près. Les prospects sont exposés aux contenus et sont acompagnés au cours de leur conversion jusqu'à la réalisation de l'objectif.

• **INFLUENCE CLIENT :** Caractérise l'ensemble des actions réalisées par un client sur ses pairs. Les principales actions sont les avis, les partages viraux et la réponse à des prospects.

• **INTELLIGENCE ARTIFICIELLE :** Ensemble des théories et techniques mises en oeuvre en vue de réaliser des machines capables de simuler l'intelligence et le travail en autonomie.

• **INTERACTIONS :** Les interactions avec les publications incluent toutes les actions effectuées par des personnes et en rapport avec des publicités pendant leur diffusion. Cela peut inclure des actions comme réagir à la publicité, la commenter ou la partager, réclamer une offre, regarder une photo ou une vidéo, ou encore cliquer sur un lien.

• **INTERNALISATION :** Démarche d'une entreprise consistant à inclure dans ses processus la production de biens ou services intermédiaires, qu'elle achetait jusqu'alors à des fournisseurs indépendants (externes).

• **INTRAPRENEURIAT :** Démarche qui permet aux collaborateurs d'une entreprise de développer leur propre projet ou service au sein de celle-ci. C'est l'acceptation et l'usage des méthodes d'entrepreneuriat (méthodologies Lean ou Agiles, etc.) en intégrant les contraintes du Corporate.

• **IRL - IN REAL LIFE :** Ce terme est régulièrement employé pour les actions digitales qui prennent une dimension réelle dans la vraie vie, comme par exemple un événement, un rencontre avec des influenceurs etc.

• **ITEM :** Dans le cadre d'une enquête marketing, les réponses sont codifiées. A chaque choix (Oui, Non, Parfois, Jamais...). correspond un item auquel est rattaché un code pour faciliter le traitement statistique.

K

• **KILLER FEATURE :** La killer feature représente la raison d'être d'une appli. Le principal motif de venue d'un utilisateur sur votre appli : ce qui fait qu'il utilise votre appli et non une autre.

• **KPI :** Key performance indicator ou indicateur de clé de performance. Le KPI correspond à une mesure mise en place pour évaluer la performance d'une activité et la piloter. Il est assorti d'un objectif et d'une valeur cible.

• **KYC :** Acronyme anglophone de Know Your Customer désignant la 'connaissance clients', via la collecte de data qualifiée.

L

• **LANGAGE IDENTITAIRE :** Regroupe les éléments de langage qui marquent l'identité de la marque, reflètent sa personnalité et la rendent facilement identifiable.

• **LEAD :** Lead est un anglicisme utilisé pour désigner un contact commercial, c'est à dire un contact enregistré auprès d'un client potentiel (prospect).

• **LEAD GENERATION :** La génération de leads est un terme marketing désignant le processus de création et de gestion des leads. Les leads sont des contacts que l'on espère être des clients potentiels pour les produits ou services d'une entreprise.

• **LEAD NURTURING :** Le Lead Nurturing est un processus qui consiste à envoyer des communications ciblées à haute valeur ajoutée à des prospects à chaque étape de leur cycle de vie. L'objectif est d'accompagner leur montée en maturité afin qu'ils s'adressent à vous lorsqu'ils sont prêts à acheter. Cela se traduit généralement par des scénarios automatisés d'emails.

• **LEAD TO ORDER :** C'est l'ensemble des actions commerciales mises en oeuvre pour transformer une piste commerciale en proposition puis en affaire gagnée.

• **LOOKALIKES (OU PROFILS JUMEAUX) :** Une audience "lookalike" est déterminée par sa ressemblance avec une cible définie. Cette ressemblance peut être déterminée à partir de donnée socio-démographiques ou comportementales. Pour un annonceur, les cibles "lookalike" peuvent notamment être construites par le biais d'une DMP /CMP.

M

• **MARKETING AUTOMATION :** Désigne des logiciels ou techniques permettant aux pôles marketing d'automatiser des tâches récurrentes (envoi d'emails, gestion de campagnes marketing, etc.) afin de gagner en productivité.

• **MARKETING D'INFLUENCE :** Le marketing d'influence est un type de marketing qui s'appuie sur des leaders d'opinion pour réaliser la promotion d'un produit.

• **MARKETPLACE :** La marketplace est à l'e-commerce ce qu'est le centre commercial au détaillant traditionnel. En plus sophistiqué toutefois, car si le centre commercial offre un flux continu de passants (et la marketplace, un flux continu d'internautes), la seconde propose des outils marketing permettant aux vendeurs de se démarquer.

• **MÉCÉNAT DE COMPÉTENCE :** Le mécénat consiste, pour une entreprise, à soutenir librement un projet ou une cause d'intérêt général grâce à la mise à disposition des compétences de ses salariés.

• **MERCHANDISING :** Technique commerciale visant à optimiser l'allocation de l'espace d'exposition des produits/services et leur présentation afin de guider, renseigner et déclencher l'acte d'achat.

• **MESSAGING :** Le messaging (ou instant messaging) désigne les applications permettant aux utilisateurs des échanges asynchrones avec leurs proches et les entreprises. Les applications de messaging les plus utilisées incluent Facebook Messenger, Whatsapp et Apple Messages.

• **MICRO-INFLUENCEUR :** L'influenceur est une personne qui, par sa notoriété ou son statut, se positionne en relai d'opinion sur un secteur ou une zone géographique précis. Le micro-influenceur est celui dont la communauté ne dépasse pas les 25 000 followers.

• **MOBILE FIRST : 1.** Nom utilisé pour définir la stratégie d'indexation de Google. Le Mobile First consiste à prendre en compte prioritairement le contenu tel qu'il est diffusé sur mobile. C'est sur la base de ce contenu mobile que Google évalue la qualité de la page et l'index. **2.** Une approche qui place le device mobile en priorité dans l'élaboration de la stratégie digitale d'une marque.

• **MULTIMODALITÉ :** La multimodalité désigne la présence de plusieurs modes de transport différents entre deux lieux. On parle de multimodalité entre deux lieux si on peut les relier par des trajets empruntant des modes de transport différents ; par exemple la multimodalité entre deux lieux renvoie à l'existence à la fois d'une ligne de métro et d'une piste cyclable. La multimodalité se distingue de la notion d'intermodalité : on utilise ce dernier terme pour envisager la combinaison de plusieurs modes de transport au cours d'un même déplacement.

• **MULTI-TOUCH ATTRIBUTION (MTA) :** Le Multi-Touch Attribution est l'un des modèles utilisés en Attribution Marketing afin de répartir le poids de l'attribution d'une conversion sur plusieurs points du parcours client.

• **MVP :** Le Most Valuable Product est est une stratégie de développement de produit, utilisée pour une rapide mise sur le marché d'un produit ou d'une fonctionnalité.

N

• NATIVE ADVERTISING : Le Native Advertising est un format publicitaire qui reproduit l'apparence, le style et l'ergonomie du site sur lequel il est diffusé.

• NETLINKING : Le netlinking est une stratégie qui consiste à augmenter le nombre de backlinks vers un site internet pour améliorer son positionnement et sa visibilité.

• NEUROMARKETING : Le neuromarketing est l'application des neurosciences cognitives au marketing et à la communication. Le but de cette discipline émergente est de mieux comprendre les comportements des consommateurs grâce à l'identification des mécanismes cérébraux qui interviennent lors d'un achat ou face à une publicité.

• NEWSJACKING : Le newsjacking est la pratique marketing qui consiste à déclencher rapidement une campagne publicitaire ou sociale destinée à rebondir sur un événement ou contexte médiatisé.

• NLP/TALN : Le Natural Language Processing / Traitement Automatique du Langage Naturel est une brique technologique ayant pour fonction d'analyser et d'interpréter des propos écrits, émanant d'une personne ou d'une autre machine. Dans le cas des agents conversationnels, cette brique a pour objectif de rattacher ces propos à une intention existante.

• NOTIFICATION PUSH : Il s'agit d'un message envoyé depuis une application mobile, et s'affichant directement sur l'écran du smartphone d'un utilisateur, même lorsque celui-ci n'a pas ouvert l'application. Les notifications push nécessite une autorisation préalable de l'utilisateur pour pouvoir être reçues.

• NPS - NET PROMOTER SCORE : Le Net Promoter Score est un indicateur standardisé de mesure de la recommandation client. Il se calcule en soustrayant le pourcentage de clients qui recommanderaient peu l'entreprise, du pourcentage de clients fortement promoteurs. Le NPS peut donc être négatif. Il peut également être appliqué aux collaborateurs pour mesurer leur satisfaction.

O

• OMNICANALITÉ : Tous les canaux de contact et de vente possibles entre la marque ou enseigne et ses clients sont utilisés et mobilisés.

• OMNI-DIGITAL : L'omni-digital se distingue de l'omni-canal en incluant uniquement les canaux digitaux. L'entreprise se concentre sur l'offre d'une expérience client digitale cohérente quel que soit le canal utilisé. Le canal devient secondaire et l'expérience client est l'objectif principal.

• ONBOARDING MOBILE : Pour une application mobile, l'onboarding est une étape cruciale du cycle de vie utilisateur. Il s'agit du processus d'accompagnement prévu pour l'utilisateur à partir du moment où il se connecte à l'application pour la première fois.

• OPEN INNOVATION : Open innovation désigne dans les domaines de la recherche et du développement des modes d'innovation fondés sur le partage, la collaboration.

• OUTSOURCING (EXTERNALISATION) : Démarche d'une entreprise consistant à exclure de son processus de fabrication la production de biens ou services intermédiaires, qu'elle se procurera désormais auprès de fournisseurs indépendants.

P

• PEOPLE-BASED MARKETING : Le people-based marketing s'appuie sur la réconciliation des identifiants et devices autour d'un même individu. C'est une méthode qui permet aux annonceurs de s'adresser à un consommateur de manière cohérente et d'unifier le parcours client.

• PERSONA : Un persona est un personnage imaginaire représentant un segment cible de clients d'une entreprises. Le persona se défini par des caractéristiques sociales et psychologiques. On lui attribue également un prénom qui permet encore davantage de le personnifier et de le positionner.

• PERSONNALISATION PUBLICITAIRE : La personnalisation publicitaire vise à diffuser un contenu spécifique en fonction de la personne que l'on souhaite toucher. Cela consiste à proposer la publicité la plus adaptée au contexte du moment, afin d'être en adéquation avec les besoins de l'utilisateur et d'augmenter considérablement les performances des actions marketing.

• PERTINENCE PUBLICITAIRE : Le message publicitaire doit être adapté aux préférences et aux centres d'intérêts de l'individu exposé. Pour être séduit, le consommateur doit percevoir l'utilité du produit ou du service, être dans une situation propice à échanger avec une marque, et ne pas percevoir la publicité comme une intrusion dans sa navigation.

• PI PLANNING SAFE : Il s'agit de l'une des cérémonies les plus importantes de la méthode SAFe, en ce qu'elle réunit en face à face, toutes les huit semaines, l'ensemble des équipes concernées pour faire un point précis sur l'avancement des travaux. Elle dure en principe deux jours entiers.

• PICKING : Terme désignant les opérations de préparation de commandes en magasin ou en entrepôt (drive + livraison).

• PIM (PRODUCT INFORMATION MANAGEMENT) : Il s'agit d'une technologie employée en marketing qui centralise l'information sur un produit afin de pouvoir distribuer efficacement et de façon précise cette information.

• PIXEL DE CONVERSION : Le pixel Facebook est un outil d'analyse qui permet de mesurer l'efficacité d'une publicité en suivant les actions entreprises par les utilisateurs sur un site web.

• PLANOGRAMME : Plan du magasin (2D ou 3D) montrant l'agencement des rayons et pour chacun d'eux la position des produits.

• **PMP (PRIVATE MARKETPLACE) :** Mode d'achat en programmatique dans lequel un annonceur utilise une sélection contrôlée d'éditeurs, pour enchérir sur un inventaire premium. L'annonceur a accès en exclusivité à un inventaire de qualité ainsi qu'à des conditions pré-négociées (prix plancher, niveaux de cpm négociés, connaissance du type d'inventaire).

• **POC (PROOF OF CONCEPT) :** La phase de POC, est une étape de validation concrète dans la mise en place d'un projet d'innovation. Cette phase sert à tester, éprouver, ajuster une nouvelle solution sur un périmètre restreint avant le kick-off d'un déploiement plus large.

• **POP-UP STORE :** C'est un espace éphémère commercial, ayant pour but de vendre de la marchandise, puis de disparaître.

• **PRÉCISION MARKETING :** L'expression de precision marketing est utilisée généralement pour désigner des pratiques ou campagnes marketing qui s'adressent à des cibles très étroites ou à des cibles plus importantes en personnalisant les messages sur un grand nombre de micro-cibles.

• **PRIVACY BY DESIGN :** Chaque nouvelle technologie destinée à traiter les données personnelles doit être conçue de manière à offrir un haut niveau de protection des données. Le principe de respect des utilisateurs est donc intégré dès la conception des produits.

• **PUISSANCE DE CALCUL :** La puissance de calcul représente le nombre d'opérations qu'un ordinateur peut réaliser dans un laps de temps donné. Chaque fois que l'on lance un logiciel ou que l'on va sur Internet, l'ordinateur va traiter des opérations mathématiques, appelées calculs. Le coeur est le composant de l'ordinateur qui permet de traiter ces opérations.

Q

• **QR CODE :** Le code QR est un type de code-barres en deux dimensions constitué de modules noirs disposés dans un carré à fond blanc.

R

• **RCU (RÉFÉRENTIEL CLIENT UNIQUE) :** Il s'agit du système d'information qui permet d'avoir une vision unique et globale de chaque client, à partir des données collectées sur l'ensemble des canaux de contact, on et off-line.

• **REACH :** Le reach social peut être considéré comme l'audience "effective" ou la portée d'une publication sociale, soit le nombre de fois ou la publication s'est effectivement affichée dans les fils d'actualités des abonnés. La publication n'atteint pas le nombre de fans au total (sur une marque ayant 100 fans, un post peut en atteindre seulement 20).

• **REACH ORGANIQUE :** Le reach organique ou naturel désigne le nombre de fans touchés par une publication non sponsorisée sur un réseau social défini.

• **RÉALITÉ AUGMENTÉE :** La réalité augmentée combine le monde réel et les éléments numériques en temps réel, offre à l'utilisateur des possibilités d'interaction en temps réel, et repose généralement sur un environnement 3D.

• **RÉALITÉ VIRTUELLE :** La réalité virtuelle est une technologie qui permet de plonger une personne dans un monde artificiel créé numériquement.

• **RÉGRESSION :** La régression est un ensemble de méthodes statistiques utilisées pour analyser la relation d'une variable par rapport à une ou plusieurs autres.

• **RÉSEAU DE DIFFUSION DISPLAY :** Appelé aussi Display Network, il s'agit de l'ensemble des sites Internet et applications sur lesquels une bannière ou vidéo sera diffusée.

• **RÉSEAU SOCIAL D'ENTREPRISE :** Plateforme de communication interne créant des canaux de communication transverses et ascendants jusqu'alors inexistants. Le réseau social permet de rapporcher les collaborateurs autours de sujets plus ou moins légers favorisant le décloisement des équipes.

• **RETARGETING :** Pratique marketing, largement utilisée par les acteurs du e-commerce, consistant à cibler un individu qui a déjà visité un site internet sans aller jusqu'à l'acte d'achat. Le message peut être personnalisé en fonction de la visite et de l'intérêt de l'individu identifié et reciblé.

• **RETARGETING LAL (LOOK ALIKE) :** Le retargeting LAL, est le reciblage d'une cible que l'on construit à partir des données de ressemblance qu'elle présente avec une autre cible.

• **ROAS ID ET BRAND HALO :** ROAS est l'acronyme de 'Return On Ad Spent', fait référence à la mesure du retour sur investissement d'une dépense publicitaire réalisée par un annonceur. Le ROAS ID est un indicateur de performance basé sur la référence du produit objet de la publicité, tandis que le ROAS Brand Halo considère toutes les références produits de la marque.

• **ROPO :** Acronyme de 'Research Online, Purchase Offline', désigne un acte d'achat du consommateur qui commence par une recherche d'information sur Internet, et qui aboutit à un achat physique en magasin.

S

• **SELFCARE :** Pratique par laquelle la possibilité est donnée au client d'effectuer des actions de gestion de son compte ou d'obtenir des informations de support en toute autonomie, en passant notamment par un site web, une application mobile ou un chatbot/voicebot.

• **SELF-SERVICE :** La majorité des clients veulent résoudre leurs problèmes sans avoir à faire appel à une entreprise pour obtenir de l'aide. Les entreprises peuvent offrir des outils pour aider les clients à obtenir des réponses rapidement et de manière autonome avec un centre d'aide personnalisable, une communauté en ligne ou un portail de service à la clientèle.

• **SEM :** Le Search Engine MarketinG (SEM) appartient au marketing exercé sur les moteurs de recherche. Il a pour but d'augmenter la visibilité d'un site sur les moteurs de recherche, soit par une optimisation du site pour des mots clés donnés, soit par une politique appropriée d'achat de liens commerciaux sur les pages de résultats des moteurs de recherche.

• **SERP :** Search Engine Result Page, il s'agit de la page de résultat qui naît d'une recherche sur un moteur de recherche. Cette dernière est composé de tous les différents liens qui composent le résultat de la recherche.

• **SLOW CONTENT :** L'expression de slow content désigne une pratique de content marketing par laquelle on s'efforce de produire des contenus plus fouillés et plus approfondis pour émerger dans la masse des contenus à vocation professionnelle publiés.

• **SMART PLACEMENT :** Le smart placement consiste à adapter dynamiquement la position des emplacements publicitaires sur les pages en fonction de la navigation de l'utilisateur. Les publicités sont ainsi systématiquement visibles au maximum du temps passé sur la page.

• **SMART REFRESH :** Le smart refresh consiste à rafraîchir les emplacements de façon régulière avec de nouvelles publicités au bout de 15 à 20 secondes. Pour éviter que cette étape n'entrave les intentions de clics, le smart refresh implique un calcul du temps utile au clic, réalisé au préalable sur la première impression.

• **SNACK CONTENT :** Le snack content se présente communément comme un format de brand content pensé pour être consommé très rapidement par un utilisateur.

• **SOCIAL LISTENING :** Le social listening désigne le processus qui consiste à extraire des données des médias sociaux et forums pour un sujet donné. Les données récoltées sont ensuite analysées pour définir des tendances et extraire des insights qui peuvent orienter les activités commerciales ou encore les campagnes publicitaires d'une entreprise.

• **SOCIAL MEDIA MANAGER :** Il se concentre sur la logistique de la création et de la distribution de contenu (gestion d'un calendrier, affichage sur des réseaux sociaux et analyses de suivi, par exemple), il n'a pas comme le Community Manager de rôle de modérateur et facilitateur des échanges.

• **SOCIAL ROOM :** Est généralement un local ou un espace dédié spécifiquement à la gestion des réseaux sociaux au sein d'une grande entreprise, d'une agence ou d'un prestataire spécialisé dans la gestion des réseaux sociaux.

• **SPEAKABLE CONTENT :** Contenu pouvant être prononcée par un assistant vocal. Il s'agit de texte en balise 'text to speech' 'speakable' ou 'faq' selon les standards Schema.org.

• **STORE-TO-WEB :** Caractérise un parcours ou un comportement d'achat où le client démarre la découverte en magasin ou en agence et finalise seul en ligne.

• **STORIES INTERACTIVES :** Les stories interactives sont des stories Instagram qui nécessitent la participation active de l'internaute : tap, utilisation du curseur, vote par sondage etc.

• **STORYDOING :** Le storydoing consiste à faire créer et concevoir des histoires de marques au travers d'expérientiels forts vécus, par les consommateurs eux-mêmes, en favorisant leur implication.

• **STORYTELLING :** Le storytelling est le fait de raconter une histoire de marque dans un objectif marketing pour capter l'attention et susciter de l'émotion de la part des consommateurs.

• **STRESS MARKETING :** Ou marketing de l'urgence. Il s'agit de l'ensemble des techniques marketing dont le but est de pousser le consommateur à agir au plus vite. Ces techniques se matérialisent le plus souvent par une offre limité dans le temps, l'affichage d'un compte à rebours ou du nombre de personnes également intéressées par le produit ou service.

• **STT (SPEECH TO TEXT OU SPEECH RECOGNITION) :** Brique technologique ayant pour fonction de transformer un signal audio représentant un langage en un texte écrit, permettant ainsi à la brique de compréhension du langage naturel de fonctionner.

• **SYSTÈME EXPERT :** Outil capable de reproduire les mécanismes cognitifs d'un expert, dans un domaine particulier. Par exemple un logiciel capable de répondre à des questions, en effectuant un raisonnement à partir de faits et de règles connues.

T

• **TAUX DE CONVERSION :** Le taux de conversion mesure le rapport entre les individus ayant réalisé l'action finalement recherchée dans le cadre de la campagne marketing et le nombre total d'individus touchés par la campagne. C'est un indicateur pertinent pour évaluer l'efficacité d'une campagne publicitaire ou d'un site web.

• **TAUX D'ENGAGEMENT :** C'est le volume de clients qui accèdent à leur parcours vs volume de clients qui abandonnent avant la fin.

• **TECH SPECS :** Le terme 'tech specs' désigne l'ensemble des caractéristiques techniques du produit essentielle à la différenciation des gammes.

• **TEST A/B :** Un test A/B est une procédure utilisée en marketing qui permet de mesurer l'impact de la modification d'une campagne de communication, d'une page web ou d'une application mobile par rapport à une référence. Une analyse statistique des performances du test permet alors de déterminer les changements qui fonctionnent ou non.

• **TEST AND REVIEW :** Programmes dont la finalité est solliciter des clients sélectionnés en fonction de leur profils (fidèles, V.I.P, etc...) afin de leur permettre de tester des nouveaux produits et service et générer des tendances et des avis.

• **TRAFIC SOCIAL :** Le trafic mesuré sur un site, application mobile provenant directement de réseaux sociaux. Par exemple, toute personne qui cliquera sur un post

Instagram pour accéder à un site e-commerce sera comptabilisée dans le trafic social par les rapports digital analytics. Le trafic social peut résulter de campagnes payantes ou de posts organiques.

• **TRAFIC SOCIAL ORGANIQUE :** Trafic mesuré sur un site, application mobile provenant de posts gratuits sur une page ou un profil d'utilisateur sur les réseaux sociaux.

• **TRAFIC SOCIAL PAYANT :** Trafic mesuré sur un site, application mobile provenant de campagnes marketing payantes sur les réseaux sociaux.

• **TRIGGER :** Le marketing de déclenchement ou trigger marketing est un envoi de messages digitaux activés par différentes actions effectuées par l'internaute allant de la visites de pages produits à la confirmation d'une commande en click and collect.

• **TRUEVIEW :** Les annonces TrueView InStream sont diffusées dans des vidéos sur YouTube. L'utilisateur peut choisir d'ignorer une annonce vidéo de ce type au bout de cinq secondes. S'il ne le fait pas, le nombre de visionnages de la vidéo YouTube est incrémenté dès que l'utilisateur interagit avec la vidéo ou visionne au moins 30 secondes de cette dernière.

• **TWITTER CARDS :** Les Twitter Cards permettent de diffuser des tweets enrichis de photos, de vidéos ou incitant l'utilisateur à effectuer une action. Il existe des Twitter cards avec des objectifs différents (trafic, téléchargement d'une application, engagements...).

U

• **UNBOXING :** Le phénomène consiste à ouvrir des colis reçus devant une caméra et de commenter en live son expérience : du colis d'expédition au packaging jusqu'au produit. Phénomène initié en 2006 par un utilisateur du Nokia E61, la pratique est mondiale. Parmi les YouTubers les plus rémunérés, une part significative sont des pratiquants exclusifs de l'unboxing.

• **USER FRIENDLY :** Un contenu digital est user friendly lorsqu'il est optimisé au mieux pour s'adapter aux usages des internautes sur les plateformes de diffusion. Il facilite la lecture et la rend intuitive.

• **UX :** L'expérience utilisateur n'est pas exclusive à l'expérience de l'internaute sur un site même si l'acronyme UX a été préemptée par les experts du digital. Avant cela, elle a été utilisée par les experts du retail, les ergonomes et les designer packaging.

• **UX DESIGN :** Concevoir un produit qui réponde très exactement aux besoins et aux attentes de l'utilisateur en faisant en sorte que son expérience soit la meilleure possible.

• **UX MOBILE :** L'UX mobile est un ensemble de moyens permettant d'améliorer la satisfaction des utilisateurs en optimisant l'accessibilité et le plaisir procuré par l'interaction avec une application ou un site mobile.

• **UX OU USER EXPERIENCE :** L'expérience utilisateur n'est pas exclusive à l'expérience de l'internaute sur un site même si l'acronyme UX a été préempté par les experts du digital. Avant cela, elle a été utilisée par les experts du retail, les ergonomes et les designer packaging.

V

• **VIDÉO REVEAL :** Suite à une phase de teasing, la marque révèle sa campagne sur une vidéo et incite l'internaute à cliquer sur un lien.

• **VISITES INCRÉMENTALES :** Une visite incrémentale est une visite du point de vente qui est obtenue grâce à une action marketing (prospectus, spot TV, campagne mobile, DOOH, etc.). Il est donc généralement nécessaire de comparer le nombre de visites obtenues sur une population exposée à celles observées sur un groupe de contrôle non exposé.

• **VOICEBOT :** Agent vocal ou encore agent conversationnel en français. Interface machine comprenant plusieurs briques technologiques et permettant un échange oral en langage naturel avec un interlocuteur.

W

• **WEB-TO-STORE :** Le Web-to-store, ou webrooming, caractérise un comportement d'achat où le consommateur commence par s'informer sur Internet avant de concretiser son achat en boutique. Cette tendance d'achat est connue sous le terme de ROPO (research on line and purchase off line).

• **WORKFLOWS (FLUX DE PRODUCTION OU FLUX DE TRAVAIL) :** Un workflow est un enchaînement de tâches dont les opérations sont automatisées. Les parties prenantes peuvent valider un fichier et déclencher (sans intervention humaine) son archivage après un certain laps de temps à des fins de conservation. L'ordre des étapes, les tâches, parties prenantes, délais, droits sont définis à l'avance.

INDEX

A

B

C

D

INDEX

LA PLATEFORME

PREMIER POINT DE CONTACT, LA PLATEFORME THE DIGITAL BENCHMARK PERMET DE :

RECHERCHER UNE SOLUTION

- À partir d'une recherche simple, le moteur de la plateforme affiche une liste de résultats affinable en fonction de critères avancés (fonctionnalités essentielles, modes de facturation, etc.)
- En veille constante sur les innovations, l'équipe The Digital Benchmark met à jour les solutions et vérifie l'exactitude des informations.

COMPARER DES SOLUTIONS

- La plateforme permet une comparaison simple et contextualisée des solutions sélectionnées.

ÉVALUER LA QUALITÉ D'UNE SOLUTION

- Collectés auprès d'utilisateurs vérifiés, de cabinets de conseil renommés, les avis ou retours d'expérience apportent une véritable aide à la prise de décision.

www.TheDigitalBenchmark.com

LE YEARBOOK

Concentré d'observations et d'analyses approfondies, The Digital Benchmark Yearbook fait un état des lieux des notions actuelles, du positionnement des acteurs, des problématiques clients, des fonctionnalités recherchées, des tendances à venir, etc.

Plusieurs cabinets de conseil et experts reconnus contribuent à l'élaboration de cet ouvrage en partageant leurs retours d'expériences, analyses et recommandations.

L' EVENT

Événement exclusif, accessible par invitation seulement, The Digital Benchmark Days rassemble 500 leaders digitaux européens durant 2 jours.

Au programme : conférences et ateliers autour des technologies MarTechs les plus innovantes, sessions inspirationnelles sur les usages de demain, rencontres d'affaires.

NOS GRAND ÉVÉNEMENTS:

DIGITAL PERFORMANCES

800 Annonceurs et E-commerçants réunis deux journées dans un but commun de Networking, de partage d'expérience et d'expertise.

BENCHMARK BY EBG

Identifier, Comparer et Évaluer

l' EBG cible les écosystèmes MarTechs les plus dynamiques : recense les solutions, les cartographie et réalise un Benchmark dynamique mis à jour régulièrement.

L'opération repose sur un triptyque :
- Plateforme en ligne comparant les technologies digitales
- Yearbook, concentré d'observations et analyses approfondies
- Grand événement annuel international

ASSEMBLÉE GÉNÉRALE

Réunion de 1000 acteurs qui font l'actualité de l'économie digitale comptant des entrepreneurs innovants, des créateurs de start-ups et des décideurs.

Les Annonceurs, Industriels et Distributeurs, Agences et Medias se rassemblent le temps d'une journée.

DIGITAL INNOVATION

Une journée de rencontres autour des Synergies Marques / Startups les plus réussies.

Au coeur de ce concept sans précédent :

des ateliers interactifs et des rencontres one2ne pour innover ensemble autour de projets de co-développement, de co-marketing & co-branding. Plus de 800 participants.

DINERS EBG 500

400 membres de comités de direction des entreprises adhérentes à l'EBG réunis tous les trimestres pour Networker.

Conférences & Tables rondes I Keynotes I Interviews
Worshops I Rdv one2one I Ateliers

Retrouvez la
VERSION NUMÉRIQUE
de Digital Marketing 2020
Code & Lien en 1er page

CRÉDITS

Coordination du livre Digital Marketing 2020

Nicolas Deroualle | *nicolas.deroualle@ebg.net*

•

Conception Graphique

Élodie Dages
elodiedages@gmail.com

Mise en page

Lemiroircrea
lemiroircrea@gmail.com

Impression

Imprimé en France
par Aubin Imprimeur
contact@aubinimprimeur.fr

Relecture

Karine Gaudin
karinegaudin.correctrice@orange.fr

•

Un merci tout particulier aux partenaires du livre

Accenture Interactive | Carmila | Chandago | Clémentine | Dalim | Eulerian | Follow Analytics J'ai un pote dans la com' | Kalima PR | Listen Too | Markentive | Mediametrie | Numberly | Open Q3 | Ratecard | Retail Me Not | Tilkee | Transaction Connect | Vanksen | VisaCybersource | YEXT

Ainsi qu'à tous ceux qui nous ont donnés de précieux conseils et qui se reconnaitront. ☺